2020
中国企业集团财务公司年鉴

ZHONGGUO QIYE JITUAN
CAIWU GONGSI NIANJIAN

中国财务公司协会 编

中国金融出版社

责任编辑：张　铁
责任校对：潘　洁
责任印制：程　颖

图书在版编目（CIP）数据

中国企业集团财务公司年鉴．2020/中国财务公司协会编．—北京：中国金融出版社，2020.11
ISBN 978-7-5220-0919-3

Ⅰ.①中…　Ⅱ.①中…　Ⅲ.①企业集团—金融公司—中国—2020—年鉴　Ⅳ.①F279.244-54

中国版本图书馆CIP数据核字（2020）第230149号

中国企业集团财务公司年鉴．2020
ZHONGGUO QIYE JITUAN CAIWU GONGSI NIANJIAN. 2020
出版
发行　中国金融出版社
社址　北京市丰台区益泽路2号
市场开发部　（010）66024766，63805472，63439533（传真）
网 上 书 店　http://www.chinafph.com
（010）66024766，63372837（传真）
读者服务部　（010）66070833，62568380
邮编　100071
经销　新华书店
印刷　北京市松源印刷有限公司
尺寸　210毫米×279毫米
印张　28.25
插页　26
字数　740千
版次　2020年11月第1版
印次　2020年11月第1次印刷
定价　398.00元
ISBN 978-7-5220-0919-3

《中国企业集团财务公司年鉴》编辑委员会

侯文捷　施云峰　施建锋　姜在国　姜建平　洪志斌　洪毅俊　胥勋畅
姚向明　姚　炜　姚淑瑜　秦　伟　秦　怿　秦　琰　袁佳梅　袁楚云
聂俊刚　夏　宇　顾曰滇　柴国志　钱文海　倪云山　徐小萍　徐立波
徐亚莉　徐光超　徐　旸　徐　春　徐振声　殷召峰　高　欣　高金山
郭如东　郭学军　郭　涌　唐　捷　陶　毅　黄天珊　黄　丹　黄文阁
黄必烈　黄美智　盛胜利　常守军　崔　鸥　崔炳雷　崔　程　梁开卷
梁庆云　梁　荣　彭　科　葛志文　董　元　董立满　董绪章　蒋奕斌
韩文杰　韩　冰　韩　军　覃　虹　程　刚　程　岚　程　忠　傅志芳
曾　义　曾坚军　曾　杰　曾健飞　谢美玲　蔡才河　蔡　勇　裴建光
樊明海

《中国企业集团财务公司年鉴》编辑部

宋晓阳 宋　歌 张　贝 张玉婷 张　旭 张宏宇 张　岳 张　岱
张　莛 张晓文 张　琦 张皓博 张　婷 张　腾 陈光龙 陈学武
陈　浩 陈　雯 陈　锐 陈慧中 陈曜华 邵　蔚 武丽霞 武聪灵
范思爽 林如冰 林　盈 郁　柳 罗佳忆 罗晓枫 季　钰 季　麟
金可昊 金昊阳 金星燕 金峰逸 周　茜 周　洁 周　莉 周　惠
周　璐 周曦义 孟庆娟 赵宇星 赵红岩 赵　妍 赵　威 赵　龚
赵峻毅 赵　菲 赵　瑞 郝梦元 胡　杰 胡艳华 施海瑛 施　暄
施　旗 姜　旭 姜　勇 胥　鹏 秦晓坦 袁　野 袁　媛 聂添一
聂新馨 贾文良 顾　薇 钱　程 倪晓燕 徐征祥 徐　玲 徐　寰
高昆冲 高佳文 高　珊 高　颖 高　颖 高　静 郭文惠 郭振华
郭瑜玲 席　樱 唐要斌 涂　华 黄书寒 黄　华 黄剑楠 黄美善
梅　艳 曹　阳 曹　雪 曹巍巍 崔玉峰 崔继伟 康建波 康　漪
梁雪梅 彭晓晨 葛星莹 董玉倩 董学嘉 董　洁 董　敏 董鸿翔
韩美琴 韩莉莉 程　玲 程　璐 曾文忠 曾　涛 曾家和 温家东
谢　安 谢　放 潘　红 潘建荣 薄　冲 戴丽兰 魏宇浩 魏　茵

编辑说明

一、本卷主要收录2019年度财务公司行业情况、各财务公司的经营管理状况、重要法律法规以及行业和机构统计数据等内容。

二、本卷“2019年企业集团财务公司行业情况”部分的内容由中国财务公司协会提供；“机构概览”“统计资料”及“附录”部分的内容由各财务公司提供；“文件与规章”“大事记”部分的内容由中国财务公司协会收集整理。

三、本卷各财务公司是按照财务公司名称汉语拼音字母顺序进行排列；“文件与规章”部分按照各发文机关公布的日期进行排列，机构名录按照财务公司获得监管部门开业批准时间顺序进行排列。

四、本卷“机构概览”部分收录中国境内的依《企业集团财务公司管理办法》设立的正常经营的企业集团财务公司情况。重庆力帆财务有限公司、中国核工业建设集团财务有限公司、渤海钢铁集团财务有限公司、上海华信国际集团财务有限责任公司未提供相关资料。

五、本卷各部分的行业整体数据因统计机构和统计口径不同，会出现不一致，请使用时注意甄别；“统计资料”篇中由于四舍五入，总计数据与分项、不同表格的数据也可能存在误差。统计表格中，“空格”表示该项统计指标数据不详；“—”表示无该项数据。

六、本卷照片部分除“关怀指导”“共谋发展”之外，其他按照事件发生时间进行排序。

七、本卷“附录”部分的行业受表彰情况收录了财务公司的“集体荣誉”“部门荣誉”及“个人荣誉”，“个人荣誉”部分未出现具体人名，部分公司提供的资料未能采用，敬请谅解。

八、本卷在编纂过程中得到有关领导的关心和指导，得到全国各财务公司的大力支持，参加组稿的财务公司共254家。各位组稿编辑、编写人员为本卷年鉴的出版付出了辛勤的劳动，各财务公司的其他工作人员也给予了大力协助，在此一并表示衷心的感谢！

九、本卷在编纂过程中难免存在错漏之处，敬请广大读者批评指正。

《中国企业集团财务公司年鉴》编辑部
二〇二〇年六月

目　录

机构概览

统计资料

大事记

附 录

2019 年企业集团财务公司行业情况

2019 年是新中国成立 70 周年，也是全面建成小康社会、实现第一个百年奋斗目标的关键之年，三大攻坚战取得关键进展，供给侧结构性改革继续深化，科技创新取得新突破。财务公司行业仍然坚持立足集团主业发展，服务集团成员企业的基本定位，不断提升服务能力，防控金融风险，行业整体运行平稳，呈现良好的发展态势。

一、机构情况

（一）机构数量

2019 年，财务公司行业机构数量有所增加，但财务公司新设机构较上年有所减少。截至 2019 年末，财务公司行业法人机构数量 258 家，较 2018 年末增加 5 家，均为当年度新设，无财务公司注销解散。

（二）机构分布

截至 2019 年末，全国共有企业集团财务公司 258 家，除西藏外，其他省份均设立有财务公司。其中，北京、广东（含深圳市）、上海三个省市的财务公司数量较多，分别为 73 家、24 家、23 家，机构数占行业比例依次为 28.29%、9.30%、8.91%，总计 46.50%，基本与上年持平，财务公司地区分布依然比较集中。

二、财务情况

（一）资产状况

财务公司行业的资产规模呈逐年攀升趋势，截至 2019 年末，全行业的资产总额同比增加 6881.76 亿元，增速为 10.87%，基本与上年持平。

从资产结构看，2019 年末，各项贷款占总资产的比重为 47.32%，较上年上升 1.35 个百分点；存放同业占比为 38.94%，较上年基本持平；存放央行占比为 4.98%，较上年下降 0.69 个百分点；投资占比近年来呈现逐年下降趋势，占比为 5.03%，较上年下降 0.04 个百分点。各项资产占比的走势对比反映出财务公司的主业更加突出，通过加大信贷投放，有力支持了实体企业发展。

（二）负债状况

财务公司行业的负债规模逐年递增，增速近年来有所放缓。截至 2019 年末，财务公司行业的负债总额为 6.02 万亿元，较上年末增加 5969.66 亿元，增速为 11.00%，较上年增加了 0.72 个百分点。其中，各项存款 5.70 万亿元，占负债总额的 94.62%，较 2018 年上升 0.36 个百分点；同业拆入 0.11 万亿元，占负债总额的 1.85%，较 2018 年下降 0.38 个百分点。

（三）权益状况

2019 年末，全行业的所有者权益总额为 9925.56 亿元，较上年增加 912.10 亿元，同比增长 10.12%。所有者权益主要由实收资本和未分配利润构成，实收资本占比为 61.73%，未分配利润占比为 15.24%。

从实收资本规模分布看，2019 年末，有 34 家财务公司的实收资本在 50 亿元（含）以上，较 2018 年增加 2 家；205 家财务公司的实收资本在 10 亿元（含）以上，占财务公司总家数的 79.77%。

（四）盈利情况

2019 年，全行业实现营业净收入 1421.10 亿元，同比增加 8.10 亿元，增速为 0.57%，较 2018 年下降 15.22 个百分点，增速显著放缓。其中，利息净收入 1239.31 亿元，同比下降 9.18 亿元，在营业净收入中的占比为 87.21%，较 2018 年下降 1.15 个百分点；投资收益 126.42 亿元，同比增加 5.64 亿元，增速为4.67%，在营业净收入中的占比为8.90%，较2018年增加0.35个百分点。

2019年，全行业的营业支出为136.60亿元，同比增加14.56亿元，同比增长了11.93%。其中，业务及管理费123.00亿元，同比增加12.93亿元，增速为11.75%；营业税金及附加12.32亿元，同比增加1.27亿元，增速为11.48%。

全行业净利润呈逐年增加态势，增速逐年放缓。2019年，全行业实现净利润817.15亿元，同比增加26.81亿元，增速为3.39%，较上年同期下降1.53个百分点。

三、业务情况

（一）资产业务

财务公司行业总资产持续保持平稳增长态势，2019年表内资产规模达到7.02万亿元，同比增加0.69万亿元，增幅为10.87%，资产增幅高于银行业金融机构（8.14%）、股份制商业银行（9.12%）和大型商业银行（8.27%）。

财务公司行业资产结构以信贷资产为主。近年来，财务公司信贷资产占比逐年上升，2019年末信贷资产占比为47.32%，较上年增加1.35个百分点，说明财务公司的主业日益突出，在支持企业集团、服务实体经济和发挥企业集团“四个平台”方面的作用更加显著。财务公司存放同业占比变化不大，2019年末存放同业占比为38.94%，与上年基本持平。信贷资产占比的逐年增加说明财务公司行业的资产运营更加注重服务企业集团和成员单位，增加信贷资产配置更加贴合集团和实体企业的资金需求。投资是财务公司提高资金运营效率的有效补充手段，但是，近年来随着金融市场风险加大，财务公司投资占比逐年下降，2019年末降至5.03%，为2009年以来投资资产占比最低的一年。

（二）负债业务

2019年，面对严峻复杂的外部形势，为了更好地匹配资产及其结构变化，财务公司行业负债业务整体保持稳健增长态势。截至年末，财务公司行业负债余额6.02万亿元，同比增加0.60万亿元，增幅为11.00%，负债余额占银行业金融机构负债总额的比例为2.27%，较上年增加0.08个百分点。

从负债结构来看，2019年各项存款是财务公司最重要的负债来源。2019年末财务公司各项存款余额为5.70万亿元，占比达94.62%，较上年增加0.36个百分点；同业负债1942.85亿元，占比为3.23%，较上年减少0.34个百分点；应付款项740.15亿元，占比为1.23%，较上年增加0.21个百分点；财务公司债券411.84亿元，占比为0.68%，较上年减少0.35个百分点；其他负债146.41亿元，占比为0.24%，较上年增加0.12个百分点。

（三）同业业务

1. 业务增速放缓，市场风险偏好降低

财务公司较为警惕同业市场风险，注重审视同业业务发展趋势，不断完善同业业务风险管控。2019年财务公司行业同业业务总体呈收缩态势，除存放同业之外的主要同业业务规模均较上年同期下降。截至2019年末，财务公司行业存放同业余额27322.07亿元，同比增长11.16%；同业拆入余额1113.60亿元，同比下降7.86%；拆放同业余额405.16亿元，同比下降27.78%；买入返售余额794.09亿元，同比下降11.76%；卖出回购余额571.80亿元，同比下降0.42%。2019年财务公司同业业务发展回落的主要原因与当年同业市场风险暴露、财务公司行业对同业业务进行不同程度的风险调整有关。

2. 负债结构适度调整，积极顺应市场变化

财务公司不断优化同业业务的期限和交易对手结构，有效匹配资产负债管理。在2019年同业市场利率水平不断降低、利率曲线趋于平缓、同业市场风险暴露不断增加的市场环境下，财务公司行业谨慎配置同业资产负债、确保公司充足流动性并致力于降低市场风险。在期限结构方面，2019年财务公司行业积极调整，剩余期限为次日、2~7日等超短期的同业资产和负债比例均大幅提升；在交易对手结构方面，

2019 年财务公司行业以境内商业银行为交易对手的拆放同业、买入返售、卖出回购等同业业务比例增幅较大，以境内商业银行为交易对手的存放同业业务比例继续保持较高水平，体现出财务公司在同业业务方面与境内商业银行日益密切的合作关系。

在行业结构方面，2019 年同业业务余额的行业差异较大。从同业资金来源角度看，同业拆入主要集中于石油化工等行业，卖出回购主要集中于石油化工、有色金属等行业；从同业资金运用角度看，存放同业主要集中于军工、建筑建材、石油化工等行业，拆放同业主要集中于石油化工等行业，买入返售主要集中于汽车、石油化工、投资控股等行业。2019 年石油化工行业的同业业务开展依然保持较高的活跃度，同时汽车、电子电器、投资控股等行业的同业业务活跃度有所提升。

3. 往来利息收入及贡献度双双回落

由于外部监管规范和内部风险管理的双向作用，财务公司行业同业业务收入及贡献均有所下降。2019 年度财务公司行业来源于同业往来的利息收入 677.45 亿元，同比下降 11.05%；占行业总收入的比重为 32.85%，较上年末下降 5 个百分点。2019 年我国同业市场风险暴露增加、财务公司行业部分同业业务呈现不同程度的收缩，再加上当年同业市场利率保持低位运行，大部分同业资产配置趋于短期，多重因素叠加导致 2019 年度财务公司行业同业往来利息收入及对行业利息收入贡献度同时下降，且为近五年来首次下降，给财务公司行业的盈利能力带来一定影响。

（四）中间业务

1. 基础中间业务发展精度提升，延伸业务加强服务能力

得益于财务公司行业对自身信用水平的不断提高及资信信息应用的推广，2019 年财务公司各项中间业务保持平稳发展，其中担保业务实现高速发展。2019 年财务公司行业结算业务发生额 490.10 万亿元，较上年同期增长 15.70%；担保业务发生额 2033.62 亿元，较上年同期大幅增长 97.14%；票据承兑业务发生额 8347.85 亿元，较上年同期小幅下降 1.33%；委托贷款业务余额 18877.94 亿元，较上年同期小幅下降 2.06%；委托投资业务余额 1051.75 亿元，较上年末小幅下降 2.16%。

随着金融市场基础设施与发展机制的不断完善以及财务公司行业对实体经济金融需求的不断挖掘与服务匹配，近年来财务公司行业基础中间业务的发展精度不断提升。在保函业务方面，2019 年财务公司行业非融资性保函业务品种持续丰富，关税保函、跨境保函等新型保函产品得以持续发展；在票据承兑方面，2019 年财务公司行业电子银行承兑汇票基本替代纸质承兑汇票，票据承兑领域的发展效率继续提升。

在努力发展结算、担保、票据承兑、委托贷款及委托投资等基础中间业务的同时，近年来财务公司行业基于自身金融资源不断拓宽服务范围。依托资金集中管理继续探索开展境内人民币代理收款业务，积极参与集团财务共享中心建设与运行；依托同业授信持续推广开展代开保函、代开信用证业务；依托金融信用尝试开展信用证开立业务。随着此类外延式中间业务的不断发展，财务公司行业对实体经济的服务水平不断提升。

2. 顾问类业务持续深化，桥梁纽带作用日益凸显

在各大企业集团精细化管理与业财融合需求迫切的当下，国际财资管理理念逐渐得到重视，财务公司作为集产业资源与金融资源于一体的产融高度结合的金融机构，其自身拥有的金融市场资源与金融专业资源优势越来越受到各大企业集团的关注。财务公司行业通过开展债券承销、融资顾问、保险管理、研究咨询等顾问类业务服务相关企业集团主业发展，在实体企业加强产融结合发展过程中扮演着越来越重要的角色。2019 年财务公司行业不断深化融资顾问、保险管理、研究咨询等服务，逐渐承担起相关实体企业集团与金融市场的桥梁纽带作用，为进一步提升服务实体经济发展的能力奠定坚实基础。

3. 中间业务收入小幅下降，占比保持平稳

在中间业务收入方面，2019 年财务公司行业来自中间业务的收入为 39.83 亿元，同比小幅降低 1.22%；2019 年中间业务收入占当年总收入的比重为 2.85%，较上年减少了 0.12 个百分点，整体保持平稳。

在收入结构方面，2019 年财务公司行业中间业务收入主要来源于结算业务、委托贷款业务及其他业务，收入占比分别为 10.96%、20.94%、48.72%，收入结构总体保持稳定。

（五）国际业务

2019 年，财务公司行业的外汇交易金额与 2018 年基本持平，外汇业务资质申请表现活跃，特别是 2019 年 3 月国家外汇管理局发布跨境资金集中运营管理新规，本外币一体化等便利的政策设计为该项资质增加不少亮色。2019 年，财务公司还主动发力国际财资服务，发挥专业化金融机构的优势。

2019 年，政府部门、行业机构更加重视财务公司国际业务的专业化运作，全年有 37 家财务公司成立独立的国际/外汇业务部，15 家财务公司接受过外汇监管部门现场检查或调研。2019 年度财务公司国际业务荣誉榜单上有：江苏国信财务公司跨境资金集中运营工作获得监管当局高度认可，并被作为江苏省亮点工作上报上级管理部门；徐工财务公司持续打造并完善集团“4 +1”海外金融服务体系，项目荣获江苏省企业管理现代化创新成果一等奖；中广核财务公司提供的跨境绿色银团贷款融资案例成功入选 2018—2019 年深圳市银行业社会责任优秀案例；山东重工财务公司“一个账户、集中收付”的国际结算实践获得了欧洲金融主办 2019 年的“陶朱奖”。

四、发展特点

（一）资金集中再创新高，资金管控能力加强

2019 年，财务公司坚持服务集团资金集中管理的基本定位，进一步加强资金归集能力，充分发挥集团资金管控功能。截至 2019 年末，行业各项存款余额为 5.70 万亿元，同比增长 11.43%，行业平均资金集中度再创新高，超过 50%，2019 年末全行业平均资金集中度达到 51.65%，较 2018 年上升 2.17 个百分点。2019 年，行业结算业务规模 490.10 万亿元，同比增长 15.70%。

（二）利润增速同比放缓，盈利能力略有下降

2019 年，全行业实现利润总额 1071.63 亿元，同比增长 3.39%，实现净利润 817.15 亿元，同比增长 3.39%，增速较 2018 年下降 1.53 个百分点。

2019 年，全行业总资产收益率为 1.22%，净资产收益率为 8.63%，分别较 2018 年降低 0.09 个和 0.68 个百分点；全行业平均净息差和净利差分别为 1.90% 和 1.71%，均较 2018 年下降 0.23 个百分点。

（三）风险监控指标良好，行业风险整体可控

2019 年末，财务公司行业不良资产余额 501.96 亿元，无不良资产财务公司达 220 家，占全行业的比例达到 85.30%。行业平均不良资产率为 0.65%，较 2018 年末上升 0.19 个百分点，不良贷款率为 0.86%，较 2018 年末下降 0.10 个百分点。行业平均资本充足率为 19.78%，核心一级资本充足率为 18.78%，拨备覆盖率为 356.49%，平均流动性比例为 63.31%，均处于较高水平。

（四）信贷支持力度加大，服务实体成效显著

2019 年，财务公司紧扣集团需求，继续加大对集团和成员单位的信贷支持力度，支持实体产业发展成效显著。全年累计发放贷款 5.23 万亿元，同比增长 14.86%，年末各项贷款余额 3.32 万亿元，较上年增加 4107.70 亿元，同比增长 14.12%。

加大对民营企业和小微企业的金融支持是贯彻落实十九大精神、习近平新时代中国特色社会主义思想的重要举措。对于财务公司行业来说，财务公司对集团和成员单位的信贷支持，

是对民营经济、小微企业最直接有效的金融服务。2019 年，财务公司行业对民营企业和小微企业贷款支持力度进一步加大。民营企业集团财务公司各项贷款余额 3928.00 亿元，同比增长 12.09%。财务公司行业小微企业贷款余额 3374.55 亿元，同比增长 12.01%。

（五）立足服务集团主业，产业链金融快速发展

2019 年，有 43 家财务公司向产业链下游开展消费信贷、买方信贷和集团产品融资租赁业务，全年累计发生额 4040.50 亿元，涉及中小微企业 5461 家；有 59 家财务公司向产业链上游开展延伸产业链业务，全年累计发生额 1450.46 亿元，累计发生笔数 95947 笔，涉及中小微企业 7334 家。产业链金融业务为财务公司更好服务集团主业、改善产业链上下游企业融资难融资贵现状、促进产业链整体健康发展发挥了重要的作用。

机构概览

TCL 集团财务有限公司

【集团概况】 TCL 集团股份有限公司（以下简称“集团”）创立于 1981 年，业务覆盖金融服务、互联网应用服务、销售及物流服务和投资与创投领域。集团作为国内最早开始全球化发展的企业之一，全球范围内有接近 8 万名员工，28 个研发机构，10 余家联合实验室，22 个制造加工基地，业务遍及 160 多个国家和地区。2019 年 4 月，集团实施重大资产重组，全面转型为以半导体显示及材料为主业的高科技产业集团。

【经营概况】 截至 2019 年末，TCL 集团财务有限公司（以下简称“公司”）资产总额 191.01 亿元，负债总额 172.25 亿元，实现净利润 1.01 亿元。公司始终立足于集团“金融秩序维护者”“金融资源整合者”“产融价值创造者”角色定位，围绕“增值、突破、提速”的主题，发挥对集团实体经济发展的支持作用，合规及风险管控能力、服务集团及成员企业能力、持续发展能力稳步增强，各项监管指标符合要求。

【信贷业务】 公司利用信贷、票据等多种手段，支持集团整体运营发展，保障成员企业发展需求。一是扶优限劣，为优质企业发展提供足额金融保障。二是发挥财务顾问优势，牵头集团大型项目融资，保障项目建设的顺利进行。三是管控集团整体财务费用，降低成员企业融资成本，提升融资业务效率，实现财企双赢。截至 2019 年末，公司累计向成员企业投放信贷 106.68 亿元，年末信贷资产分类全部正常，并足额提取贷款损失准备。

【产品销售信贷业务】 公司依托集团核心产业，主要通过流动资金贷款、票据贴现和项目贷款等信贷品种，结合企业实际需求，为成员企业提供多样的金融产品服务，有效满足企业运营资金需求；积极开发买方信贷产品，有效促进成员企业产品销售。

【资金业务】 2019 年，公司严格规范集团及成员企业资金业务，进一步提升信息化水平，强化对集团资金安全性、流动性的管理。为有效应对市场剧烈变化，公司着力打造灵活高效的资产负债管理、资产配置机制，在动态分析资金成本收益的基础上，构建自身特色的差异化定价模式，结合市场变化及时调整内部利率定价。通过精细化经营，使各项资源得到充分利用，创造最大价值。

【投资业务】 公司利用非银行金融机构平台，积极参与金融市场，在同业定存、货币基金等传统业务的基础上，拓展并导入了同业存单、大额美元定存、金融债券等产品，在确保流动性的基础上，有效提升了资金效益。

【票据业务】 2019 年，公司积极掌握票据市场动态，累计盘活成员企业库存超过 10 亿元。同时，积极利用再贴现政策，为成员企业提供优惠贴现利率，累计节约融资成本超过 980 万元。

【外汇业务】 公司通过跨境资金池集中管理，有效归集境内外、本外币资金，通过办理成员企业代客外汇交易，有效对冲集团内部敞口，集中资源进一步争取更优价格。通过管理集团成员企业外汇风险，有效减少汇率波动对集团业务、经营利润等的影响。通过各类外汇业务的开展，帮助集团降低财务成本，提高资金效益，控制资金风险。

【资金集中】 公司持续加大资金集中管理力度，不断夯实资金集中管理基础，通过发布月度、季度资金集中管理分析报告等有效措施，不断细化管理颗粒，着力压降未归集资金规模。2019 年，公司开展成员单位账户专项排查清理工作，进一步加强账户和资金的集中管理，截至 2019 年末，公司全口径资金集中度为 74.82%。

【业务创新】 2019 年，公司始终坚持“创新发展”的理念，一是积极开展买方信贷业务，着力解决小微企业融资难、融资贵的问题，全年累计放款 8.66 亿元，平均期限为 6 个月。二是主动创新汇率避险产品，在满足监管要求及企业实需背景下，于 2019 年 8 月 15 日成功落地广东省内财务公司首笔代客无本金交割远期外汇交易（NDF），交易金额为 1000 万美元，为实体经济抵御汇率波动风险增添新举措。三是力推财务公司海关关税保函业务，为成员企业节约成本超千万元。

【风险管理和内部控制】 2019 年，公司持续强化风险管控力度和内部审计质效：一是持续推进合规风险管理建设，严格落实监管现场检查问题整改，全年出台及修订制度 9 项；二是进一步细化操作风险精细管理，全面推进流程线上化；三是严守信用风险底线，强化授信客户动态分析与跟踪管理，落地票据差异化管理及动态名单准入机制；四是充分发挥内部审计职能，2019 年公司合计完成审计项目 16 个。

【信息化建设】 2019 年，公司持续推进信息化建设，总投入 1600 余万元，不断优化升级全面预算、管理会计、监管报送、综合报表、鹰眼审计等管理类系统。同时，实现核心系统付款的自动化，提升业务办理效率。2019 年，公司还制定了新一代 IT 架构规划，为公司未来 5 年 IT 建设指明方向，为经营管理提供有力保障。

【企业文化建设】 2019 年，公司践行“简单温暖，专业坚韧”的团队文化，组织包括生日会、踏青、年会等内部活动 12 场，各类兴趣协会共计 7 个，营造“简单温暖”的团队氛围；组织开展 50 公里徒步挑战赛，打造“坚韧”的团队，增强凝聚力。公司党支部举行多次大型活动，包括惠州金融系统内联合党建活动、观看《我和我的祖国》等主题教育电影以提高党性修养。

安徽省能源集团财务有限公司

【集团概况】 2019 年，安徽省能源集团有限公司（以下简称“集团”）紧紧围绕集团目标任务，取得了经济效益稳步增长、产业规模持续扩张、资产结构明显优化、对外合作不断拓展、内部管理有效提升、管党治党全面加强的新成绩。

【经营概况】 2019 年安徽省能源集团财务有限公司（以下简称“公司”）紧跟集团发展步伐，认真贯彻监管部门的各项政策要求，积极开拓创新业务，完善资金管理系统，提升资金归集力度，扩大账户监控覆盖，健全内部控制体系，提高金融服务水平，实现经营管理的全面进步。2019 年，公司实现营业收入同比增长 20%，利润总额同比增长 21%，资产总额同比增长 18%，所有者权益同比增长 9%。

【业务创新】 公司力求拓宽金融服务品类，提升综合服务能力。电子票据业务已获准接入中国票据交易系统和电子商业汇票系统（ECDS），完成电票业务系统第一轮测试及硬件设备部署工作。法人透支、同业拆借及投资业务均顺利开展，实现了零的突破，丰富了公司金融服务手段。

【信贷业务】 2019 年，在中国人民银行政策的引导下，公司充分发挥内部优势，服务成员单位，一是主动上门服务，及时掌握客户资金需求，为客户筹划资金安排，提供便捷高效的贷款服务；二是为环保发电、新能源项目建设开辟“绿色通道”，快捷、高效、免费地完成各项审批流程，为项目建设提供了有力的信贷保障，起到了典型示范作用，得到了财务公司协会高度认可；三是认真落实人民银行LPR改革政策，持续下浮贷款利率，自11月起为成员单位提供低于全国银行间市场报价利率50个基点的贷款服务，低于同时期所有外部金融机构报价，努力引导外部银行下调贷款利率，进一步降低集团公司融资成本；四是增加了客户投诉平台并通过加强调研走访等多种形式，为成员单位表达诉求提供有效渠道。

【同业业务】2019年，公司积极提高资金业务收益，运用多种手段，在合理调剂日常头寸、确保流动性的前提下，积极开展同业业务，努力抓住资金市场每一个价格高峰点，提高同业业务资金收益，截至年末存放同业日均存款同比增长51%，交易金额同比增长27%，全年累计实现同业收入同比增长31%。

【资金集中】2019年，公司继续强化资金归集，提升结算平台价值。2019年平均综合资金归集率超过97%，较上年同期增长4%；全年平均全口径资金归集率达到81%，较上年同期增长24%。同时，结算业务量大幅增长，年度内办理结算业务量同比增长69%，结算金额同比增长111%。

【制度体系建设】公司高度重视建章立制工作，2019年将增加制度问责条款、完善制度体系作为公司重点工作，制定《完善公司制度问责条款工作方案》，定期研究部署，扎实推进制度完善工作，组织修订公司《工作人员违规行为处罚暂行办法》，进一步明确责任范围，规范责任追究处理程序。年度内新增及修订经营类制度105项、党建类制度6项，同时积极开展修订制度宣贯培训及测试工作，进一步提高了公司依法合规经营管理水平。

【信息化建设】2019年，公司着力推进“皖财通”业务系统优化工作，各部室统一协调，持续完善“皖财通”系统功能建设。针对业务人员在系统使用中反馈的问题，及时进行问题跟踪和处理，完成20余项系统优化工作，分别涉及风险管理、统计报表、资金计划、评级授信等功能模块，保证了系统安全稳定运行，提升了用户服务满意度。同时，根据业务发展需要，完成了法透业务、电票业务的系统开发；积极推进信息化建设，配合做好“皖财通”业务系统与集团财务管控系统接口改造的对接工作；认真落实人民银行LPR改革部署，完成“皖财通”业务系统贷款利率模块升级工作。

【企业文化建设】公司坚持以社会主义核心价值观引领企业文化建设，认真宣贯集团公司“三源文化”，并结合公司实际和行业特点，提炼了具有财务公司特色的“三心”文化，“三心”即“贴心”“匠心”“戒心”，并从功能定位、内部管理、风险防控三个维度赋予其具体内涵，概括为“贴心”服务、“匠心”管理、“戒心”防控。公司将构建“三心”文化作为年度重点工作统筹推进，扎实开展了“三心”文化大讨论、“三心”文化征文、征文汇报会等活动，使“三心”文化的理念深入人心，进一步增强了公司全体员工的向心力、凝聚力和战斗力，进一步提高了公司职工的责任感和归属感。

安徽省皖北煤电集团财务有限公司

【集团概况】安徽省皖北煤电集团有限责任公司（以下简称“集团”）是安徽省属重点企业集团，2019年集团紧紧围绕“开源节流、提质增效、稳健运营、科学发展”的工作主题，切实践行“共建幸福家园，共享美好生活”的奋斗目标，推动企业高质量发展不断取得新进展。集团现有在岗职工2.50万人，主要产业地跨全国七省十五市，主营业务包括煤炭、电力、化工和物贸，是产物贸一体化、跨区域经营的综合性企业集团。2019年生产煤炭2000万吨，实现营业收入373亿元，利润总额4.90亿元，位列2019年中国企业500强第472位，中国煤炭企业50强第22位。

【经营概况】2019年，安徽省皖北煤电集团财务有限公司（以下简称“公司”），始终践行“依托集团、服务集团”的经营理念，完成了全年的各项经营计划与考核指标。公司实现营业收入1.29亿元，利润总额0.77亿元。资本充足率为23.76%，流动性比例为37.74%，贷款拨备率为4.0%，不良贷款率为零。截至2019年12月末，公司拥有总资产38.56亿元，其中负债31.66亿元，所有者权益6.90亿元。2019年5月，同业拆借入市资格获批；10月公司正式接入上海票交所电票系统，为下一步拓展业务打下了坚实的基础。

【服务实体】截至2019年12月末，公司累计发放流动资金贷款26.47亿元，较年初增加1.32亿元，资金投向均为实体经济行业；同时协助成员单位向外部金融机构融入资金202亿元。公司信贷业务的贷款中实行基准利率（或LPR）政策的贷款金额合计5.45亿元，实行基准利率（或LPR）下浮政策的贷款金额合计17.30亿元，实行基准利率（或LPR）上浮政策的贷款金额合计3.72亿元。公司始终坚持服务实体经济的工作重心，有计划地降低实体经济客户贷款执行利率；2019年公司信贷业务的加权平均利率为4.06%，较2018年降低了57个基点，帮助客户降低融资费用1423万元。

【票据业务】2019年10月，公司正式接入上海票交所电票系统；下一步，公司将大力推进电票业务，尽力满足成员单位的票据业务需求，有助于节约融资成本，提高资金使用效率。2019年，集团授权公司与工商银行、农业银行、建设银行、徽商银行等多家金融机构合作开展票据池业务，截至2019年底，公司通过票据池业务累计为集团办理质押融资15.93亿元，为集团资金链的稳定作出了一定的贡献。2019年5月16日，公司同业拆借入市资格获批。

【资金集中】2019年，按照集团资金归集的要求，以集团参股公司为工作重点，积极营销成员单位加入资金池，开展各成员单位在外行账户的清查、检查工作。加强对集团控制能力相对较弱的参股单位以及其他成员单位的存款营销工作，做好资金集中管理和调度工作。截至2019年底，有84家成员单位在公司开立账户149户，办理结算5.28万笔，资金结算量约1359.57亿元，可归集口径资金归集度为93.84%。

【信贷业务】2019年，公司发放自营贷款28笔，发放贷款金额26.47亿元，同比增加1.32亿元，增幅为5.25%；办理担保业务1笔，金额300万元。公司加强信贷资产管理，强化贷前调查、上会审查和贷后检查的监管机制，持续跟踪贷款企业状况，确保贷款的安全。2019年，各项贷款利息回收率达100%。

【风险管理和内部控制】公司开展风险管理建设，以风险防范为第一责任。第一，健全法人治理，完善组织结构，规范“三会”和经营班子之间的责、权、利，保证组织架构之间的相互制衡。构建了业务部门、风险管理部门、稽核审计部门三道防线。第二，加强规章制度体系建设，健全内部控制制度。第三，建设、完善信息系统，推行结算、信贷等核心业务的全流程风险管控。第四，积极开展风险文化建设，提高全员风险管理意识。第五，安排季度风险排查和内控、合规检查，对发现的问题进行深入分析，制定整改方案，积极落实，切实提高风险防控能力。2019年公司风险管理水平进一步提高，未发生一起风险事件，筑牢风险管理和内部控制的防控篱笆，有力地保障了公司的稳健运营。

【内部稽核】公司按照年初审批的稽核计划，采取全面稽核和专项稽核相结合的方式，实现对部门业务稽核的全覆盖，对科技信息、绩效薪酬和反洗钱进行专项稽核，配合监管部门完成案件防范警示教育和“巩固治乱象成果促进合规建设”专项活动，对稽核和监管部门发现的问题整改到位，给予相关人员批评教育与经济处罚，持续优化制度和工作流程，充分发挥内部稽核独立的监督职能，确保公司业务合规稳健的运营。

【信息化建设】2019年，完成了计算机房建设、搬迁及数据迁移工作，公司核心业务运营系统、银保监局政务办公系统、省金融城域网等稳定有效运行，全年无事故发生。2019年，公司的信息化建设取得了很大成绩，电子商业汇票业务和反洗钱系统正式上线运行，二代征信系统完成了系统开发、测试工作。在网络安全方面，新增了堡垒机、入侵检测等软硬件防护设备，加强了网络防御功能。核心数据实现实时备份，保证业务数据的安全性和连续性。

【人力资源管理】公司着力于加强人才队伍建设，开展职工培训，不断优化人力资源。2019年，通过公开招聘方式充实5名员工，进一步优化公司员工年龄结构。强化干部队伍建设，选拔8名中层管理干部，着力培养一支特别能战斗，特别有担当的金融专业队伍。加大内部轮岗力度，鼓励员工参加各类专业资格考试，不断增强干部职工综合素质能力。

【企业文化建设】2019年，公司持续构建和谐企业文化生态，努力增强员工归属感，积极引导员工融入集团企业文化；组织开展企业文化专题调研和主题教育学习；积极开展“不忘初心、牢记使命”主题教育活动，邀请市委讲师团现场讲课。通过形式多样的企业文化建设，公司凝聚力和向心力进一步提升，企业氛围更加浓厚。

鞍钢集团财务有限责任公司

【集团概况】鞍山钢铁集团有限公司（以下简称“集团”）于2010年5月由鞍山钢铁集团公司和攀钢集团有限公司联合重组而成。鞍山钢铁集团公司是新中国第一个恢复建设的大型钢铁联合企业和最早建成的钢铁生产基地；攀钢集团有限公司是世界最大的产钒企业，是我国最大的钛原料和重要的钛白粉生产基地。2019年，集团以2018年末236.19亿美元的营业收入第六次进入世界500强企业，位列第385位，创历史新高。

【经营概况】2019年，鞍钢集团财务有限责任公司（以下简称“公司”）紧密围绕集团新时期发展战略，积极发挥“资金归集、资金结算、资金监控和金融服务”四个平台作用，全面提升金融服务能力与价值创造能力。2019年实现利润总额5.48亿元，实现外部创效2.63亿元，外部创效占比为47.99%，完成了集团业绩考核目标。

【服务实体】坚持“以客户为中心，以需求为导向”，变坐商为行商，客户经理主动深入14家重点企业进行实地调研，针对客户存在的资产负债率高、存量资金难以盘活等问题，为客户量身定制综合金融服务方案。对接处僵治困企业，为其提供贷款、贴现、保函等累计金额4.36亿元，切实缓解企业资金压力。创新性开展融资租赁业务，帮助成员单位缓解资金压力、降低财务杠杆、享受税收优惠。

【信贷业务】2019年累计为成员单位发放贷款246.23亿元，发放贴现65.69亿元。利用金融牌照优势融入低成本资金，免收成员单位结算、委贷手续费，推进LPR利率机制改革，金融产品平均价格低于同业标准，最大限度地让利成员单位，2019年为成员单位节约成本费用2.22亿元。

【资金业务】鉴于2019年银行间市场流动性相对充裕，货币市场持续宽松，存放同业综合利率下降明显，公司时刻关注商业银行金融产品利率走势，有效规避利率风险；积极与商业银行洽谈，寻求兼顾期限、收益、安全的金融产品，促进集团资金的保值增值，2019 年同业存款平均利率为 2.95%，较年初减少 0.18 个百分点。

【投资业务】积极与金融机构谋求合作，争取新增有效授信，打通外部融资通道，共同为集团及成员单位提供资金支持。2019 年，公司开展同业拆借 123 笔，合计金额 586.60 亿元，债券正回购 32 笔，合计金额 87.90 亿元。新增与东方电气财务公司、中国中车财务公司等同业授信，年末金融机构授信额度达 250.25 亿元，较年初增加 41.45 亿元。

【票据业务】推进票据集中管理，与 124 家成员单位签署票据业务服务协议，积极向上海票交所申请票据线上清算资格，成为首批实施电子商业汇票系统（ECDS）线上清算功能的财务公司。加大对产业链客户的开发与资源配置力度，将成员单位贴现资产与产业链客户贴现资产比例从年初的 8:2 提升至 7:3。

【外汇业务】拓展资金集中管理功能，实现境内中国银行外币银企直连。发挥跨境资金池通道功能，调剂境内外资金余缺，2019 年累计办理外债借入 4 笔，金额 1.08 亿美元，办理境外放款 1 笔，金额 700 万美元。积极开展结售汇业务，2019 年累计为成员单位办理结售汇 5072 万美元，为成员单位节约汇兑成本 34 万元。

【资金集中】发挥跨境资金池通道功能，调剂境内外资金余缺，成立境外财资中心搭建工作推进小组，完善 SPV 公司境外资金管理平台建设。建立“集中运作、统一调度、实时监控”的总分公司一体化资金运作机制，实施“月总结、周计划、日调度”的资金管理模式，根据区域资金市场走势、资金头寸及成员单位需求等情况跨区域调度资金。

【业务创新】成立产业链金融领导小组和推进小组，协助集团盘活存量资源，延伸产业链条。以集团产业链供销网络为依托，收集一手客户资料及市场信息，大力推广“一头在外”票据贴现业务，2019 年新增产业链客户 63 家，其中纳入重点客户 9 家；累计办理“一头在外”产业链贴现 2772 张，金额 30.43 亿元，实现贴现利息收入 6585 万元。

【风险管理和内部控制】全面梳理 2019 年公司重大风险工作任务清单，制定重大风险解决方案，确保公司防范化解重大风险任务有效落地。加强合同管理，持续完善合同文本库，2019 年修订合同文本 25 项，经法律审查合同 67 项。转变稽核工作思路，以公司重点业务为主线，跨部门开展稽核检查，全方位、多角度排查风险隐患。

【人力资源管理】规范选人用人政策执行和日常监督管理工作，完善激励约束机制，突出业绩导向，建立自管领导人员考核评价办法。建立内训师管理体系，挖掘公司内部资源，促进先进管理经验、专业知识和工作技能共享。制定人才梯队建设与培养方案，做好各层次关键岗位后备人才储备。

【信息化建设】制定信息化三年发展规划，分三个阶段推进信息化系统建设。与交通银行北研中心联合建设新一代核心业务系统，逐步完善金融平台功能，推进系统无纸化、线上化、智能化建设，增强金融平台服务能力和保障能力。

【企业文化建设】组织参加庆祝新中国成立暨鞍钢开工 70 周年爱国主义歌咏展演、“书香财司”、登山踏青等文娱活动。持续推进“践行共享理念　关爱一线员工”专项服务行动。公司持续推进“136”模式，加速党建工作与中心工作深度融合。扎实开展“不忘初心、牢记使命”主题教育。深入推进党风廉政建设，切实加强党风党纪教育，营造有利于党员干部干事业、有利于风清气正的政治生态的廉洁氛围。

百联集团财务有限责任公司

【集团概况】百联集团有限公司（以下简称“集团”）是中国规模最大的国有商贸流通产业集团，集团成立于2003年，主要业务涵盖主题百货、超商、购物中心、奥特莱斯等零售业态，经营有色金属、汽车、电子商务、仓储物流、消费服务、电子信息等领域。十余年来，集团商贸产业发展遍布全国20多个省市，初步形成了全国拓展布局，并建成了线上线下联动的全渠道网络。2019年，集团营业收入和利润总额实现双增长。

【经营概况】2019年，百联集团财务有限责任公司（以下简称“公司”）围绕集团“十三五”战略规划实施，不断深化金融服务水平，提升服务实体经济质效，积极向高质量发展推进。2019年末，公司资产总额为人民币153.16亿元，实现营业收入人民币4.57亿元，利润总额人民币1.07亿元，超额完成全年经营目标，连续两年被中国人民银行上海分行评为综合评价A类机构。

【服务实体】公司坚持以成员企业的金融服务需求为导向，走与银行相比差异化、特色化道路，打造财务公司的“小而全且美”。一是紧密契合集团商贸行业特点——金额小、批次多、品类全，积极搭建多层次的金融产品体系；二是精准施策，为集团新零售项目和创新业态开发定制化结算服务和金融产品，为集团成员企业积极对接第二届进口博览会提供融资支持；三是积极延伸供应链金融服务领域，助力集团供应链的价值创造。

【信贷业务】公司聚焦集团的攻坚转型和创新发展，推动为战略业务提供金融服务。一是加大对奥特莱斯、购物中心等零售业态项目及汽车板块等创新转型项目的信贷支持；二是精准分析集团新业态企业需求，以多样化的产品品类，规范的贷款管理满足资产业务各方的诉求，扩大融资渠道。

【供应链金融】2019年，公司加快推动供应链金融线上业务，落实“智慧供应链金融综合服务方案”：加强与核心企业合作，通过优化营销模式、广拓营销渠道开展针对性营销，供应链金融服务领域不断延伸；结合百货、超商业态的不同特点，优化定价定量模型和风控模型，探索基于数据流的全流程风险管理，积极服务中小企业。2019年，公司供应链金融业务稳步增长，融资余额增长率达103.05%，业务无逾期，五级分类均为正常类。

【投资业务】公司严格执行资管新规和投资新政，审慎开展投资业务，稳健扩大投资品类，有力提升资金收益。一是积极开辟金融市场业务，灵活运用转贴现、同业拆借、同业存单等金融工具拓展融资渠道；二是在坚持资金安全性、合规性的前提下，把握市场良机，灵活配置金融资源，获得较好的资金收益；三是强化投融资业务的规范化管理，从授权机制、制度流程、投后检查等方面完善财务管理体系。

【票据业务】2019年，公司丰富以承兑、贴现及转贴现为业务基础的全流程票据一站式金融服务。一是围绕百联汽车、物贸股份等企业拓展票据应用场景，扩大票据业务规模；二是金融赋能推动有色金属等平台交易，促进其交易量大幅提升；三是做深做广票据承兑与代理开票等基础业务，加大推进财务公司电票承兑业务，提升市场认可度。

【资金集中】2019年，公司再深化资金集约，充分发挥平台优势，层层破解归集难点：提供个性化方案，助力成员企业整合实现收支两条线的新型结算；推出跨银行、跨区域资金池管理模式，解决零售业态市外资金集中管理的难题；形成连锁网络门店结算方案，实现新零售小业态连锁门店资金集中管理。

【业务创新】 2019年，公司破解新零售小业态连锁门店、零售业态市外资金集中管理等难题，结合集团第三方支付安付宝聚合支付以及财务公司银行账户簿记功能，实现市内、市外连锁门店的统一收款、统一支付，实现资金集中；同时以成员企业的金融服务需求为导向，积极开发设计，推出国内信用证融资、代理国际信用证、综合票据服务方案等一系列业务产品及服务。

【风险管理和内部控制】 公司着力完善内控管理短板，风险管理水平和抵御风险能力持续提高。一是建立、完善内控管理工作清单，突出过程管理，强化员工行为管理，完善合规考核体系；二是聚焦风险防范排查，突出重点领域、关键环节，落实全面风险管理责任，使公司风险管理水平与监管方向同步。

【信息化建设】 2019年，公司加快金融科技赋能，落实数据治理实施规划：搭建虚拟化平台，有效整合系统资源，提高资源利用率；完成核心业务系统升级，及时提供准确、完整、实时的业务分析、监管报送、风险管理以及决策支持；创建基于数据仓库的数据治理平台，提升大数据辅助精准管控和科学决策能力；多举措确保信息安全，落实网络安全责任制，提高信息系统应急保障能力。

【企业文化建设】 公司坚持党建引领促发展，聚焦重点任务，不断抓实党建工作。一是以习近平新时代中国特色社会主义思想为指导，通过授党课、集体研讨及学习强国等形式强化理论学习；二是认真组织开展主题教育，坚持与工作实践、公司战略相结合，推进主题教育成果转化；三是加强组织文化培植，通过开展主题党日活动、拍摄《我和我的祖国》快闪短片等凝聚正能量、营造积极的团队氛围。

包钢集团财务有限责任公司

【集团概况】 包头钢铁（集团）有限责任公司（以下简称“集团”）继续推进以稀土为重心的战略转型，做强做优钢铁、稀土两大主业，推动产业协同发展。产品结构高端化，汽车板、家电钢等高效益产品超产增效2.19亿元，开拓海外市场，出口钢材235万吨，创历史新高，累计创汇13亿美元，稀土产品出口量保持全国第一。推动首批债转股77.35亿元资金到位，资产负债率降至75%。开展“四降两提”工程，降低各类成本23亿元。2019年实现营业收入880亿元，创历史新高；利润总额18亿元，实现持续攀升。

【经营概况】 2019年6月28日，包钢集团财务有限责任公司（以下简称“公司”）召开2018年度股东会会议暨三届九次董事会、监事会。公司资产总额97.9亿元，负债总额79.2亿元，所有者权益总额18.7亿元。营业收入27228.28万元，利润总额21987.87万元。监控及监测性指标均符合监管规定。

【服务实体】 公司实施“四降两提”工程，为集团降低财务费用5000万元。出台降费让利举措服务集团成员单位，调整存贷款利率水平让利2291.96万元。对成员单位17笔贷款给予贷款利率下浮15%～20%，让利1884.54万元。从6月4日起，对所有成员单位的存款利率由基准利率上浮1.3倍提高至1.5倍，成员单位增加利息收入407.42万元。积极协助集团推进市场化债转股项目，首批债转股全部落地。

【信贷业务】 公司信贷规模年末保持57.02亿元。合理分配成员单位综合授信，调整中长期贷款比例，制定优惠利率定价策略，降低成员单位融资成本。提升信贷业务效率，实现信贷业务线上流程操作，降低业务操作风险，信贷项目周期缩短50%。积极支持新兴产业及非钢产业的发展，创新和丰富金融产品，满足成员单位多样化的资金需求。

【资金业务】公司强化资金运营能力，科学进行头寸管理，统筹进行资金短期、超短期同业操作，通过期限、头寸的错配对接同业资金和同业票据，盘活资金，争取同业存放资金整体收益。2019年授信10家同业机构，授信额度65亿元。同业定存发生22.50亿元，同业活存1193.48亿元，实现同业存款收益1212.60万元。

【票据业务】公司搭建以提高票据使用效率和票据收益为宗旨的兴业银行票据池、交通银行票据池、浙商银行票据池，丰富票据融资手段。根据票据市场价格走势，结合融资结构、销售回款中现款与承兑汇票的占比以及支付结算中对现款与承兑汇票的需求，优化询价机制，在满足现款支付需求的同时降低成员单位贴现成本。

【外汇业务】公司利用中国银行和兴业银行两家跨境资金池，调剂集团内部单位外汇头寸，运用跨境资金池合理、高效地归集运营外汇资金，完成资金上收及下拨等业务，节省财务费用1898.18万元。

【资金集中】公司梳理成员单位开户情况，符合监管要求的成员单位92家，开户企业78家。修订《包钢集团财务有限责任公司结算账户管理办法》，从制度层面进一步规范开户流程。积极履行集团资金集中管理功能，新增北方稀土和铁捷物流两家单位的资金集中。通过开展“定存”、网上结算等服务手段，吸引成员单位存款，全口径资金集中度为43%。

【业务创新】2019年8月，公司为包钢国贸公司开出担保金额为3亿元的自治区首单财司海关税款保函，为包钢国贸公司节约120万元财务费用；利用浙商银行“至臻贷”业务平台，单日节约利息25万元。

【风险管理和内部控制】持续完善制度管理工作，优化修订制度流程，对业务部门9项制度进行合规审查。对新颁布的两项法规——《商业银行金融资产风险分类暂行办法》《应收账款质押登记办法》进行政策解读。完善流动性风险管理工作，进行流动性压力测试，提高流动性管理精细化水平和应急处置能力。梳理成员单位开户情况，进一步规范开户流程。

【人力资源管理】公司系统实施全员素质提升工程，加大员工教育培训力度，建立健全分级分类培训体系，实现学习讲堂长效化，2019年授课40余次。健全完善专业技术人才职业成长渠道，员工培训率达到100%。

【信息化建设】公司制定《包钢财务公司信息科技数据管理制度》，信息科技数据管理制度化。上线九恒星资金管理系统的信贷系统和票据贴现系统，实现信贷业务全流程管理。聘请第三方评测机构——中国软件评测中心对公司信息科技风险进行评估。依据评估结果进行整改与调整信息科技中长期规划。

【企业文化建设】公司深入集团生产一线车间班组开展金融知识公益宣传活动。组建包头市银行业网络文明宣传队伍。启用公司微信公众信息平台，及时发布票据签发情况，方便客户咨询。献礼新中国成立70周年，对公司成立8年进行“不忘初心，回望来路”系列报道。推进“四必清、五必谈、六必访”工作，关心职工，凝聚职工力量。公司党支部强化政治引领，抓支部基础建设、部门廉政考评，确保压实党建工作各项责任。深入开展“不忘初心，牢记使命”专题教育活动。与工商银行包钢支行结成党建共建单位，参加党建共建单位“不忘初心，牢记使命”学习强国知识竞赛活动，获得团体第一名。组织特色主题党日活动，参观五原抗战纪念馆、党员读书分享会。开展深入整治“四官”问题，净化政治生态的行动。全面开展廉洁风险排查专项工作，建立和健全权力运行防控机制。

宝钢集团财务有限责任公司

【集团概况】 2019年，中国宝武钢铁集团公司（以下简称“集团”）持续推进深化改革与转型发展，全年实现钢产量9522万吨，实现营业收入5566亿元，利润总额345亿元，经营利润保持历史较好水平，位列《财富》世界企业500强第149位，在全球钢企中排名第二；连续被《财富》杂志评为最受赞赏的中国公司，且首次进入前十名；国际三大评级机构——标普、穆迪、惠誉继续给予全球综合性钢铁企业最高信用评级。

【经营概况】 宝钢集团财务有限责任公司（以下简称“公司”）聚焦“财资服务”和“产业链金融”两大领域，加快整合融合，加速创新发展。2019年实现税前利润3.62亿元，经济增加值（EVA）实现1.21亿元，净资产收益率为11.7%。继续维持良好的监管评级（1B级）。

【信贷业务】 根据中国人民银行货币信贷政策和贷款利率定价要求，灵活配置信息资源，探索LPR定价模式。配合集团去产能和两金压降，推进有保有压、有扶有控的差异化信贷策略，优化信贷结构，满足成员单位资金需求。2019年公司累计发放成员单位贷款215亿元，开立财务公司电子承兑汇票36亿元。

【产业链金融】 2019年，公司克服市场竞争加剧、利差空间收窄、资金来源短缺等诸多困难，供应链融资业务继续保持高速增长。2019年供应链融资发生额276亿元，同比增长52%；服务上下游产业链客户1070家，同比增长65%；下游融资快速增长，业务结构得到改善。加快与宝武钢铁生态圈协同共建，成为首家提供“通宝”融资的金融机构，促进了“通宝”的开立和交易。与西电财务公司、马钢财务公司、一汽财务公司、中油财务公司等建立“财财合作”，打通产业链上下游财票互信，探索生态圈共建共享合作模式。

【资金业务】 自营投资坚持谨慎原则，主要投资于固定收益类品种，保障资产安全，保持盈利稳定。在流动性管理方面，利用银行间市场会员身份，扩大交易对手，提升交易能力，抓住关键时点灵活开展多级备付资金的组合运作，2019年货币市场交易量超过3000亿元。

【票据业务】 为核心企业搭建的票据平台二期项目顺利上线，实现了票据上收、下拨、拆分、内部票据背书、资金平台联动等功能，支持核心企业实现体系内票据资源共享，经济效益显著。为成员单位定制个性化票据服务方案，为票据集中结算创造条件。针对中小城商行信用风险及各类票据风险多发情况，全面排查库存票据，及时处理化解风险，并通过案例分析、风险提示、专题培训等方式，助力成员单位提高票据风险防范意识。

【外汇业务】 组建跨区域外汇服务团队，外汇业务量大幅增长，外汇专业化能力提升。2019年即远期结售汇业务发生额5.45亿美元，同比增长148%；外汇线上结算一期项目正式上线，完成首笔线上购汇和资金汇划业务，有效解决线下结算低效问题；提供汇市分析、价格盯盘、专项报告、交易策略等多种服务。

【结算和资金集中】 2019年，公司新开通电子回单直连功能，操作便捷，效率提高，全年办理结算流量4.27万亿元，业务量110万笔。按照管办分离的原则，推进账户和资金集中管理服务，满足个性化的管理需求。根据集团“应上尽上、应连尽连”的账户管控要求，依托银财直连和SWIFT技术，推进境内外账户的可视化管理。“应上尽上”新增平台账户239个，“应连尽连”新增直连账户688个，SWIFT对接境外账户276个，有力辅助集团加强穿透式监督。

【风险管理和内部控制】接受上海银保监局现场专项检查，逐条制定整改计划并扎实推进。全面启动规章制度的修订工作。根据监管要求，做好案件风险合规、警示教育、扫黑除恶、股东资质审查等专项自查工作。落实人民银行反洗钱要求，开展员工反洗钱专题培训，提升反洗钱意识和风控能力。

【信息化建设】制定金融科技三年规划，对信息化建设进行顶层设计。改版公司网银、升级APP、推进在线移动证书项目，开发CRM（客户关系管理）系统，支撑业务电子化、线上化、智能化发展。做好网络安全宣贯和监督检查工作，确保无重大网络安全问题。提升系统整体应急能力，保障系统运行的安全性和稳定性。

【企业文化建设】秉承集团“诚信、创新、协同、共享”的企业价值观，打造具有公司特色的企业文化，建设“敬业、专业、勤业、乐业”的金融服务团队。利用微信公众号、网银、海报、易拉宝等，加大宣传力度。开展迷你马拉松、趣味运动会、党支部共建等丰富多彩的活动，增强团队凝聚力。

2019年6月，公司党委成立后，快速建立健全党群工作机构，完善党委工作体制机制和纪检监督体系。修订《“三重一大”决策实施办法》，强化党委“把关定向”作用。修订《公司章程》，把坚持党的领导写入章程，将党建与公司治理紧密结合。坚持党管干部，党管人才，通过集中轮训、月度讲台、“三会一课”、网络学院、轮岗交流、党员登高等活动，提升全员能力素质。

宝塔石化集团财务有限公司

【集团概况】宝塔石化集团（以下简称“集团”）创立于1997年，是一家以石油化工为主营业务，产学研一体化，产融结合、协同发展的大型企业集团，集团拥有国家发展改革委、商务部审批的原油进口配额及资质、原油进口使用资质、国际原油贸易资质、成品油批发资质、燃料油进口资质，是“五证齐全”的民营石化集团。

【经营概况】2019年，宝塔石化集团财务有限公司（以下简称“公司”）资产总额82.35亿元，同比减少44.27亿元；所有者权益-55.18亿元，同比减少41.98亿元；营业收入-1.78亿元，同比减少4.99亿元；净利润-40.72亿元；资本充足率为-397.55%。

【信贷业务】2019年，因发生票据逾期兑付产生流动性风险，公司对信贷业务、票据业务、资产类业务逐一排查梳理。多次召开专题会议研究、部署，严格规范梳理清收工作流程，加大贷款催收力度，减少存量贷款。

【风险管理和内部控制】2019年，在风控管理方面，公司按照监管机构文件要求完善内部管理制度，积极参加监管部门各项指导培训，及时做好各类报告、报表的报送工作。鉴于公司发生兑付危机，风险管理工作由正常业务的风险审查及贷后工作转换为涉及公司的票据兑付诉讼案件及法律风险的处理，包括日常应诉、与持票人委托律师对接及各种法律事务解答、沟通等，在公司非常时期严把风控关，努力做好特殊阶段公司风险防控工作。

【人力资源管理】针对公司实际情况，进行了人才梯队建设，根据组织架构，确定公司的管理模式和管理体制，重新梳理岗位编制和岗位职责，进行工作分析，侧重于对职位体系进行梳理，重新修订岗位职责说明书，把所有岗位的级别、责任和权利明确到位，建立岗位职位等级，并根据新的职位等级补充完善薪酬管理制度；建立公司内部沟通机制，促进部门之间、上下级之间的沟通，以加强团队凝聚力；截至2019年末，公司在岗人员32人。

【信息化建设】 2019年，公司一是重点抓好安全保障及公司业务的运营与支撑，确保信息系统安全、稳定、高效、易用。二是保障核心业务系统和银企互连系统、企业客户网银系统安全稳定运行。三是结合信息化建设的需求与规划，严格按照信息化建设的相关要求对公司业务运行平台的软硬件进行升级改造，确保信息化运营稳定、安全、高效、可靠。

保利财务有限公司

【集团概况】 中国保利集团有限公司（以下简称“集团”）于1993年2月组建，为国务院国资委管理的央企之一，注册资本20亿元，主营业务涉及贸易、地产、轻工、工艺、文化、民爆、金融、丝绸和信息通信等领域。2019年，集团全面稳增长，着力促改革，奋力推动经营管理高质量发展。截至2019年底，集团总资产1.30万亿元，全年实现营业收入3900亿元，利润总额588亿元。

【经营概况】 2019年，保利财务有限公司（以下简称“公司”）以资金集中为核心开展各项工作，合规审慎开展业务。截至2019年底，公司资产640.88亿元，净资产36.19亿元，资本充足率为15.22%；全年利润总额7.20亿元，净利润5.47亿元，超额完成年度经营目标。

【服务实体】 2019年，公司紧密贴合集团产业特点，稳步推进传统业务，多措并举提升服务水平：积极对接成员单位，以贷款、票据、参与认购成员单位各类债券等方式解决企业资金需求；继续大力支持棚户区改造和保障性住房等民生项目建设；不断优化服务收费管理，坚持最大限度给予成员单位存贷款利率优惠和收费减免，全年累计帮助成员单位节约财务费用2.20亿元。

【信贷业务】 截至2019年末，公司自营贷款余额96.08亿元，委托贷款余额8.50亿元，服务范围覆盖集团各个主业，全国26个省、自治区、直辖市。

【资金业务】 2019年，公司坚决贯彻“保障资金安全、稳定资金流动、提升资金盈利”的经营方针，强化流动性管理：（1）通过创新业务和提升服务实力，增加稳定的资金沉淀。同时根据成员单位存款结构，做好资金规划。（2）密切关注市场流动性变化，结合货币政策及市场价格变动，及时调整资金期限结构。（3）拓宽同业合作渠道，优化调整合作产品范围和结构，完善同业存放标准，确保资金安全，提升资金管理效率。

【投资业务】 2019年，公司投资策略坚持“严控风险、适度收益”的原则，一是聚焦集团主业相关的金融产品，加大对成员单位的金融支持；二是完善投资操作管理办法，有效防范风险；三是按照“低风险、高稳定性、高流动性”的思路，做好货币基金类投资，并增加逆回购等流动性管理手段；四是加强宏观政策研究，配置政金债、基金等低风险产品，获取利率下行的市场超额收益。日均投资规模同比增加16.80%，产品收益表现稳健，无亏损记录。

【票据业务】 公司通过商业汇票承兑及贴现等方式，继续扩大票据业务规模，协助成员单位拓宽支付结算渠道。截至2019年末，票据承兑余额34.18亿元，贴现余额30.83亿元。

【外汇业务】 2019年，公司在与集团新增业务板块深入沟通的基础上，加强与合作金融机构的交流，继续优化和完善已有的外汇业务。公司通过自身交易优势，扩展集团下属贸易型企业的合作范围，业务规模稳步提高。2019年公司为成员单位办理代客结汇业务2702万美元，代客购汇业务3335万美元。公司继续加强外汇业务政策的学习研究，为自身外汇业务发展积累经验，特别是在跨境双向人民币资金池业务方面，为集团部分板块提供了切实有效的服务。

【资金集中】2019年，公司坚持以服务成员单位需求为原则，继续围绕全面提升资金集中管理开展各项工作。一方面，加大与集团新增加板块的沟通力度，吸引板块内成员单位在公司办理业务；另一方面，继续优化业务系统功能，提高支付结算效率；适时推出创新型产品，调动成员单位的积极性，增加资金沉淀。截至2019年末，公司吸收存款602亿元，同比增长27.54个百分点。

【风险管理和内部控制】2019年，公司内控体系运行情况良好，风控措施到位，各项监管指标合规，未发生任何案件。公司不断提升内部控制水平，进一步提高合规经营类和风险管理类指标的权重；完善《内控管理手册》，新增制度8项，修订制度4项；开展各类风险排查和评估共计43次，完成信息科技专项审计和日常稽核工作，实时监控各类监管指标，确保业务合规开展。

【人力资源管理】2019年，公司紧紧围绕行业定位和发展战略，广泛调研、积极探索适合公司创新发展的部门规划、人才配备及薪酬与绩效考核等，制订了人力资源发展三年规划。结合规划，通过扩大营业面积、梳理岗位划分、补充专业人才等措施，进一步优化人员配置及部门职能。

【信息化建设】公司不断加强信息系统及相关制度建设，提高信息系统对业务开展、决策分析和风险管理的支持力度。2019年，信息化建设主要以“创新IT管理架构、巩固核心数据安全、提升对外服务水平”为重点，建设虚拟化应用平台，实现IT资源统一运维管理；建设异地灾备系统，提升数据安全等级；为成员单位开发财企接口、实名收款等功能，提升支付结算效率，提高服务水平。

【企业文化建设】2019年，公司发展及转入党员3名，党员人数占全员的53%；召开11次主题教育会议，征求意见并制定具体整改方案；开展“弘扬塞罕坝精神 做优秀共产党员”主题教育、支部书记讲授专题党课和党员知识竞赛等活动。公司提出行业热点研究课题，鼓励员工写论文、出成果；开展新员工培训，使其能更快融入工作环境、适应工作岗位；组织趣味运动会、知识竞赛、保利大讲堂、快闪等文体活动，丰富职工文化生活。

北大方正集团财务有限公司

【集团概况】北大方正集团（以下简称“集团”）拥有方正信息产业集团、北大医疗产业集团、北大资源集团（管理）、北大方正物产集团以及金融产业等投资控股公司。在2016年至2020年的五年中，集团将以IT、医疗、金融三大产业为核心支柱，并在地产、教育等产业形成特色优势，逐步形成多产业协同的发展格局。

【经营概况】截至2019年末，北大方正集团财务有限公司（以下简称“公司”）资产总额84.61亿元，各类资产质量良好。所有者权益总额57亿元，较上年增长1.03%。2019年实现主营业务收入3.74亿元，净利润1.86亿元。成员单位已开户117家，全年资金结算超过4905亿元。

【信贷业务】表内业务方面，2019年末公司全口径贷款余额79.19亿元，全部为自营贷款余额，票据贴现余额为零。表外业务方面，公司为成员单位提供委托贷款、担保等业务服务。2019年末财务公司委托贷款余额3.77亿元，担保余额19.10亿元，承兑余额13.48亿元。

【资金集中】2019年，公司资金集中工作稳步推进，全年日均存款超过39.79亿元。2019年，公司继续推行并优化成员单位非直连银行账户余额报送系统，在精准掌握每家成员单位的资金存放情况的同时，不断建设完善存贷款利率定价机制。伴随着利率市场化的趋势，公司在支付结算费用以及利率政策上最大限度让利于成员单位。

【票据业务】2019年，公司全年为成员单位办理承兑13.48亿元，并积极推动财务公司承兑汇票在市场上流通转让，为成员单位增信，拓宽成员单位融资渠道，降低融资成本。2019年，票据贴现业务继续重点扶持集团内小微企业，全年成功申请人民银行再贴现额度9496万元。

【资金与投资业务】2019年，公司开展有价证券投资业务，严格按照集团战略导向，在保证本金安全，保障流动性的前提下，坚持审慎投资原则，投资于流动性强、风险级别极低的固定收益类品种。公司成功运行了投资及同业业务系统，完善并丰富了监控投资及同业资金业务的技术手段，实现了交易对手统一授信管理。系统可有效识别和检测交易对手，进行投资额度的有效监控，实现台账管理、记账、输出数据等功能自动化，通过电子化手段提高对市场风险的把控。

【风险管理和内部控制】2019年，公司风险管理政策以“合规、稳健”为原则，继续紧抓合规经营不放松，完善公司治理、做实资产质量、强化合规意识；加强资金归集和流动性风险管理，适度降低资产久期，落实压力测试和流动性风险应急预案。信用风险管理方面，落实贷款“三查”，合理控制表内外风险敞口，继续执行同业业务统一授信管理。流动性风险管理方面，实时监测成员单位舆情变化、关注表外负债向表内的传导性，每季度开展流动性风险压力测试。

2019年，公司不存在外部侵害事件、重大金融纠纷等法律风险。合规部对公司制度进行全面梳理，修订制度22项，新增制度2项，公司共有制度116项。组织了2次专项合规培训，发表多篇专业研究论文及普法文章，同时更新了《法规汇编》。

【人力资源管理】2019年，人力资源管理主要围绕“稳定组织”“赋能组织”两大目标开展工作。稳定组织，主要稳定核心人才队伍，重视核心岗位继任人才梯队建设，核心岗位继任人才配比达1:2.5，予以重点培养。另外，组织开展跨层级沟通活动、薪酬结构调整以及员工敬业度调研和分析等工作。依托商学院，开展内部多样化的学习活动，以及集团内兄弟公司之间的学习项目，参加监管部门、行业协会组织的学习活动，为人才培养赋能，持续打造公司学习型组织文化氛围。

【信息化建设】2019年，在信息系统建设方面实现公司核心业务系统安全整改，并根据业务部门需求，对客户信息行业、转贴现买入及自动出入库、结算及成员单位使用优化等功能进行了改造；建设ACS系统与人民银行连接。在日常运维方面，每个工作日查看服务器及系统运行状态；每月对小型机、核心网络设备等机房设备进行一次详细的巡检；每年做各项应急演练，提升突发事件处理能力。

【企业文化建设】2019年，公司不断加强企业文化建设，通过开展妇女节国画培训活动、秋游、团队拓展等活动，丰富员工业余生活，增进彼此间情感交流，营造健康向上、充满活力、团结协作的企业文化氛围。2019年，公司充分发挥党支部作用。在理论学习方面，集中学习上级印发的相关文件，扎实开展“不忘初心、牢记使命”主题教育活动，公司党支部制作四期系列微党课，及时了解和学习党的最新方针政策。在党建活动方面，将企业文化与党建活动相结合，开展各类形式多样的党建活动，如观影活动、建国70周年摄影大赛、红色主题教育活动、关爱听障儿童公益活动等。2019年公司党支部获评为方正集团“先进基层党组织”。

北京金融街集团财务有限公司

【集团概况】北京金融街投资（集团）有限公司（以下简称“集团”）成立于1992年，是一家多元化国有投资企业集团，业务覆盖北京、上海、天津、重庆等近20个省市。业务范围涵盖政府重点工程、房地产开发、物业经营与管理、金融、教育、医疗健康、文旅体育等产业。集团位列中国企业500强。

【经营概况】2019年，北京金融街集团财务有限公司（以下简称“公司”）克服市场环境带来的不利影响，稳健审慎经营，深入挖掘成员单位业务需求，同时积极进行同业资金运用，提高资金集中管理效率，提高资金收益。截至2019年末，公司资产规模、营业收入等主要经营指标大幅增长。资产负债结构整体合理，资产质量优良，无不良资产。

【信贷业务】2019年，公司信贷业务保持稳健发展。在“依托集团、服务集团”的经营宗旨下，公司通过积极走访，不断深入了解成员单位，及时了解成员单位的融资需求，做到积极响应、快速推动，较好地满足了成员单位信贷业务需求，全部贷款五级分类正常。

【资金业务】2019年，公司积极开展各项业务，持续为成员单位提供市场化、专业化、定制化的金融服务，同时主动了解并挖掘成员单位潜在的业务需求。在集团的大力支持和成员单位的积极配合下，成员单位在公司的存款规模稳中有升，结算量大幅上涨。公司2019年日均吸收存款规模较2018年上涨了74%；累计结算笔数较2018年上涨了133%。公司持续为成员单位提供市场化金融产品和价格，通过专业化、定制化、多元化的金融服务，不断吸收存款，提高资金归集水平。公司与成员单位已建立良好的资金调配日常沟通机制，实时掌握成员单位的资金使用情况及资金存放性质。

【资金集中】2019年，公司积极应对外部挑战，努力克服资金稳定性低、大额资金频繁出入等不利因素，严格按照监管要求开展资金业务。在确保支持成员单位业务发展和流动性符合监管要求的基础上，公司精细化资金头寸管理，积极与同业银行询价议价，实现资金的高效调度。公司发挥资金规模优势，拓展优质同业银行合作范围，实现较高同业资金收益。2019年，公司日均存放同业款项50.24亿元，累计金额152.50亿元。

【风险管理和内部控制】结合公司实际情况及集团相关要求，对现行的公司管理制度和授权手册进行了进一步修订和完善，修订制度共计18项，形成《北京金融街集团财务有限公司制度汇编（2019年版）》，共形成各类管理制度129项，其中法人治理类12项，结算业务类9项，信贷管理类11项，金融市场类5项，财务管理类28项，风险稽核类19项，信息管理类16项，综合管理类29项。公司对《授权手册》和《内控手册》进行了修订。2019年按照监管部门要求，完善风险管理类制度，新增《洗钱和恐怖融资风险管理办法》和《流动性风险管理办法》，指导公司专项风险管理工作。

公司有序开展审计稽核工作，以“完善内部控制、防范公司风险、增加公司价值”为内审工作目标，2019年共完成审计项目11个，共发现审计问题12项，提出审计建议12项。

【人力资源管理】2019年，公司把进一步加强员工专业化培训作为年度重点工作。一是通过加强制度建设，规范并鼓励员工利用业余时间提高专业素质；二是结合业务发展需要，聘请业内领先的外部专家，有针对性地进行专项培训；三是通过组织同业交流、参加集团及行业协会举办的外部培训等多种方式对业务人员进行前瞻性的专业化培训。

【信息化建设】 2019 年，公司积极与成员单位沟通，在充分掌握成员单位需求的基础上，积极推进相关工作，对核心业务系统做了以下两方面完善与改造：一是公司通过对资金系统的改造，实现了 7×24 小时支付指令实时提交的目标，同时将原由线下办理的业务转为线上办理，成员单位业务效率大幅提升、支付到账时间统一、操作风险降低，获得了成员单位的好评。二是公司通过自主开发，向成员单位提供按日活期账户余额及变动提醒、定期存款到期前提醒和余额过低提醒等功能，以帮助更多的成员单位及时掌握公司资金存量及变动情况，提前做好资金规划。同时，向公司管理层提供每日吸收存款及变化信息。通过上述改造，公司信息系统得到成员单位更广泛的认同，2019 年成员单位代理支付业务笔数较上一年度大幅提高 180%；全年信息系统可用率接近 100%，保障了信息系统安全平稳运行。

【企业文化建设】 2019 年，公司进一步加强企业文化建设，努力营造具有审慎经营、创新发展、规范行为、人为关怀、风险管理意识的企业文化氛围。安排相关人员参加理论学习，包括民主管理、组织建设、劳动关系协调、职工技术创新及素质工程等。2019 年，公司党支部在集团党委的正确领导和大力支持下，紧紧“围绕中心抓党建、抓好党建促发展”开展工作，坚持党要管党、从严治党，坚持服务中心、强化核心、凝聚人心，坚持加强党的思想建设、组织建设、作风建设、反腐倡廉建设和制度建设，“把方向、管大局、保落实”，充分发挥党组织的领导核心和政治核心作用。

北京金隅财务有限公司

【集团概况】 北京金隅集团股份有限公司（以下简称“集团”）坚持稳中求进的工作总基调，围绕主业深化改革、激发活力、创新驱动、提质增效，截至 2019 年末，集团资产总额 2825 亿元，较年初增长 4.10%；全年完成财务口径营业收入 920 亿元，同比增长 10.70%；实现利润 80 亿元，同比增长 25%。集团营业收入和利润分列市管企业第 8 位和第 4 位，位列中国企业 500 强第 183 位。

【经营概况】 截至 2019 年 12 月 31 日，北京金隅财务有限公司（以下简称“公司”）资产总额 250.19 亿元，吸收存款余额 211.43 亿元，贷款余额 111.82 亿元，实现利润（拨备前）4.92 亿元，综合资金归集率为 72.89%，集团年度综合评价获评“优秀”。2019 年成功当选中国财务公司协会第十届理事会理事单位。

【服务实体】 公司通过传统的贷款、贴现业务，为成员单位及时补充流动资金，解决经营性资金紧缺问题；发挥金融服务平台优势，有效降低成员单位的融资成本，2019 年节约融资成本 12597.21 万元；加大产融结合力度，创新开展“一头在外”的票据贴现、成员单位产品的买方信贷、消费信贷等产业链金融业务，借助公司的金融服务产品打通成员单位的上下游业务通道，既能从产、供、销角度全方位服务成员单位，又为上下游第三方企业与成员单位的合作解决后顾之忧。

【信贷业务】 2019 年度，公司办理综合授信业务 45 笔，累计办理授信总额 219.25 亿元。2019 年，公司累计发放贷款 126 笔，金额 103.41 亿元，年均贷款余额 111.28 亿元，极大地支持了成员企业阶段性的生产经营资金周转需求，帮助解决成员企业面临的困难。在企业降本增效方面，公司金融服务平台的积极作用日益显现。

【产业链金融】2019 年，公司为供应商办理贴现业务 3.30 亿元。成员单位的买方信贷、消费信贷业务也在 2019 年逐一落地，为更好地开展产业链金融服务打下了坚实的基础。

【资金业务】2019 年公司一方面，保留了适当的货币资金量，做好流动性压力测试及演练，跟踪集团大额资金安排，未出现流动性比率违规事件。另一方面，做好公司存量货币资金的存放，在以活期存款为主的情况下，争取了较优价格，存放同业加权利率（扣除央行准备金）为 2.78%，明显高于隔夜同业拆借 Shibor 日均利率 2.18%，也高于 7 天日均拆借利率 2.59%。

【投资业务】2019 年，公司日均证券投资 19.98 亿元，实现 0.62 亿元投资收益，年化收益率为 3.11%。考虑减免所得税影响，折税前年化投资收益率 3.95%。其中，累计持有银行间市场利率债 2 亿元，取得 693 万元收益，年化收益率为 3.75%；累计持有货币市场基金等 32.11 亿元，取得 5522 万元收益，年化收益率为 3.04%。考虑减免所得税影响，折税前年化投资收益率 3.97%。

【票据业务】公司 2019 年办理电子商业汇票承兑 2223 张，票面金额合计 14.56 亿元，2019 年承兑金额同比增长 116.34%；2019 年办理商业汇票贴现 210 张，票面金额合计 3.44 亿元，只办理了一笔纸票贴现，其余全部为电子银行承兑汇票贴现。

【资金集中】公司建立了资金归集数据系统，实时掌握各成员单位的资金情况，通过直连账户可直接获取直连行数据，对于非直连行账户，从其财务系统中抓取账户信息及数据，达到成员单位所有账户纳入公司监控范围；定期由公司专人针对外部银行有较大金额资金的成员单位，核实情况并及时归集资金。

集团对下属成员单位年度考核任务书中，要求企业可动用资金日均归集率为 95%。2019 年，集团七大平台归集率完成情况均较好，可动用资金日均归集率均达到 95%。

【业务创新】公司 2019 年办理电子银行承兑汇票转贴现卖出业务 6856.94 万元，买入业务 650.20 万元。转贴现业务的顺利开展，有力地完善了公司票据业务链条，补充了公司流动性管理手段。2019 年初，公司创新投资了银行间市场利率债 2 亿元，期限 10 年，票面利率为 3.75%。2019 年，以上债券取得 693 万元收益。考虑到国内无风险利率持续下行，以上利率债已获得了一定程度的溢价。

【风险管理和内部控制】2019 年，公司风险管理部共计为 128.84 亿元的信贷业务及 24 亿元的投资业务出具风险审查意见，提出合规性审查建议和规范性方面的修改意见，确保业务合规性。此外，公司严格按照监管要求，全面开展了“巩固治乱象成果，促进合规建设”自查整治工作、股权与关联交易专项整治机构自查工作，并按要求及时报送了相关报告材料。截至 2019 年末，公司经营业务稳健发展，各项监管指标均处于正常范围内，并荣获中国财务公司协会“2019 年度行业数据统计优秀单位”称号。

【人力资源管理】公司积极参与集团开发的“金信工程”人力资源信息化系统一期建设项目工作，并伴随项目建设完成了人力资源业务梳理及搭建。依照“管理先行、系统落地、统筹规划、分期实施、快速见效”的建设思路，通过完成系统一期构建工作，保证了组织岗位、薪酬福利、干部管理、报表自助等业务模块的准时上线，实现了“数对人、算对薪”、搭建一体化管控平台的目标。

【信息化建设】2019 年，公司正式投产使用同城异地灾备系统。优化资金系统业务功能并完成资金管理信息系统分离部署优化工作，有效提升系统服务能力及业务处理能力，为公司业务发展保驾护航。票据池系统正式上线，并完成直连交易系统接口升级改造工作，提升公司票据管理水平，向商业汇票无纸化迈进。搭建人民银行综合业务前置（ACS）系统，建成后可实现人民银行部分业务线上办理。完善归集率优化项目，提升归集率计算准确性。开展公司等级保护工作及信息安全风险评估工作。

【企业文化建设】党支部强化党员教育管理，根据集团机关党委的总体安排以及监管机构相关文件，开展了“不忘初心、牢记使命”学习活动等。整理编辑党支部制度汇编，完善支部制度建设，编撰企业文化手册，增强员工归属感。党支部紧密联系党员思想作风和单位工作实际，与金融机构联合组织开展了“绿水青山就是金山银山”“不忘初心，砥砺前行”“守初心担使命，强党建助扶贫”等具有特色的党日活动。

北京控股集团财务有限公司

【集团概况】2019 年，北京控股集团有限公司（以下简称“集团”）从战略上统筹谋篇布局，引领融入“一带一路”建设及京津冀协同发展、长江经济带等国家重点区域建设，服务北京城市总体规划、“四个中心”功能建设、助力“三件大事”和“三大攻坚战”。2019 年实现合并营业收入 1002.10 亿元，实现利润总额 101.30 亿元，集团营业收入、利润总额成功跨越千亿元、百亿元门槛。

【经营概况】截至 2019 年 12 月末，北京控股集团财务有限公司（以下简称“公司”）资产总额合计人民币 179.52 亿元，负债总额 153.56 亿元，净资产总额 25.96 亿元；实现营业总收入 5.40 亿元，实现利润总额 2.71 亿元。

【服务实体】2019 年，公司加大了对集团成员单位的信贷服务力度，信贷投向覆盖燃气、水务、固废、供热、光伏发电、高端装备制造、仓储冷链、酒店、物业管理、旅游等集团内主要产业。

【信贷业务】2019 年，公司累计发放自营贷款 73 笔，合计人民币 96.79 亿元；累计为成员单位办理委托贷款 48 笔，合计人民币 11.11 亿元；累计为成员单位办理保函业务 6 笔，合计人民币 1843.35 万元。

【资金业务】2019 年，公司对成员单位存款进行挂牌利率定价，同时针对成员单位特殊情况制定差异化存款利率定价政策。紧密关注利率风险，监测公司利率水平，使存款定价工作符合监管和 MPA 考核要求。

公司对资金头寸的流动性、安全性和盈利性等方面进行全面规划和动态管理。在兼顾流动性和盈利性的前提下，积极将闲置资金投放于同业定期、同业存单、保本理财、货币基金等产品。积极与金融机构开展业务探讨。通过与合作银行开展授信业务，满足公司与银行开展的同业拆入、代开保函等业务。截至 2019 年 12 月末，共获得 16 家金融机构同业授信额度 105 亿元。

【投资业务】2019 年，公司加大对市场的研究分析，开展固定收益类有价证券投资业务，累计申购货币基金规模 31 亿元。截至 2019 年 12 月末，货币基金余额 6.4 亿元。及时修订完善投资业务管理制度，更新投资业务准入名单，完善投资交易机制。

【外汇业务】2019 年，完成跨境外汇资金池重新备案工作，并取得业务批复。及时掌握最新外汇和人民币资金集中运营管理政策，加强与外汇局及合作银行的业务沟通和交流，利用跨境外汇资金池和跨境双向人民币资金池业务资质，为成员单位办理业务备案、资金出入境、借入外债和对外放款、代理结售汇等业务及提供外汇业务咨询服务。

【资金集中】分析资金结构，准确预计和测算资金集中度。规范账户开户，增加资金的可视可控力度。增强资金分析能力，理顺归集账户基础。2019 年末，可归集资金集中度达到 90%，资金归集做到可归尽归。通过丰富结算

B

产品和建立多层级现金池，把公司的服务与成员单位财资管理进行有机结合。

【结算业务】2019 年，公司主动调研、满足成员单位业务需求，通过创新结算产品、提高服务水平、优化业务流程、增强系统功能，持续提升服务能力和结算效率，建立了更加安全、优质、高效、快捷、智能的资金结算平台。2019 年各类资金结算业务共计 77284 笔，累计金额折合人民币 4048.25 亿元。

【风险管理和内部控制】2019 年，公司强化风险指标监测，建立指标阈值预警机制，编制出台《北京控股集团财务有限公司制度汇编》《北京控股集团财务有限公司内部控制管理手册》《北京控股集团财务有限公司内部控制评价手册》等内控合规管理文件。开展内控管理及反洗钱知识培训。2019 年，公司对各部门业务条线进行了稽核检查，根据重要性原则和风险程度开展了年度内部控制评价工作，配合集团完成重大经济事项专项检查以及经营管理审计与经济责任审计工作，持续落实年度监管意见书整改、监管自评和审计情况回头看工作。

【信息化建设】2019 年，公司调研多家财务公司，撰写《北京控股集团财务有限公司信息化发展规划（2019—2021）》。根据监管机构的安全管理要求及公司实际需要，公司部署了网络安全监控系统，极大提高了运维效率。顺利完成核心系统短信平台、PDF 打印模块、网银指令自动接收、投资业务、支付限额等模块上线工作。聘请专业测评机构，对公司信息系统管理情况进行了全面测评，形成了《差距分析报告》和《整改方案》。

【人力资源管理】2019 年，公司修订了员工聘用管理办法、员工培训管理办法和干部选拔任用管理工作实施细则等制度。研究探索后备人才队伍建设，拟定员工技术序列管理规定。强化目标责任考核机制，加大风险与合规类指标的考核力度。加强人才培养的系统性，加大对同行业财务公司的调研，有针对性地开展提升员工业务能力和管理能力的专题培训，全年有计划、有重点地组织员工参加培训项目共计 40 项，累计参训人员 200 人次。

【企业文化建设】2019 年，公司紧紧围绕党总支政治核心作用，充分发挥党组织思想引领、舆论推动、精神激励和文化支撑的作用，进一步培育“诚信、敬业、服务、专业、高效、创新”的企业文化内核。紧密结合员工工作、生活需求，以传统节日、员工生日等为契机，以健行活动、棋牌比赛、集体生日会等活动为载体，不断提升员工归属感，营造温馨和谐的企业“家”文化。通过集团报纸、网站、微信公众号及公司信息公开栏、活动宣传栏等渠道，宣传报道公司大事件，打造积极向上的企业形象。

2019 年，公司以创建“党员先锋岗”活动为抓手，通过打造“五个先锋”、激励“四个一步”，为公司发展出凝聚力、出向心力、出生产力，激活企业高质量发展的“红色引擎”。以联合支部为载体，通过开展联学联建、主题党日、集中学习等活动，构建“大党建”格局。

北京汽车集团财务有限公司

【集团概况】北京汽车集团有限公司（以下简称“集团”）是中国汽车产业品种最全、产业链最完善、商用车规模最大、新能源汽车市场领先的汽车集团之一，是涵盖整车研发与制造、通用航空产业、汽车零部件制造、汽车服务贸易、新能源及前瞻技术、投融资等业务的国有大型汽车企业集团。2019 年集团位居世界 500 强企业第 129 位。2019 年集团完成整车销售 226.1 万辆，实现营业收入 5012.3 亿元、利润 302.5 亿元，同比分别增长 4.3% 和 0.5%。

【经营概况】2019 年，北京汽车集团财务有限公司（以下简称“公司”）资产规模近 400 亿元，实现营业收入 11.5 亿元，综合利润贡献超过 5.2 亿元。公司企业发展成果获得北京市及集团的高度认可，获颁“2019 年首都劳动奖状”“北汽集团红旗党委”“北京市构建和谐劳动关系先进单位”“中融普惠年度案例特别奖”“中国普惠金融产品创新典型案例”等多项重量级奖项。

【服务实体】2019 年，公司继续秉承“依托集团、服务集团”的经营理念，持续优化服务能力和水平，在对标优秀同业的基础上加大产品创新力度。在集团司库体系建设统筹安排下，公司持续提升集团资金归集度，从商流、资金流、信息流入手，为成员单位提供具有针对性、个性化的金融综合解决方案，持续优化客户体验。2019 年，公司累计发放贷款 218 亿元，用于支持集团实体产业发展。积极响应国家发展绿色经济的政策导向，全力支持华夏出行共享服务、安鹏租赁购买新能源车、助力“京桔”布局网约车市场等项目融资需求，推出针对新能源汽车的智行贷消费信贷产品，加大新能源项目的减免息力度，助力集团加快战略转型。

【信贷业务】通过创新产品、提升服务，显著提升资金集中度。2019 年，公司实现人民币日均吸存 235 亿元，同比增长 29%，累计发放贷款 218 亿元，同比增长 17%，为集团整体资金调配和成员单位融资提供有力支持。

【中间业务】2019 年，公司积极开辟财务顾问业务，协助集团及成员单位债券的申报注册与发行，有效降低集团整体融资成本；同时，公司获得海关总署批复的全国通用汇总征税保函试点资质，切实提升国际贸易服务能力。

【产品销售信贷业务】汽车消费信贷金融产品不断优化升级，根据集团自主品牌不同车型特点推出定制化金融产品，形成业务种类和规模领先的优势。2019 年信贷投放额突破 223 亿元，支持整车销售 23.57 万台，自主品牌乘用车终端渗透率达到 32.9%，同比增长 19.1%。市场端服务能力显著增强，通过全年无休、7 × 12 小时服务等举措，有效提升了用户体验。

【固定收益业务】2019 年，公司通过同业拆借、转/再贴现、质押回购业务，盘活存量资产，补充流动资金逾百亿元；以低于边际票面利率的价格积极支持集团债券发行，有力支持集团各板块业务持续发展。

【结算业务】2019 年，公司结算业务提质增效。结算金额首次突破 2 万亿元，达到 2.58 万亿元，同比增长 107%，新增开户数超过 2018 年开户数的五倍。成功上线电子验印系统、建设银行代理收付款系统，通过流程电子化以及精简开户手续等措施，大大提高结算工作管理效率。

【司库建设】持续开展司库系统功能优化，为集团风险防范、决策支撑、资源协同、资金管理、降本增效奠定了良好基础。

【风险管理和内部控制】2019 年通过高效的贷审会决策机制支持业务快速增长；同时运用金融科技，提升管理水平，完成汽车消费信贷以数据驱动为基础的信用评分模型建设，做好风险、收益交换关系的量化平衡；不断增强风险监测预警能力，坚持风险控制事前管理，提高风险响应速度；落实深化整治银行业市场乱象专项治理和北京市国资委内控检查整改要求，不断健全和完善公司内控体系。

【人力资源管理】加大人才引进力度，拓宽人才招聘渠道，引入高端金融人才，满足了关键岗位用人需求；推进全员考取银行从业资格、从事投资及财务顾问岗位人员考取证券从业资格，提升员工专业素质。关注重点业务领域人才培养，策划重点培训项目，积极开展信贷风险管理、企业经营管理、操作风险管理、网络安全、消防安全、保密管理等专业培训，不断提升员工业务能力，实现复合型人才培养。

【信息化建设】深入推进核心项目建设，围绕信息系统换新和汽车金融业务两大核心项目建设，为公司发展提速打下良好的信息化基础；2019 年进行信息化立项 102 个，上线运行 60 个；实施项目制管理，对立项、实施、验收等各环节质量严格把控。培养锻炼自主研发能力，不断加大自主研发工作比重，有意识地培养信息人员自主研发建设能力。

【品牌建设】2019 年，公司完成官网重建和上线工作。开展品牌体系的调研与搭建，初步形成“北汽金融”核心价值体系。“北汽金融超市”获得中融普惠年度案例特别奖、中国普惠金融产品创新典型案例两个奖项，显著提升品牌知名度。

【企业文化建设】2019 年，公司隆重召开党员大会，完成两委换届选举，党的领导同法人治理一体化扎实推进。扎实推进“不忘初心、牢记使命”主题教育，做好调研整改落实工作，解决职工实际困难，见实见效。基层党建创新内涵不断丰富，开展“鑫管家”“鑫保障”“鑫伙伴”“鑫堡垒”质量提升行动，与业务深度融合，实现组织优势向发展优势的转化。充分发挥党员模范先锋作用，通过“出征支援一线”、深化“四级联动双服务”等，激活党员建功热情，有效发挥文化凝聚力作用，弘扬“北汽精神”，组织庆祝新中国成立 70 周年系列活动，加强文化正向引领。

北京首都旅游集团财务有限公司

【集团概况】北京首都旅游集团有限责任公司（以下简称“集团”）是由北京市人民政府出资并按照《公司法》设立的国有独资公司。集团经营业务涵盖酒店服务、旅游商贸服务、餐饮服务、旅游旅行服务、汽车服务、景区景点服务六大要素，构建了较为完整的经营产业链条，已成为在国内具有较大影响力的旅游商贸企业。

【经营概况】2019 年，北京首都旅游集团财务有限公司（以下简称“公司”）吸引集团旗下四家上市公司完成对公司的增资工作，公司注册资本由 10 亿元人民币增资至 20 亿元人民币。2019 年末，公司资产总额 99.69 亿元，负债总额 75.19 亿元，所有者权益总额 24.50 亿元。

【信贷业务】2019 年，公司及时调整贷款 LPR 报价机制，调整资产结构，提高资金使用效率。2019 年公司贷款日均规模为 31.58 亿元，较 2018 年日均贷款规模上升 7.28 亿元，截至年末自营贷款余额为 39.05 亿元。

【资金业务】2019 年，公司投资策略基本依靠持有至到期获取无风险收益，收益率跟随利率市场呈下降趋势，公司累计完成金融市场业务交易金额达到 577.61 亿元，业务笔数 205 笔，质押式债券逆回购、货币市场基金、存放同业等业务快速发展，全年累计实现收入（含投资收益）10039.42 亿元，同比减少 0.3560 亿元。

【资金集中】截至 2019 年末，成员单位在公司开户 389 家，开立结算账户 420 个，其中，2019 年净增加开户数量 73 户。银企直连系统已归集成员单位商业银行账户 413 个，实现归集资金年末余额 74.82 亿元，日均余额 62.97 亿元。

【业务创新】2019 年，公司联合农业银行海淀东区支行组成银团，向北京市重点工程——环球影城主题公园配套项目“首寰度假酒店项目”提供 20 亿元银团贷款支持。缓解了重点项目资金燃眉之急，为首寰公司降低融资成本。

公司以经营性物业抵押贷款的方式向燕翔饭店提供了期限为 12 年，总额度为 8 亿元信贷资金，置换其在交通银行的部分固定资产开发贷款，将贷款利率从 4.9% 下降至 4.65%，极大地降低其融资成本和集团整体的负债水平。经测算该笔贷款的发放使集团合并范围内的资产负债率下降 23 个基点。

【风险管理和内部控制】2019年，公司开展了内控体系提升工作，新增制度8个，对公司原制度进行了修订，建立了包括公司治理、战略管理、信贷业务、风险管理、内部监督等14个模块新的制度体系，其中包括修订制度5个、89个办法、26个细则，共计120个文件。2019年公司对资产质量分类进行了4次审核，组织召开信贷审查委员会会议31次、投资业务审查委员会会议10次，其中信贷审查委员会对50笔信贷项目进行了审查，投资业务审查委员会对公司投资政策和同业交易对手白名单等事项进行了审查。2019年公司按计划完成了3个常规和2个专项审计项目，共提出审计建议13条。

【人力资源管理】2019年，公司对现行薪酬结构和薪酬体系作出调整，针对管理岗位序列和专业技术岗位序列人员建立新的薪酬等级与岗位序列，有效形成人才“双通道”机制。优化现有人才梯队结构，有效加强对骨干员工的激励和成长晋升机制，同时落实巡察整改和首旅集团党委对选人用人工作的相关要求，制定了《公司中层管理人员管理办法》；根据办法中的相关规定，开展了选拔任用中层管理人员的工作，体现出专业化、年轻化和阶梯化的人才队伍培养选拔特点。

【信息化建设】2019年，公司根据业务发展需要，不断完善信息业务：一是完成三级等级保护测评备案工作；二是启动OA协同办公平台搭建工作；三是完成公司司库体系信息化规划工作；四是开发上线1104监管报表平台项目。此外，完成了正版化工作情况报告、集团“十三五”信息化规划分解等工作。

【企业文化建设】2019年，公司开展了形式多样的教育活动，开展主题党日、廉政教育、参观展览、志愿活动等，公司团员积极参加集团机关团委五四主题团日活动，并参与集团“让志愿服务成为首旅青年的生活方式”的活动。公司为职工办理了保险保障等事项，开展精准帮扶（扶贫）工作、送温暖、关心职工生活、落实有关福利、订阅工会报刊等；积极参加集团工会组织的首旅风范评选，公司2人获奖。

北京首农食品集团财务有限公司

【集团概况】北京首农食品集团有限公司（以下简称“集团”）是经北京市委、市政府批准，于2017年12月由北京首都农业集团有限公司、北京粮食集团有限责任公司、北京二商集团有限公司三家企业联合重组成立。2018年12月，经北京市国资委批准改组为国有资本投资公司。2019年1月，对北京菜篮子集团有限公司实施托管。重组后的集团，集食品生产商、供应商、服务商于一体；建成了贯穿育种、种植养殖、产品加工、贸易流通、终端销售等环节的全产业链；涵盖乳业、粮食、油脂、肉类及水产品、糖酒及副食调味品等品类。集团以“食安天下、惠泽万家”为使命，加快构建以“一体两翼三平台”为核心的开放型产业生态体系，加速推进“立足北京、依托京津冀、布局全国、走向国际”的产业布局，以市场化、专业化、资本化、数智化、国际化为发展方向，将企业打造成为具有国际竞争力、引领健康美好生活的现代食品集团。

【经营概况】2019年，北京首农食品集团财务有限公司（以下简称“公司”）在快速完成股权变更、名称变更、资本金增加等工作的基础上，坚持“稳健发展、审慎经营”的方针，扩大金融服务范围，发挥资金集中管理职能，牢牢把握金融服务集团、服务产业的本质，紧跟集团“一体两翼三平台”发展步伐，开拓创新、精心操作，取得了较好的经营成效。2019年末，公司资产总额124.53亿元，同比增长140.73%；负债总额103.41亿元，同比增长125.34%；所有者权益21.12亿元，同比增长262.26%；全年实现营业收入1.69亿元，利润总额3676.32万元，不良资产率和不良贷款率为零。

【服务实体】公司通过降低成员企业融资成本，提供更为便利的贷款支持实体经济发展。2019年信贷业务规模高速增长，服务半径显著延伸，并通过银团贷款协调商业银行共同为企业提供低息融资，通过“商票保贴”产品支持玉米深加工产业发展，通过修订信贷业务管理办法提高信贷业务办理效率、降低贷款利率。

【信贷业务】截至2019年末，公司广义信贷业务授信总额162.12亿元，余额87.72亿元，累计放款253.64亿元。授信户数31户，其中小微企业16户，占比过半。信贷业务种类涵盖自营贷款、委托贷款、银团贷款、票据承兑、票据贴现、票据再贴现等多个业务品种。2019年，对信贷业务核心制度进行了重大修订，进一步优化了业务审批流程，贷款定价体系也随LPR的实质性启用作出了重大调整。

【资金业务】2019年，公司升级改造原有资金计划管理子系统，进一步推进精细化管理。上线同业存放、同业拆借、同业授信、资金调拨、台账管理等多个同业往来模块，实现审批、清算、记账线上一体化，提高管理效率。同时，强化头寸管理，保持合理备付资金规模，精细开展同业存放业务，提高资金使用效率。2019年结算笔数14.61万笔，同比增长201%；结算金额2827亿元，同比增长46%。

【投资业务】公司加强与各金融机构合作往来，2019年取得同业授信额度15.5亿元，累计获得外部同业授信32.5亿元。2019年末，公司取得固定收益类投资资质，并完成首笔国债逆回购及货币基金业务，实现了固定收益类投资业务零的突破。

【票据业务】2019年，公司批量开展玉米产业链票据业务，累计业务规模超过6.7亿元，引入人民银行支持涉农、小微企业再贴现和外部银行商票保贴。通过推进成员单位业务与票据的融合，丰富营运资金来源，改善流动性，降低支付风险，节约财务成本。

【资金集中】2019年，新增3家银企直连银行，合作银行达到8家。在最大范围覆盖企业账户和最大限度实现账户集中之间达到平衡。公司更名后，快速为400家新成员企业办理直连手续。同时，根据企业采购特点，设计个性化付款与归集方案；通过上浮存款利率、降低协定存款起存点、协助设计存款组合等方式，增加企业存款收益，提高企业归集意愿；推送专属服务方案，与两家上市公司签署金融服务协议，推进上市公司资金集中。2019年末，全口径资金集中度达到53.93%，归集资金首次突破百亿元。

【风险管理和内部控制】制定风险策略，明确与资产规模及风险管理水平相适应的风险政策与风险偏好。开展制度全面修订工作，结合公司更名、高管人员增加、部门增设、业务范围扩大等因素，梳理修订制度，细化完善授权体系与审批流程。2019年梳理修订制度137项，其中新增20项，废止18项，合并4项。开展内部审计项目15项，同比增加87.5%，发现问题35个，提出建议28条，推动建章立制22项，客观评价内部控制的适当性和有效性。

【人力资源管理】坚持高标准、严要求的人才招聘模式，严格遵守干部选用程序，优化部门设置，促进人岗匹配，开展多元化培训，确保员工队伍整体素质不断提升。启动人力资源管理项目，并持续建立优化、完善、符合自身特点的绩效考核管理体系，通过科学规范的考核体系进一步推动公司和员工共同发展。截至2019年末，公司员工42人，较上年增长50%。

【信息化建设】2019年4月，信息科技职能从综合管理部分离，成立了信息数据部。完成了同城数据双活灾备中心建设，业务运营管理系统顺利通过等保三级测评，全年完成系统优化59项，新签订功能开发12项，投资业务、同业授信、支付指令自动接收、PDF回单导出等功能成功上线。

本钢集团财务有限公司

【**集团概况**】本钢集团有限公司（以下简称“集团”）始建于1905年，是新中国最早恢复生产的大型钢铁企业，被誉为“中国钢铁工业摇篮”“共和国功勋企业”。集团地处辽宁省中部经济带核心区域，是辽宁省最大省属国有企业集团，是中国十大钢铁企业之一，是以钢铁产业为基础，金融投资、贸易物流、装备制造、工业服务、城市服务等多元产业协同发展的特大型钢铁联合企业，世界著名的“人参铁”产地，是工业和信息化部认定的“国家技术创新示范企业”和“中国工业企业品牌竞争力百强企业”。2019年，集团坚持供给侧结构性改革，推进高质量发展，主要经济指标实现稳定增长。

【**经营概况**】本钢集团财务有限公司（以下简称“公司”）以降本增利，助力集团高质量发展为工作重心，推进创新发展，强化资金资源配置，深化金融服务，切实防控风险，全面完成各项经营管理工作任务。2019年，公司年度资产总额188.12亿元，负债155.65亿元，所有者权益32.47亿元；累积实现营业收入1.39亿元，利润总额5528.85万元，缴纳税金4324.5万元，为集团增效4亿余元。公司不断规范基础管理，强化风险防控，各类监管指标满足行业监管要求；全年保持无治安案件、无安全事故、无消防事故、无金融案件的稳定局面。

【**信贷业务**】2019年，公司坚持依托集团，服务集团的经营方针，充分发挥四个平台功能作用，向集团和成员单位提供信贷支持。截至2019年末，公司各项贷款余额154.97亿元，同比增长14.61亿元，增幅为10.41%。

【**资金业务**】2019年，公司继续巩固和发展与同业单位的良好合作关系，确保资金吸存、内部结算、电票贴现、授信业务的顺畅运行，强化资金头寸管理工作，灵活调剂资金余缺，实现存放同业资金最佳效益。截至2019年末，银行账户开户数量为24个，其中直连银行6个。银行存款日均达43.46亿元，同比增加16.22亿元，同比增幅为59.54%。

【**票据业务**】2019年，公司继续以服务集团为经营宗旨、以依法合规为经营理念，根据集团主要成员单位对外采购结算需要，适时开具电子承兑汇票，全年累计签发151亿元，年末余额64亿元，极大地缓解集团资金管理压力，有效降低了资金运营成本。

【**资金集中**】2019年，公司已开户成员单位累积达到101家，日均存款额为148.34亿元，累计吸收存款总额1963.58亿元，操作代理支付业务21851笔，共计519.61亿元；内部结算业务6350笔，共计4361.11亿元。

【**业务创新**】在公司列入全国首批海关事务担保试点的两家财务公司之一后，保函业务不断取得新突破，年末保函余额4.3亿元。通过为成员单位开具海关总担保保函、海关缴税保函、进口关税保函等业务，为集团节约资金成本2000余万元。

【**风险管理和内部控制**】2019年，公司坚持把规范管理、管控风险作为保障长远、健康、稳定发展的第一要务，实行创新发展与规范管理两个轮子齐头并进。一是不断强化公司治理建设，完善公司基本治理制度，进一步夯实管理基础。二是坚持“制度先行”管理模式，不断完善风险管理制度体系，集中组织制度梳理，修订完善制度30个，汇编制度85个，编制操作手册3项。三是配合监管部门开展专项自查及现场检查，充分发挥公司“三道防线”作用。在日常风险管理中，设定各类监管指标16项，对其进行日监控、日报送，截至2019年12月末累计形成风险指标预警表200余份，确保公司各项业务合规稳健开展，全年无重大问题发生，无风险案件发生。

兵工财务有限责任公司

【集团概况】2019年，中国兵器工业集团有限公司（以下简称“集团”）把贯彻落实党中央决策部署作为最高战略，围绕履行好强军首责、推动高质量发展的工作主线，聚焦主责主业、强化科技创新、推进结构调整、全面深化改革、防范重大风险，全年实现主营业务收入4702亿元，利润总额178.10亿元。

【经营概况】兵工财务有限责任公司（以下简称“公司”）以提升服务、夯实平台、科技创新、防控风险为工作重点，切实履行服务集团实体产业发展的核心使命，为集团履行好强军首责、推动高质量发展提供有力金融支撑。2019年末资产规模1344亿元，累计实现利润总额8.03亿元；日均贷款和贴现207.20亿元，日均存款469.66亿元，全年签发各类票据348.83亿元，全年为客户让利增效8.89亿元。

【服务实体】2019年，公司一是服务军品单位科研攻关、生产制造和市场开拓，提供科技创新和能力建设贷款，相关金融服务业务总额482.11亿元。二是支持企业改革脱困，为困难企业提供融资52.39亿元。三是服务集团“东北振兴”战略，提供资金支持54.24亿元，协助企业撬动外部银行资源。四是助力集团压减“两金”规模，与商业银行开展军品联合保理业务17亿元。五是服务民品和流通类企业高质量发展，为集团资源板块提供融资28.5亿元，为企业“一带一路”建设提供资金支持11.29亿元。

【信贷业务】2019年，公司一是扩大授信服务规模，为50家子集团和直管单位提供授信额度530.58亿元，同比增长53.83%。二是提升外部资源动员能力，依托集团公司与商业银行的“总对总”战略合作协议，扩宽企业融资渠道，丰富银团贷款、联合保理等结构化融资渠道。三是助力集团公司压减“两金”规模，与商业银行开展军品联合保理业务17亿元。四是协助降低集团整体负债成本，完成集团公司31.25亿元中期票据置换工作，置换多家企业的外部银行高息贷款近20亿元。

【产业链金融】2019年，公司一是充分发挥“一头在外”延伸产业链平台作用，实施内部系统改造和流程优化，广泛参与成员单位供应商大会并进行精准营销，提供专项业务授信58.39亿元，累计办理贴现业务6.36亿元，服务系统外客户数260家。二是积极开拓金融工具服务成员单位市场，开展融资租赁业务，规模高达3500万元。

【资金业务】2019年，公司开拓了上海货币经纪公司同业报价渠道，以流动性保障为前提，紧盯市场价格走势，不断加强与金融机构业务合作，通过拓展资金配置通道、创新存款业务品种、提升银行存款利率等方式，持续提升和保障资金收益。

【票据业务】2019年，公司成立专项工作小组，赴多家金融机构与平台公司调研了解产业链金融、供应链平台和保理业务运作模式，积极探索产业链金融业务模式，着力提升产融结合的广度和深度。

【外汇业务】2019年，公司完成了集团跨境资金集中运营业务备案，并实现了境外贷款业务落地，从而打通了境内外资金进出通道。参与企业数量扩大至102家，获批外债额度144亿美元、放款额度21.6亿美元。

【资金集中】公司以业务拉动、服务带动为

核心，以定制化的资金收益方案和存款产品匹配为抓手，积极满足成员单位的收益需求，努力扩大结算业务体量与集中资金规模。2019 年实现结算规模 3.16 万亿元，年末全口径资金集中度达到 82%，日均存款规模创历史新高。

【业务创新】2019 年，公司一是推进金融产品和服务模式创新，通过法人账户透支业务的创新，实现保函类业务同比增长 14.33%。二是实施金融标准化建设，量体裁衣提供个性化的金融服务，为 12 家试点单位、31 家子集团和直管单位以及 11 家上市公司制定金融服务方案并动态调整。三是深化市场化定价机制建设，拟定了人民币存款利率定价方案，建立“锚定点差”的 LPR 贷款定价机制并落地实施，进一步让利成员单位并实现降本增效。

【风险管理和内部控制】2019 年，公司一是强化风控顶层设计，规范了风险管理委员会以及党委会、办公会、司务会的决策机制，完善了董事会、经理层、部门三级合规管理体系。修订公司《全面风险管理办法》，加强对各类风险指标的监控，合理确定稳健型风险偏好。制定资本补充长期规划，不良资产率始终保持为零。二是健全内部控制体系，推进结算制度体系化建设，梳理全部内控制度并上线制度管理系统，扎实开展各类审计工作，各项经营活动实现平稳健康运行。

【人力资源管理】2019 年，公司一是加强干部队伍建设。严格干部选拔管理制度，加大优秀年轻干部的培养使用，对部分中层干部进行轮岗调整，推动各级干部担当作为。二是加强人才队伍建设。制定人才培养方案，打造公司人才梯队。选拔 4 名部门助理，引进 5 名外部人才。三是健全多层次的培训体系，着力提升人才队伍综合素质，建设高素质专业化兵器金融团队。2019 年共举办 11 次集中内训，员工参加各类外训 74 人次。

【信息化建设】2019 年，公司一是夯实集团资金管理基础，研发上线账户管理系统，实现账户开立、变更、注销的全流程管理。二是打造集团公司资金管理信息平台，上线 9 个功能模块，打通全部合作银行的银企直连通道，建立流通类企业的母子账户联动资金管理模式。三是自主建设并试点公司“新一代网银系统”，创建二维码支付等功能，强化系统安全性和兼容性，丰富产品功能，提升用户体验。四是开发了子集团结算中心系统，通过信息科技能力输出，帮助企业提升资金管理能力。

【企业文化建设】2019 年，公司一是扎实开展主题教育。班子成员带头读原著学原文悟原理，集中学习累计 6 天。带着实际问题走访了成员单位和金融机构 30 余次，制定整治整改工作方案和五方面问题清单，完成主题教育 68 项整改任务。二是推动全面从严治党向纵深发展。深入学习领会习近平总书记重要讲话和四中全会精神，并制定培训计划。完善党委工作规则，2019 年开展中心组学习 16 次，党员培训学时平均达到 39.4 学时，有效落实意识形态工作责任制。

兵器装备集团财务有限责任公司

【集团概况】中国兵器装备集团有限公司（以下简称“集团”）于 1999 年 7 月 1 日在原中国兵器工业总公司的基础上改组设立，现为中央直接管理的特大型国有重要骨干企业、中央企业、国家计划单列企业。2019 年，集团实现全年主要经营改革发展目标，各项工作取得显著进步。

【经营概况】2019 年，兵器装备集团财务有限责任公司（以下简称“公司”）实现营业收入 134666 万元，利润总额 166190 万元，净利润133206万元。2019年日均存款规模288.2亿元，日均信贷规模241.6亿元。

【服务实体】公司坚持以服务集团主业为核心，将金融服务融入实体经济。积极投身集团质量提升“365”登高行动，以贷款、贴现及签票等多种形式、累计信贷投放720亿元；向集团成员单位提供2亿元“低息科研专项贷款”，年化利率仅为1%；为466家经销商提供授信支持136.3亿元；公司获批供应链金融业务资质，2019年12月即办理业务近4000万元，成功实现零的突破。

【信贷业务】2019年，公司不断丰富完善产品谱系，提升金融服务质量。2019年，累计实现贷款投放381亿元，贴现101亿元，签票190亿元，委贷48亿元。逐步打造形成了全产业链金融服务体系，金融服务质量和水平持续提升。

【产业链金融业务】2019年，公司不断增强服务集团自主品牌汽车产业力度，为466家经销商提供授信支持136.3亿元。新拓展优质自管经销商81家，新增授信额度18.61亿元，集团自主品牌经销商合作的家数、授信总额、信贷投放继续稳居服务金融机构首位。

【资金业务】2019年，公司一是全力推进增资扩股，切实提升资本实力，2019年增资至30.33亿元。二是持续强化资金管理，平衡资金安全性及收益性。三是持续优化和提升资金集中管理平台顶层设计，逐渐形成了“13382”的资金集中管理体系。四是推动支付体系线上化，提升客户服务质效。截至2019年末，累计开通及维护网银、电票的客户数分别达1581户、722户。

【投资业务】2019年，公司本着“把控总体风险，寻求中长期稳健的绝对收益”的基本目标，优化投资业务布局。资产配置聚焦中低风险品种，开展投资服务实体经济专题研究，积极推动研究成果落地。

【票据业务】公司积极拓展票据业务，满足企业多元化金融服务需求。累计贴现票据101亿元，同比增加9亿元；累计签发票据190亿元，同比增加47亿元。

【资金集中】2019年，公司大力推进资金集中、票据集中和结算集中“三集中”，持续优化和提升资金集中管理平台顶层设计，形成了“13382”的资金集中管理体系，公司资金集中度达70%。通过信贷业务带动存款、汽车金融联动存款、信息化手段黏住存款、二次分红吸引存款、结算服务留住存款的多元化手段，并通过积极推动财务公司电票、提高上市公司集中额度、改进完善服务手段等举措，资金集中度稳步提升。

【风险管理和内部控制】2019年，公司一是监管评级取得重大突破，迈入一级财务公司行列；二是稳步推进全员风控项目，切实提升风险管理水平；三是积极应对在诉案件，确保公司债权安全；四是全面开展稽核审计，切实筑牢底线职能。

【人力资源管理】2019年，公司一是搭建职业发展平台，开辟专业发展通道，搭建实施“Y”形双通道发展模式，为专业人员打开发展通道。二是持续提升素质能力，请进来送出去，内外训相结合，深入推进分层分级培训，不断开拓干部职工的视野，全方位强化队伍综合素质。

【信息化建设】2019年，公司深化科技业务融合，探索特色金融科技策略。持续优化金融共享服务平台，强化资金集中及管控手段。围绕集团核心企业上下游，构建集团产业链金融服务平台。完善信息化管控体系，促进内部管理质量提升。

【企业文化建设】2019年，公司以践行社会主义核心价值观为引领，推动公司“价值创新”文化体系落地实施。形成了涵盖理念篇、行为篇、形象篇等，具有鲜明的兵装特质、财务特征和新时代特点的文化体系。2019年，公司一是把政治建设摆在首位，突出维护核心举旗铸魂；二是把三型组织作为重点，升级服务集团产业能力；三是着力加强组织建设，切实打牢党建根基；四是把从严从实作为标准，持续推进全面从严治党；五是把文化建设作为品牌，展形象提升公司软实力。

诚通财务有限责任公司

【集团概况】中国诚通控股集团有限公司（以下简称“集团”）是国务院国资委监管的大型企业集团，是国务院国资委首批中央企业建立和完善国有独资公司董事会试点企业、国有资产经营公司试点企业和中央企业国有资本运营公司试点企业。集团业务涵盖股权运作、金融服务、资产管理、综合物流服务、生产资料贸易、林浆纸生产开发及利用六大方面，控股7家上市公司，管理国内总规模最大的中国国有企业结构调整基金。截至2019年末，集团总资产达2705.30亿元。

【经营概况】2019年，诚通财务有限责任公司（以下简称“公司”）持续推进资本运营特色财务公司功能建设。对内升级核心运营系统，加强法治合规建设，充实人才队伍，提高人员素质，筑牢风险防控堤坝；对外深挖服务潜力，加强客户交流，推出多种个性化金融服务举措。2019年公司资产总额229亿元，营业收入8.06亿元，利润总额4.08亿元。

【服务实体】公司紧跟集团战略和经营布局，不断丰富业务品种，提升服务能力。一是优先支持集团资本运营项目和产业公司紧急项目；二是积极发展普惠金融，满足集团小型企业的用款需求，打通小微企业快速审批绿色通道，给予优惠贴现利率；三是侧重集团战略性新兴业务，提供相应金融服务。

【信贷业务】2019年，公司累计发放各类贷款114.02亿元。其中，服务集团资本运营类贷款85亿元，占贷款发放额的74.55%；产业公司类贷款29.02亿元，占贷款发放额的25.45%。支持项目包括对集团总部债转股项目投资，金属集团重组的信贷需求，中储、纸业短期信贷需求等。

【资金业务】2019年，公司一是灵活调整资金配置策略，在确保公司流动性的前提下，提高资金周转效率，全年办理逆回购1959笔、金额1587.07亿元，平均收益率为3.44%，实现利息收入20433万元，同比增加11894万元，增长139%。二是拓展市场资金融通渠道，创新收入增长点。办理正回购209笔，同业拆入37笔，转贴现1笔，金额合计1116.58亿元，增加了资金收益。三是结合公司资金操作策略和结算业务特点，将存量资金和结算量向战略行集中，提高市场议价能力，增加存量资金收益约2000万元。

【投资业务】公司通过加强与外部金融机构沟通，及时获取优质债券投资信息，新增认购铁道中票5亿元。截至2019年末，债券投资余额共计21.40亿元，平均年化收益率达4.96%，全年债券投资应记利息收入8610万元。

【票据业务】公司积极推动票据业务电子化工作。积极与人民银行、上海祟据交易所沟通协调，获批上海票交所线上清算资格；大力拓展电子银行承兑汇票业务。2019年累计开立电子银行承兑汇票84张，共计2.38亿元，同比增长3.03%。

【外汇业务】2019年，公司成功获批开展跨国公司外汇资金集中运营管理业务资质，核定47家境内外成员单位参与，集中外债额度21.36亿美元，集中境外放款额度6.38亿美元，为成员单位特殊付汇事项提供解决方案。2019年，共完成即期结售汇业务16笔，金额2.49亿美元，合人民币17.39亿元，为集团和成员单位降低汇兑成本391万元。

【资金集中】公司巩固推进资金账户精细化管理，对成员单位各类型账户资金进行在线监控，开展大额资金预算管控，完善资金支付结算流程，初步实现了对境内外资金账户同步

C

监控。同时着重分析资金集中的难点，加强与成员单位交流，截至2019年末，吸收存款132.22亿元，全年日均存款142.26亿元，全口径资金集中度为71%，公司资金池规模稳定增长。

【业务创新】2019年，公司一是积极开展票据转贴业务和票据质押回购业务，顺利打通票据质押回购业务通道；二是结合成员单位业务特点，加强与有关部门沟通协调，获得开展关税保函业务资质，并于12月顺利开出第一张汇总征税保函；三是深入调研成员单位业务，从资金集中管理角度搭建账户管理体系，创新设计全流程结算业务模式。

【风险管理和内部控制】2019年，公司一是加强对内控制度的修订和制定工作，全年共修订和制定制度10项；二是积极推动央企法治合规建设，制定《诚通财务有限责任公司合规行为准则》，同时开展反洗钱培训宣传活动和案件警示教育；三是健全市场及风险跟踪机制，加强市场研判和风险防范管理。

【人力资源管理】公司通过面向社会招聘与内部竞聘的方式，充实岗位人员，做好人才储备工作。同时结合金融行业及公司业务实际开展情况，加强业务培训和员工的教育管理。

【信息化建设】2019年，公司新建中心机房并投产运行，与原机房形成一主一备模式；完成资金管理新系统一期建设，网银、信贷、结售汇、外汇等全部线上化；自主研发集团“国资监管数据共享交换平台”，持续优化集团大额资金监测系统；完成电子商业票据系统整体搬迁。

【企业文化建设】2019年，公司一是积极组织员工参与集团组织的各类文体活动，取得优良成绩；二是组织员工金海湖春游和世园会秋游活动，促进员工之间的沟通交流；三是着力打造青年学习型团队，举办“有贤说”主题论坛，邀请集团和社会专家、学者进行讲座。

重庆化医控股集团财务有限公司

【集团概况】重庆化医控股（集团）公司（以下简称“集团”）成立于2000年8月，是重庆市政府出资组建的一家集研发、生产、营销为一体的国有独资大型产业集团公司，产业涉及医药、化工、盐业等多个板块，拥有重药控股、渝三峡两家上市公司，职工2.5万余人。

【经营概况】截至2019年末，重庆化医控股集团财务有限公司（以下简称“公司”）资产总额为36.02亿元，负债总额为23.77亿元，所有者权益为12.25亿元；营业收入为1.47亿元，利润总额为0.95亿元；计提拨备0.76亿元；为集团节约财务成本2895万元。

【信贷业务】2019年，公司重点围绕集团医药产业和化工产业开展信贷业务。一是完成对23家集团成员单位的综合评级授信工作，提供综合授信总额20.94亿元，向5户企业提供产业链金融业务专项授信2.90亿元。二是累计为22家成员单位发放自营贷款71笔，合计金额17.48亿元。三是坚持“区别对待、有保有控”的差异化信贷政策，2019年共向7户经济效益下滑的成员单位收回贷款3.95亿元，确保公司信贷资产质量稳定。

【产业链金融】2019年，公司开展产业链票据贴现业务金额8202万元，办理“一头在外”的产业链保理业务金额615万元。公司产业链金融业务的开展，不仅拓展了公司的业务范围，成为新的利润增长点，而且巩固了集团成员单位在产业链中的优势地位。

【服务实体】2019年，公司坚持金融服务实体经济的初心，保持信贷资金100%投向集团各实体经济单位。一是扶持中小企业及涉农行业，中小企业贷款余额占43%，涉农贷款占23%。二是支持重点企业及科技型企业，2019年集团下属5户企业入围重庆市100户重点工业企业名单，18户企业入围科技型企业名单，均与公司建立了信贷关系。三是发挥自身优势支持市外企业，提供授信资金3.54亿元，填补传统金融机构服务“盲区”。

【资金和票据集中业务】 2019年，公司将资金和票据集中作为切实提升金融服务水平的重要抓手。一方面，坚持服务优先意识，推行业务操作“一站式”服务，多下基层、多到一线，提升公司服务效率和水平，调动成员单位归集资金和票据积极性。另一方面，与集团财务部、各成员单位财务部门建立定时沟通机制，及时掌握客户需求，树立了公司服务实体经济的良好形象。

【资金业务】 2019年，公司一是为成员单位办理资金结算，提高资金使用效率。二是通过同业拆借、票据再贴现等方式，拓宽公司投融资渠道，合理采取期限错配等措施，尽力保障公司流动性充裕。2019年，公司通过中国人民银行再贴现业务融入低成本资金2.96亿元，积极支持集团及成员单位产业发展。

【票据业务】 公司一是切实降低集团成员单位融资成本，2019年下调贴现利率6次，累计下调118个基点。二是免费提供票据保管、到期托收、背书转让、质押开票等票据服务，截至2019年末，财务公司承兑及代理承兑余额1.52亿元。三是采取差异化方式优化贴现利率定价机制，引导成员单位接受“大行”票据，并向成员单位提示票据承兑人风险。四是通过再贴现业务，融入低成本资金2.96亿元。

【风险管理和内部控制】 2019年，公司一是开展贷款业务审查，审查信贷业务64笔，授信金额20.94亿元；审查放款业务金额17.48亿元；审查贴现及承兑业务267笔。二是审核合同及其他法律文件7778份，合同法审率达到100%。三是完善风险管理体系，建立了10项风险应对处置预案。四是通过开展员工家访活动、案件警示教育、全员签订合规承诺与“灰名单”应用等方式增强员工行为管理有效性。五是开展3次专项审计。六是开展事后核查25次，金额783亿元。七是实施重要资产定期盘点。

【人力资源管理】 2019年，公司一是逐步建立“人员能进能出、岗位能上能下、薪酬能高能低”的“三能”机制，有效促进工作作风转变，实现“优秀的人才在合适的岗位上做正确的事”。二是积极组织员工参加各类培训，人均培训13次。三是开展全员大讲堂活动7次，举办员工心理健康讲座6次。四是与外部培训机构开展“干部自主选学课堂”。

【信息化建设】 2019年，公司一是完成OA系统正式上线。二是完成核心业务系统调研、厂家交流与现场测试工作。三是完成电票系统、征信系统优化升级，做好二代征信查询系统上线准备。四是完成机房UPS系统双机冗余模式部署和软件正版化检查，对网络进行优化，2019年未发生网络安全事件。

【企业文化建设】 2019年，公司一是加强党的政治建设。开展了党内政治生态分析，不断完善内部议事规则和决策程序，全力落实“一岗双责”。二是强化主题教育。以“不忘初心、牢记使命”主题教育为契机，深入学习贯彻习近平新时代中国特色社会主义思想和党中央决策部署，强化廉政教育。三是按照集团企业文化大纲，培育公司子文化。公司党建工作得到上级党组织高度认可，党支部被重庆市国资委党委评为“优秀党组织”，被集团党委评为“先进基层党组织”。

C

重庆机电控股集团财务有限公司

【集团概况】重庆机电控股（集团）公司（以下简称“集团”）是2000年8月28日由重庆市政府撤销原机械工业管理局、电子工业管理局、冶金工业管理局组建的国有控股集团公司。集团主营产业包括高端装备制造及系统集成服务、电子信息设备及系统集成服务、交通运输装备及系统集成服务、智能制造及系统集成服务、工程技术服务及推广五大板块，是西部最大的综合装备制造企业集团。2019年位列中国企业500强第375名，中国制造业企业500强第176名。

【经营概况】2019年，重庆机电控股集团财务有限公司（以下简称“公司”）实现营业收入12212万元，同比增幅为4.55%；利润总额7882万元，同比增幅为26.31%，圆满完成董事会下达的经营目标，在助力集团降本增效、优化产业结构、保障集团资金安全、防范化解集团经营风险等方面发挥积极作用。公司积极落地小微企业贷款税收优惠、海关关税保函零收费等服务方式，在拓展合资客户、监管评级上取得重要突破，金融活力进一步凸显。

【服务实体】紧跟国家战略导向，助力新时代西部大开发、长江经济带建设等，2019年末，相关成员单位贷款余额20.15亿元、贴现余额2.46亿元、承兑余额3.22亿元；发挥让利引导作用，2019年为集团节约财务成本1.03亿元，同比增幅为6.34%。发挥金融服务平台作用，统筹优化信贷结构，助力集团调结构转型升级；积极探索混改企业服务模式，为定制化服务打下基础。

【信贷业务】2019年，公司日均贷款（含贴现）23.57亿元，与2018年持平。对机电集团重点领域、新兴产业、具有竞争力的优质产业，公司新增贷款支持0.77亿元，给予转型升级中的传统产业新增贷款支持2.40亿元。同时，优化信贷结构，中长期贷款规模增长显著，同比增加1.25亿元。

【资金业务】2019年，公司进一步加强资金计划管理，提升资金使用效率，同时兼顾资金安全及流动性。一是充分利用自有及归集资金支持集团发展，全年日均存贷比达113.80%；二是灵活安排存放同业资金，提高存放同业利息收入；三是提升主动融资能力，拓宽资金融资渠道，首次展开票据卖出回购业务，全年融入资金3.84亿元。

【投资业务】2019年，公司积极利用业务资格开展货币基金业务，全年货币基金交易3900万元。同时，公司取得了债券市场交易资格，为开展银行间市场交易奠定了基础。

【票据业务】针对制造业企业开立承兑汇票金额小、数量多的特点，加大信息科技投入，以系统支持提高开票效率。2019年为成员单位开立电票2631张，金额64891万元。电票业务为集团整体节约敞口6.13亿元，为成员单位释放保证金约1.84亿元。

【资金集中】2019年，公司以资金结算促进资金集中，实现年末资金归集规模、资金结算量、新增开户数同比增长。2019年，新增4户成员单位开户，成员单位通过财务公司直接结算笔数57308笔，结算金额326.73亿元，直接结算笔数同比增幅为7.89%。

【业务创新】2019年，公司运用知识产权质押贷款帮助成员单位成功申请利润补贴312万元；通过定制化金融服务，优质合资企业业务拓展取得突破，新增信贷4000万元；落地小微企业贷款税收优惠政策，成功发放小微企业流动资金贷款1000万元，在降低成员单位融资成本的同时为公司节税0.95万元。

【风险管理和内部控制】2019年，公司坚持审慎经营的风险偏好，在成员单位混改等复杂性授信项目中，从金融视角提前进行风险介入，守住风险合规底线。公司以规章制度、内控手册和岗位操作流程为抓手，持续完善全面风险合规管理体系。2019年开展了6项专项审计、2项专项评价、11项风险及内控自查，接受4次外部检查。同时，聘请专业机构开展信息科技风险全面审计，借助核心业务系统升级引进大数据系统，上线反洗钱系统，提升了现代化风险监测、防范能力。

【人力资源管理】坚持“公司发展、员工成长”的工作理念。2019年，公司引进专业机构启动薪酬体系改革，构建更为科学合理的员工激励机制，进一步激发员工干事创业热情；推进岗位轮换、职业技能培训、内外制度学习，提升员工任职能力和综合素养，2019年组织开展和选送员工参加培训97次，其中利用中午等业余时间开展内部培训60次；“员工能进能出、干部能上能下”的用人机制进一步形成，2019年中层干部退出1名，员工退出2名。

【信息化建设】2019年，公司新机房建设和核心业务系统更换两大项目同步推进，信息化投入占营收的比例为5.4%。公司切实加强项目管理，克服时间紧、任务重、内外协调难度大等困难，实现了2019年7月新核心业务系统正式上线，系统切换无缝对接。新机房顺利通过重庆银保监局、上海票交所验收，并投入使用。两大项目的顺利推进，有效改善了公司信息化基础设施，为业务发展及风险防控等提供了坚实的技术支撑，为公司以信息化带动管理提档升级打开了良好局面。

【企业文化建设】扎实开展“不忘初心、牢记使命”主题教育，为公司高质量发展提供政治保证。强化党员及职工群众理想信念教育，2019年培养入党积极分子1名；围绕庆祝新中国成立70周年，组织全员开展“我与祖国共成长”情景朗诵、“学习强国、奋斗有我”知识竞赛等，进一步推动公司营造爱岗敬业、争创一流的良好氛围，打造一流创新型团队文化。

重庆市能源投资集团财务有限公司

【集团概况】重庆市能源投资集团有限公司（以下简称“集团”）由原重庆煤炭（集团）有限公司、重庆市建设投资公司、重庆燃气集团有限责任公司于2006年整合组建而成，是重庆市集能源投资、开发、建设、运营、服务为一体的大型能源企业。集团注册资本100亿元，拥有全资、控股企业17家，公司员工41000多人。2019年末资产总额1191亿元，实现营业收入564.4亿元，利润6.5亿元，主要产品基本实现产销平衡。

【经营概况】2019年，重庆市能源投资集团财务有限公司（以下简称“公司”）主动融入集团发展战略，坚持稳中求进工作总基调，聚焦强服务、防风险、促发展，充分发挥“四个平台”功能，各项工作取得了较好的成效。公司实现营业收入2.1亿元，利润总额1.19亿元，公司资产67.9亿元，同比增长27.3%。净资产收益率为6.2%，资本保值增值率为106.24%。各项监管指标均符合监管要求，公司总体运行平稳，风险可控。

【服务实体】2019年，公司坚持围绕集团整体战略规划和改革目标，支持实体经济发展。着力提升金融配置有效性。优化信贷资金投放，优先满足集团内主业突出、改革成效突出的优质企业的合理融资需求，并实施差异化定价。充分利用金融机构资质为企业发展融入资金。支持绿色及小微企业。2019年发放绿色贷款2.5亿元，发放普惠小微客户贷款及贴现资金

9931.21万元。稳妥推进产业链业务，完成产业链贴现4712万元。

【信贷业务】2019年，公司在确保信贷资产安全的同时，科学合理调整信贷资产结构，尽最大努力为成员单位提供信贷支持。调整贷款期限结构，增加三年期贷款占比；调整贷款到期结构，均衡分布未来一年内每个月贷款到期金额；调整信贷资产结构，贴现资产年末较年初增加1.2亿元。2019年，公司日均贷款规模保持在46亿元，同比增长24%，年末贷款余额47亿元，同比增长23.6%。对集团14家二级单位及产业链金融业务开展了统一授信，授信总额125.3亿元。2019年向16家成员单位发放流动资金贷款112笔、金额82.71亿元。

【资金业务】2019年，公司千方百计保证流动性安全，夯实金融服务基础。切实加强资金监控与调配。加强对集团资金的分析与监控，充分把握集团存量资金使用情况和资金分布情况，及时掌握成员单位的贷款情况和经营支付周期，结合成员单位所报头寸，编制资金年度、月度以及周计划，提升预算的准确性。积极申请同业授信，2019年同业授信额度18亿元。通过与同业机构开展转贴现及申请再贴现，保障集团和公司资金链安全和头寸支付。

【票据业务】2019年，公司以电票系统为依托，积极稳妥推进票据业务。紧跟上海票交所系统开发、产品创新步伐，谋划公司票据业务发展格局，增强资金与票据之间灵活转换能力。拓展票据业务合作伙伴，票据交易再上新台阶。尽力为成员单位提供系统、业务技术、法律法规等方面的支持，协助成员单位通过合法渠道进行票据权属登记、追索票款，维护成员单位合法权利。合理运用票据支付手段，尽力满足成员单位支付结算需求。2019年办理票据结算6745笔、金额87.09亿元，同比上升32.54%。累计托管票据6.14亿元，累计办理贴现62笔、金额6.3亿元，承兑50笔、金额9.96亿元，代开银行承兑汇票7.38亿元，转贴现24笔、金额14.71亿元，再贴现2笔、金额0.35亿元。

【资金集中】2019年，公司资金集中保持稳步发展。日均吸收存款48.9亿元，同比增长32.8%，年末各项存款余额53.8亿元，同比增长38.3%。年末全口径资金集中度为45.04%，可归集口径资金集中度保持在90%及以上，公司资金集中工作保持了稳步发展态势，与集团内企业的融合进一步加深，业务发展更加注重质量与内涵，成为公司为集团提供金融服务、发挥职能作用的坚实基础。

【业务创新】2019年，公司充分发挥金融服务职能，不断创新服务方式，完成了首单咨询顾问业务。作为集团面向境外市场成功发行5亿美元中长期企业债券的专项咨询顾问，完成了对接承销商、海外评级、监管备案、锁汇等重要工作，为后续拓展承销业务奠定了坚实的基础。

【风险管理和内部控制】2019年，公司以不发生系统性风险为底线，继续深化风险管理和内部管控。积极缓解信用风险。重点关注集团内改革重组及经营主业可能发生重大变化的信贷客户的经营情况及资金状况，及时采取措施帮助缓解偿债压力。积极关注市场风险。加强操作风险管控。不断优化业务流程，细化风险合规审查，实现风险控制关口的充分前移。持续加强制度建设。修订完善管理制度29项，新出台管理制度7项，公司内控制度进一步健全和完善。严格审计和事后监督。2019年公司开展7个内审项目，审计发现问题26个，提出审计建议21条。

【信息化建设】2019年，公司着力加强信息化建设，为公司业务开展和经营管理提供保障。通过多节点冗余网络以及虚拟化技术，实现非停机维护方式下完成所有业务系统异地迁移。上线了征信查询前置系统并开展了核心业务系统功能升级，完成了统一授信、产业链贴现等相关功能模块开发。完成了信息系统硬件设备的维保工作及日志审计系统建设，在提高合规性的同时加强了系统运行监控管理，全年无信息安全事故以及重大系统故障发生。

【人力资源管理】公司采取内部挖掘和外部

引入相结合的方式，加强公司人才梯队搭建，推进人才驱动金融业务战略。2019年，公司引进高级管理人才、中层管理人才各1名，内部提拔培养中层管理人员2名；强化职称与职业资格序列管理，公司已取得业务相关职称与职业资格人员占比达96.9%，基本做到全覆盖。采取培训与规范管理相结合的方式，以绩效考核为抓手，制定了《员工日常工作规范考核细则》等一系列措施来规范员工行为，促进公司全面协调持续健康发展。

传化集团财务有限公司

【集团概况】 传化集团有限公司（以下简称“集团”）创立于1986年，着力发展智能制造、智能物流、产业新城、产融服务，成长为先进制造与制造服务协同发展的实业集团。集团下属有传化智联、新安股份两家上市公司，十余家国家高新技术企业，拥有员工近14000名。2019年销售收入926亿元，利润超30亿元。名列中国企业500强及中国民营企业100强。

【经营概况】 传化集团财务有限公司（以下简称“公司”）由传化集团有限公司、传化智联股份有限公司、杭州传化日用品有限公司于2019年12月共同出资5亿元成立，公司坐落于浙江省杭州市萧山区钱江世纪城钱塘江畔，是专注于为集团成员单位提供金融服务的非银行金融机构。2019年，公司共有9个部门，分别是资金运营部、资金结算部、公司业务部、金融市场部、办公室、财务管理部、风控合规部、信息科技部、内审稽核部。公司有正式员工26人，其中硕士8人，本科18人，平均年龄33岁。

创维集团财务有限公司

【集团概况】 创维集团有限公司（以下简称“集团”）成立于1988年，主要从事多媒体（智能电视、内容运营业务）、智能电器（冰箱、洗衣机、空调、厨电等业务）、智能系统技术、现代服务业四大业务，集团旗下有创维集团和创维数字两家上市公司，若干家高新技术企业，设有国家级企业技术中心、国家级工业设计中心，是“中国制造2025”首批示范单位，连续多年位列中国电子百强企业前列。

【经营概况】 2019年，创维集团财务有限公司（以下简称“公司”）始终坚持“立足集团、服务成员、产融结合、共赢发展”的宗旨，为成员单位提供金融专业服务，促进集团产业与公司金融服务业优势互补，寻求共同发展。截至2019年末，公司资产总额96.71亿元，负债总额80.03亿元，全年实现营业收入2.41亿元，净利润2.02亿元。

【信贷业务】 公司为集团成员单位量身打造金融服务，提供综合授信，根据成员单位经营特点、资金需求及发展方向，制定年度综合授信计划。截至2019年末，公司共向36家成员单位提供综合授信额度198.10亿元，为成员单位累计发放贷款140.34亿元，办理贴现业务累计65.30亿元，开立非融资性保函累计1.31亿元，开立承兑汇票累计89.36亿元。

【产业链金融】 公司为集团上下游企业提供

资金支持，解决了中小企业贷款难的问题，体现了服务成员、产融结合的理念。2019年买方信贷业务累计发放贷款4701.20万元；延伸产业链金融服务业务累计发生金额4.77亿元。

【资金业务】公司建立了本币池、票据池及外币池三大资金管理平台，实现了本外币跨境融资，双向调拨、流通。2019年，公司结算业务约96.22万笔，结算量折合人民币约0.52万亿元。同时，做好头寸精细化管理，努力提高管理效益，存放同业活期平均收益率为2.42%，定期平均收益率为2.81%。2019年公司成功完成了跨国公司跨境资金集中运营的重新备案，作为主办企业，可为成员单位开展经常项目资金集中收付和轧差净额结算、外债额度集中、境外放款额度集中业务，成员企业增至60家，可集中调配的外债额度增至27.98亿美元，境外放款额度增至9.87亿美元。

【票据业务】2019年，公司开出的银行承兑汇票累计89.36亿元，开出的电子商业汇票累计19.99亿元，办理再贴现业务累计24.65亿元。公司在2019年11月22日成功申请将创维集团旗下6家制造型产业公司纳入第一批“商票通”企业名录，该项目是人民银行深圳市中心支行专门设立的先进制造业企业商业承兑汇票再贴现快速通道，为成员单位简化结算流程，盘活资金，为集团进一步降低融资成本，并助推产业实现良性发展。

【外汇业务】公司实行外汇集中管理，为各成员单位提供点对点国际收付款服务，提高成员单位国际结算效率，同时指导各成员单位进行外汇敞口分层，按需利用外汇衍生品。2019年，通过公司结售汇系统，按优于银行的最优报价开展即期结售汇业务，全年共开展业务146笔，环比增长462%；涉及金额17646万美元，环比增长746%，为成员单位节约了财务成本。

【资金集中】2019年，公司成员单位共计91家法人单位，境内公司全部纳入资金集中管理范围。2019年末全口径资金归集度为69.18%、可归集口径资金集中度为85.97%。

【业务创新】2019年，公司通过上海票据交易所财务公司电子商业汇票系统（ECDS）电票业务线上清算功能审核，并获准开通ECDS电票业务线上清算功能。8—11月公司顺利完成多轮案例测试和业务验证并通过验收，12月21日系统正式上线，12月23日完成生产环境各项业务验证并成功处理收到的票据清算业务指令共12笔，金额约300万元，资金账户转入转出正常，各项业务开展顺利。

【风险管理和内部控制】2019年公司持续开展“巩固治乱象成果，促进合规建设”工作，进一步完善全面风险管理体系制度建设，共修订制度98项，新增管理办法23项。全员强化风险意识，开展金融监管政策精神宣贯7次，风险管理知识专题培训1次。公司加强票据业务风险监管，修订管理办法并逐步落实开票保证金制度，压控开票业务风险敞口。公司健全内控合规制度建设工作，强化稽核审计职能，2019年共开展4项合规性风险专项稽核审计，充分发挥内审监督促进服务的作用。

【人力资源管理】2019年，公司采用OA办公系统全面实行电子办公，包括用章用车申请、费用报销、公文报批等各项流程审批，提高办公效率，便于痕迹管理。上线员工考勤系统EHR，包括员工考勤、合同管理、薪酬核算等，管理更加精细化、规范化、智能化，全面提升公司人力资源管理效率。招聘方面，积极利用互联网招聘渠道为公司招贤纳士。同时，从福利发放等细节入手提升企业关怀度及员工满意度。

【信息化建设】2019年，公司一是投入日志审计、数据库审计平台建设，通过对系统日志及数据库访问监控，提升系统数据操作安全及风险预警能力；二是公司通过公安部备案资金系统等保定级三级，从制度、流程、系统安全方面进一步优化改进，提升系统风险控制能力；三是完成上海票交所ECDS2.0升级，实现公司票据线上清算等功能；四是完成人民银行征信二代前置查询系统改造。

【企业文化建设】2019年，公司丰富官方网站内容，及时更新公司业务动态及员工日常动态；定期开展员工培训，提升员工能力；并设立了文化墙、每周下午茶、季度生日会等丰富员工生活。通过组织拓展活动提升团队凝聚力，增加了三八节、中秋节等节日创意主题活动，为员工打造一个具有竞争文化、学习文化、创新文化的企业氛围。2019 年，公司完成党支部委员会委员换届选举工作，并开展了党员民主评议会，选出优秀共产党员。5 月完成筹建工会工作，进一步密切联系职工群众，推进企业文化建设。

大连港集团财务有限公司

【集团概况】 2017 年 6 月，招商局集团与辽宁省政府启动辽宁港口整合工作，建立辽宁港口统一运营平台，历时两年完成营口港集团和大连港集团的收购整合工作，2019 年 1 月 4 日辽宁港口集团（以下简称“集团”）正式挂牌成立，实际控制人正式由辽宁省国资委变更为招商局集团，大连港集团财务有限公司（以下简称“公司”）也随之隶属于招商局集团。

【经营概况】 2019 年是集团和公司整合重组的开局之年，公司通过提高业务核心竞争力、完备体系建设，在资产规模、质量效益、风控能力、服务满意度和品牌美誉度等方面提升金融品牌含金量，呈现良好稳健的发展态势。截至 2019 年末，资产总额 91.92 亿元，负债总额 65.77 亿元，所有者权益 26.15 亿元，实现营业收入 3.06 亿元，净利润 1.73 亿元。

【服务实体】 公司将服务实体经济作为常态化、长效化工作。持续扶持小微企业发展，在风险可控的前提下对信用评级模型进行调整，对小微企业实施信贷政策倾斜，2019 年累计为小微企业发放贷款 23.38 亿元；持续支持“一带一路”建设，重点支持集团港口建设、物流、仓储等实体企业，2019 年累计为港口、物流类企业发放贷款 14.44 亿元，办理展期金额 12.32 亿元。

【信贷业务】 2019 年公司办理自营贷款业务 75 笔，累计发放贷款 37.70 亿元，日均贷款余额 47.76 亿元；办理委托贷款 46 笔，金额 30.06 亿元；办理非融资类保函业务 1 笔，金额 0.05 亿元。

【资金业务】 公司建立了集团成员单位月度大额资金使用计划审批管控机制，合理安排头寸资金，降低备付金规模，提高资金运作效率。通过加强同业合作，灵活运用同业活期产品，配置不同期限的短期同业存款。

【资金集中】 截至 2019 年末，公司已有开户成员单位 152 家，年末全口径资金集中度达到 70.58%，较 2018 年末提高 7.63 个百分点，全年平均存款规模为 55.33 亿元。

【风险管理和内部控制】 2019 年，公司建立风险识别、预警和应对机制，评估确定公司十大核心风险，对公司各类风险进行监测，组织开展不限定场景的仿真性业务连续性应急演练，开展内控流程自评估和穿行测试以及有效性测试。针对风险高发领域进行专项审计，夯实风险管理第三道防线。

【人力资源管理】 2019 年，公司着力提升员工队伍“战略执行、责任担当、改革创新、学用结合、人才保障”五大能力，开展各类培训共 50 场，培训员工 358 人次。

【信息化建设】 2019 年，在严守风险底线的前提下，公司强化信息科技风险防控能力，提升了数据安全保障能力，突出了信息科技服务保障地位，确保网络与信息安全、合规、平稳。

D

大唐电信集团财务有限公司

【集团概况】中国信息通信科技集团有限公司（以下简称“集团”）由武汉邮电科学研究院与电信科学技术研究院（以下简称“电科院”）于2018年在湖北武汉联合重组成立，集团作为国务院国资委直属的中央企业，在通信设备制造行业中具备很强的技术研发实力和规模优势。集团围绕5G技术和产业发展，积极推进移动通信技术、光纤通信技术、数据通信技术、集成电路技术等方面深入融合，逐步实现“有线”“无线”的优势互补，充分发挥重组协同效应。

【经营概况】2019年，大唐电信集团财务有限公司（以下简称“公司”）以“精耕细作服务集团主业”和“夯基固本搭建三大体系”为主要任务，稳步推进金融服务。2019年末，公司资产总额34.80亿元，所有者权益12.38亿元，全年实现营业总收入（含投资收益）9230万元，利润总额6277万元，全年为集团节约财务费用1亿元。

【信贷业务】2019年，公司灵活开展各类信贷业务，有针对性地对部分成员单位客户发放超短期循环借款，助力其削峰填谷保持资金链平稳安全，全年累计发放超短期贷款4.50亿元。公司累计发放自营贷款44笔，较2018年增加0.45亿元。随着市场利率下调，公司相应下调贷款利率，同时通过逆周期调节，加大超短期循环贷款的发放规模，2019年实现利息收入较2018年增长42.11%。

【资金业务】2019年，公司不断优化资金配置结构，支持产业单位资金需求，流动性比例远高于监管要求，资金使用效率不断提升。公司紧盯头寸，多种方式相结合，在保证流动性不低于监管要求的同时保障资金链安全。

【代理业务】2019年，公司积极沟通评级公司，通过战略、投资及财务方面多项介绍，最终锁定电科院AAA级稳定评级，确保存续债券安全。公司多次与银行间市场交易商协会沟通反馈产业具体情况，最终代理完成电科院50亿元超短融的注册工作，并持续跟踪市场发债情况，研判利率走势和发行窗口，成功完成20亿元超短期融资券发行，合计节约融资成本1000万元。

【外汇业务】2019年，公司持续跟踪外汇政策，为成员单位提供外汇操作咨询建议、政策解读、方案设计。发挥公司专业优势，设计境外财资中心成立和运行方案。根据跨境资金池新政，梳理公司境内外资金分布管理和国际收支情况，完成过往外债及境外放款额度的集中清理和国际主账户的清理，及时完成资金池资质重新备案工作，保障集团资质有效性。办理外债豁免，并发挥集团跨境资金融通渠道的功能，为成员单位调剂境内外资金余缺提供便利。

【资金集中】2019年，公司利用月度排名进一步促进资金集中和结算水平的提升。完成9项业务系统优化，有效提升结算工作合规性和时效性、客户操作便利性和客户满意度。通过多种方式加强与成员单位的沟通，对客户提出的问题积极响应、及时解决，增强客户黏性。公司新增9个查询和归集账户，账户监控覆盖率达64%，超过90%的关联交易通过公司办理内部转账，支付结算业务笔数连续7年实现增长。

【风险管理和内部控制】2019年，公司始终坚持审慎原则，不断完善信用风险防控工作，跟进了解成员单位经营管理、财务及资金状况，优化授信管理方案，合理配置信贷资源，既支持集团主导产业高质量发展，也兼顾部分资金短缺企业有效业务需求，避免授信过度集中等情况。公司继续对制度流程进行梳理和完善，并通过思维导图的形式将主要信贷业务全流程环节以精细化的方式归纳呈现，提升风险审查的工作效率和质量。2019 年开展覆盖前中后台多部门的审计工作，体现了内部审计在支持公司合规经营、健康发展方面的作用。

【人力资源管理】2019 年，公司共组织内外部业务技能培训、高级管理、党建等培训 350 余人次，累计完成培训总学时约 1000 学时，为构建学习型企业提供有力支撑。公司完成了人员和团队的选拔，鼓励入选人才提交论文和案例分析，不断提升员工业务素质和专业能力。同时出台部门轮岗方案，挖掘员工擅长之处，调动工作积极性。进一步提高员工工作效率，确保合适的员工在合适的岗位上。

【信息化建设】2019 年，公司将电票系统项目建设作为年度信息科技重点工作，成立专项工作小组，加强业务需求调研，组织软件厂商多轮论证，明确项目建设方案，于 11 月顺利通过上海票交所验收测试并上线投产，提升了公司综合金融服务能力。公司建设财企直连系统，实现成员单位业务流程优化，提升日常付款及交易记录查询的系统自动处理能力。同时对业务系统数据库服务器及存储设备升级更新，优化提升了核心业务系统指标。

【企业文化建设】2019 年，公司党支部充分发挥党小组的功能，借助“互联网 +”手段，化整为零，利用碎片化时间组织党员学习交流。在完成规定动作的同时积极开展自选动作学习教育，按照项目闭环管理，开展了“不忘初心、牢记使命”系列主题教育活动。

D

大同煤矿集团财务有限责任公司

【集团概况】2019 年，大同煤矿集团有限责任公司（以下简称“集团”）全面贯彻落实习近平新时代中国特色社会主义思想和党的十九届四中全会精神，围绕山西省建设“示范区、排头兵、新高地”三大目标，深入推进煤炭供给侧结构性改革，坚定不移走“减”“优”“绿”发展之路，大刀阔斧推进改革，培育新优势、激发新活力，圆满完成十项指标、强化十项重点、取得十项突破，开启了企业高质量发展的新征程。

【经营概况】2019 年，大同煤矿集团财务有限责任公司（以下简称“公司”）完成利润 4.77 亿元，实现营业收入 10.68 亿元，节约财务费用 9.10 亿元。超额完成了集团下达的指标，确保公司平稳运行。

【信贷业务】2019 年，公司自营贷款余额 160.03 亿元，委托贷款余额 49.34 亿元，票据余额 50.14 亿元，信用证余额 12 亿元。

【资金业务】2019 年，公司分别在 21 家商业银行开立 34 个账户，分别与工商银行、中国银行、农业银行、建设银行、交通银行、中信银行、兴业银行、邮储银行、浦发银行、渤海银行、民生银行、北都银行 12 家银行建立直连，为 346 家成员单位开立 606 个内部账户。日常资金结算业务主要包括开户、销户、资金上收、资金下拨、内部转账、代理支付、计息业务等。截至 2019 年 12 月末共办理结算业务 136034 笔，结算金额 8244.82 亿元。通过日常业务分部、大额资金报备体系、每月贷款利息统计等手段得出规律，以业务规律指导资金头寸的安排，更加合理地利用闲置资金，保持集团现金流安全、稳定、活跃、高效。

【投资业务】2019 年，公司在安全性、流动性和收益性相结合的前提下，通过合理配置公司资产，积极开展有价证券投资业务，业务类型包括债券投资、银行理财等，取得了较好的投资收益。有价证券投资业务的开展，提升了公司流动性管理、综合金融服务、资金创效等水平。

【票据业务】2019年，公司通过为成员单位开立承兑汇票，满足了成员单位融资需求，提高了资金利用效率；通过票据贴现的方式，使成员单位快速获得了现金流；通过转贴、再贴的方式，大力盘活票据资产，展现了财务公司的造血功能；通过与银行签订授信协议，在授信额度内商业银行见票即贴，大大提高了公司票据的市场认可度。

【外汇业务】2019年7月，公司通过交通银行东京分行申请的2000万美元贷款到账后，利用给集团发放外币贷款的形式使用，合同期限为6个月，合同约定利率为4.35%。此笔外债业务交易的成功标志着公司的经营范围从本币业务拓宽到外币业务，金融服务品种进一步增加，服务能力进一步增强，减少了成员单位的交易成本，提高了资金的使用效率。

【资金集中】公司依据相关规定，对各单位的银行账户的开立、变更、撤销进行精细化管理，由董事会审计与风险控制委员会办公室通过银行账户审批、备案制度建立集团银行账户信息数据库。加大账户清理力度，成立专项检查组，对成员单位的所有账户情况进行摸底检查，对每一单位、每一银行、每个账户是否归集都要清查落实，并做好定期监督通报工作，加大对各成员单位的资金归集考核力度。

【风险管理和内部控制】公司加强信贷管理力度，与集团财务部高度联动，保障集团资金高效运作，提升资金运作能力，有效防范信用风险；严格授信限额管控，压减成员单位授信额度，使成员单位授信额度只覆盖当前业务即可；提高资金归集率，盘活资产、调剂头寸，防范流动性风险；健全内部控制制度体系，加大流程管控力度，梳理了公司制度百余项，补充制度15项，修订制度26项，使制度覆盖业务范围，无风险漏洞；建立内控要素体系、初步构建内部控制体系。结合公司业务实际，增设了《风险点操作手册》和《内部控制实施办法》两项重要内控制度，明确各部门的岗位职责和内控职责，建立了八大业务方面的内部控制要素380项，保障制度的有效执行；完善风险评估机制，提升风险管理水平，以风险报告为依托，按月开展评估分析，累计提出风控建议16条，2019年未发生一例风险事件；结合银保监会整治乱象要点，重点组织对承兑汇票、流动资金贷款、贷款抵押权证管理、结算业务、投资业务、股权及关联关系管理、委托贷款等业务进行了排查，努力推进合规管理。

【人力资源管理】公司以科学的人才观为指导，打造高素质金融人才队伍。通过集中分类管理，将人才管理统一到法人治理、经营发展，特别是队伍建设上来，加强人才管理的顶层设计和统筹谋划，增强人才工作的系统性、整体性、协同性。

【信息化建设】公司结合自身实际情况开展了数据中心本地双活同城异步和异地同步数据级灾备建设工作。该项目方案是基于公司的IT现状，本着最小投资的节约原则，在现有信息化建设的基础上，以“利旧”+“改造”的方式取得最大的投资收益和回报。本方案从两个阶段来解决公司信息管理面临的一系列问题，第一阶段实现本地双活同城异步数据级灾备建设；第二阶段实现异地同步数据级灾备建设。灾备建设有效地保护了公司核心业务数据安全，直接提高了公司业务连续性恢复能力，利用其存储高可用的特点为公司下阶段生产应用级灾备建设提供坚实的基础。

【企业文化建设】2019年，公司围绕打造“忠诚、纯洁、担当”的队伍，营造健康和谐、团结进取的工作氛围，建设高效运转、规范有序的工作格局，树立优质、文明、廉洁、服务高效的形象目标，加强文化建设。公司深入开展理想信念、党性党风党纪教育和道德教育，加强典型示范、案件警示和岗位廉政教育，落实党政领导带头上廉政党课制度，进一步强化正风肃纪，不断推进反腐倡廉建设。

东方电气集团财务有限公司

【集团概况】中国东方电气集团有限公司（以下简称“集团”）是党中央确定的涉及国家安全和国民经济命脉的国有重要骨干企业之一，属国务院国资委监管企业，是全球最大的发电设备制造和电站工程总承包企业集团之一。

【经营概况】2019 年，东方电气集团财务有限公司（以下简称“公司”）围绕集团公司“12345”新发展战略，以“党建引领、优化结构、强化服务、提升价值、集聚人才”为工作重点，在严守风险底线的前提下努力克服利差收窄和内部服务需求不旺、外部市场拓展艰难的不利局面，突出重点、强化统筹，抓服务拓市场、抓金融助产业、抓合规控风险、抓管理提基础、抓效益优结构，逆势求进、承压前行，积极围绕目标，稳步推进各项工作，取得了显著的工作成效。2019 年，公司实现营业收入 11.10 亿元，同比增长 7.61%；实现利润总额 4.37 亿元，同比增长 26.08%；净资产收益率为 10.51%，同比增长 20.57%。

【产业链金融】2019 年，公司一方面积极响应集团利用金融手段“降应收”的号召，发挥内连外通作用，加强与金融机构的广泛交流，大力推广买方信贷、融资租赁业务，助力集团企业管控收款风险。另一方面积极响应中国人民银行和中国银保监会的号召，大力推进电子承兑汇票贴现业务，积极开展延伸产业链金融应收账款保理业务，扶持集团产业链上下游中小微企业发展，着力帮助中小微企业解决融资难、融资贵问题。

东方国际集团财务有限公司

【集团概况】东方国际（集团）有限公司（以下简称“集团”）由具有 150 年历史的上海纺织集团和具有近 70 年外贸历史的原东方国际集团联合重组而成，是一家拥有先进制造业与现代服务业，以时尚产业、健康产业和供应链服务为核心主业，以科技实业、产业地产、金融投资为支撑的大型综合性企业集团。

【经营概况】2019 年，东方国际集团财务有限公司（以下简称“公司”）紧紧围绕“服务实体经济、防控金融风险”总体要求，继续发挥公司在集团内部资金归集、资金结算、资金监控和金融服务四个平台功能，坚定不移地履行公司肩负起的重要责任。

【服务实体】公司积极参与解决集团及成员单位的各项金融需求：贯彻集团战略方针，积极支持集团时尚产业板块和重点投资项目，2019 年实际贷款投放 4 个项目，金额 2.86 亿元。着力减低外部融资成本，贷款利率较同档期 LPR 报价利率降低 15 个基点。公司在日常工作中注重向集团及成员单位提供政策法规信息、银行融资、财政政策等方面的咨询服务，力求成员单位满意。参与集团本部债券融资工作，配合集团发行 5 亿元 3 年期中票和 5 亿元 180 天超短融。

【信贷业务】公司为优化便利相关信贷业务实务操作，修订完善了相关业务制度。2019 年累计发放贷款 29.7 亿元，其中流动资金贷款 26.84 亿元、固定资产贷款 2.86 亿元，贷款余额 14.58 亿元。委托贷款累计发放 1.3 亿元，贷款余额 0.9 亿元。实现票据贴现业务 1 笔，金额 80 万元。所有信贷资产分类均为正常类，无不良贷款发生。

【票据业务】公司分析集团所属行业运作模式及本集团经营特点，结合集团内成员单位实际经营情况和金融需求，新增票据业务，盘活成员单位票据资产，享受优质的票据融资服务。2019 年实现票据贴现业务 1 笔，金额 80 万元。

【外汇业务】2019 年，公司经过多方努力，集团跨境资金集中运营的主办企业资格获批，在外汇业务上实现了零的突破。通过中国银行和交通银行的外币资金池，开展了集团内成员单位外币资金的归集管理、为成员单位代理集中结售汇业务以及代理成员单位在归集额度内办理境外放款业务。截至 2019 年末，共归集成员单位外币存款 3166 万美元，办理集中结售汇业务 3 亿美元，代理成员单位境外放款 150 万美元。

【资金集中】公司在 2019 年继续加大资金集中力度：一方面，优化完善了成员单位经营目标考核责任书内容，对资金集中开展更趋合理严格的考核；另一方面，进一步拓展资金集中渠道，已与中国银行、农业银行、工商银行、建设银行、上海银行五家银行搭建了资金池。

【风险管理和内部控制】公司建立健全风险管理和合规管理工作体系。修订现有信用评级模型，在提升有效性的基础上新增物业管理类评级模型，为成员单位最高风险限额提供更为精确的参考；定期组织全体员工参与风险合规培训，并全员签署《合规承诺书》及《案防承诺书》；开展了专项检查，推动内部控制流程建设及有效执行；顺利通过人民银行征信中心上线的现场验收，增加信用风险防范手段；每季度开展监管评级、案防工作和法务工作的自评估，夯实三道防线的根基。

【人力资源管理】公司本着稳健经营的原则，遵循“人适其岗、岗适其人、人岗匹配”人员甄选方针，做到公开、公平、公正，不仅要评价专业技能，更要注重人员的道德品质、知识结构、职业操守等，不断引进与业务发展相匹配的优秀人才，全方位提高公司人员专业素养，努力建设与公司发展相匹配的人才队伍。公司完成全员家访工作，及时了解员工思想状况和家庭情况，形成相互关爱、和谐发展的良好氛围，促进公司持续、稳健发展，有效防范金融风险。

【信息化建设】2019 年，公司正式设立了信息科技部，进一步完善了信息化管理框架；在软件方面，核心系统对接上海银行人民币及中国银行美元资金池，拓宽了公司资金的管理渠道，上线了公司 OA 系统，提升了无纸化办公水平；在硬件方面相继完成了公司网络改造，机房安全改造及灾备项目实施，使公司核心机房及办公环境的安全性大幅提升。

【企业文化建设】公司党支部是 2019 年新设立的基层党组织，紧紧围绕集团党委工作要求深入开展支部建设工作，丰富党建工作内容，促进党建工作与经营管理深化融合，努力实现党的建设与企业发展良性互动。公司积极开展企业文化建设，宣传贯彻集团企业文化核心理念，公司全员参与子文化建设建言献策工作，在集团企业文化统一引领下，已提炼出具有公司鲜明个性的子文化。

东方集团财务有限责任公司

【集团概况】东方集团有限公司（以下简称“集团”）创建于 1978 年，是一家大型投资控股型企业集团。成员企业东方集团股份有限公司是黑龙江省第一家股票公开发行并上市的民营企业，也是中国最早实行股份制改造并获准上市的民营企业之一。集团投资控股、参股4家知名上市公司，分别是东方集团股份有限公司、联合能源集团有限公司、中国民生银行股份有限公司、锦州港股份有限公司；主要投资经营金融、现代农业及健康食品、新型城镇化开发、港口交通、信息安全、石油天然气及新能源、资源物产七大产业。2019年，集团位列中国民营企业500强第102位、中国民营企业服务业100强第38位。

【经营概况】2019年，公司为成员单位提供了更加多元、专业的金融服务，在信息系统优化、努力提档升级及企业文化建设等方面作出不懈的努力，各项工作取得了良好成效。截至2019年末，公司资产总额70.57亿元，负债总额39.66亿元，所有者权益30.91亿元，全年实现营业收入3.09亿元，利润总额6136.73万元。

【服务实体】2019年，公司共监控划付资金637.31亿元，企业合规付款率达99.82%，监控差错事故率为零。此外，公司还对集团现代农业板块合作客户开展“白名单”评定工作，2019年共为349家合作客户拟授信额度（含赊销额度）28.37亿元投票表决，通过341家，授信额度26.51亿元，有效降低了成员企业交易风险及经营风险。

【信贷业务】截至2019年末，公司各类贷款余额190.01亿元，其中自营贷款余额60.09亿元，委托贷款余额120.36亿元，票据贴现及外币贷款余额9.76亿元，呈现出自营、委贷稳定发展的良性趋势。此外，大力扶持中小企业及“三农”企业，执行贷款利率优惠政策，为集团现代农业、服务业和金融业等重点板块发展提供了有力的资金支持。

【票据业务】2019年公司顺利开展票据承兑、贴现、转贴现及再贴现等业务，电票业务覆盖率达100%。2019年通过公司电票系统签发电子汇票335笔，金额共计16.74亿元，为集团成员单位贸易结算提供了优质的票据服务支持。

【资金集中】2019年，公司确保直连现金管理平台稳定运行，全年共办理结算业务金额3487亿元，为成员企业资金顺畅划转提供有力保障。此外，公司积极为集团成员企业设计资金归集方案，完善资金运营系统，服务集团开户企业，切实做到结算业务收得进、分得清、付得出。

【业务创新】2019年，公司继续加大创新业务研究力度，通过外部学习、同业交流等方式，完善了消费信贷、买方信贷业务的相关制度及规程，并积极在集团内部开展调研工作，了解成员企业的实际需求，为公司新业务的开展夯实基础。此外，公司紧跟央行货币政策步伐，开展“票据池”业务，实现票据业务类型的全覆盖，为集团成员企业的发展提供了强有力的支持。

【风险管理和内部控制】公司一是结合银保监会等监管部门开展的监管评级及黑龙江银保监局布置的“巩固治乱象成果　促进合规建设”等开展专项自查整改工作，对公司治理及各业务层面进行全方位的自查整改；二是为控制流动性风险，公司对投入使用的流动性风险实时监测系统进行升级改造，将15个监管监测指标纳入系统，实时了解资金流动性比率、头寸变化等情况，流动性风险管理实现信息化。

【人力资源管理】2019年，公司进一步加强人力资源体系建设，提高团队战斗力。绩效考核方面，组织实施了公司及员工的季度、年度考核等多方位绩效考核，并对考核结果进行全面的总结和分析。团队建设方面，年度招聘员工4名，离职员工4名，退休员工2名，部门调动2名。按照集团要求，完成集团派驻审计人员的跨公司调转。员工培训方面，2019年组织各类培训21次，参加培训124人次，累计培训213课时。公司在岗人员32人，保证了各项业务稳健运营。

【信息化建设】2019年，公司斥资搭建反洗钱系统并顺利上线，有效提高了资金划付的风险管控水平。此外，在制度建设方面，公司在原有40项制度的基础上新增1项制度、修订15项制度，进一步完善了信息科技制度体系，实现信息科技工作制度化、规范化、标准化管理，切实保障各业务系统、各业务专网网络全年安全无故障运行。

【企业文化建设】2019年公司继续有效利用集团内部宣传平台，积极宣传经营管理成果及业务亮点，全年投稿41篇，累计4万余字。同时根据监管要求按时报送公司金融年鉴材料，展现公司经营成果，连续6年获得《黑龙江金融年鉴》“优秀撰稿人”荣誉称号。此外，公司积极组织员工开展徒步、知识竞赛及员工生日会等系列活动，有效促进了经营工作的顺利开展。

东风汽车财务有限公司

【集团概况】2019年，东风汽车集团有限公司（以下简称“集团”）汽车销量跑赢大市。全年销售汽车360.9万辆，市场占有率上升0.4个百分点，商用车、乘用车市场份额均有所上升。集团自由现金流比上年增加153亿元，总体上实现了“有利润的销量、有现金流的利润”。资产负债率为59.7%，低于国务院国资委61.8%的管控目标。国务院国资委各项考核指标全面达成。

【经营概况】2019年，东风汽车财务有限公司（以下简称“公司”）实现汽车零售金融总放款65.98万辆，同比增长60.40%；不良贷款率为0.55%，较年初持平；年末表内外资产合计1258.77亿元，比年初增长29.80%；利润总额22.45亿元，同比增长53.10%。

【服务实体】公司资金集中管理不断扎根本源促进增量，2019年为成员单位累计结算97.23万笔、结算金额1.36万亿元，分别同比增长43.8%、33.1%；票据贴现2018年累计投放85.44亿元，同比增幅为131.77%；在汽车金融方面，不断加大电商平台、手机APP、微信小程序推广应用，增强客户体验。批零联动担当厂家金融责任，有效提升主机厂的销量和网络稳定，突破了与东风日产、东风标致、丰疆智能及东风井关的合作，落实了董事会对汽车金融业务拾遗补阙的要求。

【信贷业务】公司为集团成员单位提供优质金融服务，制定特色金融服务方案，提升结算效率。拓展东风股份等单位开展信贷业务及结算。公司外币业务取得资质，可为东风成员单位提供本外币结算、存款及融资等服务。2019年公司为成员单位累计办理融资593.81亿元，同比增幅为0.63%。2019年末成员单位融资余额达到255.48亿元。

【产业链金融】在汽车零售金融方面，乘用车金融扎根市场精准营销，抓住契机“一店一策”落地生根，精准营销，2019年放款534777辆，同比增长61.9%，服务更加贴近市场，满足客户需求；商用车金融扎根市场做强做优，积极推进商业模式转型和营销差异化，加大力度创新金融产品，与主机厂协同实现东风商用车在弱势市场的有效突破，2019年放款12.5万辆，同比增长54.3%，商用车新开发增值贷产品投放达1.96亿元，拉开了金融服务汽车后市场的序幕。

【资金业务】公司优化改善融资结构，全力做好筹融资及资金流动性管理。推进财务公司票据转贴现业务，盘活票据池，再贴现业务得到监管部门肯定，获批中国人民银行武汉分行票据示范区资格；精细管理，保证业务正常开展及流动性需求；持续拓展主动性融资渠道，将资产证券化业务常态化，有效支持汽车零售金融拓展。

【票据业务】2019年，公司东风金融电票在成员单位推广进一步突破，降低了保证金在外部银行沉淀，提升资金集中度，较好地推广了东风金融电票。启动线上信贷业务系统开发，为综合提升成员单位开票效率，减少贸易背景资料的传递及验证问题，特针对开票流程进行优化，并创新设计贸易背景验证系统，完成了从合同发票采集、影像处理到验证的全流程线上化。2019 年营销拓展成员单位开展公司票据承兑业务 89 家，同比净增长 29 家，为成员单位开具财务公司电子商业汇票 154.86 亿元，同比增长 28.35%。

【外汇业务】公司正式获得中国外汇交易中心外币拆借会员资格，首单外汇业务顺利开展，进一步拓宽了资金来源渠道，为向成员单位提供多元化的金融服务奠定了基础。

【资金集中】公司立足本源深化服务筑牢根基。成立结算 CFT 小组，跨部门协助集团推进资金集中管理，持续改进 CMS + 结算功能，优化推广财企直连，2019 年新增集团工会系统、南方事业板块等累计开户 241 家，带来存款净增量达 122.70 亿元，新增东风商用车、东风股份等板块代理工资支付 20 家。2019 年累计结算 97.23 万笔、结算金额 1.36 万亿元，分别同比增长 43.8%、33.1%，集团全口径资金集中度达 76.20%，同比增长 7.40 个百分点。

【业务创新】创新拓展供应链金融、外币结算等业务和功能，联合工商银行为东风越野车有限公司发放首笔银团贷款 5 亿元。深化汽车产业链前端供应商服务，向主机厂和关键总成的二级、三级供应商延伸票据，应收账款保理业务取得突破，新增供应商 259 家，服务小微企业，化解“融资难、融资贵”问题。新增 102 家成员单位，东风南方实业集团取得突破进展，积极推进集团内代发工资结算，大力推广东风金融电票。

【风险管理和内部控制】公司深化全面风险管理流程化、系统化、信息化，进一步完善中国人民银行征信工作，开发预期损失模型和大数据智能风控平台，开展了针对全业务条线的内部控制评价，成立跨部门审计小组，自查自纠立行立改，有效降低了监管风险暴露，进一步筑牢“第三道防线”，强化风险识别的敏感度和风险处置的敏捷性。客服中心通过 4PS 国际标准体系认证，完善了体系能力建设，提升客户服务和资产管理能力。全面风险管理保持高压态势，重点治理机构客户风险，强化源头治理、催收和诉讼时效管理，有效遏制了风险“双升”的势头，风险稳定在可控范围。

【人力资源管理】公司继续推进“三项制度”改革，优化调整汽车金融前台业务和中后台市场、风控等部门职能，成立品牌部和销售部，持续推进营销总监竞聘上岗。开办“东风金融学院”，组织开发营销经理及金融专员培养课程，启动“领航”“启航”班制，加强干部人才梯队建设。规范公司 VI 运用，实施办公“6S”管理，推进新办公楼装修，打造高效、绿色、智能的办公环境。

【信息化建设】加快金融科技落地应用，推进 AI、OCR 识别技术、电子签名、第三方大数据等新技术手段迭代升级，公司智能审批能力和辅助决策水平，以及客户感知度和信审能力得到提升，商用车金融、乘用车金融自动审批效率达到行业领先水平。利用信息技术持续优化资金结算系统、汽车金融系统，新开发网上信贷系统、外汇管理系统、客服中心智能外呼系统等，开发完成 10 余款手机 APP 等移动端应用，基本建成移动端服务体系，初步具备部分项目自主研发能力。

【企业文化建设】公司重视以人为本的企业文化建设，加强东风“和”文化建设，并定期组织开展主题立功竞赛、道德讲堂、技能比武和导师带徒等活动；关注员工思想动态，通过调查，员工对公司的发展给予了高度的认可；关心慰问员工，首次举办家属开放日，获得广大员工及家属的大力支持；开展形式多样的文化娱乐体育活动，营造“开心工作，快乐生活”的工作氛围。

东航集团财务有限责任公司

【集团概况】 中国东方航空集团有限公司（以下简称“集团”）成立于1986年8月9日，是直属国务院国资委管理的大型航空运输企业，为中国三大航空运输集团公司之一。2019年，集团积极应对复杂多变的外部环境，努力克服经济下行压力、产业结构转型阵痛、外部输入性风险，整体效益保持稳中有进的良好态势，圆满完成一系列重大项目工程。

【经营概况】 东航集团财务有限责任公司（以下简称“公司”）依托集团，在加大吸存力度、稳步扩充资产规模的同时，注重优化资产组合，提高经济效益，为集团提供全方位、多角度的优质金融服务。截至2019年12月31日，公司资产总额115.09亿元，利润总额1.48亿元。

【服务实体】 2019年，公司人民币结算量达到14714.52亿元，同比增长3.76%；结算笔数达到624263笔，同比增长11.71%。在提升服务的同时对成员企业结算业务免收手续费，2019年累计为成员企业节约结算手续费298万元。公司对涉及东航所属飞机及航材的海关关税保函进行担保，先后给予东航股份及东航技术公司1.5亿元保函授信。

【信贷业务】 2019年公司人民币吸收存款日均值为101.67亿元，较2018年的89.23亿元上升了13.94%，达历史新高。在保证集团支付结算安全的情况下，加大对集团成员单位的信贷投放，截至12月末，人民币贷款累计发放314.40亿元，贷款余额59.31亿元，月均贷款余额同比增长4.23%。

【资金业务】 2019年，公司密切跟踪集团整体资金安排计划，加大资金的调度和周转，盘活内部资金，加大银行同业业务合作力度，配合集团大额资金的支付需求，与集团内成员企业及时沟通，保证公司资金备付安全，防范大额突发性资金流动性风险。

【外汇业务】 2019年，公司累计完成结售汇业务各币种折合约30.11亿美元；外汇买卖累计发生各币种折合约1.24亿美元；累计完成收付汇业务7081笔，金额合计折136.12亿美元；对集中管理的成员企业外债及对外放款额度进行了集中，集中后外债额度63亿美元，对外放款额度9.5亿美元，分别较原额度大幅增长110%和217%；累计收付跨境人民币92.37亿元，其中通过跨境双向人民币资金集中运营管理流入28.92亿元，流出61.14亿元。

【资金集中】 2019年，公司加大资金集中上收下拨管理。对结算业务系统进行优化升级，提升资金结算服务能力，以资金结算为纽带，在提升结算效率的同时提高资金归集率；协助集团资金系统的运作和管理，动态监测集团成员单位整个资金账户的运行体系；定期由集团财务部召集各板块单位财务经理进行资金分析会议。截至2019年末，集团成员企业可归集口径的资金集中度达89.95%。

【业务创新】 2019年，公司与工商银行合作搭建的自贸区全功能型跨境双向人民币资金池正常投入使用，为集团成员单位拓宽了外汇资金归集划拨途径，极大地便利了自贸区内成员单位结售汇及收付汇业务操作。开展了财务公司首笔代客人民币外汇掉期交易，通过业务期限匹配客户实际用汇需求，帮助客户锁定结售汇点差，规避了汇率波动风险，实现了一定程度上的结售汇成本可控。

【风险管理和内部控制】 2019年，公司不断深化法人治理，修订《公司章程》《董事会议事规则》《总经理办公会议事规则》等，加强董事、监事考核评价和下设委员会职能发挥，落实国务院国资委《“三重一大”决策制度实施办法》；持续开展规章制度全面梳理，完成59项公司制度修订和新建；严格按照监管部门要求开展各项检查工作，年度累计完成9项专项风险排查、2项压力测试；反洗钱系统正式上线，全面加强风控合规，护航公司稳健经营。

【人力资源管理】公司加强激励机制与约束机制，重新修订《员工绩效考核管理办法》，新建《东航集团财务有限责任公司高级管理人员绩效和薪酬递延管理办法（试行）》《公司绩效考评管理办法》等。建立起符合实际、科学合理的后备年轻干部梯队，选拔不同年龄范围的干部入库培养。

【信息化建设】公司加大系统开发建设力度，优化网络基础架构，实现应急双线链路自主切换。推进核心业务信息系统建设，实现资金池资金自动上收下拨功能、法人透支余额自动上收功能、线上资金调拨及线上外汇业务开展等。

【企业文化建设】2019年，公司对前三年公司业务招待情况进行全面梳理检查，查摆问题，立行立改，落实谈话制，形成公司廉洁文化。对凡涉及群众切身利益的事，第一时间拿出解决问题的办法，提高办事效率，努力做到让群众满意。党支部采取党员与非党干部群众结对活动，关心群众工作生活情况，并通过对员工家访、改善员工办公环境等方式，增强员工的认同感和归属感。

东旭集团财务有限公司

【集团概况】东旭集团有限公司（以下简称“集团”）成立于1997年，总部位于北京，集团由装备制造起家，依托自身技术创新，通过产、学、研相结合的创新模式，积淀了雄厚的技术实力，成为中国唯一一家具有全套液晶玻璃基板生产工艺及装备制造能力的企业，集团旗下拥有东旭光电、东旭蓝天、嘉麟杰三家上市公司。2019年品牌价值223.83亿元，位列中国电子信息四强，截至2019年末，集团总资产超过2000亿元，员工1.8万人。

【经营概况】2019年，东旭集团财务有限公司（以下简称“公司”）在严控风险的前提下，围绕公司内部治理、资金结算服务、信贷业务服务、风险防范与控制、信息科技建设、专业人才队伍建设等方面稳步推进公司各项工作，整体运营良好。截至2019年12月31日，公司资产总计305.57亿元，负债合计254.06亿元，所有者权益合计51.51亿元。2019年税前利润总额1335.12万元，实现税后净利润999.61万元。

【服务实体】公司本着“提升对成员单位服务，支持实体经济发展，降低集团整体融资杠杆”的原则，通过加强集团整体资金归集力度，调配各成员单位的资金余缺，调整集团整体杠杆水平。2019年，公司累计为集团和多家成员单位发放99笔流动资金贷款，金额合计275.07亿元，其中25笔金额93.59亿元贷款用于偿还集团外部公司债、银行贷款、信托贷款等，占比为34.02%，降低了集团整体的融资杠杆水平。

【信贷业务】公司一方面加强对成员单位资金归集的力度，另一方面提升对成员单位的信贷服务能力。不断优化资源配置，以提升服务质量为目标，在信贷投放规模、信贷产品使用、信贷业务流程、信贷资金价格等方面持续优化。2019年累计审批成员单位授信506亿元，截至2019年12月末，各项贷款余额299.42亿元，较年初增加14.42亿元。

【票据业务】公司根据集团内整体的资金运行特点，2019年为成员单位办理票据承兑和贴现业务。票据产品丰富了成员单位的资金结算手段，有效降低了成员单位的资金结算成本，全年为成员单位减免票据业务手续费339.63万元。同时，通过持续开展票据业务，增强了公司在金融同业间的认可度，取得了良好的成果。

【资金集中】2019年，公司继续加强资金归集工作，着力扩大归集单位数量和归集账户范围，全年新开户成员单位19家，新增归集银行账户28户，提升了资金使用效率，提高了公司对成员单位的结算服务能力。公司与东旭蓝天和东旭光电均重新签署了金融服务协议，完成东旭蓝天和东旭光电上市体系成员单位账户总分账户归集设置等工作，截至12月末，东旭蓝天归集资金余额28.72亿元，东旭光电归集资金余额81.80亿元。

【风险管理和内部控制】2019年，结合公司重点业务开展审计稽核工作，出具审计意见书，并建立审计发现问题台账，对整改情况进行追踪，及时向公司管理层报告审计结果，为后续决策和管理提供依据。2019年共实施了12个审计项目，范围覆盖信贷、财务、信息技术和公司治理等。2019年，公司深化内控管理改革，实施全面风险管理，没有出现经营风险、监管风险：公司信用风险、市场风险、操作风险较低，资本充足率、核心资本充足率、流动性等主要监管指标均符合监管标准，无不良贷款。修订各类规章制度31项，新制定6项；截至年末，公司各类规章制度共190项，其中法人治理类8项，内部管理类182项，内控制度体系不断完善。

【人力资源管理】2019年，公司优化部门职责，增设金融市场部、战略发展部，金融服务部更名为投资银行部。明晰部门职责边界、更新部门和岗位职责。完善公司人力资源基础建设、实现目标管理与激励机制的有机结合。公司建立健全干部选拔、培养等体系，树立良好的用人导向，打造一支作风优良、专业突出的人才队伍。同时结合行业特点，组织相关部门员工进行各种形式线上、线下有针对性的培训，提升员工的职业技能和综合素质。

【信息化建设】2019年，针对业务变化优化开发了核心业务系统功能20余项，使核心业务系统更好地适应集团业务模式和公司业务运营方式的变化。9月，公司发票查验管理系统上线运行，实现了贷前发票材料的快速批量查验、查重和同意管理，使发票检查工作由10小时缩短到10分钟完成，提高了对集团成员单位资金需求的支持效率。10月，完成了反洗钱二代系统的建设工作，并与核心业务系统接口集成，实现了业务交易的反洗钱监测、审核和上报功能，确保了反洗钱工作顺利开展。

【企业文化建设】公司秉承“感恩做人、敬业做事”的价值观，坚持将业务文化建设同经营管理工作有机结合。扎实推进企业文化建设，推进与集团之间的文化衔接，依托集团组织、开展各类活动，增加了员工队伍稳定性，提升了公司团队的向心力和凝聚力。

鄂尔多斯财务有限公司

【集团概况】内蒙古鄂尔多斯羊绒集团有限责任公司（以下简称“集团”）主要有两大产业板块，其中，罕台羊绒产业园区现已发展成为拥有国家级企业技术中心和国家羊绒制品工程研究中心的羊绒生产加工基地，技术水平处于世界领先地位；棋盘井工业园区已基本完成循环经济产业链的建设，进入经营提升期。

【经营概况】鄂尔多斯财务有限公司（以下简称“公司”）设立风险管理部、公司业务部、稽核审计部、计划财务部、资金结算部、综合信息部和金融市场部7个部门，有正式在册职工35人。除服务型结算清算业务外，实际开展的表内外资产负债业务共计8种，分别是存放同业、给成员单位发放贷款、办理贴现业务、吸收成员单位存款、同业拆借、卖出回购业务、银行承兑汇票 、委托贷款和信用担保。截至2019年末，公司资产总额101.18亿元，负债总额75.28亿元，所有者权益25.89亿元，表外业务16.57亿元，实现净利润1.53亿元。

【资金集中】公司不断加强集团资金集中管理和提高资金使用效率，一是成功上线集团银行账户统一管理系统，建立了以银行账户管理为基础的集团货币资金和商业票据集中管理体系，账户管理与资金管理一体化，直连和非直连账户全覆盖，实现资金全面监收控付；二是开展全集团账户清理和统计工作，2019年累计清理集团账户150户；三是全面梳理成员单位股权结构，截至2019年末，成员单位在财务公司开立一般结算账户211户，2019年全年新增开户84户、注销19户。

【信贷业务】截至2019年末，公司向13家成员单位发放贷款余额64.32亿元，较2019年初增加5.22亿元，增幅为8.83%。2019年全年累计向成员单位发放贷款116.41亿元，累计收回贷款111.19亿元，存量贷款全部为正常类贷款。

【票据业务】公司开展的各类票据业务均为电子商业汇票，通过中信银行的电票系统和上海票交所的票据交易系统办理业务。截至2019年末，公司开展的票据业务品种有签发承兑汇票、票据贴现、票据转贴现和票据再贴现业务。2019年末，公司承兑汇票余额11.97亿元，票据贴现余额14.19亿元，票据转贴现余额1500万元，票据再贴现余额5.85亿元。

【外汇和债券业务】为拓宽公司资金运用渠道，公司于2019年12月已完成外汇资金集中运营管理业务资格审批工作、即期结售汇业务申报工作和承销成员单位企业债券和有价证券投资资格申报工作。

【业务创新】2019年7月10日，公司根据成员单位额济纳中蒙煤炭有限公司申请，开立了以呼和浩特海关为受益人、总额500万元的总担保保函。2019年7月23日，额济纳中蒙煤炭有限公司凭借关税保函，在额济纳海关享受到“先放后征”的通关便捷服务，快捷完成通关手续。这是公司开立的首笔关税保函，同时成为区内首家完成关税保函业务资格备案并开立保函的财务公司。截至2019年末，公司共办理关税保函业务2笔，累计保额达到1000万元。

【风险管理和内部控制】2019年，公司一是继续完善法人治理结构，对公司部门重新调整，高管人员重新分工，有效实现部门设置和高管分工前、中、后台分离；二是开展了首次流动性压力测试工作；三是组织开展票据运营管理、资金业务及账户管理等专项审计4次和常规审计工作1次；四是积极开展银行业金融机构案件警示教育活动和扫黑除恶专项斗争等工作；五是制定了资本管理制度，规定了资本充足率下限指标。

【制度建设】继续健全和完善制度体系，在保证制度对业务100%覆盖的基础上，进一步提高制度保障。2019年，制定和修订了《鄂尔多斯财务有限公司全面风险管理指引》《鄂尔多斯财务有限公司信息报告制度》《鄂尔多斯财务有限公司高管问责管理办法》《鄂尔多斯财务有限公司反洗钱内部控制制度》等有关公司治理、风险合规、信贷业务、稽核审计、资金结算、信息科技六类17项制度。

【信息化建设】公司综合业务管理系统作为全集团的核心支付结算系统，承载着全集团的预算管控、支付结算、票据运营、信贷投放、账户管理等功能。2019年继续推进信息化建设，一是新增招商银行和浙商银行银企直连接口，有效提高集团资金归集度；二是完成中国银行和农业银行电票直连接口，推进票据集中管理，成为内蒙古首家测通电票接口的企业；三是搭建外汇测试系统，完成收付汇、结售汇前期的测试工作。

【企业文化建设】公司一直以坚守理想、恪守价值、敢想敢做、持续改进为经营理念，2019年以提高公司员工专业业务素养，增强业务能力为重点，积极参加集团举办的专业技能培训、会计知识竞赛等活动，2019年9月下发《关于鼓励员工考取专业资质、职业资格证书的通知》，鼓励员工参与所从事职业的各类专业考试，获取各类专业资质、职业资格证书，通过并取得证书的员工，参加考试的考务费予以报销，并予以一定的奖励，充分调动员工的积极性。

福建七匹狼集团财务有限公司

【集团概况】福建七匹狼集团有限公司（以下简称“集团”）是知名服装类民营企业，拥有服装、地产和投资三大业务板块，其中“七匹狼”品牌男装夹克市场份额连续18年保持第一。截至2019年末，集团总资产287亿元、净资产140亿元；实现营业收入约51亿元、净利润5.23亿元。

【经营概况】2019年，福建七匹狼集团财务有限公司（以下简称“公司”）坚持基本功能定位，围绕年度经营管理目标，持续强化自身风险管控，规范运作，在为成员企业提供较好金融支持的同时，为集团企业加快资金融通、节约资金成本、实施集约管理作出了应有的贡献。同时，公司团队日渐成熟，专业素质和协作能力均取得了显著提升。各项指标有所提升，特别是贷款拨备率提高至2.5%，公司风险抵御能力得以加强。

【信贷业务】截至2019年末，公司成员单位共计80户，在信贷业务方面取得一定的成果。首先，自营贷款利率低于商业银行贷款，2019年公司各项贷款利率比商业银行同类产品利率低10～20个基点；其次，业务品种齐全，信贷业务服务对象覆盖集团各业务板块，授信总额40.54亿元，较上年末增加6.74亿元，增长19.94%。

【资金业务】2019年，公司和商业银行建立广泛的授信往来关系，授信合作机构覆盖国有股份制商业银行和城商行，通过加强和同业机构业务往来，有效加强了公司日常短期资金管理，提高了主动管理流动性的能力。积极利用人民银行再贴现政策工具，2019年累计开展再贴现业务约2亿元，一方面降低成员单位融资成本，另一方面为公司补充了有效的流动性。

【投资业务】积极主动开展货币基金业务，提高资金综合收益率。2019年开展货币基金申购109笔，金额共计5.98亿元，产生收益244.77万元。积极参与成员单位发行债券工作，并认购部分债券，引导发行利率走低。2019年成员单位发行中期票据，公司主动认购。同时公司参与中期票据发行，通过债券投标价格引导中期票据发行利率下降，为成员单位降低债券融资成本。

【票据业务】截至2019年12月末，公司累计开立银行承兑汇票2297笔，全部为成员单位向上游支付货款。接收电子银行承兑汇票的上游供应商超过100户，分布在27个城市。同时积极利用政策工具，通过办理再贴现业务，将再贴现资金完全用于支持实体企业，实现降本增效。公司一方面向商业银行申请同业授信，协助持票人到获批同业授信的商业银行办理贴现业务，贴现金额超过1亿元。另一方面主动跟踪到期末兑付票据，安排专人根据票据流转信息联系持票人，通知持票人及时办理票据兑付手续。

【资金集中】2019年末，公司资金集中度为62.01%，比上年末增加0.63个百分点。主要从以下三个方面开展资金归集工作：一是更新集团成员单位名单，将符合条件的分子公司纳入财务公司成员单位；二是梳理集团成员单位银行账户情况，将成员单位银行账户在直连范围内做好归集工作；三是严格控制银行账户留存金额。

【风险管理和内部控制】内部控制方面，2019年召开股东会会议3次，董事会会议7次，监事会会议4次，审计委员会会议3次、风险控制委员会会议5次。完善内控制度体系，2019年度新增制度6份（累计建立112项管理制度），修订制度12份；新增操作规程4份，修订操作规程6份。

风险管理方面，信贷资产优良率为100%；2019年开展4次案防检查，公司实现全年零案件；通过成员企业资金计划报送的方式进行流动性管理，初步采用多级警戒机制，控制备付金额度，统筹安排和综合平衡资金；逐步建立并完善科技风险管理相关体系。

【人力资源管理】2019年，公司通过对《绩效考核办法》的修订，进一步完善了考核与激励机制，并通过对员工日常与年度相结合的考核，将考核结果与员工绩效工资、年度调薪、评先创优等挂钩；通过对《员工考勤及休假管理办法》的修订及《员工行为排查管理办法》的制定，进一步健全了员工行为管理相关机制。公司积极打造学习型员工团队，制定了年度培训计划，2019年共组织开展业务、规章制度等培训46期。

【信息化建设】2019年，公司信息系统保持安全平稳运行，未出现影响业务运行的故障及结算差错。根据不同业务操作的需要提供相应的操作权限，满足各岗位人员的管理需求。科技人员每日对系统、设备进行巡检。每天对数据库进行全备份，对应用服务器的应用程序也进行全备份。2019年相关业务系统未发生较大异常情况。日常巡检过程中未发现机房物理环境和设备异常，网络及系统运行稳定，数据备份正常。由软通公司完成了核心业务系统应用服务季度巡检工作，各项巡检参数显示正常。对人民银行的ACS系统进行升级，完成测试并上线；完成了对书生系统和1104系统的升级改造工作；完成了自营贷款LPR利率开发的启动工作。加强各系统的风险防范措施，对各部门的使用系统权限按最新的审批表进行权限核对调整，并留档存底，降低各系统的操作风险。

【企业文化建设】公司坚持以服务集团，不断做强做大做优为目的，牢固树立“经营信用、管理风险、承担责任、创造价值”的经营理念，积极拓展新的业务品种，努力推动公司各项业务稳步发展。公司组织开展多种多样的文化活动，如年度旅游、登山活动、金融知识竞赛等，既增强了员工的意志和品质，也提高了团队凝聚力和战斗力。

福建省交运集团财务有限公司

【集团概况】福建省交通运输集团有限责任公司（以下简称“集团”）成立于2001年11月6日，是福建省人民政府批准成立的国有独资公司，已形成港口业务、海上运输、道路客运、现代物流、商品贸易及医药六大支柱业务板块，是福建省属规模最大、实力最强的综合性交通运输企业，控股及参股企业超200家。集团注册资本32.20亿元，2019年末，集团资产总额360.45亿元，负债总额222.83亿元，实现营业收入135.03亿元。

【经营概况】福建省交运集团财务有限公司（以下简称“公司”）由集团和福州港务集

团有限公司共同出资设立，于2018年6月11日获批筹建，2019年4月25日获批开业，2019年4月28日正式成立。开业以来，始终坚持以“依托集团优势，发挥平台作用，服务集团发展”为经营方针，大力做实存贷结基础业务，着力服务成员单位。2019年度实现营业收入2190.30万元，实现利润总额523.53万元。

【服务实体】公司坚持服务成员单位、服务实体经济，在提供财务公司经营服务的同时，发挥专业优势，尽全力帮助成员单位进行商业银行贷款、结算等项目协调，提高了银、企、财三方联动的工作效率，显著提升各方满意度。

【信贷业务】公司紧紧围绕集团发展战略，服务集团主业，2019年累计授信12.30亿元，为集团及成员单位发放贷款9.79亿元，助力集团降低资产负债率和融资成本。

【资金集中】公司深入成员单位调研，采取先易后难、分批推进的策略，有序推进资金归集，2019年共为162家成员单位开立账户，授权归集银行账户339户，归集资金25.33亿元，2019年末剔除不可归集的资金归集率为93.63%，累计结算金额158.23亿元。

【风险管理和内部控制】公司成立风险管理委员会，制定《风险管理委员会工作规则》等60多项内部管理制度，构建相对完善的风险管理和内部控制体系。认真及时组织学习、贯彻落实各类法律法规和监管要求，落实“巩固治乱象成果 促进合规建设”和“合规建设三强化”活动，树立守法合规意识。

【人力资源管理】公司通过市场化招聘方式引进8名有银行从业经验的员工，形成以年轻人为主、老中青相结合的团队。通过员工岗位培训、外出交流培训、公司内部培训以及鼓励员工参加银行从业资格考试等多种方式，提升员工专业能力。

【信息化建设】公司建立了具有代理支付、账户核算、贷款发放、同业存放等功能的核心业务系统，并根据实际操作中出现的问题对核心业务系统的使用功能整改提升了150多项。强化非现场监管信息系统和财务报表系统取数对接，实施LPR利率定价、上线短信通知系统。通过购买正版化软件，提高国产化软件的使用管理。

【企业文化建设】公司完成首届支部委员会选举，成立党支部，实现党建进章程，党建真正融入企业中心工作。积极参加“不忘初心、牢记使命”主题教育和集团支部达标创星活动。公司以“服务集团，审慎合规，务实创新，良好操作”经营理念，倡导“勤勉尽责、专业高效、主动作为、团结协作”工作作风，通过工会组织齐聚庆生辰、羽毛球团体赛等员工活动，提高员工凝聚力。开展读书分享会，创建学习型组织。

福建省能源集团财务有限公司

【集团概况】福建省能源集团有限责任公司（以下简称“集团”）于2009年12月由原福建省煤炭工业（集团）有限责任公司和福建省建材（控股）有限责任公司整合重组成立，2017年1月控股福建石油化工集团有限责任公司。是一家以新能源、新材料、医疗健康及金融为主业，涉及煤炭、电力、石化、配售电、港口物流、建工地产、科研设计等行业的综合性企业集团，拥有包括福能股份、福建水泥、福能租赁、福能期货四家上市公司在内的全资或控股企业四十多家。注册资本金100亿元，资信等级为AAA级，2019年列中国企业500强第264位。

【经营概况】2019年，福建省能源集团财务有限公司（以下简称“公司”）坚守实现集团资金价值最大化的宗旨，立足“四大平台”的功能定位，攻坚克难、多措并举，开展了大量卓有成效的工作，有序有力地推动各项工作的开展，取得了较好的工作成绩。截至2019年12月末，公司资产总额144.81亿元，负债总额125.81亿元。2019年，实现营业收入4.44亿元，完成全年计划的110.93%；实现利润2.76亿元，完成全年计划的106.11%。公司各项监测指标优良，无不良资产和不良贷款，公司运营安全稳健。

【服务实体】2019年，公司对成员单位授信总额度超过125亿元，发放自营贷款超过30亿元，办理委托贷款超过5亿元，办理贴现5.15亿元，开出电票6.47亿元，开出保函0.62亿元，拆借资金13亿元。资金结算系统快捷、高效，办理结算笔数19.48万笔，结算资金量3777.77亿元。同时继续执行减费让利等政策，累计为成员单位节约各种财务费用4800多万元，释放保证金8000多万元。

【信贷业务】公司紧跟集团“十三五”产业发展战略新步伐，加强信贷资金的精准投放，优化资金要素配置，科学确定增贷、稳贷、收贷策略，使金融资源的配置方向与集团战略中心方向一致，有力支持了集团的改革发展。截至2019年末，公司信贷余额46.02亿元，日均余额44.42亿元（同比增加0.61亿元），实现信贷规模和资产结构优化的双提升。

【资金业务】严格实施资金预算控制和计划管理，高效配置资金头寸，协同增强集团及权属企业“资金调峰”能力，减少沉淀资金，最大化地使用资金。同时，依托专业的投资操作，高效精准地把资金集中存放于最优利率报价的金融机构，开展定期业务。2019年实现同业收入2.45亿元，超全年计划0.36亿元，资金规模效应进一步凸显，资金使用效率大幅提升。

【投资业务】2019年新增开展了货币基金和股票投资业务，并首次购买了邮储银行理财产品、首次购入超短期融资券，公司对接的金融机构超过20家，涵盖银行、券商、基金、信托和保险公司等金融机构。2019年实现投资收益4471万元，平均收益率为4.03%。

【票据业务】电票业务迅猛发展，探索开展了“票据开立→票据贴现→票据再贴现”的业务模式，2019年累计开出电票6.47亿元、办理贴现5.15亿元、办理再贴现3.60亿元，提高了票据的运作效率，扩大了低成本融资规模。

【资金集中】持之以恒地深耕资金集中管理，不厌其烦地向成员单位大力宣贯集团《资金集中管理规定》等制度规定和公司的服务内容，努力做到“颗粒归仓”。截至2019年末，公司开立账户348户，吸收存款122.62亿元，集团口径扣除后平均归集率达98.58%。

【风险管理和内部控制】公司紧跟监管部署，开展了“扫黑除恶专项斗争”“防范非法金融活动风险排查”“巩固治乱象成果，促进合规建设”“合规三强化”等15项自查排查工作，从72个方面、125个要点、105个子项开展自查排查工作，提交了24份专项自查排查报告，填报报表并提供各类佐证材料352项。各项整治工作行动有力，排查彻底，全面嵌入公司信贷投放、资金账户管理、资金往来交易、同业投放、银行业投资等日常经营管理中，并密切关注了员工八小时内外的行为和动态，把控重点人员、重点业务和重点岗位三“重”的风险点，实现了全年无风险发生的目标。

【信息化建设】构建了“小核心、大应用、标准化”的信息发展模式，积极推进统一监管报送、反洗钱、二代征信等系统的建设，完成了资金管理、票据交易、网上银行等系统的升级改造，建立了短信通知平台，实现账户变动的短信通知功能，公司信息系统功能日渐完善，对业务的支撑能力更加强健。

【企业文化建设】公司选举产生新一届支部委员会，建立了党员目标考核管理办法等制度，并高起点、高标准地开展了主题教育，党员争先创优的氛围更加浓厚，公司党支部被集团党委评为“2017—2018年度先进基层党组织”。抓好企业文化建设，践行“开发能源、创造财富、服务社会、造福员工”的企业使命，关心员工、传递温暖、创造感动，使社会主义核心价值观、福能集团核心理念内化为集体的坚定信念、外化为个人的自觉行动。

甘肃电投集团财务有限公司

【集团概况】甘肃省电力投资集团有限责任公司（以下简称“集团”）是甘肃省政府出资设立的国有大型投资公司，是省政府授权的投资主体和国有资产经营主体。2013 年末，由国有独资企业改制为国有独资有限责任公司，注册资本 36 亿元。2019 年，集团实现工业总产值 56.6 亿元，营业收入 63.8 亿元。截至 2019 年末，集团资产总额 789.56 亿元，项目遍布全省 14 个市州，形成能源、现代服务业两大产业板块，巩固电力业务、拓展煤气油业务，聚焦信息、金融、文化博览、产业地产四个业务方向，同步发力，支撑产业板块迅速崛起。其中电力行业包含火电、水电、风电、光电四种电源，总装机容量位居全省第一。

G

【经营概况】2019 年，甘肃电投集团财务有限公司（以下简称“公司”）有效发挥集团资金归集、资金结算、资金监控和金融服务平台作用，不断完善风险管理体系，持续提升公司金融服务质效。2019 年末，公司资产总额 31.94 亿元，负债总额 26 亿元，所有者权益合计 5.94 亿元。2019 年实现营业总收入 9976 万元，累计实现利润总额 6102 万元。

【服务实体】公司以调整价格策略为导向，按照人民银行 LPR 定价工作要求，重新修订《价格管理办法》，为成员单位降低贷款利率，节约融资成本，提高资金使用效率，全力贯彻供给侧结构性改革，支持实体经济。打好搭桥贷款、银行承兑汇票、委托贷款组合拳，2019 年为集团重点建设项目融资共计 11.04 亿元，确保了在建项目资金链安全，工期的正常推进。

【信贷业务】公司紧紧围绕集团战略、重大项目和重点企业，坚持金融服务与经济效益相结合的信贷政策，为集团提供高效的金融服务，支持集团战略布局，助推集团实体产业转型发展。截至 2019 年末，公司各项信贷余额 8.3 亿元，其中，自营贷款余额 8.08 亿元，票据贴现余额 2176.6 万元。2019 年累计发放自营贷款 19 笔，金额 18.8 亿元。

【资金业务】在 2018 年 4 月公司正式加入银行间同业拆借市场后，与 11 家金融机构对接，开展市场化竞价，2019 年累计开展同业拆入 30 笔，金额 42 亿元，帮助公司进一步加强头寸管理，提高了主动管理流动性的能力。

【票据业务】公司采取免缴保证金、扩大贴现机构、增加同业授信额度等措施全面积极推进电票承兑业务，截至 2019 年末，电子承兑汇票余额 5.57 亿元，累计签发电子银行承兑汇票 450 张，金额 6.3 亿元，间接释放了保证金存款，有效降低了成员单位财务费用。

【资金集中】公司以现金流预算为抓手，通过资金管理系统与财务系统交叉验证，准确预测资金头寸，降低日均备付金 0.5 亿元，加强资金的统筹安排和管控，实现了集团公司资金整体平衡。公司不断加强归集管理职能，截至 2019 年末，资金归集成员单位 92 家，吸收存款余额 25.91 亿元，全口径资金集中度为 57.42%，可归集口径资金集中度为 91.53%，实现资金应归尽归。

【风险管理和内部控制】公司坚持制度建设“精细化”，共制定、修订各类制度 26 项，进一步规范了各业务条线流程和操作规程；严格“审贷、审投分离”，2019 年完成 27 家成员单位评级工作，授信总额52.7亿元，各项贷款形态正常，无不良贷款，信贷资产五级分类管控有效；推进风险监测与日间稽核有机结合，操作风险管控达到预期。2019年公司年度监管评级继续保持2B级，为公司获取市场准入、扩大金融业务范围提供了有力支撑。

【人力资源管理】公司及时充实人才队伍，打造人才梯队，结合社会招聘和校园招聘，实现了人才供给与业务发展需求相匹配。2019年开展内、外部业务培训32次，培训人员170余人次；修订了《薪酬管理办法》《绩效考核管理办法》，岗位设置更加科学，绩效考核更加合理。修订了《A、B角管理制度》《员工轮岗制度》，全年A、B角交接变更人员权限196人次，提高了员工专业化水平，强化了员工自我管理。

【信息化建设】公司推进金融信息科技建设，开展了资金管理系统应急演练、等保测评、异地服务器拆迁等工作，信息系统保障能力更加牢固；不断推进资金管理系统建设，部署内网安全预警系统，按照等保2.0新标准对资金管理系统进行检测，筑牢信息安全防线；不断完善系统功能，做好集团财务共享中心系统上线后的改造工作；持续优化系统功能，做好银企直连接口升级、电票状态自动更新等工作。

【企业文化建设】公司积极推进企业文化建设，着力推进甘肃电投特色企业文化建设，举办了主题女职工活动、素质拓展培训、工会、党建知识竞赛、优秀文学作品征集等活动，传播、丰富了企业文化。积极参与集团各项活动，获得了第五届企业文化节“优秀组织奖”。强化民主管理，选举产生第一届工会委员会和二届监事会职工监事，制定《司务公开实施办法》等工会制度11项，群团组织桥梁纽带作用充分发挥。

港中旅财务有限公司

【集团概况】中国旅游集团有限公司（以下简称“集团”）创立于1928年4月，是中央直接管理的国有重要骨干企业，也是总部在香港的三家中央企业之一。集团构建了以旅行服务、投资运营、旅游零售为三大核心业务，以旅游金融、酒店运营为特色业务，以邮轮为代表的创新孵化的旅游产业布局，业务网络遍布中国内地、港澳以及海外28个国家和地区，汇聚了中国港中旅、中国国旅、中国免税等众多国内知名旅游央企和文化旅游品牌，是中国最大的旅游央企。

【经营概况】截至2019年末，港中旅财务有限公司（以下简称“公司”）实现资产总额129.52亿元（人民币，下同），利润总额1.72亿元；吸收存款余额104.04亿元，发放贷款余额70.45亿元，完成了年初各项计划指标。

【服务实体】公司持续优化“深入一线、发掘需求”的市场推广策略。通过定期走访将公司结算业务、信贷业务、IT服务主动推送到成员单位，加强与成员单位的沟通，推广公司的金融产品与服务，宣传公司的服务能力与优势，推动产融协同，同时通过走访了解成员单位的业务需求，更好地结合成员单位的实际需求提供定制化金融产品服务。

【信贷业务】公司继续大力推进各板块产融协同工作，积极维护现有贷款客户业务，大力拓展新增贷款客户，2019年向酒店运营事业群、旅行服务事业群、投资运营事业群、集团本部等累计放款近60亿元，按照不同事业群的业务发展方向，满足下属各成员单位的资金需求。2019年，公司正式成为上海票交所会员。

【资金业务】公司持续加强对资金计划与资金头寸的管理，合理规划资金头寸，动态配置资金，为集团及成员单位经营发展提供资金保障。2019年，公司全年未出现任何计划外资金缺口，所有成员单位的贷款需求和存款提用需求均得以及时满足，公司流动性指标也一直处于健康水平，全年未触及过监管红线。

【投资业务】2019年，公司严格按照监管政策及监管导向的要求，审慎、稳健开展投资业务。在保障流动性安全和严控业务风险的前提下，通过做精做细资金计划、合理配置同业资产期限等手段，利用资金沉淀间隙，积极创造效益；对内积极推进融融协同，与集团各金融单元携手共赢，对外与集团战略合作金融机构建立紧密合作关系，并积极拓展银行间交易对手、捕捉市场机会，提升同业、投资业务收益。

【外汇业务】2019年，公司与合作银行深入探讨可行的外汇业务合作模式，与集团下属单位达成合作意向，并确定了合作模式。同时，信息系统完成外汇业务模块的测试与验收，为业务开展打通技术关口。公司通过跨境资金池可有效实现集团境内外资金池的融通，在集团资金统一管控方面发挥了积极的作用。

【资金集中】2019年，公司根据年度重点工作计划，围绕“集团资金归集平台、集团资金结算平台、集团资金监控平台、集团金融服务平台”的定位，全力推进资金集中相关工作。截至2019年末，全口径资金集中度为38.53%，可归集口径资金集中度为83.37%。

【业务创新】2019年，公司积极推广对私批量代发业务，提高了资金结算效率、降低了成员单位结算成本，增强了财务公司结算服务能力。此外，公司为集团下属成员单位与北京大兴国际机场合作项目提供履约保函服务，有效帮助成员单位减少保证金占用，扩大了财务公司对外提供担保范围和市场接受度。

【风险管理和内部控制】2019年，公司着手全面推动建立业务流程标准化工作，探索建立业务流程标准化体系。通过梳理优化业务流程，完善规范流程节点，促进公司高效、规范运作，提升公司整体风险管控能力。公司严格按照内控要求，将内控管理渗透到各个层面，持续构建和完善公司制度管理体系。公司共制定和修订制度36项，进一步规范了业务流程。

【人力资源管理】2019年，公司一是根据岗位需要适当吸纳行业优秀人员，积极调优现有人员配置，严控人工成本，确保人岗匹配、效益优良；二是在常规培训学习之外，将打造“分享、分担”的学习型组织贯彻于日常工作中，开展讲学活动，提升全员学习动能；三是落实人文关怀文化，组织开展“职场心理建设”等多项团建活动，帮助员工释放心理压力，增加员工幸福感、归属感。

【信息化建设】公司一是完成核心业务系统从N6到N9的整体升级，引用portal系统门户技术架构，提升存款业务、对外结算和对私批量、资金管理、移动应用等方面的业务处理能力；二是新增了七家银行的银企直连接口，完善集团资金管理范围，提升资金归集和划转的效率；三是开展企业二代征信查询系统建设工作，通过人民银行征信系统获得客户的第一手征信数据信息。

【企业文化建设】公司党支部通过认真抓好“不忘初心、牢记使命”主题教育使党建工作再上新台阶，2019年公司党支部思想教育工作案例《从优良传统中汲取正能量》入选中组部、国务院国资委组织编写的《基层党支部书记案例选编》（国企版）一书。

供销集团财务有限公司

【集团概况】中国供销集团有限公司（以下简称“集团”）是国务院批准成立的大型涉农流通产业集团，是中华全国供销合作总社全资企业。主营农资、棉花、再生资源、农村超市、农产品批发市场、房地产、电子商务、金融服务、国际贸易、海洋水产、石油等业务。立足服务规模化和流通现代化，集团正在不断完善为农服务产业链条，努力实现从传统经营方式向现代经营方式转变，打造企业核心竞争力，为城乡消费者提供更加优质的服务。

【经营概况】供销集团财务有限公司（以下简称“公司”）以“稳健规范、定制服务、开拓创新”为经营宗旨，各项业务稳步推进，各类风险控制有效，以服务出资企业为准则，发挥牌照优势，为出资企业提供个性化解决方案，并不断提升基础服务功能。2019 年，公司发放自营贷款 53 笔，金额合计 37.83 亿元；委托贷款 288 笔，金额合计 121.29 亿元；票据承兑业务 8 笔，金额 3.73 亿元，不良贷款保持为零。

【信贷业务】公司信贷业务以集团一级出资企业为主要对象，信贷产品以短期流动资金贷款为主，截至 2019 年末，公司流动资金贷款余额 12.08 亿元，发放自营贷款 53 笔，累计金额 37.83 亿元，发放委托贷款 288 笔，累计金额 121.29 亿元，无不良贷款。

【结算业务】公司不断夯实基础业务、提升服务水平，为集团和出资企业提供金融服务。2019 年开展结算业务 21781 笔，累计结算金额 1567.62 亿元，为企业提供免费收付款结算服务。

【票据业务】公司票据业务包括票据承兑、贴现和转贴现及再贴现业务。2019 年公司完成电票业务 100% 与上海票交所联动，电票服务基础更加稳固，全年成功开具电子银行承兑汇票 3.73 亿元。

【资金集中】公司按月向成员单位发放资金归集情况通知书，使成员单位及时了解资金归集考核的完成情况；大力推介二级资金池产品，协助企业设计资金归集策略，助力企业对下属企业的资金管控能力提升，并积极开展积分兑换活动，吸引企业在财务公司办理结算，提高集团结算集中度和资金集中度。截至 2019 年年末，公司全口径资金集中度为 22.56%。

【风险管理】公司主要开展了以下四方面风险管理工作：一是持续开展制度建设。实现制度体系化、执行规范化。二是落实重点监管要求。按照银保监会要求开展票据业务、“巩固治乱象成果　促进合规建设”等专项自查，按照人民银行要求落实贷款市场报价利率（LPR）的实施等。三是严格按照银行业标准加强授信审查、风险排查等。对 14 家出资企业、19 家金融同业进行评级及授信审查，对公司进行 4 次全覆盖风险排查，模拟极端情况进行公司流动性风险压力测试等。四是编辑《风险合规案例汇编》，开展案件警示教育、反洗钱教育、宪法宣传周等活动，提升全员合规意识和案件防控、反洗钱能力。

【信息化建设】公司主要开展了以下四方面信息化建设工作：一是完成公司同城容灾数据备份系统建设工作。二是对公司网络安全设备进行升级完善，通过增补防火墙等安全设备、开展漏洞扫描等方式，进一步提升了公司网络安全管理能力和风险防控能力。三是完成 2019 年度信息安全等级保护复测工作，公司核心业务系统和网银系统等保三级复测工作已全部完成，顺利通过验收，获得测评报告。四是完成信息科技非现场监管报表及报告、网络安全自查报告、软件正版化报告等监管报表报告的编写和上报工作，各项报告编写和报送符合监管要求，未出现任何错报、漏报和补报的情况，并在国庆 70 周年等关键时间点每日排查系统运行隐患。

【企业文化建设】2019 年，公司一是持之以恒加强党的建设。公司严格遵照党中央、总社和集团的部署，扎实开展“不忘初心、牢记使命”主题教育，取得明显实效，充分发挥党组织的领导核心和政治核心作用，落实“三会一课”制度。二是加强合规文化建设。2019 年公司组织多次法律培训和两次法律考试，提高全体员工的合规意识。三是开展各项工会活动。组织羽毛球比赛、参加田径运动会等。四是开展扶贫工作。累计向定点扶贫的安徽省潜山县，江西省安远县、寻乌县等提供扶贫资金 140 万元。

光明食品集团财务有限公司

【集团概况】光明食品（集团）有限公司（以下简称“集团”）是集现代农业、食品加工制造、食品分销为一体，具有完整食品产业链的综合食品产业集团。集团坚定“一体两翼”的产业发展格局，突出主业，构建全球食品集成分销平台，推进高蛋白战略，聚焦发展种源、科技、绿色和观光农业，发展混合所有制经济，深化搞活终端，提升核心竞争力。2019 年集团列中国企业 500 强第 123 位。

【经营概况】光明食品集团财务有限公司（以下简称“公司”）成立以来，立足集团，为成员企业提供优质高效的金融服务，公司经营效益呈稳健发展态势。截至 2019 年末，公司资产总额 238 亿元，全年实现营业收入 6.66 亿元，实现净利润 2.56 亿元。资本充足率为 20.20%，流动性比例为 50.70%，不良贷款率为零。

【服务实体】提升金融服务实体经济的质效，把防范化解金融风险与服务实体经济更好地结合起来，进一步疏通货币政策传导机制，实现金融资源的精准投入。截至 2019 年末，公司贷款余额共计 111.72 亿元，主要投向制造业（占比 65.07%）、批发零售业（占比 13.93%）、农林牧渔业（占比 13.50%）等，与光明食品集团产业特征相符。2019 年，公司紧跟政策要求，加大了对生猪养殖和猪肉供应企业的信贷支持，积极扶持生猪产业及相关肉制品加工业的融资需求。

【信贷业务】在严格审慎合规授信的前提下，以支持涉农企业、先进制造业、节能减排及绿色信贷投放为重点任务，不断提升业务水平、深入实体企业、发掘创新产品、优化信贷结构，授信额度 109.4 亿元，2019 年末自营贷款余额 111.7 亿元，同比增加 82.56 亿元，到期贷款回收率为 100%，贷款利息收入 3.68 亿元。票据贴现 2.43 亿元。

【资金业务】强化资金头寸管理，提高资金运营效率，与 25 家同业建立授信关系，授信金额达 1116.50 亿元，从流动性、收益性综合考虑开展存放同业、同业拆借、国债逆回购的资金业务，实现同业利息收入 2.97 亿元。

【投资业务】继续以投资低风险的货币基金为主，完成基金申购业务总额 21.29 亿元，实现收入 5560.7 万元，综合利率为 2.76%。

【外汇业务】开展了境内外币资金池的搭建及资金归集工作、为集团境内外资金融通提供通道和方案，其中发生结售汇业务 246 笔，结汇金额 1965.40 万美元；售汇金额 1.87 亿美元，实现盈利 126.89 万元人民币，共发生 22 笔外汇同业业务，累计金额为 7063.57 万美元，实现定期利息收入 18.65 万美元。

【资金集中】通过提供优质服务、考核和激励等手段实现 2019 年日均归集资金 186.44 亿元，同比增长 4.28%，全口径归集率达 57.74%，较上年度同比上升 7.85%。2019 年资金集中管理成员企业 905 户，账户 1326 个，结算 112 万笔，结算金额 6012 亿元。季度电子对账有效率达 100%。

【业务创新】制定《创新业务管理办法》，进一步加强和推动创新业务的开发水平，规范财务公司创新业务的开发、审批、运行和评估等流程，提升创新业务的合规性和可行性，确保创新业务开展前，制度先行。

【风险管理和内部控制】建立涵盖公司治理、核心业务、风险管理、合规管理、审计监督互为支撑的内部控制体系，控制和处置业务层次和管理层次的风险，形成前台部门、风险管理部门和审计部门的三道防线。在监管机构规定的范围内开展业务，对新业务、新产品预先进行全面风险评估。对案件防控工作采用全面排查、专项排查和日常排查相结合的方式，确保全流程的风险可控。

【人力资源管理】倡导关怀、信任、包容的核心文化，将人才作为支撑公司战略转型发展的关键资源，2019 年建立与新业务模式相匹配的组织架构；打造可持续扩张的岗位体系；优化薪酬激励机制，实现效益与风险的平衡；继续加强对员工的培训，全年举办业务专题学习、企业文化构建、内控制度及风险防控等内容的培训 131 人次。

【信息化建设】对集团所有挂接账户进行统一管理、统一计划、统一收付，实现“账户统一、收付结算统一、资金集中、实时管控”的一体化及闭环管理模式，对资金业务全流程进行规范化、标准化、自动化管理，2019 年完成了资金管理平台项目的建设。

【企业文化建设】落实员工第一的价值理念和爱与尊重的“光明文化”。抓好安全稳定和民生保障。构建以“改革是最大的投资、协同是最大的空间、人才是最好的资源、服务是最好的品牌、安全是最好的管理”为指导思想的企业文化体系，增强团队协作，提高服务意识，坚持化繁为简，追求效率和效益，为公司发展保驾护航。

广东省广晟财务有限公司

【集团概况】2019 年，广东省广晟资产经营有限公司（以下简称“集团”）生产经营呈现“营收稳、费用减、负债降”的良好态势，企业大局总体平稳和谐，广晟信心、广晟形象、广晟精神正在回归。

【经营概况】截至 2019 年末，广东省广晟财务有限公司（以下简称“公司”）资产总额 54.84 亿元；发放贷款余额 30.62 亿元；负债总额 42.64 亿元，吸收存款 42.17 亿元，所有者权益 12.20 亿元。2019 年累计实现营业收入 1.74 亿元，实现净利润 7117 万元。2019 年末公司在岗人数 26 人，各项监管指标达标。

【信贷业务】2019 年，公司一是紧跟集团战略导向，重点支持核心企业与核心产业。继续加大对东江环保等重点成员企业及电子研究所等科技型企业的授信支持力度，助力培育新的利润增长点。二是继续推广票据、保函等业务产品。2019 年共对大宝山矿等企业调研 10 次，挖掘业务需求，并与部分企业达成了票据业务合作意向，为更好地服务成员企业奠定了基础。

【资金集中】截至 2019 年末，公司已为集团下属 244 家成员企业开立 260 个结算账户；与 11 家银行实现了银企直连；纳入公司银企直连平台实现资金统管及监管的银行账户 396 个。2019 年，成员企业在公司的结算量为 563.98 亿元，其中代理支付结算量达 54.53 亿元，占比为 9.67%，较上年末提升 4.24 个百分点。据初步估算，2019 年末公司资金归集率达到 28.12%，同比提高 3.98 个百分点。

【风险管理和内部控制】2019 年，公司一是夯实内控基础，严格合规管理。2019 年新增、修订各类制度 12 个，进一步夯实合规管理的制度基础。二是积极开展各类合规排查和内部审计，降低风险隐患。一方面按照外部监管机构的工作要求，落实了反洗钱、平安金融综合治理等合规问题的整改。另一方面在完成日常稽核工作的基础上，组织开展多个专项审计，充分发挥事后监督作用。三是持续加强流动性管理。提高资金监控频率，细化每日资金留存预测，均衡头寸摆布；做好流动性比例的监控及预防性措施，组织开展流动性压力测试。四是有序推进深圳有色财务公司整合工作，尽力化解合规风险问题。

【人力资源管理】2019 年，公司一是建立健全人力资源管理体系。修订员工工资实施方案，强化绩效薪酬与公司业务发展的关联性；探索建立覆盖全员的培训管理体系，加大培训工作管理力度，帮助员工弥补知识弱项、能力短板、经验盲区，提升岗位技能。二是加大人才队伍建设力度。一方面优化中层管理人员队伍结构，不断增强财务公司攻坚克难的能力；另一方面组织开展招聘工作，为公司的发展注入新鲜血液。三是加大内控管理力度。一方面加大考勤及请休假管理力度，进一步落实公司内控从严管理要求；另一方面加大工作督办力度，制定公司内部定期报告工作机制，提升部门及员工工作效率和执行力，促进各项决策部署有效实施和落地。

【信息化建设】公司重点落实九恒星资金管理系统拓展项目开发，2019 年完成 9 项优化需求的正式上线及验收；完成九恒星资金管理系统一期项目运维合同的签署，为业务的正常稳定运转提供了良好保障；完成数据中心 UPS 蓄电池组的更换及测试工作，保障机房供电基础设施的可靠性，为资金系统的业务连续性提供支撑；完成 ACS 系统代理商变更及拜特系统专线转公网切换工作，降低运营成本 11.12 万元/年。

【企业文化建设】2019 年，公司党支部深入开展“不忘初心、牢记使命”主题教育，制定“立行立改”等问题清单 5 个，收集问题与意见 16 条，推进专项整治与集中治理 10 项，成立专责工作组 5 个，对破解财务公司整合重组、资金统管、资金风险防控等难点问题每周督办，有效破解发展瓶颈；开展“我和祖国共庆生”活动，建立员工容错管理机制、“我与领导面对面”等沟通机制，回应群众关切 30 项，激励员工献计献策 27 项，为推动公司改革发展凝心聚力。

广东省交通集团财务有限公司

【集团概况】广东省交通集团有限公司（以下简称“集团”）是经广东省委、省政府批准组建的国有大型独资公司，于 2000 年 6 月 28 日挂牌成立，注册资本 268 亿元，主营高速公路和道路基础设施投融资、建设、经营管理，出行服务和物流，以及与交通设施相关的土地等配套资源综合开发经营和相关服务。2019 年，集团经营效益再创新佳绩，年度主要经营指标全面优于预期目标。截至 2019 年末，集团管理的资产规模达到 6200 多亿元。

【经营概况】2019 年，广东省交通集团财务有限公司（以下简称“公司”）全力提升资金归集率，积极扩大信贷投放，稳健开展投资业务。2019 年实现营业总收入 6.48 亿元，同比增长 10.85%；利润总额 3.28 亿元，同比增长 10.58%；净利润 2.46 亿元，同比增长 13.89%。公司资本充足、流动性良好、无不良资产。

【服务实体】2019 年，公司加大对新兴产业的金融支持，助力集团创新发展。2019 年向集团出行服务、资源综合开发板块发放贷款 6.29 亿元，向大湾区成员企业发放贷款 22.29 亿元。配合做好集团所属高速公路撤销省界收费站和 ETC 改造相关工作，向承担相关软、硬件实施工程企业发放应急贷款 5000 万元。

【信贷业务】2019 年，公司努力扩大信贷投放规模。协助成员单位向银行申请长期贷款，有计划逐步置换其在财务公司的贷款，优化集团流动性管理。向部分在建项目发放贷款置换银行贷款，增强集团与银行协商存量贷款利率从基准调整为下浮 10% 的谈判优势。及时落实贷款利率定价（LPR）改革，加大对成员单位的让利，进一步降低成员单位融资成本。2019年，公司日均贷款余额85亿元，其中新发放贷款31.44亿元。

【资金业务】 2019年，公司继续推广多级现金池，帮助成员单位提升资金管理效率、平衡资金流动性，实现合作共赢。2019年通过存款利率上浮为成员单位增加存款收益6338万元，通过贷款利率下浮为成员单位节约财务费用1495万元，通过减免账户管理费、询证函等节约成员单位费用支出60万元，以上累计为集团节约成本费用约7900万元。同时把握金融市场机会，提高资金收益，通过向同业争取更高的存款利率，获取额外收益1.54亿元。

【资金集中】 2019年，公司成功实现国家开发银行资金归集，9月增加吸存约2亿元。合资合作项目资金归集取得重大进展，境外资金的集中管理工作稳步推进。2019年，公司为211家成员单位提供金融服务，管理账户864个。全年日均吸收存款约189亿元，较2018年增长11%，其中吸收上市公司存款12.99亿元，较2018年增长21%。

【风险管理和内部控制】 2019年，公司优化相关组织架构，强化法律审核和风险管控力度，扎实推进合规风险管理各项工作，合规与风险管控成效显著，总体风险较低、可控，全年未发生合规与风险事件。有序开展两项专项审计、四项专项稽核检查，并针对所有检查、审计发现的问题，定期跟踪检查整改情况，确保审计效果，杜绝问题重复发生。

【人力资源管理】 2019年，公司成立专项工作小组，梳理、调整部门职责和岗位编制，理顺管理流程，均衡岗位负担；制定绩效考核和薪酬改革方案，激发员工工作积极性和潜能。充实审计、投资、风险、人力、信贷岗位人员，为公司发展注入新鲜活力。制定并实施新的《企业年金方案（实施细则）》，合理提高职工保障待遇。加强重点岗位因私出国（境）管理，从严监督管理干部。

【信息化建设】 2019年，公司扎实推进信息化管理规范性建设，制定《信息系统事件处理操作规程》等制度，指导公司日常系统运维、软件开发及外包管理等工作。加强信息科技应急及系统连续性管理，对信息系统关键设备进行切换演练。聘请第三方机构对业务系统进行漏洞扫描及渗透测试，保证运行安全。开展软件正版化检查，避免侵权风险。开展前期调研工作，推进数据仓库建设。

【企业文化建设】 2019年，公司党支部深入开展“不忘初心、牢记使命”主题教育，严格执行“第一议题”学习制度，确保习近平新时代中国特色社会主义思想贯彻落实。把党的领导融入公司治理各环节，推进党建工作与生产经营深度融合，组织开展集中攻坚，形成5项专题研究成果。深入开展专项整治和警示教育活动，确保党风廉政建设不出问题。参加集团女职工户外活动。组织开展案防警示教育、金融知识普及月、信用交通宣传月、平安金融宣传月等系列主题宣传活动，让合规经营理念深入人心。

广东省农垦集团财务有限公司

【集团概况】 广东省农垦集团公司（以下简称“集团”）成立于1951年，是中央直属垦区，实行“部省双重领导、以省为主”的管理体制。垦区现有土地面积342.55万亩，下辖湛江、茂名、阳江、揭阳、汕尾5个二级农垦集团公司，47家国有农场，共有海内外企业290多家。集团深耕国家战略资源和城市安全食品两大主业板块，拥有中国最大的海外天然橡胶生产基地、全国最大的剑麻生产基地、华南地区最大的鲜乳品加工企业、广东规模最大的农工贸一体化蔗糖产业集团。

【经营概况】广东省农垦集团财务有限公司（以下简称“公司”）于2019年8月获批筹建，同年11月12日工商注册，12月27日正式挂牌营业。公司建立以股东会、董事会、监事会及公司管理层为主体的“三会一层”的治理架构，实行董事会领导下的总经理负责制。公司坚持“统一结算平台、资金集中管理平台、筹融资平台”功能定位，为集团深化垦区改革，推动产业升级提供金融保障。截至2019年末，公司资本5亿元，总资产5.05亿元，利润总额70.6万元，从业人员20名。

广东温氏集团财务有限公司

【集团概况】温氏食品集团股份有限公司（以下简称“集团”）是中国企业500强、农业产业化国家重点龙头企业、国家级创新型企业。主营业务是黄羽肉鸡和商品肉猪的养殖和销售，兼营肉鸭、奶牛、蛋鸡、肉鸽养殖及其产品销售。集团围绕畜禽养殖产业链上下游，配套经营屠宰、食品加工、现代农牧装备制造、动保、生鲜食品流通连锁经营以及金融投资等业务。2019年，实现营业总收入731.20亿元，总资产达655.79亿元。

【经营概况】2019年，广东温氏集团财务有限公司（以下简称“公司”）坚持服务集团的定位，围绕董事会核定的经营管理工作目标，持续提升平台价值和金融服务功能，夯实基础，逐步完善内控制度，各项指标符合监管要求。2019年末，资产总额47.73亿元，比年初增加37.64亿元，上升373.04%；负债总额37.65亿元，比年初增加37.60亿元；所有者权益为10.08亿元，比年初增加0.03亿元，上升0.30%；净利润0.03亿元。

【服务实体】公司积极发挥资金归集平台功能，2019年共为成员单位开立一般结算账户有68户，其中已纳入公司结算运营的单位有55家，实现资金归集及银企直连的单位有54家，全年累计归集成员单位资金金额182亿元，累计付款13.78万笔，累计付款金额153.66亿元。

【信贷业务】2019年，公司累计办理为53家成员单位授信40.1亿元，为51家成员单位办理流动资金贷款87笔，共发放贷款8.28亿元。针对非洲猪瘟防控及后续复产扩产需要，公司及时调整畜禽业贷款投放比例，全年投放养猪业6.28亿元，投放养禽业2亿元。

【资金集中】公司通过加强资金归集力度，调配各成员单位的资金空缺，2019年为集团成员单位开立68个内部账户，建立54个资金归集账户，日均资金归集量5012.73万元，共办理的结算业务量15.28万笔，结算金额375.38亿元，全年全口径资金集中度为60.27%。

【风险管理与内部控制】2019年，公司坚持依法合规、审慎经营的原则，积极推进全面风险管理体系建设工作，总体表现为：各项业务风险管控良好，信用风险、操作风险、市场风险、流动性风险、声誉风险、法律风险较低；资本充足率、不良资产率、不良贷款率、拨备覆盖率、流动性等主要监管指标均优于法定监管标准；风险管理水平逐步提升，业务经营规范有序。2019年，公司也及时开展了对各项业务、重点领域及风险管理等方面的监督检查，并从制度建设、落实监管要求等方面下功夫，扎实、有序地开展工作，无重大违规、违法行为，实现无案件、事故的工作目标，促进依法合规经营。

【人力资源管理】2019年，公司以会代训，组织各类专业业务研讨会、业务技术培训、高级管理培训、标杆单位交流等培训项目30个，共260人次，促进员工多视角、全方位成长；以考促学，组织实施“考评、考核、考试”三考活动，促进人岗匹配；以老带新，促进业务轮岗常态化。

【信息化建设】 2019年，信息科技工作对现有系统提供了可靠的保障，系统运行平稳，全年未发生宕机事件。主要是打通核心业务系统与中国银行、工商银行、农业银行三大银行的财银直连通道、主备线路切换工作、完善财务公司对外支付渠道；注重信息科技安全工作，完成机房服务器市电、柴油发电机、UPS电池组供电切换演练工作；关注信息科技对业务的促进作用，加强业务运维管理。

【企业文化建设】 2019年，公司不断加强企业文化建设，紧紧围绕“精诚合作，齐创美满生活”温氏核心理念，开展员工生日会、攀登、体育竞技等健康活动，营造健康和谐、积极向上的工作氛围。

广东粤电财务有限公司[①]

【集团概况】 广东省能源集团有限公司（以下简称“集团”）是由广东省政府和中国华能集团分别持有76%和24%股权的能源企业，拥有火电、水电、风电、新能源、综合能源服务、天然气、燃料、航运、金融、贵州区域、境外投资11个业务板块，产业遍布广东全境，并延伸至省外和海外。集团注册资本230亿元。截至2019年末，集团资产总额1455.08亿元，全年实现营业收入491.73亿元。

【经营概况】 2019年，广东粤电财务有限公司（以下简称“公司”）积极应对贷款规模下降、投资受限、息差收窄等各种不利局面，紧抓资金集中管理，最大限度整合资金源，保障结算安全；充分发挥产融结合优势，支持集团主业发展；主动开展投融资业务，提供多元金融顾问服务；拓宽国际化视野，择机开展即期结售汇业务；各项服务及管理工作稳步提升。截至2019年末，公司总资产余额204.43亿元，吸收存款164.36亿元，贷款（含贴现）151.69亿元，全年累计实现主营业务收入7.14亿元，实现净利润3.25亿元。

【服务实体】 集团立足优质、高效、稳定能源供给，作出系列战略部署及规划，公司对集团重点电源项目重点跟踪，加大金融服务支持力度，助力开拓创新型融资品种。2019年协助成员单位发行固息美元债、绿色中票及超短融，均取得合意利率水平。粤港澳大湾区建设是国家及广东的重点区域发展战略，公司持续加大湾区内项目信贷投放力度，截至2019年末，已服务湾区内18家单位，信贷余额超过55亿元。

【信贷业务】 公司适时积极做大信贷规模，并通过对票据资产和中长期贷款的合理配置，实现了资金收益性、流动性、安全性的有机结合。2019年公司贷款加权平均利率为4.06%，累计为成员单位降成本6192.09万元。对集团重点项目，公司坚持融资引领、财务顾问联动，全年合计发放银团贷款57631.98万元。此外，公司持续深化绿色信贷发展战略，对接中国清洁发展机制基金发展委托贷款，现已成功获得清洁基金5年期委托贷款14014万元。

【资金业务】 公司根据集团管控模式调整要求，通过在粤汇通系统开发客户层级管理程序，实现资金计划分级审批，并新增计划管理单位14家。以资金计划为抓手，公司实现资金池精

① 2020年2月27日，“广东粤电财务有限公司”经粤银保监复〔2020〕104号文批准，更名为“广东能源集团财务有限公司”。

G

准测算及同业头寸的合理调配。2019 年公司存放同业活期加权利率达 2.21%，优于省内市场最新公布的加权利率 54 个基点。

【投资业务】2019 年货币市场类基金收益率均值较 2018 年同期下降 110.1 个基点，公司坚持“逐日盯市”制度，构建收益高且稳定的最优 FOF 投资组合。2019 年实现收益 4930.53 万元，投资组合收益率较行业均值 2.55% 加点 43.87 个基点。国债逆回购交易方面，公司以市场货币资金供需框架为基础，对央行公开市场操作实行动态跟踪，用足用活公司头寸开展业务。逆回购业务累计成交 115 亿元，应计利息 1663.34 万元。

【资金集中】公司以抓牢资金源头为出发点，盯紧成员单位的账户与资金，对于存量单位，在确保集中营收资金的基础上全力争取外部融资资金，对于增量单位，宣传好、落实好资金集中管理要求，实现公司展业与资金上收的无缝对接。截至 2019 年末，已开户成员单位 154 家，其中 128 家为公司并表企业，占并表企业中应开户单位总数的 94.12%。2019 年平均集团考核口径资金归集率达 96.10%。全年业务发生额为 6693.12 亿元，笔数为 107931 笔，结算业务集中度为 95.80%。

【业务创新】在获得国家外汇管理局授予的即期结售汇业务经营资格后，作为银行间外汇市场交易会员，公司可直接参与外汇市场交易，最大限度争取价格优势，为客户结售汇需求提供更有力支持。公司相继做好需求调研、系统搭建、业务推广等前期准备工作，9 月 18 日启动并成功完成首单 10 万美元即期结汇的实盘交易，实现多年来作为外汇交易中心会员在外汇市场交易的“零”突破。

【风险管理和内部控制】截至 2019 年末，公司共新建 20 项制度，修订 25 项制度，已建成 11 类共 176 项制度，制度管理基础进一步夯实。合规管理方面，公司锚定监管机构对资本约束的硬要求，严守监管红线不逾越，提升服务集团能力和抗风险水平。结合公司风控管理实践经验与风险管理方法论的最新规范，组织开展风控体系二期建设工作，推动风控覆盖面更全面，使风控工作更深入、细致。

【人力资源管理】公司近年在大力推进各项业务的同时，继续着力加强人才队伍建设，既注重内部人才梯队建设培养，也加强各岗位业务骨干的轮岗培训，重点加强对选人用人问题监督，完成部分重要部门中层人员轮岗。

【信息化建设】公司紧跟业务发展需要和监管的新趋势、新变化，对粤汇通系统、统一监管平台等已有功能进行升级、完善，开发了 MPA 风险监测、LPR 贷款基础利率、即期结售汇等功能节点，2019 年累计完成新增需求共 67 项。根据“票据全覆盖”的建设理念，公司全力推动票据系统升级换代，已顺利完成。

【企业文化建设】公司持续加强金融智库建设，鼓励并引导员工积极参加财务公司业务、金融理论等的学习研究。公司参与“强监管新常态下财务公司发展机遇与挑战”及“财务公司与商业银行风险管理比较研究”课题，获得“2018—2019 年度行业课题研究突出贡献单位”称号。多篇理论研究、业务探讨文章刊登于《金融时报》《中国银行业》《中国财务公司协会》等刊物，喜获广州金融行业 2019 年度读书交流会读书心得评比“一等奖”等多个奖项。

G

广西交通投资集团财务有限责任公司

【集团概况】广西交通投资集团有限公司（以下简称“集团”）成立于2008 年7 月，是广西壮族自治区人民政府批准成立的国有独资大型企业集团，注册资本为 300 亿元，共有全资二级子公司72家，控股二级子公司13家。2019年，集团完成营业收入485亿元，利润总额15.9亿元，总资产3918亿元，新增通车里程2868公里，管养里程4088公里。

【经营概况】2019年，广西交通投资集团财务有限责任公司（以下简称“公司”）实现营业收入5.97亿元，利润3.75亿元，资产总额154.93亿元，国有资产保值增值率为117%，不良贷款率为零，拨备覆盖率大于100%，实现了经营业绩和风险防控双丰收。

【服务实体】公司跟进集团战略性重组后的资金和信贷需求，集中资金加大以融助产力度，统筹信贷结构，支持重点产业稳健发展。从源头介入集团高速公路和铁路等建设项目，为项目在票据结算、保险管理等方面提供财务建议。发挥金融桥梁作用，连接集团和外部金融机构推动“融融结合”，加快集团新建项目的银团组建和落地，提升集团的融资话语权。

【信贷业务】公司实现授信、贷款规模“双突破”，新增授信额度91.56亿元，累计发放贷款98.66亿元，日均贷款84.43亿元，年末贷款余额100亿元，较年初增长125.03%，不良贷款率持续为零。

【资金业务】2019年，公司不断加强同业授信管理工作，实现所有合作同业交易对手独立授信全覆盖，授信总量达1213亿元；获批交易对手对公司授信97.6亿元。银行间市场合作意向及交易信用均大幅提升，同业拆入累计金额达385亿元。全年实现同业收入2.43亿元，较上年大幅增长74.82%。

【投资业务】公司严控投资风险，稳定投资收益，深入执行“固定收益”策略，严守风险底线，主打期限固定、收益确定的投资产品，有效抵御市场利率持续下行风险；创新产品运用，为集团公司增添新的流动性管理工具。2019年实现有价证券日均投资额同比增长102.86%，投资收益同比增长36%。

【票据业务】公司将票据业务嵌入集团多个建设项目，基本建立以“提升结算效率、保障资金支持、创造整体利润”为金融服务目标的票据业务合作体系，累计票据规模突破15亿元，在不占用集团资金资源的前提下，在项目建设期实现为集团创利逾2000万元。

【外汇业务】2019年，公司获批经常项目资金集中收付汇、轧差净额结算业务、外债额度集中等业务资质。可集中调配的外债额度124亿美元，可集中调配的境外放款额度18亿美元，借助跨境资金池提高集团外汇资源整合能力。

【资金集中】公司推进集团账户管理系统上线运行，实现集团所有账户“可视”、所有资金“可控”、所有变动“可循”、所有结果“可查”，提升资金集中管理效率；新增搭建8家银行银企直连系统，直连体系涵盖区内20家主要银行。2019年，公司实现日均吸收存款162.28亿元，全口径月均资金归集度为65.32%，资金集中管控水平得到进一步提升。

【业务创新】公司新增国债、同业存单和公司债券三个投资品种，创新引入兼具流动性、安全性和收益性的开放式保本理财产品，并成功开展首笔债券卖出回购业务；全力构建集团保险集中管理体系，累计开展保险集中采购12次，进一步增强了集团在保险业务中的控制力和话语权。

【风险管理和内部控制】公司建立交易对手名单及产品投资目录，从交易对手、交易限额和交易集中度三个方面进行严格管理，并开展25个业务风险排查专项项目，主动查找经营管理中的风险隐患及存在问题，采取有效措施予以整改，严防投资风险的发生。

【人力资源管理】公司根据发展战略和主推新业务的发展需要，有针对性地开发培训课程，以“4新”+“1固”即推动新业务、推广新系统、宣贯新制度、培训新员工和固化业务流程五大类为主要培训内容，以固本培新为着力点，巩固员工专业知识，持续培养专家型的人才队伍。

【信息化建设】公司成功上线账户管理系统、统一监管报送平台以及小额自动支付系统，完成保险业务系统开发，启动同业投资系统、资金计划系统、筹融资管理系统等项目开发，实现主要业务信息化全覆盖，逐步打造集团大金融技术支撑平台。

【企业文化建设】公司采取“内修＋外联”的立体结构统筹规划“学习大提升”系列活动，辅以特色益智类团建活动，组织开展“财司悦读会”、党史国史学习等文化活动。扎实开展“不忘初心、牢记使命”主题教育活动，完成学习教育、调查研究、检视问题、整改落实四个方面工作。推动“品质党建、品质金服”工程，开展“党建引领金融改革创新”活动，推进“党建引领金融服务提升”工作，实现三个“财司发展金点子”创新业务，党建工作引领中心业务发展的水平得到进一步提升。

广州发展集团财务有限公司

【集团概况】广州发展集团股份有限公司（以下简称“集团”）是华南地区大型国有控股上市企业，被列为广东省50家工业龙头企业集团，也是广东省和广州市重点扶持的大型企业集团。集团主要致力于电力、煤炭、油品、天然气、新能源及可再生能源等综合能源业务的投资、开发、工程建设、生产管理及经营业务。2019年末，集团控股股东为广州国资发展控股有限公司，股东包括中国长江电力股份有限公司及其全资子公司长电资本控股有限责任公司等。

【经营概况】广州发展集团财务有限公司（以下简称“公司”）加大资金归集力度，为成员单位提供优质金融服务，实现了集团资金管理集约化，资金使用和资金运作高效化，显著降低了集团财务成本。截至2019年末，公司资产总额64.13亿元，负债总额52.10亿元，所有者权益12.02亿元。2019年实现营业收入2.08亿元，利润总额8930.51万元，净利润6705.15万元，整体经营呈平稳发展态势。

【服务实体】公司在2019年坚持从集团利益最大化出发，秉承“服务集团，服务主业”经营宗旨，通过存贷两条线的利率下浮优惠及手续费减免政策，共向集团及成员单位让利2648.67万元。

【信贷业务】公司注重绿色信贷业务，将“环保理念”“绿色信贷”融入业务经营之中，重点加强光伏发电、风力发电和天然气发电的融资力度，2019年共向成员单位发放自营贷款52笔共计61.61亿元，日均存贷比由2018年的35.54%上升至49.32%。全年共支持绿色信贷项目10个，比2018年新增2个，期末余额3.74亿元。

【资金业务】公司严格遵循“每日询价、价格与信用兼顾”的工作机制，坚持选择同期限利率报价最高的主流银行作为存放行，同时高度重视流动性风险，做到每日监测，每笔定期存放前均预测对流动性的影响，合理安排资金投放。2019年全年存放同业日均余额37.01亿元。

【资金集中】公司始终把安全、高效地为集团和成员单位提供资金结算服务放在第一位，与多家商业银行结算系统正常对接，实现电子支付，为集团成员单位提供安全、快捷的结算服务。2019年，财务公司资金归集日均存款54.99亿元，全口径归集率超过70%。

【风险管理和内部控制】2019年，公司以监管部门风险管理规范为依据，结合财务公司的实际风险情况，将对信用风险、操作风险、流动性风险等风险的控制和管理贯穿于各项日常工作中，不断强化风险的事前、事中、事后管理及对关键风险的日常监控和风险应对措施的落实。公司成立至今未发生重大风险事件，确保了公司整体经营风险处于可控状态。

【信息化建设】2019年，公司稳步推进各项信息科技工作，根据监管部门要求和成员单位需要，不断开发拓展拜特资金管理系统功能。一是实施了系统三期升级改造开发项目。二是继续加速推动电票系统建设，实现电子商业汇票从出票到付款、收票到收款的财务公司内部电子化管理及电子商业汇票的跨行全业务流程电子化管理。

【企业文化建设】2019年，公司党支部以开展“不忘初心、牢记使命”主题教育及落实广州发展“3456”党建工作模式为着力点，不断夯实支部党建基础工作，同时紧紧围绕金融主业，突出重点，注重探索，开展形式丰富多样的党建主题活动，以党建促发展，助推企业不断提升金融服务质量，为成员单位发展提供坚实的金融支撑。

广州汽车集团财务有限公司

【集团概况】2019年，广州汽车集团股份有限公司（以下简称“集团”）实现汽车产销202.38万辆和206.21万辆，同比下降7.8%和4.0%，销量增幅优于行业4个百分点，市场占有率提升了0.4个百分点；实现工业总产值和在地产值2946.6亿元和2603.9亿元，同比下降4.5%和3.2%，在地产值高于年初计划74亿元，超额完成计划目标；汇总营业收入3633.7亿元，同比下降5.9%；利税总额500亿元，同比下降26.1%。

【经营概况】2019年，广州汽车集团财务有限公司（以下简称“公司”）存款日均余额160.47亿元；贷款日均余额为33.65亿元；资产总额280亿元，利息收入5.57亿元；利润总额2.09亿元。

【信贷业务】2019年，公司新增11笔同业贷款业务、发放额36.75亿元，分别较2018年增加10笔及31.05亿元，年末同业贷款余额23亿元；共向36家成员企业新增授信额度181.87亿元（含委贷），向21家成员企业发放贷款33.23亿元（含贴现），年末对公贷款余额26.86亿元（含贴现），授信额度130.81亿元（含贴现）；新增关税保函3.77亿元，关税保函余额2.25亿元。此外，公司推出法人账户透支业务、应收账款质押融资业务、电子商业承兑汇票贴现汇票业务，正式上线产业链金融系统等，有效支撑集团销售，降低经销商成本。

【产品销售信贷业务】2019年，公司迈出试点经销商库存融资新业务的脚步，面对市场经济下行风险，公司采取“先试点再推广”“先联合再自主”的业务发展战略，保持经营平稳运行。2019年公司联合集团内汽车金融公司创新推出“汇财贷款”金融产品，首期试点覆盖30家成员单位经销商；公司于2019年8月末取得“买方信贷”业务资质，完成61家经销商授信审批，累计授信金额6.48亿元，累计发放贷款6.95亿元，为全面推广经销商库存融资业务奠定良好基础。

【资金业务】2019年，公司抓住市场高收益机会，合理布局存款期限，取得利息收入4.15亿元，资金综合收益率为3.1%。

【投资业务】2019年，公司取得了除股票以外的投资业务资格，完成核心系统投资模块建设、业务内部审批等流程，开展了1.5亿元的货币基金投资业务。

【票据业务】2019年，公司为3个授信客户累计办理电子银行承兑汇票金额7237.06万元，为5个客户累计办理电子银行承兑汇票贴现业务贴现8.15亿元，首次完成电子商业承兑汇票贴现3000万元，票据业务规模保持平稳增长态势。

【资金集中】公司通过逐户拜访客户，提前与客户沟通，争取客户的支持；及时应对客户的结算需求，提前做好结算工作筹划，在非工作日期间保障客户的大额划转顺利进行，2019年全口径资金集中度符合监管部门对财务公司的考核要求。

【业务创新】2019年，公司在转贴现与再贴现产品上均实现了首笔突破；开展了转贴现13亿元及再贴现5000万元；完成了同业拆借业务的申请及展业准备工作，包括取得交易员资格、入市申请、拆借流程制定与制度建设、联网申请、客户端部署、核心系统测试、获取银行授信额度等工作，达到展业要求。2019年，公司成立了新业务“产销贷”等产品小组，制定了产品研究内容以及产品规划，已完成新业务“产销贷”基本流程。

【风险管理和内部控制】风险管理方面：制定与完善风险管理相关制度，定期监测风险偏好框架指标，初步拟定全面风险管理规划，从贷前、贷中、贷后各方面强化授信业务管理，搭建信用评级模型，进一步完善风险管理体系；对新业务新产品严格准入，制定风险政策、制度、流程，并出具合规审核意见，为业务稳健发展提供保障；开展法律合规专题培训8次，增强员工风险合规意识；积极应对监管部门专项检查，构建反洗钱体系。内部控制方面：完成公司业务流程标准化梳理工作，夯实内控管理基础；开展6项持续内控检查，推动公司内部控制流程建设及有效执行；开展信贷资产分类、信息科技、年度常规三项专项审计；评估监管定性评级指标，推动公司提高定性评级指标得分，协助公司达成监管评级目标；出具新业务内控意见，对同业拆借、有价投资证券、买方信贷业务三项新业务合计提供70条内控意见。

【人力资源管理】2019年，公司以招聘专业人才、组建优秀团队为重点开展人才招聘及配置工作。一方面根据业务推进情况，制定招聘计划，明确各部门人员配置及对应方法；另一方面严把招聘关，择优选聘，通过专业猎头等多种渠道招聘有经验人员。在薪酬绩效体制方面，结合年度整体工作目标制定了公司、部门及个人的绩效指标体系，在量化考核指标的同时，按照监管规定设置合规经营类指标和风险管理类指标。在员工管理方面，公司相继制定并发布了员工管理、培训管理、重要岗位AB角管理、员工强制休假和轮岗管理等各项管理办法，推进各部门各层级员工家访和谈心谈话活动，以内训为主开展培训工作，为规范职场行为、营造团结向上的工作氛围提供支持。

【信息化建设】2019年，公司开发完成了产业链金融系统、反洗钱系统、影像档案管理系统和公司官网等系统建设，初步搭建了以“核心业务系统 + 产业链金融系统、电票系统”为主的“小核心大外围”的业务系统框架，同时已建成了BI、统一监管报送、财务管理和OA等决策管理支持系统，可满足公司库存融资、传统对公信贷、票据和资金结算等业务的顺利开展。

【企业文化建设】2019年，公司通过培训等各种形式的活动，强化员工对集团及公司企业文化的理解；结合公司场地特点，设计公司宣传物料，建设了公司宣传走廊；积极开展公司级IGA活动，通过激发员工的积极性，营造创新改善的氛围；结合公司的实际情况及员工的兴趣，把企业文化贯穿于公司内部开展的各类日常文体活动和团体拓展活动。

贵州茅台集团财务有限公司

【集团概况】茅台集团（以下简称“集团”）以贵州茅台酒股份有限公司为核心企业，涉足产业包括白酒、保健酒、葡萄酒、金融、文化旅游及白酒上下游等。主导产品贵州茅台酒历史悠久、源远流长，具有深厚的文化内涵，1915年荣获巴拿马万国博览会金奖，与法国科涅克白兰地、英国苏格兰威士忌一起并称“世界三大（蒸馏）名酒”，被誉为“国酒”，是我国大曲酱香型白酒的鼻祖和典型代表，其酿制技艺入选国家首批非物质文化遗产代表作名录，是一张香飘世界的“国家名片”。

【经营概况】2019年，贵州茅台集团财务有限公司（以下简称“公司”）坚持以“依托集团、立足集团、服务集团”的发展宗旨，积极应对复杂的经济金融形势，准确把握集团公司金融需求，立足成员单位经营发展，锐意进取，开拓创新，公司经营效益呈现稳健的发展态势。截至2019年末，公司资产总额1246.50亿元，资金集中度达93.11%，实现营业总收入34.25亿元，利润总额18.60亿元。共计为93家成员单位开立了内部账户，夯实了集团的金融板块建设。

【服务实体】公司立足于服务集团和成员单位，持续强化功能定位，发挥资金归集、资金结算、资金监控、金融服务“四大平台”作用，提高综合金融服务水平，提升集团资源配置效率和成员单位满意度，有力地促进了实体经济发展。努力拓宽资金归集的广度和深度，发挥资金聚合效应，提高资金资源配置效率和效益；筑牢“三道防线”，保障集团资金安全；提供信贷支持，降低成员单位融资成本；提高支付结算服务效率，提高成员单位服务满意度。

【信贷业务】2019年，公司大力支持集团公司的主业发展，在政策范围内、风险可控的前提下，加强对集团成员单位的信贷支持，严格按照公司信贷管理制度有序推进。公司先后实地走访集团、技开公司、保健酒公司、葡萄酒公司等11家成员单位，了解成员单位金融服务需求。截至2019年末，公司委托贷款余额3.1亿元，自营贷款余额0.5亿元。

【资金业务】由于集团内有效融资需求不足，公司资产以存放同业为主。2019年公司严格执行同业业务授信管理政策，定期评估同业交易对手信用风险；动态关注商业银行的经营情况、监管指标情况和重大违约事件；规范同业业务决策机制，严格按照资金交易相关规定，多部门共同召开资金交易审查会议，集体决策控制资金交易风险。2019年，累计办理资金交易业务（同业存款）240笔，交易金额2594亿元；办理同业拆借业务12笔，交易金额16.4亿元。

【票据业务】公司搭建了较为完善的票据类业务服务框架，以提供票据池业务、电票开票业务及票据贴现业务为支撑。在集团内部推广电子银行承兑汇票使用，从而帮助集团成员单位提升其财务管理效率及降低其财务管理风险。

【资金集中】公司以资金集中管理办法顶层设计为制度保障，从优化资金管理流程，利用信息化平台，加强与商业银行的合作等几方面加强资金集中管理。公司以制度化、标准化、系统化为核心，根据各公司的情况对直连银行账户进行归集。截至2019年末，归集各成员单位资金1163.05亿元，年日均存款余额1024.57亿元，资金集中度为93.11%。

【风险管理和内部控制】公司秉承依法合规审慎经营的原则，防范资金结算风险、防范资金交易风险、防范信贷业务风险，夯实业务管控第一道防线；强化风险防控、强化专项排查、强化整改落实、强化素质提升，巩固内部防控第二道防线；以事前防范为切入点、以事中控制为着力点、以事后纠偏为落脚点，筑牢稽核审计第三道防线，健全并落实“前、中、后台”各司其职、各负其责、相互制约的风险防控机制，提高风险防控水平。

【人力资源管理】公司2019年有序推进学习培训工作，强化职业资格认证，鼓励员工学习提升。外部培训方面：2019年公司安排员工参加人民银行、银保监会、财务公司协会和集团等机构组织的各类培训，全面提高不同岗位、层次员工的职业素养。内部培训方面：2019年公司紧跟形势动态，培训学习政策法规；立足工作需要，培训学习业务技能；围绕警示教育，培训学习典型案例，共组织培训20余次。

G

【信息化建设】2019 年，公司有序推进核心业务系统升级。一是突破难点，精准合规抓项目准备。将符合集团公司、监管单位、检测机构要求等内容纳入合同约束内容，为合同签订及项目实施做好准备。二是把握重点，周密部署抓项目推进。运用标准的项目管理方法，坚持项目周会制度，协调解决项目推进问题，确保项目进度和质量。三是掌控节点，统筹协同抓项目成效。按照计划，软件开发与硬件建设有序推进，项目软硬件建设成效显著。

贵州盘江集团财务有限公司

【集团概况】贵州盘江煤电集团有限责任公司（以下简称“集团”）是贵州省管大型国有独资企业，注册资本 100 亿元。经过 50 多年的建设、改革与发展，集团已形成“煤龙头、电骨干、新能源补充”的产业布局，并已成为以资源能源为基础，集产业发展、集团管控为一体的综合型大型企业集团。2019 年集团在中国煤炭企业 50 强中排名第 24 位，是我国长江以南最大的煤炭企业。截至 2019 年 12 月，集团有生产矿井 21 对，核定产能 3235 万吨/年；在建矿井 7 对，规划产能 825 万吨/年；火电装机规模 132 万千瓦；瓦斯发电装机规模 14.6 万千瓦；焦化产能 833 万吨/年。2019 年，集团生产原煤 2053.8 万吨，发电 78.5 亿千瓦时，焦炭产量 747 万吨，实现营业收入 403 亿元，利润总额 13.8 亿元。

【经营概况】2019 年，贵州盘江集团财务有限公司（以下简称“公司”）认真贯彻落实集团“扩大资源、把握底线、加强服务”工作要求，深耕既有业务，成功开办票据承兑、担保和同业拆借业务，成功搭建“集团票据池”业务模式，业务规模实现新突破，公司发展呈现良好态势。公司 2019 年实现营业收入 6887.45 万元，利润总额 4339.64 万元。公司年末总资产 22.75 亿元、总负债 17.17 亿元、净资产 5.59 亿元。各项监管指标持续向好，公司继续保持无不良贷款、无不良资产，各类案件和重大差错事故为零的良好形势。

【服务实体】2019 年，公司持续通过流动资金贷款、票据贴现、委托贷款等金融工具，支持集团成员企业发展和集团供给侧结构性改革，业务同比增长 131.79%。加大让利成员企业力度，贷款和贴现利率较上年分别下降 0.5 个和 1.74 个百分点，其他辅助业务全部免费，帮助成员企业节约成本费用 1439 万元。

【信贷及票据业务】2019 年，公司持续优化资源配置，探索优化业务模式，丰富服务手段，信贷及票据业务实现快速增长。办理成员企业贷款 37 笔、金额 11.96 亿元，同比增长 111.91%，办理票据贴现 111 笔、金额 11.62 亿元，同比增长 42.77%。

【业务创新】2019 年，公司成功开办票据承兑和担保业务，更多地满足成员企业多元化的金融服务需求，增强了服务能力。成功搭建集团“票据池”业务模式，为盘活集团存量票据、拓宽融资渠道奠定了基础。

【风险管理和内部控制】2019 年，公司继续调整信贷资产结构，优化信贷资产质量，加强贷款的担保和抵押管理，加强票据业务和交易对手的准入管理，加强资金预算管理和流向监测，深入开展市场乱象整治、关联交易专项排查整治，积极配合监管现场检查，认真整改年度监管评级、通报和现场检查发现的问题，有效提升公司风险防控能力和内控水平。

【人力资源管理】2019 年，公司完成了成立后的首次社会招聘工作，员工队伍得以充实，专业化水平进一步提升。持续推进薪酬分配改

G

革和团队执行力建设，强化员工任务意识，有力推动了全年工作目标实现。截至2019年末，公司从业员工20人，其中具有金融从业经历16人，具备高级职称2名、中级职称5名、初级职称6名。

【信息化建设】公司持续强化系统平台支撑力，向子企业集团免费提供“现金池”管理系统，为子企业集团资金集中管理提供技术支撑。推进完成公司票据业务系统搭建，取得上海票据交易所会员资格，打通成员单位票据贴现和承兑业务通道。

【企业文化建设】2019年，公司全面贯彻落实新时代党的建设总要求和新时代党的组织路线，深入开展“不忘初心、牢记使命”主题教育，以塑品牌、抓提升、育队伍、强管控、促融合为重点，严格履行党组织决策前置程序，狠抓制度建设执行和重点任务落实落细，持续推动党建工作与中心工作融合共进，进一步增强了工作合力，为公司全面完成年度工作目标提供了坚强保障。

国电财务有限公司

【集团概况】国家能源投资集团有限责任公司（以下简称“集团”）是经党中央、国务院批准，由中国国电集团公司和神华集团有限责任公司两家世界500强企业合并重组而成，于2017年11月28日正式挂牌成立，是中央直管国有重要骨干企业、国有资本投资公司改革试点企业。拥有煤炭、火电、新能源、水电、运输、化工、科技环保、金融8个产业板块，是全球最大的煤炭生产公司、火力发电公司、风力发电公司和煤制油煤化工公司。2019年列世界企业500强第107位。

【经营概况】2019年，国电财务有限公司（以下简称“公司”）坚持金融服务实体经济，深化产融结合、融融协同、以产兴融、以融促产，切实防范各类风险，加强党建和党风廉政建设，各方面工作都取得积极进展，实现利润总额11.96亿元。

【服务实体】2019年，公司服务成员单位资金需求，破解了市场宽松、屡次降息的难题，为客户提供辅助流动性管理贷款等创新产品85亿元，为集团整体降低资金成本约10.5亿元。为集团本部及成员单位共35只债券发行提供财务顾问服务，服务发债规模共计509.18亿元。

【信贷业务】在保证时点、窗口指导规模不突破、流动性指标满足合规要求的情况下，发掘承受资金成本较高的用款单位，不断做大过程中的信贷规模，2019年实现日均贷款规模约247亿元，信贷收入10.8亿元。

【产业链金融】创新开展“一头在外”的产业链金融业务，拓宽信贷客户基础。在报备监管的基础上，积极开拓，已形成火电企业燃料采购、新能源设备采购、电煤集中采购三种业务模式。2019年，抓住票据市场转贴现利率价格低点，针对“一头在外”小微企业办理的贴现业务，与交通银行成功开展票交所条件下的首次共6笔转贴现（卖断）业务，转贴现票面合计金额为0.18亿元，转贴现加权平均利率为3.8%。

【资金业务】严格遵守“月计划、周平衡、日调节”的资金管理机制，提高后续跟踪和滚动更新频率，提升流动性管理水平，疏通资金补充渠道。2019年实现日均存款295.67亿元，累计结算金额超过1.7万亿元，服务账户5000余个，实现结算业务零事故。

【投资业务】公司持续坚持稳健的投资原则，在满足监管合规指标的前提下维持适度合理的投资规模，牢固树立风险意识，落实“风险为本，审慎经营”的发展理念。兼顾流动性管理大局，坚决不做股票二级市场投资。以短期银行理财、政策性金融债、集团内部优质公司债等安全性高的流动性投资为主，加强资金运作，密切跟踪市场利率变化情况，适当筛选优质基金产品，提高收益水平。截至2019年末，公司投资总规模42.37亿元，日均投资规模36.97亿元，累计实现投资收益1.47亿元。

【票据业务】从打造“资金池+票据池”两轮驱动的发展角度，以票据池建设为抓手，进一步完善平台建设，贴现后到期票据在票交所系统中实现了自动兑付。截至2019年末，全年累计办理财票承兑业务274笔，金额共计6.03亿元。

【外汇业务】2019年2月26日，完成第一阶段跨境资金归集和下划试点工作，成功将科环香港公司港元资金跨境归集并跨境划回；2019年8月9日，成功完成了第二阶段试点工作。通过跨境收支试点工作，在规模可控和风险在控的前提下，为集团公司外汇池下一步建设进行了技术储备。首次开展美元现汇资产运作，规避美元利率下行风险，首个运作期年化收益率为6.1%（本币计价），实现外汇资产保值增值。

【资金集中】2019年，实现全年全口径资金归集率均值93.30%；累计完成资金结算量17270.07亿元；结算笔数59.79万笔；归集资金日均规模295.67亿元，资金的稳定程度进一步提升。实现全口径资金归集率93%，保持了央企领先的资金归集水平和资金管理水平。

【业务创新】开展票交所条件下首次转贴现（卖断）业务1800万元，加权平均利率为3.8%，推动信贷业务由“向存量要效益”到“向流量要效益”转变。首次开展美元现汇资产运作，规避美元利率下行风险，首个运作期年化收益率为6.1%（本币计价），实现外汇资产保值增值。

【风险管理和内部控制】牢固树立“风险意识”，结合产业金融行业特点，借助权威咨询机构的技术经验，不断完善全面风险管理体系架构，建立“全面覆盖、重点管控、措施前置”的风险管理体系，严格落实“审贷分离、审投分离”原则，夯实“事前、事中、事后”全流程的风险管理闭环，更新维护风险信息库、金融板块风险监测指标体系和风险管理信息系统。为集团制定了《金融产业风险管理办法》，纳入集团全面风险管理制度体系。

【人力资源管理】公司始终坚持以人为本，注重人文关怀，为民服务，为民解忧，着力解决职工群众关心的、与职工群众切身利益密切相关的问题，员工幸福指数不断提升。2019年，公司在校园招聘方面取得突破，将公司纳入了2020年毕业生“一流学科人才特招”“重点专业人才直招”范围，进一步增强了公司人才引进竞争优势，并获得了集团同意有序开展社会招聘，进一步丰富了人才引进方式，拓宽了人才引进范围。

【信息化建设】2019年，“国电网银”系统持续优化升级，陆续完成电子发票系统、外部贴现及新需求、LPR新功能上线、电票系统集成以及交易系统直连3.0上线工作，由于加强了版本控制，各项功能上线后，系统稳定运行，经受住公安部“护网2019”攻防演练，保障了资金安全、信息安全。

【企业文化建设】深化精神文明建设，深入开展文明创建系列活动，大力培育和践行社会主义核心价值观，举办“大国顶梁柱”“先进楷模宣讲会”“榜样”等主题道德讲堂。拍摄“身边的榜样”专题视频，营造学习先进，争当先进的良好氛围。加强企业文化建设，推进集团公司VI标识应用，按照“五统一”理念推动集团企业文化理念落地深植。注重提炼工作经验，提升特色文化品牌影响力，公司企业文化建设案例获全国安全文化优秀论文一等奖。

G

国机财务有限责任公司

【集团概况】中国机械工业集团有限公司（以下简称“集团”）成立于1997年1月，是中央直接管理的国有重要骨干企业，拥有27家直接管理的二级企业，13家上市公司，300余家海外服务机构，列世界500强企业第250位、中国机械工业百强首位。2019年末，集团资产总额3965亿元，营业收入2924亿元，面对困难和挑战，利润总额仍保持在100亿元规模，生产经营总体平稳。国机财务有限责任公司（以下简称“公司”）是集团的二级子公司。

【经营概况】公司紧紧围绕集团战略部署，将2019年定为“精益服务与管理年”，以“增效益、降成本、控风险、优服务”为工作重点，外优服务，内强管理，深化产融结合，持续提升金融服务。截至2019年末，公司资产总额387.95亿元，同比增幅为29%；负债总额359.64亿元，同比增幅为30%；所有者权益总额28.31亿元，同比增幅为14%，取得较好经营成果。

【服务实体】公司以服务集团实体经济发展为宗旨，坚持以客户需求为中心，着力深化产融结合，不断提升自身金融服务水平。2019年，公司大力推进服务下沉，进一步扩大金融服务覆盖面，明确集团三级及以下经营主体为直接服务目标，做精做细产业链金融业务，使金融服务更贴近企业需求，不断支持实体经营发展。

【信贷业务】公司始终坚持服务集团发展战略，优先支持符合集团发展战略、主业突出、风控良好、资金集中度高的重点企业，贷款利率予以不同程度下浮，减轻企业财务负担；对于集团改制重组、爬坡过坎或暂时遇到困难而难以获得银行授信支持的企业，公司在控制风险的基础上，适度提供信贷支持，贷款利率低于其在银行获得贷款的利率，实施适度差别定价，严格落实集团战略和管控要求。

【产业链金融】公司以打造“集团产业链金融综合服务商”为战略愿景，不断深化完善产业链金融服务体系，推进买方信贷、融资租赁、“一头在外”票据贴现、票据承兑、代开函证等产业链金融产品，以封闭管理模式办理代开保函业务，促进企业产品销售，降低保证金占用比例，在助力企业解决经营难题的同时，公司产业链综合服务能力不断提升。

【资金业务】针对宏观形势、监管政策、市场走势和公司内部经营效益要求，优化资产负债管理，提高资源配置的主动性和前瞻性，在流动性管理、利率管理、压力测试、支付风险预警和处置等方面进一步明确目标和程序，适度创新管理方法和工具，全年结算备付率、备付资金收益和同业配置综合收益超额完成年度目标。

【投资业务】2019年，公司持续加强市场研究与投后管理，稳步调整投资结构，降低权益类投资占比，提高固定收益类和低风险类投资占比，2019年末权益类投资占比为14.10%，同比下降12.2%，固定收益类投资占比为74.98%，同比提高12.73%，投资结构调整明显，整体投资风险可控。公司还主动跟踪并直接参与成员企业短融券发行，为发行企业降低融资成本。

【票据业务】2019年，公司大力推进票据业务，公司票据管理系统直连上海票交所和成员企业网银系统，并根据票据新业务新政策及时更新升级，开展商业汇票信息披露试点工作，积极引领成员企业及时参与，使票据业务快速增长，全年电票系统开户数和开票笔数同比分别增长83.33%和89.39%。

G

【外汇业务】2019年，公司获批跨境双向人民币资金池业务资格，重新备案跨境资金集中运营管理业务，更便于成员企业境内外外币资金融通，降低汇率波动风险；代理跨境经常项目收付款业务同比增长450.05%，代客即期结售汇业务同比增长62.31%，为成员企业开展境外放款业务，进一步提升外汇业务金融服务能力，业务规模、产品品种和客户覆盖面得到持续扩展。

【资金集中】2019年，公司成立专项工作小组，制定工作方案，从扩大资金集中覆盖面、提高上市公司关联交易额度、优化特殊资金集中管理方式、定制个性化存款方案、推进账户清理等措施入手，全面落实集团资金集中管理工作要求，使全口径资金集中度较年初提高12个百分点。

【风险管理和内部控制】公司以落实监管政策要求作为不断完善公司治理、内部控制及风险管理的重要途径，扎实推进"巩固治乱象成果促进合规建设"工作，根据银保监会票据业务风险提醒，明确26项风险管控主要内容及对应的责任部门、责任人，以发文通知、内部交流等方式促进相关部门对政策的理解，以合规检查发现并整改问题促进政策落地。同时，持续推动网格化风险管理，形成合规评审全覆盖，建立授信管理、合同与押品管理清单，完善同业授信管理体系。

【人力资源管理】2019年，公司继续坚持党管干部的基本原则，严格执行人力资源规章制度，对公司主管领导、部门经理和关键岗位员工实施强制休假，进一步强化监督制约机制，有效防范经营风险，保证公司依法合规、健康持续发展。针对业务需求制定年度培训计划，分层次、分类别组织开展业务、风险等方面培训，不断提高员工专业能力。

【信息化建设】公司坚持业务、风控、信息化同步建设，结合集团推进全面财务信息化工作要求，成为资金数据采集和分析中心。2019年公司新版网上金融服务平台一期上线，新平台拓展系统兼容性，提升系统便捷程度，丰富系统功能，能提供更友好用户交互界面。在更好地满足财务公司结算平台安全、便捷、高效和个性化服务的业务需求基础上，增加数据提取分析和集团账户管理功能，为集团提供实时资金管理数据和账户管理服务。在基础建设方面，以虚拟化整合硬件资源，提升运维服务水平和设备使用效率。

【企业文化建设】2019年，公司继续坚持以党建工作引领企业文化发展，强化全面从严治党责任，扎实开展主题教育，将学习教育、调查研究、检视问题、整改落实贯穿于主题教育全过程，修订各级党组织和党员领导干部党建工作责任清单，加强日常廉洁警示教育，强化基层组织建设，深化党建与经营融合，组织开展"党员业务攻关实践活动"，发挥党员模范带头作用，提升公司党建工作水平。

国家电投集团财务有限公司

【集团概况】国家电力投资集团有限公司（以下简称"集团"）成立于2015年6月，是中国五大发电集团之一，是一个以电为核心、一体化发展的综合性能源集团，为世界500强企业之一。截至2019年末，装机规模1.51亿千瓦，清洁能源装机占比为50.5%；光伏发电装机1929万千瓦，居世界第一位。集团以核电等先进能源技术创新为驱动，以清洁能源开发为主导，以国有资本控股公司为方向，积极拓展国内、国际两个市场，将努力建设成创新型、国际化的综合能源集团和现代国有企业。

【经营概况】2019年，国家电投集团财务有限公司（以下简称“公司”）坚持服务集团战略发展和改革创新，经营业绩再创新高。截至2019年末，注册资本金60亿元人民币，资产总额467.20亿元，利润总额8.29亿元，不良资产率和不良贷款率均为零，各项指标均符合监管要求。

【服务实体】为成员单位开立公司账户，提供函证服务；吸收成员单位存款，开展协定存款、定期存款、通知存款等业务；为成员单位办理代理支付、内部转账结算；监控大额资金使用情况。截至2019年末，开立1645家成员单位账户，年结算额6.29万亿元。

【信贷业务】服务集团战略，加大对重点产业、清洁能源板块投放力度，2019年，公司发放清洁能源贷款55.92亿元；发挥与银行差异化互补优势，满足临时紧急资金需求，为成员单位提供短期贷款125.46亿元；发放委贷726笔，实现资金内部融通和余缺调剂，提高资金使用效率。

【票据业务】多渠道推广电票业务，2019年办理承兑汇票30.37亿元，同比增长134%；办理贴现16.61亿元，同比增长394%；拓展同业合作渠道，提高信贷资产流动性，实现票据转贴现13.65亿元；实现央企票据互认落地，推动央企上下产业链条资金的高效流转。

【产业链金融】立足集团主业，融入集团战略，实现产业链金融服务集团内部以及上下游产业，2019年办理产业链金融业务10.53亿元，提升综合金融服务能力、服务实体经济能力。

【资金业务】2019年，公司主动应对市场变化，调整运作策略，保障资金安全、高效运作；扩充交易渠道，交易对手由57家增至60家，外部同业授信总额度590亿元；加强临时资金运作，抓住市场有利时机，配置高流动性投资产品，全年临时资金平均收益率达2.72%。

【投资业务】强化宏观和市场分析研判，以合规为前提，坚持稳健投资理念，根据市场灵活调整投资策略，结合公司实际，开展以货币基金、银行理财、国债回购业务、金融债和永续债等低风险产品为主要标的的投资业务，优化投资资产配置，实现较好收益。

【融资顾问】以金融顾问身份牵头集团重大项目融资，负责制定融资方案、协调金融机构、谈判议价、督促银团按时放款，保障重点项目资金需求，为集团34个大型项目成功融资。

【外汇业务】根据国家外汇管理局《跨国公司跨境资金集中运营管理规定》要求，2019年公司向外汇局申请跨国公司跨境资金集中运营管理业务的重新备案及登记；获批127亿美元集中外债额度、9亿美元集中境外放款额度，入池成员企业204家，其中，境内189家，境外15家。

【资金集中】2019年末，公司全口径资金集中度为69%，全年可归集资金集中度为98%以上。坚持按月进行资金集中分析，发现问题及时解决，资金归集不跨月。开展银行账户清理，核查银行账户5000余个。推进重点工作，与中国电力金融服务协议续签获批，及时归集成员单位债转股、永续债、引进战投等重点资金，利用“跨境双通道”调度资金至境内归集，提高使用效率。

【风险管理和内部控制】制定《违规经营投资责任追究实施办法》，完善制度体系，推进制度流程化、流程表单化；动态管控重大风险，加强票据、资金等业务专项自查，推进“三项”审查，审核率达100%；开展全员合规教育与文化建设；2019年未发生重大风险事件。对5类日常业务、6个专项工作、7个工程项目进行审计，部门审计实现两年全覆盖；开展审计问题“回头看”，加强审计成果运用，提升内控水平。

【人力资源管理】创新管理工具，引入“计划—预算—考核—激励”机制，健全人力资源管理体系，以价值创造和个人业绩作为评价依据，发挥薪酬激励导向作用；坚持“党管干部、党管人才”原则，优化组织机构与人才结构，坚持国际化人才培养策略，把能力素质突出、担当作为的员工调整到重要工作岗位；开展干部教育、监督和管理工作，多措并举关心关爱员工。

【信息化建设】确定“以金融科技为方向，以全面推进全球司库系统建设为重点，不断深化信息安全管理，进一步稳定网络与系统运营”的工作思路。推进司库系统项目建设工作，完成业务需求和部分模块的研发与测试等工作；网络与信息系统未发生突发情况和人为责任事件；《公司综合立体化网络安全保障体系建设实践》荣获2019年电力企业信息安全创新成果一等奖。

【企业文化建设】以文化兴业、文化治业、文化育人为指引，发布以“修己达人”文化品格为核心的《企业文化行动方略》；建立企业节日、员工日常活动和主题团建活动三大平台。学习宣贯十九届四中全会精神，以“1个总体方案+14个子方案”推动主题教育，运用JYKJ管理体系，建立四个激励约束机制，深化党支部标准化建设，建设学习型企业，学习强国人均超1万分。

国联财务有限责任公司

【集团概况】无锡市国联发展（集团）有限公司（以下简称“集团”）成立于1999年5月8日，是无锡市人民政府出资设立并授予国有资产投资主体资格的国有独资企业集团，注册资本80亿元。2019年，集团扎实推进服务地方、主业发展、企业改革和党的建设各项工作，努力争当国企高质量发展领跑者，列中国服务业500强第236位，列2019长三角服务业企业100强第72位，获无锡市“产业强市优秀企业”称号。2019年，集团营业收入217.45亿元，实现利润25.50亿元。截至2019年末，集团总资产规模925.17亿元、净资产规模327.44亿元。

【经营概况】2019年，国联财务有限责任公司（以下简称“公司”）紧盯年度经营目标和重点工作任务，聚焦集团重大项目融资，服务集团降本增效，加强调研优化服务，集约经营稳步发展；全面落实监管部门专项活动和重点监管工作，继续健全完善内控机制，巩固乱象整治成果。全年实现营业收入1.88亿元，利润总额0.95亿元；年末资产总额50.42亿元，负债总额43.39亿元，所有者权益7.03亿元。

【服务实体】公司持续支持集团重点项目融资；加大绿色信贷投放力度；契合企业不同需求优化贷款结构；充分发挥融资顾问作用为企业定制融资方案；大力推动自身承兑银票、自营保函业务；不断优化资金预算工作，完善资金归集举措；聚焦集团及成员企业生产经营等问题展开专题调研，并提出优化建议，年度8篇调研报告获集团肯定。

【信贷业务】2019年，公司一是为解决成员企业贷款期限与实际需求不匹配问题，优化贷款结构，增加配置中长期贷款；二是加大支持制造业成员企业的力度；三是积极贯彻中央加快“生态文明建设”要求，加大绿色产业信贷投放力度，提高贷款余额占比。截至2019年末，中长期贷款余额9.09亿元，同比增长34.87%；制造业贷款余额3.31亿元，同比增长2%；绿色信贷余额4.80亿元，同比增长53.35%。

【资金业务】公司强化资金预算报告作用，确保满足集团及成员企业资金需求；结合公司流动性监管指标，兼顾资金收益原则，定期预测可运作资金；持续扩大同业存放合作银行，优化存放投资产品跟踪、比对与筛选；加强资金调度频次，每日灵活调整同业资金存放；研判利率走势，在利率下行趋势下，提前签订一年期等较长期限同业存放协议，锁定利率优势。

【投资业务】公司本着审慎投资的经营理念认真执行、落实年度投资策略及计划，主要选择产品成熟度高、市场流通性强、风险水平较低、变现能力较强的货币基金、债券基金、信托计划、公司债等投资品种。2019 年实现投资收益 748.94 万元。

【票据业务】公司积极拓展自开银票业务，针对成员企业的业务模式，以成员企业为核心，以公司自身为主导，不断做大自开银票业务。在年末年初等关键时点，公司填补银行票据缺位影响，大力推动自身承兑业务开展，2019 年累计为成员单位开立自身承兑银票 2034 万元。

【资金集中】面对资金市场整体趋紧和集团存量资金减少的客观压力，一是加强日均归集率考核，监控大额资金进出；二是增加直连银行至 10 家，成员单位与银行账户归集数又有增长；三是对成员单位银行账户进行专项检查，做好应归未归账户统计和归集工作；四是积极走访、对接，加大成员单位吸收存款力度。2019 年末，剔除金融企业自有资金及客户保证金等不可归集的资金后，公司实际资金归集率为 71.20%，日均存款规模达 42.90 亿元。

【风险管理和内部控制】公司持续完善风险管理体系和内控体系建设，及时调整因工作需要变动的专业委员会人员，确保各类专业委员会有效运转；强化贷后检查，严格检查资金流向，落实贷后检查职责；强化操作风险管理，建立合同面签制度；结合银保监会开展的合规系列活动，严格落实合规问责制度；组织开展各类风险自查；持续组织各类制度修编，确保各类业务合法合规。

【人力资源管理】强化人才梯队、后备人才储备等人才队伍建设理念，持续开展新员工招聘工作，并在把好招聘录用关的基础上做好新员工合规教育及其他培训工作；持续推动员工职业生涯“双通道”发展，2019 年度公司员工获 CPA 证书 1 个、FRM 二级证书 1 个，银行从业中级证书 4 个；结合深化整治市场乱象整改工作，按计划推动重要岗位人员轮岗工作；配合上级党委完成管理干部选聘；按照相关部门职责的调整，重新梳理并印发各部门职责。

【信息化建设】公司开发了反洗钱监测与报送系统，有效监管公司客户的账户信息和交易行为；完成人民银行监管报表统一报送系统、人民银行征信报送系统上线，并持续升级、优化公司金融运营服务平台；设计开发“贷款类业务电子合同管理平台”，防范贷款类合同操作风险；开发“成员企业基础信息报送系统”。

【企业文化建设】2019 年，公司充分发挥党建引领作用，深入推进“两学一做”学习教育常态化制度化，认真开展“不忘初心、牢记使命”主题教育活动，同时注重创新党建工作思路，抓好支部标准化建设。围绕中心工作，开展企业精神文明建设，重新设计策划职工书屋布局，新添置图书逾千册；建立图书借阅系统及借阅规则；积极组织开展丰富多彩的活动，包括妇女节手作、儿童节活动、庆祝新中国成立 70 周年活动等。

国投财务有限公司

【集团概况】国家开发投资集团有限公司（以下简称“集团”）是中央直接管理的国有重要骨干企业，是央企中唯一的投资控股公司，是首批国有资本投资公司改革试点单位。截至 2019 年末，集团资产总额 6323 亿元，实现营业收入 1437 亿元，利润总额 200.80 亿元，连续 15 年在国务院国资委业绩考核中荣获 A 级，连续五个任期获得业绩优秀企业称号。

【经营概况】2019 年，国投财务有限公司（以下简称“公司”）围绕“强服务、防风险、上水平、促发展”管控目标，坚持稳中求进，聚焦金融服务，扎实推进“四个平台”建设。截至2019年12月31日，公司资产总额343.74亿元，所有者权益73.19亿元，实现利润总额6.23亿元，为集团节约成本费用8.47亿元。

【服务实体】2019年，公司将信贷资源向困难企业、绿色新能源产业、“三农”产业和国家重点战略等行业倾斜，加大对此类企业的支持力度，落实国家战略，服务实体经济，助力集团发展。2019年向集团实体经济企业投放信贷规模168.95亿元，占信贷投放的97.53%。

【信贷业务】2019年，公司共投放表内外信贷融资245.34亿元；为集团172亿元各类债券发行提供财务顾问服务，并牵头4个项目银团贷款筹组，合计撬动资金19亿元。公司充分发挥“产业+金融”双重属性优势，围绕投资公司产业特点，整合设计了包括28个产品、12个组合的金融服务方案，切实打造“客户身边的银行”。

【产业链金融】2019年，公司为4家成员企业办理延伸产业链票据贴现10笔，合计金额1.02亿元。通过延伸产业链金融产品，公司将服务触角延伸到集团产业链上游客户，协助成员企业提高了对上游供应商的议价能力，降低整体融资成本。

【资金业务】2019年，公司同业合作范围继续扩大，获得金融机构授信规模同比增长26%。开展同业拆借或回购交易合作的金融机构25家，为公司有效补充流动性。

【票据业务】2019年，公司累计为成员企业开立银行承兑汇票31.42亿元，票据贴现21.85亿元。截至2019年末，开立银行承兑汇票余额21.02亿元，票据贴现余额9.30亿元。

【外汇业务】2019年，公司利用外汇业务牌照资源与自身专业性，丰富外汇业务产品线，为客户汇率风险管理及跨境资金运营提供解决方案。一是为有需求的成员企业提供套期保值咨询及代理远期结售汇询价服务；二是充分利用跨境资金池资格，归集成员企业外币资本金，并办理结汇及付款业务。

【资金集中】2019年，公司加强上门服务与日常沟通，一批重点难点企业资金集中取得新突破，全年日均归集资金166.31亿元，集团考核口径月均资金归集率达96.22%，同比提高2.59%。公司进一步推进账户精细化管理，优化账户授权流程，以账户授权和余额填报为抓手，着力提升成员单位银行账户可视性，2019年末账户集中度达到63.53%。

【业务创新】2019年，公司通过表外业务创新，累计办理代开信用证、分离式保函业务1.88亿元；响应成员企业股权收购资金共管需求，创新开立三方共管账户，存管资金5.83亿元，保障资金安全、强化资金集中管控；与成员企业联合开展基于区块链技术的供应链金融业务课题研究，为攻克创新难点提供专业金融支持。积极探索关税保证保险、诉讼财产保全责任保险等新产品。

【风险管理和内部控制】2019年，公司一是夯实存量、控制增量，公司对存量业务进行滚动式的梳理排查，通过提前退出、补充增信等措施，有效降低了风险敞口。二是建章立制、内控升级，开展内控梳理、诊断、升级，新增、更新内控流程300余项，形成了全面、全员、全过程、全体系的风险防控机制。三是强化法治、科学决策，充分发挥法律顾问机构的专业能力，做到重大决策、非标合同法律审核两个“百分百”。

【人力资源管理】2019年，公司一是进一步优化调整组织架构和岗位设置，增设信息技术部，完善信息科技治理架构，并对各部门人员编制进行调整。二是继续夯实人才队伍的基础建设工作，通过制定和修订相关人力资源管理制度，不断完善公司人力资源管理体系。三是制定全面的培训计划，有效指导全年培训工作，共举办12期“创新小讲堂”、5期制度系列宣讲等各种类型培训学习活动，有效激发员工的学习积极性和创造性。

【信息化建设】2019年，公司多措施丰富系统功能，完成新网银系统和票据交易系统上线运行，为成员企业提供丰富的线上金融服务；推动落地公司与成员企业财企接口直连，助力企业业财融合；上线公益捐赠平台，互联网+党建+扶贫应用模式持续落地。多角度提升信息安全，完成堡垒机和日志审计系统上线运行，有效防范操作风险、保护数据安全；应用签名验签安全设备，防范交互数据篡改；灾备切换演练和部署应急VPN系统，提升公司业务连续性管理。

【企业文化建设】2019年，公司一是扎实开展“不忘初心、牢记使命”主题教育，确保主题教育取得成效。二是全力支持配合中央巡视、集团巡视工作，不折不扣抓好问题整改。三是连续四年开展“精准扶贫结对子，两学一做献爱心”活动，公司派出的扶贫干部荣获“中央企业劳动模范”“甘肃省扶贫先进个人”称号。四是坚持党建带群团，精心组织员工生日会、健步走、户外拓展、棋牌比赛等集体活动，公司团支部荣获集团五四红旗团支部荣誉称号。

国新集团财务有限责任公司

【集团概况】中国国新控股有限责任公司（以下简称“集团”）成立于2010年12月22日，是国务院国资委监管的中央企业之一，2016年初被国务院国有企业改革领导小组确定为国有资本运营公司试点。截至2019年底，集团资产总额超过4200亿元，公司年度净利润突破100亿元。

【经营概况】国新集团财务有限责任公司（以下简称“公司”）成立于2018年5月8日，注册资本人民币20亿元，由集团全额出资成立。2019年是公司第一个完整会计年度，资金归集、结算、信贷等业务顺利开展，搭建了满足新设财务公司经营发展需要的内控和风控体系，核心业务系统、会计核算系统等运行基本正常，经营合规稳健。截至2019年末，公司设有9个部门，员工总数30名。年末资产余额比年初增长88.12%，净利润比上年增长598.07%，不良资产率为零。

【信贷业务】全面加强客户营销，持续增加信贷投放。2019年公司进一步加强与成员单位间的日常沟通，加大服务需求调研力度。除积极拜访在京成员单位外，还多次拜访上海、太原、广州、襄阳等地的异地客户，了解客户最新经营动态和融资需求，针对客户企业性质、业务特性和实际需求，设计推荐差异化贷款方案，取得积极成果。2019年，在符合监管政策要求的前提下，公司积极挖掘成员单位资金需求，不断丰富贷款品种，开展了多项贷款业务和中间业务，年末贷款余额同比增长45.98%。

【资金集中】统一规范资金业务，大力推动资金集中管理，加大了对成员单位资金归集的考核力度，并让利于成员单位，公司全口径资金集中度增长较快，2019年末资金集中度较2018年末上升15.65个百分点。

【风险管理和内部控制】公司认真落实监管部门和集团风险管理、内控管理相关要求，着力构建稳健有效的风险管理和内部控制体系，确立稳健型风险偏好，设定指标的目标值和预警值，明确触发预警值时的应对措施，强化事前规划，明确管理底线。完善风险识别措施，组织展开全面风险评估、专项评估和压力测试，做好风险定期监测和报告，补充修订风险管理报告措施与处置预案，确保审慎经营和业务发展目标实现。着力强化内控合规管理，升级完善制度体系，推动制度、合同法审全覆盖，开展合规检查与内控评价，持续完善内部审计管理体系，构建合规闭环管理。创设“合规小讲堂”，编印同业案例汇编，培育合规文化。

【信息化建设】建设完成与总部财务管理系

统、资金系统、大额资金监管报送、数据共享交换平台的对接，助力“数字国新”建设。持续推进基础业务处理平台搭建与功能完善，新增与银行的接口，基本覆盖成员单位收付款需求。同时，积极筹划推进统一监管报送平台、征信系统、电票系统的建设工作。

【企业文化建设】公司在“国之脉，传承责任之脉；新致远，坚持创新发展”的集团文化指引下，秉承“始于立心，成于力行”的企业文化，践行“以服务为根，聚合共赢；以创新为本，救助共享”的发展愿景，坚持“依托集团、服务产业、稳健运营、创新发展”的经营方针，以为集团和成员单位提供优质综合金融服务为核心，积极创建一流的服务资本运营的综合性财务公司，追求集团整体利益最大化，助力集团资本运营改革试点。

国药集团财务有限公司

【集团概况】中国医药集团有限公司（以下简称“集团”）是国家创新型企业，是中央医药储备单位，是中国和亚洲综合实力和规模领先的医药企业，拥有集研发、制造、物流分销、零售连锁、医疗健康、工程技术服务、专业会展、国际经营、金融投资等为一体的大健康全产业链。旗下有1400多家子公司和6家上市公司，员工15万人。2019年，集团营业收入近5000亿元，列世界500强企业第169位，列世界500强医药企业第6位。集团规模、效益和综合实力持续保持中国和亚洲医药行业领先地位，连续六个年度被国务院国资委评为“中央企业负责人经营业绩考核A级企业”。

【经营概况】2019年，国药集团财务有限公司（以下简称“公司”）坚持“以融促产、服务集团”的经营宗旨，全面完成了集团和公司董事会下达的各项工作任务，金融风险管控水平明显提高，信息化建设取得重大进展，基础管理不断夯实，党建基础规范化水平全面提升，经营业绩再上新台阶。截至2019年末，公司资产规模210.81亿元（不含代理业务资产），全年实现营业收入40830万元，利润总额14869万元。资产规模、营业收入、利润总额等指标均较上年稳步提高。无不良资产及不良贷款，拨备充足，资本充足率为14.12%，资金流动性充裕，流动性比例为67.44%，各项监管指标均符合监管要求。

【信贷业务】2019年，公司服务集团整体利益，围绕集团“两金压降”财务管控要求，信贷服务再上台阶。一是继续下沉服务，适当增加对金融服务水平偏弱的三四级企业的信贷投放，带动属地金融机构跟进服务。二是稳妥加大对特定成员企业信贷支持力度，合计授信近30亿元用于其置换外部融资。三是注重与成员企业利益协同，坚持同等条件下定价优于同业，协助成员企业压降融资成本，让利企业超过5000万元。四是坚持客户导向，在流程、品种上体现服务差异化、定制化特点，提供关联交易配套业务、商票贴现、短期周转贷款、中长期绿色贷款等信贷业务。全年公司信贷服务遍布全国20个省份，信贷客户过百家，异地客户融资占比近80%，累计信贷业务笔数同比增长67.17%，累计信贷投放量111.40亿元，同比增长18.81%。

【资金集中】2019年，公司依托集团资金集中管理政策，以信息科技为保障，以市场化经营为手段，全力提升资金集中管理能力。实施信息硬件设备升级、优化核心业务系统功能、直连电子商业汇票系统（ECDS），提升信息智能化支撑资金集中管理能力，坚持服务引导，优化服务流程，加大信贷、结算服务存款派生能力。截至2019年末，成员企业在公司开立账

G

户数达234家，较上年同期增长18.78%。全年日均存款达113.60亿元，较上年同期增长53.33%。截至2019年末，公司全口径、可归集口径资金集中度均较上年末有所提升。

【业务创新】2019年，为进一步支持集团工业板块发展，提高成员企业产品竞争力，公司在筛选核心企业、明确业务准入标准和操作流程的基础上，首次试点开展了成员单位产品的买方信贷业务。该项业务的开展有利于扩大成员企业产品市场份额、加速成员企业应收账款回笼、改善成员企业财务状况。截至2019年末，公司开展买方信贷业务1笔，累计金额200万元，资产均已按时收回，运行情况良好。

【风险管理和内部控制】2019年，公司以集团“风险管控年”专项活动为契机，进一步加强风险意识，明确新形势下公司重大风险类别及排序，分类制定并实施应对措施。落实最新监管要求，修订全面风险管理和反洗钱风控制度，更新利率定价管理制度和流程，完善票据业务额度管理体系，新定制度7项、修订制度8项，建立健全覆盖所有业务及管理活动的137项内控制度。准确掌握央行宏观审慎监管政策变化，资金计划、风险测算和业务投放“三线”高效协同，动态调整投放节奏、结构，实现监管政策范围内的最大信贷规模投放。推动增资扩股，年末获得监管批复，增强资本实力。开展流动性压力测试，建立操作风险案例库，持续开展重点领域和关键环节的风险管控和自查。内审工作组织更加规范，首次开展信息科技专项审计，有效强化信息风险管控。公司内部控制体系有效运行，各类风险管控效果良好，未发生重大风险事件，监管评级良好。

【信息化建设】公司新一代网银等功能于2019年5月18日上线，电票系统于2019年8月30日上线，系统上线后均运行平稳。在开展系统建设工作的同时，公司持续加强系统运行维护工作，及时处置风险应急事件，实现信息安全事故为零、监管信息报送系统无故障、各个信息系统运行平稳。

哈尔滨电气集团财务有限责任公司

【集团概况】哈尔滨电气集团有限公司（以下简称“集团”）是党中央管理的关系国家安全和国民经济命脉的国有重要骨干企业之一，是新中国历史最悠久、技术水平最高、影响力最大的发电设备研制基地。经过60余年的不断发展和壮大，现已形成发电设备、通用设备、工程总承包、制造服务、金融服务、投资业务、新产业等产业板块。

【经营概况】2019年，哈尔滨电气集团财务有限责任公司（以下简称“公司”）着力提升服务水平，积极推进产融结合，丰富金融服务品种，持续推进全面风险管理，尽全力满足成员企业金融服务需求，支持集团主业发展。截至2019年末，公司资产总额120.34亿元，所有者权益20.80亿元，全年实现营业收入4.59亿元，利润总额2.48亿元。

【信贷业务】2019年，严格贯彻落实集团“应贷尽贷”要求，在符合监管要求的前提下，累计为成员企业发放各类贷款23.16亿元，尽全力满足成员企业融资需求，缓解生产经营资金短缺压力。同时，公司积极拓展票据业务，办理票据承兑业务27.12亿元，票据贴现业务3.38亿元（含产业链贴现），帮助成员企业延长付款周期，拓宽融资渠道。

【产业链金融】2019年3月，公司办理首单“一头在外”产业链保理业务，进一步丰富金融服务品种，强化了上游供应商同成员企业的业务粘合度，稳固集团产业链合作关系。同时切实践行扶持小微企业、服务实体经济理念，2019年为集团产业链企业办理“一头在外”票据贴现业务3.29亿元，为集团产业链企业提供资金支持。

【资金业务】公司科学安排资金头寸，充分利用同业竞价机制，有序开展同业存放和同业拆借业务，努力提高资金使用收益。2019年办理存放同业业务70笔，金额合计221亿元；累计开展同业拆出业务49笔，金额合计89.6亿元。

【投资业务】以公司2019年有价证券投资计划为指引，不断丰富资产配置手段，稳健、有序开展自营投资业务。首次以会员资格在全国银行间债券市场申购三年期国债3亿元，不断优化中长期资产结构；申购首笔收益凭证，将业务范围拓展至证券公司；申购首笔同业存单，进一步丰富投资业务品种。同时切实履行受托人职责，密切关注金融市场行情，先后为集团所属锅炉公司等成员企业办理委托投资业务9笔，金额合计23亿元，帮助实现投资收益约5850万元。

【票据业务】公司联合工商银行完成哈电工行票据池建立，为集团所属汽轮机公司开通票据池业务，并成功办理首笔质押开票业务，有效盘活成员企业票据资产，加速票据周转，为集团实现票据集中管理打下坚实基础。

【业务创新】公司持续推进金融产品创新。与中国银行联合开展首笔山西BOT项目银团贷款，满足集团投资项目融资需求；与交通银行联合为汽轮机公司叙做首笔买断式公开型银团保理业务，助力压降两金，实现集团应收账款出表；银行间市场债券正回购业务成功落地，不断拓宽公司融资渠道，提升公司主动负债能力；开展首笔票据转贴现业务，丰富公司票据融资渠道。

【风险管理和内部控制】2019年，公司取得经批准发行财务公司债券、承销成员单位的企业债券两项新业务牌照。公司不断夯实内控体系建设，开展《财务公司制度汇编（V4.0）》编制工作，2019年完成50余项制度、流程的建改废，为公司各项业务的合规开展提供制度保障。

【人力资源管理】精准锚定金融专业人才培养目标，采取社招与校招相结合的方式，在集团内选调三名优秀员工，校招一名金融专业院校研究生，缓解专业人员紧缺问题。制定《培训工作管理办法》，以年度培训计划为统领，“走出去”与“请进来”并重，充分利用财务公司协会、人民银行培训学院、集团管理学院等内外部资源，搭建干部员工专业素质提升平台，支持鼓励干部员工“补钙”“充电”，不断提升人才队伍建设水平。

【信息化建设】公司积极推进信息化建设，有效支撑业务发展。集团调度决策支持系统全面上线，进一步提升集团资金管理水平；积极推进业务运营信息系统等级保护建设工作，切实保障公司核心业务系统连续性，为打造“不漏水”资金池构筑坚强护盾。

【企业文化建设】2019年，公司党支部积极推进党建工作，切实履行全面从严治党主体责任。开展“不忘初心、牢记使命”主题教育，引导广大党员悟初心、守初心、践初心，为实现高质量发展注入强劲思想动力；全力配合中央第一巡视组对集团的巡视工作，扎实推进巡视整改，进一步理清发展思路、完善工作措施、强化薄弱环节，切实推动管理提升；贯彻落实集团“提质增效·党员先行”党建载体工程要求，组织开展公司2019年度“双管双创”党建载体活动，实现党建工作和中心工作互相融合、互相促进；通过组织开展庆祝祖国70华诞纪念活动、“青春心向党·建功新时代”纪念五四运动100周年主题实践活动等，有效提升公司金融服务团队凝聚力。

海尔集团财务有限责任公司

【集团概况】2019 年，海尔集团（以下简称“集团”）全球营业额达到2007.62 亿元，同比增长 9.10%。拥有上市公司 4 家，孵化独角兽企业 5 家、瞪羚企业 22 家，在全球设立 10 大研发中心、25 个工业园、122 个制造中心，拥有海尔、卡萨帝、统帅、美国 GE Appliances、新西兰 Fisher & Paykel、日本 AQUA、意大利 Candy、卡奥斯 COSMOPlat、日日顺、盈康一生、海尔生物医疗、海纳云、海创汇、海尔兄弟等众多生态品牌。

【经营概况】2019 年，海尔集团财务有限责任公司（以下简称“公司”）秉承“立足集团、服务集团”的理念，以支持集团实体经济发展为己任，承接集团生态品牌战略，以“聚焦产业链金融创新，成为最具竞争力的驱动产业型财务公司”为战略目标，立足首要职能，有效控制风险，不断创新金融产品，实现稳健经营目标，全年累计实现营业收入 25.41 亿元，利润总额 22.65 亿元，截至年末，公司资产规模达 674.76 亿元。

【信贷业务】2019 年，公司以支持实体产业发展为重点，以加强信贷管理为导向，以各项信贷业务制度的落实为基础，满足集团成员单位资金需求，全年共为 95 家集团成员单位提供金融服务解决方案。截至 2019 年末，流动资金贷款余额约 318.33 亿元，比 2018 年末增加 21.44 亿元。根据集团战略及产业发展实际需求，2019 年流动资金贷款业务全年新增投放 140.73 亿元，无不良贷款。

【产品销售信贷业务】2019 年，公司不断提高金融服务水平，为海尔经销商提供优质的买方信贷服务，在防范金融风险的同时，创新业务模式，累计为 665 家经销商提供了超过 22 亿元的信贷服务，有效助推了集团产业发展。同时，公司积极调整产品结构，输出适合中小型企业的短、频、快的融资产品。例如，针对改善大气环境的煤改项目，创新推出了“程意贷”产品，其期限与客户承接的工程项目期限匹配，让经销商客户在承接项目时不会为资金担忧，从而扩大业务规模。

【资金业务】2019 年，公司精确编制资金预算，合理安排资金头寸，实现了资金需求的有效满足和资金运营效率最大化的双赢。一方面，在资金短缺的情况下，通过银行间市场正回购和拆入等业务，及时低成本融入资金，全年累计融资 5261 亿元，充分保证了集团和公司的资金流动性，确保各项业务顺利进行；另一方面，在资金盈余的情况下，通过银行间市场逆回购、现券买卖、同业存款、理财等业务，累计投资 1583 亿元，且投资品种不断丰富，有效提高了资金运营效率。

【资金集中】2019 年，公司共归集资金人民币 1546 亿元，同比增幅为 20%；结算量 2.24 万亿元，同比增幅为 2%，结算笔数 276 万笔，同比增幅为 28%；期末结算账户 3864 户，存款余额 415.72 亿元。一是从集团制度、流程和系统设计层面上，对不合理账户的开户申请坚决予以闸口。二是升级归集模式。人民币打通了 13 家银行、外币打通了中国银行、招商银行和建设银行、境外打通了中银香港和汇丰银行的归集渠道。三是对快捷通、银联结算收款渠道，安排专人监控核对数据的一致性和清算的及时性。四是按月盘点清理集团外部结存账户以及账面资金，闸口不合理外部滞留资金。五是搭建银企直连平台和财企直连平台，直连了 8 家银行并与集团系统直连，实现了数据实时共享，节约了集团资源，提高了工作效率，降低了人工操作风险。

H

【票据业务】2019 年，公司加强集团票据集合管理，在集团开出票据支付供应商 100% 电子化的基础上，持续推进集团市场流入票据电子化率，从出票客户和承兑行 2 个维度推进，建立多向沟通机制，2019 年全年签收票据 436.67 亿元，其中电票流入 435.45 亿元，纸票流入 1.22 亿元，票据电子化率达到 99.72%，离目标 100% 仅一步之遥，达到了行业领先水平。规避了纸质票据流转的风险，节约纸质票据邮寄的费用，提高票款兑付效率，增加集团可使用资金，实现集团资金增值。

【外汇业务】2019 年，公司为集团产业链上下游约 50 家公司提供全流程的创新金融解决方案，累计交易金额折合人民币约 207 亿元，客户交易笔数合计 1581 笔，交易币种包括美元、欧元、日元、英镑、港元等主要货币，交易产品包括即期、远期和掉期。

【风险管理和内部控制】2019 年，公司启动全面风险管理体系框架搭建工作，初步完成从系统化到体系化，从单一风险到全面风险管理的重要转变，“全流程、全覆盖、全方位”的全面风险管理体系基本搭建完成，更好地适应公司风险管理的需要，提高抵御风险的能力，截至 2019 年末，公司各项业务合规运营，整体风险可控。同时，深入开展银保监会“进一步深化银行业市场乱象整治”活动，在细致分工的基础上，对业务制度、操作规程、人员管理等内容深入开展专项自查治理工作，并全部完成整改，确保公司稳健经营。

【信息化建设】公司新核心系统建设工程包括 21 个系统，除核心系统、总账系统外，还有 19 个存量系统需进行相应的配套接口改造、功能升级。对内链接集团 MPC、新资金、GEMS 等 9 个系统；对外链接人民银行大额支付、中国银行、工商银行、上海票交所等 18 家外部机构；升级改造涉及公司全部的业务场景。在项目的各个阶段，分别从正向业务流程和逆向业务流程以及财务报表、监管报送报表的角度，多维度、多线程交叉验证，保证了项目于 2019 年 9 月 8 日成功上线并安全运行。

海航集团财务有限公司

【集团概况】海航集团（以下简称“集团”）成立于 1993 年，多年来以航空运输主业为核心，致力于打造世界级航空品牌和航空机场品牌。集团旗下参控股航空公司 14 家，参与管理及合作机场 16 家，机队规模近 900 架，开通国内外航线约 2000 条，通航城市 200 余个，年旅客运输量逾 1.2 亿人次。旗下海南航空连续 9 年获评 SKYTRAX 全球五星航空公司，2019 年再度上榜 SKYTRAX“全球最佳航空公司 TOP10”榜单。

【经营概况】2019 年，海航集团财务有限公司（以下简称“公司”）聚焦航空主业，严格把控风险与资产质量。截至 2019 年末，公司资产总计 396.08 亿元，负债总计 284.42 亿元，所有者权益总计 111.66 亿元。

【风险管理和内部控制】公司总结归纳外部金融行业风险事件的发生特点，重点强化对各项业务事前的背景材料完备性及合同法律条款的风险审核。形成重点监管指标监测机制，按时向高管层及相关部门传达公司当日、周末、月末各监管指标预测情况。通过建立业务稽核体系、审计监测体系、离任审计和责任追究体系，有序开展各项检查和内审项目，定期梳理完善内控体系建设，促进风险闭环管理，保障公司合规运营。

【资金集中】公司通过全面清查银行账户、规范内部账户管理等提升资金集中管理水平。配合集团总部对成员单位银行账户开展了现场和非现场检查工作，重点清查无法授权账户资金，确保沉淀资金集中至财务公司。夯实资金集中基础工作，梳理成员单位股权结构，督促满足成员单位定义的单位及时开立财务公司内部账户，对不满足成员单位定义的账户进行及时清理。

【人力资源管理】公司推动落实整体人力资源效能提升，配套制定并执行人力资源管理整体转型，合理控制人工成本，优化调整机构编制和人员结构，构建内训课程体系。

【档案印章管理】2019 年，公司重点加强档案、印章、保密管理，进一步提升管理要求，做到认识到位，组织到位、措施到位，将此列入公司长远规划、岗位标准及考核内容。

【信息化建设】2019 年，公司采购人民银行二代征信数据报送系统，对现有人民银行征信接口系统进行升级改造。结合业务发展需要及业务流程变更，针对资金结算管理系统进行优化提升。公司稽核审计体系对银保监会评级、人民银行评级、行业评级工作予以整合，自主研发评级业务管理平台，并在公司内部系统上线，实现各项监管指标和报送材料的电子化更新。

【企业文化建设】公司组织全员开展“不忘初心、牢记使命”主题教育活动，回顾中国革命和中国共产党发展史，深入领悟党的初心和使命，要求全员立足自身岗位，勇担责任，营造风气清正、齐心干事的良好氛围。

海亮集团财务有限责任公司

【集团概况】海亮集团有限公司（以下简称“集团”）1989 年创办于浙江诸暨，2016 年集团总部迁至浙江杭州。集团始终秉承“以人为本、诚信共赢”的发展初心，坚持“既要企业效益，更求社会功德”的发展理念，明确教育事业、有色材料智造、健康产业三大发展领域，已成为拥有 3 家境内外上市公司，2 万余名员工的大型国际化现代企业集团。2019 年集团营业收入 1879.07 亿元，净利润 20.02 亿元，资产总额 579.27 亿元，净资产 272.23 亿元，资产负债率为 53.01%。2019 年列中国企业 500 强第 115 位，列中国民营企业 500 强第 25 位，2019 年进入世界 500 强企业排行榜，集团首次登榜，列第 473 位。

【经营概况】海亮集团财务有限责任公司（以下简称“公司”）始终以“立足企业集团、服务企业集团、服务实体经济”为核心，紧扣集团需求，围绕回归本源，抓基础强管理，为集团及旗下成员单位提供高效便捷的金融服务。截至 2019 年末，公司资产规模 120.69 亿元，较上年增加 23.00 亿元，增幅为 23.54%；全年实现营业收入 3.76 亿元，利润总额 2.85 亿元，净利润 2.14 亿元，资产质量良好，各项指标均符合监管要求。

【服务实体】2019 年，公司首先围绕回归本源，支持供给侧结构性改革，公司通过调整信贷政策、优化金融服务和完善评价机制等多种措施，助力集团产业调整，提高服务实体经济质效。其次，减费让利成员单位，切实服务实体经济。一是持续推行“减费让利”，减少企业财务费用，有针对性地降低贷款利率、提高存款利率；二是完善续贷政策和业务流程，根据企业生产经营实际情况合理匹配贷款期限，降低续贷成本。

【信贷业务】2019 年，公司一是信贷投放稳定增长，有力支持企业发展。2019 年末，公司贷款余额 99.27 亿元（含贴现），较上年增加 30.20 亿元，增幅为 43.72%，其中贷款 98.76 亿元、贴现 0.51 亿元，信贷投放增长稳定，较好地支持集团企业发展。二是加大支持小微企业力度。2019 年，公司积极下沉服务重心，加大小微企业信贷支持。截至 2019 年末，公司小微企业贷款余额42.01亿元，占总贷款余额的42.32%，较上年末增加6.46亿元，增幅为18.17%。

【投资业务】2019年，公司开展固定收益类有价证券投资业务1笔，金额1.8亿元。2019年末投资业务余额9.6亿元，实现投资收益7879万元，主要投资品种为中期票据。公司加强投后存续期风险管理，包括日常管理、风险监测、风险预警报告等方面。

【票据业务】2019年，公司累计发生票据业务10.52亿元，其中全年累计贴现金额2.24亿元，均通过电票系统办理，帮助成员单位盘活资金沉淀，提高资金周转率，拓宽融资渠道，增强票据使用安全性。2019年办理再贴现2.82亿元，该业务为成员单位提供及时流动性支持，在一定程度上缓解了阶段性资金压力，对企业资金调节和平稳运营起到重要作用。

【资金集中】在日常管理中，公司严格监控成员单位外部存款，加大资金集中管控。2019年，公司归集成员单位家数285家，全年累计归集人民币3783.11亿元、9502.45万美元。2019年12个月全口径资金集中度均高于50%，2019年末，公司资金集中度为70.67%，同比上升4.36个百分点；月末平均资金集中度为66.44%，同比增加6.05个百分点。

【风险管理和内部控制】2019年，公司通过规范股东股权管理、完善制度流程及一系列专项风险合规检查，加强全面风险管理。一是加强公司治理，健全公司制度，修订、增补完善91项业务管理制度和各部门岗位职责。二是加强流动性风险管理。通过加强制度建设，增强流动性风险的识别、监测能力，开展压力测试并制定有效的流动性应急计划，提高流动性风险管理水平。三是完善审计制度，加强内审稽核，扩大审计覆盖面。全年共开展公司治理专项审计、投资业务审计等专项审计工作6项。四是建立常态化培训机制，开展合规及法律等方面的内部培训和学习。

【人力资源管理】加强人才队伍建设，引进和选拔优秀人才，严格员工考核和培训。一是2019年引进具有银行从业经验人员1名，担任公司业务部经理。二是实施《财务公司绩效考核方案》，推行考核全面、实施相对简单的考核办法，加大奖惩力度、促进业务发展。三是实施高管绩效薪酬延期支付与追索扣回，实现风险与薪酬挂钩。四是开展员工培训，开展员工培训3次，覆盖法律、反洗钱、防范非法集资等方面。五是推行效能革命，提倡一人多能，严格工作绩效考核，提升工作效能。

【信息化建设】2019年，公司一是开展信息安全风险评估，并进行安全加固整改。按三级等保、ISO27001体系认证等标准加强信息风险防范。二是完成年度信息系统应急演练，形成演练总结与整改计划。提高了信息系统突发事件应急处理能力和风险防控能力。三是开发核心系统手机移动APP。方便公司及成员单位查询掌握账户动态、移动审批，提供更优质的金融服务。

【企业文化建设】2019年，公司一是进一步加强党建共建和银企交流，扎实推进“不忘初心、牢记使命”主题教育活动的开展，2019年7月，公司与农业银行江锦支行开展党建共建活动。二是2019年6月，公司员工赴舟山嵊泗开展团建活动。

H

海马财务有限公司

【集团概况】海马汽车股份有限公司（以下简称“集团”）创始于1988年，注册资本16.50亿元，直属员工1万余人，关联企业员工3万多人，累计纳税200多亿元。集团在深交所挂牌上市，是集研发、生产、销售、服务、物流、金融等为一体的现代化汽车集团，实现对埃及、智利、菲律宾、越南等 20 多个国家和地区的整车出口，展示了“中国制造”新形象。

【经营概况】海马财务有限公司（以下简称“公司”）坚持合法合规经营，围绕“依托集团，服务集团”的经营宗旨，秉持“先风控、后盈利；先智能、后人工；先品类、后额度；先流动、后奖惩”的新二十四字经营理念，践行品类战略，聚焦十万元以下汽车消费贷款，支持集团电商改革，推出京东和阿里线上贷款产品。积极协助集团完善电商现金流管理，对内提高管理精细度，严控操作风险引发其他风险，智能风控模型不断优化、实现动态管理，贷后、催收管理能力提升。2019 年末不良贷款率为 0. 50%。

【产品销售信贷业务】配合海马汽车销售下沉到乡镇农村市场和电商销售，持续向乡镇及农村地区延伸服务，切实服务“三农”领域，2019 年公司涉农贷款放款占个人消费贷款放款金额的 30%。发放个人汽车消费贷款 7724 笔，放款金额 4. 69 亿元，渗透率达到 43. 75%。公司积极贯彻普惠金融理念，2019 年为经销商放款 5. 2 亿元，全部为中小微企业贷款，支持经销商提车约 6000 台，支持产业链发展。

【票据业务】2019 年，公司严格审查贸易背景，开具财务公司承兑票据 6312 张，合计 16. 82 亿元，累计为成员单位节约开票手续费 84 万元；办理结算 53. 28 万笔，结算金额 1065 亿元，为成员单位节约结算手续费等各项费用共 411 万元，2019 年无差错无事故，及时和安全地完成所有资金结算工作。公司合法合规开展延伸产业链上游供应商贴现业务，2019 年贴现总计 1489 张，金额 4. 8 亿元，截至 2019 年末贴现余额 1. 4 亿元，较年初下降 36%。

【资金集中】集团明确公司为各成员单位资金统一管理平台，要求成员单位资金集中到公司进行有效管理，公司对成员单位资金可以实时进行归集、监控。

【风险管理和内部控制】公司以董事会为全面风险管理决策机构，在“两会一层”领导下，三道防线各司其职，内控管理体系运行有效，修订《内部控制管理手册》，并对内部控制有效性进行评价，未发现重大缺陷和重要缺陷。

【信息化建设】完成机房改造和同城异地备份，全面部署动环监控系统，修订《电力中断应急预案》并开展三次应急演练，通过审批授权、堡垒机监测等方式严格信息外包管理，防范外包风险，有效提升运维保障能力。根据业务发展需要，配合完成人民银行二代征信项目、建设反洗钱系统、优化反欺诈模型等，为业务发展提供支持和保障。

【企业文化建设】2019 年 1 月和 12 月，公司开展万宁市北大镇北大村精准扶贫活动。充分发挥互联网优势，通过 QQ 群、微信群、公众号等推送党课内容、党建动态、主题党日活动等信息。扎实有效地推进党支部建设，显著提升了支部的凝聚力及党员整体素质。公司弘扬马拉松文化，培育团队意志力。2019 年，公司开展每周十公里跑活动，全公司员工参与度超过 50%。2019 年海口马拉松、北京马拉松、儋州马拉松、万宁马拉松均有员工报名参赛，尤其是海口马拉松，76 人报名参赛，超过员工总数的 70%。通过马拉松活动，公司员工不仅达到强健体魄，锤炼精神的目的，而且不断激发潜能，以更好的精神面貌面对工作中的困难。

海南农垦集团财务有限公司

【集团概况】海南省农垦投资控股集团有限公司（以下简称“集团”）系海南省政府直属国有独资企业，孕育于 1952 年 1 月创建的海南农垦，前身是海南省农垦总局和海南省农垦集团有限公司，属中国第三大垦区。现有下属二级企业48家，拥有良好的天然橡胶、热带水果、热带作物、草畜养殖、南繁育种、旅游健康地产、商贸物流、金融服务等产业基础。2019年实现营业收入236亿元，同比增长9.19%。利润总额6.49亿元，同比增长10.24%。资产总额突破600亿元。

【经营概况】2019年，海南农垦集团财务有限公司（以下简称“公司”）紧紧围绕海南自贸区（港）建设、集团发展战略和企业年度经营目标，发挥功能优势，优化金融服务，防范金融风险，积极助力集团战略发展，不断提升服务实体经济质效。公司获得集团授予的“海南农垦文明单位”称号。2019年累计实现营业收入2.38亿元，较上年增幅为6.91%。实现利润总额1.19亿元，较上年增幅为21.93%。

【信贷业务】截至2019年末，自营贷款余额25亿元，实现贷款日均余额30亿元，较上年同期增幅为14.12%。此外，利用循环额度贷款保证成员单位将信贷需求锁定到周，根据实际用款节奏提供“随借随还”融资便利，同时在保持存款利率上浮35%的基础上，继续以优惠信贷产品服务成员单位，成员单位融资成本有效降低。

【资金业务】公司成功获中国外汇交易中心批准进入全国银行间债券市场，同业业务种类不断丰富，累计开展同业拆借、同业存款、同业存单、质押式回购等业务51笔，实现利息收入3165万元。在满足监管要求、保证流动性及安全性的前提下，科学配置7天以内短期国债逆回购，实现收入4140万元。取得浦发银行、海南银行、海口农商行等5家金融机构合计10亿元的同业授信额度，融资渠道不断拓展。

【投资业务】强化甄选投资产品，对于集合类券商资管计划单笔投资额度控制在300万元以内，分散投资10余个产品种类，投资组合和资产配置方案更灵活，增强资金抗风险能力及盈利能力。密切跟踪市场风险，在资金利率水平较低的市场行情下，通过适度增加杠杆操作、缩短投资期限、降低投资产品风险等级等手段规避投资风险，提高收益。加强实地投前调研，增大投后管理频率，强化产品底层资产分析及策略配置方向管理，有效防范及化解投资风险。2019年实现投资收益2038万元，投资收益率为4.52%。

【资金集中】2019年，公司一是加强账户管理。配合集团开展下属企业账户清理工作，积极协调成员单位授权公司归集或查询账户资金。二是在巩固原有成员单位的基础上，密集开展未归集成员单位的走访协调工作，最大限度做好资金归集。全年累计完成归集备案成员单位338家，较年初新增归集74家。三是在监管政策范围内，在集团利益最大化原则下，通过上浮存款利率、降低协议存款起存点、协助设计存款组合等方式增加成员单位存款收益，提升成员单位资金归集积极性。

【业务创新】公司积极发挥财务顾问作用，以集团国有土地承包金为基础资产，协助集团在上海证券交易所发行全国首单土地承包金资产支持证券，在未实际释放土地，不改变土地权属、土地用途和经营模式的前提下，融入资金规模5.50亿元，实际发行加权平均利率低于传统银行贷款融资成本，对拓宽企业的融资渠道，盘活农垦土地资源，增强经营性资产的流动性，加快农垦产业发展具有重要意义，同时为全国土地资产证券化提供借鉴经验。现已入选中国（海南）自由贸易试验区第六批制度创新案例，同时集团被评为上海证券交易所2019年度“资产证券化业务优秀参与机构”，公司董事长、总经理被评为“资产证券化业务优秀参与个人”。

【风险管理和内部控制】2019年，公司一是严控操作风险，修订完善业务分级授权制度，规范业务操作流程和审批程序，加强信息管理系统管理，为业务规范发展提供技术保障。二是加强信用风险管控，确保资产质量总体稳定。三是及时识别和评估投资面临的市场风险，采取有效措施规避风险。四是开展全面业务审计稽核工作，切实堵住风险源头，继续保持金融风险事故为零的良好风险控制纪录。

【人力资源管理】从全员绩效考核入手，开展绩效责任人对经营班子考核、部门考核、员工考核三个层面的考核，将考核结果与薪酬管理结合起来，切实达到了考核约束激励的效果。不断加强金融人才引进工作，不定期开展内部培训和组织参加财务公司协会、监管部门的相关业务培训、同业交流，增强人才活力。

【信息化建设】公司进一步完善集团资金管理系统建设，实现手机客户端查询集团资金数据、资金报表及资金分析图形，增设大额资金收支提示功能，资金监控能力不断强化。全面加强信息系统安全运行管理，通过主动运维，有效防范资金支付风险，继续保持信息安全零风险事件。

【企业文化建设】2019 年，公司一是关爱员工生活，倡导“快乐工作、健康生活”的理念，组织开展“五四”缅怀烈士活动、羽毛球赛、冬日拓展等活动，增强了团队凝聚力。二是积极开展金融知识宣传，为垦区广大职工群众答疑解惑，不断提高职工的金融风险防范意识。三是热心公益，勇于承担社会责任，多次开展爱心扶贫工作，以实际行动表达爱心，提升了公司的企业文化内涵。

海信集团财务有限公司

【集团概况】海信集团有限公司（以下简称“集团”）成立于 1969 年，属于地方国有企业，拥有海信视像和海信家电两家在沪、深、港三地上市的公司。集团始终坚持“诚实正直、务实创新、用户至上、永续经营”的核心价值观和“技术立企、稳健经营”的发展战略，业务涵盖多媒体、家电、IT 智能信息系统和现代服务业等多个领域。2019 年集团实现营业收入 1268.63 亿元，利润总额 79.33 亿元，利润同比增长 24.17%，海外收入 461.01 亿元，同比增长 21.10%。

【经营概况】2019 年，海信集团财务有限公司（以下简称“公司”）秉承“立足于集团，服务于集团”的基本宗旨，持续优化业务结构，不断强化全面风险管理，总体发展态势良好，核心竞争力稳步提升。截至 2019 年末，公司资产总额 238.33 亿元，比年初增加 39.80 亿元，增幅为 20.05%；全年累计实现利润总额 4.80 亿元，净利润 3.63 亿元。2019 年末，公司资本充足率为 21.38%，流动性比例为 52.65%，各项监管指标均符合监管要求。

【服务实体】2019 年，公司通过支持传统产业改造升级、支柱产业优化提升来帮助集团实现资源优化配置，对培育新动能过程中难以获得外部资金支持的新兴产业项目，发挥熟悉产业环境的专业优势为其提供有力的金融支持。同时，公司通过存贷款利率优惠、结算手续费减免、委贷手续费优惠以及降低汇兑交易成本等支持成员单位发展，最大限度地降低成员单位的经营成本，助力集团降本增效。

【信贷业务】公司紧紧围绕集团战略，积极推动集团产业转型升级，根据成员单位多样化需求，提供自营贷款、票据贴现、贸易融资、保函、房地产开发贷款等综合融资服务。截至 2019 年末，公司各项贷款余额 106.14 亿元，比年初增加 17.33 亿元，增幅为 19.52%，充分发挥金融服务平台作用，保障成员单位融资需求。

【产业链金融】2019 年，公司继续拓展买方信贷和消费信贷等业务，持续推动产业链金融业务的发展。一是通过修订完善相关制度办法和业务流程，进一步提高业务操作的便捷性；二是积极走访产业链下游中小微企业，了解企业融资需求，为其提供有效的金融服务。

【投资业务】2019 年，公司通过完善投资业务相关制度及业务流程，组织员工参加交易员资格、债券托管结算资格的培训，建立自身投研体系架构以及日常跟踪宏观数据等，推动投资业务有效开展。2019 年 2 月，公司抓住利率债调整机会，完成了第一笔二级市场利率债买入业务，交易频率和交易金额大幅增加，投资收益实现了稳步增长。

【票据业务】 2019 年，公司联合集团成员单位大力推广电票，提高票据对外付款占比，全年累计签发电票 491.08 亿元，进一步提升了集团票据的认可度和美誉度。2019 年，公司为成员单位累计办理贴现金额 12.79 亿元，有效解决成员单位融资难问题，降低了短期融资成本，提高了资金周转效率。

【外汇业务】 2019 年，根据跨国公司跨境资金池新政要求，公司成功申请境内外共 74 家成员单位加入外汇资金集中运营，基本覆盖有外币业务的成员单位。同时，为实现跨境对外放款及外债额度统一管理，公司成功申请了对境内成员单位的对外放款额度及外债额度集中管理，集团可归集的对外放款额度由 5.50 亿美元增至 26 亿美元，可归集的外债额度由 18.60 亿美元增至 175 亿美元。

【资金集中】 公司致力于保障集团资金安全，一是采取收缩成员单位开户银行及账户数目的措施来提高资金管理效率；二是不定期排查长时间不动户以及特殊用途账户并督促销户，以强化账户管理，减少非必要的外存资金分散的可能性；三是通过对成员单位经营状况、行业特征及发展前景的分析，提出针对不同公司的个性化资金管理方案，不断提升资金管理水平。截至 2019 年末，公司实现全口径资金集中度 80.08%。

【风险管理和内部控制】 2019 年，公司一是结合“巩固治乱象成果 促进合规建设”的要求开展自查工作，发现问题及时整改；二是加强制度建设，及时完善修订风险管理和内控制度，进一步健全制度体系；三是加强内审工作，对各部门开展专项审计，并跟踪审计整改情况，持续推动公司合规经营。

【人力资源管理】 公司高度重视人才培养，积极落实集团人才培养战略，建立人才培养机制。2019 年，公司两人荣获青岛市高端金融人才称号，一人荣获青岛市金融之星称号，四人入选财务公司协会人才库。此外，公司积极组织各部门员工参加内外部培训，全面提高员工综合素质和业务水平，确保公司持续健康发展。

【信息化建设】 2019 年，为改善旧系统架构设计老旧，模块间重耦合、可配置功能少的现状，公司重新搭建了小核心大外围系统架构，主要由核心系统、信贷系统、国际结算系统、票据系统、网银系统、监管报送平台、ESB 系统等构成，通过 ESB 统一服务总线，实现各系统间的服务调用。各系统可单独部署，系统间无耦合关系，实现业务系统的即插即用。2019 年 11 月，公司新一代核心业务系统成功上线，有效满足了公司业务需求，提高了金融服务效率。

【企业文化建设】 2019 年，公司党支部以习近平新时代中国特色社会主义思想为指导，扎实开展“不忘初心、牢记使命”主题教育活动，牢牢把握守初心、担使命，找差距、抓落实的要求，进一步提升全体员工的凝聚力和执行力。

H

杭州锦江集团财务有限责任公司

【集团概况】 杭州锦江集团有限公司（以下简称“集团”）创立于 1983 年，在改革开放的历史巨变和机遇下，历经 36 年发展及三次产业结构调整，形成主营环保能源、有色金属、化工新材料，辅以贸易金融迈向国际化的大型企业集团。2019 年，集团坚持“不忘初心，务实前行”的工作理念，做实内部管理，提升企业经营，连续七年荣登中国企业500强和中国制造企业500强，分别列第221位和第97位，并首次入榜“长三角百强企业”，列第59位。

【经营概况】 2019年，杭州锦江集团财务有限责任公司（以下简称“公司”）经浙江银保监局批准进行了增资，注册资本增至12亿元。公司始终坚持“立足集团、服务主业、规范经营、稳健发展”的经营方针，各项工作扎实稳健、成效显著。2019年末，公司资产总额29.09亿元，负债总额16.49亿元，所有者权益12.6亿元；全年实现营业收入10829.64万元，利润总额6633.02万元，净利润4704.28万元，较上年分别增长74.29%、125.18%、77.15%，不良贷款率为零，公司保持稳定发展态势。

【服务实体】 2019年，公司积极做好“三服务”工作部署，专业、专心、专职服务于成员单位，从搭建组织架构、筹集信贷资金到创新金融产品、提升服务水平，全面贯彻落实金融服务民营企业的各项工作。根据集团战略发展要求，在审慎经营的原则下，充分发挥信贷职能，支持集团及成员单位业务发展。加快推进实施LPR利率定价机制，有效降低成员单位融资成本，同时通过减免成员单位结算费用和协商存款利率等方式，切实提高成员单位存款收益，节约财务成本。

【信贷业务】 2019年，公司信贷累计投放20.80亿元，年末信贷资产余额17亿元，较年初新增4亿元。在贷款投向上，生产型企业贷款占比从2018年的57.69%上升至81.96%。在传统信贷业务的基础上开展票据、融资担保业务，2019年为集团成员单位承兑电子商业汇票8.65亿元，办理融资性担保2.7亿元，帮助集团降低融资成本。

【资金业务】 深入延伸公司的资金管理职能。随着资金集中力度的加大，公司不断加深介入集团的资金计划管理，通过加强资金系统建设，完善预算管理模块的功能，不断推动集团资金计划管理的精细化。同时通过建立数据模型、加强量化管理、监控资金头寸等方式，强化自身资金计划管理，为更好地对接集团资金计划管理、充分发挥资金管理职能、提高公司经营效益奠定坚实基础。

【票据业务】 2019年，公司加入上海票交所，实现电子商业汇票系统直连接入，依托电子商业汇票系统，公司同中国银行、北部湾银行等商业银行开展同业票据业务合作，全年承兑商业汇票8.65亿元、贴现2.11亿元，为集团成员单位的采购付款和低成本融资提供了高质量的金融服务。

【外汇业务】 2019年，外汇资金集中运营管理新办法出台后，公司即刻开展集团外汇集中管理的申报工作，集团外汇集中运营已通过外汇局批准、银保监局的备案。

【资金集中】 2019年，公司统一目标和方向，主动出击，坚持“抓大不放小”原则，对内稳步推进账户管理，分板块对成员单位账户逐一排查，实现账户应开尽开，应挂尽挂，资金应归尽归；对外加强与银行的合作，畅通资金归集的通道。同时，公司定期跟踪分析成员单位资金归集情况，针对性地实施适合不同成员单位资金结算的差异化资金收付模式，最大限度地提高资金归集率。

【风险管理和内部控制】 2019年，公司不断深化、完善全面风险管理体系建设，贯彻落实“巩固治乱象成果促进合规建设”要求，围绕完善全面风险管理体系建设，加强业务流程管控，认真落实各项风险管理基础工作，不断提升风险防控能力，确保安全合规经营。公司各项监管指标均优于监管标准，各类风险水平较低，资产质量良好，未出现经营风险、合规风险及金融案件，总体风险状况良好。

【人力资源管理】 公司始终关注人才的“选、育、留、汰”工作。一是不拘一格选用人才，相继从金融机构、集团内部、大专院校等引进多名专业人才；二是争取机会培育人才，公司积极参加人民银行、银保监会、财务公司协会、银行业协会、上海票交所等组织的业务学习和交流，同时精心组织各类内部培训；三是坚决大胆任用人才，对经过实践证明确有能力者予以提拔任用，让新生力量支持公司业务发展；四是果断调整与岗位要求不符的人员，不断提高人员和岗位的匹配度。

【信息化建设】2019 年，公司加大了网络安全建设力度，购买堡垒机、入侵检测、漏洞扫描、ZOHO 网络监控软件和防火墙等安全管理设备，将安全管理工作由“被动防护”转向“主动防御”。组织多次应急演练，提高员工突发事件处理能力及业务连续性管理水平；对各项制度、操作流程合理调整、落地实施，确保信息系统安全、持续、稳健运行。

航天科工财务有限责任公司

【集团概况】中国航天科工集团有限公司（以下简称“集团”）是战略性、高科技、国家级创新型企业，前身为 1956 年 10 月成立的国防部第五研究院，历经第七机械工业部、航天工业部、航空航天工业部、中国航天工业总公司、中国航天机电集团公司和中国航天科工集团公司等历史沿革，于 2017 年 11 月更名为中国航天科工集团有限公司。集团在职职工近 15 万人，所属 22 家二级单位，控股 9 家上市公司，企事业单位超过 500 户，分布在 30 个省（自治区、直辖市）及境外地区。2019 年，集团营业收入同比增长 3.9%，利润总额同比增长 5.4%。

【经营概况】2019 年，航天科工财务有限责任公司（以下简称“公司”）实现营业收入 19.01 亿元，利润总额 12.14 亿元，净利润 9.13 亿元，实现经济增加值 5.9 亿元，净资产收益率达到 16.87%，成本费用利润率达到 177.00%，财务贡献度达到 64.66%，实现全员劳动生产率 1555.99 万元/人，年末资产总额达到 972.02 亿元，资本充足率等各项指标均符合监管要求，2018 年度和 2016—2018 任期经营业绩考核双获优秀。截至 2019 年末，公司在职员工 77 人，平均年龄 39 岁，本科以上学历占比达 93.30%，硕士及以上学历占比为 50.67%。

【服务实体】公司充分发挥服务集团实体经济各项职能，将信贷服务向贴心服务转变，2019 年累计走访客户近 200 人次，有针对性地为成员单位制定信贷方案。通过优化调整信贷业务服务价格以及调整存款利率引导成员单位办理“资金直接集中”，全年让利成员单位共计 1.05 亿元。2019 年累计发放贷款 173.46 亿元，同比增长 46.86%，在公司信贷高质量发展的同时进一步助推集团整体降低财务费用 1.5 亿元，集团内部“存贷双高”问题得到初步解决。

【信贷业务】公司通过密切跟踪客户需求、加大业务推广力度等措施，全年日均信贷业务规模 126.17 亿元，同比增长 37.62%。逐一对 288 家成员单位进行授信，累计授信金额 982.63 亿元。贷款集中度为 69.94%，同比提高 3 个百分点。

【资金业务】针对多变市场行情，公司在确保资金安全的前提下，灵活择优开展周期化资金配置，多渠道、多方式、多频次开展各类同业资金业务，做到精益求精、高效运作，2019 年实现同业收入 13.94 亿元。同时精谋细划，强化过程管控，不断压低结算备付，全年备付率同比降低 1.42 个百分点，再创历史新低，由此释放资金日均 8 亿元，实现增量收益约 2000 万元。

【票据业务】公司 2019 年办理票据贴现业务 3.89 亿元、票据承兑业务 9.80 亿元，日均贴现规模 2.1 亿元。

【统保业务】公司积极落实集团统保政策要求，2019 年投保单位共计 569 家，保险费用总计 2053.7 万元。全年协助成员单位完成车险理赔393起，赔付金额共计66万元。公司保险渠道逐步统一，统保费率大幅下降，出险单位权益得到全面保障。

【资金集中】公司有效发挥“四大平台”功能，严格落实集团有关管理要求，新开通3家银行直连接口，多渠道引导成员单位使用“资金直接集中”模式，2019年末公司资金归集规模达到903.76亿元，日均存款达到540.46亿元（其中直接集中资金共计426.46亿元，占比达78.9%），资金集中度为85.5%。

【风险管理和内部控制】2019年，公司一是以公司章程为统领，全面梳理修订现行规章制度，全年共计修订完善各项规章制度29项，公司内控管理的科学性、规范性与严密性进一步增强。二是通过借鉴同行先进做法，不断完善授信管理体系，科学开展信用风险识别判断，强化授信专业审查，审慎开展授信评估，全面授信风险得到有效控制，授信管理水平大幅提高。三是积极落实第一道防线作用，强化信贷风险管理，妥善处理成员单位风险事件；有效发挥二道防线作用，以合规审核为抓手，从形式合规延伸到实质合规；充分发挥内部审计第三道防线作用，针对核心业务、高风险业务等开展点穴式审计检查。四是充分发挥贷审委、风控委等集体审议职能，坚持“底线思维、全局视角”，不断提高决策水平，防范决策风险。五是持续推进关键岗位人员法律合规培训和法治宣传教育，提升全员风险防范意识和风险识别能力。

【人力资源管理】公司坚持党管人才，坚定理想信念，强化使命担当，严把选人用人政治关。优化选人用人机制，新提拔部门助理4名，完成选人用人专项检查意见整改。围绕公司中心工作，有针对性地开展政治理论、专业技术、业务知识等各类教育培训，2019年受训人数达69人次，员工综合素质得到有效提升。

【信息化建设】2019年，公司一是积极贯彻集团加强资金在线集中管控的决策部署，先后完成强化资金管控工作建议方案、在线集中管控系统建设规划方案编制，如期完成集团资金管理系统建设及试点单位应用。二是大力推广“支付通”应用，保障集团19家商密网共享中心依托“支付通”顺畅支付49万笔。三是落实集团信息化总体建设要求，全面完成SAP核算及外围7个系统的贯标改造工作，云端应用系统顺利上线，实现信贷等核心业务移动审批。四是快速响应定向支付、LPR利率及存款利率调整等核心业务系统建设需求，实现电子发票系统、打印监控审计系统顺利上线，有效促进公司业务拓展及管理提升。五是全面加强公司商密网内外数据交互安全措施，落实等级保护测评及风险评估要求，网络安全保障能力不断提高。

【企业文化建设】公司落实意识形态工作责任制，通过形势任务教育、发掘职工感人事迹、集中观看先进事迹宣传片、参观专题展览、举办专题讲座等多种方式推动企业文化和精神文明建设，公司全体员工理想、信念、情怀、使命感和责任感进一步增强。

航天科技财务有限责任公司

【集团概况】中国航天科技集团有限公司（以下简称“集团”）经国务院批准，于1999年7月在原中国航天工业总公司所属部分企事业单位基础上组建成立。作为我国航天科技工业的主导力量，集团是国家首批创新型企业，创造了以载人航天和月球探测两大里程碑为标志的一系列辉煌成就，为推进国防现代化建设和国民经济发展作出了重要贡献。截至2019年末，集团辖有8个研究院、12家专业公司、13家上市公司和若干直属单位。

【经营概况】2019年，航天科技财务有限责任公司（以下简称“公司”）各项经营管理工作稳步推进，主要经济指标持续稳健增长，总资产、净利润继续稳居行业前列。公司在集团经营业绩考核中保持A级。

【服务实体】2019年，公司日均信贷规模达到400多亿元。通过完善存、贷款定价制度，全年为成员单位节省贷款利息支出、增加利息收入数亿元；减免多项结算类和信贷类手续费，全年减免成员单位中间业务收费合计上千万元；集团统保规模再创新高，为全集团节省保费4000余万元，为成员单位争取到位新材料保险补贴近千万元。

【信贷业务】充分利用非贷款信贷产品满足成员单位的多样化需求，2019年非贷款信贷产品日均规模50多亿元；利用商业银行资源办理集中代开保函和信用证业务，与金融机构合作开展联合保理。

【资金业务】完善资产负债管理框架建设，提升了资源配置的全局统筹能力，搭建资本充足率、流动性比例等预估模型，完善资金头寸管理机制，成员单位大额资金计划报送率基本实现100%，日均备付同比大幅下降。

【投资业务】不断优化投资产品结构，加大力度配置科创板打新基金、可转（交）债等“固定收益+”产品，2019年全年债券收益率均跑赢指数。

【票据业务】公司电子承兑汇票已成为集团内外部军民品结算的重要手段，2019年累计办理票据承兑规模100多亿元。

【外汇业务】打通境内外币归集通道，完成人民币跨境资金池备案上报和跨境资金集中运营业务资质重新备案，成功办理境内美元和欧元两个币种的资金归集。

【资金集中】稳步推进外币资金归集及跨境资金集中运营等工作，打通归集账户与银行直连采集并导入集团资金管理系统的通道，提高集团资金管理信息数据的完整性与准确性，2019年全口径资金集中度超过90%。

【业务创新】开展首笔质押式回购匿名点击业务（X-Repo）融资5000万元，开展首笔票据质押式回购融资3000万元，扩大主动负债融资渠道，组建金融研究中心，开展业务创新研究。

【风险管理和内部控制】成立公司同业授信委员会，制定《同业交易对手管理办法》，持续推进落实法治建设责任事项，建成规章制度管理系统，制定重大事项报告、反洗钱与反恐怖融资、监管信息报送等风险管理制度，制定信贷业务调查审查规范，优化高低风险业务的风险管理效率，建设信贷业务风险“防火墙”机制，加强成员单位经营风险与公司金融风险的有效隔离。

【人力资源管理】落实三项制度改革工作要求，完善人事制度、劳动用工机制、薪酬分配机制，初步建立干部能上能下、薪酬能升能降、员工能进能出的市场化机制，探索工资总额备案制，完善与贡献挂钩的单位负责人薪酬决定机制，推进骨干人才长期激励。

【信息化建设】完成新核心业务系统的开发和系统测试培训，具备上线条件；完成大数据分析系统二期项目开发，实现业务数据自主分析；建成移动金融“微服务平台”，实现了信息主动推送、在线客服、动态提醒等线上服务，提升了客户体验。

【企业文化建设】继承弘扬航天“三大精神”，邀请集团领导讲授主题党课，进一步深化干部员工对航天精神内涵和实质的理解；组织员工赴四川航天传统教育基地开展参观交流，切实增强广大员工对航天报国志向的思想认同和价值认同；开展司庆日纪念活动，分享我身边的“航天精神和企业文化故事”，传承航天“三大精神”并赋予其新的时代内涵。

河北港口集团财务有限公司

【集团概况】河北港口集团有限公司（以下简称“集团”）成立于2009年7月，是河北省国资委监管的省属重点国有独资企业，省内首家布局A股、H股双资本平台的国有企业，是集港口建设、开发，国有资产运营、管理以及投融资功能于一身的综合性企业集团。港口运营是集团传统优势产业，经营主体为秦皇岛港股份有限公司，现有生产性泊位71个，设计年吞吐能力3.9亿吨，主要布局在秦皇岛港、唐山曹妃甸港区、沧州黄骅港，2018年完成港口吞吐量3.82亿吨。秦皇岛港是当今世界领先的干散货大港，中国“北煤南运”主枢纽港。

【经营概况】2019年，河北港口集团财务有限公司（以下简称“公司”）业务发展稳中有进，超额完成利润指标。2019年实现营业收入1.40亿元，较上年增长16.67%；扩大了资金归集的广度和深度，在公司开户单位达到74家，全口径资金归集度为79.92%，日均吸收存款35.6亿元，创历史最高；贷款规模增加至24.89亿元，较年初增长58.54%；全年投资总额17.1亿元，较上年下降17.4%。全年实现利润总额0.78亿元，较上年增长32.2%，超额完成全年利润指标的20%；为集团合并报表增利1.12亿元。

【业务创新】公司优化业务结构，增加了港口板块自营贷款比重，进一步发挥内源融资作用。开启电票承兑业务，2019年为邯郸陆港公司开具电子承兑汇票0.65亿元，全部实现正常兑付。首次开展国债逆回购业务，丰富了流动性管理工具。推进保险代理、外币结售汇等新业务资质申报工作，努力拓展业务功能，制定实施《信贷定价管理办法》《服务质量管理办法》和《首问责任制度》，提升服务质量。

【风险管理和内部控制】公司组织制定了全面风险管理制度、策略和手册，新增和修订制度66项，总计达到166项。上门走访合作城商行、证券公司，采取更为审慎的业务策略，理清、抓实重点领域风险。配合各项监督检查工作，及时准确上报1104监管报表，实施关键岗位人员轮换，顺利通过人民银行反洗钱执法检查。开展案件警示教育、员工行为排查以及打击非法集资、扫黑除恶、反洗钱、保密工作等系列宣传教育活动，有效防控合规风险。

【信息化建设】正式上线运行投资业务系统，为投资、同业拆借及国债逆回购业务搭建信息化平台。完成EAST系统建设，实现交易流水的线上监管。启动综合分析平台建设，构建数据仓库和管理驾驶舱，指标数据实现持续、动态监测。完成双路电力改造和机房UPS更换，定期召开信息系统分析会，每季度开展灾备切换演练，为业务系统的连续运行提供有力保障。

【企业文化建设】深入学习习近平新时代中国特色社会主义思想和习近平总书记系列重要讲话，学习党章党规，开展讲党课、调研、谈心谈话，广泛征求意见建议，深刻查摆问题，制定整改措施。弘扬“合规创造价值”的文化理念，树立“诚信、稳健、和谐、敬业”的核心价值观。持续开展员工素质提升系列活动，开展党员集体学习、内部制度讲堂、金融课题成果评选、金融业务竞赛等活动。建立人才储备机制，鼓励从业人员考取金融分析师、国际理财师、注册会计师等专业资格，参加行业内专业能力培训。建设多功能职工之家，组织开展春节联欢、读书明星评选、女工乒乓球赛、职工健康大讲堂、建国70周年书画摄影作品展等特色活动，丰富职工文化生活，为创建身心健康的职工队伍提供保障。

河北建投集团财务有限公司

【集团概况】河北建设投资集团有限责任公司（以下简称“集团”）成立于1988年8月，是河北省政府聚合、融通、引导社会资本和金融资本，支持河北省经济发展的投融资平台、基础设施建设平台和金融服务业平台，是由河北省国资委履行监管职责的国有资本运营机构和投资主体。

【经营概况】截至2019年末，河北建投集团财务有限公司（以下简称“公司”）资产总额106.70亿元，负债总额93.14亿元，所有者权益13.56亿元，实现营业收入2.88亿元，拨备后利润总额1.64亿元。

【服务实体】公司一是密切跟踪国家发展改革委政策和各风电项目的进展情况，全力支持各建设期单位的融资需求；二是支持集团参与国家新一轮电力体制改革，开具履约保函为成员单位参与电力交易提供基础保障；三是大力支持集团参与地方政府优质PPP项目，为成员单位出具投资保函和履约保函。

【信贷业务】2019年，公司实施信贷规模的精细化管理，不断调整优化信贷结构，强化逆周期调控水平。累计贷款投放109.19亿元，实现日均贷款余额41.49亿元，无不良贷款。截至2019年12月31日，贷款余额51.27亿元，同比增长10.50%。

【产业链金融】2019年，公司积极筹备应收账款保理业务，制定完成《保理业务管理办法》以及一系列相关合同、表单。结合金融机构的特点，于5月27日开通中国人民银行征信中心动产融资统一登记公示系统“常用户”，并成功办理首笔应收账款保理融资业务。

【资金业务】2019年，公司一是保持与集团成员企业的即时沟通，通过不断刷新支付计划，提前锁定大额支付，提高资金计划精确性，强化头寸使用效率；二是通过在各账户间的头寸精细化调拨，提高头寸支付与备付金收益之间的平衡点，在保证支付稳定的情况下提高备付金效益。

【投资业务】2019年，公司一是建立包括时点型高收益理财、流动性理财、债券、货币基金、国债逆回购、同业拆借等业务在内的综合投资组合，初步建立了较为全面的投资体系；二是充分利用银行间债券市场、票据交易市场等交易资源，积极提高市场参与度，充分发挥财务公司金融服务职能。

【票据业务】2019年，公司一是积极争取各商业银行同业授信，进一步扩大财务公司电票变现渠道，每日比价寻找低成本贴现行，为内外部持票人提供流通便利，以优质的服务为公司承兑票据，在集团内外部单位树立了良好的口碑；二是按照金融监管的要求，建立同业授信制度，实现首次对29家金融机构的主动授信，贴现授信总额63亿元，根据电票业务贴点，优化贴现流程设计，并紧抓贴现市场利率较低的良机，成功推出了电票贴现业务。

【资金集中】截至2019年末，公司吸收存款余额92.72亿元，较2018年末的113.01亿元减少20.29亿元；2019年日均存款80.13亿元，同比增长16.71%，创公司成立以来新高。全年保持了较高的资金归集水平，年末全口径资金归集度为83.44%，可归集口径归集度达98.74%，基本做到了应归尽归。

【业务创新】2019年，公司一是应用算法交易系统开展国债逆回购业务，有效突破了人工操作限制，最大限度地减少了冲击成本和操作风险，大幅提升了国债逆回购交易的执行效率；二是开展货币基金业务，截至12月末共购

H

买货币基金8只，总金额4.50亿元，考虑免税红利，实际收益率均值为3.78%，较同期最高活期存款利率2.82%高96个基点。

【风险管理和内部控制】2019年，公司一是重新构建客户授信模型，强化全面风险管理，科学合理控制信贷业务风险；二是通过财务指标与经营指标，创新完成对所有贷款存量客户的信用风险排序工作；三是强化风险管理制度防范，通过分析梳理内控制度，发现内控盲点，扩大制度管控的覆盖面；四是实施全面合规管控体系，把合规风险控制贯穿于业务经营的全过程，进行实时合规检查，实现合规管理全覆盖。认真开展多项专项排查工作，促进公司业务合规、稳健开展。

【人力资源管理】2019年，公司一是完成人力资源信息系统的录入与完善工作及干部人事档案专项核查工作，对公司中层干部人事档案进行了逐一审核、整理；二是为员工及时缴纳各项社会保险和企业年金，保障员工合法权益，做好员工劳动合同签订、管理工作、个人税优商业健康保险续保手续；三是加强管理人员能力培训，提升管理水平，组织公司中层以上干部及优秀员工开展党建暨领导力提升培训，取得良好效果。

【信息化建设】2019年，公司一是完成核心业务系统反洗钱功能改造；二是自动化报表生成系统上线；三是做好信息系统日常运维管理工作，不断提升信息科技治理水平和风险防范能力。

【企业文化建设】2019年，公司积极开展形式多样的文化宣传活动，一是加强公司通讯员队伍管理，发表在报纸、杂志、网站等平台的各类宣传信息稿件累计90篇；二是开展三八妇女节“白瓷手绘”活动；三是在建党98周年之际，组织开展了“不忘初心、牢记使命”红歌赛暨党建知识答题、“红色书籍悦读”等系列活动；组织全体员工赴雄安新区参观新区规划馆、开展雄安“千年秀林”义务植树主题党日活动，丰富多彩的活动增强了组织的凝聚力、号召力。2019年，公司创新党建工作方式，推进党建与经营的深度融合，充分利用各类网络平台进行学习，不断增强自身政治素质；注重党风廉政建设，逐级签订《党风廉政建设责任书》，明确考核责任。

河钢集团财务有限公司

【集团概况】河钢集团有限公司（以下简称“集团”）作为世界最大的钢铁材料制造和综合服务商之一，已经成为中国第一大家电用钢、第二大汽车用钢供应商，中国核电、海洋工程、建筑桥梁用钢领军企业，在MPI中国钢铁企业竞争力排名中获“竞争力极强”最高评级，是世界钢铁协会会长、中国钢铁工业协会轮值会长单位。集团近年来树立全球、全产业链理念，加速形成钢铁材料、工业服务、海外事业与产业金融深度融合、高效协同的格局。2019年末，营业收入3504.51亿元，资产总额4684.73亿元，连续11年位列世界500强企业，2019年居第214位，在2018年中国企业500强、中国制造业企业500强、中国跨国公司100大排行榜中分别列第54位、第17位和第30位。2019年，中央宣传部授予集团塞尔维亚公司管理团队“时代楷模”荣誉称号。

【经营概况】2019年，河钢集团财务有限公司（以下简称“公司”）立足集团发展战略和产业布局，以融入资金、降本创效、服务集团为工作要点，大力推动产融结合，助力集团转型升级。截至2019年末，资产总额274.43亿元，负债总额242.31亿元，所有者权益32.12亿元，分别较年初增长了11.49%、

11.77%、9.38%；全年累计实现营业收入9.29亿元，利润3.67亿元，分别较上年增长了28.49%、13.27%。无不良贷款、不良资产，各项监管指标均符合监管要求。

【服务实体】公司积极响应国家支持高新技术产业发展政策，分别向集团两家高新技术公司签发承兑汇票3.04亿元支持其创新发展；向唐山滦县司家营提供资金1亿元支持发展县域经济。

【信贷业务】2019年，全年累计发放贷款479.4亿元，其中，委托贷款14.39亿元，贴现14.1亿元，承兑汇票51.73亿元，再贴现6.4亿元，年末信贷业务余额189.48亿元。

【投资业务】公司坚守合规底线，严把理财业务投向，坚持高流动性和低信用风险原则，在结合监管政策和市场形势对各种金融产品和工具进行反复研究和筛选的基础上，最终形成主要包含大型优质银行结构性存款和同业存单及交易所短期国债逆回购的理财产品组合。2019年，累计理财业务量1281.62亿元，实现收益3218.17万元，综合收益率为2.90%。

【资金集中】借助集团资金管控工作逐步推进的契机，努力拓宽资金归集范围，持续推进账户上线归集，扩展结算支付渠道，提高集团资金集约化、精细化管理水平。截至2019年末，全口径资金集中度为55.65%，可归集口径资金集中度为91.19%，分别较年初增长1.03%、0.32%。

【业务创新】2019年5月，公司受集团委托，开展了首笔委托投资业务，认购河钢融资租赁有限公司2019年度第一期资产支持票据次级6500万元；2019年6月，公司作为参与行与中国农业银行石家庄自强支行以联合贷款的形式，首次向集团成员单位发放银团贷款。银团贷款总承贷额7.2亿元，其中公司承贷0.2亿元；公司申请的外汇结售汇业务资质于2019年7月获得国家外汇管理局批复，并获得银行间外汇市场会员资格，公司正积极准备外汇结售汇业务的上线工作；2019年12月成功获批关税保函业务资质，可以助力集团成员单位加速通关、避免滞港、降低占用，为集团进口贸易提供金融支持。

【风险管理和内部控制】公司持续完善制度体系建设，2019年末公司内控管理制度达199项；强化党员干部廉洁从业警示教育，引导党员特别是党员领导干部严守政治纪律和政治规矩，增强法治意识和法治观念，着力防范和化解重大风险；结合业务实际，开展风险合规自查自纠，依法依规优化加强电票承兑、商票到期兑付管理，优化完善理财业务审批流程，建立“防风险，强合规”的风险防控体系；建立洗钱风险治理机制，制定洗钱风险管理政策和控制措施等，将洗钱风险纳入公司全面风险管理体系；建设完成反洗钱二代监测系统，做好反洗钱黑名单数据库的日常维护和可疑交易监测；开展反洗钱培训和宣传。

【信息化建设】公司以建立健全信息科技风险防范体系为保障，进一步完善财企、银企平台，成功与集团财务共享平台、供应链平台、智慧物流平台等系统平台对接，实现集团及子分公司资金收付和财务记账自动化；建设部署外汇结售汇业务系统，实现与外汇局、商业银行和外汇交易中心的接口功能；直连上海票据交易所，推进实施电票系统线上清算，并与核心系统全面集成，实现电票清算和财务记账的全自动处理；搭建全面监管报送平台，建设公司数据集市，实现EAST、1104、人民银行报表、风险报表以及各业务报表的自动生成和各类指标的监控等。

【企业文化建设】强化理论学习，开展特色教育活动，深化道德讲堂，组织志愿服务，关心关爱员工。将精神文明建设工作融入公司经营发展全过程，狠抓职工队伍思想道德建设和素质教育，增强凝聚力。

河南能源化工集团财务有限公司

【集团概况】河南能源化工集团有限公司（以下简称“集团”）是经河南省委、省政府批准，分别于2008年12月、2013年9月经过两次战略重组成立的一家国有独资特大型能源化工集团，集团主要涉及能源、化工、金融、有色金属、装备制造、物流贸易、建筑矿建、现代服务业等产业，主要分布在河南、贵州、新疆、内蒙古、青海、陕西等省（自治区）。拥有煤炭产能近1亿吨，化工产能合计近1000万吨。

【经营概况】2019年，河南能源化工集团财务有限公司（以下简称“公司”）紧扣“化解债务风险”和“强化金融服务”两大主题，主要经济指标整体呈现稳中向好、稳中提质态势。2019年，公司实现营业收入6.53亿元，实现利润总额4.96亿元。公司深入贯彻集团公司决策部署，通过严控资金预算，强化资金集中管理，降低了资金成本，提高了资金使用效率。在让利集团成员单位的情况下，充分发挥了集团资金的“蓄水池”和“票据池”作用。

【信贷业务】2019年，公司累计发放各类贷款110.56亿元，其中，通过自营贷款形式向成员企业发放贷款16笔，投放信贷资金71.30亿元；通过委托贷款形式向成员企业发放委托贷款36笔，投放委托贷款资金39.26亿元，努力为集团成员单位生产经营和归还到期债务提供资金支持。公司贷款余额142.05亿元，综合贷款利率为4.55%，为集团公司及成员单位节约了大量财务费用，有力支持了集团及成员单位的高质量发展。

【结算业务】2019年，公司积极发挥金融服务功能，快捷高效办理结算业务；通过成员单位外部账户管理、监控支出账户限额执行情况等措施加强资金集中管理，努力提高资金集中度；充分发挥预算管理职能，按照集团下发的预算额度及预算执行时间审批预算，杜绝超预算、无预算审批预算的情况；全力确保集团成员企业的资金需求，有力保障了成员企业在外部融资受限的环境下业务的正常开展，为集团及下属企业的资金链安全提供坚实保障，有效防范化解了债务风险。2019年，公司累计结算量119146笔，结算金额9979亿元，为成员单位节约结算业务手续费62万元。充分发挥了公司“资金池”的作用，提高了资金使用效率。

【业务创新】2019年，公司通过各种方式开展业务创新，加强同业合作，把在公司的部分委托贷款债权等额转让出去，完成委托贷款债权转让12.90亿元，拓宽了集团的融资渠道，为集团获取了新的资金来源。与交通银行、广发银行、兴业银行合作开展票据直贴业务，通过公司签发电子银行承兑汇票在专业银行进行直贴的模式，帮助鹤壁煤电股份有限公司、义马煤业集团股份有限公司、安阳化学工业集团有限责任公司等企业获得银行资金18.20亿元。

【资金集中】2019年，公司加强集团成员单位外部账户的管理，扩大银企直连范围，敦促成员单位和银行、公司签订三方协议，及时办理收入户和支出户的授权，并清理外部闲置账户。监控支出账户限额执行情况，指定专人不定期地检查各成员单位外部支出账户（银企直连银行账户）资金存款情况，对存款额度超限额的账户及时将超额资金上划归集到公司。及时跟踪成员单位外部银行到期贷款的续贷资金，敦促其及时上划公司，避免滞留外部的情况。

【风险管理和内部控制】2019年，公司加大风险管理组织架构建设，强化董事会和高级管理层的风险管理责任，将各项经营风险管理

H

纳入全面风险管理体系，及时修订完善风险管理制度。完善经营风险事件应急预案及内外部联动处置工作机制、应对机制，确保公司能够充分识别和及时处理可能导致经营风险的事件；强化风险管理培训，确保风险管理渗透到公司的每一个环节，采取各种有效措施，正确识别信用、市场、操作、流动性风险因素；认真开展风险排查工作，范围全覆盖，保证各项风险管理政策的执行。公司结合自身实际，认真开展开户单位客户身份识别、风险评估和分类管理工作，对成员单位开户资料进行核查，并对开户管理中存在的问题提出了具体的整改建议，确保整改到位，消除内部控制隐患和漏洞。

【人力资源管理】2019 年，公司人力资源工作紧紧围绕公司工作目标，积极开展各项工作：一是积极支持员工参加人民银行、银保监会和财务公司协会等组织的各类业务培训，不断提升员工的专业素养，参加各类培训共计 25 项，参与人数 30 余人次；二是认真贯彻执行集团对金融板块的发展思路，结合实际情况及发展要求，制定了定编定员实施方案，为公司的定编定员工作打下了坚实基础。

【信息化建设】2019 年，为保障资金管理系统的安全、稳定运行，公司走访调研了多家同业财务公司，掌握第一手资料，结合集团财务共享中心的系统建设，加快系统实施步骤。资金系统升级项目经过多轮业务测试及系统初始化工作，已于 2019 年 11 月 29 日至 30 日进行了新老资金系统的切换，并于 12 月 2 日如期上线一期项目。本次上线范围包括财务公司存贷款管理、结算、电票等模块，也包含与集团公司的财务共享系统接口、与焦煤和永煤的内行接口。

【企业文化建设】2019 年，公司坚持做好舆论导向的宣传和引领，宣传好公司各部门工作的推进情况，通过多种形式的形势教育，给干部员工讲清形势，提振信心，突出抓好针对性强的主题教育活动，形成全员工作合力。

河南双汇集团财务有限公司

【集团概况】双汇是中国最大的肉类加工基地，农业产业化国家重点龙头企业，总部在河南省漯河市，在全国 18 个省（市）建有 30 多个现代化的肉类加工基地，年产销肉类产品 300 多万吨，拥有近百万个销售终端。2019 年，河南双汇集团财务有限公司（以下简称“公司”）主要股东双汇发展完成对母公司双汇集团的吸收合并，成为财务公司唯一股东。2019 年，双汇发展有效应对中美贸易摩擦和非洲猪瘟疫情的影响，实现营收和利润稳步增长，持续对股东和股民保持较高分红，较好地履行了社会责任。

【经营概况】截至 2019 年末，公司资产总额 44.00 亿元，其中各项贷款余额 33.66 亿元；负债总额 32.20 亿元，其中各项存款余额 25.72 亿元；所有者权益 11.80 亿元，较年初增加 1.27 亿元；注册资本 8 亿元；实现利润 1.69 亿元，累计未分配利润 2.78 亿元。截至 2019 年末，资本充足率为 23.90%，流动性比例为 49.85%，拨贷比为 1.61%，自有固定资产比例 0.09%，拆入资金、不良资产比率和不良贷款率为零。没有发生担保业务和投资业务。监管指标全部符合规定。2019 年获人民银行金融机构评级 4 级、人民银行反洗钱评级 BB 级，获得银保监会财务公司监管评级 2B 级。这些评级客观反映了公司经营管理状况，有效支撑公司健康发展。2019 年完成七项市场准入，一是股权变更获河南银保监局批准，双汇发展成为公司单一股东，股本 8 亿元；二是董事会和高管层到届改选，4 人任职资格获河南银保监局核准；

三是买方信贷业务资格获河南银保监局核准；四是完成章程修改和工商变更。

【贷款业务】 2019年累计办理成员单位授信34家，授信金额97.25亿元；向成员单位累计发放贷款224笔，放款金额81.11亿元，累计回收贷款296笔，回收金额83.25亿元，资金使用效率、服务集团能力进一步提升。

【票据业务】 2019年累计办理贴现业务102笔，金额20.85亿元；累计办理转贴现16笔，累计金额12.15亿元。

【买方信贷】 积极申报成员单位产品的买方信贷业务，获河南银保监局核准。截至2019年末，共对32户买方信贷业务客户完成授信4880万元，发放贷款2500万元。

【结算服务】 2019年累计结算量共203963笔、金额5011.33亿元，其中资金下拨13286笔、金额546.36亿元，资金上收41485笔、金额835.12亿元，对外付款114596笔、金额318.26亿元，内部转账19640笔、金额1427.91亿元，资金调拨1866笔、金额1303.91亿元，其他业务结算量13090笔、金额579.77亿元。未发生差错。

【内部控制】 2019年，公司一是修订完善制度，对开业3年来的标准化管理制度进行修订完善，确定公司治理、资金核算、风险管理、信贷管理、内部审计、信息科技等10大类152项标准化管理制度。二是制定涵盖结算、融资、投资、创新、风险、信息、财务、目标、队伍和基础管理“十大管理”考核办法，调动员工争先创优。三是签订《合规和案件防范目标责任书》《廉政建设承诺书》，没有出现财产和资金安全事件。

【风险管理】 2019年，公司一是组织对内部控制、风险管理、会计核算、绩效管理、案件防控和反洗钱工作等进行内部审计；二是建立公司业务自查及风险排查工作机制，定期对各部门业务进行自查、排查、整改；三是收集编制风险案例，加强政策学习和案例学习，加强风险教育、反洗钱教育，提高全员合规意识和风险意识。

【人力资源管理】 2019年，公司一是组织高管及新进员工公开招聘11次，增强队伍业务素质；二是加强绩效考评，促进争先创优；三是组织专业证书资格培训，11人次取得中国外汇交易中心暨全国银行间同业拆借中心、中国银行间市场交易商协会、中央国债登记结算有限责任公司和银行间市场清算所股份有限公司资格证书；四是全年组织内外部培训48次。

【信息化建设】 2019年，公司完成两项信息科技系统上线。一是实现直连接入上海票交所电子商业汇票系统，为集团公司票据业务做大做强打下了坚实基础。二是完成买方信贷系统正式上线，集团下游经销商可通过手机APP实现线上贷款申请，通过资金管理系统进行审批、放款，能够有效解决经销商的融资需求，支持集团主业做大做强。

H

亨通财务有限公司

【集团概况】 亨通集团（以下简称“集团”）始建于1991年，是中国光纤光网、智能电网、大数据物联网、新能源新材料、金融投资等领域的国家创新型企业，拥有全资及控股公司70余家（其中3家境内外上市企业），是全球信息与能源互联系统集成商与网络服务商，全球光纤通信前三强，中国企业500强、中国民企百强。2019年集团营收1100亿元。

【经营概况】 2019年，亨通财务有限公司（以下简称“公司”）着力提升集团资金管控和金融服务功能，不断完善法人治理和风险内控工作。2019年末，公司资产总额44.86亿元，较年初增长 17.87%；公司负债总额为 36.19 亿元，较年初增长 20.71%；全年实现营业收入 1.28 亿元，同比增长 72.97%；实现净利润 0.59 亿元，同比增长 55.26%。各项监管指标均符合要求。年末资本充足率为 17.74%。

【信贷业务】公司在履行好集团资金集中管理职能、确保集团资金链畅通的同时，抓好自营业务，2019 年累计为 27 家成员企业授信，授信金额为 43.90 亿元；累计办理贷款 151 笔，合计金额 145.17 亿元；贷款收回 125.41 亿元，均为正常收回，未发生逾期和不良；办理委托贷款共计 112 笔，金额 78.63 亿元；办理贴现 18 笔，121 张票据，合计金额 7.90 亿元。累计办理保函业务 10.40 亿元，累计承兑银票金额 8.21 亿元。

【资金管理】2019 年，公司加强统筹资金，做好代理融资和资金计划管理工作。要求成员企业加强资金计划，特别是大额资金计划的报送，安排专人与重点公司对接，及时更新资金计划，合理调度资金，保证整个集团资金充裕和备付充足。同时通过将富余资金存放在收益较高的银行、逆回购、购买货币基金和债券等方式，提升闲余资金收益水平。截至 2019 年 12 月末，公司资本净额 9.29 亿元，加权资产 50.83 亿元。2019 年 12 月末资本充足率为 17.74%。适度的资本水平保障了公司各项业务正常开展。

【资金集中】公司持续推进新设成员单位开户和资金归集，2019 年集团成员单位在财务公司开户数 168 家，较年初增加 33 家，归集银行账户 253 户，较年初增加 41 户；吸收成员单位存款 22.69 亿元，较年初增长 6.38%。2019 年 12 月末集团并表口径可用资金归集率为 70.22%，较上年末下降 5.13%，公司保持着对新增企业的开户和资金归集力度，对困难客户逐一攻坚；对存量单位加强资金动态监测，对账户进行深度清理，不断提高资金利用效能，多途径提升资金归集率。全部资金归集率为 31.94%，与 2018 年持平。

【业务创新】2019 年，公司发挥投资牌照作用，全年累计申购货币基金 1.15 亿元，投资债券 3.55 亿元，加权平均收益率超过 6%；首次参与银团贷款，投放贷款 1 亿元，取得了较好的综合收益；大力拓展保函业务，在原有海关保函、履约保函、质量保函基础上，首次开立了融资保函和境外履约保函，2019 年累计开立被受益人正式接受的保函 301 笔、合计 1.65 亿元，为成员企业节省保证金 2300 余万元；引入商业银行供应链普惠金融产品，向成员企业上游劳务公司农民工发放工资近 1000 万元，首次实现商业银行供应链产品在上市体系子公司的应用。

【风险管理和内部控制】公司建立了股东会、董事会、监事会，法人治理结构健全、分工合理、责任明确，2019 年召开 6 次董事会，2 次股东会以及 4 次监事会，符合监管要求。2019 年，对照扫黑除恶、打击套路贷、市场乱象整治、三大排查、风险专项监测等文件中提出的各项要求进行排查，确保了公司的正常经营。2019 年各类业务开展未出现风险，风险可控，同时加强制度建设，梳理、制定各类制度 170 项，规范了各类业务、管理工作的开展。

【人力资源管理】2019 年，公司一是增设外汇管理部，培育专业团队，开展外汇汇率金融衍生品交易，负责统筹集团外汇管理工作。二是加强人才梯队建设，5 月通过内聘方式聘任 1 名员工到风险管理部担任风险合规专员、1 名员工到综合管理部担任薪资绩效主任专员，并通过职等职级评定的方式认定了 1 名主任专员。三是强化培训工作，全年开发近 42 门课程。鼓励员工加强专业知识学习，2 人获取上海清算所培训证书。四是完善企业文化建设，通过标杆学习增进交流，增强员工凝聚力和向心力。

【信息化建设】2019 年，公司信息化建设以运行稳定为基础，以支撑业务为动力，对系统和设备定期巡检、更新和维护升级。进行了人民银行二代征信系统的内部学习、配合测试，并及时配合上线推进。持续提升对信息化系统的开发和运维：在核心系统的基础上，新上线了网银页面贷款及电子合同、同业定期存款业务、集团电商子公司网银直连、与浙商银行直连、中国银行美元接口等功能，支撑业务发展；优化和改善了网银系统批量保存财企付款指令、黑名单导入和审批流、外币记账凭证发送到核算系统自动读取记账汇率等功能，提升易用性。

【企业文化建设】2019 年，公司重视内外宣传工作，及时宣贯学习公司内部先进人物优秀案例，树立模范代表，选举“先进个人”；通过宣传媒介（显示屏、微信公众号）持续对外宣传集团和公司重大活动，并举行相关征文活动；在集团公众号发表20 篇新闻稿及文章。

红豆集团财务有限公司

【集团概况】红豆集团有限公司（以下简称“集团”）初创于 1957 年，产品从最初的针织内衣，发展到纺织服装、橡胶轮胎、红豆杉大健康、园区开发商业地产四大领域，居中国民营企业百强。集团有十多家子公司，包括红豆股份、通用股份两家主板上市公司，建立了柬埔寨西哈努克港经济特区，打造“一带一路上的重点样板园区”。集团一直注重党建工作，打造“现代企业制度 + 企业党建 + 社会责任”三位一体的“中国特色现代企业制度”，促进了党建工作与企业运行的深度融合。集团加快转型升级，追求卓越绩效，向“千亿红豆、智慧红豆、美丽红豆、幸福红豆”目标奋进。

【经营概况】红豆集团财务有限公司（以下简称“公司”）以成为集团优质金融方案提供者为目标，建立健全各项管理机制，提升服务质效，2019 年 9 月公司注册资本由人民币 7 亿元增至 10 亿元，进一步增强了公司的资本实力。2019 年，公司实现营业收入（含投资收益）1.85 亿元，较 2018 年同期增长 25.85%；净利润 1.04 亿元，较 2018 年同期增长 26.83%，资产规模 40.94 亿元，资本充足率为 38.94%，流动性比率为 70.39%。

【服务实体】公司一是坚持将信贷资源投向实体产业，重点支持服装连锁转型、橡胶轮胎产业、生物制药和“一带一路”建设，截至 2019 年 12 月末公司制造业贷款占比为 83.21%；二是发挥公司专业优势，积极协调多方资源，为通用股份泰国轮胎海外生产基地等集团重点项目提供融资服务、政策咨询、财务顾问等全方位的金融支持；三是通过优化融资结构、推进电票业务发展、助力门店结算系统升级等举措为集团成员单位提供优质、高效、多元化的金融服务，促进集团实体经济的发展。

【信贷业务】公司持续提升精细化服务程度，加大对成员单位的走访力度，深入调研其经营情况、重大项目及实施情况，在金融板块与实业板块之间建立了协调发展的有效桥梁。充分的走访调研，提升了信贷业务的专业性，贷前调查、贷中审查、贷后检查、五级分类等质量不断提高，强化了公司信贷服务能力，截至 2019 年 12 月末各项贷款余额较年初增长了 29.27%。

【资金业务】公司继续坚持“以客户为中心”的服务理念，做好结算服务工作。工作中认真对待每笔业务，有效控制风险、提高效率，实现结算资金零在途、零风险、零损失。截至 2019 年 12 月末，公司开户实体企业 84 家，结算金额 2816.90 亿元，较 2018 年同期增长 19.51%。

【外汇业务】2019 年 8 月，公司成功申请跨境资金集中运营业务，共计对外放款 4 笔，收回对外放款 8 笔，归还外债 1 笔，不断提高外汇资金集中度、资金使用效率及安全性，服务实体经济，防控汇兑风险，增强集团国际竞争力。

【风险管理和内部控制】公司结合“合规文化建设强化年”监管要求，不断加强内控管理：一是加强制度建设，做到不能违规。2019年共新订2个新制度，修订7个制度。二是加强内部监督排查，做到不敢违规。开展12次日常稽核，16项专项稽核检查、4次整改复查。三是强化合规文化，做到不愿违规。通过培训、制度考试、案例警示教育等方式将依法合规意识“外化于行、内化于心”，让合规经营理念深入人心。

【人力资源管理】公司采用引进储备人才、加强学习培训、实施岗位轮换、开展竞争上岗等方式，发挥员工主观能动性，提升专业化水平，优化人力资源配置。完善2019年度工作质量考核规定，按照战略重点工作，细化了各部门考核指标，充分发挥考核的指挥棒作用，每季度对各部门的工作质量进行考核评比，提出改善建议，不断提高各部门工作实效。

红星美凯龙家居集团财务有限责任公司

【集团概况】红星美凯龙家居集团股份有限公司（以下简称“集团”）是国内领先的家居装饰及家具零售企业，截至2019年12月31日，共经营393家家居商场。集团积极探索新零售路径与模式，实现线上线下一体化融合，建立无缝衔接的服务闭环，坚持创新，持续引领行业的发展方向。集团致力于推动整个中国家居行业的发展，同时通过加大对绿色环保品牌的扶持，推动绿色家居、和谐社会的发展。由集团制定的各项行业产品质量与环保标准已经获得国家认监委的备案认可。

【经营概况】红星美凯龙家居集团财务有限责任公司（以下简称“公司”）依照集团的整体发展战略，结合公司业务实际，严格落实监管要求，持续强化合规风险管理，积极服务成员单位和实体经济，实现公司有序经营，稳健发展。截至2019年末，公司资产总额40.40亿元，其中，各项贷款余额20.17亿元；负债总额33.45亿元，其中单位存款余额33.32亿元；2019年实现利润总额5116.53万元。

【服务实体】公司业务团队积极走访全国各地成员单位，充分了解成员单位的经营需求和发展规划，为成员单位设计行之有效的金融服务方案，同时结合不同业务特色提供个性化的授信支持。支付结算方面，公司在前期充分调研的基础上，围绕成员单位痛点和难点开展工作，打通金融服务渠道，开通了成员单位在线对账功能，并实现成员单位账户电子对账签约的基本全覆盖。随着电子对账功能的应用，不仅提升了成员单位对账的工作效率，而且大大节省了人力成本。

【信贷业务】2019年，公司坚持依托集团、服务集团的基本定位，在合规安全的前提下，积极扩大对成员单位的信贷支持规模。公司2019年有效授信金额30.80亿元，业务品种涵盖经营性物业贷款、固定资产贷款、流动资金贷款、财务公司承兑汇票开立、委托贷款及银票贴现等；2019年实现表内信贷投放16.02亿元，表外业务发生0.22亿元。

【资金业务】公司严格执行资金计划管理，通过配置不同期限金额的存放同业定期存款，提高资金收益率。公司完成对11家银行的同业授信工作，2019年全年累计发生存放同业定期业务24笔，累计金额32.70亿元。

【票据业务】2019年，公司在既有信贷业务的基础上，根据成员单位业务特色和实际需求，积极尝试票据承兑业务的有序开展，业务发生金额200万元。在助力集团业务快速发展和成员单位降本增效的同时，丰富完善了产品种类和服务范围，进而展现了财务公司作为集团金融服务平台的功能属性。

【资金集中】公司与民生银行、工商银行、中国银行、交通银行和建设银行开通了银企直连，建立了五大资金池。依靠集团的大力支持，公司资金归集工作得以有效展开。截至2019年12月末，公司吸收存款为33亿元，全口径资金归集率为39.22%。

【业务创新】2019年，公司紧跟集团发展创新步伐，积极推动业务品种创新，全面助力成员单位业务发展。通过充分尽职调研，业务部门深入了解项目情况和实际需求，在确保业务合规、风险可控的前提下，开展了公司首笔固定资产贷款业务，授信金额1.50亿元，满足了成员单位项目建设期的资金需求。

【风险管理和内部控制】2019年，公司共计完成16项制度的修订工作，从内部控制到业务操作的各个层面进行优化完善，进一步满足了公司风险管理及合规管理的各项要求。公司持续开展案防教育培训，并在上下半年分别完成一次员工行为排查评估工作，通过全方位的内控自查，有效遏制可能由内部产生的案件风险。对照征信管理要求，公司对人员结构及操作流程进行优化，严格控制征信管理工作中可能出现的操作风险。公司按照业务全覆盖的要求开展内审工作，对各项经营业务进行常规审计，同时对印章、费用报销、征信业务和监管报送等进行专项审计，全面评价公司法律法规的遵守情况，内部控制的完整性、有效性以及日常运营的效率和效果。

【人力资源管理】2019年，公司组织29场次共269人次的培训交流活动，涉及风险防控、信息安全、区块链以及业务发展等各个领域，切实加强业务知识学习，全面提升内部管理技能。同时，公司通过调整岗位说明书、制定AB岗和优化绩效考核指标，努力构建层级精简、高效运行的员工队伍。

【信息化建设】2019年，公司高度重视信息化建设，不断加强业务信息化水平。为支持固定投资、电票承兑等新业务的开展，公司通过中信银行代理接入电子商业汇票系统（ECDS）和上海票交所交易系统，并有效更新和优化核心业务系统的业务功能。同时，公司实现了覆盖银监1104、EAST和人民银行数据大集中、征信系统的自动取数功能，进一步提升系统报送的自动化水平。此外，公司通过启用同城灾备中心、核心业务系统达到国家信息安全等级保护三级以及安排应急演练等措施，切实提高了网络和信息安全水平。

【企业文化建设】结合集团管理要求，公司多次组织员工学习包括《三万个车建新》在内的企业文化读物，用职业创业之激情，让每个生命都变得优秀和卓越。同时，公司鼓励每位员工立足本职岗位，积极开展自身技能的创新、开拓、合作和分享，努力作出业绩和成果，实现人生价值。

湖北交投集团财务有限公司

【集团概况】湖北省交通投资集团有限公司（以下简称“集团”）是湖北省人民政府出资组建的国有独资交通投融资企业，成立于2010年10月28日，注册资本金100亿元。集团战略定位为综合交通基础设施投资运营商、产业资本投资经营商，涵盖综合交通基础设施投资建设运营、现代物流、新城开发、智能交通、交通能源、金融业务、交旅融合等产业板块。截至2019年12月31日，集团所属全资、控股公司总计179家，总资产超过4200亿元，企业信用为AAA级。

【经营概况】湖北交投集团财务有限公司

（以下简称“公司”）2019 年营业总收入为 5.09 亿元，利润总额为 2.46 亿元，累计为集团消化融资成本 1.39 亿元，为成员单位节约成本费用 0.16 亿元。2019 年，财政部金融企业绩效评价结果为优秀，人民银行的金融机构评级结果实现 8 级到 7 级再到 4 级三连跳。

【服务实体】公司深挖融资服务潜力，灵活创新金融产品，为成员单位疏浚融资渠道、提高融资议价能力、降低融资成本，切实增强金融服务实体能力。2019 年，公司积极发挥金融专业优势，研究制定保债融资方案，建立直接融资和间接融资双通道融资模式，稳固项目还本付息的资金来源，为项目建设提供支撑。

【信贷业务】2019 年，公司持续加大信贷支持力度，扶持集团多元产业发展，全年贷款投放量突破 100 亿元，较上年增加 22 亿元，且贷款利率按照银行同期标准实施下浮优惠政策。公司创新开展保函置换保证金服务，通过开立保函对各项目保证金进行逐笔置换，有效减少资金占用 4.17 亿元，大幅加速了经营性子公司的资金周转。

【投资业务】2019 年，公司持续加强日常投资运作效能，货币基金全年日均投资规模为 5.07 亿元，实现平均年化收益率 2.92%，高于市场均值 51 个基点。公司积极拓展同业投资业务品种，积累债券承销业务经验，实现了首笔同业存单业务顺利落地，交易金额 1000 万元，并首次作为副主承销商承销集团企业债发行，首期债券发行金额为 25 亿元。

【资金集中】2019 年，公司辅助集团对 140 家成员单位开展账户年检工作，着力规范成员单元挂接银企直连，全年新增挂接账户 230 户。研究制定“多级资金池”开发方案，全力满足成员单位多层级资金集中管理的需求，并通过灵活定制多样化的组合存款方案，大力强化成员单位资金归集意愿和归集力度。2019 年，公司全口径资金集中度为 68.55%，可归集口径资金集中度达 93.51%。

【业务创新】2019 年，针对宜昌投资公司的长乐大厦项目，公司创新投放首笔房地产开发贷款，是公司信贷业务首次进入集团房地产开发领域；针对中勘院设计领域“全牌照”的战略需求，公司创新“债权推动资本”的金融服务模式，发放首笔股权并购贷款并完成跨省股权质押手续，助推经营性子公司高质量发展。

【企业文化建设】2019 年，公司以“不忘初心、牢记使命”主题教育活动为契机，打造“红色引擎”，切实发挥党委“把方向、管大局、保落实”的领导作用，实现党的建设与经营生产深度融合。同时，公司坚持以“文化之力”助推高质量发展，通过组织开展全民阅读、我们的节日、精准扶贫、青年志愿者等一系列主题活动，大力弘扬传统文化，积极传承中华美德，主动履行社会责任，充分彰显国企担当。

H

湖北宜化集团财务有限责任公司

【集团概况】湖北宜化集团有限责任公司（以下简称“集团”）是从 1977 年创建的宜昌地区化工厂发展演变而来的大型化工集团，是宜昌市国资委出资监管的市属重点国有企业，现有从业人员近 2 万人。集团在全国建有 30 多个研发中心和生产基地，旗下拥有湖北宜化、双环科技两家上市公司。产品畅销海内外多个国家和地区，在市场上享有良好声誉。

【经营概况】截至 2019 年末，湖北宜化集团财务有限责任公司（以下简称“公司”）总资产余额 22.40 亿元，所有者权益 6.32 亿元，各项存款余额 15.99 亿元，各项贷款余额 20.89 亿元。实现营业收入 3834 万元，营业成本 1880 万元，实现净利润 1464 万元。

【信贷业务】公司紧跟集团发展战略，助力集团产业结构调整，对成员单位实行差别化利率优惠政策，2019 年为 19 家成员单位办理授信。截至 2019 年末，各项贷款余额 20.89 亿元，其中票据贴现 0.16 亿元，委托贷款余额 9.99 亿元，无不良贷款。

【票据业务】2019 年，公司进一步推进票据贴现、转贴现工作。正确把握市场贴现、转贴现利率走势，维护转贴现渠道，降低成员单位贴现利息支出。2019 年累计办理成员单位票据贴现 2.06 亿元，通过票交所交易系统向商业银行转贴现 1.35 亿元。

【资金集中】公司始终将资金归集工作放在第一位。截至 2019 年末，全口径资金归集率为 40%，较上年末提高 3 个百分点。一方面借力集团进行资金集中管理，一是通过下发制度规范各子公司资金管理规范；二是通过比较管理对各子公司资金集中情况进行考核激励。另一方面通过优化系统提升资金使用效率、促进资金集中。将传统的银行账户付款模式改为由财务公司代理支付模式，倒逼各子公司资金集中。

【风险管理和内部控制】公司始终坚持风险管理，加强内部控制。一是完善制度体系建设，2019 年修订制度 6 项；二是加强内审工作，按季对各部门制度执行情况进行审计；三是深入开展“内控合规管理巩固年”活动，以及有效开展打击非法集资、扫黑除恶等专项整治活动；四是强化各类风险管控，严格落实董事、监事、高管层在全面风险管理中的最终责任，加强流动性风险监测分析和市场风险防控；五是按季度开展员工行为排查工作。

【人力资源管理】2019 年，公司坚持抓好人才管理，强化干部队伍建设。一是开展员工教育培训，稳步提升综合素质，全年组织参加外部培训 6 次，开展内部培训 26 次。2019 年有 6 人取得中级会计师、中级经济师、银行从业资格等证书。二是新鲜血液注入公司，结合公司实际和紧缺岗位的用人需求，通过网上发布招聘信息、笔试、面试、复试等环节，招聘大学生 2 人，助力公司健康发展。

【信息化建设】2019 年，公司持续推动信息化建设。一是优化付款模式。变更为更高效的代理支付模式，进一步提升服务效率。二是全面开展票据业务。持续进行票据系统相关模块优化，确保票据业务连续性、有效性，确保票据系统软件、网络及硬件平台安全、稳定。三是推进信息化项目。根据集团信息化的统一部署及财务公司信息化的具体目标，与集团 ERP 系统间建立资金接口、票据接口、数据交换平台以及交通银行银企直连。

湖南出版投资控股集团财务有限公司

【集团概况】2019 年，湖南出版投资控股集团（以下简称“集团”）连续第十一届入选中国文化企业 30 强，中南传媒保持出版上市公司市值第一，连续 7 年入选上市公司价值百强，成为首批纳入富时罗素指数、标普道琼斯指数的优质文化龙头企业和首家入选中证红利指数样本的出版上市公司。2019 年完成合并营收 107.8 亿元，同比增长 4.11%，实现利润 13.5 亿元。出版核心业务稳中向好，发行业务确立市场化模式并初见成效，传媒业务营收规模和影响力扩大，金融投资对利润的支撑和对主业的拱卫更加有力，全面推动发展取得新成绩。

【经营概况】截至 2019 年末，湖南出版投资控股集团财务有限公司（以下简称“公司”）实现营业收入 46050.22 万元，完成集团下达经济任务指标的 115.13%；实现利润 30102.68 万元，完成集团下达经济任务指标的 100.34%。在历次人民银行现场金融机构评级中位列省内非银行金融机构最高等次。品牌效应日益凸显，发展质量和行业影响力稳步提升。

【信贷业务】截至2019年末，公司贷款余额为29900万元，累计发放贷款31笔，金额合计35900万元，办理委托贷款1笔，金额100万元；累计收回贷款52笔，金额合计37000万元。公司最大贷款企业为集团数字出版主力，当前经营环境面临巨大挑战，公司在上门做好收集报表等贷后日常工作的基础上，进一步参与其内部经营、产品说明等重要会议，深入内部细致追踪经营情况，持续跟踪应收账款回收情况，加强关注贷款资金的使用支付，实现支持成员单位和从严防控风险的有机统一。

【资金业务】2019年，公司积极应对市场利率震荡下跌，金融风险暴露加剧趋势，多渠道并举提升资金运营质量。一是实时追踪Shibor走势，关注银行前端资产流向和价格变化，定期研讨市场变化趋势；二是以线下存放长期同业为主，在做大同业资金业务的同时提高收益率，新开办报价式回购业务，同时辅以同业拆借业务，以灵活多样运营手段，实现线上线下同业业务全覆盖；三是在市场边际收紧时，配置同业存款及同业存单，在宽松情况下，运用低风险货币市场工具增厚收益；四是在保障流动性监测比例达标的前提下，办理中长期存放业务锁定收益，抓住月末、季末等边际收紧节点，集中办理一年期存放业务，实现提前布局。全年共办理33笔存放同业业务，涉及金额123.40亿元，平均收益率为3.83%，高出1年期Shibor72个基点，幅度达23.15%。

【投资业务】2019年，公司坚持合规引领，稳健推进投资业务。结合当前市场行情，筛选近30个投资项目，由投资决策委员会对其中19个项目进行审议，最终通过项目15个，涉及金额10.78亿元，形成涵盖理财产品、信托计划、信托受益权、基金、债券的投资组合；开展两笔交易账户业务，金额5142.47万元。公司在资管新规期限将至和年内收益率低位运行的情况下，选择期限相对较长的债券和收益率相对较高的产品进行投资，积极开展同业交流，开辟信托受益权转让、基金等新渠道，选择符合监管要求的产品进行投资。通过组合久期管理和业务品种合理配置，截至2019年末，投资业务组合加权平均收益率为6.73%，全年加权平均收益率达6.66%，同比上升50个基点，持续增厚资金收益。

【票据业务】2019年，公司稳步拓展产业链金融服务业务。为从严防控票据业务风险，严格采用“双授信”管理模式，在对成员单位进行综合授信管理的基础上，对贴现申请人进行额度授信管理，在成员单位综合授信额度中，根据资金回款情况、债务承受情况等合理分析确定商票贴现授信额度。当成员单位上游产业链客户持票来公司办理贴现时，除占用成员单位综合授信额度外，同步扣除其贴现授信额度，力求进一步阻绝票据风险。公司全年办理产业链客户商业承兑汇票贴现业务14笔，金额3989.84万元，其中“一头在外”商票贴现业务11笔，金额2203.85万元，年度内新增产业链交易对手5家，到期贴现业务18笔，金额4896.45万元，均按时收回。

【资金集中】公司坚持优质、高效、便捷的金融服务，不断筑牢资金集中坚实根基。一是从2019年起免收成员单位在财务公司办理结算业务的手续费。全年结算业务笔数7.25万笔，增幅为3.88%，结算金额1670.60亿元，结算流转额较上年增加42.1%，累计免除手续费25万余元。二是利用结算系统的报表公式设置电子表格，将成员单位历年资金流、资金结构等数据反馈至成员单位，协助成员单位合理安排资金，提高预算水平。三是为解决成员单位在结算系统中录入指令的差错和难度，根据结算系统操作界面，编制操作流程为成员单位提供参考。四是首次为成员单位出具英文版资信证明，助力成员单位顺利通过境外招投标。截至2019年末，公司吸收存款余额持续增长，首次突破100亿元，创历史新高。

【风险管理和内部控制】2019年，公司不断健全风险管理体系，提升全面风险管理水平。一是制定《全面风险管理战略》，明确审慎的风险偏好，强化风险定量和定性阐述。二是多措施提高内控水平。对30余项新业务流程进行梳理，对15个控制要点进行修订，提升内控建设有效性。三是持续监测银行间、交易所市场等信息，强化市场和客户调研，识别潜在风险并做好预案；积极开展反洗钱等专项审计，为合规稳健运行筑牢防线。成立以来始终保持不良贷款率、不良资产率为零，成为集团名副其实的资金安全守卫者。

【人力资源管理】2019年，公司一是根据金融机构相关规定和工作实际，积极开展重要岗位轮换和强制休假工作，控制岗位风险。二是不断强化“学习型”企业文化建设。全年组织员工外训29场、50人次，内训12次，1人获中债登托管结算业务资格，2人获证券从业资格，2人获银行业专业人员中级职业资格。

【信息化建设】2019年，公司继续优化业务系统，全力保障系统安全和不间断性。一是根据业务开展需要，采购3台投资系统服务器，部署同业与投资系统软件并进入试运行阶段，完成机构授信、账号开户、业务录入及审批、预提利息、凭证生成、账号对账等核对确认，实现了线上与线下审批流程一致。二是立足业务连续性要求，通过上门和远程方式服务成员单位，顺利完成成员单位131个UKEY证书更换升级。在提前备份公司所有设备配置、数据的前提下，完成机房UPS电池更换工作，当前各项核心系统指数正常，系统运行顺畅。三是搭建和测试建设银行新一代接口环境，并完成指令测试，为正式上线做好准备。

湖南高速集团财务有限公司

【集团概况】湖南省高速公路集团有限公司（以下简称“集团”）于2018年9月28日正式挂牌成立。集团是湖南省委、省政府按照党中央、国务院推进国企改革的决策部署，由湖南省高速公路建设开发总公司整体改制更名设立，为湖南省国资委履行出资人职责的功能类国有控股公司，注册资本300亿元。截至2019年末，湖南高速公路通车总里程达6802公里，全国排名第4位，其中，集团管养高速公路主线里程5047公里，占比达74.2%。

【经营概况】截至2019年末，湖南高速集团财务有限公司（以下简称“公司”）资产总额74.32亿元、负债总额61.08亿元、所有者权益13.24亿元，各项存款61.03亿元、各项贷款13亿元。完成营业收入12210.92万元，其中，信贷利息收入3616.18万元，金融机构往来收入5990.29万元，投资收益2604.45万元。实现拨备前利润9153.82万元。

【服务实体】公司发挥金融功能，为集团持续稳定发展注入金融“活水”。全年累计为公司提供建设资金18亿元；完成资金支付359.40亿元，内部转账57.27亿元。

【信贷业务】公司全年对湖南省高速公路投资集团有限公司新发放贷款18亿元，信贷余额13亿元。全年累计收回到期信贷资金14.70亿元，借款单位无贷款逾期，信贷资金本息均已安全回收。

【资金业务】公司积极与其他金融机构，尤其是非银机构建立联系，拓展同业业务渠道，加强与金融同业之间的业务交流，更好地保障资金流动性。截至2019年末，获批兴业银行等多家金融机构的同业授信额度共计66亿元。

【投资业务】公司按照审慎、稳健、合规的原则，认真分析经济金融政策，密切关注国际国内金融市场变化，稳健安全地开展投资工作，实现投资收益2604.45万元。

【资金集中】公司持续提高资金归集度水平。截至2019年末，共有48家成员单位（法人单位）、50家非成员单位（非法人单位）在公司开立结算账户148个。全年日均吸收存款26.67亿元。年末吸收存款余额61.03亿元，比年初60.86亿元增加0.17亿元，增长0.28%。

【风险管理和内部控制】公司着力提升合规管理水平，扎实推进内控制度建设。制定《内控制度建设具体实施步骤及计划》，全年新增制度9项，修订制度29项。积极履行反洗钱工作职责，全面贯彻人民银行反洗钱工作部署，开展反洗钱宣传活动。充分发挥内外部审计作用，全年开展合规性审计、离任审计等9次。持续开展案件警示教育活动，通过组织员工观看警示教育片、参加案防知识培训及专题考试等方式，增强全体员工红线意识与合规发展理念。

【人力资源管理】组织员工参加提升培训，提高员工队伍的专业技能、风险防控能力和业务创新能力。公司组织员工参加财务公司高级管理人员研修班，财务公司审计业务、票据市场业务、债券托管结算业务、银保监会联合授信管理等专题培训及会计、银行业职业资格继续教育等，全年公司送训员工约54人次。

【信息化建设】2019年，公司大力推动信息化、网络化、无纸化发展进程，加强网络、网站及核心系统的维护。对公司网络设备进行摸底调查，制定IPv6的部署实施计划，并于12月份完成改造升级。组织参与网络安全应急演练，提高了网络与信息系统应急保障能力。

【企业文化建设】公司将党建工作融入中心工作全链条，切实增强党支部的创造力、凝聚力和战斗力。深入开展“不忘初心、牢记使命”主题教育活动。共召开专题学习8次，形成调研报告6篇，讲授专题党课6人次。加强党支部“五化”建设。支部配备1名专职党务人员，开展谈话450人次，发动党员撰写思想汇报44篇，建设标准化党员活动室1个。严格落实意识形态工作责任制。完善意识形态工作机制10项，制定意识形态应急预案2项。压紧压实廉政建设主体责任。全面落实“一把手”负责制和“一岗双责”责任制。开展形式主义官僚主义专项整治行动。共查出会议准备及安排欠合理、党员队伍质量建设有待进一步加强等八个方面的问题，相关部门立即落实整改，做到真改实改、应改尽改。

湖南华菱钢铁集团财务有限公司

【集团概况】湖南华菱钢铁集团有限责任公司（以下简称“集团”）是湖南省人民政府1997年5月批准成立的湖南省第一家国有特大型企业集团公司，由原湖南省冶金企业集团公司下属的三家全资子公司湘潭钢铁集团有限公司、涟源钢铁集团有限公司、衡阳钢管厂等合并改制而成。集团经过多年的发展，在经营规模上已位列行业前十强，并形成了同行业为数不多的板管棒线金属制品兼有、普特结合、专业化分工生产格局，是全球最大的宽厚板生产企业，国内第二大无缝钢管供应商，主体产线技术装备达到国内领先水平，在造船、海工、桥梁、高压容器、汽车、家电、工程机械、油气等用钢领域的细分市场具有较强竞争优势。截至2019年末，集团总资产1056.28亿元，营业收入1329.89亿元。

【经营概况】2019年，湖南华菱钢铁集团财务有限公司（以下简称“公司”）以钢铁行业复苏为契机，着力提升金融服务水平，突出风险防控，盘活集团内部资金，全力帮助和支持集团成员单位的主业生产。2019年总资产119.32亿元，负债总额85.62亿元，所有者权益33.7亿元，实现营业收入33165万元，实现利润总额19478.43万元，各项指标均创造历史最好水平。

【信贷业务】2019 年，公司发放自营贷款62.07 亿元，贴现 25.68 亿元，票据承兑 22.82 亿元，共向成员单位提供资金 110.57 亿元，极大地支持了成员单位主业生产，在保持信贷业务高位运行的同时，累计为成员单位创效 8615 万元。

【资金业务】2019 年，公司广开融资渠道，同业授信达到 76.5 亿元，较 2018 年的 66.50 亿元增长 15.04%，实际可用同业授信 44 亿元，较 2018 年的 26.50 亿元增长 3.50%。2019 年同业拆入 100 亿元，本年同业拆入的加权平均成本为 3.01%，同比下降 10.42%。

【投资业务】2019 年，公司对外投资余额22.30 亿元，其中，债券投资 9.40 亿元、固定收益类投资 12.90 亿元。

【票据业务】2019 年，公司开立电票 22.99 亿元，其中用于支付 7.23 亿元，占比为31.45%，比 2018 年的 8.88 亿元减少 18.58%。同时，争取到 11 家银行共计 19.50 亿元的保贴授信额度，2019 年在银行进行贴现的财票 6.59 亿元，价格进一步下调，间接降低了成员单位的采购成本和财务费用。

【外汇业务】2019 年，公司跨境人民币借款业务 16 笔，累计从境外融入资金 46.86 亿元人民币。跨境资金池业务便利了境内外成员企业的资金融通，提高了集团的跨境资金营运能力，降低了企业融资成本。

【资金集中】2019 年，公司全面落实集团的整体部署，配合集团对所有账户进行全面清理，加强整体资金的管控力度，同时，狠抓账户联网和资金归集，加强与成员单位和银行的工作联系，协调银行考核模式，2019 年末资金归集率创历史新高。

【风险管理和内部控制】2019 年，公司继续夯实基础工作，一是开展了包括评级、银行间市场、风险防控、系统外包、非法集资、案件、轮岗、股权、市场乱象、党建等 40 项自查工作，通过以上自查工作，及时发现问题，及时督促各部门整改；二是修订及新增制度 30 份，其中，修订制度 23 份，新增制度 7 份，从源头上对各类业务操作进行监督制约；三是制定新的授信测算模型，重新修订了《投资业务操作指引》《统一授信管理办法》，进一步规范了业务操作。

【人力资源管理】2019 年，公司通过强化激励、招才引智等措施，不断完善人力资源管理。一是重新修订《人力资源管理办法》，通过重新设定绩效责任书，调节薪酬发放与考核，最大限度地激励员工在岗履职；二是开展重要岗位轮换，在校大学生见习轮岗，在校大学生招聘，为公司发展储备人才。

【信息化建设】2019 年，公司严格执行信息科技管理制度，未出现系统性安全事件。一是解决 12 处核心业务系统的需求更新、业务操作、系统等问题的修复，解决 26 次银企直连接口出现的问题，解决 2 次因设备宕机引起的故障，解决 3 次互联网及网络专线故障；二是成功完成 2.2 版本的生产环境上线切换工作，确保 2020 年 1 月 8 日集团 ERP 项目顺利上线，成功将机房所有设备托管至华菱集团云平台数据中心，按国家等级保护 2.0 标准进行网络安全加固实施工作；三是完成了国家开发银行、招商银行、浦发银行 U 盾展期并升级了其银企直连客户端等工作，完成了电子商业汇票系统的证书更新工作；完成了本、外币交易系统、上清所交易系统的电脑及客户端程序升级工作；完成了银保监局公文系统证书升级工作。

【企业文化建设】2019 年，公司着力打造以“诚信、合规、廉洁”为内涵的企业文化，积极倡导和培育全体员工的核心价值观，规范行为准则，强化合规意识，营造和谐氛围，为企业和谐发展提供文化保证。2019 年，公司党支部全面启动了“不忘初心、牢记使命”主题教育活动，分别从“学理论悟思想、多调查找差距、树先进学榜样、抓整改促落实”四个方面着手，切实把学习教育、调查研究、检视问题、整改落实全面贯彻到主题教育中。

华联财务有限责任公司

【集团概况】北京华联集团投资控股有限公司（以下简称“集团”）是商务部重点扶持的全国十五家大型商业零售集团之一，旗下拥有两家上市公司和多家控股公司，业态涵盖超市、购物中心、高端时尚百货、品牌代理以及对外合作等业务。集团拥有一流的商业管理资源、商品资源、品牌资源和人才资源，是国际百货协会唯一的中国零售企业会员，也是全球消费品论坛25个零售董事之一。集团在高端时尚百货零售业务方面处于领先地位，集团下属的高端百货店北京SKP百货已成为中国高端时尚百货的领导品牌，也是全球时尚高端百货排名第二的时尚地标。

【经营概况】2019年，在经济增速下降、金融环境严峻的宏观背景下，华联财务有限责任公司（以下简称“公司”）本着“依托集团、服务集团”的宗旨，发挥自身功能定位，保持经营业绩稳定增长，为集团成员单位提供了优质的财务和金融服务。截至2019年末，公司资产总额103.82亿元，同比减少4.10%；负债总额70.76亿元，同比减少8.21%；所有者权益总额33.06亿元，同比增长6.06%；2019年，公司实现营业收入3.03亿元，同比增长26.78%；实现利润总额2.52亿元，同比增长31.94%；实现净利润1.89亿元，同比增长31.25%。

【信贷业务】截至2019年末，公司为成员单位发放贷款369笔，贷款余额95.80亿元，实现贷款利息收入3.72亿元。

【结算业务】截至2019年12月31日，公司吸收成员单位存款61.61亿元，较年初增长16%，日均吸收存款66.12亿元，同比增长21%；结算笔数50.44万余笔，日均处理约1932笔，全年结算金额5602.38亿元，满足了成员单位的资金支付需求。

【资金和投资业务】2019年，公司积极应对经济形势的变化，主动调整投资策略，合理、充分地配置资金投向，有效利用银行间等市场优化资金运作，提升收益水平，并加强与银行、基金、券商等各类金融机构的沟通合作，不断开拓新思路，为集团打造综合化金融服务平台。

【中间业务】公司为集团下属各门店提供保险代理服务，2019年实现65.67万元的保险代理手续费收入，办理了252笔保险理赔案件，理赔金额581.4万元；全年为集团及成员单位提供担保1笔，担保金额0.3亿元。

【风险管理和内部控制】公司认真开展全面风险排查、评估及报告工作；组织、指导开展流动性压力测试；完成了对成员单位资格的专项稽核工作，确保成员单位资格合规；持续推进银行业市场乱象整治工作，按照监管要求进行自查和问题整改；完成股权与关联交易专项整治工作，按照要求上报阶段性报告和年度工作总结报告；继续推进制度完善工作，公司新设了风险管理部，同时新增或修订了风险管理部岗位职责、稽核审计部岗位职责、数字证书及USBKEY管理办法、准备金计提管理办法、资产风险分类管理办法5个制度。

【信息化建设】2019年，公司根据监管要求完成了网络安全自查和软件正版化推进工作；以公司业务发展为导向，升级完善核心业务系统，完成电票系统验收，为公司各项业务开展提供更安全高效的系统支撑；全面梳理机房设备，调整OA服务器、财企接口服务器等3台设备，新增设备10台，加强数据中心基础设施建设，确保系统硬件环境的稳定；调整完善网络安全策略，部署4台机房和办公区核心网络的备份设备，提高业务连续性；通过同业交流、专项培训、专业资格证书持证上岗等方式，提高信息人员技术能力，确保信息化队伍的专业水平和战斗力。

【人力资源管理】公司组织各部门关键岗位员工参加集团组织的聚焦个人综合能力提升和职业生涯发展的多个主题培训，参加中国财务公司协会组织的各业务条线的知识和技能培训，不断加强公司内部的业务学习与交流，提升岗位技能和业务知识，培育良好的企业文化。

【企业文化建设】公司组织员工开展对西部贫困地区的捐物赠暖活动、参观世园会活动、踢毽跳绳比赛、参观平遥古城等丰富多彩的团建活动；积极报名参加集团工会组织的植树节活动、三八妇女节女员工活动、工会干部培训、“践行红色背篓精神”等活动。

淮北矿业集团财务有限公司

【集团概况】淮北矿业集团（以下简称“集团”）是以煤电为一体，煤化工、盐化工为两翼，金融、现代服务、现代物流统筹发展的大型能源化工集团，集团主打“精煤战略”，是华东地区最大的冶炼精煤生产企业。集团在册员工6.40万人，生产矿井19对、炼焦煤选煤厂4座、动力煤选煤厂7座；年产原煤3000万吨、焦炭440万吨。集团现有煤炭、电力、煤盐化工、物流贸易、现代服务、金融六大产业板块，2019年资产总额920亿元，营业收入630亿元，资产负债率为65%。列中国企业500强第287位、中国煤炭企业50强第17位。

【经营概况】2019年，淮北矿业集团财务有限公司（以下简称“公司”）充分发挥功能定位，提升金融服务能力，经营质效稳步提升。2019年末资产总额56.21亿元，其中贷款余额32.17亿元；负债总额44.83亿元，其中存款余额44.40亿元；所有者权益11.38亿元。实现营业收入2.25亿元，实现账面利润1.59亿元，规模效益均创历史最高水平，各项监管指标达标，实现“让集团满意、让监管放心”的工作目标。

【服务实体】2019年，公司统筹外部金融机构的业务合作，整合资源解决成员单位的金融需求。累计为集团融资224亿元，保证了资金安全，满足了集团重点项目的资金需求，为集团节约财务费用超过2亿元，为集团发展转型做好资金保障。公司2019年实行客户经理制度，为成员单位提供一对一的金融服务，推广金融产品，收集客户需求，提升了公司服务满意度。

【信贷业务】2019年，公司持续加大信贷投放，为成员单位提供了有力的金融支持。累计发放贷款32.98亿元，同比增加5.01亿元；开出承兑电票16.41亿元，同比增加10.59亿元。针对成员单位需求，办理了投标保函、履约保函、应收账款质押融资等业务。

【资金业务】2019年，公司优化结算模式，提高结算服务水平。新增成员单位开户260个，新增两家银行系统直连，资金归集的能力稳步提升，结算量与结算金额分别上升35%和29%。通过加强成员单位资金计划管理和头寸管理，积极开展同业询价议价和协议定价，提升同业存款利率的议价能力。加强交易所和银行间市场研究，开展买入返售等现金管理业务，合理安排产品和期限结构，在保证安全性和流动性的基础上，提高资金收益，资金业务平均收益率为4.41%。在人民银行的支持下，开展票据再贴现业务，增加了公司的资金来源。

【投资业务】2019年，开展债券、理财产品、债券基金、货币基金和资管计划等投资业务。通过开展业务事前研讨、投后严格管理等

H

方式严格控制市场风险。2019 年日均投资 6.89 亿元，平均投资收益率为 5.13%。

【票据业务】2019 年，公司充分发挥金融牌照创造信用的功能，电票业务快速发展。累计开票 4408 张，金额 16.41 亿元，同比增长 181.96%。通过加强宣传推广，公司电票在近千家中小企业间支付流转，在全国近 20 家银行贴现，满足了集团上游中小企业的资金需求。

【业务创新】2019 年，公司积极满足客户个性化的金融需求。开发了智能通知存款、接续贷等业务新品种，满足客户在存、贷款方面的特殊需求。通过中征应收账款融资服务平台发放贷款 4.23 亿元，引导成员单位开展供应链金融业务。

【风险管理和内部控制】2019 年，公司为提高全面风险管理能力，制定了《关于进一步加强风险管理的实施意见》，提出十条风险管理专项举措。组织开展全面业务自查，持续开展制度的修订完善、流程的梳理优化。持续开展合规知识培训，加大对票据风险的防范。加强投资业务后续跟踪，持续关注披露信息，防范市场风险。将洗钱风险纳入全面风险管理体系，夯实了全面风险管理基础。加强流动性限额管理和日常监测，开展流动性压力测试，提高公司流动性风险管理能力。

【人力资源管理】公司以“财务公司大讲堂”为依托，加强业务能力提升。加强岗位管理人员的交流和轮岗力度，年度内轮岗 13 人次，强制休假 1 人次。鼓励员工参加金融专业技术考试，提拔任用 3 名中层管理干部，促进一专多能人才、后备人才的培养。

【信息化建设】2019 年，公司票据交易直连系统顺利通过上海票交所验收，正式上线投产，提高了清算效率。与商业银行合作增加票据风险提示功能，降低了成员单位收取票据的风险。与集团共享中心完成资金系统全面对接，资金收付顺畅；完成自动托收、票据风险、分阶审批、自助年检等多项系统升级改造，拓展了线上业务范围，提高了业务效率与风险防范能力。

【企业文化建设】公司采取诸多措施，关心职工身心健康，丰富职工精神生活，激发职工团结向上的精神动力，加大职工学习培训设施建设，坚持每周举办“财务公司大讲堂”，联合金融板块举办反洗钱知识竞赛，积极参加银保监分局合规知识竞赛并取得优异成绩，持续加强主题教育和警示教育，加大与职工谈心谈话频率，构建“不能违规、不敢违规、不愿违规”的合规文化和温馨和谐、爱岗敬业的工作氛围。

淮南矿业集团财务有限公司

【集团概况】2019 年，淮南矿业（集团）有限责任公司（以下简称“集团”）坚持“以市场为导向、以效益为中心”的管理思想，全面落实高质量发展要求，深入践行“忠诚、敬业、坚韧，开放、创新、协同”企业精神，安全生产、经营管理、改革发展、企业创新等各项工作开创了新局面。2019 年集团实现营业收入 460 亿元，利润总额 42 亿元，同比增盈 15.5 亿元，电力权益规模达到 1534 万千瓦。

【经营概况】2019 年，淮南矿业集团财务有限公司（以下简称“公司”）始终坚持服务集团的经营理念，深入贯彻“以市场为导向，以效益为中心”的管理思想，严格落实“两个严防”工作要求，践行高质量发展理念，深入推进产融结合，圆满完成了各项任务目标。截至 2019 年末，资产 127.25 亿元，较年初减少 39.81 亿元，其中，贷款余额 66.63 亿元，较年初增加 1.26 亿元；吸收存款余额 100.75 亿元，较年初减少39.38亿元；所有者权益26.10亿元。

【服务实体】公司紧紧围绕集团主业发展，进一步增强金融服务实体经济能力，有效助推集团转型升级。公司牵头为集团丁集煤矿建设项目衔接银团贷款，并签署了11.96亿元的银团贷款意向书，有力保障了集团重大项目的资金需求。拓展中间业务，满足成员单位多样化金融需求，2019年完成结算业务138412笔，结算量3456.39亿元；办理电子银行承兑汇票业务11笔，金额1.43亿元；协助成员单位取得保险理赔325.18万元。

【信贷业务】公司加大信贷投放，截至2019年12月末，公司贷款余额66.63亿元，有力支持了集团主业持续发展。协助清洁能源、西部公司、电力公司等重要子公司联系金融机构并设计融资方案，为保证成员单位资金链安全发挥重要作用。坚持集团利益最大化的经营理念，向集团执行贷款优惠利率，一律按基准利率下浮30%执行，少收利息8613.10万元，为集团节约费用支出2500万元。

【资金业务】公司提高同业活期存款利率，在市场资金价格低位运行的情况下，保持同业存放利率稳中上升，通过谈判将平安银行同业活期利率提高到2.5%，兴业银行同业活期利率提高到2.6%，提高了活期存款收益率。提高集团资金使用效率，充分利用短期闲置资金，大力开展资金业务，累计取得资金业务收入1.88亿元。

【资金集中】公司加强资金集中管理，通过联动账户实时归集资金、加强对各单位外部商业银行开户及资金存放情况的监管等手段，保证资金集中管理严肃性，保持较高的资金归集效率，2019年可归集资金集中度保持在91%以上。

【代理融资业务】公司努力扩大银行授信额度，优先增加银行贷款，2019年融入银行贷款142.56亿元。加强宏观市场利率研究，抓住短期资金面宽松、市场利率走低的有利窗口，2019年6月至8月成功发行3笔超短融，合计金额40亿元，最低一笔发行利率仅为3.18%，较同期贷款基准利率下浮26.9%，12月成功发行20亿元三年期私募债券，票面利率为4.2%，均创集团发行同类型债券历史新低，在保证集团资金链安全的同时，大大降低了集团财务费用。

【风险管理和内部控制】公司严格按照上级部门部署，深入开展扫黑除恶专项斗争工作。密切关注金融市场波动，及时预警异常情况，动态更新高低流通性银票承兑人名单，妥善应对包商银行承兑银票信用风险事件，有效防范同业风险。加强组织领导，排查和防范电子商业承兑汇票风险。加强洗钱风险管理，履行反洗钱义务。以年度监管评级、票据检查等专项监管检查为契机，进一步加强内控建设，规范公司管理，修订制度27项，新出台制度15项。

【信息化建设】公司完成机房动力环境监控系统改造项目，实现了机房无人值守。利用废旧设备配件，搭建资金管理应急系统，并开展资金管理系统故障应急演练，提升资金管理系统安全性。将部分设备迁移至中国移动安徽数据中心，顺利通过信息安全等级保护测评，初步搭建了公司第二数据中心，为系统升级改造、实现异地化架构打下了基础。顺利实现电子商业汇票系统线上清算功能，成为第二批实现线上清算功能的9家集团财务公司之一。

【企业文化建设】公司倡导社会主义核心价值观，引导向上向善的道德风尚，业务稽核部员工先后被授予集团“最美婆媳”、淮南市“最美家庭”称号。积极组织参加文体活动，充实职工书屋，发放电影票，组织观看《我和我的祖国》等爱国主义教育片，不断满足职工精神文化需求。2019年投入20.53万元，开展过生日送祝福56人次、庆祝三八妇女节慰问25人次、夏送清凉53人次、慰问活动2人次、秋季助学活动1人次，不断增强职工的幸福感、归属感。

吉林森林工业集团财务有限责任公司

【集团概况】中国吉林森林工业集团有限责任公司（以下简称“集团”）组建于1994年，是全国首批57户建立现代企业制度大型试点企业集团和全国五大森工集团之一。集团经过多年发展，形成了森林经营、木材加工、森林食品、森林旅游、金融投资、房地产和矿产七个业务板块。除传统的原木外，开发出人造板、实木复合地板、德式木门、家具、木制百叶窗、木结构房屋、天然矿泉水、森林特色食品、绿化苗木等系列主导产品。其中露水河牌刨花板、金桥牌实木复合地板、泉阳泉牌矿泉水均为中国驰名商标和中国名牌产品。

【经营概况】2019年，吉林森林工业集团财务有限责任公司（以下简称“公司”）强化金融服务功能，克服了自有资金严重不足、存贷利差大幅缩小和国家强监管政策等不利因素，实现了由“经营效益型”向“功能服务型”的转变，尤其是在助力集团行业保稳定、谋重组、转机制、促发展方面，发挥了不可替代的金融平台作用。公司资产总额40.80亿元，负债总额34.01亿元，所有者权益6.79亿元。实现营业收入1.37亿元，完成年度预算的101.5%；实现利润总额0.56亿元，完成年度预算的105%；实现净利润0.42亿元，完成年度预算的105%。

【信贷业务】2019年，公司着力化解信贷业务规模增速过快、客户信用下降等风险，采取了有效的防范或化解风险措施：一是重大风险客户贷款全部转换贷款主体。因集团部分成员企业已被列入吉林省首批“僵尸”企业名单，公司通过向集团发放多笔流动资金借款，对“僵尸”关联企业进行借款本息偿还直至结清全部贷款业务。二是将全部信用贷款转成担保贷款，增加优质担保资产。自2002年公司成立以来，对集团发放的全部贷款为信用贷款。为此，公司选择集团范围内资产最为优良的八家林业局为集团在公司的借款提供40亿元最高额保证担保，进一步有效防范信用风险。截至2019年末，公司累计发放自营贷款78笔，金额合计51.34亿元，降幅为27.57%；累计收回自营贷款77笔，金额合计49.47亿元，降幅为20.83%；公司自营贷款余额为39.37亿元，增幅为4.99%；公司担保余额为4.98亿元，增幅为118.68%；公司委托贷款余额为8020万元，较上年同期持平。

【资金业务】截至2019年末，公司累计办理同业拆借业务7笔，融入资金21亿元，较上年同期减少6笔，金额减少12.6亿元，降幅为37.5%；此外，共有5家金融机构与公司保持有效授信，授信金额合计17亿元。

【资金集中】公司2019年有效归集集团成员企业共305个账户（其中新签约资金集中账户18户），实现日均归集资金31.09亿元，剔除不可归集因素影响，平均余额资金集中率达到95%，接近历史最高水平。同时，公司累计为集团成员企业办理支付结算业务8.23万笔，支付结算量348.8亿元，资金结算量376.7亿元。

【风险管理和内部控制】2019年，公司进一步强化风险管理体系建设，提高风险防控能力。一是从机构改革入手，整合了法律部与合规部管理职能，组成法律与合规部，按照监管要求新组建了风险控制部，明确了各层级、各部门风险管理职能和风险管理责任；二是强化董事会与经营层的风险管理责任担当与追究机制，确保将风险管理工作落实到位；三是建立和修订《流动性风险管理办法》《资产负债比例管理办法》《全面风险管理办法》《风险控制部部门工作规范》《员工岗位职责》五项管理制度，完善了公司风险管理体系建设。

【人力资源管理】公司通过全员系统培训、发现起用人才等方式提高综合管理水平。一是全员系统培训实现了内部培训和外部培训相结合、党建培训和业务培训相结合、警示教育与爱国教育相结合的新模式，帮助员工树立正确的世界观、人生观和价值观，夯实理想信念的基础，增强“四个意识”、坚定“四个自信”，营造“比、学、赶、超”的氛围。二是挖掘推荐优秀人才，先后有三名同志分别走向部门负责人和经营层管理岗位，实现了人才梯队建设的阶段性目标。

【信息化建设】2019年，公司在信息技术模块上，一是系统运维工作有序开展，对核心业务系统的数字证书进行了更新，保证网上资金管理系统安全稳定运行，为集团各成员单位提供了良好的服务支持；二是系统建设工作稳步推进，重点完成了机房环境监控系统的建设工作，强化机房环境监控能力，对重要区域、设备进行了有效的监控和风险防范，保障了机房环境及设备安全运行。

冀中能源集团财务有限责任公司

【集团概况】冀中能源集团有限责任公司（以下简称“集团”）成立于2008年6月，是一家以煤炭为主业，制药、现代物流、化工、电力、装备制造等多产业综合发展的大型省属国有企业，企业总部设在河北省邢台市。下辖峰峰集团、冀中能源股份公司、邯郸矿业集团、张家口矿业集团、山西冀中能源集团、邢台矿业集团、井陉矿业集团7家产煤子公司，以及华北制药集团、河北航空投资集团、机械装备集团、国际物流集团、华北医疗健康公司5家非煤子公司，控股冀中能源、华北制药和金牛化工三家上市公司，并拥有一家财务公司。产业主要分布在河北、山西、内蒙古、新疆、青海、北京、天津、广东、香港等13个省区。2019年列世界500强第347位、中国企业500强第86位。

【经营概况】冀中能源集团财务有限责任公司（以下简称“公司”）以集团高质量发展、转型升级和提高核心竞争力的经营战略为指引，秉持“依托集团、服务集团、创新发展”的经营理念，坚持严内控、稳结算、固内核、御风险、强功能，业务经营稳健运行，实现营业收入4.39亿元，利润总额2.29亿元，同比增长13.51%，资产总额99.05亿元，同比增长17.36%。

【信贷业务】公司围绕国家产业政策，聚焦实体经济，不断加强资金计划管理，强化与集团公司资金运作协同，在支持产业发展和化解重大风险方面加大信贷资金支持力度。2019年累计为集团及成员单位发放贷款144.80亿元。2019年末，信贷资产规模89.4亿元。

【票据业务】受监管政策制约，公司票据业务规模有所下降，2019年共为集团累计办理电子银行承兑汇票贴现5.54亿元，累计签发电子银行承兑汇票29.61亿元，再贴现政策资金0.66亿元。2019年末承兑电票余额20.94亿元，增幅为36.42%；贴现余额1.19亿元。

【资金业务】公司以服务集团企业资金管理为根本。协助集团以委托贷款形式调控资金投向，2019年累计发放委托贷款260.89亿元，2019年末，委托贷款总额320.93亿元，增幅为58.62%；依托新一代核心业务系统，更新优化结算功能，转型升级结算模式，增强了集团公司对资金的管控力度和头寸调剂，优化资源配置，提高资金使用效率，服务能力得到改善。2019年资金存量规模继续稳步增长，单日存款创历史新高，达到121亿元，日均吸收存款86亿元，同比增幅为68%；2019年资金结算量7104.14亿元。同时，加强归集资金管理，2019年为集团企业节约财务费用4956.4万元。

【业务创新】2019年，公司紧密贴合集团主业，为成员单位开展了采矿权抵押贷款业务、债权转股权业务、特别授信业务、特别定价、保函业务等，缓解成员单位融资压力，降低成员单位资金成本，提高整个集团的资金使用效率，以融助产、以产促融，为下一步产融深度合作提供新的模式和途径。

【风险管理和内部控制】2019年按照集团"四大任务、五大攻坚战"的统一部署，以稳健经营为抓手，着力提升管理水平，根据公司面临的主要风险，加大了对流动性风险的监测力度，完善了风险预警机制，同时对业务结构进行了调整，有效控制了流动性风险。在"制度落实年"的基础上，持续完善内部控制，加大制度的宣贯落实，强化内控合规意识，积极营造依法合规的氛围。有效防范、控制、化解各类风险，公司不良资产保持零余额。

【人力资源管理】公司落实集团人才培养战略，建立人才培养计划。将专业素养提升纳入考核，加大内部轮岗力度，外派人员到集团企业挂职轮训，聘请专业顾问开展针对性的课题研究和专项培训，加快人才梯队建设，畅通人才成长通道，营造和谐的人才成长环境。梳理正确的人才观，"德才兼备，以德为首"，培养追求廉洁自律、诚实守信、严谨求实的价值观。

【信息化建设】2019年，公司在保障新一代核心业务系统软硬件平台健康稳定运行的基础上，优化完善了新一代核心业务系统功能，弥补了业务功能的不足，增强了财务公司管理效能；强化安全管理，满足监管要求，建设完成异地灾备数据中心，全面提高信息科技抗风险能力，实现了接管业务、延续业务和保障数据安全的作用；发掘新核心业务系统深度使用潜力，探索对新业务、新模式的支撑能力，建立新一代核心业务系统与集团资金管理系统之间的连接通道（财企接口），实现两个系统之间数据共享。在集团财务预算管控的基础上，协助集团做好资金支付渠道管理。

江铃汽车集团财务有限公司

【集团概况】2019年，江铃汽车集团有限公司（以下简称"集团"）实现整车销售39.76万辆，终端零售销量42.4万辆，营业收入成为"千亿俱乐部"中的一员。在中国制造企业500强排第82位，在中国企业500强排第192位，再次刷新历史最好名次。

【经营概况】江铃汽车集团财务有限公司（以下简称"公司"）以深化产融结合为己任，围绕集团经营战略目标，高质量推动各项工作落地落实。2019年实现营业收入同比增长4.64%，利润总额同比增长8.96%；流动比率为54.96%，控制良好；不良贷款率为0.01%，远低于行业水平。

【服务实体】公司充分发挥产融结合优势，扩大对实体经济的信贷服务支持力度。通过主动对接重大项目，制定针对性综合金融服务方案，提供流动资金贷款，最大限度地支持企业生产经营发展。截至2019年12月末，向集团成员单位发放流动资金贷款、超短贷、国内订单融资业务余额同比增长31.22%；通过建立市场反应灵敏、运作专业高效汽车金融业务架构，以金融助推销售，发掘和培育新的经济增长点，不负"金融赣军"使命。

【信贷业务】公司以集团战略部署和工作要求为出发点，做好中长期信贷业务经营发展规划，充分利用相关行业发展政策，拓宽与合作行的合作深度，形成互补的优势，并统筹安排授信用信，2019年集团成员单位用信余额同比增长6.8%。最大限度扩展融资方式，积极推进债券、融资租赁、信托、信用证、跨境融资等融资模式，拓宽企业融资渠道，全力帮助集团内成员企业解决资金需求，2019年融资需求率达100%。

【产品销售信贷业务】公司“库存融资+消费贷款”双翼联动，促进业务蓬勃发展。对外加强渠道建设的“磁场力”，构建“留客”“活客”“获客”的全生命周期渠道金融服务，稳住基盘客户，跟进渠道下沉。对内回归金融本质“聚合力”，通过库存融资、逐车贷、商票贴等金融产品，加大对整车销售的金融支持。2019年末，经销商渠道渗透率同比增长15.61%，销售贡献率同比增长0.18%。通过APP迭代更新和微信端车秒贷的线上化、信贷系统整合的智能化、上线以租代售和融资租赁项目的租赁化的“三化”工程，不断挖掘潜力。2019年末，消费信贷投放车辆台数同比增长83%，投放金额同比增长81%。

【投资业务】2019年，公司依托自身金融资源优势及信息、人才优势，积极履行财务顾问职责，积极研究行业监管政策、开展调整集团融资结构调研、输出投研服务，深层次发挥集团内财务顾问功能，寻找集团资产保值增值的新增长点。2019年实现投资收益同比增长11.43%。

【票据业务】公司依托“票据池”功能，实现了对票据的集中管理，形成了规模优势助力企业降成本。同时充分挖掘并有效整合票据资源，管好用活票据，开辟票据业务“绿色通道”，通过票据业务的开展整体提高信贷资产的流动性和弹性，最大限度满足企业快速增长的票据需求。

【资金集中】公司逐步完善资金池运营管理水平，规范资金管理，盘活资金存量，降低资金成本，提升资金使用效率，实现集团内部资源优化和资金集约的规模化效应，积极促进实体经济健康发展。2019年12月末，可归集口径存款集中度近90%，充分发挥了“蓄水池”作用。

【风险管理和内部控制】公司以“独立的风险管理服务业务发展”为主线，以打造大数据智能风控平台为目标，建设集数据支撑、风险模型、策略规则、系统落地、团队建设为一体的风控框架体系。强化流动性风险监测，防范流动性风险；强化统计数据运用价值，创造更大的统计分析价值；强化贷后风险精细化管理，以“项目组+跨职能团队”整合贯通贷前、贷中、贷后信息流；完善全面风险管理标准，提高LPR的市场化程度，促进贷款利率“两轨合一轨”。

【人力资源管理】公司以强化人力资源配置的深度和高度，培育和保留人才为人才战略总体规划。公司协同经验拥有者共同找到有价值的分享点，最终为实现公司战略发展提供强大的人力资源支持；在业务型、能力型、管理型三个线条全面开展培训，2019年共组织培训72场次，参训人员达956人次；组建11个创新研究项目组和8个课题研究组，4篇论文获得省级科研成果奖；积极申报政策红利，构建人才入编机制，集聚公司发展新优势。

【信息化建设】公司加快布局信息平台建设，打造“重前台+强中台+稳后台”集便捷的融资服务和尖端的科技服务为一身的现代化信息金融平台。打通核心业务系统，构筑一体化信息系统架构；上线以租代售平台，顺利实现车辆全流程系统开发；迭代汽车金融APP，用户体验持续向好；拓宽统一支付平台支付渠道，提升便捷支付的服务覆盖面；开发联合贷项目系统，助推项目落地；加强合规风控系统建设，主动拥抱政策新规。

【企业文化建设】公司企业文化紧紧围绕公司创新、发展的实际，内聚人心，外塑形象。通过技能培训、劳动竞赛、健康知识讲座等活动引导员工爱岗敬业、奋发图强；通过开展节日关爱、亲子趣味互动、西点比拼、摄影比赛、跳蚤义卖等活动不断凝聚人才发展动能；新老媒体齐头并进，严把宣传“质量关”，实现最优宣传。建立通讯员人才库，用活官微宣传平台，扩大宣传领域“朋友圈”，不断提升公司品牌影响力。

江苏凤凰出版传媒集团财务有限公司

【集团概况】江苏凤凰出版传媒集团有限公司（以下简称“集团”）总部位于南京，产业领域主要包括出版、发行、印务、影视、文化酒店、文化地产、文化贸易、金融投资等板块。2019年集团营业收入超过185亿元，总资产约550亿元。集团控有凤凰传媒、凤凰股份两家主板上市公司以及法普罗、新广联两家新三板上市公司，是江苏银行、南京证券的重要股东。集团是全国文化体制改革先进单位，连续十年在新闻出版业总体经济规模综合评价中名列第一，连续十一届入选全国文化企业30强。

【经营概况】截至2019年末，江苏凤凰出版传媒集团财务有限公司（以下简称“公司”）资产总额106.22亿元，其中，现金类资产占资产总额的78.83%；负债总额93.22亿元，负债中主要为吸收存款；所有者权益13.01亿元。表外业务2.12亿元，其中，2019年新增委托投资业务2笔，余额为6000万元。公司资金运用范围主要为存放央行、存放同业、贷款、购买银行理财、信托产品以及交易所国债逆回购，2019年实现扣除资产减值损失后利润总额1.04亿元。

【信贷业务】2019年，公司开展了各类表内外授信业务和中间业务，累计发放流动资金贷款11笔，48500万元；开展委托贷款业务15000万元；为成员单位开立非融资性保函161.82万元。公司作为集团投融资平台，为集团及其子公司安排外部银行授信161.85亿元。

【投资业务】公司在2019年开展投资业务15.75亿元，涉及银行理财和集合信托计划；开展委托投资业务6000万元。公司发挥集团金融服务平台功能，2019年为集团及其子公司累计办理各类金融资产的投资222.21亿元。

【资金业务】2019年，公司聚焦资金运用业务，拓展资金运用渠道，全力提升资金管理水平。一是公司合理安排整体资金头寸，采取预算管理方式，减少资金沉淀。二是通过为成员单位贷款、开立非融资性保函、办理代理业务等服务，减少集团的综合财务成本。三是公司大力提升资金效益，2019年开展存放同业定期业务合计50笔，金额91亿元；开展有价证券投资业务，年末余额8.8亿元；开展国债逆回购业务334笔，合计金额152亿元，共取得利息收入与资金收益合计14555万元。

【资金集中】公司采用“收支两条线”的资金管理模式。截至2019年末，公司吸收存款为93.18亿元，全口径资金归集率达65.73%。集团高度重视资金集中管理工作，通过拟定《资金集中管理办法》等相关制度，明确资金集中管理体制及各单位职责。成员单位是资金集中的贡献者和执行者，公司通过上浮存款利率、高效办理信贷业务、提高结算服务质量、优化资金平台系统等方式，减少了成员单位对外部银行的依赖，提高成员单位使用公司系统的积极性，从而带动资金归集。

【风险管理和内部控制】2019年，公司从业务及内部管理两方面强化公司风险及内控合规管理。一是强化业务实质风险排查及控制。根据公司业务开展情况制定全年常规排查计划，覆盖公司现阶段所有业务种类，对存在的问题进行积极整改，夯实业务风险管控基础；开展非法集资风险、投融资风险、资产风险等多项专项排查，确保公司合规经营。二是规范公司内部管理工作，对人员、费用、固定资产等多项内部管理工作进行梳理，制定操作规程，奠定了良好的内控基础。

【人力资源管理】2019年，公司持续完善人力资源管理体系。一是建立健全人力资源相关制度，完善公司选人用人机制，优化员工内部晋升机制。二是助力青年员工成长成才，组织开展青年员工座谈会，积极调动员工对公司业务发展、成员单位服务优化、个人成长等建言献策。三是积极打造学习型员工团队，组织及参加各类培训41场，并鼓励员工参加各类专业资格考试，其中获得专业职称人员比例达60%。

【信息化建设】2019年，公司信息化建设顺利完成了年初各项既定任务。一是强化网络安全。按照《网络安全法》相关规定，开展重要信息系统定级备案工作，通过专业测评公司测评，并获得了信息系统安全等级保护第三级资质。二是提升风险抵抗能力。完成了异地灾备机房应用层数据准实时同步工程，实现了数据异地完整性备份。三是优化系统功能。4月上线了U盾证书自动升级助手，实现证书到期自动更新功能，确保了成员单位支付业务的有序、高效开展。

江苏国泰财务有限公司

【集团概况】江苏国泰财务有限公司（以下简称“公司”）由江苏国泰国际贸易有限公司和江苏国泰国际集团股份有限公司（以下简称“集团”）共同出资设立，注册资本15亿元人民币。江苏国泰国际贸易有限公司占股20%，集团占股80%。集团以进出口贸易为主业，涵盖新能源新材料、高端酒店、软件开发、地产开发、零售品牌、金融及股权投资等领域。集团在2019年中国企业500强中，列第308位。集团于1998年5月成立，并于2006年12月8日在深交所正式上市。2016年12月，集团重大资产重组顺利完成，旗下所有进出口业务全部纳入上市公司，上市公司拥有贸易供应链服务和新能源新材料两大主营业务。

【经营概况】公司牢固树立“依托集团，服务集团”的宗旨，围绕集团发展战略，在防范集团及公司风险的前提下，各项业务有序推进，公司内控建设和基础管理有了新提高，各项工作取得了较好成绩。截至2019年末，公司资产规模27.43亿元，实现营业收入5701万元。

【服务实体】公司服务集团发展，着力于优化财务资源配置、提高资金使用效率。坚持存款利率上浮到顶，贷款利率不高于银行同类贷款利率，对保函、代开信用证等业务减免手续费、保证金，2019年为集团节约费用22.54万元。此外，2019年公司为集团增加了170.58万元的银行存款利息收入。

【信贷业务】2019年，公司共发放自营贷款8.7亿元，无不良贷款；共给11家成员单位办理授信，授信总额13.1亿元。此外，开立税款保付保函总金额6025.37万元，代理开证总金额636.48万元。关税保付保函和代理进口信用证业务的开展，有利于成员单位保证金的归集，在丰富公司资金服务手段、降低集团整体资金成本、增强集团成员单位资金流动性的同时，有效提高了集团整体资金利用率。

【资金业务】公司充分挖掘集团和成员单位资金潜力，最大限度地归集集团和成员单位存款，加强资金计划管理，提高资金运作效率，使集团的资金资源得到有效聚集。此外，通过有效控制和统一调度，公司充分利用金融同业系统资源，积极办理同业定期存款，在发挥冗余资金的效益的同时，不断提高公司收益。2019年公司开展存放业务46笔，存放资金量达到54.5亿元，实现利息收入6664.70万元。

【票据业务】根据上海票据交易所业务指引并结合公司业务发展需要，公司积极推广承兑电子票据业务，2019 年公司开立电子承兑汇票 4 笔，金额 390 万元。

【外汇业务】公司按外币试点业务要求归集境内成员单位外币资金，提高了美元的归集率，2019 年共归集 7314.26 万美元，日均 4550.85 万美元。外币实时归集增加了美元资金沉淀，为以后开展结售汇等业务打下良好基础。

【资金集中】根据集团账户清理要求，公司对银行账户进行全面清理。通过定期梳理各类账户，及时办理符合归集条件的账户开户，并对不动户进行销户，提高账户使用效率及资金归集度。截至 2019 年末，集团成员单位数量 124 家，内部各类账户 96 个，直连银行账户总数 443 户（150 个归集户、293 个监控户）。清理境内外账户 166 个，剩余有效账户 504 个，为加强集团资金安全奠定了坚实的基础。2019 年公司各项存款 11.29 亿元，本外币资金结算量 2352.25 亿元。

【业务创新】2019 年 12 月末，经中国银保监会江苏监管局批准，公司获得固定收益类有价证券投资及委托投资业务资格。

【风险管理和内部控制】公司坚持“制度先行、内控优先”的原则，2019 年共完成 24 项制度的制定与修订工作，主要包括资产负债、反洗钱、法人授权、风险防范等制度的修订和完善。2019 年公司法律汇编文件共 71 项，通过组织员工学习法律法规、规章制度，督导员工形成自主合规的工作理念。公司进一步规范员工行为，加强风险防控，建立前、中、后台相分离，业务流程清晰的风险管理机制，充分发挥内部稽核作用，完善风险问责机制，提升风险防控的实效性。公司每月、每季度均按工作计划，对各项业务进行风险排查，并向监管部门报送案防工作报表及报告。2019 年累计开展 24 次稽核检查，针对发现问题提出整改意见，并持续跟踪、督促整改，确保风险可控。

【人力资源管理】公司积极组织员工参加内外部各类会议和培训，并督促员工参加职称考试，不断提升员工业务水平和综合素质，2019 年有 1 名员工获得了中级职称。

【信息化建设】公司建立对病毒和攻击的防范措施，开展机房的日常巡检，组织安全演练和报警测试，排除安全隐患，防控信息科技风险。日常信息化设备的运维管理工作进展顺利，2019 年无安全事故发生。核心业务系统运行正常，保障了公司业务正常开展，满足公司业务发展的需要。

【企业文化建设】公司致力于营造和谐美好的工作氛围，积极组织员工参加集团运动会，丰富员工业余生活，增强组织力和凝聚力，为公司营造了良好的企业文化氛围。

江苏华西集团财务有限公司

【集团概况】江苏华西集团有限公司是江苏省江阴市华西村的综合性大型企业集团，2016 年由江苏华西集团公司变更为江苏华西集团有限公司（以下简称“集团”），公司注册在江阴市华士镇华西村，注册资本为 90 亿元。集团实行村民委员会领导下的董事会负责制，财务统一管理，资金由集团统一调度，统一支配。经过几十年的发展，集团规模和实力逐渐增强，经营范围不断扩大，已先后进入农产品、纺织、商贸、冶金、房地产、金融服务和旅游等领域，截至 2019 年 12 月 31 日，集团资产总额 544.17 亿元，负债总额 338.62 亿元，营业总收入 270.44 亿元，利润总额 8.17 亿元。

【经营概况】截至 2019 年末，江苏华西集团财务有限公司（以下简称“公司”）资产总额19.58亿元，负债总额11.03亿元，2019年实现利润总额1.08亿元，同比减少0.04亿元，降幅达3.57%。截至2019年末，流动性比例为45.67%，资本充足率为40.54%，不良资产率为零，拆入资金比例为8.05%，担保比例为9.11%，各项指标均符合监管要求。

【信贷业务】2019年，公司利用信贷杠杆扶优限劣，加大对符合产业政策、市场竞争力强、占有率导向一致产业的支持，控制对过剩产能、落后产能的授信，促进企业集团将资源优先向先进产能转移，淘汰落后产能，优化产业结构。截至2019年末，累计发放流动资金贷款73笔，累计发放资金贷款82.96亿元，年末短期贷款余额17.11亿元，较年初减少0.66亿元，降幅达3.71%；贴现余额1.49亿元，较年初减少0.59亿元，累计办理贴现业务8.4亿元；累计办理再贴现业务2.4亿元。

【资金业务】2019年，为应对集团主动缩表，优化调整资产负债结构，公司积极配合集团战略，加强资金的预测与预警，对到期承兑票据进行详细梳理和排队，确保按时归还同业拆入款项以及银行还贷等各项到期资金支付，进一步强化资金计划与头寸管理，确保资金流入与支付合理匹配，科学精准调度每笔资金。2019年为集团及成员企业办理资金结算72318笔，办理结算资金达3831.51亿元。2019年累计兑付承兑票据8.71亿元，归还拆入资金161亿元。

【资金集中】2019年，公司全面分析集团资金结构，摸清未归集资金金额及原因，拓宽资金归集范围，积极主动协助集团调整融资结构，减少票据融资比例，有效降低保证金存款占用，提高资金归集比例。2019年，公司累计实现归集成员企业108家，归集企业账户199户，新增归集安徽华西稀有金属、金寨华西科技、宝博上海投资、江阴延陵置业、华西文体以及同鑫资产等7家企业账户，同时，确保了集团新设企业实现100%账户归集。

【风险管理和内部控制】2019年，公司对风险进行有效防范、控制和监督，各项经营活动稳健、有序，未发生重大经营风险、重大经济案件和重大责任事件，不良资产保持零余额。公司资产五级分类的结果显示，各项资产均为正常类。公司信贷客户还款情况正常，未发生逾期的情形，也无资产风险处置、实质性信用风险的不良资产处置等情况；委托贷款、担保类等表外业务等，经风险排查和日常监测，基于较强的信用风险缓释能力，整体资产风险状况良好，信用风险总体可控。公司各主体严格按照内部控制要求，通过职责分离控制、授权审批控制、核对与监控控制、应急处置控制、风险管控以及内部审计控制等管控措施，有效履行内部控制职责；公司进一步梳理和完善内控制度，新增《薪酬延期支付和追索扣回制度》《信息科技外包管理规则》《金融许可证管理制度》《金融许可证管理应急预案》等制度；修订《存款准备金管理暂行办法》《财务管理制度》《电子商业汇票系统运行管理办法》《内部审计委员会工作制度》等制度，更好地完善内控体系。

【信息化建设】2019年人民银行开始推行LPR（贷款市场报价利率），公司及时学习相关政策，落实相关贷款利率测定、计算定价、合同文本修改等事项，有序推进和落实LPR相关事项，确保人民银行LPR政策执行落实到位。根据公司已制定的《信息化规划（2016—2019年）蓝图》要求，完善和细化公司中短期信息化建设的整体计划，分步有序推进，在网络方面，公司网络系统实施模块化、分区化的管理，核心网络的安全性和稳定性有较高保证。

【企业文化建设】2019年，公司积极参与银监“融媒+”党建系列活动。包括“融媒+”联盟启动仪式、“融媒+”党建联盟教育党课、“融媒+”贺新年祝福以及金融系统建国70周年文艺汇演与会展等系列活动，较好地展示了华西金融风采，提升了华西文化内涵，受到金融同业各界好评；2019年还积极协助集团开展“学习十九大、走进华西村”主题党建活动，并邀请新书记讲述了华西的新做法与新变化，展示良好华西形象。

江苏交通控股集团财务有限公司

【集团概况】江苏交通控股有限公司（以下简称“集团”）是江苏省重点交通基础设施建设项目省级投融资平台，主要负责全省高速公路、铁路、机场、港口、航空等重点交通基础设施建设项目的投融资，负责全省高速公路、过江桥梁的运营和管理。2019年集团实现营业收入560亿元，实现利润总额169亿元，上缴各项税费57亿元。全年平均融资成本4.35%，公司国际评级及展望稳定，国内主体AAA评级单位已达6家。截至2019年末，资产规模5743亿元，净资产2430亿元。

【经营概况】2019年，中国银保监会江苏监管局批复同意江苏宁沪高速公路股份有限公司为江苏交通控股集团财务有限公司（以下简称“公司”）股东，公司注册资本增加至16亿元。2019年累计实现营业收入4.2亿元，利润总额2.07亿元，为集团节省财务费3.64亿元。截至2019年末，公司总资产150.93亿元，负债126.12亿元，净资产24.81亿元，分别比年初增加17.68亿元、7.5亿元、10.18亿元。

【资金集中】2019年，公司16家单位新加入资金池，公司服务成员单位增加至96家，开立账户144户，其中，结算账户109户、工会专户28户、一头在外的产业链专户2户、法透专户5户。年末存款余额125.81亿元，比年初增加7.42亿元；日均存款121.27亿元，同比增加9.98亿元。年末全口径资金集中度为77.33%，同比增长13.28个百分点，调整后资金集中度始终保持在91%以上。

【信贷业务】2019年，公司发放自营贷款91.10亿元，日均自营贷款64.03亿元，同比增长27.73%；发放委托贷款98.8亿元；协助办理外部融资1195亿元，重点项目资金保障率为100%。

【资金业务】截至2019年末，公司合作同业机构24家，共获得同业授信140.5亿元。持续加大暂时闲置资金增值力度，2019年累计办理同业业务272.06亿元，来自金融市场资金收益达到1.52亿元，约占总营业收入的36%。

【结算业务】公司主动应对取消高速公路省界收费站工作部署，试点提供“代收外省现金通行费”清算，2019年累计代收94笔、金额5.48亿元。持续优化结算产品功能，全年累计发生结算业务9.7万笔，同比增长24%，结算金额近6000亿元。年结算从成立最初2万笔增加到近10万笔，始终保持“零在途、零挂账、零差错”。

【票据业务】公司积极开展“一头在外”产业链金融业务，在集团内部大力推广电票承兑，充分发挥成员单位产业链主导优势，不断提升财票推广速度、范围和支付比例，2019年电票承兑业务累计开立85张，累计金额16.94亿元，同比增长90.55%。

【业务创新】公司创新金融服务品种，解决成员单位融资需求。运用项目前期贷款，保障项目建设前期资金需求；运用项目运营期贷款，置换外部高利率贷款、改善项目融资结构；运用法人账户透支，随借随还、操作简便，有效解决成员单位短频急的融资需求。将成员单位分户到客户经理，为成员单位提供一站式“店小二”式服务，改多头服务为专属服务，不断提升对成员单位的个性化、精细化和精品化服务水平。

【内部控制】公司增设董事会战略委员会，市场化选聘风险总监，充分发挥董事会审计委员会、薪酬委员会、风险委员会等专业委员会工作职能，进一步增强战略管理、风险管控和资本管理。深入开展“巩固治乱象成果，促进

J

合规建设”活动，提升内控水平。扎实推进风险防控“大排查、大处置、大提升”行动，全力排查资产风险、市场风险和流动性风险。

【人力资源管理】公司主动承担人才基地建设的责任，不断强化集团金融财务人才“孵化器”作用。结合公司高质量发展要求，制定《2020—2022 年轻干部培养发展规划》。探索和丰富年轻员工教育培养的有效途径，探索“导师带徒”模式，7 对师徒成功签约，充分发挥“传、帮、带”作用，帮助青年员工成长成才。

【信息化建设】公司加强信息科技赋能，完成风险监测系统、小额快速支付系统建设，推进电票系统上线运行，做好客户关系管理系统开发。加强人工智能的引进，探索监管报表统计、反洗钱可疑交易识别、小额批量结算等业务人机协作和管理创新模式，努力打造智能化“支付工厂”。

【企业文化建设】公司顺利通过“江苏省文明单位”创建验收，深入学习党的十九届四中全会精神，贯彻习近平新时代中国特色社会主义思想不断走深走实。深入开展“不忘初心、牢记使命”主题教育，多方位了解成员单位需求建议，以整改落实推动主题教育形成长效机制。积极培育公司文化氛围，建设公司文化长廊，“快乐工作，健康生活”的浓厚氛围得到进一步巩固。

江苏省国信集团财务有限公司

【集团概况】江苏省国信集团有限公司（以下简称“集团”）是江苏省政府批准成立的大型国有独资企业，注册资本金为人民币 300 亿元。集团拥有以电力、天然气为主的能源产业平台，以信托、财务公司、担保、保险经纪、期货为主的金融服务业平台，正在逐步搭建的新兴产业投资平台，以房地产开发、软件园为主的不动产平台，以进出口贸易为主的贸易平台。同时集团旗下拥有江苏国信、江苏舜天、江苏新能三家上市公司。截至 2019 年末，集团总资产 1945 亿元，净资产 1011 亿元，资产负债率为 48%，营业收入 562 亿元，利润总额 76.50 亿元。

【经营概况】2019 年，江苏省国信集团财务有限公司（以下简称“公司”）积极突破资金归集难点，全口径资金归集率和集中结算率进一步提升，均达到 86% 以上；着力支持集团主业和绿色产业发展；参与集团并购工作，推动山西电厂并购顺利完成；与建设银行票据池正式打通，成为全国首家与建设银行电票票据池对接的财务公司；获得跨境资金集中运营资质，成为外汇新政后省内第一家获取该资质的金融机构；连续三年获监管评级 1 级。截至 2019 年末，公司总资产为 192.97 亿元，表内外资产规模达到 291.76 亿元；实现营业收入 5.36 亿元，实现利润总额 1.99 亿元，归集资金余额达到 172.04 亿元，为成员单位提供融资 110 亿元。

【服务实体】2019 年，公司信贷投放平均利率为 4.03%，远低于市场贷款利率，贷款期内可为成员企业节约利息成本超过 5200 万元。另外，公司还积极为集团电力主业单位开展金融服务，帮助企业进一步优化融资结构。在费率方面，公司委托贷款免收手续费，票据承兑保证金率明显低于市场水平，进一步为成员企业节约费用约 540 万元。全年合计为成员单位节约财务成本超过 1.50 亿元。

【信贷业务】公司积极服务核心企业，2019 年末能源板块信贷余额 104.25 亿元，占公司信贷余额的 94.77%，同时加强对上市公司的授信支撑；在绿色信贷方面，2019 年公司对新能源板块旗下电厂的技改资金需求给予大力支持，保障技改项目按时上马。2019 年共为 24 家成员单位办理了 141.30 亿元综合授信，累计授信余额219.17亿元。截至2019年12月末，公司为集团和成员单位提供资金余额达110亿元，比年初增加9.7亿元。

【投资业务】2019年，公司将建信基金旗下建信现金添利货币市场基金纳入投资合作范围，截至2019年末投资余额1.10亿元，累计实现投资收益2705万元。适时启动交易所市场逆回购业务，截至2019年末，累计进行交易20笔，平均收益率约为2.86%，高出同期银行间市场逆回购平均利率30个基点以上。

【票据业务】2019年6月上线财务公司票据池，实现了试点单位应收票据集中管理。12月与建设银行票据池正式打通，标志着具有质押融资功能的票据池2.0版本正式上线。截至2019年末，票据池入池试点单位7家，登记电子票据量达到1098张，票面金额合计10.48亿元。

【资金集中】2019年，公司一是突破资金归集难点，借开展“主题教育”的机会，出台了“强化资金管控、筑牢风险防线”一揽子举措，进一步提升贸易板块的资金归集率。二是加强资金集中结算，2019年公司结算笔数近20万笔，超过开业前7年总和，月末结算高峰更是突破了日付千笔的结算量，2019年公司月均结算率达到86%以上。

【业务创新】公司针对贸易企业业务特点和结算习惯，主动加强与合作行的沟通联络，成功上线为成员单位代理集中付汇功能，并创造性地将信用证、代收、汇出汇款等功能全部纳入集中平台中统一支付，实现了国际结算方式全覆盖。

【风险管理和内部控制】2019年，公司一是完善制度建设。2019年公司制定、修订《公司权限指引》《公司资本管理制度》等近20项制度。二是积极梳理公司业务和内控管理，开展自查整改，2019年开展巩固乱象自查治理、“三大”自查评估、“套路贷”专项检查、案件防控和安全保卫专项工作、银行业扫黑除恶活动、非法集资风险排查整治、董监高履职评价等10余项专项治理工作。

【人力资源管理】2019年组织修订各部门工作职责，明确工作标准；修订岗位绩效考核制度，将合规、风险、案防等监管部门要求的重点指标纳入员工年度考核；进一步明确了员工发展通道，选拔任用6名中层以上干部，增强干部员工干事创业积极性；积极组织近两年新入职员工轮岗培训。

【信息系统建设】2019年公司完成了投、融资系统正式上线，通过“步步留痕”的线上登记审批和风控管理，进一步降低了操作风险，实现了核心业务系统全覆盖，同时还完成了对I8系统的优化升级。在外汇系统和票据系统方面，进一步改善优化，加强与合作银行、系统合作商的沟通、测试。

【企业文化建设】公司以“家”文化为核心，打造团结和谐的企业氛围。春节前开展“送温暖”活动，为部分收入较低的员工送去节日慰问；在元宵节、三八妇女节，公司组织了活泼、有新意的小活动为员工带来温馨和惊喜；积极参与和组织五四100周年各项活动并取得优异成绩，开展全员秋季“环湖跑”、团员青年“健步走”等活动，集体生日会送去烛光许愿和甜蜜蛋糕。

江苏悦达集团财务有限公司

【集团概况】江苏悦达集团有限公司（以下简称“集团”）成立于1991年，注册资本10亿元，为国有独资企业。集团行业分布主要包括煤炭、有色金属等矿产物资产销、高速公路、商业零售、车辆生产、纺织等业务板块，并适度涉足汽车销售、房地产等其他业务。集团

2019年末拥有资产总额700亿元，在境内外控股3家上市公司，拥有2个中国名牌产品（悦达纱线、黄海金马）、1个中国驰名商标（起亚）、2个国家免检产品（黄海金马、悦达家纺）。集团列“中国500最具价值品牌”第128位，品牌价值446.85亿元，综合营业收入超千亿元，利税过百亿元，位列江苏前十强。

【经营概况】截至2019年12月31日，江苏悦达集团财务有限公司（以下简称“公司”）资产总额41.42亿元，负债总额31.34亿元，所有者权益总额10.08亿元，资本充足率为27.36%，流动性比例为70.97%。2019年公司实现营业收入1.70亿元，净利润7679万元，为集团节约资金成本2.07亿元。

【服务实体】2019年，公司一是提高信贷业务审批效率，提升金融服务质效。二是加强业务创新，满足多元化需求。三是提供优惠利率，促进降本增效。四是实施“一企一策”战略，精准服务实体经济。

【信贷业务】截至2019年12月31日，公司自营信贷规模26.15亿元，委托贷款余额2660万元，对外担保余额1.93亿元。2019年累计完成成员单位授信11户，合计金额53.46亿元，投放流动资金贷款36.25亿元，发放委托贷款2000万元，办理对外担保1.93亿元。无不良贷款发生。

【资金业务】公司积极拓展和充分利用同业资源，拓宽融资渠道，保障公司资金流动性，完善集团流动性管理协同机制，发挥财务公司融资营运功能。2019年，公司共取得外部同业授信20亿元，累计完成同业拆借83.50亿元。

【票据业务】截至2019年12月31日，公司银票承兑余额5.40亿元。2019年累计办理银票贴现7.07亿元，办理银票承兑6.40亿元，同业票据转贴现融资1亿元，央行再贴现政策资金0.78亿元。

【资金集中】2019年，公司通过定期梳理账户、扩大银企直连、优化数据分析、加强行政考核等多种举措，促进资金归集。截至2019年12月31日，已开立财务公司账户的成员单位129家，新增17家，销户9家。2019年新增建设银行、交通银行两家直连银行，银企直连合作银行机构已涵盖五大国有商业银行。2019年末存款余额31.21亿元，实际可归集资金集中度为93.64%。

【业务创新】2019年3月公司有价证券投资业务资格获得批复，10月成功办理首笔国债投资业务，12月成功办理国债质押式正回购业务。2019年9月跨国公司资金集中运营业务再次成功备案，实现集团内外汇业务集中管理，有效加强了对成员单位外币资金流的监控。

【风险管理和内部控制】持续修订不符合监管导向、不满足管理要求的制度。2019年共完成制度新增9项，修订29项，废止2项，年末公司法律汇编文件达125项；加强审计、合规检查频次和质量，注重实际效果。2019年共开展信贷业务、票据业务等5项案防合规检查，开展同业拆借、合规管理等14项关键领域和重点业务专项稽核检查；及时下发“关于同业和违约企业的负面观察名单”风险提示，2019年累计对35家同业机构和7家违约企业负面信息进行提示。

【人力资源管理】有序推行关键岗位轮换和强制休假，2019年应轮岗14人，实际轮岗12人，强制休假1人。常态化开展内外部培训交流，举办年度合规知识竞赛，传导合规文化，加强学习型组织建设。2019年共组织外部培训学习16批38人次，开展内部培训20批415人次。探索建立以能力和业绩为导向的人才评价机制，努力实现权责明确、考核到位、奖惩到人，确保工作业绩与考评结果相匹配。创新设立跨部门兼岗工会办公室，由中层干部兼任工会副主席，进一步激发团队活力。

【信息化建设】2019年，公司顺利实施虚拟化增项和数据安全项目，构建了囊括第三方软件公司在内的数据安全防护体系，有效规避数据被销毁、被泄露风险，切实提高公司业务系统防风险水平。完成机房监控扩容改造、监控主机存储资源增加、老旧电池更新等项目，确保公司机房的安全运行。

江西高速集团财务有限公司

【集团概况】江西省高速公路投资集团有限责任公司（以下简称“集团”）是经江西省政府批准成立的大型国有独资企业，江西省交通运输厅根据省政府授权依法履行出资人职责。集团于2009年11月28日挂牌成立，2010年1月1日正式运作。集团信用评级为AAA级，连续多年入围中国服务业500强；经营业务除高速公路投资建设、运营管理外，还涉足金融投资、路域资源、工程施工、地产开发等领域。

【经营概况】2019年是江西高速集团财务有限公司（以下简称“公司”）开业运营的第一年，公司各项工作主要以建制度、打基础为主，着力推进资金集中管理、主业信贷投放和内部管控体系建设等重点经营管理工作。截至2019年末，公司总资产达111.88亿元，净资产52.20亿元，存款余额59.39亿元。全年实现营业收入约1.81亿元，净利润约1.20亿元。

【信贷业务】2019年，公司累计向集团成员单位提供授信82.15亿元，累计主业信贷投放资金65.94亿元，贷款余额48.23亿元。全年新增贷款投放超过江西所有外资银行，超过光大银行、广发银行、兴业银行等全国性股份制商业银行。公司积极充当集团成员单位降低融资成本的“引导者和催化剂”，通过最低报价，引导外部银行贷款利率下降，进而降低集团整体贷款利率。

【资金业务】2019年，公司与中国银行、工商银行、建设银行、兴业银行、招商银行、江西银行等完成银企直连搭建，建立6个资金池，归集账户144家，扎实推进公司“资金池+代理支付”的资金集中管控模式。公司全年累计办理资金结算达20037笔，共计308亿元。资金集中管理突破了传统“存银行”模式和“单一企业”空间束缚，为集团成功构建了多层次的资金归集网络，公司作为集团资金集中管理平台的架构基本形成。

【业务创新】公司作为牵头行和结算经办行成功筹组了江西省取消高速公路省界收费站项目银团贷款，成为江西省首笔财务公司银团贷款，为集团贯彻落实国务院重大民生工程部署发挥了重要的金融支撑作用。

【风险管理与内部控制】公司初步建立包含信用风险、流动性风险、操作风险、合规风险、声誉风险等在内的“全面风险管控框架”，构建了“前台、中台、后台”的分工制衡体系、“事前、事中、事后”的全程监控机制、“识别、预警、整改”的自动纠错制度，组织开展“巩固治乱象成果，促进合规建设”专项工作。2019年共排查发现风险29处，组织开展合规知识培训4次、金融法规知识测试3期、案防警示教育28期、反洗钱培训2次，切实增强公司职工合规操作意识和能力。

【人力资源管理】公司围绕发展目标，做好人才配置、人员培训、职工维权及日常管理等工作。合理配置有限人力资源，多渠道组织培训，提升员工业务技能；建立薪酬绩效考核体系，激发员工工作动力；规范处理日常事务，提升综合管理水平。截至2019年末，公司在岗职工21人，研究生16人，占76.2%；高级职称2人，中级职称11人，占62%。

【信息化建设】公司将财企直连作为公司信息科技类年度重点工作任务，实现省内首例财务公司核心业务系统与集团总部财务管理系统对接，满足集团资金管理、核算管理及财务信息化管理等方面充分协同的需要，进一步提升了集团整体财务管控能力。

【企业文化建设】公司积极践行“合规、创新、协同、共享”的核心价值观，推进公司企业文化建设，开立公司企业微信公众号“财高思远”，打造公司对外宣传网络窗口，树立了公司对外形象。开展了“我与财司的故事”征文比赛，凝聚职工与公司的情感；赞助举办了江西省高速集团“财务公司杯”职工网球赛，增进成员单位对公司的了解；先后开展了户外素拓、秋游登山等群团活动，增强职工凝聚力和向心力。

江西铜业集团财务有限公司

【集团概况】江西铜业集团有限公司（以下简称“集团”）成立于1979年，隶属于江西省国资委，为江西省特大型国有企业。多元化的业务包括铜、金、银、稀土、铅、锌等多金属矿业开发，以及支持矿业发展的金融、投资、贸易、物流、技术支持等增值服务体系，在中国、秘鲁、阿尔巴尼亚、阿富汗等国建立了矿业基地。2019年，集团实现销售收入2517亿元，完成利税64.88亿元，连续第七年进入世界500强企业榜单，列第358位，列中国企业500强第88位。

【经营概况】2019年，全球贸易摩擦加剧，金融市场跌宕起伏，江西铜业集团财务有限公司（以下简称“公司”）本着“立足集团，服务集团”的经营理念，认真贯彻落实集团的各项决策部署与要求，积极为成员单位提供各项金融服务。截至2019年12月31日，公司资产总额163.30亿元，吸收存款余额128.49亿元。全年实现利润3.91亿元。

【服务实体】公司在服务实体经济上多措并举。一是实行贷款差别化定价。从基本情况、财务指标、集团持股比例、征信、资金集中度五大维度对成员单位进行加权评分，形成贷款利率定价模型及评级机制，结合运用贷款市场报价利率（LPR），对成员单位贷款实行市场化差异化定价政策，实现了成员单位优质优价，促使成员单位改善自身经营及财务状况。二是对于成员单位在公司贴现的票据，在政策允许的情况下，尽量满足成员单位的要求，且在利率上采取市场价格高于贷款基础利率按贷款基础利率，低于贷款基础利率以实际询价利率综合定价，贴切实际地解决成员单位融资问题。三是按成员单位同等定价政策为恒邦股份及时提供低利率资金支持与结售汇服务，引导银行机构继续加大对恒邦股份的资金支持及融资价格下降。四是支持成员单位获取增值税改红利，向阶段性增加库存的成员单位提供额外短期信贷支持。五是突破实物资产质押融资范畴，为赛墨科技开创首单知识产权质押融资服务，破解科技型公司融资难题。截至2019年末，公司贷款余额63.71亿元，贴现余额1.54亿元，承兑余额5.22亿元。

【外汇业务】公司紧跟2019年3月国家外汇管理局颁发的《跨国公司跨境资金集中运营管理规定》的政策新变化，及时提交备案申请，成功获得国家外汇管理局江西省分局同意财务公司作为主办企业开展跨国公司跨境资金集中运营业务的备案批复，成为省内首家、全国首批获得备案的机构，将合作银行由2015年确定的3家增加到6家，将币种由仅限外币扩展为全币种。2019年为成员单位办理跨境资金委贷业务人民币10.77亿元、外币3亿美元。

【票据业务】2019年，公司开展了“票据集中管理实施年”活动。经多方同行调研比较，择优选择了浙商银行作为集团层面票据池首家合作银行，确定了票据池基本架构，完成公司主办资格申请，签订了票据池协议，赴各成员单位开立票据池专用账户和面签协议，构建了集团层面票据池，对成员单位加强票据池专题宣讲与入门培训，初步实现“票据池”与现有

"资金池"的互动。

【资金集中】根据集团"优化公司资金结构，提升公司资金管理水平，提升财务公司资金集中度"的要求，提升集团全口径资金集中度，规范银行账户的管理。2019 年，公司申请成为 SWIFT 会员，拟通过 SWIFT 平台实现集团全球资金的可视、可控。新增了 2 家直连合作银行，对各成员单位银行账户情况进行实地检查，进一步了解各成员单位情况，有助于资金集中度的提高。

【风险管理和内部控制】公司制定了大风控体系建设 2019 年实施方案，落实了"两监管理"，明确了三道防线架构，梳理了各部门在三道防线中的具体职责。将风险管理部纳入信贷业务、同业业务决策程序，使风险管理职责前移。分解落实大风控体系建设任务，制定下发《财务公司 2019 年度部门绩效考评指标分解表》，将"大风控体系建设"相关指标纳入部门考核绩效中，强化了各部门风险绩效考核责任目标。针对市场与监管政策变化及时进行风险提示，定期开展主要风险压力测试与应急演练。以"强化"为主题继续推进精细化管理升级活动。高管与员工层层签订《合规认知及管理措施计划书》和《合规责任书》。做实合规、风险项目、员工行为管理三本台账。开展了常规稽核，党委稽核，信息系统密码安全、印章、同业对账、反洗钱、合同和干部人事档案等专项稽核内审工作。扎实开展案件防控、案件警示教育、扫黑除恶和金融消费者权益保护工作，取得案件防控监管评价"绿牌"等级。按重新划分的三道防线进行制度全面更新，汇总印制财务公司《制度汇编（2019 年版）》，强化大风控体系全员培训。获得集团大风控体系建设验收考核优秀单位。

【人力资源管理】2019 年，公司调整了岗位设置、岗级与定员，整合了职能机构业务与职责，内部公开竞聘两名中层干部，对四名中层干部进行了轮岗交流。落实"优秀生津贴"待遇。通过社会化招聘及校园招聘员工共计 6 人。新修订了《员工绩效管理办法》，一是扩大了绩效考核人范围；二是按照员工的考核 K 值进行从高到低排序，划分为五个等级，并对考核兑现的分配系数进行了重新修订，拉大了分配系数；三是对《员工个人绩效考核表》进行修订，由原先单一的"业务执行能力、沟通协调能力、学习创新能力"修改为"作风建设、工作业绩、合规工作"三大项。2019 年修订的《员工绩效管理办法》不仅考核涵盖面广，而且体现了全员考核、全员参与的精神，完全打破了以往平均主义的弊端，提高了全员工作的积极性和主动性。

【信息化建设】公司向集团申请获批 11 个信息化项目，完成了运营管理信息系统、客户关系系统、门户网站、电子回单、反洗钱可疑交易报送接口、投资业务管理系统、上海票交所证书链等项目实施与升级改造工作，实施"数据交换平台"，实现九恒星系统与集团 ERP、采购电子商务云平台对接，减少指令重复录入的工作量。开展网络安全专项治理，推动 EMC 灾备设备续保，进一步筑牢了信息系统防线，金融科技对业务的支撑能力进一步增强。

金川集团财务有限公司

【集团概况】金川集团股份有限公司（以下简称"集团"）是以矿业和金属为主业，采、选、冶、化、深加工联合配套，相关产业共同发展，工贸并举，产融结合的跨国集团。集团 2019 年进入世界企业 500 强，镍产量全球第三，铜产量全国第三，钴产量全球第四，铂族金属产量亚洲第一，拥有世界第三大硫化铜镍矿床，拥有世界首座富氧顶吹镍熔炼炉、世界首座铜合成熔炼炉、亚洲第一座镍闪速熔炼炉等国际领先的装备技术。

【经营概况】2019 年，金川集团财务有限公司（以下简称“公司”）实现收入总额 2.45 亿元，同比增加 0.28 亿元；利润总额 1.71 亿元，同比增加 0.22 亿元；净利润 1.46 亿元，同比增加 0.19 亿元。年末资产总额 55.39 亿元，负债总额 40.56 亿元，净资产 14.83 亿元，资本充足率为 27.76%，流动性比例为 37.69%，不良资产率和案发率持续为零，各项监管指标均符合监管要求。

【信贷业务】公司明确信贷政策和风险政策，加强对重点优质成员单位的信贷支持，适时调剂贷款与票据规模比例，实施差别化产品价格政策，使产品价格与客户风险相匹配，有效解决小微企业融资需求。2019 年发放流动资金贷款 69.69 亿元，同比增加 17.27 亿元；办理票据贴现 6.44 亿元，同比减少 12.94 亿元。

【资金业务】2019 年，完成马钢财务公司等 9 家财务公司评级授信续评，新增珠海华发财务公司等 3 家财务公司同业授信，打通招商银行、中信银行及兴业银行人民币同业拆借通道，与 5 家商业银行建立稳定的同业合作渠道，全年拆入资金 89.2 亿元，积极配合头寸管理，有效补充流动性缺口；利用市场利率窗口期，调整同业资金配置策略，发挥资金规模优势，与兰州银行等金融机构议价合作，提高阶段性闲置资金收益，全年实现同业存款利息收入 4392 万元。

【票据业务】2019 年，紧盯票据市场价格走势，适时调剂贷款与票据规模比例，并积极申请人民银行再贴现额度，获取低成本外源资金，强化持续信贷服务能力，协助成员单位降低财务费用。全年申请再贴现额度 5.23 亿元，利率为 2.25%，办理票据贴现 6.44 亿元，办理再贴现 5.23 亿元，开具电子商业承兑汇票 12.09 亿元。

【外汇业务】2019 年，以严风险、稳推进为原则，紧盯交易对手交割速度，准确预判汇率走势，把握外汇市场时机，同时掌握成员单位结售汇需求，提供低于商业银行近 138 个基点的优惠汇率，利用集团产业背景优势，全年结售汇规模高达 23.14 亿美元，居全省金融机构第一位，为成员单位节省财务费用 3202 万元，打造优质金融服务，强化结售汇平台效应，提高品牌认可度。

【创新业务】2019 年，由集团优质子公司担保，为暂不具备信用贷款的子公司发放贷款，通过提高内部金融资源效率，解决集团小微企业融资困境；以大票换小票方式，为成员单位质押开票，避免产生大额银承手续费和贴现利息，降低成员单位融资成本；以保证金质押方式，为原不具备授信条件的成员单位开具保函 0.12 亿元，节约保函费用 22.17 万元，有力支持成员单位经营发展。

【风险管理与内部控制】2019 年，公司围绕年度监管评级工作，梳理风险管理、合规内控薄弱环节，建立整改台账，部门主动认领任务，压茬落实，为提升财务公司监管评级奠定基础；完善贷后实质管理和资产五级分类，进一步明确分类认定标准、清楚界定内容和靠实划分类别；定期开展压力测试，及时修编内控制度，坚守风险防范底线。

【人力资源管理】组织参加财务公司协会和银行业协会举办的业务培训，2019 年共组织参加 8 期、15 人次，提高员工学习力和创新力；每月开展业务制度、风险案例和金融法律法规学习，提升风险防范意识；组织相关人员赴商业银行和其他财务公司学习考察，强化同业间交流学习，借鉴先进经验，为业务拓展起到正向作用。

【信息化建设】2019 年，制定 14 项信息化管理制度，完成 436 项案例测试，7 月份上海票交所全直连项目正式上线，完成电票系统与上海票交所系统直连对接，替代了原有电子商业汇票系统（ECDS）与客户端分离的操作模式，实现了资金线上划转，提高了票据清算效率和流通速度。

锦江国际集团财务有限责任公司

【集团概况】 2019 年，锦江国际（集团）有限公司（以下简称“集团”）资产规模为人民币 1065 亿元，净资产规模为人民币 337 亿元，营业总收入实现人民币 347 亿元，利润总额完成人民币 26 亿元。截至 2019 年末，集团已开业酒店总数近 10000 家，客房 100 万间，分布于全球 120 个国家或地区，会员超过 1.5 亿人，全球酒店集团 300 强排名第 2 位。

【经营概况】 2019 年，锦江国际集团财务有限责任公司（以下简称“公司”）实现营业收入 20342 万元，净利润 5869 万元，均大幅度超额完成经营预算任务。截至 2019 年 12 月末，公司后三类资产迁徙率为零，不良资产率继续保持为零。

【资金集中】 截至 2019 年 12 月 31 日，在公司开户的集团成员单位累计结算资金 23 万余笔，共计 1279 亿元，公司归集集团资金约 85 亿元，资金集中度为 40.39%，较上年略有提高。

【业务创新】 2019 年，公司一是落地自贸区跨境资金池，助力集团归集海外资金。公司经人民银行上海分行的审批同意，与银行合作搭建集团上海自贸区人民币全功能跨境资金池。截至 2019 年末，通过资金池实现归集上收集团境外资金 1.27 亿欧元，0.98 亿港元。二是筹备开展电子票据业务工作。2019 年已完成推进票据业务所需的相关人才队伍建设、产品方案设计、合作银行签约、制度流程设计以及业务系统建设等一系列筹备工作，待上海银保监局对公司票据业务进行审慎评估后正式开展。

【内部控制】 2019 年公司完成内控制度修订换版工作，共审议制度新增和修订草案 30 个，覆盖合规、风险、法律、公司业务等多个领域。2019 年 12 月，公司监事会正式成立，审议通过了监事会议事规则、章程修正方案、董事及高管层履职评价报告、问责工作报告以及内审工作报告等，并明确了年度监事会工作计划。至此，公司法人治理结构进一步完善。

【人力资源管理】 2019 年，公司继续加快公司人才队伍建设，从外部引进多个岗位 10 名专业人才和专业对口应届毕业生，组建了公司金融部产业链金融组和计划财务部（跨境）资金组，从内部培养晋升办公室和稽核部负责人 2 名。通过“外引”和“内培”相结合的途径，公司人才队伍进一步充实，人才梯队结构进一步完善。同时，初步建立了较为科学的薪酬体系和绩效考核机制。

【信息化建设】 2019 年，公司持续推进综合业务系统建设，在新一代综合业务系统的基础上，进一步落地上线了同业业务、票据业务、保函业务模块以及 LPR 功能。与此同时，公司完成灾备系统升级并搭建网络准入系统。12 月陆续完成数据传输、银企直连、全面测试和内部演练。两系统搭建投产后，可以保证公司业务连续性和数据可靠性。

【企业文化建设】 2019 年，公司党支部聚焦主业主责，严格落实党中央和上级党委的决策部署，严格贯彻执行党章党规，严格履行“三重一大”决策，真正落实“双向交叉、共同进入”。公司党员比例达到 50% 以上，做到部门有党员、领导是党员、骨干多党员，时刻保持危机意识、使命意识，发挥先锋模范作用。

晋煤集团财务有限公司

【集团概况】 山西晋城无烟煤矿业集团有限责任公司（以下简称“集团”）是全国最大的煤层气开发利用企业、我国优质无烟煤重要的生产基地、最大的煤化工企业集团、最大的瓦斯发电企业和山西最具活力的煤机制造企业。

【经营概况】 2019年末，晋煤集团财务有限公司（以下简称“公司”）资产总额155.81亿元，负债总额139.42亿元，存款余额138.15亿元，贷款余额53.88亿元，全口径资金集中度为34.89%。2019年，完成营业收入4.45亿元，实现利润总额3.10亿元，净利润2.36亿元。2019年，公司资产收益率为1.63%，净资产收益率为14.85%，资本充足率为16.31%，流动性比例为55.51%，贷款拨备率为4.12%，不良贷款及不良资产率为零，各项风险控制指标符合监管要求，全年安全无事故。

【信贷业务】 2019年，公司充分发挥内部金融资源配置功能，按照集团“一主三辅”战略布局，加大对成员单位的信贷支持，积极为成员单位办理贷款、代签银行承兑汇票、委托贷款等业务。与兴业银行、浦发银行签订了代签银承合作协议，创新开展了订单融资业务，2019年共办理流动资金贷款51.39亿元，委托贷款153.12亿元，代理签发银行承兑汇票29.92亿元。

【资金和投资业务】 公司制定并下发《2019年投资业务指引》，优化投资业务资产结构；加大直接投资占比，积极开展债券投资和债券回购业务，2019年共新增债券投资7000万元；研究金融机构的同业合作产品，2019年共新增16项理财产品纳入投资池中，开展中短期投资业务，灵活配置产品，提前锁定高收益资产。2019年实现收益6506.30万元，未发生投资风险事件。

【票据业务】 2019年，公司电子商业汇票系统、票据交易系统、线上清算系统正式上线，并成功签发电子银行承兑汇票、办理票据转贴现、再贴现业务，财务公司票据集中管理水平不断提高，服务成员单位能力进一步增强。2019年末共计77家成员单位开通电票功能，全年办理签发银行承兑汇票1.21亿元，票据贴现12.59亿元，票据再贴现2300万元。

【资金集中】 2019年，公司资金集中工作进入新的阶段。一是制定《晋煤集团资金集中管理办法》。公司在集团的定位由“资金集中管理的平台”上升为“资金集中管理的主管机构”，公司在集团内部的管理地位和影响力显著提高。二是制定《2019年度资金集中工作安排》，实时关注各成员单位的账户资金变动，采用“实时+定时”的方式及时归集资金；月末重点关注同名户付款；与信贷业务进行联动，督促归集；每月选取两家单位重点督导，最大限度减少资金的外部沉淀。三是严格执行资金集中度考核要求，通过账户检查工作，及时反馈成员单位资金集中工作的有关问题及建议，为集团公司对资金集中管理工作的决策部署提供参考依据。四是积极配合浦发银行直连测试，将直连银行扩大到9家，进一步拓宽归集渠道。

2019年公司归集的资金总量较上年度有较大提升。2019年共352家成员单位在公司开户；吸收存款日均122.3亿元，较上年增加35.9亿元，增幅为41.55%；日均结算量626笔，较上年增加47笔，增幅为8.12%。全口径资金集中度为34.89%，较年初提高了7.33个百分点；月度平均资金集中度为29.63%，较同期提高了7.61个百分点。

【业务创新】 公司制定《创新业务管理办法》，规范了创新业务的开展流程，新增券商资管计划、债券基金、PPN 和永续债四类投资业务品种，拓宽了投资渠道；取得承销成员单位的企业债券新业务资格；制定《委托投资管理办法》和《委托投资业务合同》，明确业务开展的流程和风险管理措施，并办理首笔委托投资业务，为后续开展委托理财业务奠定了基础。

【人力资源管理】公司启动“人才库”计划，印发《晋煤集团财务有限公司人才库管理办法》，构建多维度人才评价体系，通过设计合理分级、导向清晰的可量化评价指标，打造更加有效的人才遴选、储备机制；按照集团公司、公司员工晋升通道发展方向，起草业务序列发展通道管理办法，对竞聘条件、评价机制、考核评价、薪酬分配等内容进行深入研究，为加强人才梯队建设进行有益探索。

【企业文化建设】公司制定《庆祝公司成立10周年系列活动安排意见》，完成十周年宣传片拍摄、宣传册制作；组织开展生产矿井实践体验活动；邀请公司历届领导召开纪念座谈会，并举办公司成立10周年纪念大会和文艺晚会。系列活动的举办激发了公司员工空前的凝聚力、向心力，活动效果得到了集团领导、公司领导的高度评价，对公司的企业文化建设产生示范作用。

京能集团财务有限公司

【集团概况】北京能源集团有限责任公司（以下简称“集团”）前身是北京国际电力开发投资公司，成立于1993年，随后分别与北京市综合投资公司、北京市热力集团有限责任公司、北京京煤集团有限责任公司进行合并重组。集团是以电力生产和供应，热力生产和供应，煤炭生产和销售，房地产开发经营、物业管理为主营业务的综合性能源服务集团，是北京市国资委管理的国有独资企业，注册资本人民币204亿元。控股京能清洁能源、京能电力、昊华能源、京能置业4家上市公司。截至2019年末，集团总资产3050亿元，实现利润总额50.51亿元。

【经营概况】截至2019年末，京能集团财务有限公司（以下简称“公司”）注册资本30亿元，资产总额209亿元，负债合计171亿元，资本充足率为20.32%。2019年，公司存贷款规模、营业收入、利润总额等主要经济指标均实现了稳定增长，主要任务指标均圆满完成。其中，利润总额实现5.19亿元，净资产收益率为10.60%，全口径资金集中度为66.14%，人均创利实现1153.13万元。2019年荣获集团突出贡献集体奖。

【服务实体】公司加强功能定位，全面提升自身服务能力，结算业务量大幅增长。2019年服务客户数达384家，本币结算量6815.02亿元，外币结算量80.69亿元，资金结算笔数19.66万笔，结算收支比超5倍。

【信贷业务】公司大力支持集团融合改革发展，通过提高资金周转效率，优化贷款结构，缓解成员单位资金压力，全年贷款规模稳中有升，超额完成年度经营指标。截至2019年末，贷款余额145.71亿元。不断强化资金归集力度，可用资金规模不断提升，2019年累计向集团成员单位提供融资支持357.05亿元。同时，秉承“依托集团，服务集团”的宗旨，持续助力集团立足北京，深耕京津冀，发展绿色能源。加大对京津冀地区成员单位的信贷支持力度，2019年融资支持京津冀地区成员单位20家，全年累计发放贷款269.02亿元。优化信用评级和综合授信体系，加大对绿色贷款的政策支持，全年累计向绿色能源企业提供贷款23.53亿元。持续加强贷后检查工作，实地拜访平台及重点企业，有效防范业务风险。

【资金业务】由于银行间市场流动性充裕，资金价格长期在低位运行，同业业务收入较2019年出现一定幅度的下滑。截至2019年末，同业定期存放利息收入1688.65万元，同业拆出利息收入71.94万元，累计拆入资金11亿元，拆入资金利息支出65.97万元。加强资金计划管理，助力集团全面实现预算管控，同时不断提高资金调度管理水平，提升资金运作效率，完成大额资金调度299笔，实现增收1483万元。

【投资业务】2019年，公司坚持均衡配置的投资策略，债券配置以存量持有为主，依据流动性阶段性投资同业存单，8月公司获得监管批复取得固定收益类有价证券投资业务资格，于10月正式开展货币型基金投资业务。截至2019年末，累计实现投资收益4084.36万元，其中，债券投资收益3243.51万元，同业存单投资收益347.13万元，货币基金投资收益493.72万元。

【外汇业务】加强与监管机构的高效沟通，在保障外汇业务进一步规范发展及风险预防的基础上，积极拓展外汇业务，截至2019年12月末，吸收外币日均存款3823.48万美元，累计同业运用笔数19笔，累计运用金额39340万美元，为成员单位创收利润92.94万美元。完成跨境资金集中运营业务的备案工作，以公司作为主办企业，集中运营管理集团下属37家境内外成员企业，可开展外债额度集中98.96亿美元、境外放款额度集中46.28亿美元，标志着以公司为平台的跨境通道正式打通。

【资金集中】公司以服务为导向，多次组织客户资金管理培训，加强企业实地调研，深入了解问题、解决问题，与成员单位形成良好的产业协同和发展。先后与8家银行建立银企直连，与384家成员单位建立客户关系并完成银行直连账户关联742户，助力集团资金集中管理，加强账户监控管理，促进公司境内账户集中比升至58%。持续加强资金集中管控力度，2019年成员单位平均资金归集率为71.07%，同比增长21.5%；日均存款规模167.85亿元，同比增长25.01亿元，增幅为17.51%。

【业务创新】2019年，公司向监管机构申请新业务资格，完成新业务资格申报材料、管理标准修订、核心系统建设等多项工作，于2019年8月13日获得北京银保监局批复的固定收益类投资资格。新业务资格的获批，不仅拓宽了公司的投资范围，丰富资产配置品种，提高资金使用效率，而且更好地发挥公司作为集团资金集中管理的平台功能，在满足资金安全性、收益性、流动性的基础上，创造新的利润增长点。

【风险管理和内部控制】把握风险管理主动权，全面启动管理升级工作。以表单体系为突破，推动授权、职责于决策、执行和监督全过程的细化覆盖。以风险评估为契机，开展全面风险识别，制定重大风险应对措施。以监管评级为抓手，实现合规指标权重不低于其他类指标且合计不低于40%的量化考核。紧抓业务和客户，扎实推进内控合规工作。设计编制25类业务合规底稿，搜寻建立28个管理标准法规模块，防范业务合规风险。组织实施内控评价，完善内控规章，查找分析缺陷，动态且持续提升内部控制机制。在日常稽核的基础上，开展新业务"货币型基金投资业务"专项稽核。实施年度薪酬考评稽核，拓宽管理活动稽核边界。监督与落实双管齐下，巩固加强查改一体化的后督管理体系。对标监管风险评级，确保良好评价水平。

【人力资源管理】顺应集团融合改革步伐，以薪酬管理、员工发展方面的机制优化和创新带动企业凝聚力和团队战斗力提升。坚持党管干部原则，坚决把政治素养放在干部培养和选拔的首要位置，加强干部选拔任用工作。组织开展集团内部公开招聘，引入集团系统内优秀财务、信息化等领域专业人才12名，招录应届毕业生2名，持续推进人才队伍建设。深化人力资源管理，优化薪酬绩效管理制度，持续完善人力资源管理体系。积极利用内外部资源开展员工培训，以多方位立体化内训课程促进团队融合，以业务技能为导向的外训课程铸炼创新本领，不断推进“三基九力”团队建设。

【信息化建设】积极开展“护网2019”专项行动，通过加强技术手段、开展应急值守等动作，圆满完成保障新中国成立70周年庆典网络安全防护任务；为全面打造适合公司发展的金融平台，进一步提升金融服务水平，公司新一代资金管理系统于2019年3月底正式上线，同时承接了集团资金集中管控系统项目和相关基础设施的建设，以此支撑转型升级的战略落地；继续完善信息系统功能，实施八家银企直连接口、短信平台接口和增值税接口升级，有效提高系统可用性和可靠性；开展IPv6升级改造，实现门户网站支持IPv6连接访问；部署CA、负载均衡HA方案并优化网络安全设备策略，提供系统高效访问。

【企业文化建设】坚持弘扬企业文化精神，以党建带工建、党建带团建，团结带领广大员工增强担当责任使命，贡献集体智慧和力量。围绕企业中心工作，持续丰富文化活动，开展推优评先活动，组织趣味运动会、篮球赛等文体活动。积极推进职工之家建设，丰富员工的业余文化生活。注重关爱职工身心健康，开展健康咨询、心理讲座等活动，减轻职工压力；关注员工家庭生活状况，让职工有归属感。推行领导人员接待制度，落实职工合理化建议，为职工解难事、办实事，不断增强企业向心力和凝聚力，动员和凝聚广大员工在推进公司高质量发展中建功立业。

酒钢集团财务有限公司

【集团概况】酒泉钢铁（集团）有限责任公司（以下简称“集团”）于1958年成立，注册资金144亿元，主要经营范围包括制造、铝冶炼、采矿、能源、房地产业等。2019年营业总收入完成1036亿元，同比增长8%；工业总产值完成662亿元，同比增长14.1%；利润总额实现4.06亿元，同比增长100%。

【经营概况】2019年，酒钢集团财务有限公司（以下简称“公司”）资产总额129.93亿元，负债总额90.66亿元，所有者权益总额39.27亿元。实现营业收入3.71亿元（含投资收益），利润总额2.33亿元，资产收益率为1.58%，净资产收益率为5.17%。截至2019年末，公司资本充足率为28.14%，流动性比例为36.94%，存贷比例为122.77%，担保比例为60.13%。

【服务实体】公司以改革发展为动力，以防范风险为主线，以提升服务为中心，充分发挥非银行金融机构资金融通、资源整合、价值增值的“金融纽带”作用，在加强集团资金集中管理、提高资金使用效率、降低融资成本等方面起到了重要作用，为实体经济发展提供了有力的金融支持。

【信贷业务】公司以保证成员单位资金需求，降低融资成本为目标，通过拓宽融资渠道、创新金融产品、严控业务风险等一系列举措，有效提升金融服务能力，助力集团发展。2019年累计投放流动资金贷款86.19亿元，累计办理法人账户透支业务276.63亿元，累计办理贴现13.94亿元。

【投资业务】充分发挥投资业务职能，大力开展符合公司风险管理水平、流动性管理能力的投资业务，稳步拓宽投资渠道，积极转变投资策略，优化投资结构，全面提升专业化投资运作效能、增强风险识别与管理水平、推进业务转型发展，有效提高了公司资金使用效率及运作效益，2019年全年实现投资收益4915.67万元。

【票据业务】公司不断创新票据业务管理模式，提高成员单位票据管理效率、拓宽融资渠道、降低运营成本，提升公司票据市场认可度及变现能力，降低支付结算风险。票据业务的推广一方面盘活了成员单位闲置票据资产，另一方面拓宽了成员单位融资渠道，2019年累计为成员单位签发财务公司电票44.48亿元。

【资金集中】2019年，公司不断加强资金归集力度：一是加强对成员单位专户资金、备用金账户的管理，全年归集专户资金近1.52亿元。二是加强成员单位账户的集中管理，强化与商业银行的合作，扩大银企直连范围，实现了与12家商业银行的银企直连。三是全面推进并实现了265个成员单位账户“零余额”管理。截至2019年12月31日，公司全口径资金归集率为64%，可归集口径归集率为99.24%。

【外汇业务】开办结售汇业务是公司创新服务方式、促进业务升级的重要举措。公司开展结售汇业务，能够为成员单位提供比外部金融机构更有优势的结售汇价格，减少成员单位的汇兑交易成本，降低整体财务费用。2019年累计为成员单位办理结售汇业务0.30亿美元。

【风险管理和内部控制】2019年公司以“制度落实年”为抓手，落实全面风险管理和内部控制要求：一是通过不断完善制度框架体系，细化分级分类，明确范围与内容；二是深化业务合规体系建设，完善指标监测体系，强化红线意识；三是加强全面风险排查及票据专项检查，积极落实整改并严肃问责；四是强化内控管理，健全体制机制建设，保障公司稳健运行。

【审计监察】2019年度，开展内外部审计和非现场监管项目共9个，其中，甘肃银保监局现场检查项目2个，集团公司审计检查项目2个，财务公司内部审计监察项目5个。公司全面开展问题跟踪检查，完善审计闭环系统。从日常工作纪律、落实公司决策、部门岗位履职、工作协作交流、对外联络沟通五个方面入手，开展效能监察工作。

【人力资源管理】2019年，公司依据市场化管理的模式重新修订了《薪酬管理办法》，制定了全员绩效延期三个月季末考核发放制度，实施专项奖励，极大地调动了广大职工的工作热情和拓展市场的积极性；在人才队伍建设上成功签约国家985、211重点院校应届毕业生5名，为公司的发展注入高质量新鲜血液。

【信息化建设】完成系统运维管理平台和微信公众号建设，实现移动端网络监控和运维管理；完成票据交易直连接口规范升级和证书链到期更换，确保与中国票据交易系统有效对接；完成人民银行公文交换系统平台上线和金融统计上报系统搭建，实现与人民银行间在线电子公文交换和金融统计报表在线上报；完成公司网站IPv6访问软硬件改造工作。

【企业文化建设】2019年，公司党委深入学习贯彻党的十九大和十九届二中、三中、四中全会精神，以习近平新时代中国特色社会主义思想为指导，提高认识、强化职工队伍，深入开展“不忘初心、牢记使命”主题教育，不断提炼企业文化新内容，增强公司职工的凝聚力和战斗力，为公司高质量发展提供了坚强的组织文化保证。

巨化集团财务有限责任公司

【集团概况】巨化集团有限公司（以下简称“集团”）是浙江省国资委下属的国有控股企业。集团下设12个事业部和6大中心，化工主业涵盖氟化工、氯碱化工、石化材料、电子化学材料、精细化工等；环保产业涵盖城市与工业污水处理、危废与垃圾焚烧填埋等；兼有功能性新材料、装备制造、公用配套、物流商贸等生产性服务业。2019年，集团实现营业收入 321.64 亿元，利税 18.78 亿元。

【经营概况】2019 年是巨化集团财务有限责任公司（以下简称“公司”）认真贯彻集团“稳基础、促革新、拓格局、高质量”工作方针富有成效的一年。围绕新发展理念，坚持回归本源，把服务集团实体经济作为高质量发展的出发点和落脚点，坚持专注主业，集中优质金融资源支持集团产业转型升级和绿色发展，坚持风险管控，不断提升合规稳健经营水平，各项经营工作取得了显著的成效。2019 年，公司实现营业收入 12531.73 万元，利润总额 8820.69 万元，吸收存款余额 32.88 亿元，发放各类贷款余额 32.14 亿元，资金归集率为 63.98%。

【服务实体】2019 年，公司进一步深化理念转型、管理转型、服务转型，主动发挥“资金归集、资金结算、资金监控、金融服务”平台功能，认真做好资金集中、贷款发放、利率浮动、票据再贴现、同业拆借等各项业务，持续推进高质量发展。

【信贷业务】2019 年，公司共完成 22 家成员单位综合授信 48.84 亿元，其中，19 家成员单位存量授信 46.04 亿元、3 家成员单位新增授信 2.8 亿元，各成员单位所有授信项下的贷款基本不超过基准利率。公司自营贷款发放金额 34.22 亿元，收回贷款 30.81 亿元，全年实现净投放 3.41 亿元，办理集团委托贷款 0.86 亿元，发放贷款基本执行基准利率，委托贷款办理免收手续费，有力地支持了集团实体经济的发展。

【资金业务】2019 年，公司积极向人民银行衢州市中心支行争取优惠政策，全年共办理票据再贴现 3653 万元，再贴现利率为 2.25%，较同期市场利率优惠 80 个基点以上，间接地降低了集团财务费用约 30 万元，同时增加了公司的资金头寸。

【投资业务】2019 年，在市场利率下行的情况下，通过公司各部门的协同配合，累计申购货币基金 5.1 亿元，赎回 3.82 亿元，实现投资收益 1180 万元，平均税后收益率为 2.86%，折合税前收益率为 3.81%，超额完成年初确定的预算目标。

【票据业务】2019 年，公司不断推进电票系统收付电票业务，完成应收款链 1 亿元、公司承兑的汇票 1 亿元入浙商银行票据池。2019 年累计入票据池总额 33.4 亿元（含应收款链 1 亿元）、出票总额 21.24 亿元，兑付总额 19.87 亿元，降低集团财务费用约 3000 万元。

【外汇业务】2019 年，公司向人民银行衢州市中心支行上报请示四份，完成工商银行、农业银行、中国银行三家国际主账户销户。9 月 9 日，收到《国家外汇管理局浙江省分局关于巨化集团有限公司开展跨境资金集中运营业务备案的批复》，同意公司作为集团开展跨境资金集中运营业务的主办企业（含 16 家境内成员企业，2 家境外成员企业）。集团可集中调配的外债额度 329280 万美元，可集中调配的对外放款额度 49392 万美元。

【资金集中】2019 年，公司对成员单位资金做到应归尽归，并与巨化股份、宁波巨榭协同，及时上收票据池保证金户资金 12 亿元，年末吸收存款余额 32.88 亿元，1—12 月平均吸收存款 25.58 亿元。

【业务创新】2019 年，公司与浙江衢州柯城农村商业银行股份有限公司办理票据买断式转贴现 1 笔，7 张票据金额合计 1594.9 万元，转贴利率为 2.46%。通过加强金融机构同业间的合作，有利于优势互补和资源共享，形成公司新的利润增长点。

【风险管理和内部控制】2019 年，公司认真学习贯彻落实监管部门各项监管政策，通过完善法人治理结构，细化内部控制机制，加强常规、专项稽核工作，有效地建立了风险隔离防火墙，实现全年无案件、无重大责任事故、无不良“三无”目标，为保障公司安全稳健运营发挥了积极作用。

【人力资源管理】为建设一支适应新形势需要的学习型、研究型、专家型、务实型、开拓型的干部员工队伍，2019 年，公司积极开展岗位任职资格培训工作，通过人民银行、银保监会、财务公司协会、银行业协会等多层次、多样化的培训体系，以及到相关单位挂职等方式，整体提高干部员工的综合素质，实现“人—岗”匹配，提高工作绩效，拓宽职业发展通道，增强业务管理创新能力。

【信息化建设】2019 年，公司实施机房核心安全加固项目，上半年完成设备选型、合同签订工作，7 月份完成九恒星应用服务器迁移，9 月份完成网络机房改造，10 月份完成银行防火墙和外网防火墙升级，11 月份完成数据库服务器、存储设备升级和数据迁移。项目实施完成后，新设备运行稳定，系统速度明显提升，同时原有设备转为冷备用设备，消除了原来单点设备故障的隐患。

【企业文化建设】2019 年，公司以主题党日活动为抓手，做好党员干部的日常教育管理工作，充分发挥党员的先锋模范作用。公司结算业务部获得浙江省三八红旗集体称号，一名公司员工被推荐为最美巨化人候选人，并被评为集团先进个人，另一名员工评为党群服务中心优秀共产党员。公司结算业务部巾帼文明岗及员工常年与贫困儿童结对子，献爱心。三位员工常年参加爱心献血活动，每年爱心献血都在 200CC 以上。

开滦集团财务有限责任公司

【集团概况】开滦（集团）有限责任公司（以下简称“集团”）是中国特大型能源化工企业，始建于 1878 年，已有 142 年的历史，创造了多个中国近代工业的第一，享有“中国煤炭工业源头”“中国近代工业摇篮”等盛誉。集团已发展成煤炭生产、洗选加工、煤化工、现代物流、矿业工程服务、金融服务、文化旅游、装备制造、热电、建筑施工等多业并举的大型企业集团，主要分布在河北唐山、河北张家口蔚州、河北承德兴隆、河北石家庄、河北大城、内蒙古鄂尔多斯、新疆准东、山西介休以及加拿大盖森地区；集团直接设立的分公司 38 家，下辖全资和控股子公司 150 家，其中包括 1 个能源化工上市公司。

【经营概况】2019 年，开滦集团财务有限责任公司（以下简称“公司”）全面贯彻集团党政工作会议精神，认真落实监管要求，不断增强公司抗风险能力，全面实现了各项任务目标。截至 2019 年末，公司实现营业收入 2.61 亿元，同比下降 0.01 亿元，减幅为 0.38%；实现利润 1.85 亿元，同比增利 0.09 亿元，增幅为 5.11%；各项监管指标均优于监管部门的要求。

【新增业务】公司加强与外汇管理部门的沟通，跨境资金集中运营业务完成重新备案工作。通过重新备案，公司获取跨境资金集中运营全牌照，实现多项突破。集团可用外债额度由原来 5 亿美元增加到 8 亿美元、合作银行由原来 3 家扩大到 8 家、新增境外放款额度集中管理和轧差净额结算两项新资质、首获 2 亿美元的对外放款额度、实现集团母公司外债额度共享。同时，于 2019 年 12 月成功获取安全生产责任保险等四项代理资质，扩大了保险兼业代理范围，为集团节约保险费用 100 余万元。

【信贷与中间业务】截至 2019 年 12 月末，公司贷款余额 55.89 亿元；委托贷款业务余额 81.37 亿元。公司信贷业务按照人民银行信贷部门要求，将基准利率转化为以 LPR 为定价基准。

【票据业务】2019 年，公司开具的电子承兑汇票余额 13.50 亿元，通过公司平台开具的成员单位商票余额 8.50 亿元，在人民银行实现票据再贴现 0.63 亿元。

【头寸管理】公司着力强化头寸管理，充分利用各单位资金需求时间差，统一调度，合理配置，降低资金备付率，集中有限资金用在关键时点和部位，满足了集团各成员单位正常生产经营需要，最大限度地实现资金的时间价值。

【资金集中】公司持续推进账户、资金、预算、结算、票据等集中管理，基本形成账户统管联动、资金全面归集、支出预算控制、结算头寸调配、票据集中统筹的资金集中管理体系，有效提升了集团的资金使用效率。截至2019年12月末，公司开户单位共计128个，除集团境外公司和多元股权合营公司外，集团绝大部分单位已纳入公司管控，公司归集资金67.07亿元。

【风险管理和内部控制】公司推进制度修订新增，结合公司发展和业务实际，2019年修订完善69项管理制度，其中，新增制度14项、修订制度54项、废除制度1项，提升了公司制度建设的规范化水平；建立票据舆情通报机制，做好日常风险评估、员工行为排查等工作，并按照监管要求开展了“巩固治乱象成果，促进合规建设”、案件警示教育、风险排查、合规合法自查等工作，促进公司合规管理；推进内部审计工作，2019年围绕运营绩效情况、对账情况、投资理财、授权管理、资本管理等开展了27个审计项目，实现审计项目对各业务条线全覆盖，有力发挥审计监督保障作用。

【信息化建设】公司完善优化系统功能建设，支持结算、预算、信贷、票据、核算等重点业务开展，实现了系统对业务的覆盖；推进反洗钱监测系统、EAST系统、异地灾备、电票系统升级改造、电票系统指纹KEY及数字证书更新、统计数据报送平台等项目建设；完成了与浦发银行、中信银行、招商银行银企直连，升级了建设银行银企直连系统；推进实施了信息科技风险评估及整改，提升系统安全保障能力。

【人力资源管理】公司采取请进来、走出去、金融大讲堂等多种形式组织培训，收到良好效果；以组织资格考试、职称考试、学历考试为重点，完善培训学习保障机制，团队金融专业素养不断提升。

浪潮集团财务有限公司

【集团概况】浪潮集团有限公司（以下简称“集团”）是中国领先的云计算、大数据服务商，旗下拥有浪潮信息、浪潮软件、浪潮国际3家上市公司，已为全球120多个国家和地区提供IT产品和服务。集团自主研发的中国第一款关键应用主机浪潮K1使中国成为继美国、日本之后第三个掌握高端服务器核心技术的国家，并荣获2014年度国家科技进步一等奖。2019年度，浪潮服务器继续保持中国第一、全球第三。浪潮云成为山东省互联网独角兽企业，估值达100亿元。集团管理软件连续17年市场占有率第一。2019年12月，集团获批承建行业内唯一的“国家云计算装备产业创新中心”。浪潮云洲工业互联网入选工信部国家级十大双跨平台。

【经营概况】浪潮集团财务有限公司（以下简称“公司”）于2019年10月12日取得中国银保监会批复，12月23日通过山东银保监局验收，12月28日正式开业。公司以“依托集团、服务产业”为宗旨，以“规范治理、合规经营”为根本，发挥四个平台的作用，围绕集团“云+数+AI”新型互联网企业的战略目标，为成员单位提供专业化金融服务，助力产业发展。

【风险管理和内部控制】根据《公司法》及公司章程，公司建立了符合现代企业制度要求的法人治理结构，成立了股东会、董事会及相应的专门委员会、监事会和总经理负责的管理层。开业初期，公司建立了较为健全的内部控制制度体系，制定了八大类92项管理制度和业务操作规程，覆盖公司各项业务活动和管理活动。

【信息化建设】公司股东之一浪潮通用软件有限公司为国内财务公司核心系统主要供应商之一。公司在筹建过程中，充分利用股东的IT行业技术优势，遵循等级保护三级安全标准，充分考虑财务公司客户与交易核心业务的稳定性及外围业务快速变化的拓展性需要，采用“小核心、大外围”的架构建设了涵盖前中后台的核心业务系统，核心业务系统以客户为中心，以金融产品工厂支撑各项业务产品创新，以“安全、稳定、便捷”为原则，以风险管控为重点，支撑公司各项业务应用拓展，提供财企直连平台与成员单位业务支付系统、结算共享系统无缝对接，实现业务线上化、电子化，为成员单位客户提供线上开户、电子回单等一站式金融服务；提供财银平台与商业银行直连，实现对私对公、本外币一体化高效清算与自动化对账。

连云港港口集团财务有限公司

【集团概况】连云港港口集团有限公司（以下简称“集团”）是国有独资港口企业，主要从事港口码头装卸与仓储、港口物流与贸易、港口工程与开发、航运交易与服务、资本运作及口岸信息服务。2019年，集团加快打造“一带一路”标杆示范和战略支点，推进“枢纽港、产业港、物流港、贸易港”建设，扩大“主业强、物流兴、联运畅、资本优”成效，实现计费吞吐量同比增长7.4%，集装箱量同比增长6.9%，完成营业收入130亿元。

【经营概况】连云港港口集团财务有限公司（以下简称“公司”）围绕“快速发展年”主题和“提质增效”主线，着力加强公司内控体系建设，提升风险管理水平，深化金融服务质效，业务规模持续增长。截至2019年末，公司资产总额为38.54亿元，负债总额为27.39亿元，所有者权益为11.15亿元，全年实现利润总额1.09亿元。

【服务实体】2019年，公司协助集团与建信金融资产投资有限公司合作完成鑫联散货码头有限公司和港务工程建设有限公司各5亿元市场化债转股项目，为集团降低1.8%的资产负债率，成为中国（江苏）自贸试验区首单市场化债转股项目；协助集团成功发行3年期4亿美元高等级（标普评级BBB－级）无抵押债券，利率为4.1%，进一步拓宽海外融资市场；协助成员单位获得外部银行授信及信贷支持，化解融资瓶颈，增加资金储备，保障资金链安全。

【信贷业务】坚持“一企一策，精准服务”原则，围绕集团码头装卸、物流贸易、港务工程等生产经营重点企业，量身定制金融服务方案，合理搭配产品组合，提供强有力的信贷支持。2019年，完成对12家成员单位总计39.04亿元的授信总额，贷款余额为20.26亿元，较年初新增4.28亿元，全年日均贷款余额18.68亿元，较年初新增4.90亿元，表外信贷客户数量为1户，余额为53.78万元。

【资金业务】2019年新增3家银行和2家财务公司对公司的授信，与亨通财务公司签订了战略合作协议。2019年8月15日，公司正式加入全国银行间同业拆借市场，并在年内完成了首笔同业拆入、拆出业务。9月28日，公司获批集团跨境资金集中运营资格。

【资金集中】2019年，公司共为93家成员单位开立活期账户155户，定期账户9户，委存账户3户，保证金账户5户，自营贷款账户12户。累计办理结算业务10.5万笔，结算金额1722.3亿元，节约结算手续费用146万元。

【风险管理与内部控制】公司深入开展2019年市场乱象整治活动、数据治理年活动和风险防控“大排查、大处置、大整改”活动，认真落实扫黑除恶、防范非法集资、反洗钱等专项排查活动。顺利通过连云港银保监分局对公司流动性风险及票据业务的专项检查。进一步完善业务流程、规章制度和考核体系，修订完成第三版《制度汇编》和第二版《内控合规手册》。落实年度岗位轮换和强制休假计划。

【人力资源管理】稳步推进薪酬制度改革，完善薪酬制度体系和收入分配机制，优化绩效考核指标，加强绩效考核力度，实行岗位工资和绩效工资“双考核”，重新设置岗位序列，建立管理与技术“双通道”。加强教育培训管理，推进内训师队伍建设，组织开展内培18期，参加外培14期，累计参培320余人次，员工参训率为100%。

【信息化建设】2019年7月5日，新财资管理系统成功切换上线，增加了风险管理与分析、非现场监管数据管理、反洗钱以及拟开展的新业务等模块，增强了数据分析能力，能够更好地协同业务发展与风险防控，为公司业务发展提供高效便捷的信息化平台。征信数据报送系统通过测试验收，反洗钱系统、同业拆借系统均已投入使用。

【企业文化建设】公司实施“三星人才”培养工程，开展传统佳节职工活动、户外拓展、读书沙龙等，丰富职工文化生活。落实健康体检、互助医疗、优秀子女奖励、生日祝福等关爱措施，增强职工归属感。

联通集团财务有限公司

【集团概况】中国联合网络通信集团有限公司（以下简称“集团”）于2009年1月6日在原中国网通和原中国联通的基础上合并组建而成，在国内31个省（自治区、直辖市）和境外多个国家和地区设有分支机构，是中国唯一一家在纽约、香港、上海三地同时上市的电信运营企业。集团连续11年入选世界500强企业，在2019年世界500强企业中列第262位。2019年4月23日，集团正式发布了5G品牌标识“$5G^n$”以及主题口号“让未来生长”；6月6日，工信部正式向集团发放5G商用牌照。

【经营概况】联通集团财务有限公司（以下简称“公司”）2019年经营情况良好，收入完成14.34亿元，利润完成7.07亿元，年末资产总额539.06亿元；同业存款和集团结构性存款实现利息收入8.51亿元，综合收息率为2.89%。截至2019年12月，集团带息债务规模262亿元，较年初下降197亿元；财务费用3.4亿元，同比减少55.5%；集团资金集中度为96%，远超国务院国资委要求。

【信贷业务】公司完成集团500亿元公司债券注册，创造性地制定了“双市场”债券竞价、发行机制；作为债券发行财务顾问，协助集团完成多期SCP、MIT发行；牵头完成集团混改资金优化补流；围绕业务需求提供委托贷款、保函及保理等金融业务，截至2019年12月末，自营贷款余额195.69亿元，较年初余额增加105.69亿元，同比增幅超过117.43%。

【资金管理】公司在头寸和流动性管理方面进行自我加压，通过与集团总部财务部门建立联席会议制度，按需沟通集团整体现金流情况，促成集团企业侧与财务公司金融同业侧“大、小头寸”的互通互济；强化资金计划准确性，进一步压降核心备付量，存放同业存款和集团结构性存款实现利息收入8.51亿元，2019年累计综合收息率为2.89%，超过加权后的Shibor59个基点。

【投资业务】公司2019年成立投资管理部，在形成宏观经济数据模型的基础上，对宏观经济形势、资本市场走势、热点经济事件等内容进行重点研究，定期发布研究报告，涵盖以月度为维度的宏观及金融市场报告、以日为维度的每日财经资讯，以及不定期的市场热点事件快评；积极参加外部投资者交流会议，跟踪市场观点、研判市场走势、把握投资者动向，实现了研究先行、更好地服务于集团主业的目标。

【票据业务】公司历时半年设计、优化公司票据产品流程和端到端能力，初步打造集团公司“票据池”，2019 年累计为 29 个省公司、3 家子公司开立财务公司承兑汇票 266 张，完成票据贸易真实性材料审核 2000 多份，累计财务公司开票规模超过 26 亿元。

【资金集中】2019 年，公司新增与兴业银行、浦发银行、广发银行 3 家银企直连，拓宽了资金归集路径，重新梳理集团资金集中管理的原则与业务合作策略，截至 2019 年 12 月末，资金集中度达到 96.4%，同时及时申请并获批跨境资金集中运营管理业务资质。

【风险管理和内部控制】公司坚守不发生系统性金融风险的底线，分别从财务公司侧、集团资金管理中心侧对 2019 年度面临的主要风险进行研判，形成 2019 年度全面风险管理报告；完善信用风险偏好说明书及管理策略、细化信用风险容忍度指标并制定风险限额；建立 5 个主要行业评级授信模型及授信额度计算模型；强化全员风险文化，定期面向全员开展金融行业热点、合规专项培训，宣贯合规文化，提升合规意识。

【人力资源管理】2019 年，公司建立全新人力资源优化体系，制定具体可实施的薪酬、职级、晋升等制度落地方案；基于业绩、能力、经验和价值观四个维度，从多方位的视角全面对员工进行评估，并在新的职级体系中落位。原有职级格局被打破，不看年龄看能力、不比资历比贡献的导向初步确立。

【信息化建设】2019 年，公司成立研发中心，自主研发能力初步形成。由业务部门和研发团队共同完成金融服务平台的全部需求分析、功能设计、代码开发、测试和实施准备等工作，使金融服务平台具备了上线条件；对既有核心系统做运维支撑，保证了业务顺利开展；践行“网络强国”国家战略，建立信息安全态势监测通报机制，对生产网、办公网信息安全情况进行严密监测并发布监测通报，完成安全防护系统和安全管理平台部署上线。

【企业文化建设】2019 年，公司坚持以党建为引领，制定财务公司全面从严治党责任清单，建立督办工作台账；开展“2019 年度先锋突击、攻坚克难活动”，激发党员员工在业务方面的先锋模范带头作用；以建国 70 周年宣传为主线，组织红色电影配音、“我与祖国共奋进”等活动，深度融嵌企业文化；结合时政要点和集团战略，邀请集团领导和外部专家进行学习交流；举办总经理开放日活动，多渠道征求员工意见建议，促进员工参与企业民主管理，推动企业健康发展。

潞安集团财务有限公司

【集团概况】山西潞安矿业（集团）有限责任公司（以下简称“集团”）是山西五大煤炭企业集团之一，是国家重要的优质动力煤和喷吹煤生产基地，致力于建设具有国际竞争力清洁能源品牌企业，已成为一个以优势煤炭产业为基础，新型高端现代煤化工为主导，绿色生物健康产业、光伏新能源、高端装备制造等新兴产业协同发展的国有大型现代企业集团。

【经营概况】2019 年，潞安集团财务有限公司（以下简称“公司”）紧跟集团“13865”发展战略，加强资金归集、严防金融风险、创新融资服务、拓宽增收渠道、提升科技水平、加强党的建设，继续夯实加强集团资金集中管理和提高资金使用效率的功能，为集团改革创新和转型发展提供更加专业高效的金融服务。截至2019年末，资产总额199.81亿元，负债总额166.54亿元，所有者权益33.27亿元；表外业务279.73亿元。实现营业收入7.08亿元，利润总额3.62亿元。

【信贷业务】公司以服务集团为导向，积极优化信贷资产结构、提高信贷服务效能，全力支持集团煤炭、制造、现代煤化工、战略新兴等产业的发展。2019年末，公司自营贷款余额87.07亿元，比上年同期增加20.94亿元，增幅为31.66%；委托贷款余额268.33亿元，比上年同期减少4.42亿元，减幅为1.62%；2019年累计办理票据承兑业务10.40亿元，比上年增加2.14亿元，增幅为25.91%；办理委托代理开立国内信用证业务2亿元；累计实现信贷业务收入4.12亿元。

【资金业务】公司通过进一步夯实资金预算管理工作基础，在保障高效开展资金结算业务和保持良好流动性水平的前提下，强化与银行同业机构的合作交流，优化资金计划运用，加快资金周转速度，努力提高资金收益水平，累计获得资金收益2.9亿元。积极争取同业授信额度，畅通外源性资金融入渠道，2019年共取得60亿元同业授信额度，为公司资金业务的稳健运营提供了坚实的保障。

【投资业务】公司坚持以低风险的货币市场基金为主要投资标的，优选市场表现良好的货币基金进行重点持仓，以提升投资效益，一是扎实做好持仓产品持有期风险管理，修订《有价证券投资业务管理办法》等6项制度流程，堵住风险管理漏洞；二是继续推进有价证券投资范围申报工作，成功取得增加有价证券投资范围的批复，投资业务范围扩展至除股票二级市场以外的产品，拓展了业务空间。2019年有价证券投资业务保持稳健高效运营。

【票据业务】2019年，公司为有效降低成员单位的融资成本，积极推广电子银行承兑汇票和票据贴现低成本融资业务，在满足成员单位融资需求的同时降低了融资成本。2019年，累计签发了525张电子银行承兑汇票，金额10.4亿元，比上年增加2.14亿元，增幅为25.91%；办理票据贴现业务金额1亿元。

【资金集中】2019年，公司资金集中管理手段更全面、资金集中成效更显著。加强账户管理，积极推进账户审批报备、直连与清理工作；拓宽资金归集渠道，资金归集额和直连银行归集率稳步提升；积极配合成员单位环境恢复治理基金专户和销售监管账户等资金的监督管理，资金归集范围再拓宽；配合集团加强对成员单位资金归集度的考核。以集团各项资金集中管理工作规定为抓手，强化与集团成员单位的沟通协作，综合利用账户管理、预算管理、归集考核、优化服务等资金集中管理手段，着力提高各类专项资金在公司的存放额度，努力提升资金集中管理水平。2019年末，共有252家成员单位开立账户，账户直连率为66%，日均归集资金达到186.21亿元。

【业务创新】公司紧跟人民银行发布贷款市场报价利率政策，对自营贷款利率定价策略及时进行调整。自2019年8月20日起，公司贷款利率全面参照LPR进行定价，最大限度地降低集团企业融资成本。

【风险管理和内部控制】2019年，公司开展重点领域风险排查。以“治乱象”为重心，积极开展了票据业务、投诉信访、现金业务等多项风险排查和治理工作。扎实推进案件防控工作，按季度召开案防形势分析会；严格落实岗位轮换制度；对全体员工按年收集征信报告工作；通过专题培训和专项测试、典型案例通报，深入开展案件警示教育活动。不断提高反洗钱工作水平。对反洗钱模块进行了全面核查评估和优化改进，系统具备了异常交易的筛选、甄别，可疑交易报文生成等功能。对异常交易进行人工甄别分析，并严格报送大额交易，妥善保存相关纸质分析记录和资料合同。

【人力资源管理】2019年，公司继续健全“员工能上能下、收入能多能少”的人力资源管理体系，完善对干部的全面考核，进一步推进干部担当作为，激发员工干事活力。以集团人力资源信息平台建设元年为契机，积极推进人力资源信息基础收集整理工作，为进一步提升人力资源管理的效率和科学化水平，建设现代企业人力资源管理信息化管理体系而努力。

【信息化建设】公司围绕信息系统全面升级展开工作，在保证结算、信贷、会计核算等主要功能正常运行的基础上，测试并上线了存款准备金、投资业务、营改增、反洗钱、集团会计核算、集团预算等模块，极大拓展了信息系统服务功能。同时，围绕机房建设、安全管理、数据备份、持续经营等方面增加了软硬件方面的投入，增强了信息系统抵御风险的能力。积极推进软件正版化、IPV6等监管合规工作以及公司与上海票交所直连项目、银企直连项目，不断提升信息科技合规建设和服务集团成员单位的能力。

【企业文化建设】公司以“创新形式，规范组织”为原则深化文明创建活动。一是每季度开展一次全员性活动，包括三八妇女节员工趣味竞赛、五四登山、九月金秋徒步、国庆唱响“我和我的祖国”等活动；积极参与公司外部活动，取得集团公司“全民健身跳绳活动”团体第一名、长治市财税知识比赛团体第二名的成绩。二是积极履行社会责任，投身公益事业。公司青年志愿者深入集团公司所属矿区、厂区、社区开展反洗钱宣传、征信知识宣传；开展“消费扶贫”活动，组织54名员工向集团定点扶贫地区捐赠5650元的扶贫产品。三是积极践行“三个三分之一”原则。深入成员单位和金融同业实地调研，参加财务公司协会、银行业协会等组织的专业技能培训及金融知识进万家现场服务活动等累计15次。

马钢集团财务有限公司

【集团概况】2019年9月19日，安徽省国资委向中国宝武钢铁集团无偿划转马钢（集团）控股有限公司（以下简称“集团”）51%的股权，中国宝武钢铁集团成为马钢集团控股股东，并逐步实施联合重组。集团2019年生铁产量1810万吨、粗钢产量1984万吨、钢材产量1875万吨。

【经营概况】2019年，马钢集团财务有限公司（以下简称“公司”）加强资金集中管控，持续做大信贷规模，积极探索产业链金融服务，资金精益运营水平进一步提升，各项业务规范稳健，对集团金融服务能力不断提高。2019年实现营业收入4.61亿元，同比增加0.80亿元；实现利润总额3.60亿元，同比增加0.44亿元。

【产业链金融】积极探索上下游产业链金融业务，抓牢上游业务信息源头，2019年为50家集团供应商办理贴现业务1.72亿元。创新上游业务模式，加强与宝钢财务公司业务协同，开展承兑票据转贴现回贴业务，促进财票在产业链间高效支付。立足马钢销售公司本部拓展加工中心下游业务渠道，延伸为下游经销商办理票据贴现融资，促进产品销售。2019年累计发放买方信贷1.80亿元，年末余额1.20亿元，较上年同期增加1.02亿元。

【信贷业务】持续加大集团多元产业客户信贷投放力度，深入做好融资顾问服务。加大部分客户授信额度，新增9家多元产业授信客户至总数25家，授信规模41.42亿元，同比增长17.12亿元。积极为马钢废钢公司本部及其下属子公司独家提供初创期融资服务，扶持集团多元新兴产业快速成长。支持集团战略板块整合发展，为多个重组项目提供运营资金缺口解决方案。2019年累计为多元产业客户发放信贷

M

72.75 亿元，同比增加 25.36 亿元。

【资金业务】利用外部市场融资平台功能，凭借以同业存单为基础的银行间市场正回购业务，推升主动负债规模。2019 年日均主动负债达 12.73 亿元，较 2018 年增长 42.23%，收入同比增加 364 万元。

【投资业务】积极应对市场变化，克服资金配置压力，优化配置信托产品投资，提高投资收益率，2019 年信托产品投资平均年化收益率为 4.77%，超综合投资收益率 130 个基点。

【资金集中】充分发挥集团司库职能，持续提升资金集中管理水平，2019 年新增 28 家成员单位，年末成员单位总数 149 家。新增 108 个外部银行账户入池，年末入池银行账户数 600 户，净增加 69 户，银行账户入池率为 73%。2019 年平均月末全口径资金集中度为 62.69%，同比增加 5.46%。

【业务创新】主动应对投资市场变化，通过拉长部分资产配置久期，拓宽资金配置渠道。2019 年 3 月 14 日首次开展信托投资业务，采取机构准入、额度控制的风险控制原则，严控产品投向。

【风险管理和内部控制】强化经营多维度风险管理，积极配合银保监部门开展现场评级，获得 2018 年度 2A 评级。选聘外部律师事务所为公司常年法律顾问，帮助规避法律风险。持续强化风险防控基础，2019 年完成 40 家成员单位授信评级、6 家信托公司的机构准入和集合信托计划开展。深化“质量提升年活动”，扎实做好反洗钱工作，积极开展扫黑除恶、非法集资专项排查和客户身份识别，2018 年度评级得分 89.3 分。实施专项稽核与问题整改，促进合规经营。

【人力资源管理】推进多元产业薪酬总额管控制度改革，建立有效激励约束机制，推动员工岗位绩效评定等人力资源管理创新，优化岗位人员配置，激发员工工作热情。针对性开展金融业务专项培训，组织管理人员和员工参加各类培训 63 期，共 77 人次，持续提升全员技术业务水平，推进实施年度专项课题研究，靶向解决公司经营热点、难点问题。

【信息化建设】充分发挥结算服务优势，助推集团财务共享平台建设，联合财务共享中心打通财企直连全部结算通道，同时做好成员单位费用共享、应收应付共享、电票财企直连、资金平台上线工作，实现财企间高质量联动运行，提升集团整体结算效率。针对业务实际需求开展系统优化攻关和安全加固，保障信息系统应用环境稳定运行。

【企业文化建设】积极推进追求卓越、服务至上的企业文化创建，推动建立个性化金融服务体系，打造高素质专业化顾问团队，把公司金融产品、服务打造成知名品牌，持续提升公司品牌信誉度。注重强化团队凝聚力，积极引导广大员工形成共同的价值观念和精神理念，组队参加马鞍山市银行业协会运动会，开展户外拓展培训、登山、徒步等文体活动，全员团队协作意识进一步增强。

美的集团财务有限公司

【集团概况】美的集团股份有限公司（以下简称“集团”）是一家涉及消费电器、暖通空调、机器人与自动化系统、智能供应链（物流）的科技集团，提供多元化的产品与服务，包括以厨房家电、冰箱、洗衣机及各类小家电为核心的消费电器业务；以家用空调、中央空调、供暖及通风系统为核心的暖通空调业务；以库卡集团、美的机器人公司等为核心的机器人及自动化系统业务；以安得智联为智能供应链业务集成解决方案的服务平台。集团以“科技尽善，生活尽美”为企业愿景，将“联动人与万物，启迪美的世界”作为使命，恪守“敢知未来——志存高远、务实奋进、包容共协、变革创新”的价值观，整合全球资源，推动技术创新，为全球超过3亿用户及各领域的重要客户与战略合作伙伴提供满意的产品和服务，致力创造美好生活。

【经营概况】美的集团财务有限公司（以下简称“公司”）坚持企业集团财务公司的定位，以服务集团成员单位和产业链为宗旨，严格根据财务公司经营范围开展各项业务，紧密围绕集团家电制造业主业，充分落实企业集团财务公司的功能定位，发挥金融资源优势，支持集团及其制造业产业链发展。2019年12月末，公司资产总额295.04亿元，负债总额237.46亿元，利润总额5.34亿元。

【服务实体】2019年，公司通过资金集中管理，合理配置集团金融资源，加强内部资金融通，提高资金使用效率，积极开展“减费让利”，降低成员单位融资成本，推进缓解企业融资难融资贵问题，防范和化解资金风险。同时，公司根据各成员单位实际经营状况、还款能力、各类授信需求不同的情况，允许各成员单位选择单个经营主体申请授信或事业部下辖经营主体组成集团申请授信，在信用风险可控的前提下，尽量满足成员单位授信需求，支持成员单位发展。

【信贷业务】2019年，公司响应金融服务实体经济的政策导向，加大信贷投放力度，提高服务实体经济能力。公司建立了完整的企业信贷服务体系，设立了专门的公司业务部向集团成员单位和产业链企业提供服务。同时，公司根据业务发展实际情况减少办理环节，简化程序，改进服务，逐步提高信贷审批效率，缩短集团成员单位和产业链企业信贷审批时间，减缓企业资金压力。

【票据业务】2019年，公司为强化票据业务监控，降低收票风险，保障集团资金安全，根据金融机构、票据类型等多维度全面评估风险承兑行资质，对承兑行的资产规模、监管合规、风险资产质量、经营数据、关键性负面信息等方面综合分析后，完成白名单的准入、退出和额度的管控。同时，公司通过大数据进行承兑行风险舆情监测，建立银行舆情风险监控台账，提高风险信息监控效率。

【业务创新】2019年5月，公司完成了延伸产业链应收账款保理业务资质备案工作。此外，公司在延伸产业链票据贴现业务开展过程中，严格遵循管理规则，促进业务稳健合规开展。2019年，累计开展“一头在外”票据贴现业务135.33亿元，其中，中小微企业发生额110.96亿元，占比为82.00%；小微企业发生额61.71亿元，占比为45.60%。同时，对符合条件的供应商客户提供优惠利率，2019年为客户降低成本费用约800万元，对降低集团制造业产业链整体融资成本、支持中小微企业发展、提高集团资金周转效率及产业链整体竞争力起到了积极推进作用。

【风险管理和内部控制】2019年，公司坚守风险底线，不断完善风险管理体系建设，重点强化合规风险管控工作，加强信用风险和流动性风险监控，各项风险监测指标均符合监管要求，信贷资产质量良好，未发生违规经营行为及违法案件。公司组织开展了银行业市场乱象自查、票据业务自查、扫黑除恶自查等内部自查工作，不断完善公司内部控制，弥补内部业务开展与管理中的不足，通过自查，补齐短板，严格在批复范围内开展业务，加强交叉金融风险隔离，做好业务动态监测与风险管控，防范业务风险。

【信息化建设】2019年，公司提交开发监管报表系统，启动优化原有监管报表平台项目，旨在实现监管报表取数、填报、校验过程的系统自动化覆盖，实现表内和表间系统校验和预警，对监管指标进行定期监测等，以提高统计数据质量，提升统计数据效率与风险管控水平。2019年5月，公司监管报表系统二期正式上线，以系统方式保障数据准确性与报送及时性。

南方电网财务有限公司

【集团概况】2019 年，中国南方电网有限责任公司（以下简称“集团”）实现营业收入 5683 亿元，同比增长 6.1%；净利润 152 亿元，同比增长 9.4%；期末资产总额 9329 亿元，同比增长 14.5%；资产负债率为 59.5%。全网统调最高负荷 1.87 亿千瓦，同比增长 10.8%；售电量 10518 亿千瓦时，同比增长 7.6%；西电东送电量 2265 亿千瓦时，创历史新高；固定资产投资 1388 亿元，同比增长 14.1%；客户平均停电时间（低压）10.81 小时，同比下降 17.5%；第三方客户满意度测评 84 分。集团连续 13 年获国务院国资委经营业绩考核 A 级。在世界 500 强企业中列第 111 位。

【经营概况】2019 年，南方电网财务有限公司（以下简称“公司”）实现营业收入 28.62 亿元；利润总额 18.72 亿元，同比增长 11.23%；净资产收益率为 15.12%；资产总额 660.64 亿元，较年初增长 12.84%，首次突破 600 亿元大关。注册资本金由 50 亿元增加至 70 亿元。没有发生资金安全事故，连续 3 年在全国财务公司行业评级中获得 A 级，在集团党建和经营业绩考核中荣获“双 A”级。

【服务实体】制定《优化金融服务工作方案》，编制《业务办理指南》，明确“一次不用跑业务”“最多跑一次业务”“当日办结业务”“非当日办结业务”，主动为集团所有二级单位及“双百”企业提供个性化综合金融服务方案。落实《金融服务品牌建设方案》，打造“立足南网、融会贯通”的金融服务品牌，开展金融服务“金点子”比武。

【信贷业务】推进贷款市场报价利率（LPR）运用工作，LPR 运用达到 63.95%，完成监管要求。为集团清洁能源、电力扶贫、数字电网建设重点项目，以及深化西电东送战略、助力打赢污染防治和脱贫攻坚战提供融资支持，2019 年发放贷款 250.68 亿元，同比增长 49.92%，年末各项贷款余额 480.31 亿元，同比增长 10.55%。办理委托贷款 49.71 亿元，办理保函 7.32 亿元。

【产业链金融】深化产业链金融服务，开展“一头在外”票据贴现业务 22.18 亿元，是 2018 年的 4.27 倍，产业链金融业务授信客户 149 家，在集团产业链票据贴现市场的占有率为 48.43%。

【资金业务】2019 年运作资金 1.12 万亿元，公司连续 3 年进入全国银行间本币市场交易 300 强。新增银行间市场同业拆借限额 20 亿元，取得银行同业授信额度 608 亿元。

【投资业务】开展货币基金投资、国债和国开债投资 81 亿元，实现投资收益 1.2 亿元。

【票据业务】成立票据服务中心，2019 年集中托管票据 307.69 亿元，办理票据背书转让 300.97 亿元，协助成员单位开立商业汇票 246.26 亿元，同比增长 123.75%。2019 年承销集团债、票据 3.6 亿元。

【资金集中】2019 年末，全口径资金集中度为 82.54%，同比提高 0.014 个百分点，达到国务院国资委 80% 以上要求；日均存款余额 627.29 亿元，同比增长 1.44%。截至 2019 年末，服务集团 1036 家成员单位，开立账户 1487 个。完成结算金额 10.60 万亿元，同比增长 47.70%，结算笔数 117.78 万笔，同比增长 22.58%，资金结算及时率为 100%，资金结算零差错。

【风险管理和内部控制】贯彻落实国家金融监管政策要求，推进深化整治银行业市场乱象工作。制定《全面风险管理实施方案》《合规风险管理办法》，修订《全面风险管理办法》《内

N

部控制管理手册》《内部控制评价手册》，从健全公司治理和履职评价体系管理等方面加强金融风险防范。建立风险排查常态化机制，推进依法从严治企建设，做好违规经营投资责任追究，加强信息系统安全保障，强化审计监督作用，配合监管维护金融秩序。

【人力资源管理】坚持党管干部、党管人才原则，深入贯彻新时代党的组织路线，加强班子建设，激励干部担当作为，2019 年完成两个批次干部的选拔任用和调整工作，提拔干部 2 人，开展干部交流 7 人，调研选拔 26 名年轻干部员工进入公司优秀年轻干部库。

【信息化建设】采用“小核心、大应用、强平台”的技术路线，以面向服务 SOA 技术与微服务技术并行的双模技术全力打造公司新一代金融业务系统。研究集团互联网统一支付平台，提出了平台建设的业务架构及应用架构。

【企业文化建设】以《南方电网企业文化理念》为指引，推动企业文化入眼、入脑、入心、入行。开展“我和我的祖国”庆祝建国 70 周年主题活动、“金融知识进万家”、金融消费者权益日、平安金融宣传月、全民国家安全教育日宣传、“12·4”国家宪法宣传日等活动，培育“知行合一”执行力文化。

南山集团财务有限公司

【集团概况】南山集团有限公司（以下简称“集团”）始创于改革开放初期，经过 40 多年的发展，现已形成以铝业、纺织服饰、裕龙石化产业园、地产、金融、教育、旅游、健康、航空为主导的多产业并举的发展格局。在北京、天津、上海、深圳、新疆、海南、香港、青岛、烟台等地均设有分公司或办事处，在美国、澳大利亚、意大利、新加坡、德国、印度尼西亚等多个国家设立分公司。2019 年综合实力列中国企业 500 强第 176 位、中国制造业 500 强第 74 位。

【经营概况】2019 年，南山集团财务有限公司（以下简称“公司”）紧密围绕董事会的决策部署，积极应对内外部形势的变化，不断提升经营管理水平，完善服务功能，深化服务内涵，开拓创新，积极进取，圆满地完成了各项工作任务。截至 2019 年末，公司总资产 139.04 亿元，负债总额 121.51 亿元，实现净利润 2.31 亿元，资本充足率为 16.41%，流动性比例为 61.25%，贷款损失准备充足率为 278.72%，不良率为零，各项指标均符合监管要求。

【信贷及票据业务】2019 年，公司着力发挥资金调节作用，一是加大信贷投放力度，支持集团产业结构优化升级，截至 2019 年末，贷款余额达到 82.68 亿元，日均 70.10 亿元，同比分别增长 44.87% 和 37.29%；二是利用跨境桥梁，支持新加坡等境外企业发展，年末贷款余额达到 7800 万美元；三是大力发展产业链金融，通过加大宣传力度、持续优化审批流程、降低票据承兑保证金等措施，提高企业使用承兑汇票的主动性和积极性，截至 2019 年末，贷款余额 82.68 亿元，同比增长 44.80%。

【外汇业务】2019 年，针对外汇市场复杂多变，集团进出口业务和对外投资承受巨大风险的形势，一是积极引导企业根据市场情况顺势进行结售汇，共办理即期业务 432 笔，金额 7.09 亿美元，覆盖面达 100%；二是根据企业实际结汇需求，指导企业运用外汇衍生工具做好汇率风险管理；三是通过每日发布《金融简讯》、每周发布《一周汇市简评》和每月参加集团工业企业经营分析会等形式，对政策进行解读，对利率、汇率等趋势进行分析，为企业经营管理提供决策支持。

【资金集中】2019年，公司不断拓宽资金来源渠道，负债规模不断提高。一是与集团财务部等加强对企业开户的管理，以账户集中保证资金集中；二是紧随集团战略，确保对新成立企业第一时间提供金融服务；三是创新服务模式，协助企业完成二维码收款等账户模式构建，既增加了企业的收款方式、扩大了来款路径，又加快了资金回笼效率。截至2019年末，全口径资金归集度达到69.61%，较年初提高20.02个百分点。

【风险管理和内部控制】2019年，公司不断强化内控及全面风险管理体系建设，保持了开业十一年“零”案件的案防工作成果。一是加强制度建设，梳理修订制度69项，确保与时俱进；二是针对流动性、合规、信用及操作风险等，逐一制定风险管控措施，从操作层面对风险点进行梳理，使风险管理有目标、有方向、有抓手、注实效；三是加大监督检查力度，全年开展内审检查37次，定期和突击查库24次，发现业务差错6个，处罚18人次；四是组织开展案防、合规管理、反洗钱自评估，开展“行业规范建设年”“巩固治乱象成果，促进合规建设”活动等，及时消除风险隐患，确保合规经营。

【信息化建设】2019年，公司重点加强信息科技建设工作。一是推进核心业务系统建设工作，重点强化对系统外包服务商的管理，防范外包风险；二是建立“标准化、全覆盖、技术化”为一体的运维体系，严格按规定做好系统管理，确保连续稳定运行；三是组织完成等保三级测评工作，取得公安机关颁发的安全资质证书，全面推升信息系统安全管理水平；四是不间断开展主备切换、系统应急演练等，做到未雨绸缪，有备无患。

【人力资源管理】2019年，公司持续完善人力资源管理体系，提高队伍的凝聚力、向心力和战斗力。一是推进薪酬体系改革，增设专业技术序列，明确了破格晋升的标准，拓宽了员工晋升通道，有效发挥了薪酬激励约束作用；二是对部分部门中层副职进行竞聘，充实中层管理力量，通过竞聘，培养挖掘了更多的管理人才，形成富有活力的人力资源管理团队；三是抓好培训工作，累计开展集中培训80余次，总经理室成员亲自进行辅导，通过每日召开投资会等形式进一步锻炼员工；四是组织员工参观集团发展史等，开展丰富多彩的集体活动，提高队伍的凝聚力、向心力和战斗力。

【企业文化建设】2019年，公司党支部全面落实党的路线、方针和政策。一是先后召开8次支委会会议，研究干部任命、财务预决算等“三重一大”事项；二是结合“不忘初心、牢记使命”主题教育活动，由党支部书记亲自组织，带头学习，引导党员争先进、作表率、抓落实，凝聚公司发展的“正能量”；三是抓好发展党员工作，严格按照上级党委指示要求，组织填报培养材料，顺利接收2名预备党员，充实壮大了党组织。

N

内蒙古电力集团财务有限责任公司

【集团概况】内蒙古电力（集团）有限责任公司（以下简称“集团公司”）为内蒙古自治区政府所属国有独资特大型电网企业，承担着自治区西部8个盟市72万平方公里的工农牧发展和1388万居民生活供电以及向华北、陕北和蒙古国跨区域跨国境送电任务。2019年，集团公司售电量完成2176.4亿千瓦时，同比增长11.4%。发展总投资完成151亿元。线损率完成2.92%，同比下降0.58个百分点。营业收入实现832.1亿元，资产总额1007.8亿元，实现利税总额53.8亿元。集团列中国企业500强第239位，列全国能源企业500强第47位，连续8年获评国资委经营业绩考核A级企业。

【经营概况】截至2019年末，内蒙古电力集团财务有限责任公司（以下简称“公司”）资产总额80.30亿元，负债总额57.28亿元，所有者权益23.02亿元。全年实现利息收入5.10亿元，完成利润总额3.56亿元，实现净利润3.03亿元，各项监管指标均符合监管要求。获集团2019年职工文化艺术展演二等奖和优秀组织单位奖，获集团公司2019年度业绩考核A级。

【服务实体】2019年，公司以强化服务为目标，开展服务上门活动。2019年主动走访成员单位32家，覆盖了集团主要供电企业和分、子公司，征集成员单位需求26项，现场解决业务咨询14项，通过优化改进解决问题10项，服务效果显著。公司不断提升服务实体经济能力，充分发挥金融牌照优势，为成员单位提供信贷支持。给予呼蓄公司16.5亿元综合授信额度，并及时提供了低成本的融资方案；积极了解和支持多经企业融资需求，给予内蒙古元瑞电建有限责任公司800万元内部综合授信额度支持，为多经企业经营发展提供资金保障。进一步提升了“蒙电金融”的品牌影响力，“产融结合”战略在降低集团整体资金成本方面发挥了重要作用。

【资金业务】2019年，公司深度挖掘现有业务潜能，敏锐捕捉市场利率高点，充分利用金融牌照优势，调动现有合作银行的积极性，持续增强对外议价能力，最大限度为集团争取最优的资金存放价格。全年累计办理同业定期存款业务34笔，累计金额205亿元，加权平均收益率为2.83%；定期业务存量余额65亿元，加权平均收益率为2.86%；累计开展同业拆借交易100笔，累计金额219亿元，加权平均利率达到4.19%，同业授信金融机构从年初23家扩大到43家，加深了同其他金融机构的交流合作，实现了活期资金使用效率的有效提升；全年累计办理国债逆回购业务交易224笔，累计金额660.41亿元，加权平均利率为2.94%。

【资金集中】2019年，公司累计办理结算业务44.98万笔，累计结算资金8820.53亿元，单日最大结算量16370笔，全年未发生支付事故。2019年新增银企直连结算通道4条，进一步拓宽了结算业务渠道，提升了结算效率和风险防控能力。认真做好资金监控工作，利用信息化手段，协助集团开展预算核对工作，对工程类支付款项逐笔核对，把好集团财务管理“支付关”。截至2019年末，公司拥有成员单位100家，管理结算账户177个，管理银行授权账户253个，全口径资金集中度为49.05%，可归集口径资金集中度为49.05%，有效保障了集团资金“看得见、管得住、用得好”。

【业务创新】2019年，公司准确把握市场动向及监管形势，大力推进同业存单业务开展。积极与银行间同业拆借中心、上海清算所以及合作银行沟通，通过银行间市场交易系统线上认购同业存单。该项业务的成功落地，使公司成为内蒙古地区首家开展同业存单业务的财务公司，进一步提升了公司资金运作市场化水平，丰富了公司资金投融资运作手段。

【风险管理和内部控制】2019年，公司坚持依法合规不松懈，全面构建风险管理体系，全力保障集团资金安全。按照“安全第一、兼顾效益”的原则，建立“1+2”的信用风险防控机制，从源头防范和管理业务风险。“1”是严格履行同业交易“高准入门槛”机制，限定同业交易对手选择范围，提高同业交易准入门槛，降低业务风险。“2”是开展同业评级授信和业务风险审查，核查交易对手的评级等级，原则上只与相同评级等级或高评级等级交易对手开展同业业务，严格按照《同业授信管理标准》评定交易对手授信额度，实现同业交易风险可控在控。

【人力资源管理】2019年，公司深入实施“人才强企”战略，构建合理的人岗匹配机制，以实现人员配置科学化为目标，梳理各部门岗位职责和岗位、岗级，畅通员工成长渠道。组织各类培训239人次，员工培训率达100%。成功举办了集团公司系统第三期产融结合业务培训班，在有效拓宽参训人员金融视野和提升业务技能的同时，加强了与各成员单位间的交流合作；针对新员工入职举办企业文化建设暨服务礼仪培训班，立足集团需求，内修形象，外树品牌，努力打造一支素质硬、风貌佳、服务好的金融从业队伍。

【信息化建设】2019年，公司坚持以创新创效为驱动，着力提升信息化水平。积极推进的综合运营管理系统深化应用项目完成方案设计、挂网招标等工作，正式进入系统研发阶段。本次系统设计对标国内先进财务公司系统建设案例，内容涵盖基础功能优化、系统集成升级和新增模块接入三大类15项革新改造。该项目完成后，可以进一步扩展系统服务功能、提高资金管理效率、完善监管数据分析能力，适应公司发展需求。同时，公司票据业务系统完成开发工作，开展试点运行。

【企业文化建设】2019年，公司持续构建和谐企业文化生态，努力增强员工归属感。充分发挥企业文化“软实力”作用，牢牢把握企业文化的主线，公司成功举办第二期企业文化建设暨服务礼仪培训班。通过形式多样的企业文化建设和人文环境搭建，“融·通”文化核心价值深入人心，公司团队凝聚力、向心力和战斗力进一步提升，团结和谐、积极向上、风清气正的企业文化氛围更加浓厚。

内蒙古伊泰财务有限公司

【集团概况】内蒙古伊泰集团有限公司（以下简称“集团”）拥有大中型生产矿井11座，自营铁路563公里，以及过亿吨储运能力的煤炭集运站，总资产1100多亿元，员工7300多人。集团始终将安全作为员工的最大福利、企业的最大政治和效益，确立了高标准的安全目标，建立了安全长效机制，煤炭生产连续多年保持人员零死亡，安全管理处于行业领先水平。集团在2019年度中国企业500强中排名第320位，在全国煤炭企业50强中排名第18位，在内蒙古地方煤炭企业中排名首位。

【经营概况】内蒙古伊泰财务有限公司（以下简称“公司”）围绕集团“突出抓好财务资金管理”的指示精神，秉承“集中管理、统筹调配、量入为出、以效定支”的资金管理理念，在资金集中管理、调剂资金余缺、提高资金收益以及内部管理提升等方面全面推进2019年度各项工作。截至2019年末，公司资产总额为98.46亿元，负债总额为83.79亿元，所有者权益总额为14.67亿元，累计实现收入总额3.34亿元，累计实现净利润2.44亿元。

【服务实体】公司在服务实体经济效能措施方面主要侧重于煤炭、铁路、煤化工三个领域。尤其是在国家对煤炭行业全面推行“去产能”政策的背景下，各银行金融机构对煤炭企业实施行业限额管控措施，成员单位面临着融资难、融资成本高的普遍问题，公司通过内部资金余缺调剂，在全面把控风险的前提下，给予了成员单位金融服务支持。

【信贷业务】截至2019年末，公司自营贷款余额46.5亿元，2019年累计新增发放自营贷款6笔，金额41.5亿元，回收贷款20笔，金额47亿元。委托贷款余额30.2亿元，累计发放委贷1笔，金额为5亿元；到期回收委贷1笔，金额为4亿元。

【资金业务】2019年，公司合作的13家商业银行中，已有11家与公司签订了同业协定利率协议，最高协定利率为年化2.5%，平均协定利率为2.20%，累计实现协定存款利息收入1.19亿元。2019年办理同业定期存款、同业约

N

期存款7笔，金额为30.3亿元，同业定期平均利率约为2.74%，累计实现同业定期利息收入0.12亿元。同时，公司获得多家银行大额同业授信，授信额度合计14亿元，为下一步开展同业拆借、商票保贴及商票转贴现业务奠定了扎实的基础。

【票据业务】 2019年，公司累计为成员单位开具电子银行承兑汇票45张，金额合计0.49亿元，解付到期银行承兑汇票216张，金额合计2.46亿元。

【资金集中】 公司加强资金归集工作的力度，经过与集团沟通协调，成员单位开户率、资金归集主动性有了显著提升。截至2019年末，集团成员单位83家，在公司开户的成员单位64家，开户率达到77.11%。累计为成员单位办理各类结算业务5.14万笔，结算金额3451.58亿元。其中资金归集0.67万笔，金额为1087.49亿元。全口径资金归集率为44.87%。

【风险管理和内部控制】 2019年，公司风险合规工作稳步推进，审计监督工作持续深入，管理升级工作如期完成。一是按照监管部门要求和年初工作计划安排，组织开展多次专项检查，检查内容涉及电票业务、贴现与再贴现业务、U盾、印章管理、重空管理、网络设备、运维设备、安全管理和资产管理等，为后续提高整改率，规范业务操作和合规经营起到了显著作用。二是内部审计制度已全部梳理完毕，审计制度体系不断健全。审计工作按照年初计划有序开展，组织专项内审检查7次，涉及经济效益评价、反洗钱审计和内部控制评价、信贷业务专项审计等。三是制定了全面的管理升级工作计划，以“夯实基础，提升管理，规范经营”为目标，全面梳理了公司的各项制度流程，于年底如期完成。公司原有制度共111项，通过此次管理升级工作，共梳理形成制度83项，其中，新增制度11项，修订制度72项，共计约40余万字。

【信息化建设】 2019年，公司启动了资金系统升级项目，新系统采用新一代技术架构，与共享中心、资金管理系统等ERP系统高效融合，支付方式更加灵活，支持更多业务处理系统化，提供更优质的用户使用体验。系统升级项目与财务共享中心协同稳步推进，已于2019年底切换上线，为财务共享中心保驾护航。

【企业文化建设】 公司践行“思进取，勇担当”和“以价值创造者为尊”的企业文化理念，强化价值创造，积极推动集团和财务公司的发展建设。重视提升员工的知识技能和综合素质，采用内外培训相结合的方式，2019年公司组织内部培训共10次，参加外部培训共8次。在2019年3月8日组织开展了“茶香溢、花芬芳”为主题的系列活动。

Q

青岛港财务有限责任公司

【集团概况】 2019年，青岛港（集团）有限公司（以下简称“集团”）响应国家“一带一路”倡议，推进“东西双向互济，陆海内外联动”，共建对外开放新高地，入选亚洲品牌500强，成为唯一入选的亚洲港口企业。2014年集团在港交所挂牌上市，2019年1月21日在上交所成功上市，成为2019年第一只从H股回归上交所A股的股票，集团“A+H”股双资本平台构建完成。

【经营概况】 青岛港财务有限责任公司（以下简称“公司”）创新推出无还本续贷产品“存续贷”，开办融资租赁业务，加强利率债投资操作，实现三大政策性银行金融债全覆盖，取得跨国公司跨境资金集中运营、银行间交易中心现券匿名点击交易资质。2019 年，资产总额 163. 59 亿元，存款余额 141. 34 亿元，贷款余额 49. 96 亿元。

【服务实体】公司积极服务集团，重点打通自动化码头、管道运输、码头建设等“经略海洋”、“一带一路”项目融资绿色通道，支持成员单位重点项目建设；持续优化小微企业金融服务，助力小微企业生产经营发展；着力创新金融产品体系，支持绿色港口建设，助力集团“加快建设世界一流海洋港口”发展目标。

【信贷业务】公司开展实地调研走访，了解成员单位融资需求，设计个性化服务方案，创新信贷产品体系，为成员单位提供资金支持，2019 年自营贷款投放量近 30 亿元。创新落地存续贷、融资租赁等多项信贷产品，为成员单位提供更加多元化的信贷服务。

【产业链金融】公司持续优化产业链金融服务，深挖产业链客户需求，实现产融结合互惠共赢。积极拓展产业链业务规模，提高客户黏性，重点打通医药产业链融资渠道；积极推进产业链业务创新，落地产业链保理、无追索权贴现等特色产品，产业链客户达 30 家，进一步助推主业发展。

【资金业务】公司建立点面结合头寸动态管理模式。在签约三家头寸行的基础上，每季引入一家动态银行，用于存放临时大额资金，提高头寸资金收益；打造企业、同业双管齐下资金运作模式。针对同业资金价格持续走低的形势，运用集团“企业”属性通道和公司“金融机构”属性通道，创新资金联合运作模式，实现集团整体资金收益最大化。

【投资业务】推进多元化分散投资策略，提高标准化产品投资份额，标准化资产种类涵盖政策性银行金融债、普通金融债、二级资本债等，占比达 35%，有效分散投资风险；拉长资产久期，货币市场业务、同业业务、投资业务三大板块均衡发展，对冲市场收益率走低的趋势。

【票据业务】公司完成电票系统 8 项功能优化，提升系统便捷性，提高成员单位使用体验；积极对接上海票交所，完成票据交易系统 2. 2 版本投产上线，优化直连接口，保障票据系统平稳运行。2019 年，签发电票同比增加近 2000 万元，增长 3. 8%；积极推进产业链贴现业务，为产业链客户办理票据贴现近亿元，为小微企业提供便捷的票据融资服务，产融结合进一步深化。

【外汇业务】统筹管控汇率风险和交易成本，累计结售汇量同比增加 7500 余万美元，有效降低了集团汇率风险及交易成本；深入调研客户需求，推行结售汇业务线上化，持续优化客户体验，让客户“少跑腿、多办事”。

【业务创新】实现多元化特色信贷产品精准投放，开发无还本续贷等贸易金融信贷产品，创新融资租赁、产业链保理业务，打通代开信用证通道，加大信贷支持力度；获批跨国公司跨境资金集中运营新资质，新增经常项目资金集中收付业务资质，扩大跨境资金管理名单，增加服务范围；获得银行间交易中心现券匿名点击交易资质，成为全市场第六家、青岛辖区第一家取得该业务资质的财务公司。

【风险管理和内部控制】公司开展“合规运营提升年”活动，全面提升公司合规运营能力。修订、新增制度 51 项，废除制度 4 项，全面覆盖各项业务及管理事项；开展合规检查 10 次，提出存在问题及整改意见，整合梳理、强化提升合规管理工作，提高合规管理规范性；开展反洗钱、关联交易等合规培训 13 次，树立全员、全流程、全覆盖的全面风险管理理念，健全公司全面风险管理体系，优化公司金融生态环境。

【信息化建设】公司按照“安全、稳定、高效”的原则，不断完善财资管理系统。购置先进的软硬件设备，聘请专业测评机构开展系统评估，根据测评情况进行安全加固；明确网络安全基线，不定期开展检查及整改，确保系统安全；加强终端基线管理，及时排查、解决单点故障；建立系列管控流程，加大系统开发测试力度，多措并举确保系统稳定；完善系统功能，先后上线信贷系统二期、核心系统优化、票据直连 2. 2 等项目，提高系统便捷性。

青岛啤酒财务有限责任公司

【集团概况】2019 年，青岛啤酒集团有限公司（以下简称“集团”）积极拓展国内外市场，精准捕捉消费者画像，多策并举降本增效，不断优化品牌、产能及产品结构，深入推进实施高质量跨越式发展战略，实现了经营业绩持续增长，品牌价值持续攀升的良好发展态势。

【经营概况】2019 年，青岛啤酒财务有限责任公司（以下简称“公司”）实施结构调整与优化，着眼资产业务拓展，重点发力产业链金融，积极拓展供应链信贷、买方信贷以及有价证券投资等专项业务，时刻保持对金融政策与货币市场形势的高度关注与研判，不断提升企业经营绩效，基本完成全年经营目标。

【服务实体】2019 年，公司不断调整完善自身业务结构，助力集团及产业链实体降本增效和转型升级。为成员单位提供个性化的资金服务，提高资金使用效率；实施结算手续费、承兑手续费及票据系统使用费减免优惠；在合理范围内实施贷款利率优惠；积极拓展产业链上下游业务品种，满足更广大实体金融服务需求。

【信贷业务】2019 年，公司累计发放自营贷款 6.4 亿元，委托贷款 7.6 亿元。多措并举实现产业链金融业务稳健开展：电子票据业务取得可喜成绩，通过深化服务，票据承兑和票据贴现业务均实现了大幅增长，助力公司实现“保供应”战略目标；上游供应商保理融资和下游经销商买方信贷业务规模都取得了较大突破，并持续优化服务、提高效率，有效满足产业链金融服务需求。

【产业链金融】2019 年，公司产业链金融业务稳健提速，应收账款保理放款额为 2018 年同期的 11 倍。公司对线上保理模式进行了论证分析和模式设计，为下一步产品升级和规模增长打下了良好基础。公司积极协同营销部门推进经销商贷款服务，赋能营销攻势。公司稳步扩增银财联贷合作方，引入竞争机制，并不断推进担保公司担保、保险公司履约保险模式，2019 年为经销商提供的融资额较 2018 年同期增长 23%。

【资金业务】2019 年，公司采取多种措施降低吸收资金量减少和市场利率下行因素的影响。公司注册资本金由 5 亿元增加至 10 亿元；存放同业结构调整为以中长期产品为主，锁定高点利率；在严控流动性风险的前提下，用极少的资金留存实现资金备付；积极拓展同业合作，新增 6 家同业合作银行，提前锁定业务品种，增强了比价、议价能力；灵活运用融资工具，调节资金头寸，提高资金使用效率。

【投资业务】公司持续关注“资管新规”深化实施及银行理财子公司设立等政策形势变化对财务公司金融投资方面的深刻影响，严格执行资管产品“六维度”准入和评测模型，确保公司资产安全。2019 年，投资业务累计开办金额 18.7 亿元，平均余额同比增长 12%。同时，积极尝试纯债公募基金等新投资品种并获得可观收益。

【票据业务】2019 年，公司票据贴现和票据承兑业务均实现了大幅增长。成员单位累计签发电子票据 16.9 亿元，同比增长 20%；累计为供应商办理票据贴现 6.4 亿元，同比增长 58%。通过现场走访上游核心供应商、积极参加公司采购大会等措施持续推广电子票据业务；继续实施减免票据承兑手续费和电票系统使用费等优惠措施，激发成员单位电票使用积极性；优化服务和提升业务效率，实现贴现资金当天到账，大幅提升了产品竞争力和业务规模。

【资金集中】公司积极配合集团发展战略，

设计个性化、专业化的新业态资金管理模式，开发的社区酒吧资金集中管理模式已成功支持三家单位的酒吧开业。跟进成员单位的经营拓展，科学设计投产工厂资金管理方案并培训上线，确保最短时间内纳入财务公司集中管理，助推资金集中管理有效深入。2019年末，公司已实现对107家分布全国各地成员单位的资金集中管理，资金归集度达到91.21%。

【业务创新】2019年，公司着力深入挖潜资金集中管理范畴，积极研究成员单位的发展需求，在保证合规运营的前提下，前瞻性地创新设计财务公司专项账户和共管账户管理方案，上线后已实现两家成员单位的专项账户设立，当月成功归集5000万元政府专项补贴资金，单笔资金年增加收益87万余元。

【风险管理和内部控制】2019年，公司严格控制信用风险，做好信贷、投资业务风险管控。针对买方信贷业务，严格落实贷款“三查”，谨慎选择用于设定抵押担保的抵押物及落实担保；针对投资类业务，加强信用排查力度，进一步强化“穿透”原则。持续推进内控管理，新制定4个制度，完成36个制度的修订。内外部检查及专项风险排查中，均未发现重大违规行为和显著风险隐患。举办合规案防警示教育、法律知识培训和考试，不断加强员工行为管理。组织开展扫黑除恶专项斗争工作，未发现涉黑涉恶违法行为及违法线索。

【人力资源管理】2019年，公司通过培训提升和引入市场人才等方式做好人力保障，组织外部专业培训16次，完成涉及6个岗位的人员轮换，通过社会招聘引入关键岗位专业人才1人。

【信息化建设】2019年，公司顺利开展了服务器设备更新项目，同时积极配合推进上海票交所全直连接口2.2升级及电子商业汇票系统CA证书链的更换，并顺利完成切换。针对系统运行中出现的问题，及时排查整改，完成1104报表、会计科目调整和贷款LPR利率变更，满足广义信贷等相关业务需求。顺利完成海军节期间信息安全运维、自查等各类内外部要求开展的信息工作，配合人民银行青岛市中心支行完成金融城域网外联线路改造。

【企业文化建设】2019年，公司工会以“点子新颖，形式多样，打造特色工会；员工为本，创新求进，建设快乐团队”为工作方针，组织了员工慰问、三八妇女节、职工运动会等活动，为全体员工传达了满满的正能量。公司党支部按照上级党委要求，加强支部组织建设，发挥党建引领作用。组织开展“不忘初心、牢记使命”主题教育实践活动；组织参观红色金融历史展、观看各类违法违纪警示片；运用党员“1+N”模式，突出党员模范带头作用，发挥党员先进性。

Q

青建集团财务有限责任公司

【集团概况】青建集团股份公司（以下简称“集团”）始建于1952年，注册地址为青岛市堂邑路11号，总部位于青岛市南海支路5号青建大厦，类型为其他股份有限公司，集团通过产融双驱，沿建筑业全产业链进行延伸整合，构建起以工程承建、地产开发、金融投资为三大主业，以物流贸易、设计咨询、设施农业、新型建材为战略新兴业务的“3+X”产业组合模式。集团在国内20多个省市设有60多家分支机构，实现了从本土化入手向区域化拓展的经营格局。在30多个国家设有分支机构，实现了从本土化到区域化再向国际化发展的经营战略。

【经营概况】2019年，青建集团财务有限责任公司（以下简称“公司”）加强资金集中管理，重点发展票据业务，获取了买方信贷、有价证券投资（固定收益类）两项新业务牌照。以降低集团整体财务成本为工作重点，通过不断提升公司的金融服务能力，着力为集团打造多功能、全方位的商行平台，推动集团产业的健康快速发展。2019 年，发放贷款 12 笔，金额共计 12.32 亿元。截至 2019 年 12 月 31 日，贷款余额为 23.97 亿元；共开展票据承兑业务 315 笔，累计开票金额 16.10 亿元，截至 2019 年 12 月 31 日，承兑汇票余额为 11.88 亿元；共开展票据贴现业务 161 笔，累计贴现金额 15.05 亿元，截至 2019 年 12 月 31 日，贴现余额为 8.58 亿元。

【信贷业务】2019 年，公司贷款余额共计 23.97 亿元，贷款质量五级分类全部为正常，其中，流动资金贷款 2.45 亿元，占比为 10.20%，固定资产贷款 21.53 亿元，占比为 89.80%。贴现面值余额 8.58 亿元。截至 2019 年末，授信客户数 8 户。单一行业授信集中度较高，其中，房地产行业授信余额 21.53 亿元，占授信总余额的 48.50%，建筑行业授信余额 17.99 亿元，占授信总余额的 40.53%，制造业授信余额 2.39 亿元，占授信总余额的 5.39%，批发与零售行业授信余额 2.47 亿元，占授信总余额的 5.58%。

【资金业务】公司为成员单位提供的服务日趋完善，结算业务规范操作，提高工作效率和结算质量，降低结算费用。公司结算量共计 4.5 万笔，结算金额 2800 亿元；日均结算金额 10 亿元；贴现业务 108 笔，金额 10.46 亿元；承兑业务 479 笔，金额 26.19 亿元；纸电票共计解付 3255 张，金额 21.1 亿元。2019 年，公司共新增开户 37 个，其中，金融账户 17 个，保证金等定期存款账户 5 个，其他账户 15 个。

【票据业务】公司 2019 年度新开展承兑业务，2019 年未解付的承兑中 6.2 亿元为全额保证金承兑汇票，5.68 亿元为零保证金的承兑汇票。2019 年度共签发承兑金额 16.10 亿元，业务发展良好。因公司的客户群体主要为内部单位，部分承兑业务为零保证金。与开立银行承兑业务相比，为成员单位释放保证金额度约 2.83 亿元。

【风险管理和内部控制】公司已经建立较为完整的风险控制体系。同时将风控工作流程融入日常管理制度，使风控工作日常化和具体化，进一步完善了公司的风险控制体系。

【人力资源管理】公司按照集团人才梯队建设的要求，借鉴同业风险管理机制中的首席风控官模式，着力培养首席风控官及其他岗位首席。开展金融知识技能与政策法规学习，提升员工专业能力。同时加大“80 后”“90 后”年轻人才的培养，2019 年度部门负责人全部配置年轻化。

【信息化建设】公司正式通过上海票据交易所技术验收，电票线上清算功能上线投产。线上清算投产后，电票资金往来直接通过上海票交所账户直接进行清算，保证电票业务票据交付和资金交割同步进行。上线青岛房地产资金监管中心资金归集直连接口，将集团地产项目预售资金纳入财务公司监管，盘活集团冻结资金，提高公司资金归集度，更好地发挥集团资金效益。上线电票线上清算、流动性管理、LPR 信贷系统、人民银行广义信贷标准化等系统模块，满足了监管部门的政策要求。上线有价证券投资、同业拆借等新增系统模块。

【企业文化建设】公司按照集团党委要求，提升党员凝聚力，有序开展支部党建工作，同时与同行业部门共同组织联建活动。组织参观青岛党史馆主题活动；参与“活力团队，激情韶华”秋季拓展运动会；主办 2019 年“国清金融杯”青建集团职工羽毛球赛等。

清华控股集团财务有限公司

【集团概况】 清华控股有限公司（以下简称“集团”）是国有独资有限责任公司。2019年集团按照分类改革、分步实施的思路深入推进清华产业的体制改革，一是通过股权重组完成了同方股份的市场化，旗下诚志股份和启迪股份的股权重组正在推进中。二是大力支持产学研一体化校属企业的发展，华海清科、博奥生物等一批产业化科技公司稳步成长。同时，进一步加强党建，规范公司治理和国资管理等工作，提升服务保障能力。

【经营概况】 清华控股集团财务有限公司（以下简称“公司”）紧紧围绕“依托集团、服务集团”的宗旨，坚持一手抓业务，一手抓管理，积极开拓业务、持续深挖效能，牢筑风控底线、践行稳健经营，以优质、高效的金融服务协助集团改革平稳落地。截至2019年末，公司总资产172.40亿元、净资产35.10亿元，实现营业收入3.50亿元、净利润1.50亿元，整体运行良好，各项监管指标符合监管要求。

【服务实体】 2019年，公司信贷资金继续全部投向集成电路、节能环保等实体经济领域，加大了对科技型企业和小微企业的资金投入。此外，公司利用同业资源优势，帮助集团和成员单位进行融资筹划，大力开展票据承兑等业务，丰富了成员单位的融资途径，支持了集团产业的发展。

【信贷业务】 2019年，公司信贷业务保持较快发展，年末贷款余额40.80亿元，较2018年末增长30.50%；全年发放贷款42.47亿元，较2018年增长30.24%。公司累计向25家成员企业提供了流动资金贷款、票据承兑、担保等多种金融产品，其中发放流贷42.47亿元，办理承兑7.26亿元，提供担保10.65亿元，较好地满足了成员企业的融资需求。公司合理配置表内外资源，适时优化资产负债结构。

【资金业务】 在保证结算资金正常支付需求以及信贷投放规模的前提下，充分考虑市场利率变动情况，结合成员单位资金计划，加强资金头寸管理，强化资金运营能力；同时加强同业沟通，充分利用同业存放等方式灵活配置资金，合理安排期限结构，有效地保证资金使用效率。2019年实现同业利息收入1.01亿元。

【票据业务】 2019年，公司综合考虑金融市场变化及成员企业融资需要，办理票据贴现1笔，金额0.24亿元；办理票据承兑17笔，合计7.26亿元。推进业务开展措施包括：一是加大宣传，积极引导成员企业通过做票拓宽融资途径；二是拓展同业资源，提高票据业务在授信中的额度；三是加强票据业务审查，重点关注贸易背景的真实性和合理性。2019年，公司的票据业务特别是票据承兑业务实现较大增长，实现了公司、成员企业和金融同业机构三方共赢。

【资金集中】 进一步加强成员企业账户管理，不断优化网银系统功能，充分利用开设二级企业集团资金池和增加代理收款行等多种方式提高资金归集度，2019年末归集余额创公司开业以来最高；持续开展结算服务宣传月活动，实现结算业务量逐年攀升。

【业务创新】 公司通过采取主动沟通、深入调研、同业合作等措施，努力争取将市场上各类新兴产品与成员企业需求相对接。近些年，集团产业处于重组变革的特殊时期，产业整体面临较大的融资压力。公司在增加表内授信额度的同时，主动发挥作用，积极联系银行、保险、信托、资管等各类同业机构，沟通设计融资方案，帮助成员单位丰富了融资渠道和手段。

【风险管理和内控建设】 在合规管理方面，

公司积极践行“合规创造价值”，紧跟政策导向，及时督导培训、发布合规提示，确保监管政策的传导与落地。在全面风险管理方面，自上而下各司其职，“三道防线”相互补充、协调与制衡，新增风险报告机制，固化报告路径和处置流程。在内控建设方面，按照“年度整版修订，单项动态调整”的原则，持续优化制度文件，确保制度文件规范、全面和适用。

【人力资源管理】公司紧密围绕发展战略和年度经营目标，高度重视人才队伍建设。建立并完善了适合自身业务发展特点、公开透明、审慎稳健的绩效考核体系。高度重视培训工作，不断提升员工的专业能力和综合素养。内部讲师队伍不断壮大，培训讲师将知识与技能转化为培训课程，营造了共同学习、分享、成长的氛围。健全与公司文化相匹配的人力资源管理制度体系。

【信息化建设】一是完善IT治理体系，持续推进信息化管理制度建设，从机构设置、运行维护、安全保密等方面，为公司信息科技工作的开展提供指引；二是提升业务系统服务质量，通过新版网银系统的建设工作进一步提升了服务质量和能力；三是强化物理环境监控，通过对环控、安防系统的优化升级，进一步提升了公司物理环境的安全防控机制。

【企业文化建设】公司坚守“党建引领、服务中心”的原则，以“不忘初心、牢记使命”主题教育为主线，通过联学共建、专题学习、特色实践活动等方式，加强党员教育与管理；通过支委参与公司重大经营决策、与广大群众谈心谈话增强凝聚力，联合工会开展团建，关爱群众，增加员工归属感，为公司的稳健发展提供了强有力的思想和政治保障。

日立（中国）财务有限公司

【集团概况】日立（中国）财务有限公司（以下简称“公司”）所服务的日立集团（以下简称“集团”）是全球名列前茅的电气集团，世界企业500强排名第102位，在世界范围内享有很高的声誉。集团在中国主要拥有8大核心板块：信息·通信系统板块、社会·产业系统板块、电子装置·系统板块、建筑机械板块、高性能材料系统板块、汽车系统板块、生活·环保系统板块、金融服务板块。截至2019年末，集团在中国有136家公司，其中公司成员单位有69家，成员单位的资产规模为7676534.20万元人民币，净资产规模为4105107.42万元人民币，营业总收入为6221415.80万元人民币，利润总额为398018.14万元人民币。

【经营概况】公司于2007年11月14日在上海成立，注册资本金为人民币3亿元。2019年，公司坚持“依法经营、优质服务、提高效益、和谐发展”的经营方针，围绕集团主业和战略目标，拓展公司业务规模。截至2019年末，公司资产总额为472484.16万元人民币，同比减少0.32%，负债总额为421848.33万元人民币，同比减少1.08%，所有者权益为50635.83万元人民币，同比增长6.54%；公司全年实现营业收入4153.49万元人民币，同比减少42.48%，最终净利润3106.21万元人民币，同比减少10.91%。资本充足率为17.27%，无不良资产。资产质量优良，各项监控和监测指标均符合监管规定。

【信贷业务】截至2019年末，一般贷款余额259846.17万元，同比减少17.87%，均为正常类贷款，无不良贷款。公司对全部贷款计提了2.50%贷款拨备率。委托贷款余额128750.00万元人民币，同比减少4.53%。2019年共实现贷款利息收入 2788.14 万元人民币，同比减少 63.22%，委托贷款手续费收入 525.37 万元人民币，同比增长 155.75%。

【资金集中】2019 年，公司资金集中度有所提升，但依然较低。截至 2019 年末，公司成员单位 69 家中 46 家在公司开户，并与公司实际开展业务。2019 年第一、二、三季度资金集中度均超过 30% 的监管标准，第四季度资金集中度为 26.88%。2019 年末，公司吸收成员单位存款余额为 415780.90 万元人民币，同比减少 0.55%。

【业务创新】2019 年，公司继续开展跨境双向人民币资金池业务，扩大了公司业务规模。在开拓创新的同时，对自贸区建设起到了一定的积极作用。2019 年办理跨境人民币资金池累计流进出资金为 1767000 万元人民币。

【风险管理和内部控制】2019 年，公司健全组织架构，完善绩效考核评价体系，做好对董事的履职评估工作，形成合理的公司治理体系。同时，制定、修订了《绩效考评管理办法》《数据治理管理办法》《合规管理办法》等规章制度及业务管理办法。建立各项制度 44 项，其中 2019 年修订 3 项，新制定 5 项，废止 1 项。同时，公司对 34 项存贷款业务、支付代理业务等案件风险进行了排查，所有业务均合法合规，没有发现异常。公司还定时接受内审及外部审计公司安永会计师事务所的审计，发现问题及时纠正、解决。2019 年公司各项监管指标均符合非现场监管要求。

【人力资源管理】2019 年，在培训工作上，公司组织了 4 次员工教育培训，对外部法规规章及公司内部管理办法进行讲解；同时，公司还多次分派员工参加集团总部以及中国财务公司协会等组织的外部培训。在考核与激励工作上，完善了公司绩效考评管理办法。坚持“突出稳健的发展战略、注重合规经营、兼顾各方利益、体现公平公正、强化激励约束”的原则，公开、公平、公正、合理地对员工进行绩效评价，并构建综合绩效考核体系，对公司经营发展情况、年度经营计划执行情况、年度重点工作推动成效进行综合考核与评价。

【信息化建设】2019 年，公司在保证核心系统九恒星现金管理系统的安全、畅通运行的基础上，完成了对 1104 和大集中系统、集团财务共享中心接口、EAST 报表数据处理系统的升级开发工作，升级了服务器操作系统，更换了服务器，切换了 ACS 系统。现金管理系统稳定运行，未发生重大问题。同时，公司及时响应非现场监管数据报送系统的升级要求，保证了非现场监管数据能够及时准确地传送到监管部门。公司还认真做好服务工作，及时处理成员单位资金管理系统发生的各类问题，保证了成员单位能够正常及时地使用资金管理系统进行业务操作。

【企业文化建设】公司坚持以人为本，提倡“和、诚、开拓者精神”，将合法合规作为前提，所有业务都要在风险可控的前提下开展。在面对成员单位时，强调服务意识与效率标准，提供高质贴心的服务。在员工培养方面，重视员工与企业的共同成长，提供各种进修提升的机会，大力提倡员工自我学习、自我提升，形成了浓厚的学习氛围。同时，公司充分发挥工会的作用，解决员工实际困难，改善员工福利，并通过公司旅游以及新年联欢、文体活动等形式，提升员工归属感，增强企业凝聚力，建设和谐企业。

【高管变更】根据公司 2019 年董事会第二次会议的决议，经上海银保监局发文批复同意，公司的董事由水流孝一变更为平尾昭英，完成了工商备案登记等相关的变更工作。同时，任命黄美善和潘闻文为公司高管。

日照港集团财务有限公司

【集团概况】日照港集团有限公司（以下简称“集团”）团结创新、开拓进取，保持港口持续快速发展的良好局面。2019年8月，成为山东省港口集团全资子公司，开启山东港口一体化改革发展的新篇章，全年完成利润总额15亿元，货物吞吐量突破4亿吨，稳居全国沿海港口第7位。

【经营概况】2019年，日照港集团财务有限公司（以下简称“公司”）持续强化内部管理，优化工作流程，提升服务质效，不断拓宽经营领域，探索业务创新，增强金融功能。截至2019年末，公司资产总额47.46亿元，负债总额34.98亿元，实现营业收入1.59亿元，利润1.16亿元，不良贷款率、不良资产率继续保持为零。

【服务实体】公司积极服务集团、服务产业链上下游，支持地方经济发展，2019年共上交各类税费4231.2万元。创新思路，通过项目前贷款、融资租赁等保障港口重点工程按期推进。

【信贷业务】2019年，公司持续加大信贷支持力度，紧跟港口重点建设项目，全力保障成员单位资金需求。累计向15家成员单位投放信贷资金38.04亿元，按期收回贷款26.23亿元，贷款余额35.15亿元，同比增长25.85%，办理委托贷款6.30亿元，提供担保9.78亿元，有效促进集团降本增效、开源节流。

【资金业务】公司持续加强与银行沟通对接，在市场资金价格总体下滑的情况下，存放银行活期利率实现“逆势上扬”，同比提高3个基点。掌握头寸管理“主动权”，积极开展同业定期业务，资金使用效益不断提升，2019年新获得5家金融机构7亿元授信额度。

【票据业务】公司继续推广电票业务，2019年累计为成员单位办理票据业务6.4亿元，票据承兑规模大幅提升，有效提升票据回款及时性和集团资金周转效率。办理首笔票据贴现业务，形成了包括出票、承兑、背书、托收、贴现在内的完整票据业务产品服务，电票供应链金融业务实现快速发展。

【资金集中】公司持续加强资金归集工作，及时归集新增单位资金，与两家上市公司签订《金融服务协议》，做好监管资金归集，积极推进平台类资金归集。截至2019年末，吸收存款余额34.85亿元，全口径资金归集度为74.84%，同比提高4.34个百分点。

【业务创新】联合农业银行发放首笔分组银团贷款，协助集团降低融资成本；创新业务模式，首次开展融资租赁业务，确保资金及时到位；发放首笔房地产开发贷款，为房地产项目提供信贷资金约1亿元。2019年12月，承销成员单位的企业债券、固定收益类有价证券投资、成员单位产品的买方信贷三项新业务获批，金融服务功能进一步拓宽。

【风险管理和内部控制】2019年，公司以开展“行业规范建设年”“案件警示教育”活动为契机，不断提升合规展业水平。制定操作规程，防范资金操作风险，实行动态监测预警，适时开展压力测试，防控流动性风险，增强稽核审计监督职能，全年共开展各类稽核检查21次，提出意见建议37条，督促整改落实，为公司持续健康发展提供了有力保障。

【人力资源管理】公司持续深化内部改革，员工队伍建设进一步加强。持续推进关键岗位轮岗交流，对4名部门负责人、11名主管进行轮岗交流、业务核查，收集各类意见、建议30余项，逐项研究后分类处理；提升业务技能、促进员工发展，开展“学考结合”11次，“员工大讲堂”5期，与绩效考核直接挂钩；组织员工参加各类培训、考取职业证书，现人均持有证书2.5个，提升了员工职业素质。

【信息化建设】根据业务运营需要，公司成立信息科技部，加强信息安全管控，推动公司业务拓展、确保资金安全，在广泛调研多家财务公司及系统供应商的基础上，确定业务系统升级换代方案。聘请有资质的外包机构对服务器运行状况进行全面检查，保障公司业务连续性。

三房巷财务有限公司

【集团概况】江苏三房巷集团（以下简称“集团”）是一家以PTA和PET聚酯为主业的大型生产型企业集团。连续十多年被评为江苏省明星企业、省级文明单位，被国有省级银行评定A级信用资信，进入江苏省大型内资企业进出口十强，是全国聚酯行业的领军企业。从中国化学纤维工业协会排名情况看，集团的PET产量、出口额、销售量和利润总额自2008年起列全国同行业第一位。根据海关统计，“翠钰”牌瓶级切片出口额连续10年在全国同行业同类产品中列第一位，市场占有率为40%左右。2019年集团列中国企业500强第268位、中国民营企业500强第99位，在化学纤维制造业排名第三。

【经营概况】三房巷财务有限公司（以下简称“公司”）发展愿景是成为功能完善、服务优质、效益良好、运行安全的非银行金融机构。截至2019年12月末，公司资产总额23.77亿元；2019年实现营业收入4394.75万元，净利润1174.66万元；计提贷款损失准备金2250万元；资本充足率为27.26%；流动性比例为109.38%；贷款损失准备充足率为100%，不良率为零。

【信贷业务】2019年，公司立足集团主业发展需要，在对成员单位筛选、信用评级及尽职调查的基础上，向其中的15家单位发放贷款49.55亿元、其中商票贴现4.7亿元，信贷业务结构进一步趋于优化，也大大促进了上述成员企业生产、销售稳步增长。

【票据业务】公司制定了《票据贴现、转贴现管理暂行办法》，2019年办理票据贴现19笔、金额4.95亿元。同时，公司向人民银行申请办理了9笔、2.7亿元票据再贴现业务，降低了成员单位融资成本。2019年公司接入电子商业承兑汇票系统（ECDS），并配合上海票交所完成了线上清算功能的申请、测试和正式上线工作。利用上海票交所系统，公司积极为集团成员单位办理了商业票据贴现、票据承兑等业务，2019年办理承兑业务21笔、金额24077.03万元。截至2019年12月末，承兑余额6675万元。

【资金集中】2019年，公司充分利用已建工商银行、建设银行、农业银行、中国银行、浦发银行五家银企直连平台稳步推进成员单位账户体系建设，不断提高财务公司账户集中比例。除集团海外子公司等个别企业外，共有32家成员单位在公司开户，结算客户已达32家，办理结算26460笔，金额共计2216.35亿元。截至2019年末，公司吸收成员企业的存款共计17.00亿元，其中上市公司及其下属公司资金7.7亿元。2019年末，公司全口径资金集中度为38.7%，可归集口径资金集中度为90.71%。

【风险管理和内部控制】2019年，公司建立严格的授权及审批制度，确保重大事项决策民主和科学，形成了分工合理、职责和授权明确、报告关系清晰的组织架构。在具体业务运营上，构建了风险管控的“三道防线”体系，通过一线岗位双人双责、相关部门相互制约和稽核部事后审计监督最大限度地降低业务开展中的风险隐患。

【人力资源管理】2019年，公司重视团队建设，通过外部招聘和内部选拔方式配备各类人才23人；公司建立了部门和岗位职责，初步搭建了人力资源基本架构；公司在员工培训方面，一是以老带新、结对帮扶；二是组织相关业务知识培训，多方提高员工金融素养；三是组织员工对口交流学习，拓宽视野，减少弯路。

【信息化建设】2019年，公司已建成资金结算、银企平台、信贷管理、票据管理、资金监控、网上金融服务、1104报表、系统管理等模块。2019年，公司接入电子商业承兑汇票系统（ECDS），并配合上海票交所完成了线上清算功能的申请、测试和正式上线工作。

【企业文化建设】2019年，公司倡导团结、协作、务实、进取的企业文化，努力培养员工合规理念和社会责任意识，积极参加集团各项活动，增强公司凝聚力。

三环集团财务有限公司

【集团概况】三环集团有限公司（以下简称“集团”）主要从事专用汽车、汽车零部件和数控锻压机床产品的生产和经营，是机械汽车行业的龙头企业。截至2019年12月末，集团实现营业收入189.84亿元，利润总额1.86亿元。

【经营概况】三环集团财务有限公司（以下简称“公司”）稳健经营、合规发展，认真开展各项工作，取得了较好的经营业绩。截至2019年12月31日，资产规模达到17.47亿元，净资产3.46亿元。2019年累计完成利息净收入5794.99万元，其中贷款业务收入5200.63万元，贴现业务收入1560.96万元，同业业务收入365.93万元；累计实现拨备前利润总额5019.09万元，净利润3428.53万元。

【服务实体】公司大力协助集团开展融资工作，维护良好的银企关系，积极筹措资金，灵活调剂资金，保证了集团各成员单位经营的平稳运行，保证了集团对银行授信的即还即贷和无缝对接，确保了集团公司在各商业银行的信誉。协助集团完成短期融资和企业债的按期兑付及跟踪评级工作，维持了稳定的信用等级，为后续集团融资打下坚实的基础。

【信贷业务】截至2019年12月末，已完成对26家成员企业的评级、授信工作，授信金额共计50.12亿元；对成员企业发放贷款162笔。2019年累计发放流动资金贷款13.22亿元，累计贴现5.74亿元，为成员单位提供票据结算便利，委托浙商银行为成员单位累计代开银行承兑汇票3.39亿元，代开银行承兑汇票余额2.00亿元，直开三环财票5.12亿元，其中，中信银行代理4.12亿元，电子商业汇票系统（ECDS）直连9989.50万元，公司累计吸收成员单位开票保证金3.58亿元，保证金余额2.11亿元，减小了信用风险敞口。

【结算业务】截至2019年12月末，公司已为95家成员单位开立活期账户，定期账户16户，同业账户21户，其中实际发生交易的账户有72户。2019年，公司结算业务交易笔数24748笔。工商银行清算业务笔数19467笔，发生额为312.59亿元，其中资金上收4514笔，发生额为72.94亿元。农业银行清算业务笔数3960笔，发生额为17.41亿元，其中资金上收244笔，发生额4.67亿元。建设银行清算业务笔数1321笔，发生额11.84亿元，其中资金上收520笔，发生额4.70亿元。

【票据池业务】截至2019年12月末，共有15家成员单位加入票据池。2019年，通过票据池代开银行承兑汇票余额3.39亿元，成员单位存入公司开票保证金余额8396万元，增加了信贷投放，这极大地缓解了改制后银行信贷收缩的资金紧张状况。同时，通过票据池业务，一方面满足成员单位个性化结算需求，成员单位通过票据池将单张大额承兑汇票拆分为多张小额承兑汇票，满足支付需求，减少大额承兑汇票贴现，降低大额承兑汇票贴现利息。另一方面公司通过票据池为成员单位委托银行代开承兑汇票，吸收了成员单位开票保证金，解决了成员单位采购支付压力。

【资金集中】2019 年可归集口径资金归集率和全口径资金归集率相较于 2018 年均明显提升。截至 2019 年 12 月末，集团合并报表货币资金总额 19.48 亿元，吸收存款 13.88 亿元，根据资金集中度计算出的全口径归集率为 43.67%，较 2018 年末的 35.10%上升 8.57 个百分点，可归集口径归集率为 77.10%，较 2018 年末的 54.74%上升 22.36 个百分点，资金归集率大幅度提升。

【风险管理和内部控制】根据公司业务开展要求，发放贷款前需对客户进行信用评级，风险管理部根据成员单位行业分布情况、经营情况及财务状况等建立了信用评级、授信模型。将成员单位信用分为 6 个等级，最高为 AAA 级。然后根据评级情况，结合被授信单位净资产等财务指标，测算授信额度。根据监管要求及“三个办法、一个指引”标准，完成信贷资料审核，确保业务符合监管要求及风险控制。完成了监管机构现场及非现场监管报告的报送。监测资金流动性、资本充足率、拨备覆盖率等指标，确保各项指标均符合监管要求。完成了案防自查及评估，通过案防要求的五个板块 25 个指标自评案防情况，对缺失部分指标对应制度文件进行了相应的补充。

三峡财务有限责任公司

【集团概况】中国长江三峡集团公司（以下简称“集团”）是国内可控装机最大的清洁能源集团和全球最大的水电开发企业，习近平总书记给予三峡工程“一个标志、三个典范”的高度评价。集团被纳入中央企业创建世界一流示范企业名单。截至 2019 年末，集团可控、权益和在建总装机规模达到 1.31 亿千瓦，资产总额近 8356 亿元，利润总额、全员劳动生产率、人均利润、人均上缴利税等指标在央企名列前茅，年度经营业绩考核连续 13 年进入中央企业 A 级，“长江三峡枢纽工程”项目荣获 2019 年度国家科技进步奖特等奖。

【经营概况】截至 2019 年末，三峡财务有限责任公司（以下简称“公司”）资产总额 662.95 亿元，负债总额 557.06 亿元，所有者权益 105.89 亿元，实现营业总收入 24.18 亿元，利润总额 18.54 亿元，经济增加值（EVA）4.94 亿元。全面超额完成各项经营指标，荣获行业最优监管评级，推动产业链金融业务落地，在集团年度绩效考核中获 A 级。

【服务实体】2019 年，公司积极服务集团、服务实体经济。一是全力支持国家发展战略实施和重大工程建设。信贷额度向大水电倾斜，确保金沙江流域大水电项目的建设资金，降低项目综合融资成本。二是加快发展绿色金融，助力生态环境保护和建设。为长江大保护业务提供包括信贷、受托理财、票据贴现等一揽子金融服务方案。三是积极探索产业链金融服务路径，并成功运用于长江大保护核心企业上游供应商“一头在外”票据贴现。

【信贷业务】2019 年，公司累计发放自营贷款 412 亿元，回收自营贷款 294 亿元，年末自营贷款余额为 399 亿元。全年累计发放委托贷款 624 亿元，回收金额 505 亿元，期末委托贷款余额 933 亿元。公司累计开具电子银行承兑汇票385次，累计金额9亿元；累计开具保函29次，累计金额6亿元。

【产业链金融】2019年，公司获得开展产业链金融业务资质。开展的产业链金融业务主要是“一头在外”的票据贴现业务，为成员单位的上游企业办理票据贴现100万元。

【资金业务】2019年，公司通过精细化管理资金头寸，比选最优配置方案，充分发挥规模优势等手段，有效对冲市场利率下行影响；通过抢抓利率市场阶段性高点和大额资金流入关键时点，锁定高收益同业存款品种，提升收益水平。2019年公司短期资金运作实现收益6.08亿元，平均收益率约为3.31%，在同期Shibor下降近100个基点的情况下实现同比持平，较同期Shibor-6M、Shibor-1Y均值分别高出41.3个基点、18.6个基点，完全覆盖集团当年新增短期融资成本。

【投资业务】2019年，公司面对复杂严峻的经济金融环境，坚持以合规经营、资金安全为前提，审慎开展投资业务。全年实现投资收益2.21亿元，其中，证券投资收益1.98亿元，股权投资分红收益0.23亿元。投资业务的工作重点包括三个方面：一是以保本合规为前提，加大固收类产品研究的广度和深度，提升固收类投资收益水平；二是以调查研究为重点，做好权益类资产保全，抓好重点项目风险化解和投资退出工作；三是以夯实业务管理为基础，启动投资管理系统建设及同业资金业务划转等工作。

【票据业务】2019年，公司通过承兑成员单位开具的电子商业汇票，为成员单位增信，增强成员单位出具电票的流动性及市场认可度，为成员单位有效运用电子银行承兑汇票作为支付手段，节省财务费用，提高资金周转效率提供助力。2019年，共办理电子银行承兑汇票385次（共35笔），累计承兑金额达8.92亿元。

【外汇业务】2019年，公司为成员单位办理结汇业务1笔，金额1000万美元，为成员单位节约成本11万元。

【资金集中】2019年，公司高度重视资金归集工作。一是抓好集团资金集中管理考核政策日常宣传工作，增强成员单位资金集中管理意识；二是与集团保持密切沟通，争取更多资金归集的管理政策支持；三是通过资金日报分析，监控管理成员单位外部银行资金与内部账户大额资金流向，每月形成资金集中度月报，统筹掌握公司资金集中管理工作进展。2019年公司吸收成员单位日均存款474亿元，国内可归集人民币日均资金集中度达98%。

【业务创新】2019年，公司获得开展产业链金融业务资质。结合集团产业链业务特点，公司积极开展产业链金融业务的研究，制定产业链金融业务的相关制度，积极在集团成员单位和上下游企业进行业务推介。

【风险管理和内部控制】2019年，公司持续完善风险管理组织体系，落实风险管理责任，全面风险管理体系更加健全，运行更加有效。一是持续开展风险评估，辨识评估影响公司生产经营管理目标实现的7项重要风险和14项风险源，制定32项相应的管控措施。二是扎实开展公司制度流程建设，全年对195项制度进行梳理和层级划分，新增、修订制度流程41项，废止制度14项，发布4期法律法规汇编，对59项法律法规进行汇编分析，有效提升了公司全员守法用法能力。

【人力资源管理】2019年，公司深入贯彻落实新时代党的组织路线，着力增强选人用人工作规范性，大力发现培养选拔优秀年轻干部，奋力推进“三项制度”改革，为公司持续健康发展提供坚强有力的组织保障和人才支撑。一是国有企业改革取得良好进展。宜昌分公司通过实行干部任期制、完善退出机制、调整工资总额管理方式等措施，激发干部职工干事创业积极性。公司本部制定人力资源规划、优化岗位设置，完善职业发展“双通道”，为下一步改革奠定良好基础。二是大力选拔优秀年轻干部，2019年，共提拔干部9人，其中，40岁以下年轻干部5人，占比为55%；35岁以下年轻干部2人，占比为22%。三是持续完善青年人才全流程素质培养体系，进一步优化新员工入司培

S

训流程，持续开展“导师带徒”活动，扎实进行青年员工综合评价工作。

【信息化建设】2019 年，公司信息化建设以业务服务与技术保障为目标，结合自身实际坚持走业务信息化、管理信息化、决策信息化发展战略。核心电子服务系统全年安全平稳运行，正常运行率超过 99.5%；资金管理系统实现主体功能上线运行，正在集团范围内应用推广；统一监管报送系统、票据交易系统全直连接入项目均在年内完成上线验收；积极引进先进技术，通过 RPA 项目的上线实现科技创新与业务管理的有机结合，逐步建成具备金融服务属性和集团公司资金管理特点的专业化信息化管理体系。

【企业文化建设】2019 年，公司党委坚持以政治建设为统领，以落实全面从严治党主体责任为主线，科学谋划、创新方法、狠抓落实，全力推进党建工作再上新台阶；党建与业务工作同研究同推进，探索形成“日学、周讲、月考”机制，构建党建与业务工作融合提升的新平台；工会积极组织开展群众性活动，有效提升干部职工凝聚力。

沙钢财务有限公司

【集团概况】江苏沙钢集团有限公司（以下简称“集团”）是中国最大的民营钢铁企业。沙钢集团已发展成为以钢为主，包括拥有资源能源、金属制品、金融期货、贸易物流、风险投资、大数据等板块在内的跨国企业集团，连续 11 年跻身世界企业 500 强，2019 年列第 340 位。2019 年，集团完成炼铁 3325 万吨、炼钢 4110 万吨、轧材 4052 万吨，实现营业收入 2520 亿元，利税 170 亿元，效益实绩继续位居国内同行前列。

【经营概况】2019 年末，沙钢财务有限公司（以下简称“公司”）资产总额 85.01 亿元，负债总额 66.74 亿元，所有者权益 18.27 亿元。2019 年实现营业收入 1.91 亿元，利润总额 1.54 亿元，净利润 1.15 亿元，公司资本充足率为 33.28%，流动性比例为 72.45%，投资比例为 38.54%，拆入资金比例为零，担保比例为 26.40%，公司无不良贷款。

【服务实体】2019 年，公司主动为成员单位提供流动资金贷款、办理票据贴现、保函等业务。承担集团资金计划管理、融资管理等职能。累计代理集团购买理财 874 笔、金额 1042.82 亿元，资金理财与融资成本相比实现增效 5651.7 万元。通过与银行沟通协调稳定低成本人民币融资额度、择机发行中期票据、适时压减美元融资等措施，有效地稳住了融资成本，降低了整体融资负债规模。代理集团保险管理，为集团设计年度保险方案，梳理投保范围以及整理投保清单，及时为集团资产进行投保。2019 年通过代理保险业务获得保险手续费 280.5 万元。

【信贷业务】2019 年，公司累计为成员单位发放流动资金贷款 30.51 亿元，通过零保证金、零手续费的形式为企业开具海关集中纳税保函、履约保函等，1—12 月累计办理各类保函 6.63 亿元，财务公司电票 10 亿元，为企业节约资金成本 139.91 万元，减少手续费 41.55 万元。截至 2019 年末，公司各项贷款余额 30.97 亿元，其中，流动资金贷款 25.10 亿元，贴现贷款 5.87 亿元。

【产业链金融】2019 年，公司积极推进延伸产业链金融服务试点业务的申请。主动了解“一头在外”供应链融资业务的风险把控及信息化系统建设情况，根据自身情况，拟定后续业务开展计划，完善业务制度和流程，并成功向监管部门报送了开办延伸产业链金融服务试点业务的备案报告。

【资金业务】公司坚持全面预算管理，科学编制资金计划，采取资金年预算、月计划、周平衡、日控制的管控方式，统筹安排生产经营、投资及筹资资金，在确保资金安全的前提下，注重发挥资金的规模效应，降低资金使用成本。2019年库存人民币结算资金明显下降，有效减少了日常结算资金占用。

【投资业务】2019年，公司主动与多家金融机构联系，采取各种措施增加资金理财收益。2019年累计操作有价证券投资业务5笔、金额11亿元，平均收益率为4.59%，实现理财收益4517.65万元。

【票据业务】2019年，公司累计办理成员单位票据贴现16.12亿元，向人民银行再贴现1.96亿元。累计为成员单位办理电子承兑汇票10亿元。公司还代理集团电子银行承兑汇票管理工作，负责集团电子银行承兑汇票管理的具体操作和实施，每日做好集团电子银行承兑汇票的内部调拨、到期托收、自开票和销售回笼票据的接收以及核对工作。

【资金集中】2019年，公司加强了对成员企业银行账户的管理，对账户的申请开立、销户进行全面梳理，及时发现未归集账户、长期不动户和外地账户，并对账户中的闲置资金及时划回，购买理财产品，提高资金的使用效率和效益。截至2019年12月末，全口径资金归集率为57.75%，剔除无法归集部分，资金归集率为77.20%。

【风险管理和内部控制】2019年，公司组织对制度和业务流程进行了再梳理，对章程、股东会、董事会、监事会等议事规则和《内部控制管理办法》《合规问责制度》《同业授信管理办法》等19个制度进行了修订，并新增了《“一头在外”贴现业务管理》《“一头在外”的应收账款保理业务管理办法》等7个制度。

2019年，公司对各部门业务合规情况、公司治理、风险管理、权限管理、信息系统安全风险控制等开展了14次检查，发现问题48个。同时，组织资金部门开展了对成员单位的资金计划等的专项检查10次。对检查发现问题的整改情况进行跟踪，确保问题整改到位。

【人力资源管理】2019年，公司组织开展各类培训35期。通过抓员工参加金融统计知识竞赛和集团财务技能比赛促队伍整体素质的提升。2019年，公司在张家港金融系统第三届“数据精英”金融统计技能大赛中获得团体第一名。

【信息化建设】2019年，公司加强核心业务系统建设。一是推进了征信接口版系统测试、调试、验收。二是对1104报表、大集中取值逻辑进行核对、修正，提升各类监管统计报表自动化覆盖率。三是加强信息系统安全建设，上线ELK日志监控系统，对系统运行情况进行实时监控。目前，对核心业务系统服务器、电票系统应用、电票系统前置机、银企前置机运行情况进行实时监控。

【企业文化建设】2019年，公司积极与银行开展党建共建活动。与上海浦东发展银行张家港支行党支部、中国农业银行张家港锦丰支行签订了党建共建协议，并与共建单位组织开展了“不忘初心、牢记使命”等主题党日活动，通过开展党建共建活动，促进双方党建工作和业务经营的深度合作。

山东晨鸣集团财务有限公司

【集团概况】山东晨鸣纸业集团股份有限公司（以下简称“集团”）是中国造纸龙头企业，进入世界纸业10强、中国企业500强，集团坚定不移地实施“林浆纸一体化”战略。产品涵盖文化纸、白卡纸、铜版纸、生活纸、静电复印纸、热敏纸等，是造纸行业内产品品种最多、最齐全的企业。集团是国内唯一一家A股、B股、H股三种股票上市公司，在山东、广东、湖北、江西、吉林等地均建有生产基地，总资产1000亿元左右，年浆纸产能1000万吨左右。拥有国家企业技术中心、博士后科研工作站、国家认可CNAS浆纸检测中心等科研机构，承担国家级科技项目5项、省级技术创新项目54项。在全国同行业率先通过ISO9001质量体系认证、ISO14001环保体系认证和FSC－COC体系认证。

【经营概况】截至2019年末，山东晨鸣集团财务有限公司（以下简称“公司”）实现净利润2.8亿元，同比增幅为16.7%；资产规模达到135.3亿元，同比增幅为1.1%。各项合规性监控指标全部符合监管要求，其中，资本充足率为39.19%，流动性比例为41.09%，担保比例为24.89%；不良资产率、不良贷款率均为零。

【服务实体】公司将服务集团和成员单位、助力集团优化负债结构作为工作的重中之重。一是协助集团加大与同业的沟通，着力改善集团负债结构不合理的局面。二是通过电票的推广使用，提高集团票据使用效率和各成员单位工作效率，降低财务费用及操作风险。三是压缩非持牌类金融机构的存量业务，腾挪资金重点支持节能高效、新旧动能转换主体单位，配合集团完成产业、产品结构的调整，培育新的经济增长点。四是强化合规建设，充分发挥资金归集平台、结算平台、监控平台与金融服务平台“四个平台”功能。

【信贷业务】2019年，公司在集团资金整体趋紧的条件下有效调剂集团资金，为成员单位新增发放贷款3.95亿元，余额达到86.80亿元。重点支持节能高效、新旧动能转换单位，调整信贷结构；根据成员单位新上项目节能环保等技术升级，新增绿色信贷管理办法等制度，发放符合绿色信贷政策的固定资产贷款，获得人民银行绿色信贷统计报数申请；为新旧动能转换单位新增贷款1.54亿元，为后期争取央行再贷款、再贴现奠定基础；通过完善征信信息安全管理相关制度，使业务开展更加规范。

【资金业务】2019年在市场资金面宽泛，吸收存款与存放同业资金双向降低的情况下，通过大量扎实细致的工作，公司不断加强与合作银行的沟通联系，保持了存放同业价格的稳定；延续每日报价机制，随时掌握同业利率价格的走势与波动情况，2019年存放同业资金日均11.85亿元，实现收益2377.86万元。

【投资业务】公司秉承稳健经营、审慎合规的投资理念，严格按照监管批复规定的投资范围开展投资业务，积极开展有价证券投资（固定收益类）业务，主要投资标的为AA+级以上的超短期融资券以及中期票据。截至2019年12月末，共办理有价证券投资149笔，交易金额累计143.80亿元，月均交割量12亿元。

【票据业务】公司深化与银行同业合作，努力争取人民银行的支持，盘活存量票据资源。截至2019年末，共开立电子商业汇票金额合计73.31亿元，其中，开具电子银行承兑汇票金额合计30.08亿元，电子商业承兑汇票金额合计43.23亿元。累计办理贴现32.10亿元，净贴现利息收入为1.00亿元。2019年累计办理再贴现金额合计8.64亿元，再贴现日均余额3.95亿元。

【外汇业务】公司持续推广即期结售汇业务。在业务办理中，采取“先落地后集中、两头在外”的模式规避汇率风险；强化国际收支申报、资本项目审核、综合头寸管理、市场交易风险等一系列业务关键点，稳步推进结售汇业务。2019年累计完成结售汇业务8065.1万美元，为集团节约外汇成本106.96万元。

【资金集中】公司对账户进行全面梳理，清理无效冗余账户；优化信息服务系统，通过系统自动或人工手动方式相结合，定时或不定时将上述单位的资金每日归集至财务公司，搭建起全方位资金监控网络，以技术手段实现了结算框架下对账户的统一管理，同时对每个账户核定限额，实行限额管理；强化资金计划管理，降低成员单位用款的偏离度。

【业务创新】公司围绕集团国际化发展战略，在充分学习研究国家外汇新规及相关政策的基础上，积极申办以财务公司为主办企业的跨境资金集中运营业务资质。2019 年 9 月 6 日，公司获得国家外汇管理局山东省分局业务资格备案，可办理经常项目资金集中收付及境外放款额度集中两项业务。公司以此为契机，提升跨境资金集约化管理，为集团节约外汇成本，为成员单位提供更加便捷、高效的外汇金融服务。

【风险管理和内部控制】公司加强对重点部门、环节、岗位的内控管理，提高制度执行力，及时进行风险提示和风险预警，对各类风险进行事前防范、事中控制、事后监督与纠正。对照道德规范、行为规范、服务规范、管理规范等要求，对现行相关规定及个人行为规范性进行全面排查，提高全员合规意识；在“巩固治乱象成果，促进合规建设”活动期间，开展覆盖全体员工的岗位履职情况排查，确保各岗位人员尽职履责。

【人力资源管理】2019 年，人力资源部门按照年度培训计划，每月组织干部员工进行专题培训，内容覆盖规章制度、政策解读、操作规程、业务创新等方面，同时做好监督检查及培训内容测试工作，并将测试结果纳入个人绩效考核，确保培训效果。修订完善绩效考核方案，不断调动干部员工工作积极性。

【信息化建设】2019 年 10 月，在 LPR 和广义信贷接口优化项目需求调研阶段，综合管理部及时邀请实施方讲解建议方案，并引导业务部门以业务流程为主线细化需求，明确需求范围，保障了项目在 12 月份按期完成开发和功能测试。

【企业文化建设】公司组织开展“献爱心”活动，为云南省傈僳族自治州泸水县小学捐献衣服、图书等物品，引导员工树立社会责任意识；组织员工观看《金融职业道德准则》教育视频，加强思想教育、党建统领，弘扬敬业精神，培养“职业、敬业、专业”的金融人才，激发员工的归属感、主动性和创造力，把企业文化建设真正渗透于公司的组织结构、规章制度和员工行为之中，为公司的可持续发展助力。

S

山东钢铁集团财务有限公司

【集团概况】山东钢铁集团有限公司（以下简称“集团”）2019 年运营质量稳中有进，累计生产铁 2617 万吨、钢 2757 万吨、材 2709 万吨，同比分别增长 16.67%、18.82%、20.83%。各产业板块保持良性发展，综合竞争力排名稳居第一梯队，荣膺“2019 年卓越钢铁企业品牌”，列 2019 年中国企业 500 强第 124 位、2019 年中国制造业企业 500 强第 45 位。

【经营概况】山东钢铁集团财务有限公司（以下简称“公司”）坚持以融助产，2019 年实现收入 4.57 亿元，账面利润 3.57 亿元，净资产收益率为 7.07%。截至 2019 年 12 月末，公司资产总额 163.40 亿元，同比增幅为 4.46%；所有者权益 38.52 亿元，同比增幅为 3.38%。各项存款余额 124.28 亿元，同比增幅为 5.93%，全口径资金归集度为 45.58%。信贷支持余额 141.15 亿元，不良资产率和不良贷款率均为零，各项指标符合监管规定。

【服务实体】2019 年，公司助力集团转型发展，发挥集团司库职能，按照差别化信贷政策，调整信贷结构和业务发展战略，加大对成员企业的支持力度；协调外部资金、利用自有资金，助力集团债券发行及资金链安全。

【信贷业务】2019 年，公司发挥金融平台优势，为成员企业提供融资支持和优质金融服务，助力成员企业资金链安全。开展贷款、贴现、承兑、担保等信贷业务，推进贷款市场报价利率（LPR）改革，2019 年累计为成员企业提供表内外信贷支持 171.63 亿元。

【保险代理】2019 年，公司发挥集团规模优势，有效转移经营风险，2019 年累计为成员企业代理投保资产 646.76 亿元，保额 993.98 亿元，实缴保费 2373.20 万元，赔付到账 888.67 万元，赔付率为 37.45%，代理费收入 504.62 万元，净收入 304.84 万元，投保资产余额 673.02 亿元。

【投资业务】2019 年，公司积极协调外部资金、有效利用自有资金，助力集团成功发行债券，有效降低债券发行利率，债券存续期内累计为集团节约财务费用 3181 万元。

【票据业务】2019 年，公司扩大集团融资渠道，向 28 家商业银行及财务公司申请票据授信，背书转让、到期托收及商业银行贴现、转贴现比例大幅提高。截至 2019 年末，办理电子商业汇票承兑业务 1184 张，累计金额 38.23 亿元，余额 27.78 亿元，收取保证金 11.58 亿元；办理电子商业汇票贴现 64 笔，累计金额 44.15 亿元，贴现余额 34.32 亿元；转贴现余额 9 亿元。

【资金集中】2019 年，公司执行集团《深化资金统一管理办法》，以集中结算驱动资金集中，以账户集中减少沉淀资金，以预算管理监控资金支付。全面上线资金预算系统，借助资金日报监控资金沉淀情况，通过预算审批干预减少外部资金，提升成员企业资金集中管理意识，规范成员企业资金归集和使用行为。优化机构设置，集团资金中心与公司复合设置、一体化运营，强化资金归集管理与运营职能，完善资金管理体系。

【业务创新】2019 年，公司开展银团贷款业务，签署首笔银团贷款协议，为集团融资 3.5 亿元。开展跨境双向人民币资金池业务，2019 年累计为集团及成员企业完成境内外人民币资金划拨 22 笔，累计金额 28.77 亿元。

【风险管理和内部控制】2019 年，公司开展“行业规范建设年”工作及反洗钱和防范非法集资教育。执行风险预警会议制度，建立风险应急预案。严格把控信贷审批关键环节，组织召开信贷审查委员会会议 5 次，审批信贷业务共计 110 余笔。各项风险监管指标符合监管要求。开展内部审计，发挥审计增值功能和服务职能，保障公司规范高效运作。

【人力资源管理】2019 年，公司落实集团决策部署，按照专业化、集约化运营要求，推进机构调整和人员优化，确保机构合理、人岗相适。制定工资总额决定机制，构建差异化薪酬分配体系，优化绩效考核办法，完善管理、技术双序列岗位体系。实行公司经理层市场化选聘、契约化管理，为公司在市场化竞争中建立核心能力。加强员工知识技能培训，为公司持续健康发展注入活力。

【信息化建设】2019 年，公司制定实施信息科技年度建设计划，有序推进公司信息系统项目建设，确保公司各系统安全、稳定运行，实施上海票交所交易系统升级、核心业务系统优化工作。

【企业文化建设】2019 年，公司坚持以习近平新时代中国特色社会主义思想为指导，开展“不忘初心、牢记使命”主题教育，深入学习贯彻党的十九大精神和集团系列会议精神。推进公司“合规文化”建设，创新宣传思想工作，引导干部职工树立“汇财通智，共创价值”的核心价值观，2019 年在内外部媒体平台发表稿件 60 余篇。继续保持省属企业文明单位称号。

山东黄金集团财务有限公司

【集团概况】 山东黄金集团有限公司（以下简称“集团”）成立于1996年，2015年改建为山东省属国有资本投资公司。作为国有大型骨干企业，集团黄金产量、资源储备、经济效益、科技水平及人才优势均居全国黄金行业前列。2019年，集团实现营业收入843.03亿元，同比增幅为2.63%，利润总额28.77亿元，同比增幅为23.84%，圆满完成了各项目标任务，为“十三五”战略收官奠定了坚实的基础。

【经营概况】 2019年，山东黄金集团财务有限公司（以下简称“公司”）始终坚持以“服务集团”为宗旨，聚焦集团产业链上下游，稳扎稳打推进金融平台建设，做连接产业与金融的桥梁，持续强化公司治理和风险管控，取得了良好的经营业绩和风险管控实效。截至2019年末，公司资产总额69.99亿元，负债总额35.35亿元，存款余额35亿元，贷款余额（含贴现）46.29亿元，不良贷款率为零。

【服务实体】 2019年，公司一是坚持为一线矿企服务，保障成员单位信贷资金需求。主动走出去，采取电话、微信、调研问卷等多种方式，全面了解企业的经营“难处”和服务“需求”，努力克服市场利率下行、成员单位融资结构调整等困难，积极推广各类信贷金融产品，不断扩大承兑和贴现量，全力保障成员单位资金需求。二是深入基层化解矛盾，加快推进统保工作。2019年初公司通过对集团各下属企业的资产规模及投保情况进行调查，将车险、财产一切险、机损险及团意险作为重点产品，将省内大矿作为重点目标客户，与保险公司组成调研工作组，先后到事业部及所属企业进行实地调研、宣传。2019年走访调研24家成员单位，较好地提升了成员单位的保险意识，实现了统保业务规模的快速增长。三是实现结算平台安全高效运营，始终保持“零差错、零收费、零投诉”的优质服务，正式上线“对私批量付款功能”，不断提高安全、高效、便捷的运营能力。

【信贷业务】 2019年，面对股份公司关联交易限额的影响及贷款规模流失和利率下浮压力，公司及时调整信贷政策，通过开展调整客户信贷方案和周期设计，对重点客户扩大信贷融资规模等措施，确保公司信贷规模稳定增长。紧跟国家信贷投放导向政策，明确对符合条件的新旧动能转换工程企业、集团战略规划重点矿山、勘探企业给予信贷导向政策倾斜。积极应对新的LPR报价机制，实现了公司LPR改革平稳过渡。2019年末自营贷款规模达44.16亿元，较年初增加7.92亿元。

【资金业务】 加大对资产负债结构、收益水平、流动性安全等关键指标的监测和摆布，合理匹配各项资产负债，加强资金计划调度力度，紧盯同业市场价格波动，充分利用同业约期、活期稳定存款等方式提升同业业务收益。2019年末存款规模39.96亿元，增幅为17.69%，全年办理靠档计息的约息存款1.5亿元、活期稳定存款0.5亿元，期限3~9个月不等，最高利率为2.95%，既能保证日间结算支付，又能享受定期存款的较高收益率。

【票据业务】 2019年，受公司与股份公司关联交易限额的影响，较多成员单位的开票需求无法得到充分满足，在这种不利情况下，公司用足用活开票额度，优先满足在外部银行无授信额度成员单位的开票需求，积极引导非股份公司下属成员单位使用票据进行结算，进一步扩大客户群体，全年电票承兑业务量首次突破8亿元，创出了历史新高。2019年贴现市场利率持续低迷，在11月下旬，市场转贴利率甚至跌破了2%。公司强化服务意识，贴现业务实现了应贴尽贴，累计为成员单位办理贴现4.40亿元，在集团内贴现业务占比达到96%。

【资金集中】公司以“保平稳、谋改进、提服务、促发展”为资金归集与结算平台的工作重心，以加强资产负债管理为依托，踏实推进金融平台专项职能服务。公司申报的《上市公司资金集中的创新与应用》项目荣获第三十三届山东省企业管理现代化创新成果三等奖，资金集中管理服务专业水平获得肯定。2019年末全口径资金集中度平均为49.81%，较上年同期提升3.82个百分点；剔除客观不可归集因素后的资金集中度达92.95%，较上年同期提升9.20个百分点。

【业务创新】公司将拓展完善外汇服务职能作为2019年业务创新重点，积极申办即期结售汇业务。在成功取得山东银保监局对公司开展即期结售汇业务的无异议证明函后，快速完成国家外汇管理局山东省分局对各类书面申报材料的审核。经过业务系统搭建及测试、外汇交易场所改建、人员政策法规学习与培训等多方面筹备工作后，于2019年12月10日一次性顺利通过国家外汇管理局山东省分局对系统软硬件设施验收、工作人员外汇政策法规现场考核，公司的筹备工作获得外汇局高度评价及充分肯定，现场获得检查验收通过通知，申办即期结售汇业务工作取得重大突破。

【风险管理和内部控制】2019年，公司组织开展全面风险、内控管理工作，对内控手册进行了修订完善，健全完善“三重一大”制度实施细则、党支部议事规则等，对《公司章程》进行修订，按照监管部门要求开展了“行业规范建设年”系列活动，重点深入开展“巩固治乱象成果，促进合规建设”工作，进一步增强公司风险防范和内部控制能力。

【企业文化建设】2019年，公司一是每月至少专题研究一次党建工作，形成了支部书记“亲自抓”、班子成员“配合抓”、中层管理人员“协助抓”的工作格局。二是开展3次以“不忘初心、牢记使命”为主题的教育活动，支部书记围绕“共产党员为啥要不忘初心”为题讲授党课。三是大力推进学习型党组织建设，全年开展16次主题党日活动，3次支部书记讲党课活动。四是定期开展党规党纪教育活动，在办公区精心打造“廉洁文化墙”，支部组织观看廉政警示教育片3场。

山东能源集团财务有限公司

【集团概况】山东能源集团有限公司（以下简称“集团”）是省属大型能源企业。2011年3月成立，2015年8月改建为国有资本投资公司，注册资本170亿元，总部在山东省济南市，资产总额、营业收入突破3000亿元，拥有煤炭资源总量446亿吨，参控股电力装机10210MW，煤制天然气20亿立方米，产业遍布国内16个省（自治区）、境外5个国家（地区）。连续8年进入世界企业500强，2019年列第211位。

【经营概况】山东能源集团财务有限公司（以下简称“公司”）围绕集团战略目标，坚持稳健经营，坚决防范风险，充分发挥财务公司金融专业优势，深化产融结合助力新旧动能转换，创新金融服务助推集团高质量发展，服务实体产业能力不断提升。2019年实现营业收入6.39亿元，利润总额4.31亿元。截至2019年12月末，公司资产总额180.94亿元，资本充足率为31.38%，流动性比例为51.33%，不良资产率、不良贷款率均为零，资产损失准备充足率、贷款损失准备充足率达100%，各类风险指标均符合监管要求。

【信贷业务】公司对集团重点区域、重点项目、重点企业进行清单管理，主动跟进新旧动能转换示范区、重点基地等布局区域；主动对接智慧矿山、“一提双优”重点工程等改造提升项目；主动服务高端装备制造、新能源新材料、颐养健康等新兴培育产业。坚持“把好投向、调好存量、用好增量”，集中力量服务于核心产业和重点企业，确保项目建设资金精准投放、及时到位。2019 年，公司为集团战略区域、重点项目共计投放信贷 71.23 亿元。

【资金业务】公司充分利用自身的金融资质和集团的品牌影响力，努力扩大与外部金融机构信贷、票据、担保等业务合作。2019 年末，已经与 19 家银行机构、7 家财务公司建立了良好的同业合作关系，同业授信额度达到 96 亿元，比年初增加 25 亿元，增幅达 35.21%。2019 年年中出现资金支付紧张局面时，首次从其他财务公司成功拆入资金 5.8 亿元，打通了补充临时周转资金的通道。

【票据业务】公司通过提高票据池系统集成化程度，最大限度地实现了入池票据的统一管理，2019 年新增中信银行、兴业银行两家合作银行，降低票据入池难度，方便有需求的成员单位随时开票，且质押率达到百分之百，仅质押入池票据就为集团减少外部存放保证金 10 亿元，有效缓解资金占用，满足成员单位多样化的业务需求。

【资金集中】公司采取实时清屏结算业务、延长结算服务时间的方式，加快资金汇划速度、提高结算工作效率，通过提供更长的服务时间和更优的服务质量，不断提升成员单位资金归集的主动意愿。对大额资金进行实时监测、全过程管理，对上市公司等特殊单位，以及发债资金、专户资金等特殊用途资金进行逐项分析、逐笔研究。2019 年在上市公司资金归集方面实现了重大突破，新华医疗资金归集方案顺利通过审核，于 2019 年 6 月实现第一笔资金上划。

【业务创新】采用“流动资金贷款 + 银行承兑汇票”组合的贷款方式，引导成员单位使用财务公司电票作为日常结算方式，首次占用外部授信进行票据直贴，推动了财务公司电票在市场中的流通度和影响力。不断丰富业务品种，联合农业银行成功为成员单位办理银团贷款，节约利息支出 2000 多万元。

【风险管理和内部控制】通过开展全面风险管理年度评估，制定风险偏好及应对策略，利用压力测试、监测预警、风险提示等手段，将定量评估与人工分析相结合，确保风控前置。同时，更新金融风险数据库，建立了覆盖全公司 42 类业务品种、40 个岗位的 209 项风险点的《风险清单》。加强风控合规管理、加强内审检查力度两条主线，对公司潜在风险隐患进行全面排查、逐项清理，不断提升内部经营管理的精细化水平。2019 年在人民银行组织的金融机构反洗钱现场检查中，在非银机构相关经验少、内部账户多的重重压力下，公司攻坚克难顺利通过检查，得到人民银行的高度肯定。

【人力资源管理】公司聘任两名高管人员，择优选拔了十余名优秀管理人员，不断完善公司人才梯队建设。同时，为充分发挥薪酬的激励和导向作用，制定了更符合公司实际的市场化薪酬体系，使员工薪酬与公司效益挂钩、与能力贡献匹配，充分体现员工价值。

【信息化建设】公司完善基础安全设施，改造软硬件设备，更换 UPS 蓄电池、升级身份认证系统，实施公司网络安全加固提升工程，形成对网络流量、威胁攻击的实时检测，全面排查了运行中存在的风险及漏洞，消除安全隐患，保证系统稳定运行。

【企业文化建设】公司牵头承办了人民银行驻济财务公司“深化产融结合与协同发展”磋商机制座谈会，邀请同业机构到集团参观、座谈，与同业建立了常态化沟通机制，推动同业合作向更深层次、更宽领域发展。

山东省商业集团财务有限公司

【集团概况】山东省商业集团有限公司（以下简称“集团”）是1992年底由山东省商业厅整建制转体组建而成的国有企业，涉足商贸及电子商务业、文旅业、健康业，旗下有两家上市公司（银座股份、鲁商发展）和4所高校，拥有3个全国驰名商标、6个国家级研发平台和3个院士工作站，下属企业340家，从业人员20万人，资产1090亿元。2018年实现营业规模1238亿元，缴纳税费逾30亿元，蝉联“厚道鲁商”榜单。旗下银座集团列全国零售百强第20位，银座旅游集团列中国旅游企业第17位。

【经营概况】山东省商业集团财务有限公司（以下简称“公司”）围绕“依托集团、服务集团”的宗旨，抢抓机遇，稳健经营，综合服务能力持续提升。截至2019年末，资产总额85.01亿元，负债总额61.46亿元，所有者权益总额23.55亿元。2019年累计实现营业收入3.62亿元，同比增加1.23亿元，累计实现利润总额1.78亿元，同比增加3447万元。2019年，经山东银保监局核准，注册资本从10亿元增至20亿元，为进一步促进各项业务的开展打下基础。

【服务实体】公司以服务为中心，不断强化服务意识，提升服务水平。成立专门的服务工作小组，针对不同的成员单位，分户施策，制定个性化的服务方案；设立结算业务服务岗位，提供指导电票系统操作、上门收取资料、开立、注销内外部账户等多项上门服务，让成员单位“零跑腿”；通过与银行签订电子银行服务协议，对成员单位实行差异化利率，为成员单位节省手续费支出、增加存款利息收入，让利成员单位。

【信贷业务】公司扎实推进各项基础业务，推出多种信贷产品，助力产业发展。2019年累计为成员单位发放流动资金贷款和银团贷款84.01亿元，办理保理业务580万元，累计办理“一头在外”的票据贴现业务37笔，金额1825万元；累计办理电子银行承兑汇票业务110笔，金额7.11亿元；办理担保业务3笔，金额29940万元。同时，完成对19家银行和9家财务公司的同业授信工作，授信总额达410亿元、1.90亿美元。

【产业链金融】2019年共发放保理资金580万元，实现利息收入43.37万元。截至2019年末，保理业务余额为580万元。累计办理“一头在外”的票据贴现业务37笔，金额总计1825万元，实现贴息收入192万元。

【资金业务】为保障集团资金安全，公司会同资金管理中心，全面统筹，积极调度，在保障流动性安全的基础上，尽力满足产业各项用款需求，全力支持集团债务刚性兑付，2019年同业拆借24笔，累计拆入资金44.30亿元。同时，适时开展压力测试，制定流动性应急预案，提高决策水平，确保资金流动性安全。

【投资业务】公司积极探索新的业务模式和利润增长点，大力发展投资业务，2019年协助集团发行债券12笔，累计为集团融入资金82亿元，截至2019年12月末，投资业务余额为11.50亿元，累计投资收益4849.53万元，同比增长1339.46万元，增幅为38.16%。

【票据业务】公司积极延伸服务链条，大力推广电票业务。依托集团核心成员单位山东银座商城股份有限公司和银座集团股份有限公司，借助其对物流、商品流、信息流的控制，大力推广电子商业汇票结算，2019年累计办理电票承兑业务7.11亿元，办理供应商商票贴现业务1825万元。

【外汇业务】公司充分发挥金融平台优势，抢抓机遇，不断进行业务创新。2019 年，公司主导的跨境资金池业务已获国家外汇管理局批复，同时即期结售汇、关税保函、国际信用证代开等创新业务也取得了一定的进展。

【风险管理和内部控制】公司严格按照监管部门要求，坚持合规经营，筑牢安全底线。严格审查业务资料，确保合规性、完整性、有效性，加强贷后管理和操作风险检查，防范与化解风险，2019 年公司信贷资产五级分类均为正常，未出现逾期、欠息、不良等情况。同时，公司不断强化审计职能，发挥监督作用。2019 年完成审计项目 15 个，共发现各类问题 26 个，提出整改建议 16 条，有效提升了公司的内部控制水平。

【信息化建设】公司不断优化升级信息系统，支持集团金融产业发展。配合各产业完成外币资金池结售汇系统建设、零售业态结算及票据批量业务系统改造和小贷公司智慧信贷系统建设三项创新课题研究；编制了公司金融信息科技发展战略，为全面支撑业务拓展作出了详尽规划；完成配套系统的开发升级、与人民银行征信系统对接数据报送、查询开发测试及验收工作，开发人民银行广义信贷数据报送系统，完成上海票交所最新票据系统 3.0 配套升级。

【企业文化建设】公司不断强化党建引领作用，深入开展“不忘初心、牢记使命”主题教育，成立主题教育领导小组，把学习教育、调查研究、征求意见、检视问题、整改落实贯彻始终；持续开展“两学一做”，通过集中学习、产业调研、专题研讨、警示教育、红色教育、主题党日等多种形式，实现学习常态化；积极开展多项党建、团建和培训活动，2019 年组织党建活动 20 余次、培训 200 余人次，推进文化建设再创新风貌，公司党支部被集团评为“过硬党支部”。

S

山东招金集团财务有限公司

【集团概况】山东招金集团有限公司（以下简称“集团”）注册资本 8 亿元，为招远市市属国有独资公司，是集聚黄金矿业、非金矿业、黄金交易及深加工业、高新技术产业、房地产业、金融业六大产业的大型综合性集团公司。截至 2019 年 12 月末，集团总资产 600.04 亿元，实现销售收入 657.08 亿元。

【经营概况】2019 年，山东招金集团财务有限公司（以下简称“公司”）实现了“业绩优异、管理优胜、创新优势、团队优化、环境优美”的总目标，截至 2019 年 12 月末公司总资产 59 亿元，总负债 43 亿元，所有者权益 16 亿元；存款余额 34 亿元，贷款余额 30 亿元，实现账面利润 5673 万元，净利润 4421 万元，拨备前利润 6716 万元，通过减免结算手续费、存款利率上浮、贷款利率下浮，为企业增收 3879 万元。

【服务实体】新取得跨境资金运营资格，打通集团境内、境外资金互通的渠道；为重要企业开通法人账户透支业务品种，企业随借随还，虽然增加了公司流动性管理的压力，但是大大方便了企业；持续开展“进走访”活动，财务顾问作用得到充分发挥，向集团提供最优海外融资方案及境内人民币融资方案，进一步强化集团的授信集中管理。

【信贷业务】大力支持实体经济和新旧动能转换，信贷支持向中小微企业倾斜、向高科技企业倾斜、向“三农”倾斜。2019 年公司累计向 29 家企业提供资金支持 142 亿元，其中，通过法人账户透支提供资金 104 亿元，向中小微企业提供资金 26 亿元，向高新技术企业提供资金 45 亿元。

【资金业务】公司充分利用银行间市场实现资产安全性、流动性、效益性的统一。2019 年与 17 家同业建立交易关系，完成资金交易达到 683 亿元，其中，同业拆借 171 亿元，质押回购 512 亿元。

【投资业务】公司只有固定收益类投资资格，2019 年投资业务交易量达到 5.8 亿元，投资余额 4 亿元，全部投资国债、国开债。

【票据业务】截至 2019 年末，公司共为 42 个企业开通了电子商业汇票功能，通过组织培训班、现场辅导等方式，指导成员单位使用电子商业汇票。公司 2019 年票据业务交易量达到 37 亿元，品种包括贴现、再贴现、转贴现等。

【外汇业务】2019 年，公司充分利用取得的结售汇资格，积极为成员单位办理结售汇业务，业务量达到 4596 万美元，为成员单位节省成本 50 多万元，实现了公司和企业双赢。

【资金集中】公司扎实做好资金集中管理工作，不断提高服务能力和服务效率。借助 2019 年新取得跨境资金运营资格，公司实现了人民币资金池、外币资金池、票据池境内、境外的联动。2019 年完成资金清算 12036 亿元，其中跨境清算资金金额达到 10 亿元人民币和 3.7 亿美元。2019 年末全口径资金归集度达到 60.27%，扣除口径资金归集度达到 94.76%，再创新高。

【业务创新】2019 年，公司在人民银行新办理了绿色票据再贴现业务；开展首笔票据质押回购业务；在人民银行应收账款质押平台上登记了两笔应收账款质押融资业务。管理方面公司推出了“金点子”工程，2019 年共搜集“金点子”32 个，在提高工作效率、减少业务差错、节约成本等方面不断取得新成绩。

【风险管理和内部控制】2019 年新出台和修订各项规章制度近 60 项，四位一体制度体系更加完善；通过“工作清单制度”和“红绿灯制度”的贯彻，行政效率和质量不断提高；继续坚持“慎小、慎初、慎独”的管理理念，“火眼金睛”机制持续发挥作用，业务自我监督覆盖面达到 100%，差错和瑕疵能够得到及时发现和纠正；风险识别和计量水平得到不断提高，应急演练持续加强，公司合规管理的理念得到有效贯彻和执行。

【人力资源管理】完成人力资源机制改革，完成“入职关”“提拔关”“转岗退出关”的方案设计，配合推出了内部资格证考试制度，启动后备干部培养计划，全面落实 AB 角配置；重新进行了职位设置规划和薪酬制度改革，平稳完成全员的重新定薪定级，建立了个人素质和能力与岗位职责和绩效相匹配的长效激励机制。学习型组织建设常抓不懈，公司 30 人拥有银行从业资格、23 人取得证券从业资格、18 人取得基金从业资格、16 人取得黄金从业资格。

【信息化建设】2019 年，公司上线电子档案系统、线上考试系统、公文传阅系统、驾驶舱关键指标体系自动监控系统、红绿灯督办管理系统、问题管理平台等信息化办公平台；核心业务系统新上线担保业务、物资管理、风控管理、保险业务四个模块；启动上海票交所电票线上清算接口的开发和异地灾备中心的建设。

【企业文化建设】公司着力在“学习型组织”的打造上持续发力，着力在“匠人精神”的内涵挖掘上不断提升，着力在公平文化、竞争文化、忠诚文化和廉洁文化的打造上不断努力，全力打造一支“敬业、专业、职业”的员工队伍。

山东重工集团财务有限公司

【集团概况】山东重工集团有限公司（以下简称“集团”）是山东省国资委监管企业之一，为国有控股公司。2019 年，集团发动机累计实现销售 75.30 万台；汽车累计实现销售

16.17 万辆；工程机械产品累计实现销售 11405 台。股东持股比例分别为：山东省国资委 70%，山东国惠投资有限公司 20%，山东省社会保障基金理事会 10%。

【经营概况】截至 2019 年末，山东重工集团财务有限公司（以下简称“公司”）各项存款余额为 292.66 亿元，同比增长 23.07%；各项贷款余额为 158.12 亿元，同比增长 23.43%；累计实现营业收入 9.91 亿元，同比增长 1.65%；累计实现利润总额 4.12 亿元，同比增长 26.59%。

【服务实体】2019 年，针对集团产业板块连接的特点，公司绘制了关联交易图谱，梳理了关联交易对手超过 400 对，匹配金融服务产品，提供财务公司银行承兑汇票、企业商业承兑汇票的开立和保贴服务，为关联交易的解决提供了快捷渠道。通过发挥支付杠杆作用，2019 年开立财务公司电票 101.60 亿元，办理贴现 37.46 亿元，有效满足了关联企业融资需求。

【信贷业务】2019 年，公司做好集团核心层支持，满足整车整机企业融资需求。集团成员单位是产业链的核心层，公司按年制定“一户一策”的信贷政策，积极支持实施新旧动能转换，大力发展绿色新能源产品，贷款优先支持潍柴新能源动力，陕重汽、中通、亚星新能源商用车，工程机械智能物流，无人驾驶等企业和产品。截至 2019 年末，集团成员单位各项贷款余额 120.28 亿元，其中，整车整机企业贷款占比达 48.30%，绿色新能源企业贷款占比达 28.35%。公司对成员单位主动让利，降低企业融资成本，年内让利达 5300 万元以上。

【产业链金融】在供应端，公司坚持围绕核心成员单位开展供应商保理业务，实施名单制管理，实行“名单客户—意向客户—融资客户”机制，层层筛选优质客户。截至 2019 年末，贷款授信客户数量达 137 户，贷款余额达 14.90 亿元。在销售端，公司以骨干产品为核心，重点做好对整车整机市场销售的支持。2019 年办理保兑仓业务 20.72 亿元，占陕重汽销售比例超过 25%，连续 3 年蝉联各家合作金融机构第一位；办理买方信贷 10285.19 万元，助力销售超过 6000 辆。

【资金业务】公司主动选取新型交易产品，有效提高资金收益。2019 年累计办理 654.26 亿元，实现收入 3.28 亿元，占到资金交易收入的 79.61%，同比提高 2.94 个百分点。在 2019 年市场平均利率下跌 70 个基点的情况下，公司资金交易的资产价格仅下降了 58 个基点，最大限度抵消了利率下滑和“资产荒”的不利影响。

【票据业务】公司在上海票据交易所的统一组织下，顺利通过电子商业汇票系统（ECDS）线上清算功能验收，成为全国少数实现该功能的财务公司。通过票据交易所与各交易机构直接交易，票据清算效率高，支付成功率达 100%。票据托收款可实时到账，杜绝票款在途现象。贴现业务可实现贴现票款直接划入贴出人指定账户，避免频繁转款。

【外汇业务】针对集团主要出口企业，公司采取“以记账汇率为基础，分批结汇，及时获利”的策略，成员单位每月告知财务公司记账汇率，财务公司提供全交易日盯盘服务，在确保收益的前提下，做到外汇资金及时到账。结售汇业务在潍坊、济宁、扬州、聊城的业务占比均达到 100%，2019 年累计办理结售汇业务 6.45 亿美元。

【资金集中】公司针对集团成员单位，通过账户开立、账户授权、限额管理“三步走”的工作机制，巩固集团资金池建设，实现了资金的有效归集和管理。通过严格落实以资金归集率为核心的存款管理机制，层层落实考核，资金归集率维持在 70% 以上。

【风险管理和内部控制】公司已连续四年开展“风险合规管理年”活动，通过鼓励自查自纠，开展高密度检查，严格落实处罚，不断强化全员合规意识，固化合规操作习惯，员工队伍逐渐形成了“自知”“自觉”的合规意识。从各项合规自查和检查的结果来看，发现问题数实现了大幅下降。

【人力资源管理】公司继续结合履岗能力评价和部门行政生活会，查摆自身不足，实现共同

S

进步。公司继续加大培训力度，2019年人均培训达123学时，同比增加20学时，增幅达19.42%。

【信息化建设】公司以建成科技型财务公司为目标，持续增加信息科技建设投入，开发了潍柴共享中心二期接口项目、资金交易系统项目，实现了对公司各项业务100%的支持覆盖。截至2019年末，公司共上线信息化项目13个，公司信息化渗透度由年初的55%提升至65%以上。

【企业文化建设】公司提倡“担当、规范、平等、共享”的理念，通过建立“总经理直通车”，鼓励员工参政议政，2019年共收到各类建议17条。公司解决了广大员工关切的实际问题。通过连续3年开展企业文化脱产培训，进一步强化了员工对企业文化的认同，统一了思想认识，增强了整体的战斗力。公司还开展了以“知心服务、温暖客户”为主题的服务品牌建设活动，用实际行动擦亮了公司金色服务品牌。

山西焦煤集团财务有限责任公司

【集团概况】山西焦煤集团有限责任公司（以下简称“集团”）组建于2001年10月，是全国最大的焦煤生产加工企业、全国最大的焦煤市场供应商，也是山西省最大的焦化、盐化日化、民爆化工生产企业，下有25个二级子分公司和3个A股上市公司。集团以焦煤的生产、加工及销售为主业，以焦化、电力、民爆化工为辅业，大力推进金融投资管理、现代物流业等新兴产业，争做深化改革、转型升级、能源革命排头兵，加快建设具有全球竞争力的世界一流焦煤企业。

【经营概况】山西焦煤集团财务有限责任公司（以下简称“公司”）坚持以习近平新时代中国特色社会主义思想为指导，深入贯彻党的十九大精神，落实“改革创新、奋发有为”大讨论成果，践行立足集团、服务基层、合规经营、共同发展的理念，不忘初心、牢记使命，为打造全国一流企业集团财务公司而奋斗。2019年，公司实现营业收入9.37亿元，利润总额6.81亿元，净利润5.06亿元，年末资本充足率为21.86%，流动性比例为48.03%，无不良贷款，各项经营指标均创历史新高。

【信贷业务】2019年，公司对26户成员单位开展信用评级，提供综合授信253.64亿元。2019年办理流动资金贷款106.96亿元，委托贷款159.14亿元。各项信贷余额130.72亿元，委托贷款余额573.10亿元，无不良贷款。此外，公司积极响应人民银行LPR政策要求，于2019年10月在山西省财务公司首家实行贷款利率由原人民银行基准利率基础上浮动的定价机制变更为LPR基础报价加减基点定价，提高服务实体经济质效。

【产业链金融】2019年，公司相关部门多次组织专题讨论，赴同业机构学习业务开展经验，调研掌握成员单位实际需求，制定了符合集团特色的产业链金融业务办理方案。同时，通过了解集团内部销售定价政策及煤炭销售回款情况，为开展产业链金融业务提供数据支撑。12月，公司成功为洋浦中和石油公司发放了390万元的保理款项，完成首笔集团内产业链金融业务，迈出了产业链金融实际操作探索的第一步。

【投资业务】公司投资业务遵循“安全性、流动性、效益性”的原则，以资产负债比例管理和风险管理为中心，严格对合作机构实行准入管理和同业授信管理。2019年，公司不断强化投前、投中、投后全流程的风险管理，在有效控制风险的基础上，充分考虑流动性需求，合理配置各类资产，整体资金投向结构以货币市场基金为主，适度配置了信用债以及债券类资管产品，2019 年累计投资额 42.5 亿元，各项风险收益指标完成情况良好。

【票据业务】 经过近两年的开发建设，公司自有票据池系统——“焦煤金票”已正式上线。2019 年 9 月 27 日，成功为成员单位办理第一笔额度共享下的质押开票业务，标志着集团统一票据池初步搭建完成。本业务所采用的票据银企直连技术为业内首创。2019 年已基本完成各成员单位的集中票据业务上线签约工作，为下一步集中票据管理打下坚实基础。2019 年，累计办理票据贴现 18.39 亿元，电票承兑 42.51 亿元，代开信用证 5.08 亿元，代签银承 7.50 亿元；办理票据转贴现（买入）0.72 亿元。

【资金集中】 公司落实资金集中管理要求，注重提高服务水平，拓展结算覆盖面，结算业务的深度和广度进一步扩大。2019 年，新上线成员单位 56 户，新增归集和管理商业银行账户 134 个，为成员单位办理代理支付业务 40347 笔，金额 334.32 亿元，票据代保管 12 亿元，系统业务操作规范流畅，结算业务办理安全快捷。

【业务创新】 2019 年，公司首次开展信贷资产转让业务，依照真实性、整体性和洁净转让原则，向交易对手方打包转让信贷资产 10 笔，转让金额 30 亿元。本次信贷资产转让是公司成立以来的首笔资产转让业务，也是按照集团安排部署，协助成员单位实施债转股的重要前置工作。本次信贷资产转让交易成功办理，进一步发挥了财务公司的平台功能，体现了金融业务价值，间接推进了成员单位债转股实施进度，对财务公司业务发展水平稳步提升具有重要的指导意义。

【风险管理和内部控制】 公司深入贯彻落实风险管理要求，明确 2019 年为“基础强化年”。2019 年开展两次风险排查工作，在统一评级授信额度内开展信贷、同业、投资等业务，并进行事前、事中、事后的合规性审核，通过资产五级分类计提损失准备，提高公司资产质量。定期开展风险分析监测及流动性风险压力测试，提高风险防控能力。按照“业务发展，制度先行”的原则，2019 年内控制度共新增 21 项、修订 23 项，完成 25 项稽核审计项目，对制度设计和执行情况进行了有效评价。

【信息化建设】 公司继续对信息系统进行优化升级改造，一是完成虚拟化平台存储扩容，选用技术先进、维护简便、安全性高的分布式存储，为系统拓展做好基础资源储备。二是完成网络双核心改造，通过配备核心交换机“双活”、边界防火墙“双活”等技术，消除单点隐患，提升网络性能，使公司网络系统达到行业领先水平。三是升级同城异地灾备系统，提高数据安全性。四是制定信息科技项目管理办法，规范信息项目立项、建设、测试和上线等环节工作。

【企业文化建设】 公司按“六有”标准建设党员活动室，重新划分和调整党小组成员。接受集团公司党委巡察、专项巡察和省委巡视巡察审计。开展“改革创新、奋发有为”大讨论活动、“不忘初心、牢记使命”主题教育工作。2019 年 6 月，组织党员前往革命老区左权县开展“不忘初心、牢记使命”主题党日活动；组织员工参观“奋进山西”国庆 70 周年游行彩车。党支部被集团公司党委授予“示范党支部”称号、被中共山西省国资委委员会授予“基层示范党支部”称号。

陕西煤业化工集团财务有限公司

【集团概况】 陕西煤业化工集团有限责任公司（以下简称“集团”）是陕西省委、省政府为落实“西部大开发”战略，充分发挥陕西煤炭资源优势，从培育壮大能源化工支柱产业出发，按照现代企业制度要求，经过重组发展起来的国有特大型能源化工企业，是陕西省能源化工产业的骨干企业，也是省内煤炭大基地开发建设的主体。集团总部位于陕西省西安市，现有职工近12万人，资产总额5000亿元，拥有全资、控股企业60余个、上市公司3家。

2019年，集团煤炭产量1.76亿吨，同比增长10%；化工产品产量1770万吨，同比增长13.8%；粗钢产量1240万吨，同比增长8.9%；水泥产量740万吨，同比增长18.2%。实现营业收入3025亿元，同比增长7.8%；利润总额155亿元，同比增盈16亿元，增幅为11.5%。

【经营概况】截至2019年12月31日，陕西煤业化工集团财务有限公司（以下简称“公司”）资产总额325.98亿元，同比增长56.6%，所有者权益41.42亿元；存款余额283.68亿元，同比增长70.19%；贷款余额120.4亿元，同比增长6.18%。2019年营业收入6.62亿元，同比增长10.18%；利润总额5.55亿元，同比增长20.29%，净利润4.16亿元。市场化利润2.53亿元，占比达43%。

【服务实体】公司着力开拓和创新开放式的金融服务，为集团和成员单位提供符合实际需求的金融支持和一揽子解决方案。积极发挥财务公司金融牌照优势，充分做好资金运营工作，为成员单位带来结算便利、给集团带来资本增值。在为集团降本增效及融资方面，按存款基准利率计算，可为成员单位增收9583万元，通过签发商票为成员单位节约保证金约55.3亿元，节约财务费用约1.15亿元，以上累计为成员单位增收节支2.1亿元以上。公司员工一对一服务成员单位，全员服务客户经理共66名，累计完成对60家成员单位共计479次走访，客户满意度持续提升至98%。

【信贷业务】截至2019年12月末，公司自营贷款累计发生额228.36亿元，余额为102.58亿元，同比新增余额5.81亿元；办理保函232笔，累计发生额1.6亿元，余额为1.08亿元，余额同比增加0.66亿元，增长率达到157%。

【产业链金融】为了加速各成员单位账款的回收，加强其客户关系，拓展其市场占用率，在防范风险的同时，公司审慎推广买方信贷业务。截至2019年12月末，公司对集团以外提供买方信贷授信单位6家，额度合计4亿元。业务实际发生3家，2019年累计发生额1.63亿元，余额0.45亿元。

【资金业务】公司积极协调各家银行和其他财务公司开展同业业务，获得8家商业银行的同业授信额度合计70亿元，其中2019年新获取4家商业银行对公司同业拆借授信8亿元，7家银行对公司45亿元的票据授信额度，使公司银票贴现范围扩展至全国；获得9家财务公司的同业授信额度合计29亿元，与14家财务公司开展授信，额度合计32亿元。

【投资业务】2019年，公司投资业务发生额178.3亿元，实现收益1.46亿元。在传统投资品种外开展了可转债网下申购和委托投资等业务。

【票据业务】2019年，公司办理贴现业务374笔、贴现金额37.2亿元；票据签发3.04万笔、银承兑付5928笔，全年票据业务合计3.75万笔，综合票据服务量303.47亿元，票据平均集中度约为70%。

【资金集中】公司通过大额预报、BI系统等手段监控成员单位的账户和交易变动情况，定期梳理成员单位外部银行信息，向集团就有关资金管理办法执行情况进行汇报，协助集团从事前、事中、事后动态掌握资金运行情况；按月报送成员单位应收、应付票据明细等，强化了规则意识，配合集团建立了资金集中管理长效奖惩机制。

【业务创新】公司开展“两优一传”活动，即激励全体员工在流程优化与服务创新中主动参与，提出优化业务流程和系统功能的良策，提升业务处理效率和质量；传授业务技能，发挥业务能手榜样示范作用，引导广大员工比学赶超，提升专业技能，截至2019年12月末征集优化方案及业务技能合计167条，其中17项方案实施落地。

【风险管理和内部控制】2019年，公司

“大风险”“大后台”管理体系初步成型，工作重心从以往侧重监管需要变为内部控制与外部合规要求并重。以风险管控为主线，以合规管理与落实制度执行力为抓手，站在公司的角度对各项风险管理的薄弱环节进行了梳理，并按照监管导向向专业机构进行内控优化方面的咨询。2019 年共新制定、修订制度 52 项，内容涵盖反洗钱、征信管理等领域，并对各种风险进行了专项识别与分析。审计对投资业务等 10 余项工作进行了覆盖，共出具审计报告 10 份、审计事项 74 项、提出审计意见 18 条，以上均得到了落实。

【人力资源管理】公司加强市场化选人用人机制，强化人力资源建设；2019 年共召开内部培训 9 次，邀请外部专家开展培训 2 次，组织和培养内部培训师队伍 15 人；建立与成员单位、银行等外部专业机构的人员交流学习机制，并根据不同部门、岗位及员工特点制定分梯次的员工培养计划。团队专业素质持续提升，已经获得证券、基金、银行从业资格合计 94 人次，获得国际财资管理师资格 7 人、高级职称 7 人。

【信息化建设】2019 年，公司加大了信息化资源投入，启动了虚拟化平台、数据实时平台、监控平台、项目管理平台四个平台的建设，优化核心系统、提升支付结算效率。通过构建业务支撑和办公信息化支撑团队，强化公司的“服务平台”职能。在业务支撑方面，在与成员单位司库系统的对接中，核心系统开放了包括结算、票据、账户等 50 多个接口；在办公信息化方面，开发了“陕煤财务公司 e 掌通”APP、“在线实时投票系统”等。

【企业文化建设】在党建方面，公司顺利完成党支部换届选举。2019 年实现公司门户网站和微信公众号上线，以崭新的面貌宣传和展示公司形象，共发表外宣稿件 161 篇；举办演讲比赛，组织公司发展研讨会暨团建活动，不定期召开读书分享会等活动；打造全新的阅览室，增添人性化设施并对图书进行定期更新；开展多种多样的节日慰问、员工合唱、爱国观影及各类兴趣小组活动。公司党支部被集团机关党委评为 2019 年度优秀党支部。

陕西投资集团财务有限责任公司

【集团概况】陕西投资集团有限公司（以下简称“集团”）是陕西省首家国有资本投资运营公司，隶属于陕西省人民政府，注册资本 100 亿元，总资产 1680 亿元。集团投资领域涉及国民经济 16 个行业，形成了产融结合的业务布局。实业方面，涵盖地勘、煤炭、电力、航空、房地产酒店、物流、化工、新能源及新兴产业等板块；金融方面，涉及证券、信托、基金、期货、保险、融资租赁、财务公司等业务。连续 13 年保持 A 类排名，进入国家优质主体企业行列，并于 2019 年首次入围中国企业 500 强。

【经营概况】2019 年，陕西投资集团财务有限责任公司（以下简称“公司”）按照集团改革发展要求，以“切实发挥财务公司的职能与作用”为目标，夯实功能定位，发挥产融结合优势，顺利完成各项经营目标，截至 2019 年 12 月 31 日，公司资产总额 51.35 亿元，同比增长 120.79%；负债总额 40.77 亿元，同比增长 216.31%；全年实现营业收入 8585.99 万元，利润总额 4572.67 万元；资本充足率为 47.13%，流动性比例为 83.31%，不良贷款率和不良资产率均为零。

【信贷业务】2019 年，公司信贷业务取得了良好成绩。截至 2019 年末，共完成 11 家成员单位评级工作，全年累计授信 8 家成员单位，累计发放贷款17.75亿元，贷款余额13.65亿元，业务范围涵盖集团能源、高新科技、物流贸易、新兴产业等行业。信贷资产风险分类全部为正常类，在有效控制风险的前提下，积极支持集团及成员单位发展。

【资金业务】2019年，公司在存放同业业务基础上积极拓展业务范围，丰富公司金融业务品种，努力争取到同业拆借业务资格，7月3日公司收到《开户通知书》，已完成全国银行间同业拆借中心的入市联网工作，可进行同业拆借交易；11月26日，公司通过全国银行间同业拆借中心交易平台，与招商银行成功完成首笔人民币同业拆入业务，拓宽了融资渠道，有效提升公司资金配置效率，进一步提高资金运营效益。存放同业业务方面，2019年公司共办理存放同业业务30笔，累计交易金额29亿元。

【票据业务】2019年，公司积极推进票据业务及集团票据集中管理。一方面，在对集团票据持有和使用量较大的成员单位进行调研走访，充分了解集团票据资产状况及票据管理需求的基础上，制定并由集团下发《集团票据业务集中管理办法》，加快推动集团票据池落地与实施。另一方面，稳步推进公司接入上海票交所系统相关工作，于8月份取得《关于陕西投资集团财务有限责任公司接入中国票据交易系统的通知》，并就接入方案多方调研，积极对接省联社，进行电票接入方案的可行性研究。

【资金集中】2019年，公司为克服资金归集率低，各项业务发展缓慢问题，结合集团资金集中管理实际情况，提出了“二次归集”的整体解决方案，成功实现与集团财务结算中心的无缝接收，进一步夯实集团资金全面集中管理，标志着公司的集团资金结算中心、资金管理中心职能基本实现。截至2019年12月31日，完成74家成员单位、135个银行账户的资金归集。

【风险管理和内部控制】2019年，公司全面风险管理以监管部门现场检查问题整改和重大风险排查化解工作为重点，主动做好集团结算中心全面移交中的风险防范和化解。一是合规经营迈上新台阶，顺利通过银保监局全面现场检查，监管评级取得突破；二是风险管理继续细化，制定了流动性风险、压力测试等专项制度，建立风险预警指标体系；三是内部控制基础进一步夯实，出台《内部控制缺陷认定管理办法》，内部控制年度评价工作认真开展，内部控制水平不断提升。

【人力资源】公司致力于完善各项人力资源相关制度，搭建适合公司发展实际的人力资源管理体系。绩效考核方面，为激发员工工作热情，公司进一步完善员工绩效考核制度，设置差异化的薪酬结构和薪酬激励模式，以经营目标和重点工作为核心，优化月度和年度考核指标，强化考核结果在薪酬兑现方面的效用；人才队伍建设方面，严格按照公开、公正、竞争、择优的原则，在定员范围内满足经营需要，提高员工招聘质量；日常培训方面，公司积极组织员工参与各类业务培训和技能学习，不断提高员工业务能力水平。

【信息化建设】2019年是公司信息科技综合治理年，公司严格按照监管要求并结合自身实际，扎实开展信息科技治理工作。在做好系统运维的同时，积极开展系统建设工作，为公司业务拓展提供技术支持，先后完成了公司同业拆借业务线上部署和电票系统规划、调研和建设工作；并认真落实监管要求，高效完成了LPR利率上线部署工作。在安全管理方面，一是坚持数据安全红线管理，定期完成异地备份数据的恢复性测试工作；二是聘请第三方对公司信息科技进行风险评估；三是有针对性地组织机房系统、网络及应用系统的应急演练，多措并举，切实提高信息科技安全管理能力，为公司高质量履行集团资金集中管理职能及业务发展保驾护航。

【党建及企业文化建设】2019年，公司紧紧围绕集团发展战略和成为集团“资金结算、资金管理、资金运营和金融服务”四个中心的职能定位，坚持“两手抓、两手硬”和“四同步、四对接”原则，以全面从严治党为主线，深入开展“不忘初心、牢记使命”主题教育活动，积极推进“两学一做”学习教育常态化制度化和“讲政治、敢担当、改作风”专题教育常态化长效化，努力促进党建工作再上新台阶；以打造“君子文化”特色企业文化为目标，积极创建陕西省国有企业文明单位，通过开展道德讲堂、学雷锋志愿服务、我们的节日、读书月和团建活动，努力营造团结奋进、干事创业的良好工作氛围，提升凝聚力、向心力和核心竞争力，促进企业高质量发展。

陕西延长石油财务有限公司

【集团概况】陕西延长石油（集团）有限责任公司（以下简称“集团”）是集石油、天然气、煤炭等多种资源高效开发、综合利用、深度转化为一体的大型能源化工企业，曾荣获第三届中国工业大奖、全国五一劳动奖状、陕西省履行社会责任先进企业等多项殊荣，2019年列世界500强企业第263位。2019年，面对风险挑战明显上升、行业格局深刻调整、企业经营压力增大的复杂局面，集团统筹推进稳增长、调结构、促改革、防风险，总体呈现稳中有进、稳中向好的发展态势。

【经营概况】2019年，面对复杂严峻的内外部形势，陕西延长石油财务有限公司（以下简称“公司”）坚持“强保障、紧平衡、防风险、促发展”的工作总基调，以确保资金链安全为核心，统筹资金平衡，兼顾成本控制，强化风险防范，深化产融结合，全面完成了集团下达的经营考核任务。2019年，公司实现营业总收入5.95亿元，利润总额4.78亿元，净利润3.58亿元，实现资产利润率2.02%，净资产收益率为7.82%。截至2019年末，公司资产总额176.69亿元，负债总额129.30亿元。

【服务实体】2019年，公司发挥金融服务中心作用，优化业务模式，加大开拓创新，助力集团实体经济发展。一是内源资金作用充分发挥。通过自营贷款、法人透支等业务，及时熨平了集团临时性资金波动，减缓了短期资金压力。二是结算平台高效运转。2019年累计归集21689笔，归集资金3257.35亿元；资金结算量19.15万笔，结算总额11415.92亿元，为成员单位节约手续费421.31万元；电子对账功能成功上线，系统安全平稳运行，无差错。

【信贷业务】2019年，公司一是增加对集团本部授信规模，系统研究集团本部资金特点，充分利用法人账户透支业务优势，及时熨平集团本部短期资金波动。二是加大成员单位信贷支持力度，积极探索创新业务品种，拓宽成员单位融资渠道，为集团本部和成员单位实体经济发展提供坚实保障。2019年，公司累计投放各项自营贷款（含法透）307.18亿元。

【资金业务】2019年，公司合理安排资金交易节奏，各项资金业务平稳有序开展。全年累计叙做债券回购业务339亿元，开展同业拆借业务214.8亿元，实现同业业务收入1.54亿元。在用好同业拆借手段的同时，公司利用自营债券持仓开展银行间质押回购业务，进一步降低了资金拆入成本，极大增加了流动性补充手段和能力。2019年，公司债券回购业务的规模和交易量均位于西北财务公司前列。

【投资业务】2019年，公司投资业务风险管理体系更加完善，有价证券投资业务保持健康有序发展，开展了自主风险管理的债券投资业务，在银行间市场和交易所合理配置资产，迈出自主投资的重要一步。截至2019年末，公司自营债券资产存量16.27亿元，同时，在符合风险管控的前提下，公司抓住可转债配置契机，适度配置相关资产，产品净值稳健增长。2019年公司共实现投资收益7629.87万元。

【票据业务】2019年，公司积极响应中国人民银行促进电子商业汇票业务发展的要求，加大宣传和培训推广力度，于2019年5月推出电子银行汇票业务，进一步丰富了成员单位支付手段，拓宽了可使用授信产品范围，有效降低了成员单位财务成本。2019年，公司累计开立银行承兑汇票249张，合计票面金额28179万元。

【资金集中】2019年，公司持续加大资金归集管控力度，全口径资金归集率不断提升，应归未归单位整改取得切实成效。2019年11月末，监管口径资金归集率为62.49%，可归集资金归集率为97.82%。2019年，公司定期、不定期开展资金归集专项检查，先后对15家成员单位开展现场、非现场资金归集专项检查，督促整改资金比对和资金检查中发现的问题，通过整改纳入归集资金超过2亿元。

【风险管理和内部控制】2019年，公司牢固树立合规理念，强化风险防范意识，确保公司合规运营，健康发展。一是从严落实监管要求。完成了扫黑除恶、乱象整治和监管评级整改等专项工作；印发了《反洗钱管理办法》，成功上线试运行反洗钱二代系统。二是出台标准化风险排查工作模板，实现了风险排查工作的标准化。三是制度流程更加完善。2019年新设、修订18项制度，组织开展了5次专项检查；系统梳理38项主要业务流程和风险点，正式出台了《业务操作手册》。

【人力资源管理】2019年，公司按照加强人才引进、激发分配活力的主线，坚持优势互补、资源整合原则，加强人才配置，实现人员复用，人员结构进一步优化，劳动效率得到提升。强化薪酬分配的绩效导向，坚持薪酬与绩效挂钩，加强员工绩效管理。完善薪酬福利项目，加入企业年金计划。建立分层分类培训体系，按照缺什么补什么的思路，2019年开展培训20余次，累计培训900人次，精心组织明星讲师活动，培训效果显著。

【信息化建设】2019年，公司信息科技建设按期推进，切实保障了公司业务运行发展。一是设立公司信息科技中心，完善了科技管理架构；二是上线反洗钱、二代征信前置两项系统，建立了信息系统建设后评价机制，进一步完善了科技项目管理体系；三是制定了《公司核心业务系统建设方案》，为核心系统更新换代奠定基础。

【企业文化建设】2019年，公司贯彻落实从严治党要求，坚持党建引领发展，践行“四正”从业理念，不断提升综合实力。深化“不忘初心、牢记使命”主题教育成果，扎实开展“讲政治、敢担当、改作风”专题教育，印发党委从严治党主体责任清单、党支部标准化建设手册，组织签订了党建、党风廉政建设目标责任书，2019年开展集中学习30次、警示教育9次。先后开展金融知识普及宣传志愿服务、扫黑除恶专项斗争宣传等活动，营造了创新、和谐、奋进的工作氛围。

商飞集团财务有限责任公司

【集团概况】2019年，中国商用飞机有限责任公司（以下简称“商飞公司”）在商用飞机型号研制上取得重大突破。ARJ21－700新支线飞机全年交付13架，首条国际航线开通，第二条生产线投产，运营至今安全载客超过67万人次；C919大型客机6架机全部投入试验试飞，项目正式启动，批产首架机零部件在上海、西安、成都同步开工；CR929远程宽体客机开展初步设计，中俄全面合作扎实推进。参加第十四届莫斯科航展，CR929展示样机首次亮相海外。

【经营概况】2019年，商飞集团财务有限责任公司（以下简称“公司”）实现营业收入19664.31万元，利润总额8035.56万元，全口径资金集中度为71.79%。新增成都航空有限公司（中国商飞公司首家控股单位）等3家客户，为成员单位增加收益8375.04万元。

【信贷业务】2019年，公司新增3亿元综合授信及700万元专项授信额度。截至2019年12月31日，公司向商飞公司及其成员单位发放三年期流动资金贷款4877万元，发放一年期流动资金贷款700万元，支持业务拓展，降低融资成本。

【资金业务】2019年，公司根据中国人民银行要求，贷款定价标准转为参照LPR定价，并成立资产负债管理委员会，制定LPR定价策略。按照日、周、月编制资金计划，每日监测流动性比例，做好头寸管理。建立资金使用计划周报告、资金执行情况月报告机制。资金流动性比例为99.85%，未出现流动性风险。

【投资业务】2019年，公司共对16家商业银行进行授信，额度合计250亿元。共开展31笔存放同业定期存款业务，金额合计138亿元。

【资金集中】2019年，公司通过优惠存款利率、便捷支付结算、优质服务体验、集团行政指令等措施，采用联动式的账户管理模式进行实时零余额归集，新增中信银行及农业银行2家银行资金池。累计完成20家客户32个账户的开立及资金集中管理，归集资金151.11亿元。为成员单位办理9笔共计9亿元定期存款业务，提高了成员单位资金收益。共为成员单位办理资金收支结算业务97717笔，合计约663.23亿元。

【风险管理和内部控制】2019年，公司秉持“业务开展，制度先行”的原则，制定11份金融业务内控指引，覆盖目前开展的金融业务全部领域。新增、修订制度80篇。建立违规责任追究机制，开展员工异常行为排查和非法集资专项行为排查，实现中层基层员工家访全覆盖。建立风险合规定期报告、季度例会机制，每月开展案防合规培训，共计举办案防合规讲座12期。开展内控建设和运行情况自我评价工作，审计发现问题13个，提出建议13条，完善内控体系，提升内控效果。

【人力资源管理】落实《2019—2021年人才队伍建设规划》，招聘10名员工入职，选拔任用中层干部5人，充实公司人才队伍。打造“金融讲堂”培训平台，2019年共组织8讲，共171人次参加培训。修订绩效考核管理办法，实施季度绩效考核，落实“两级”考核机制。制定员工轮岗管理办法，实现7人轮岗。制定强制休假管理办法、员工违规责任追究管理办法，促进员工履职尽责。

【信息化建设】2019年，公司上线核心业务系统信贷业务、LPR利率管理等模块。上线统计报表系统，提高金融统计工作质量。签订二代征信系统合同，推进二代征信项目实施工作。落实部署堡垒机、专网计算机桌面安全软件、日志审计系统及实施视频监控系统扩容等工作，开展备份恢复、银企专线故障应急演练，提高信息系统安全管理水平和业务保障能力。

【企业文化建设】2019年，公司坚持党建“四个引领”，深入开展“不忘初心、牢记使命”主题教育活动，落实“一岗双责”，制定贯彻落实“三重一大”决策制度实施办法，围绕“三亮三比”，开展党员“闪光”行动，发挥支部“灯塔”效应，开展党员“双培养”活动，抵制干部“五不”现象。开展“群策群力，一计一策”、健步走比赛、手机摄影比赛等活动，组织青年员工“走进大飞机，与劳模先进面对面”。贯彻商飞公司视觉识别系统，组织设计制作职工书屋、照片墙等。

上海城投集团财务有限公司

【**集团概况**】上海城投（集团）有限公司（以下简称“集团”）前身是上海市城市建设投资开发总公司，于1992年7月21日设立。注册资本500亿元。集团秉承“让城市生活更美好”的愿景，坚定不移推进“集团化、市场化、国际化、专业化”改革，着力打造“卓越的基础设施和公共服务整体解决方案提供商”。集团核心业务主要由环境、水务、交通和保障房等板块构成。集团共有成员单位250家，其中上市公司两家。2019年，集团资产总额4255.08亿元，净利润14.05亿元。

【**经营概况**】上海城投集团财务有限公司（以下简称“公司”）于2019年12月20日获上海银保监局开业批复，并于12月25日获取营业执照，注册资本人民币10亿元。

公司服务集团改革发展战略，作为集团资金管理职能的延伸，公司以“依托集团，服务企业”为宗旨，坚持“强化服务、规范经营、业务创新、提升集团整体效益”的经营理念，努力打造集团资金归集平台、集团资金结算平台、集团资金监控平台、集团金融服务平台。

上海电气集团财务有限责任公司

【**集团概况**】上海电气集团股份有限公司（以下简称“集团”）是国内大型综合性装备制造集团之一，主导产业聚焦于能源装备、工业装备、集成服务三大领域，致力于为客户提供绿色、环保、智能、互联于一体的技术集成和系统解决方案。2019年，集团坚持速度、质量和效益相统一的发展理念，继续发挥“三步走”战略引领作用，深化创新驱动，加快产业转型和结构调整，促进企业核心竞争力和发展质量进一步提升。

【**经营概况**】上海电气集团财务有限责任公司（以下简称“公司”）紧密围绕集团“三步走”战略目标，继续巩固司库管理职能，持续提升各项金融服务能力，全面加强风险管理体系建设，为集团产业的高质量发展提供了坚实的支撑。截至2019年12月末，公司总资产规模达713.15亿元，各项吸收存款合计637.74亿元，信贷资产规模达229.99亿元。

【**资金集中管理**】为进一步提高司库管理的工作质量和强化服务短板，公司在不断提高成员企业账户直连率的基础上，同步与集团开发并上线了资金日均集中度系统，不仅可以更精准、科学地衡量企业日均存款水平，而且能够更及时、直接地了解企业实际的资金集中状况，从而因企施策有效提升集团资金的使用效率。

【**信贷业务**】2019年，公司不断加大对成员单位的产业融资服务力度，切实满足集团成员单位的资金需求。一是积极贯彻国家科技强国和绿色可持续发展的理念，紧跟国家信贷政策导向，助力集团加速实现创新驱动发展战略。公司全年为高科技企业发放贷款49.26亿元，发放绿色环保贷款28.99亿元，支持新能源企业贷款52.16亿元。二是继续发挥银团贷款优势，有效整合内外部金融资源，同时通过引入外部金融机构的监控，增强了信用风险的管理力度。三是积极落实贷款市场报价利率（LPR）的推广应用工作，为集团产业疏通了融资道路。公司及时拟定 LPR 的落地改革方案，同步修订了《贷款定价管理办法》，并积极推进自 2019 年 8 月 21 日之后以 LPR 定价新签贷款合同，LPR 运用占比达 100%，使公司贷款利率进一步下降，充分让利成员单位。

【业务创新】2019 年，公司在非融资性保函业务的创新方面取得较大突破。公司通过与外部商业银行积极合作，尝试开展了分离式保函业务，帮助成员单位优化投标、履约等各类非融资性保函开立过程中的担保条件，有效降低了成员企业的财务成本，并大大减轻了企业的资金压力。

【投资业务】2019 年，公司面对变幻莫测的资本市场形势，始终坚持稳健的投资原则并密切跟踪市场动态。一方面，公司加强风险把控，确保资金的流动性和安全性；另一方面，紧跟市场步伐，加强对新产品的研究和参与，切实提高了组合收益。

【票据业务】公司切实加强电票业务的推广，有效缓解集团资金压力。截至 2019 年 12 月末，公司累计为成员企业开立各类电票 193 亿元，电票开立量已连续 10 年保持快速增长，增强了财务公司电票在集团采购付款过程中的占比。同时，公司积极开展票据业务营销，设计打造了“小电”品牌形象。

【外汇业务】2019 年，公司积极服务集团“走出去”战略，有效发挥了外汇业务的专业性优势。一是完成了跨境资金池账户架构的调整和功能升级，更好地帮助集团实现跨境资金的融通；二是外汇顾问业务得到进一步发展，全年先后为多个产业集团的海外项目提供了汇率风险套期保值及收结汇整体解决方案；三是深化公司作为集团外汇政策对外咨询统一窗口的定位。

【风险管理和内部控制】2019 年，公司全面贯彻落实各项监管政策要求，并实现了风险管理水平的稳步提升。一是持续夯实制度体系建设，全年合计新增和修订制度达 36 项，从源头降低了操作风险发生的可能性；二是巩固乱象整治成果，紧密围绕财务公司行业“公司治理、资产质量、业务经营”的三大主题分别进行相关自查，切实打好防范化解金融风险的攻坚战；三是注重利用信息化手段实现风险管控的精细化管理，通过开发建立内部评级系统、反洗钱系统等高效全面的风险管理信息系统平台，强化了科技对风险管理的支撑作用；四是持续开展合规和案防相关培训，加强了政策解读和业内良好做法的宣传，形成了“灵活但不失严谨、坚守且不断创新”的良性风险文化。

【信息化建设】2019 年，公司进一步纵深推进信息化建设，切实完成了反洗钱、内部评级与风险偏好系统、金融 BI 系统 2 期综合报表等重大项目的落地。同时，公司积极应用 RPA（流程自动化）技术，完成了 RPA 机器人一期项目，实现两个机器人全天候工作，承担起网银每日余额对账、货币基金每日查询等多项职责。

【人力资源管理】2019 年，公司通过遴选业务骨干参加上级单位组织的“菁英计划特训营”项目以及组织“青年英才库特训营”项目，在提升参训员工系统思考、执行力和沟通能力的同时，通过线上测评、顾问访谈、简报展示、现场观察等方式，帮助公司对员工的综合素质、管理潜质形成更加清晰、全面、直观的认识，实现人才鉴别从“模糊判断”向“科学判断”的转变，为加快公司青年人才培养和使用、构建干部人才梯队奠定了坚实的基础。

S

上海复星高科技集团财务有限公司

【集团概况】上海复星高科技（集团）有限公司（以下简称“集团”）是一家专业化多生态的控股集团，近年来通过有力的管理和业务整合，实现了多元化、专业化经营。集团将通过科技引领，全面提升 C2M 幸福生态系统的产品力与竞争力，最大化客户价值，成为新时代的建设者和美好生活的创造者。

【经营概况】截至 2019 年末，上海复星高科技集团财务有限公司（以下简称“公司”）资产总额 130.80 亿元，负债总额 110.00 亿元，所有者权益 20.80 亿元，全年实现营业收入 3.20 亿元，税后净利润为 2.50 亿元。公司作为集团下属专业金融服务提供者，在维系并增进与集团和集团核心企业的长期合作关系的同时，积极拓展新的存贷款及消费信贷客户，与集团各行业板块开展多维度合作。

【服务实体】2019 年，公司落实符合产业特点的差异化信贷政策，对传统产业的转型转产、技术改造项目提供重点信贷支持。包括支持传统钢铁集团由量到质的转型提升、支持区域经济中具有带动作用的项目等，引导资金投向基础设施等实体经济领域。

【信贷业务】2019 年，公司根据银行业金融机构服务实体经济的要求，不断提升金融服务质量。截至 2019 年末，公司向成员单位授信总额合计 197.14 亿元，为 18 家成员单位提供信贷服务。2019 年公司日均贷款 46.33 亿元，年末贷款规模 43.30 亿元，全年累计发放贷款 86 笔，累计金额 85.91 亿元。

【产业链金融】2019 年，公司成功与开展消费信贷业务的成员单位确定了业务合作模式、具体业务拓展和营销方案等细节，并已签署了合作协议。在开展业务过程中，公司坚持落实各项监管要求，不断完善业务流程。截至 2019 年末，公司共签约 4 笔养老消费信贷，总计发放 172 万元，贷款客户均能按月还本付息，贷后情况良好。

【资金业务】2019 年，公司通过信贷部门预报资金计划预留公司经营所需头寸，确保公司信贷业务的有序开展；同时积极做好流动性管理，通过分析资产及负债端的期限结构，根据流动性及资金盈余状况，随时将可用资金额度及期限告知金融投资部，以提高资金收益率。在同业合作方面，2019 年公司共获得银行授信 12.50 亿元，包括票据保贴、同业拆借、转贴现等授信品种。

【投资业务】2019 年，公司开展了货币基金、银行间市场现券买卖等投资业务。利用货币基金交易灵活且收益高于存款的优势，将货币基金作为流动性管理的重要补充工具，2019 年累计交易金额 58.79 亿元，实现收益 1271 万元。通过开展银行间市场现券买卖业务，投资了部分高评级的债券，获得稳定的票息，全年累计交易金额 4.73 亿元，实现收益 1609 万元。

【票据业务】2019 年，公司新增电票授信客户 3 家，全年累计开票超过 5 亿元。公司通过大量走访调研客户的开票需求，有效推广了电票的使用，节约了成员单位财务费用。

【资金集中】2019 年，公司深耕集团产业，积极营销客户，通过板块效应，一方面自上而下通过大企业关联小企业，带动整个板块的资金集中度；另一方面通过板块间的关联效应，带动整个产业链的资金集中度。2019 年，公司全年日均存款 74.84 亿元，较 2018 年的 61.42 亿元同比增长 21.83%。2019 年末全口径资金归集率为 22.54%。

【业务创新】公司于 2019 年正式开展养老消费信贷试点，为购买集团内成员企业开发的养老社区会籍卡的客户提供消费贷款。同时，公司借助银企直连渠道，与交通银行合作共同搭建新型财银产品并于2019年正式上线。该产品实现了批量开立成员单位实名账户、办理结算业务渠道限定为财务公司端、成员单位账户互转零费用、支持多层级资金池架构等功能，有效提升成员单位账户的管控力度和用户体验。

【风险管理和内部控制】2019年，公司不断强化风险管理，坚持稳健合规经营。公司通过多个方面开展公司风险治理，包括进一步完善内控制度架构、扩大专项审计范围、完善法人治理和股权管理工作、严格规范统计报送工作等。通过以上措施的实施，公司进一步强化风险管理三道防线，2019年业务开展和内部治理均合规可控，截至年末公司无不良贷款和不良资产。

【人力资源管理】2019年，公司通过外部招聘和内部平调等多种方式的综合运用，更大程度地吸收引进专业技能符合、文化理念趋同的人才。团队人员数量同比增长22.7%，团队稳定性也得到提高，人员流失率同比下降44%。2019年，公司进一步完善组织架构层级的规划，通过职级规划加强人员管理和激励，推行OKR结合360度的多维度考核，丰富考核内容，重视风控合规指标。

【信息化建设】2019年，在系统建设方面，公司结算核算单账户、新版复星汇、新版银企直连、单点系统、新版ACS投运上线，同步的新版信贷授信、新版电票、新版财务、消费信贷2.0升级已完成用户验证，进入最后模拟演练。在基础架构方面，已完成机房老旧设备更换、机房间宽带线路高可用改造、建设银行和交通银行专线改造、系统备份全面升级，官网公安备案、时钟同步服务器全面覆盖。

【企业文化建设】公司重视企业文化建设，开展线上线下多形式、多渠道的公司文化宣导；积极开展基层员工慰问家访；建立总经理信箱机制，充分听取员工意见。

S

上海华谊集团财务有限责任公司

【集团概况】上海华谊（集团）公司（以下简称“集团”）成立于1996年10月，是上海市国资委管理的国有独资企业。集团以“打造具有国际竞争力和影响力的化工企业集团，成为社会需要、受人尊重的公司”为愿景，现已形成能源化工、先进材料、绿色轮胎、精细化工、化工服务五大核心业务。2019年，集团围绕“建设具有国际竞争力和影响力的世界一流企业”目标，坚持五大发展战略，聚焦主业，固本强基，开拓创新，战胜各种风险挑战，全面完成全年各项目标任务，高质量发展取得明显成效。

【经营概况】2019年，上海华谊集团财务有限责任公司（以下简称“公司”）围绕“夯实新兴业务基础、深化推进持续创新，优化提升管理能效、完善综合保障机制”的总体目标，有序推进，为集团创收增效，为企业减费让利，较好地完成了各项年度目标。2019年实现营业收入48281万元，同比增长16.95%，实现利润总额16007万元，同比增长7.91%。

【信贷业务】公司强化金融服务能效，结合企业的实际资金需求，继续扩大信贷投放规模，2019年末各项贷款余额同比增长21.55%。随着集团重点项目建设的推进，进一步丰富金融服务产品，项目贷款、并购贷款等逐一落地。

【产业链金融】2019年，公司于5月获准开展“一头在外”延伸产业链金融业务，结合企业的运营实际，确立了首先以成员企业开立商业承兑汇票进行贴现为主要业务品种的产业链业务模式，公司业务由内部成员企业成功延伸向外部供应商，实现了深化产融结合、提升金融服务质效的新突破。

【资金和投资业务】公司持续关注宏观政策和货币市场动态走势，拓展交易对手，提升流动性管理能力。一方面，扩大同业财务公司授信合作，开拓拆借渠道；另一方面，开展票据转贴现业务，拓展存量资产盘活通道。在保证流动性和安全性的前提下兼顾同业资金的收益率。2019 年公司在原有货币基金和短期理财基金等低风险产品的基础上，逐步扩大投资范围，重点配置了纯债券型基金，不断培育投资能力。

【资金集中】2019 年，公司始终抓住“提高资金集中度”主线不动摇，不断完善资金归集体系和管理流程，对成员企业的资金量进行动态分析跟踪，并及时跟进新增企业上线。2019 年，管理口径资金集中度月度保持在 90% 以上，全口径资金集中度月度保持在 65% 以上，有力保障了公司的持续健康发展。

【业务创新】2019 年，公司已搭建完成上海自贸区版全功能型跨境双向人民币资金池，并成功归集境内外成员单位人民币存款，为集团及成员企业开展跨境业务做好准备。公司积极开展集团票据池搭建工作，成功开展票据质押换开业务，助力集团进一步盘活票据资源。

【风险管理和内部控制】2019 年，公司紧跟监管动向，以夯实全面风险管理体系，深耕精细化管理水平作为主线，以监管重点工作部署、制度体系建设、权限管理架构梳理、合规绩效考核以及多层次的合规宣导为着力点，全面保障合规审慎运行。2019 年主要监管指标符合要求，监管报送优质高效。信贷资产质量稳定，合规风险、操作性风险、流动性风险控制良好，市场风险管控得当，信息科技风险及数据治理工作稳步推进，内部控制体系不断完善。

【人力资源管理】2019 年，公司通过市场招聘以及在集团的支持下，不断充实人员力量。继续注重利用内部培训、业内交流、轮岗带教等内外部多种渠道加强培训，提升内部育人管理水平。探索开展一系列形式多样、内涵丰富的活动，增强团队凝聚力，打造具有感召力的文化体系，促使全体员工集思广益，追求卓越，共同进步。

【信息化建设】2019 年，公司高度重视信息科技风险，切实将其纳入全面风险管理体系，建立了常态化的风险识别、检测及管控机制。公司设立数据治理工作领导小组，制定《数据治理管理办法》，围绕软硬件建设、数据应用和信息安全等方面探索开展数据治理工作。紧跟业务发展需求，不断拓展与优化完善核心系统，持续提升信息系统对业务的支撑作用。完成无线网络改造，开展信息系统容灾应急演练，根据国家等级保护 2.0 新标准实施等保复验，聘请专业机构对信息系统进行全面审计等，切实防范信息科技风险。

上海浦东发展集团财务有限责任公司

【集团概况】上海浦东发展（集团）有限公司（以下简称“集团”）成立于 1997 年 11 月 14 日，注册资本为 39.90 亿元。2019 年，集团在浦东新区区委、区政府的领导下，围绕“四高”战略部署，落实“四个务必”，立足“深耕浦东，当好主力军”定位，贯穿“聚焦主责主业，增强可持续发展能力”主线，着力在横向整合、产业联动、开拓创新、品质提升、内控完善五个方面下功夫，全力做好重点区域开发、重大工程建设、民生服务保障、资源横向整合、内控管理提升等各项工作。截至 2019 年末，集团总资产 1430.29 亿元，净资产 745.06 亿元。

【经营概况】2019 年，公司以加大信贷投放力度和重点保障流动性为目标，累计收、发贷款52亿元和91.28亿元，年末贷款余额约83亿元，比上年增长89.88%；全年实现营业收入3.63亿元，净利润2.51亿元，净资产收益率达9.25%。同时，公司立足自身功能定位，在严格管理控风险、产融结合提质效、强化智库促发展、助力集团解难题等方面发挥积极作用。

【服务实体】2019年，公司一是切实降低客户融资成本。主动对接商业银行，积极协调融资利率，为客户争取最优价格；在实际操作中，主动以优惠利率向客户发放贷款。二是结合成员企业实际需要，通过材料收集、学习研讨、可研分析和形成可研报告等方式，重点在聚合支付、养老产业等方面向客户提供有针对性的服务方案供参考决策。三是加大对集团重大工程和重点项目的支持力度。

【信贷业务】公司积极开展绿色信贷业务，2019年向集团环保产业累计发放贷款8.99亿元；积极协助集团推进上海市重点民生保障和区域开发、建设项目，累计发放贷款2.57亿元；截至12月31日，累计发放各类贷款92.76亿元，日均贷款规模46.37亿元。

【资金业务】完成资金在存款准备金缴存、结算备付、信贷投放、投资理财、同业存款等各业务各环节的科学统筹、合理配置；实现资金运用的安全合规、计划有序及灵活高效；合规开展多样化的线上、线下同业业务。

【投资业务】继续延续稳健投资策略，开展货币、类货币基金及债券等固定收益业务；根据集团发债计划，抓住债券市场时机进行债券波段操作，提升总收益；创新利用公募基金参与科创板新股申购，年化收益率达8.4%。

【资金集中】公司协助集团开展银行账户清理工作，严格控制开户数量，重点以资金归集率为考核导向，进一步推进集团资金归集工作的落实，有效提高资金归集规模和使用效率。2019年，集团成员单位日均存款规模151.42亿元，年平均资金归集率为92.51%。

【业务创新】公司投资科创板打新基金并参与科创板新股申购，同时积极协助成员企业参与科创板新股申购，获得可观收益。

【风险管理和内部控制】公司通过严格控制同业资金存放额度、明确投资交易对手股东资质审核标准、增加流动性压力测试分析内容、制定《流动性监测预警预案》、完善利率定价机制、推进核心系统中内部控制模块建设，积极树立底线思维，有效加强风险防控；公司在持续金融强监管格局下进行政策解读和培训，组织开展了包括《企业集团财务公司监管评级办法》、“员工行为管理与案防工作”“保密观”等一系列最新监管政策和合规理念培训；通过合规人员联合专业人员合力开展业务检查的方式，深入推进专项检查并严格关注整改工作的落实。

【人力资源管理】2019年，在制度建设方面，修订完善《企业年金管理办法》《重要岗位员工轮岗轮休管理办法》，新增《员工劳动合同管理办法》《专业序列人员评聘管理办法》；在绩效管理方面，继续加大部门风险考核指标的权重，完成二级市场年化投资收益单项业绩考核结果测算；在培训管理方面，在原有常规培训的基础上，全年共完成12个微课课件的制作，组织开展“高顿财税”网课在线学习；在团队建设方面，完成2名领导班子成员、3名中层干部提任工作，同时招聘9名新员工及时补充相关部室的人员缺口。

【信息化建设】2019年，公司一是按照“分步实施，稳步推进”的原则，先后成功实现数据迁移和核心业务模块上线，有序推进新一代业务系统建设；二是结合最新网络信息安全趋势、行业监管要求和公司实际，升级、加固公司信息机房基础设施，并根据公司制度及监管要求认真开展网络安全、主机安全、应用安全、数据安全、证书安全等多方面的自查及整改，确保公司信息系统的整体安全；三是在前期建设投产的经验基础上，进一步推进公司信息系统平台的虚拟化。

【企业文化建设】2019年，公司深入开展课题研究、宏观分析、业务研讨、微课制作和

S

网课学习等活动；开展迎新座谈、团队拓展和入职教育等群团活动；通过“七个一”系列活动的开展，进一步提升廉政风险防控能力。有序推进“不忘初心、牢记使命”主题教育活动各项规定动作和自选动作的开展和落实；编印《2019年度党建专报合集》；公司党组织牵头联合公益基金会，对浦东新区对口援建的西藏江孜县进行精准帮扶。

上海汽车集团财务有限责任公司

【集团概况】2019年，上海汽车集团股份有限公司（以下简称“集团”）销售整车623.8万辆，国内市场占有率为22.7%，继续保持国内汽车市场领先优势，实现新能源车销售18.5万辆，同比增长30.4%，继续保持较快增长势头；实现整车出口及海外销售35万辆，同比增长26.5%，排名国内汽车集团第一。2019年7月，集团以上一年度1363.93亿美元的合并销售收入第十五次入选世界企业500强，列第39位，在此次上榜的全球汽车企业中列第7位，在中国企业中排第10位。

【经营概况】上海汽车集团财务有限责任公司（以下简称“公司”）成立于1994年5月，是经中国人民银行批准成立的非银行金融机构。2019年末，公司注册资本金为人民币153.80亿元（含1000万美元），公司股东上海汽车集团股份有限公司和上海汽车工业销售有限公司分别持股99.00%及1.00%。2019年末，公司合并资产总额3236亿元，全年营业收入189亿元，实现合并归母净利润49.11亿元，同比继续实现正增长。

【汽车金融】2019年，公司内外并举力保汽车金融业务整体稳定，年末业务覆盖全国超3000家经销商，汽车金融融资余额（含管理资产）1304亿元；全年发放整车零售贷款近94万单，继续保持行业领先水平。线上“好车e贷”互联网金融平台新增注册用户117万，累计注册用户总数超440万；全站日均浏览量近2万次，同比增长49%；同时，公司在标杆经销商中试点“好车e贷平台”线上线下联动方案，效果显著。公司坚持科技赋能，2019年实现汽车金融核心系统整体跨越式升级，铸就核心竞争力新基石。在批发业务领域，智慧信审中心连接授信上下游业务链，实现线上智能审批，使授信迈入数字金融时代；在零售业务方面，行业内首次大规模应用电子合同，借助数字证书+电子签名+时间戳技术，推动零售业务效率和技术进步。

公司推出升级版“减税贷”，以创新产品利润弥补市场竞争的成本；兼顾各方利益，推行头部经销商劳动竞赛、高价车贴息；响应集团要求，合理降低首付，延长还款期限，缓解经销商资金压力。

【公司金融】2019年，公司继续围绕客户需求，以银团工作为重点，通过多样化金融产品和服务赢得客户信任，全力加强与业内企业的合作。公司上浮7天通知存款利率和定期存款的利率，增加业内企业收益；发挥桥梁作用，作为牵头行先后为上汽通用五菱、华域汽车、上汽大众、上汽通用、上汽大通组建大额银团，提供企业发展的所需资金和信贷储备；运用票据产品，满足零部件企业和整车销售的融资需求；持续为“享道”出行提供运营保障；为集团企业电商平台定制嵌入产业链的互联网支付服务，助力集团互联网新经济业态发展。

【投融资】2019年，公司在可投资资金大幅下降的情况下，不断寻找投资机会，用创新的方式提高收益率。其中，自营投资的固定收益非货币类资产年化收益率远超市场平均水平。在监管部门的支持下不断开拓合法合规的外部

S

融资渠道，2019 年共四次大额高频发行 300 亿元车贷 ABS，且发行费率、资产质量保持业内最优。同时，公司通过其他多种渠道，不断拓宽集团汽车金融业务的资金来源。2019 年，公司投资的合资企业——上汽通用汽车金融有限责任公司业务继续保持增长，全年完成零售合同超 103 万笔；年末汽车金融信贷资产余额 1367.30 亿元。

【风险管理】2019 年，公司全面加强各项业务特别是汽车金融业务的风险控制，零售业务逾期率持续保持业内最低水平；批发业务通过加强经销商端资金预测及贷款跟催，多维度持续分析经销商风险特征，与整车厂加强协同等举措，做好经销商风险预警及处置。公司还开发了实时审计系统，有效保障业务数据处理的准确性和完整性；推进人民银行二代征信项目，进一步提升公司征信数据管理水平。

【企业文化建设】2019 年，公司为应对行业严冬，传导压力、激发活力，强化能上能下、能进能出的干部员工管理体制。通过加强干部竞争上岗机制，建立更加清晰的考核标准与流程，探索建立业绩达成承诺机制，真正将竞聘由“软约束”变为“硬约束”。结合公司成立 25 周年庆，公司借助互联网、自媒体等渠道，通过创新形式、丰富内涵等新方式，打造上汽财务文化品牌。对内，通过先锋岗创建、先进员工表彰传递标杆正能量；搭建“极客创新工作室”，组织跨界交流，激发创新动力；开展“致·初心”25 周年司庆升旗仪式，“悦·光影”25 周年回顾展望影展，宣传奋进主旋律。对外，升级“鲸融 e 家”公众号，建设集“厚度、鲜度、温度”于一体的信息工作平台；申报参评上海市质量金奖，不断提升品牌知名度和美誉度。

S

上海上实集团财务有限公司

【集团概况】上海上实（集团）有限公司（以下简称“上海上实”）成立于 1996 年，是上海实业（集团）有限公司（以下简称“上实集团”）的境内平台。上海上实集团财务有限公司（以下简称“公司”）隶属于上海上实。上实集团于 1981 年由上海市人民政府在香港注册设立，现由上海市国资委全资控股，拥有上实控股、上海医药、上实环境、上实发展、上实城开 5 家境内外上市公司，业务涉及医药医疗、基建环保、房地产、消费品、金融服务和投资等领域，并加快向绿色环保、大健康产业转型，是上海在境外规模最大、实力最强的综合性企业集团和香港最具地方代表性的中资企业之一。

【经营概况】公司克服宏观形势变化所带来的利差收窄等不利因素，以提升全面风险合规管理、资金集中管理和金融服务水平为核心，以新业务流程管控和新信息技术应用为抓手，按时高质完成年度工作目标。2019 年，实现营业收入 1.06 亿元，实现净利润 0.76 亿元。

【信贷业务】公司紧跟集团战略，积极拓展信贷业务品种，持续优化信贷资源配置，2019 年累计发放贷款 67.91 亿元，重点支持集团内医药大健康和绿色能源等企业。积极响应成员单位业务需求，推出循环额度贷款，有效缓解成员单位短期资金紧缺的困难，开展海关关税汇总保函、付款保函等非融资类保函业务探索。

【资金业务】公司积极拓展同业业务类型，加强资金运作管理效率。在确保流动性的前提下，合理分配资源，适度调整同业资金的期限配置以提高收益，开展银行间债券质押式回购业务，拓宽资金运用领域，积极应对资金利率下行的不利影响。

【投资业务】公司严格遴选投资产品，在深入穿透底层资产的基础上审慎配置。2019 年，积极调整投资业务布局，拓展可投资品种；与专业机构保持定期沟通，多渠道获取投资市场资讯和观点。

【票据业务】公司以票据业务为抓手，助力集团内部工商联动，为成员单位降低财务成本、提高支付结算效率，通过票据承兑业务，服务于集团成员单位内部采购。

【资金集中】公司坚持“以结算促集中”，日均存款和结算量均取得明显增长。深入了解成员企业结算业务操作难点，进一步优化结算系统，新增综合支付结算功能，有效降低了客户操作风险，初步完成医药分销成员单位省级平台资金池搭建，实现收支两条线和上收下拨功能，促进了结算量快速增长。

【风险管理和内部控制】公司严格落实监管要求，巩固整治乱象成果，持续开展金融机构案件警示教育活动，开展案件风险排查，守牢不发生案件的案防底线。加强重点领域风险防范，建立新业务新技术评审流程，进一步细化各项业务的分级授权管理。完善日常流动性风险的动态监控，开展压力测试。培育良好合规文化，组织开展“风控在心、合规同行”系列专题合规培训活动。借助外力开展全面信息科技风险审计，促进公司信息科技管理水平的进一步提升。

【人力资源管理】公司将人才梯队建设、充实中后台员工队伍和员工专业素养提升作为重点，拓宽员工培养渠道。坚持内外结合的培训方式，构建多层次人才培养平台，做好员工培训工作，提升员工专业素养和综合能力。做好关键岗位员工强制休假和轮岗等工作。

【信息化建设】公司持续关注新科技运用，丰富信息科技治理手段和方法，提升信息化管理水平。完成《信息科技战略规划》编制工作，对信息科技治理、基础设施建设、应用系统建设、信息科技风险管理等方面进行了研究和规划。加强与核心软件供应商的沟通交流，完成了票据、征信等系统模块的优化。引入机器人流程自动化（RPA）技术，运用于“银行余额查询对账”和“增值税发票信息查询”，提高了工作效率。

【企业文化建设】公司党支部聚焦“不忘初心、牢记使命”主题教育，不断提高党建质量和水平。把思想政治建设放在首位，深入学习贯彻习近平新时代中国特色社会主义思想和党的十九届四中全会精神，建立党员常态化学习机制。发挥党组织“把方向、管大局、保落实”领导作用，切实履行“三重一大”事项前置决策职能。发挥党员表率作用，开展“践行新思想，岗位做贡献”和“我与书记谈谈心”等主题活动，切实帮助员工解决工作生活中的实际问题。

S

上海外高桥集团财务有限公司

【集团概况】上海外高桥集团股份有限公司（以下简称“集团”）的前身成立于1992年12月，是中国（上海）自由贸易试验区核心区域的开发主体。截至2019年6月末，集团资产规模为人民币371亿元。集团主要负责中国（上海）自由贸易试验区——外高桥保税区及周边相关土地等国有资产的投资、经营和管理。集团已形成园区开发、商业地产、贸易物流、文化发展、金融投资、配套服务六大业务板块，控股及参股企业约100家，员工总数近7000人。

【经营概况】上海外高桥集团财务有限公司（以下简称“公司”）紧紧围绕集团“创新自由贸易园区运营商和全产业链集成服务供应商”定位，不断提升服务水平。2019年，公司资产总额为37.79亿元，实现主营业务收入1.31亿元（含投资收益），净利润4718.70万元。资本充足率、不良贷款率等重要经营资产质量指标符合监管机构的监管要求。

【服务实体】2019年，公司一是积极支持集团“降成本”，对集团核心企业采取基准或下浮的差异化借款利率，让利于成员企业，有效降低集团财务费用128万元。二是通过资金集中管理的规模效应，为集团贡献收益4237万元。三是积极拓宽金融服务功能，为集团贸易物流板块企业提供票据承兑、海关税款保函等金融产品，2019年签发承兑汇票1.12亿元，开立海关税款保函12.32亿元（仅保函部分通过减免保证金、优惠收费等措施降低企业财务成本913万元）。

【信贷业务】2019年，公司累计发放自营贷款52.70亿元，累计签发票据2.40亿元，累计签发保函12.32亿元。公司积极开拓新型业务模式。一是结合成员企业的实际情况，与上海海关积极沟通，成功获得海关税款保函展期业务资格。二是在符合监管要求的前提下，适当调整其自主支付限额，提高支付效率。三是积极拓展公司银票的贴现渠道，降低公司票据贴现率。

【资金业务】公司在风控优先的原则下提高资金运营效益，从事的资金业务主要包括存放同业、同业拆借及国债逆回购等。公司通过日常对市场行情的监测，交易对手的筛选及自行开发的资金计划申报系统等多种手段，合理高效地安排资金头寸。

【投资业务】2019年，公司投资业务范围为固定收益类有价证券投资。投资业务管理划分前台、中台和后台，并专门设立投资决策委员会，负责审议投资业务品种的具体投资额度及交易对手。建立交易对手备选库，实行名单准入制。合理合规配置投资资产，在选择具体投资产品时，综合考虑投资产品规模、底层资产情况、收益率情况、风险特征、流动性特征等因素，合理分散投资。

【票据业务】2019年，在全集团预算统筹管理的基础上，公司鼓励成员企业通过公司电票平台开展承兑汇票业务，其中公司累计开立电子银行承兑汇票11笔，金额共计1.12亿元，2019年末余额4500万元；成员企业累计开立电子商业承兑汇票24笔，金额共计1.28亿元，2019年末余额1217万元。

【外汇业务】2019年，公司制定了跨境双向外汇资金池升级方案，并向国家外汇管理局上海市分局提出变更备案申请，将本外币全币种资金管理纳入资金池，于2019年4月成为上海首家完成备案的单位，实现了人民币和外币、境内资金和境外资金的全币种、全区域、全时段的无缝管理。2019年5月，公司完成上海地区首笔跨境资金集中运营业务项下的人民币境外放款1700万元。2019年6月，在原有与建设银行、中国银行合作的基础上，新增农业银行通道。

【资金集中】公司搭建了覆盖全部成员企业及16家主要收支银行的财务公司网银系统，实现了所有归集账户全功能运行；开通了上海支付结算综合业务系统的集团委托付款业务，开发投产了非归集账户的查询和转账功能。

【业务创新】公司为集团贸易板块成员企业提供关税保函业务服务的创新服务模式，在上海海关关区内实现了首家企业集团财务公司关税税款担保试点模式，标志着自贸区4.0时代海关政策创新改革拉开序幕。保函业务类型包含出区展示、分送集报及全域业务等，通过减免保证金，优惠收费等措施切实降低企业财务成本。

【风险管理和内部控制】2019年，公司一是完善法人治理，开展对2018年度股东评估、董监事的变更、股权情况自查等工作，并按时上报股东经营情况信息。二是加强风险管控，落实“巩固治乱象”各项工作，开展“回头看”全面自查；对票据业务开展情况进行全面梳理，配合监管机构完成调研。三是紧抓员工案防培训及行为管控，组织开展风险警示教育，分析典型案例；结合员工异常行为排查，开展非法集资、扫黑除恶等排查。

【人力资源管理】2019年，公司一是引进优秀人才，优化梯队管理。根据年度招聘计划

S

采用内外部招聘渠道，筛选优秀人才。二是强化从业人员的岗位监督和约束，落实关键岗位人员管理及岗位轮换机制。三是加强员工培训及能力测试，树立全员合规意识，开展年度系列培训及全员金融知识能力测试。

【信息化建设】 2019 年，公司一是增强对业务系统的服务支撑，保障该系统连续可用。二是通过推进实施“上海自贸区海关电子关税保函多功能直联数据平台项目”，增强对业务拓展的支持。三是通过虚拟化实施提高公司的 IT 运作效率。四是参照信息安全等级保护标准要求，加强安全技术保障体系建设。五是严守信息科技风险底线。

【企业文化建设】 发挥党建引领作用，围绕中心服务大局。一是开展“不忘初心、牢记使命”主题教育，书记带头上党课，支部以“学习强国”、上海红色教育基地、“电影党课”和“音乐党课”等载体加强学习教育，依托“微心愿”平台服务困难群众，在群众座谈中发现问题及时整改。二是发挥党支部共建桥梁作用，开展了宪法宣传视频共做、党课联学活动。三是围绕纪念五四运动 100 周年、庆祝中华人民共和国成立 70 周年等主题开展企业文化建设活动。

上海文化广播影视集团财务有限公司

【集团概况】 2019 年，上海文化广播影视集团有限公司（以下简称“集团”）扎实推进媒体改革，奋力担当使命责任，着力打造讲导向、有文化的传播平台，积极推进产业发展，履行全面从严治党主体责任，强化人力成本管控，加强综合治理，为上海勇当新时代改革开放排头兵、创新发展先行者提供有力思想保证和强大精神力量。

【经营概况】 截至 2019 年末，上海文化广播影视集团财务有限公司（以下简称“公司”）资产总额 61.90 亿元，2019 年实现营业净收入 6297 万元，实现利润总额 4357 万元，实现净利润 3266 万元。

【服务实体】 2019 年，公司以供应链金融角度分析集团产业链，通过对成员企业的分类和产品分类，形成 IP 制作及经营类企业、实体商品经营类企业、房地产企业的行业分类，以及对应的常规金融产品、供应链金融产品和 IP 专项融资产品等产品体系，既有为从事电视节目、动画、游戏等制作与设计为主业的成员企业转型发展提供金融产品及结算服务，也有为承接进博会、军运会等新闻中心建设运营及新闻宣传保障项目的成员企业提供专项信贷支持。

【信贷业务】 公司继续推进各项信贷业务的发展，2019 年累计发放贷款 16.27 亿元，日均贷款余额 15.42 亿元，较上年增幅为 20.07%，不良贷款余额为零。2019 年，公司完成了成立以来首笔委托贷款、银团贷款的发放，以及首批保函业务的审批等工作，在维持、提高集团传统流动资金贷款的同时，不断深入成员企业，推动新业务发展。

【资金业务】 2019 年，面对利差不断收窄的不利形势，公司通过加强资金头寸管理，保证资金支付结算并兼顾资金收益最大化，合理配置资金存放期限结构；强化与结算账户合作银行的沟通，提高账户活期利率。2019 年，公司存放同业定期累计 36 笔，累计金额 82 亿元。

【资金集中】 公司充分考虑股东方之一东方明珠（上市公司）的规范性要求和其对下属企业的管控模式，协商形成了东方明珠与公司资金业务发展的整体解决方案。2019 年公司半年度平均全口径资金集中度较上年增长约 5 个百分点。

【业务创新】 2019 年，公司启动了表外

（代理）票据业务的工作。通过首笔业务的尝试，确定了票据业务落地的两套方案，同时深入成员单位，根据成员企业实际经营情况及需求，初步形成了具备文化传媒产业特色的金融服务方案。

【风险管理和内部控制】2019 年，公司组织召开制度审定会 11 次，完成新增及修订 20 余项业务及管理制度；召开月度风控例会 11 次；做好监管评级及报送工作；开展多次业务检查，并形成检查报告；核心系统中增加了日常风险监测模块，对大额转账业务和可疑交易进行监测，共监测到风险信息 1254 笔；开展各类风险专项排查活动，组织员工签订案防承诺书。

【人力资源管理】2019 年，公司一是继续积极贯彻落实集团人才工作的精神，关爱人才与员工，推进各项人才改革举措的实施；二是对公司各部门岗位职责进行系统性梳理，将职责梳理纳入日常工作，根据业务发展与制度建设定期并且持续进行优化与调整；三是开展各类培训，公司员工人均培训时间 70 小时，参训范围覆盖公司全员；四是积极配合 E－HR 项目的整体建设，夯实人力信息系统基础数据。

【信息化建设】2019 年，公司三大信息系统陆续上线，即征信系统、I8 风险管控信息系统、日常风险处理核心系统。大大提升风险管理的及时性、有效性，丰富了事前、事中、事后控制的信息化手段。

【企业文化建设】2019 年，公司积极组织各类活动，增强员工向心力，包括：参与集团“爱心一日捐”筹资捐款活动，携手纪实频道共同开展三八妇女节 DIY 制作活动，做好“夏送清凉、冬送温暖”，做好职工健康体检和女职工体检，参与集团组织的年度运动会等文化体育活动。

S

申能集团财务有限公司

【集团概况】申能（集团）有限公司（以下简称“集团”）创建于 1987 年，是上海市国资委出资监管的国有独资企业，注册资本 100 亿元。集团基本形成“电气并举、产融结合”的产业发展格局，大力推动能源产业链拓展，涉足节能环保、能源贸易、新能源创投基金等新业务领域。集团主动适应、把握经济发展新常态，围绕国家“创新、协调、绿色、开放、共享”的发展理念和上海“创新驱动发展、经济转型升级”的总体要求，以上海市能源安全保障为首要职责。截至 2019 年末，集团总资产 1540.62 亿元，年营业收入 423.15 亿元。

【经营概况】2019 年，申能集团财务有限公司（以下简称“公司”）实现净利润 3.88 亿元，总资产 229.51 亿元，净资产 25.20 亿元，年度吸收存款和发放贷款日均数分别达到 175.22 亿元和 111.98 亿元。

【服务实体】公司立足能源金融本业，提供绿色信贷、产业链、外汇、绿色消费金融等专业性的综合金融服务。通过延伸产业链业务服务集团能源产业链上下游，重点为产业链上下游中小微企业提供金融支持；通过绿色消费金融业务践行绿色金融、普惠金融理念，促进清洁能源替代使用，履行能源企业节能环保社会责任。

【信贷业务】公司跟进集团重点能源项目信贷需求，统筹组合自营贷款、产业链、银团、清洁基金委贷等多种融资方式，做好项目配套信贷保障。2019 年发放贷款 108.25 亿元，信贷客户数达 106 家。新增银团项目 1 个，银团放款总额 9.15 亿元，公司配套过桥贷款 12 亿元。引入财政部清洁基金委贷放款 1.01 亿元，另有两个清洁能源项目新获批复，金额1.31亿元。积极响应人民银行关于贷款市场报价利率形成机制改革要求，截至年末，除银团贷款外其他自营贷款业务均已实现以LPR定价。

【产业链金融】2019年，公司延伸产业链业务有序推进，业务量达到一定规模，全年放款6.23亿元，新增55家上下游客户。除上游供应商外，与系统内燃气企业针对下游直供用户天然气款的应收账款保理模式于年内成功落地，实现产业链业务向下游延伸。消费信贷方面，深化产融结合，顺应上海燃气市场化专业化发展趋势，结合燃气器具销售延伸服务相关工作要求，在现有常规渠道营销基础上，持续优化公司绿色消费信贷产品“和气生财—绿能付”商业合作模式。

【资金业务】根据实际资金运营情况，公司进行资金平衡和成本收益管理。2019年，公司通过人民银行再贴现业务取得外部融资11.27亿元，用于支持集团小微企业资金需求；公司年度累计拆入资金22亿元，作为流动性配置和补充。公司通过技术手段对资金余缺情况进行监控，有效配置资源，确保资金的安全性、流动性和收益性。

【投资业务】2019年，公司日均投资规模约18.56亿元，主要投资于货币基金、债券基金、新股和一级市场可转债等低风险产品，适度配置权益类基金和低估值高分红股票等高收益品种。公司通过加强投资研究和市场跟踪，结合资本市场和货币市场利率变化情况，对固定收益类基金进行比价操作，择优配置货币基金、债券基金和现金类资管计划等。有效提升现金管理效率，提高资金收益，优化收入结构，截至2019年末，公司实现投资收益1.13亿元，浮盈1.96亿元。

【票据业务】2019年，公司电子商业汇票累计出票量12.51亿元，出票笔数277笔；贴现业务量12.21亿元，贴现笔数256笔，年末贴现余额11.82亿元；回购式再贴现发生金额累计达到11.32亿元，贴现票据232张。2019年，公司完成上海票交所3.0版直连接口上线和电子商业汇票系统（ECDS）线上清算的测试准备，提升再贴现业务操作的效率和便捷度。

【外汇业务】公司紧跟集团国际化发展战略，发挥自贸区金融平台优势，推进集团跨境结算和海外项目配套金融服务体系建设。2019年完成代客结售汇59笔，金额8.28亿美元，为集团节约汇兑成本1309万元。公司配合集团内主要能源进口企业初步完成其存量美元债务套期保值管理方案，并主动对接海外项目平台公司，跟进其海外能源项目进展，提供跨境金融配套服务方案。

【资金集中】公司落实集团资金管理要求，2019年末，公司吸收存款余额192.50亿元，同比增加5.56亿元，公司资金集中度为82.63%。

【业务创新】2019年，为提升客户体验，更好满足成员单位财务管理需求，公司申E通2.0专业版成功上线，新增人脸识别、指纹登录、贷款到期、贷款结息、定期存款、电票到期、大额资金变动提醒等业务功能；公司票据业务系统中开发“产业链客户买方付息贴现”功能，实现该类业务的资金划拨无须手工干预，确保结算系统中的资金流、业务流和统计信息一致；开发成员单位利息计提模块，可直接在“申财通”客户端中下载每季末的存贷款计提利息。

【风险管理和内部控制】2019年，公司开展操作手册编制工作，推动业务规范化体系建设。形成了涉及公司信贷业务、投资业务、信息系统、会计结算、审计稽核等全业务条线共计40个子流程的操作手册，为公司各级人员统一业务流程，规范系统操作、完备档案资料提供了有力支撑。公司进一步扩大内部审计覆盖面，提升内审有效性。与2018年相比新增5项内审内容，基本达到内审全覆盖。对于2019年新开展的消费信贷业务，跟进业务部门的制度新增，共同讨论新业务关键流程和风险点，并开展审计工作。

【人力资源管理】2019年，公司在人才管理与培养上，坚持以党建引领，在创新业务中

S

发挥员工特长，推动创新业务开展。为员工搭建内部学习平台，组织老总讲坛、学习论坛、调研相结合的多层次培训，为各项业务开展提供人才支持。公司倡导并营造“坚持课题研究、加强学习探索”的学习氛围，激发员工的研究和创新。在确保各项业务发展建立在合规经营和风险有效控制基础上，公司对标监管评级评分标准，积极发挥绩效考核在风险合规管理上的引导作用。

【信息化建设】2019 年，按照集团以及公司年度重点工作要求，扎实推进公司信息化工作开展。在应用系统建设方面，配合集团资金管理，完成集团资金数据采集系统的研发；推进数据平台建设，搭建统一数据中心；配合青浦燃气，搭建青浦账单支付数据交互平台；推进集中运营管理要求，建设新一代自主运营投资系统。在信息安全方面，切实保障重要时期网络安全，完成等保复评及第三方 IT 专项审计，持续开展业务连续性管理，定期进行业务演练。

【企业文化建设】2019 年，公司党总支首创“产融赋能申财无限”党建品牌，以绿色低碳为特色，支持监管机构、专家学者深入实体基层调研产业实际，打造“交大申能共话绿色低碳新未来”校企党建“共行计划”，促进公司绿色金融领域内的创新升级形成示范效应。公司通过开展老总讲坛、学习论坛、绿动申财、月悦谈、真财实料等文化建设活动，组织员工进行内部交流，引导员工健康向上的工作态度，营造勤廉的文化氛围。

深圳华强集团财务有限公司

【集团概况】2019 年，深圳华强集团有限公司（以下简称“集团”）深化内部改革，加快结构调整，防范经营风险，总体上实现了健康平稳的发展。文化科技产业以品牌运营为引领，实现产业规模和经营效益的稳步提升；电子信息高端服务业围绕主线保持战略定力，推进“两个集团”建设，实现了高质量的发展；地产板块精兵简政、提升效能，加快探索开发与运营协同发展的新方向；金融板块加强业务整顿，完善风控体系，强化融资服务、保障资金安全。

【经营概况】2019 年，深圳华强集团财务有限公司（以下简称“公司”）在外部监管政策趋严和集团经营战略调整的背景下，公司领导引导各部门共同协作，对业务结构进行了主动的调整和收缩，同时不断完善公司内控建设，强化自身风险管理水平，并接受了深圳银保监局的现场检查，有序地推进各项预定工作的开展。截至 2019 年 12 月 31 日，公司资产总额 41.12 亿元，负债总额 27.96 亿元，实现营业收入 1.43 亿元，利润总额 9327.88 万元。

【信贷业务】2019 年，公司合理配置信贷资源，结合成员企业实际经营情况制订信贷方案，并在利率方面给予适当优惠，协助集团及成员企业降低财务成本，积极支持成员企业经营发展。公司深入推进落实 LPR 改革各项工作，于 2019 年 10 月起全面执行贷款市场报价利率（LPR）机制。

【资金业务】2019 年，公司利用金融机构优势，一方面积极加强与各同业机构的交流对接，争取拆入低利率资金，阶段性补充流动性；另一方面根据市场利率变化，及时与合作机构协商提高同业存放的利率，在保证流动性和安全性的前提下提高资金收益水平。

【票据业务】公司积极收集成员企业需求，根据企业经营特点为其设计贴现方案，以更有竞争力的价格和服务满足企业资金需要。2019 年，公司累计办理银行承兑汇票贴现 185 笔，累计贴现金额 1.37 亿元；开展再贴现业务 3 笔，再贴现金额2735.11万元。

【资金集中】2019 年，公司在充分调研了集团成员单位的需求后，针对定期存款产品适度提高了存款利率，增强企业归集意愿。同时，根据公司自身流动性及成员企业资金使用特点，引导成员企业合理安排活期、通知、定期等存款结构，多渠道提高资金集中度。截至2019年末，公司全口径资金集中度达到43.14%，可归集口径资金集中度达到53.37%。

【业务创新】2019 年 11 月，公司作为主办企业的跨境双向人民币资金池在中国人民银行深圳市中心支行备案成功。开通跨境双向人民币资金池业务，对集团降低融资综合成本、提升资金使用效益、优化债务结构和降低汇兑成本等方面产生了重要作用。

【风险管理和内部控制】2019 年，公司通过完善内部规章制度、强化业务审核和风险前置、开展市场乱象整治、配合监管部门进行现场检查工作的推进和整改、加强合规文化建设等各项举措，内控和合规管理的有效性得到进一步提升。截至 2019 年末，公司的经营情况良好，业务稳健开展，各项风险管理和内部控制工作有效落实，风险管理部门发挥了合规引导和监督职责，有效提高了公司风险管理水平。

【人力资源管理】2019 年，公司新聘任经监管核准任职资格的高管 1 人。公司先后组织了6次内部集中培训活动，同时选派骨干员工参与银保监局、人民银行、财务公司协会举办的各种外部培训，多渠道提升培训工作实效。

【信息化建设】2019 年公司完善核心业务系统建设，持续加强电子化支付渠道，提高网银业务比例，通过技术手段提高结算业务安全性和效率，进而提高服务质量。通过与拜特公司和广发银行华强支行的多次沟通，推进了广发银行银企直连接口的投产上线，提高了公司的支付结算能力。另外，2019 年 5 月，核心业务系统成功对接了集团网报系统，优化了业务操作流程，可从集团网报提交指令流转到公司来完成业务，降低操作风险并提高了工作效率。依照中国人民银行征信中心关于二代征信系统试运行工作的统一部署安排，配合完成相关工作，做好上线准备。同时已顺利完成二代征信前置查询系统的相关升级改造工作，确保在人民银行二代征信查询系统正式运行后能顺利切换，保障征信业务平滑衔接。

【企业文化建设】2019 年，公司积极开展丰富多彩、健康有益的各类活动，包括员工生日会，组织员工参加徒步、羽毛球等活动，激发了员工的归属感及凝聚力，营造出积极向上的企业氛围。

深圳能源财务有限公司

【集团概况】深圳能源集团股份有限公司（以下简称“集团”）以“成为具有创新力和竞争力的低碳清洁能源领跑者和城市环境治理领跑者”为战略定位，全力推动主业健康可持续发展，海外能源布局不断扩大，可再生能源板块、环保板块和燃气板块全面发展。2019 年，实现上网电量 361.78 亿千瓦时，实现营业收入 208.17 亿元，总资产达到 961.12 亿元，净资产达到 300.86 亿元，归属于母公司股东的净利润 17.01 亿元。

【经营概况】2019 年，深圳能源财务有限公司（以下简称“公司”）严格执行各项监管规定，充分发挥“内部银行”功能，强化管理，深挖潜力，加大资金归集力度，创新金融服务产品，努力提高资金收益水平，克服困难，实现了公司资产总额、存贷款规模、资金效益的稳步增长，在新能源项目、重大项目、解困项目上为集团提供了有力的资金支持，进一步提高了资金的使用效率和效果。截至2019年12月31日，公司总资产168.78亿元，净资产16.91亿元，实现利润总额2.54亿元。

【信贷业务】公司积极响应国家的绿色信贷政策，信贷重点投向风力发电、光伏发电、水力发电等清洁能源。截至2019年12月31日，公司为集团及成员单位发放贷款余额113.70亿元，其中，火力发电占比23.64%，风力发电占比为10.04%，光伏发电占比为14.90%，水力发电占比为13.35%，环保垃圾发电占比为16.27%，燃气占比为2.82%，其他占比为4.04%。

公司为集团重点清洁能源项目的建设提供信贷支持的同时，也助力集团逐步完成战略转型，全面推动绿色信贷业务的开展。截至2019年12月31日，财务公司为绿色成员企业发放绿色贷款余额81.61亿元，占同期总贷款金额的71.78%。

【资金业务】2019年，公司运用差异化的市场手段引导成员企业，对不同资金归集度的成员企业实行差异化的存、贷款利率。公司的资金归集度大幅提高，成员企业的存款利率明显上升，贷款利率显著下降，有效降低了成员企业财务费用，达到“以产促融、以融助产”的双赢目标。

公司创新开展资金相关业务品种，实现流动性管理和资金收益性管理统一。一是公司与农业银行签订“同利丰”等活期业务，形成红土基金、同业定存与“同利丰”活期业务择优操作，达到资金最大化配置。二是向市场要效益。对于流动资金，扩大定、活期存款询价银行，推动银行竞相提升利率，择价高者存。2019年，同业存款全年累计利息收入同比增长7.15%，净资产收益率为9.4%，同比增长1.7%。

【票据业务】公司积极开展产业链金融“一头在外”票据贴现等业务，2019年累计办理贴现金额816万元。2019年为成员企业开立电票476笔，金额合计3.96亿元，同比增幅约450%，以电票期限一年为例可为成员企业减少贷款利息支出约1772.6万元。

【资金集中】2019年，公司不断加大成员单位资金归集力度，资金归集度水平由2018年末的81.88%提高到2019年末的82.82%。2019年吸收存款日均余额146.01亿元，同比增长28.90%。公司以资金归集度为依据，通过下浮利率切实降低成员企业财务成本。2019年为成员单位节约财务费用1.55亿元。

【风险管理和内部控制】公司积极推进巩固市场乱象整治工作，不断提升金融服务能力；健全案防机制建设，定期开展稽核监督；加大内控审计力度，组织对信息系统管理制度及货币公募基金业务进行专项审计工作；开展股权和关联交易自查；强化制度建设；完善全面风险管理体系。通过一系列专项工作，大力夯实风控与合规管理基础，满足股东单位及监管机构在MPA（宏观审慎评估体系）、非现场监管、评级管理等的合规、内控等方面的要求，2019年公司整体风险平稳可控。

【信息化建设】公司完成集中支付中心与集团会计中心、支付中心与结算中心、CBS的银企直连对接工作。为加强公司反洗钱和反恐怖融资工作，有效预防洗钱及相关违法犯罪活动，公司完成了反洗钱信息系统搭建、上线工作。为维护公司关键信息基础设施和重要网络系统安全运行、保障公司网络空间安全稳定，公司对办公网络环境进行安全加固，增加互联网出口防火墙设备及桌面主机安全软件。

【企业文化建设】公司坚持把党的领导融入公司治理各环节，明确和落实党支部在公司法人治理结构中的法定地位，做到组织落实、干部到位、职责明确、监督严格。深入开展“不忘初心、牢记使命”主题教育，坚持党建工作高标准，党建活动全员参与，充分发挥工青妇组织力量。一是切实加强党的政治建设，2019年组织集中学习50余次；二是重大决策把关定向，对公司重大事项进行前置决策，2019年“三重一大”事项达

S

91项；三是不断提升党建质量，认真组织党务活动，组织调研意识形态工作8次，观看爱国电影《我和我的祖国》、参观深圳党史馆等活动；四是严格落实党风廉政建设主体责任，开展联合监督，建设清朗廉洁企业；五是紧密联系群众，组织开展了素质拓展训练、环卫工人献爱心、义务献血活动，为员工营造轻松和谐的工作氛围。

深圳市有色金属财务有限公司

【集团概况】深圳市中金岭南有色金属股份有限公司（以下简称“集团”）是以有色金属开采及冶炼为主业的国有控股实体企业。2019年，集团主要技术经济指标位居全国铅锌企业前列，韶冶厂日产粗铅锌提高至370吨，创过渡性复产以来新高；丹冶厂锌片年产量达14.6万吨，创建厂投产以来历史新高；优化选矿工艺技术流程，迈蒙矿选矿铜回收率较年初提高4.54%，圆满完成年度利润预算目标。因表现突出，集团荣获2019年度中国铅锌行业绿色发展杰出贡献奖。

【经营概况】2019年，深圳市有色金属财务有限公司（以下简称“公司”）结合实际，制定了“调结构、提增量”经营计划，合规经营、创新发展，取得了较好的经营业绩，全年累计实现营业总收入5936.76万元，利润总额3649.77万元，实现净利润2724.70万元。2019年末，公司资产总额为20.08亿元，总负债为14.45亿元，净资产5.63亿元。

【服务实体】相比外部机构，集团内财务公司在服务集团方面具有响应速度更快、价格更优惠、针对性更强等特点。公司以丰富的业务品种，积极为集团提供资金集中管理、财务顾问、高效结算、票据服务、便利贷款、保险代理等多种金融服务，使集团资金运行更加安全高效、预算管控更加得当有力，同时帮助集团节省费用，促进成员单位发展。

【信贷业务】2019年，公司不断完善贷款的调查、报告、审批程序，做好贷前、贷中、贷后管理，努力做好贷款业务的风险防控；积极了解成员单位经营情况，努力满足成员单位的资金需求，全年累计为成员单位新增发放贷款7.65亿元（期内未发生新不良贷款，不良贷款率为零），有力地支持了集团发展。

【资金业务】资金是公司提供服务和持续经营的基础。2019年，公司一方面通过同业授信、再贴现等渠道积极开展低成本融资；另一方面，在保证流动性的前提下，就资金产品和价格与多家商业银行积极协商，最终以高于市场利率的价格签订存放合作协议，进一步降低了资金使用成本，提高了资金收益率。2019年公司累计实现再贴现业务55569万元，比上年增加31801万元，增长133.80%；累计存放同业金额144.60亿元，加权平均利率为2.79%，获得利息收入820万元。

【投资业务】2019年，公司一是将投资规模增加至1.5亿元，为投资工作的开展奠定了基础。二是在较高位对所持有的投资产品进行抛售，获得投资收益1129.27万元。三是对可转债、收益凭证等固收类项目进行研究，并对相关产品展开投资。

【票据业务】扎实开展票据业务，特别是力推“买方付息式票据贴现”业务，努力实现成员单位、成员单位下游客户及公司的“三方共赢”。通过大力推广买方付息式票据贴现业务，公司2019年实现票据业务量50323.96万元，比上年同期增加36964.5万元，增长276.69%。

【资金集中】按照“收支两条线”的原则，加强对成员单位资金的上划和支付管理工作；对成员单位的银行账户实行相对集中管理，并定期对银行账款进行检查；对成员单位的成本账户余额设立限额。

【风险管理和内部控制】2019年，公司一是贯彻落实银保监会部署的“巩固治乱象成果，促进合规建设”、关于股权和关联交易专项整治等工作，积极宣传和开展非法集资风险和案件警示教育；二是根据人民银行的部署，落实可疑交易监测、报告等反洗钱工作；三是开展内部稽核，严查业务风险点，同时不断完善业务制度和流程；四是做好消防、防盗工作以及安全生产工作，强化信息科技设备巡检；五是做好维稳工作，确保人员队伍稳定。2019年，公司秩序良好，其间未发生各类投诉案件、金融风险案件、安全风险事故及不稳定事件。

【人力资源管理】2019年，公司一是加强员工教育培训，不断提高党员干部的思想政治水平，提高全员抗风险意识和廉洁从业意识。二是审慎开展干部选拔任用工作，根据经营工作需要，按照干部选拔任用的标准和要求，完成内部管理架构完善及相关干部选拔工作，有效促进经营工作的开展。三是严格规范薪酬发放工作。公司所有员工的薪酬、津贴、补贴均在薪酬总额范围内发放，不存在违规发放薪酬及津补贴的情况。

【信息化建设】2019年，公司开展了电票系统全直连工作，在时间紧任务重、信息基础薄弱的情况下，力排困难，通过坚持不懈的努力，多、快、好、省地完成了联调测试、制度完善等一系列工作。2019年4月28日，公司顺利通过了上海票交所的现场验收，成为深圳市第二家通过验收的财务公司，标志着公司票据系统建设迈出了关键一步，为推动票据业务开展夯实了根基。

【企业文化建设】强化宣传工作，践行“向善向上、共创共享”的企业文化，围绕集团发展和公司年度重点工作，及时报道公司及其他企业改革发展中好的创新经验和先进典型，使员工学有榜样、赶有目标，激励斗志、鼓舞干劲，推动公司可持续发展。此外，定期组织开展羽毛球、排球、观看电影、慰问帮扶等一系列文体活动和人文关怀工作，进一步增强职工的凝聚力和向心力。

神华财务有限公司

【集团概况】国家能源投资集团有限责任公司（以下简称“集团”）经党中央、国务院批准，由中国国电集团公司和神华集团有限责任公司两家世界500强企业合并重组而成，于2017年11月28日正式挂牌成立，是中央直管国有重要骨干企业、国有资本投资公司改革试点企业，2019年世界500强企业排名第107位。

集团是新中国成立以来中央企业规模最大的一次重组，是党的十九大后改革重组的第一家中央企业。拥有煤炭、火电、新能源、水电、运输、化工、科技环保、金融8个产业板块，是全球最大的煤炭生产公司、火力发电公司、风力发电公司和煤制油煤化工公司。集团资产规模超过1.8万亿元，职工总数35万人。截至2018年末，拥有煤炭产能5.6亿吨，电力总装机2.38亿千瓦，其中火力发电总装机1.8亿千瓦，占全国火电总装机的15.8%，60万千瓦及以上煤电机组占比达60.6%；是全球唯一同时掌握百万吨级煤直接液化和煤间接液化两种煤制油技术的公司；自营铁路2155公里，港口和煤码头吞吐能力2.64亿吨，自有船舶62艘。

【经营概况】神华财务有限公司（以下简称“公司”）按照集团“一个目标、三型五化、七个一流”发展战略和财务公司重组整合新形势，确定了“聚焦一个目标，建设三个平台，实现五个集中”的功能定位。2019年实现营业收入

27.85亿元，实现利润总额14.63亿元；中间业务收入2808.04万元。2019年末自营贷款余额430.03亿元，委托贷款余额391.52亿元，吸收存款余额1095.24亿元。成员单位在公司开立活期人民币结算账户共327个，2019年结算量33.17万笔，总金额3.52万亿元。通过存款利率上调、贷款利率下调、减免手续费和服务费，共为集团内部贡献价值5.38亿元。

【服务实体】公司支持集团核心产业发展。2019年累计放款201.9亿元，并加大对风电和煤化工板块的支持力度。率先为四川天明项目提供资金支持，撬动外部资金跟进，为天明项目恢复建设、早日生产运营提供了资金保障。针对成员单位特点制定针对性风险防控措施，为巴彦淖尔、中电国华神木、甘泉铁路等公司协调上级单位支持，争取外部银行配合，调整还款计划，延缓本息偿付压力。

【信贷业务】公司在确保资本充足率平均值大于15%的前提下，充分释放金融资源，自营贷款余额从290亿元上升至430亿元。通过下浮自营贷款利率10%，为成员单位节约利息支出约1.54亿元；协商农业银行为余姚项目贷款利率下降7个基点；根据电厂结算周期定制循环额度贷款；坚持委托贷款手续费低价政策和按贷款进度收取手续费，带动商业银行降低费率。

【资金业务】2019年，公司日均存款规模933亿元，资金管理平台功能逐步凸显，市场议价能力显著增强。2019年同业存款收益率为2.42%，利息收入27.57亿元，同比增幅为4%，实现了存量资金的保值增值。

【投资业务】公司在风险可控的前提下，充分运用资金存放时间差，投资规模创历史新高。2019年，共新增350亿元同业存单投资和50亿元国债投资。2019年末投资本金余额再创新高，达到335亿元，实现投资收益3.44亿元，从外部市场的获利能力显著增强。

【票据业务】公司成为上海票据交易所会员，恢复间接电票系统，打通票据业务发展通道，2019年为4家单位开具承兑汇票2.66亿元。

【资金集中】公司在集团财务部和共享中心的支持下，吸引成员单位结算性资金回流，集团资金集中度和规模大幅度提升，其中，中国神华的资金集中度从年初的63.33%提升到89.78%。

【业务创新】公司推进一流产品建设，开展首笔利率债自营投资业务，丰富投资组合品种；为煤化工项目定制共同借款人业务模式；为宁煤定制承兑汇票+贷款的业务模式；为新能源公司定制二级、三级公司固定资产加大额循环流动资金贷款模式；搭建完成客户综合评价体系。

【风险管理和内部控制】公司完善内控制度，开展全面风险排查，梳理完善10个领域41个方面的内容。开展普法知识竞赛，拍摄“宪法微视频”，全员签订合规承诺书，树牢全员法律风险防范意识。公司经营稳健，资金运行安全；各项风险监管指标均符合中国银保监会要求；信贷投放符合中国人民银行调控要求；关联交易管理和额度符合金融服务协议和中国神华要求。

【人力资源管理】精益选人，打通人才职业发展通道。坚持党管干部原则，注重实绩、群众公认，营造了有利于优秀人才脱颖而出、健康成长的发展环境，2019年选拔任用2名中层正职、1名中层副职和1名专业化人才，3名中层副职试聘合格正式履职。科学用人，增强绩效考核引导作用。新增工作亮点和民主评议环节，考核更加全面客观。设立月度工作亮点评选和奖励机制，鼓励员工干事创业，形成“全员创新、全员奋进、全员担责”的良好工作氛围。精心育人，全面提升人才素质。选送外部培训69人次，参加各类培训450人次，人均学时92小时，全员思想政治水平、工作业务能力和综合素质有了较大提升。公司员工以集团第二名的成绩荣获“资本控股杯”会计知识大赛十佳选手及国家能源集团技术能手荣誉称号；公司员工荣获集团公司“好故事宣讲”三等奖；公司员工被评为集团公司青年岗位能手。用心留人，增强人才凝聚力和向心力。全面完成集团各项考评指标，实现员工收入和企业价值创造同步增长。与西城区金融局和金融街商会沟通协调，为员工争取优惠资源，开通6家医院绿色就医通道，员工获得感有了明显提升。

【信息化建设】公司结算业务率先引入RPA机器人，实现银行自动对账等四个业务场景的自动化应用，构建数字化劳动力，每年节省人工工时1.2万～1.6万小时，工效提升35%。资金业务线上竞价APP项目实现了资金业务报价的多点分布式集中和线上竞价，革新了资金业务交易规则和报价方式，竞价更加精准高效，有效规避廉洁风险。上线人力资源考勤、薪酬和绩效信息化项目，通过数据共享和移动应用，实现了考勤、薪酬、绩效管理的数字化在线实时管理，提高人才管理科学化、智能化水平。

首都机场集团财务有限公司

【集团概况】首都机场集团公司（以下简称“集团”）所属干线机场平均放行正常率为81.36%，成员机场ACI旅客满意度平均值为4.92，圆满完成新中国成立70周年大庆等重大航空运输任务保障工作。集团旅客吞吐量、货邮吞吐量和运输架次分别达到2.24亿人次、267.8万吨、155.9万架次，管理资产超过2200亿元，2019年营业收入286亿元，利润总额68亿元。

【经营概况】2019年，首都机场集团财务有限公司（以下简称“公司”）发布全面深化改革实施方案，开展司库型财务公司内涵研究。完成公司股权变更，修订公司章程。截至2019年12月31日，公司吸收存款166.45亿元，全年累计日均存款167.89亿元，自营贷款余额12亿元。公司资产总规模达到184.01亿元，所有者权益为16.2亿元。实现营业收入5.22亿元、利润总额2.98亿元、净利润2.3亿元。截至2019年12月31日，公司资本充足率为18.92%，流动性比例为64.58%，存贷比为7.21%，不良贷款及不良资产率均为零。

【服务实体】公司持续实施存款利率差异化机制，最大限度让利集团成员单位；继续实行免收结算手续费、询证函费用、开立资金存款证明费用等优惠措施。进行客户走访，开展满意度调查，完善微信公众号服务功能。积极对接北京大兴机场建设，从加强账户管理、保证资金安全及严格监督执纪问责，助力打造新机场建设“廉洁工程”。

【信贷业务】调整自营贷款利率浮动区间，持续为集团提供优惠贷款利率。服务“四型机场”建设，保障大兴国际机场建成投运，2019年向大兴国际机场提供固定资产贷款及银团贷款合计4.78亿元。

【资金集中】公司推行客户经理制，严格账户管理，拓宽成员单位上线范围，优化存款产品，提高客户满意度。截至2019年末，公司上线成员单位182家，成功归集及监控成员单位账户915户，2019年累计日均归集规模为167.89亿元，较上年同期增长了9.57%；付款业务3.6万笔，代理支付量占全年付款总量的82.28%，较上年同期增长了11.11%；全年四个季度的有效对账率均为100%，资金集中管理卓有成效。

【风险管理和内部控制】公司对操作岗位设定双人、双职、双责为基础的自控防线和相关岗位之间相互监督制约的互控机制。新增及修订制度总数为50个，制度增至160个。巩固市场乱象专项自查和整改，审议通过了货币市场基金投资业务名单制管理方案，修订了货币基金投资交易细则。有序开展反洗钱工作。开展法务合规体系建设科创项目。

【人力资源管理】持续完善绩效考核制度，加强对合规风险控制的绩效考核力度。建立健全选人用人机制，加大人才引进力度，对部门职责和岗位职责进行调整。全面落实重要岗位轮换机制，完成社会化招聘、中层管理人员、主管组织选聘工作；创新培训管理工作，丰富培训载体和方式。加强内外部培训；建立员工绩效与公司战略绩效的挂钩机制，制定综合补贴及福利实施方案。

【信息化建设】对防火墙等网络设备只允许从指定的IP地址登录等，强化安全管理；修订外包制度；制定网络安全管理办法，开展全员网络安全培训；定期对机房内的服务器、网络设备进行巡检维护和安全检查；开展核心系统二期研究。

【企业文化建设】坚持党建带团建，组织团员青年参加青年计划、五四青春咏诵会、大兴机场志愿服务、联谊等活动，激发青年活力。坚持工会工作聚人心，组织开展新春茶话会、“三八妇女节”女工插花、“六一”亲子联欢等活动，“双升”、五子棋等比赛，春秋游踏青等户外运动，改善员工休息室，每月举办员工生日共享会，努力营造家文化，构建和谐氛围。

首钢集团财务有限公司

【集团概况】首钢集团有限公司（以下简称“集团”）是我国钢铁工业的缩影、改革开放的一面旗帜，参与和见证了中国钢铁工业从无到有、从小到大、从大到强的历史跨越。集团已发展成为跨行业、跨地区、跨所有制、跨国经营的综合性企业集团，全资、控股、参股企业600余家，总资产5000多亿元，职工近9万人，2011年以来八次跻身世界企业500强。

【经营概况】首钢集团财务有限公司（以下简称“公司”）由集团和北京首钢建设投资有限公司共同出资设立，注册资本金100亿元人民币，其中集团占比为80%，北京首钢建设投资有限公司占比为20%。公司实行独立核算、自主经营、自负盈亏，是具有独立法人地位的非银行金融机构。

公司设立股东会、董事会、监事会，实行董事会领导下的总经理负责制，并建立风险控制委员会、审计委员会、信贷审查委员会与经营管理层相结合的“三会一层”法人治理结构和内控体系。公司设9个职能部门，即综合管理（党群）部、计划财务部、风险管理部、信息管理部、结算业务部、公司业务一部、公司业务二部、国际业务部、审计稽核部。

公司以加强集团资金集中管理和提高资金使用效率为目的，构建集团“资金归集平台、资金结算平台、资金监控平台、金融服务平台”，助推集团产融结合和转型发展。截至2019年12月，公司总资产472.08亿元。

【票据业务】2019年，公司一是建成并投产覆盖票据全生命周期的信息系统，实现集团票据的全面集中管理；二是全面开展票据池相关业务，集团整体外部银承从212亿元稳步降至39.38亿元，银承保证金从70亿元降至20.31亿元，降低了开票成本，盘活了不可归集资金；三是盘活集团内部票据5.48亿元。

【服务实体】公司以财票置换外部票据，置换银行高息贷款，支持成员单位项目建设，基于让利成员单位的基本原则，按照“一户一策”优惠让利方案，将资金归集与优惠让利结合起来，通过提高成员单位存款利息，加大票据、保函推广力度，降低办理贷款及贴现利息，减免符合条件中间业务的手续费等方式，整体降低集团财务费用，2019年向成员单位让利11.44亿元，实现拨备前利润6.55亿元，为集团实现综合贡献达到17.99亿元。公司开业运营4年以来，累计实现对集团综合贡献近50亿元。

【风险管理和内部控制】2019年，公司一是不断完善制度体系和流程管理。针对行业内票据业务风险事件高发状况，加强票据类制度、流程修订和优化，完成对商业汇票承兑管理办法、票据贴现业务管理办法的修订；新建案件信息报送制度、全面修订案防管理办法；实现公司各项规章制度涵盖全部业务和流程。二是有力落实监管意见整改，公司风险抵补充分稳定，流动性状况好转。三是完成北京银保监局年度现场检查迎检工作。四是审计工作日常化，全面审计与重点事项核查相结合。2019年对结算、信贷、计财业务完成日常全面稽核，完善管理细节；专项检查票据、业务活动费用，保证核算准确、完整、真实，业务活动严格按制度进行；引进德勤会计师事务所在公司构架、运行、风控手册落地效果、缺陷整改落实等方面对公司2018年内部控制进行全面评价，评价结果为无重大缺陷。

【资金集中】2019年，集团重点资金管控指标实现有效提升，可归集资金归集率达97.35%，综合资金归集率为62.30%，高于全行业资金集中度12.82个百分点；票据归集率为98.56%。

【外汇业务】2019年，公司一是获得国家外汇管理局对于开展即期结售汇业务的核准。二是搭建境外资金归集平台，探索跨境资金运用模式，实现境外资金可视化监控，拓展境外资金平台业务范围，提高境外资金运用效率。三是境外平台实现资金归集4500万美元，解决境外融资需求1500万美元，境外资金平台系统已顺畅运行，将按照“一企一策”的方式，逐户推进境外企业资金归集工作。

【信息化建设】2019年，公司一是持续完善资金管理系统功能。围绕网银结算、信贷与票据业务功能联动和资金归集率统计等五项业务模块进行功能优化完善、增强系统操作便利性和业务处理效率；合理部署业务时钟同步，实现公司资金管理系统结算业务72小时偏差1毫秒；将银企接口由软签形式升级为硬签形式，全面优化银企直连功能，提升各直连银行业务报文数据交互稳定性；推进交易系统接口升级和线上清算功能，构建公司纸电票据融合管理体系，防范电票业务清算风险。二是稳步推进境外资金管理系统建设。全面完成境外资金管理系统（一期）功能开发，已组织三轮系统全业务内部模拟集成测试，持续优化完善系统功能缺陷；统筹实施软硬件环境部署与优化；有序实现银财系统直连贯通，完成与中银香港、汇丰银行境外银企直连的明细、余额查询和收付汇功能的开发与测试。

【企业文化建设】2019年，公司一是营造“家”的集体文化氛围，开展“劳动最光荣I-Farm职工农场”项目；二是与北京市石景山区图书馆共建公司“阅读驿站，书香首钢”职工读书空间，共筑“流动文化粮仓”；三是打造公司“升国旗”品牌活动，作为公司“爱国，爱党，爱首钢”教育的重要活动载体。

顺丰控股集团财务有限公司

【集团概况】深圳顺丰泰森控股（集团）有限公司（以下简称“集团”）于1993年成立，是国内领先的快递物流综合服务商，已形成拥有“天网+地网+信息网”三网合一、可覆盖国内外的综合物流服务网络。集团的业务覆盖全国335个地级市、2834个县区级城市，有1.78万个自营网点。国际业务方面，国际标快/国际特惠业务覆盖美国、欧盟、俄罗斯、加拿大、日本、韩国、印度、巴西、墨西哥、智利等62个国家；国际小包业务覆盖全球225个国家和地区。2019年实现快递件量48亿票，总资产925亿元，实现营业收入1122亿元。

【经营概况】2019年，顺丰控股集团财务有限公司（以下简称“公司”）实现营业收入2.28亿元、净利润0.52亿元，资产总额236.45亿元，存款余额220.89亿元，贷款余额90.91亿元。

【服务实体】2019年，公司搭建账户网银管理系统，服务全网100余个地区及总部，实现账户网银数据100%线上化管理。对接上下游系统，打通流程，实现公司虚户业务无纸化，业务耗时缩短，降低邮寄费用及其他日常管理成本。

2019年，公司积极开展财务公司保函业务，降低资金占用成本，开展保函业务宣导工作，使成员单位对保函业务有更深层次的了解，提高业务办理时效，提供更加便捷高效的办理通道。

【信贷业务】2019年，公司信贷业务合规开展，规模稳步提升。在规模方面，公司自营贷款余额93.14亿元，较上年增加15.64亿元，增幅为20.18%。在产品方面，公司首次开展了银团贷款业务，为客户提供多元化的融资渠道。在管理方面，公司采用更加精细化信贷管理方式，针对不同性质、不同风险业务主体，建立差异化信贷管理机制，在满足各成员单位多样化资金需求的同时，加强风险管理。

【产业链金融】2019年，公司获得银保监局正式批复，获准开展成员单位买方信贷和消费信贷业务，这一资质的获取，将公司的金融服务能力延伸至集团产业链下游，进一步丰富了财务公司的产品体系，提升了财务公司的金融服务能力。2019年，公司进行业务试点，发放消费信贷业务3笔，为后续该业务的开展奠定了基础。

【资金业务】2019年，公司持续优化集团资金预算管控机制，对各成员单位采用资金包分类管理策略，建立成员单位的资金投入产出评价方案，并开展资金预算动态监控，确保集团财务指标稳健及资金合理高效使用。

【投资业务】2019年，公司获得同业拆借资质，丰富了投资业务类型。公司9月开展首笔同业拆借，12月首次开展有价证券投资业务，增加了公司投资方式的灵活性和多样性。公司基于年度和月度资金计划，建立资金安全存量，输出资金短期预测，并滚动更新，计算可投资资金，在确保资金安全的前提下稳健投资。

【票据业务】公司在电票系统和中国票据交易系统均顺利上线后，2019年成功开展成员单位票据贴现业务及人民银行再贴现业务，实现票据全生命周期的电子化闭环管理，有效规避票据风险并满足外部监管要求。

【资金集中】2019年，公司主动梳理全网账户，建立账户全生命周期监控及管理，实现全球资金集中管理、全网资金集中结算，公司资金集中度按可归集口径达到89.67%。

【业务创新】2019年，完善工商银行账户业务总对总服务创新机制，根据业务创新需求并结合银行规则，突破行业账户管理规范，为集团性客户总对总高效服务提供创新性方案，形成标准业务流程。

【风险管理和内部控制】2019年，公司一是不断完善公司治理架构，增强企业内部控制，累计通过五次股东决议、召开五次董事会会议、两次风险与控制委员会会议、两次稽核委员会会议，为公司健康发展指明方向；二是持续梳理业务全流程、识别关键风险控制点，确保业务发展健康合规，降低业务风险。累计新增18份、修订48份制度流程；实现合规教育多样化，通过案例分享、线下培训等提升员工合规意识。

【人力资源管理】2019年，公司一方面分步健全绩效管理体系，客观评价员工业绩贡献，通过绩效计划制定、辅导沟通、考核评价、结果应用的闭环管理，有效提升组织及个人绩效；另一方面通过人才盘点辨识高潜人才，制定人员发展规划，有针对性地进行培养和任用，落实人才培训及实战练兵，进一步加强员工的专业知识和核心能力。

【信息化建设】2019 年，公司信息化建设以业务线上化、自动化、智能化为目标，持续提升系统的业务处理效率和风险控制能力。持续建设现金管理、融资管理系统，实现资金全程透明、风险强控。持续建设银企直连，拓展集团结算通道。搭建资金经营分析平台，以数据指标为牵引驱动战略决策。7 月正式通过系统对接方式报送企业征信数据至人民银行。

【企业文化建设】2019 年，公司着力打造“沟通直接化、团队高效化”的企业文化，营造亲近轻松的沟通氛围；通过组织丰富的团建活动、员工季度生日会等方式，不断丰富员工业余生活，营造团队凝聚高效、积极向上的文化氛围。

四川长虹集团财务有限公司

【集团概况】四川长虹集团财务有限公司（以下简称“公司”）由四川长虹电子控股集团有限公司（以下简称“集团”）筹建，2013 年8 月正式开业，集团是国有独资企业。截至 2019 年 12 月 31 日，集团总资产 800.43 亿元，同比增加 11.57 亿元，增幅为 1.47%；总负债 599.14 亿元，同比增加 10.57 亿元，增幅为 1.80%；所有者权益 201.28 亿元，同比增加 1 亿元，增幅为 0.50%；营业总收入 978.23 亿元，同比增加 108.53 亿元，增幅为 12.48%；利润总额 5.16 亿元，同比减少 3.75 亿元，减幅为 42.10%；净利润 1.17 亿元，同比减少 4.84 亿元，减幅为 81.24%。

【经营概况】截至 2019 年 12 月 31 日，公司实现管理口径净利润 1.56 亿元，同比增长 2.43%；资产规模 193.77 亿元，比年初增加 42.02 亿元，增长 27.69%；贷款余额 134.36 亿元，比年初增加 14.32 亿元，增长 11.93%；存款余额 150.29 亿元，比年初增加 40.51 亿元，增长 36.90%；资金归集度为 60.15%，连续六年不良率一直保持为零，未发生经济及安全事故。

【信贷业务】在保障资金安全的前提下，截至 2019 年 12 月 31 日，公司各项贷款余额 135.06 亿元，比年初增加 14.97 亿元，增长 12.47%，资产状况良好，贷款均为正常类，均未出现减值迹象。截至 2019 年末，公司不良贷款余额为零，不良资产率、不良贷款迁徙度均为零。

【资金集中】公司成立以来，始终重视资金归集工作，一是通过制定详细的资金归集计划，逐项贯彻落实；二是实行按周统计、按月监测制度；三是将资金归集度指标与信贷、开票、贴现等业务挂钩，形成了财务公司、成员单位共同关注资金归集氛围。截至 2019 年 12 月 31 日，公司资金集中度为 66.12%。

【投资业务】受货币基金限购政策和利率持续下行影响，公司选取规模实力较大的、合作紧密、风险等级不高于 PR2 的产品进行投资，在期限结构上进行搭配，既保证了资金的流动性，又提升了资金收益，同时还可以控制资金风险，确保监控指标。2019 年累计理财申购 17.02 亿元、逆回购申购 24.30 亿元、货币基金申购 3.20 亿元，实现投资收益 0.13 亿元，季均投资结构比为 66.25%。

【票据业务】2019 年，公司为产业链客户提供全流程的票据管家服务，减轻客户票据管理压力，防范票据风险。通过宏票据系统，实现异地采集客户信息，客户资料线上审核、审批、电子归档，完成全线上客户开立，较线下流程效率提升约 4 倍；并通过对接集团产业智能交易平台，自动获取客户订单信息，建立票

S

据业务和订单之间的勾稽关系，实现开票额度和提货额度智能化控制，有效简化买方信贷业务额度控制操作流程。

【风险管理和内部控制】2019年，公司一是全年开展重点领域风险排查、包商银行和宝塔财务票据风险排查等各类风险自查和排查项目近20个，及时查出问题并整改，降低了经营管理风险；二是加强制度建设，累计修订各项制度60个，同时完善了《工作人员违规违纪处理暂行办法》；三是坚持月度经营分析、季度风险防控例会，集中解决问题，学习监管最新要求和行业风险案例，防范可能存在的各类风险；四是加大对成员单位的走访和现场调查，了解企业经营情况，做好贷后管理，同时积极配合集团完成临时性融资项目；五是推进指标清单管理，找出评级和经营管理中的薄弱环节，逐一整改，以期提升监管评级；六是完善公司战略规划、资本管理政策、风险管理偏好等管理政策，推进公司增资工作。

【信息化建设】2019年，公司完成了办公电脑超级管理员权限统一上收、个人用户采用统一域控管理等工作，实现了员工个人无法私自对电脑配置变更、办公软件不能随意安装等管控，确保信息安全可控。加入域控后可以统一下发安全策略配置，减少了人工配置工作量及误操作可能性，确保所有策略的统一应用和实现软件正版化的管理要求。

【企业文化建设】2019年，公司跨部门成立10个合作团队，按季度开展工作并汇报成果，提升总结、写作能力；每周晨会安排1名员工分享，锻炼员工表达能力。2019年共40人次参与团队汇报，40余人参加晨会分享，8个优秀团队、20位个人明星获得表扬，全年开展内外部培训65次，培训人数476人次，共计培训1283.50小时，涉及宏观经济政策、信息安全管理、合规文化建设等多个方面。2019年，制定了四川省昭觉县和平武县坝子村的扶贫工作计划，组织了现场调研、慰问困难党员、以购代捐等活动，并邀请坝子村党支部开展了“不忘初心、牢记使命”的党建结对共建活动。

S

四川省宜宾五粮液集团财务有限公司

【集团概况】四川省宜宾五粮液集团有限公司（以下简称“集团”）是一家以酒业为主、多元化发展的大型国有企业集团，已形成“1+5”产业布局（“1”即酒业主业，“5”即大机械、大包装、大物流、大金融、大健康五大多元产业），拥有两家A股上市公司，现有职工近5万人，拥有各级子公司135家。集团自2017年提出了战略创新、品牌创新、营销创新发展新思路，开启了“二次创业，再铸辉煌”新征程，并逐渐步入改革发展快车道，2019年销售收入过1000亿元。

【经营概况】2019年，四川省宜宾五粮液集团财务有限公司（以下简称“公司”）坚持稳健经营、严控风险、创新突破，经营业绩稳中有进，公司呈现良好发展态势。截至2019年12月31日，公司资产总额达477.54亿元，较年初增加173.82亿元；总负债449.9亿元，较年初增加171.35亿元，所有者权益27.63亿元，较年初增加2.48亿元。公司吸收存款441.97亿元，发放贷款68.14亿元。2019年实现营业总收入12.01亿元，实现拨备前利润4.26亿元。

【信贷业务】2019年，公司坚持“以市场为导向、以国家产业政策为导向、以集团产业和发展战略为导向”，优化资产结构，着力支持集团重点项目和优质实体，为集团发展和转型升级提供金融服务。2019年末贷款余额68.14亿元（含贴现1.46亿元），较年初增加30.11

亿元。

【产品销售信贷业务】2019 年，公司以供应链金融打造为核心业务，有力助推五粮液渠道营销金融模式转型升级。通过积极开办买方信贷、消费信贷业务，满足集团经销商融资需求，加大对经销商的支持。公司共新增酒类经销商客户 237 户，共为经销商办理买方信贷业务 77.06 亿元，签发承兑汇票 27.1 亿元，截至 2019 年末，买方信贷业务余额 52.23 亿元。累计为经销商节约融资成本近 6700 万元。

【资金业务】2019 年，公司紧盯同业市场利率走势，适时启动银行间市场同业拆借业务，择优择机选择资金交易对手，提高资金收益，累计实现同业存取资金 563.2 亿元，实现资金收益 8.44 亿元。

【投资业务】2019 年，公司进一步优化调整负债和资产结构，提高资金运用效率和资金收益率，通过积极防控金融风险，审慎开展银行理财产品投资业务。2019 年新增购买银行理财产品 67 亿元，截至 12 月末，实现投资收益 9096.42 万元；办理质押式回购业务 23 亿元，业务收益 2065.5 万元。

【资金集中】2019 年，公司积极促进“集团资金归集平台、资金结算平台、资金监控平台、金融服务平台和人才培养平台”构建，新增资金归集 170.93 亿元，年末资金归集率为 58.05%。

【风险管理和内部控制】公司紧紧围绕“审慎经营、防范风险、持续发展”的经营方针，以全面风险管理体系建设和合规文化建设为抓手，深入开展合规文化建设活动，切实防范金融风险。严格业务风险审查，防范信用风险和市场风险。加大对各类信贷客户、交易对手的风险审查，密切关注其经营指标变化情况。加强制度及业务流程建设，防范操作风险。以组织开展监管政策解读及合规管理培训、合规经营大排查、合规之星评选、培育全员风险文化、合规文化建设征文活动等形式为抓手，不断提升公司合规经营管理水平。公司进一步加强内部控制力度，强化审计稽核监督职责，切实防范和化解经营活动中的各类风险，保障公司合规经营。截至 2019 年 12 月末，公司各项风险监测指标全部控制在监管目标值范围内。

【人力资源管理】公司持续完善选人用人机制，畅通员工晋升渠道，认真落实后备人才、主办员工、中层管理人员选聘制度，履行选任程序，健全后备人才库，坚持对确立的优秀人才进行定期考察、考核评定。截至 2019 年 12 月 31 日，公司拥有正式员工 42 人，研究生学历及以上人数 7 人，其中，硕士研究生 6 人，博士研究生 1 人；大学本科人数 30 人，大学本科及以上学历占比为 88%；具有高级职称人员 1 人，中级职称人员 9 人，初级职称人员 5 人。其中，中高级职称人员占比为 26.32%。从事金融工作 3 年以上人员 35 人，占比为 83.33%；从事金融工作 5 年以上人员 32 人，占比为 76.19%。

【信息化建设】2019 年，公司邀请外部专家对公司现有制度、流程业务需求及系统建设提供设计咨询，进一步完善了“信息化发展战略规划”；陆续完成了账户动账短信系统、反洗钱二代系统建设，综合统计报送系统优化改进，上海票交所纸电融合（一阶段）项目、办公网络终端安全管控项目验收、上线运行；按照监管要求持续推进“信贷系统建设”等项目建设；积极参与集团信息系统建设，为“控盘分利”项目提供结算技术解决方案，为集团业务发展提供金融信息系统支撑。

【企业文化建设】2019 年，公司开展了“不忘初心强本领，牢记使命优服务”党建及金融知识竞赛、“我要合规”演讲比赛、“金融知识进万家”宣传、“庆祝新中国成立 70 周年”知识竞赛、“红色家书”经典诵读、重温入党誓词、参观赵一曼纪念馆、参观宜宾市干部廉洁教育基地、观看爱国主义教育片、观看法纪教育片等主题党日活动 20 余次，进一步唤醒党员意识，引导党员牢记党员身份，增强党性观念。

松下电器（中国）财务有限公司

【集团概况】松下电器（中国）财务有限公司（以下简称“公司”）是由松下电器（中国）有限公司100%投资的法人机构，所属集团为松下电器产业株式会社（以下简称“集团”）。集团在华事业主要分为中国·东北亚、互联解决方案、汽车电子、机电解决方案四大板块。

【经营概况】截至2019年末，公司为被批准的集团成员单位59家提供服务，资产总额为105.88亿元，负债总额为94.58亿元。2019年，实现营业总收入为1.04亿元，利润总额为0.85亿元。

【信贷业务】公司信贷业务均为流动资金贷款，作为集团金融服务平台，满足了成员单位短期融资的需求。2019年积极落实中国人民银行的LPR推进工作要求，完成了LPR定价作为贷款基准利率，推动降低了实体经济融资成本。同时，公司积极推广一般贷款业务，信贷业务规模迅速扩大。截至2019年末，贷款余额为71162.09万元，同比增长667.29%，为集团成员单位节约成本约436.40万元。各信贷资产五级分类均属正常类，无不良贷款。

【外汇业务】公司开展的外汇业务有外汇集中代理收付汇、集中代理远期结售汇和即期结售汇业务等。2019年，公司大力发展即期外汇业务，制定了即期业务管理办法及实施细则，完成了结售汇系统升级。2019年共有27家集团成员单位办理了即期结售汇业务，31家集团成员单位办理了远期外汇结售汇业务。通过开展外汇业务，公司为集团成员单位节约汇兑成本141.86万元，为集团规避外汇风险提供了有力支援。

【资金集中】2019年，公司继续与旗下各成员单位加强沟通，努力争取吸收成员单位的存款，年末公司的资金集中度为44.94%。因存款利率优于银行存款利率，累计为成员单位实现收益1768.23万元。

【风险管理和内部控制】2019年，在风险管理方面，公司开展了进一步深化整治市场乱象工作、防范非法集资、扫黑除恶、案件风险排查及从业人员异常行为排查等自查自纠工作。在内部控制方面，公司不断完善内控制度，根据各项业务的不同特点制定和修订了风险管理制度、操作流程和风险防范措施等，通过日常的各项风险控制措施将风险最低化。

【人力资源管理】截至2019年末，公司从业人员共14人。其中约57%具有5年以上金融行业从业经验，约79%具有三年以上金融行业从业经验，团队综合素质稳步提升。公司一是建立了有效的激励约束机制，根据员工的能力和业绩进行考评；二是明确责任分工，根据内部问责规定进行责任认定与追究；三是加强人员行为管理，规范员工的基本行为，在日常管理工作中严格遵守制度规范和操作守则。公司坚持以监管法规为尺标，定期开展员工培训，为建设合规文化氛围持续奋斗。

苏州创元集团财务有限公司

【集团概况】苏州创元投资发展（集团）有限公司（以下简称“集团”）为苏州市属大型国有企业集团，隶属于苏州市国资委，是一家以制造业、金融业务投资、住宿和餐饮业为主业，实业经营与资本经营并举的大型投资控股集团。集团列入统计口径的全资及控参股企业38家。通过结构调整、产业转型，集团先进制造业形成了汽车及零部件、环保设备与工程、输配电及控制设备三大产业高地。集团服务业形成了生产性服务业和主题文化酒店品牌两大板块。

【经营概况】2019年，苏州创元集团财务有限公司（以下简称“公司”）实现营业收入5303万元、净利润2350万元，各类风险合规指标均达到监管要求，全年累计吸收存款221.69亿元，累计发放贷款及贴现13.87亿元，总资产规模20.79亿元。

【信贷业务】2019年，公司信贷投放结合集团总体发展战略，针对集团主业和支持的项目，积极调整信贷结构，全力支持实体经济发展。公司建立具有公司特色的贷款利率定价管理体系，经过一年的运行，为成员单位多节约财务费用近百万元。同时，尽可能为集团制造业、服务业等不同成员企业制定个性化、差异化的资金配置方案，为成员企业提高有效的金融供给。2019年客户满意度达到99.5%。

【票据业务】公司积极推动票据业务的开展，多措并举，通过票据承兑、票据直贴、票据质押回购、票据质押转小票等新业务模式为企业提供多方位的票据业务。主动通过票据质押转开小票，以免保证金、低收费的方式，缓解企业的货款支付问题，实现了财企的互利共赢。2019年累计办理银票贴现35笔，共计6059万元；累计办理银行承兑汇票（含代开）59笔，共计6799万元。

【资金业务】公司主要开展的资金业务包括同业存放、同业拆借业务和有价证券投资业务。公司加强日常资金头寸管理，在保障资金的安全性、提高资金流动性的基础上，合理安排资金业务期限和品种，努力提高资金收益，2019年，在同业利率不断下降的环境下，公司积极与商业银行开展定期、约期等同业存放业务，综合收益率达到3.37%，并适量配置货币基金投资，在提高资金收益的同时，保证了公司日常资金头寸的灵活性。

【资金集中】2019年，公司一方面在优化授信政策、提升服务质效、降低财务费用等方面提升对集团企业的金融服务水平，深入挖掘成员单位业务需求，增强成员单位与财务公司的粘合度，从而加强集团资金集中管理，提高财务公司资金结算效率；另一方面，公司继续做好成员单位账户管理，及时跟进集团新增企业的新开户工作，主动配合集团开展银行账户清理和规范工作，2019年成员单位在财务公司的开户比例达79%，全口径资金集中度为57.31%，比上年提高6.69%。

【风险管理和内部控制】2019年，公司结合监管部门要求，不断修订和完善公司内部规章制度，共修订内控制度18项、新增14项、废止4项，优化管理流程，管控自身金融风险，确保依法合规经营。同时，还开展押品风险专项排查、非法集资专项整治、乱象整治专项自查以及银行保险机构风险防控“大排查、大处置、大提升”行动等专项风险排查工作，全方位地对公司专项业务进行检查整改，落实监管要求。

【信息化建设】2019年，为完善公司核心业务系统的功能，优化系统性能，保障系统安全稳定运行，进而满足公司资金统一管理、加强预算管理等工作，公司建设“财务公司金融云”核心系统改造项目。功能上除支持公司全部现有业务功能外，增加了财务公司网上银行、资金预算管理、信贷业务的贷前、贷中及贷后管理等功能，融合电子商业汇票系统功能、反洗钱监控等功能，改进信贷客户授信评级、客户定价规则以及监管统计报送功能。

【企业文化建设】2019 年，公司始终全面贯彻落实党的十九大精神和习近平新时代中国特色社会主义思想，全面加强党支部在政治、思想、组织、作风等各方面的建设工作。继续通过与各成员企业联合开展“走看学比做”党建活动，共同学习十九大精神，交换业务需求。公司工会和团支部也开展了一系列专题学习、知识竞赛、文体活动等企业文化学习实践活动，进一步丰富员工的业余生活，增进团队之间的配合，塑造公司良好的企业形象。

太钢集团财务有限公司

【集团概况】太原钢铁（集团）有限公司（以下简称“集团”）是山西省人民政府出资、山西省国资委履行出资人职责的有限责任公司，是集矿山采掘和钢铁生产、加工、配送、贸易为一体的特大型钢铁联合企业，也是全球不锈钢行业领军企业。2019 年，集团实现营业收入 797 亿元，利润 35 亿元。

【经营概况】2019 年，太钢集团财务有限公司（以下简称“公司”）强化全面预算管理，优化资产配置，持续提高金融服务能力，支持集团高质量发展。2019 年实现营业收入 4.74 亿元，利润 3.03 亿元，资产收益率为 2.08%，资本充足率为 31.38%，各项监管指标均符合监管部门要求。

【服务集团】2019 年，公司发挥金融服务功能，为集团及成员单位提供信贷支持。通过盘活票据、开展委托投资、给集团单位让利等方式为集团提供金融服务。按月开展外汇风险管理咨询，监测集团成员单位进出口业务和资产负债外汇敞口情况，分析市场汇率波动，提出外汇风险管理建议。组织开展“金融知识进万家”活动，在《太钢日报》等媒体发布金融知识。

【资金计划】公司精细资金计划管理，优化资产负债结构，做好流动性风险防控；持续细化资金计划和头寸管理，做好资金的集中与平衡，提高资金使用效率；动态优化、调整资产负债配置，保证相关监管指标合规；定期开展压力测试，合理配置同业资产额度和期限结构，资产配置以可变现（定期、存单）为主，保证表内外资产充分的流动性。

【资金集中】公司继续加大资金归集力度，截至 2019 年末，共有 89 个集团成员单位 269 户银行账户纳入资金归集。人民币日均归集率为 97.47%，外币资金日均归集额 0.73 亿美元。

【信贷业务】公司信贷业务量不断扩大，满足了实体经济需求。2019 年发放贷款 39.36 亿元人民币，办理委托贷款 8.22 亿元人民币。

【票据业务】公司加强集团票据资金集中管理，2019 年票据池票据收支 406 亿元。大力开展票据业务，办理票据贴现 53.39 亿元；另外开展了票据转贴现和再贴现业务。2019 年集团公司利用财务公司平台签发电子商业汇票 111.7 亿元，占集团全部签票量的 93.76%，其中银行承兑汇票 43.68 亿元，商业承兑汇票 68.02 亿元。

【产业链金融】公司大力推进集团产业链金融服务，支持民营企业、小微企业发展，2019 年向供应商提供融资支持 56.80 亿元，其中，发放产业链贷款 5.32 亿元，办理票据贴现 51.48 亿元。

【投资业务】公司按照机构、产品双准入原则，完善投资产品池。根据资金存量情况，做好投资额度的动态控制。截至2019年末，有价证券投资余额28.96亿元。

【同业业务】公司运用各种金融工具增厚资金池，提升流动性管理能力，在确保公司流动性的前提下，通过交易实现资金增值。2019年办理拆借43.3亿元人民币。

【外汇业务】2019年，公司办理代客结售汇5.62亿美元，占集团结售汇总量的74%。修订结售汇业务管理办法、操作规程、统计报告、国际收支申报四项外汇业务制度。

【结算业务】2019年，公司结算量85399笔，结算额6625.19亿元人民币，其中6261.26亿元人民币，43.44亿美元，7.79亿欧元。

【风险管理和内部控制】2019年，公司开展市场乱象整治排查、股权及关联交易排查。组织各部门制定自查工作细则，完善自律工作机制；制定案防工作管理办法，签订风险防控责任书，召开季度案防分析会；开展员工行为排查、案件风险排查及案件警示教育活动。2019年新增制度13项，修订制度25项，流程优化12项；完成4次常规稽核、4次专项检查；召开业务审查委员会61次、风险控制委员会5次。组织开展流动性、信息系统压力测试及消防应急演练。

【信息化建设】公司完成产业链金融系统开发，单体及联调测试具备上线运行条件；完成上海票交所票据交易系统升级改造；完成反洗钱系统上线；收集部门需求，推进数据标准化项目；完成信息化六期项目（投资系统、票据系统改造等）立项资料；完成同业拆借、电票系统、转贴现等20余项功能优化调整；组织开展信息系统的压力测试和应急演练，开展网络安全自查，升级加固信息系统，提升信息系统安全性能。

【人力资源管理】公司优化下发2019年度绩效考评办法，组织绩效考评，强化闭环管理。通过开展管理者上讲台（33期）、全员业务培训（4期）、政策法规“周周学”（5次考试）等活动，不断促进全员业务素质提升。

【企业文化建设】对标工作常态化，公司与证券、基金、租赁、其他财务公司开展对标交流，借鉴先进经验，持续提升综合竞争能力和盈利能力。持续优化业务流程及管理能力，组织全员开展建言献策活动，共收集65条涉及企业文化、制度流程、公司发展等建议，并逐条落实。

特变电工集团财务有限公司

【集团概况】特变电工股份有限公司（以下简称“集团”）是为全球能源事业提供系统解决方案的服务商，是国家级高新技术企业和中国大型能源装备制造企业，培育了以能源为基础，输变电高端制造、新能源、新材料“一高两新”国家三大战略性新兴产业，成功构建了特变电工、新疆众和、新特能源三家上市公司，是我国多晶硅新材料研制及大型铝电子出口基地，大型太阳能光伏、风电系统集成商，国内拥有18个制造业工业园，海外建有2个基地。综合实力位居世界机械500强第228位、中国企业500强第327位、中国机械100强第6位、ENR国际总承包商全球排名第80位。集团先后荣获国家科技成果特等奖2项、一等奖4项、二等奖2项、行业及省部级科技进步奖200余项。

【经营概况】特变电工集团财务有限公司（以下简称“公司”）由集团及其成员单位共同出资10亿元组建，于2018年11月29日经中国银行保险监督管理委员会批准成立并正式对外营业，是新疆首批具有法人地位的财务公司之一。公司坚持“立足集团、服务产业、规范经营、稳健发展”的经营方针，围绕集团产业链，积极探索产业金融新模式，增强产业链金融合作，全力助推民营企业和实体经济发展，为做强集团主业和培育战略性新兴产业提供特色化、差异化、多元化的金融服务。

【服务实体】2019 年是公司开业以来第一个完整经营年度，公司以立足集团、服务产业为宗旨，紧紧依托 3 家上市公司、64 家核心成员单位开展各类金融服务，服务领域覆盖输变电、新能源、新材料三大产业，服务产品涉及存款、结算、流动资金贷款、项目贷款、贴现、承兑、保函等多项表内外资产。截至 2019 年末，公司资产总额和负债总额分别为 52.19 亿元和 41.67 亿元，所有者权益合计 10.52 亿元；存款余额和贷款余额分别为 41.25 亿元（均为单位存款）和 33.09 亿元（含贴现余额 1.98 亿元），均为正常类贷款；存放同业款项余额 16.02 亿元；银行承兑汇票余额 8.44 亿元，买入返售余额 0.49 亿元，保函余额 0.09 亿元。2019 年全年实现净利润 5002 万元。不良贷款余额为零。

【资金业务】2019 年，公司提高资金运营管理，与 16 家合作银行建立定期询价机制，通过价格对比、期限匹配、协同合作，提高资金收益。同时，加强资金流动性管理，一方面对流动资产进行期限匹配，另一方面降低流动负债占比，严守流动性监管红线，保证整体资金流动性安全。

【票据业务】2019 年 8 月 16 日，公司正式接入上海票据交易所电子商业汇票系统（ECDS），成功开出第一张金额为 398.72 万元的电子商业汇票，成为新疆首家获批接入电票系统的财务公司，已具备为集团下属 80 余家成员单位提供电子商业汇票服务的能力，助推特变电工票据业务全面跨入电子化时代。

【资金集中】2019 年，公司累计办理各类结算业务 13.27 万笔，累计结算金额 3178.73 亿元；已为集团境内 108 家成员单位开立内部活期户 114 户，各类辅助账户 1934 户；已与 382 户企业银行账户建立资金归集关系；已与工商银行、农业银行、中国银行、建设银行、交通银行、兴业银行、浦发银行、招商银行、民生银行实现银企直连，在提升结算效率、节约费用成本等方面作出积极贡献。

【业务创新】2019 年 6 月 6 日，昌吉州金融办、人民银行昌吉州中心支行、昌吉银保监分局为公司举行“绿色金融事业部”揭牌仪式，推动绿色金融产品创新，以绿色金融发展带动产业转型，依托特变电工产业为供应链及中小企业融资做贡献。

【风险管理和内部控制】2019 年，公司一是完善制度流程，累计修订完善制度 109 项，加强各类风险监测，确保各项业务平稳有序开展。二是加强员工管理，开展员工自查 88 人次，上门或电话家访 62 人次、客户回访 31 人次，有效防范化解道德风险和操作风险。三是开展专项排查，组织案件风险排查、从业人员处罚情况排查、违规人员查实举报等，保持了零案件发生，未发生涉及负面舆情及投诉的情况。截至 2019 年末，公司无不良贷款，月平均流动性比率为 55.74%，最低流动性比率为 48.77%，流动性比率指标在监管要求之上。

【人力资源】2019 年，公司建立了股东会、董事会、监事会和管理层“三会一层”的现代企业治理结构，股东会为公司的最高决策机构；董事会为公司治理核心，下设风险管理委员会、审计稽核委员会、信息科技管理委员会；经营层建立经营管理决策机制，下设信贷审查委员会，并设置综合管理部、信息技术部、信贷业务部、财务部、结算业务部、风险管理部和审计稽核部 7 个职能部门。截至 2019 年末，公司共 23 人，其中，高级职称 4 人，中级职称 9 人，党员 16 人，从事金融或财务工作 3 年以上人员 19 人。

【企业文化建设】2019 年，公司落实党抓经营、党抓人才工作。一是积极开展“优秀党员示范岗”争创活动，进行亮党员身份、创先锋模范的服务展示。二是深入开展“不忘初心、牢记使命”主题教育，定期组织“学原著、读原文”、观看爱国教育纪录片、交流学习心得等活动。三是与人民银行乌鲁木齐中心支行、昌吉州中心支行以及昌吉银保监分局开展党团共建、驻村慰问等活动4次，提升与监管机构的协同关系。四是定期组织党组织会议及民主生活会，共同学习张富清先进事迹、特变电工“四特”精神企业文化。

天津渤海集团财务有限责任公司

【集团概况】天津渤海化工集团有限责任公司（以下简称“集团”）隶属于天津市国资委，集团现有全资和控股子公司154家，2019年，集团全面推进“产品、产业、资本、组织、人才”五大结构调整，按照“化工为主，相关多元”的产业定位，持续进行产业改造，完成了由传统氯碱向海洋化工、石油化工、碳一化工“三化”结合的产品结构转型，基本形成了布局基地化、产品系列化、产业多元化、“港化一体”的发展格局，打造了氯碱化工、石油化工、现代煤化工和化工新材料等核心板块。随着现代物流、营销和金融配套平台的搭建，集团已呈现出现代石化产业集团的特色。截至2019年末，集团实现大口径营业收入1206亿元，利润总额21.8亿元。

【经营概况】2019年，天津渤海集团财务有限责任公司（以下简称“公司”）积极应对金融市场形势的不断变化，牢牢把握风险合规底线，强化管理能力，加大金融创新和服务创新力度，为集团成员企业创新改革、提质增效提供了有力支持。截至2019年末，公司总资产为33.49亿元，负债总额20.03亿元，所有者权益合计13.47亿元，实现营业收入合计15535.36万元，利润总额10152.91万元，资本充足率为34.46%，流动性比率为47.24%，不良贷款率和不良贷款额持续保持为零。

【信贷业务】2019年，公司充分发挥金融服务平台职能，通过挖掘内部潜力和外部合作银行的资源，持续以低成本融资支持成员企业发展。截至2019年末，公司为22户成员企业核定年度授信额度共计65.97亿元，为成员企业提供自营贷款综合平均利率为4.69%，相比成员企业外部融资成本低0.73个百分点。

【同业及投资业务】2019年，公司为实现资金的保值增值，在保证日常结算的基础上，审慎开展各类同业业务，有效搭建同业渠道，获取同业授信额度32.26亿元，品种涵盖同业拆借、电票换开、电票直贴、票据转贴、代开信用证等业务。通过对资金进行合理分配使用，从外部银行获取同业存款收益，在满足公司流动性管理和确保资金安全的前提下，继续稳步开展投资业务，货币基金投资和国债逆回购业务取得投资收益109.59万元。

【票据业务】2019年，公司不断优化票据池服务方案，开展票据情况调研，丰富票据池功能，满足集团对票据集中管理的需求。截至2019年末，已有23家成员企业开通了票据池功能，2019年入池票据28.64亿元，办理电票换开业务15.43亿元，办理超短期融资16.94亿元，票据池派生综合收益507.18万元。

【风险管理和内部控制】2019年，公司按照监管要求和评级发现的差距，制定合规性自查方案，对信贷业务、同业业务、法人治理结构、评级等开展专项自查，努力化解公司各项合规风险；不断完善征信工作、反洗钱工作的管理，建设了征信前置查询系统，进一步提高了征信信息安全的工作水平；将总法律顾问制度写入章程，不断推进企业总法律顾问的专职化和专业化；加强了对外聘律师的管理，重新选聘律师，提升外聘律师服务质量。

【人力资源管理】2019年，公司持续深化三项制度改革，成立了改革工作组，着重从市场化收入分配制度改革和市场化用工机制改革两方面，结合公司实际，制定或修订了12项配套制度，完成了改革制度机制建设；强化了人才培养，内部培训与外部交流培训共计420人次，不断提高员工综合素质。

【信息化建设】2019年，公司不断加强信息科技管理，加大信息化系统建设力度。自主开发了信贷风险分类报告生成系统，由原来的人工录入数据改为自动生成，大幅提高工作效率，节约资金30万元；自主研发反洗钱和可疑交易监控2.0系统，满足监管要求，节约资金15万元；自主建设信用评级结果生成系统，实现定量指标的自动化计算，保证数据准确性、提高工作效率；自主研发影子系统，作为现有系统的备份，与核心系统同步运行，提高了公司风险防御能力。

天津港财务有限公司

T

【集团概况】天津港财务有限公司（以下简称“公司”）为天津港（集团）有限公司（以下简称“集团”）的全资子公司。集团主营业务为港口投资、装卸搬运、仓储分拨、客货运输服务等。2019年，集团完成货物吞吐量4.25亿吨，完成集装箱吞吐量1730万标箱，增幅位居沿海港口前列。

【经营概况】公司不断提升精细化管理水平，提高资金使用效率和效益，完善内控体系，确保合规平稳运营。截至2019年末，公司资产规模95.21亿元，负债规模70.33亿元，所有者权益24.88亿元。实现收入3.69亿元，实现利润2.85亿元，不良贷款率和不良资产率均为零。

【服务实体】公司信贷投向97.00%为交通运输业，1.41%为批发零售业，1.14%为信息传输、软件和信息技术服务业，0.45%为餐饮业。公司助力纾解困难企业资金问题，解决融资贵难题，综合评估考量，确保贷款定价低于同业；对存量贷款，保证“不抽贷、不断贷”。2019年末存量贷款60.50亿元，其中，支持困难企业32.77亿元，占整体贷款的54.17%。

【信贷业务】公司建立贷款项目储备库，逐步提升上市公司贷款规模；主动跟踪集团“智慧港口”相关项目，实地走访调研，提供资金支持。2019年对42家成员单位给予授信额度共计126.37亿元，向22家公司发放贷款，金额31.29亿元，其中涉及“智慧港口”建设项目贷款1.20亿元；办理91笔委托贷款业务，金额102.47亿元；开立269笔银行承兑汇票，金额1.80亿元；办理6笔保函，金额785.03万元。

【投资业务】2019年，公司开展了基金投资、资产管理计划、信托等业务，实现投资收益及公允价值变动收益共计4316.64万元，同比增长24.95%；同业机构往来收入及中间收入共计8771.41万元，同比增长22.53%；同业业务整体收入13088.05万元，同比增长23.32%。

【资金集中】公司增强计划性，细化管理成员单位“资金使用周计划”执行情况，缩短成员单位资金在银行账户留存时间；挖掘潜力，提高上市公司信贷投放，从而提高对其资金归集上限，2019年末对上市公司贷款36.33亿元，较年初增长16.00%。2019年末，公司监管口径资金集中度为48.45%，较年初提高5.79个百分点。

【业务创新】帮助成员单位解决关税占压资金问题，申请参与天津海关税收担保改革试点并成功获批，于6月21日为贸易型单位办理关税保函业务。经多方协调，取得建设银行、浦发银行代开业务授信额度，5 月 24 日成功开展代开保函业务，满足施工类单位金融服务需求。协助成员单位办理关税保证保险，简化客户进出口业务通关手续，促进实现跨境贸易便利化。

【风险管理和内部控制】公司成立专项研究小组，通过对金融理论与监管政策的研究、对商业银行和财务公司实证分析和对公司历史数据统计回归等方法，完成压力测试模型设计，成功开展 2 次压力测试。开展“巩固治乱象成果，促进合规建设”，制定、修订 54 项制度，完善公司内控制度体系，提高合规性及风险管理水平。

【人力资源管理】深化三项制度改革，积极建立管理人员能上能下、员工能进能出、收入能增能减的“三能”机制；进一步优化薪酬结构，理顺岗位收入分配关系，发挥工资分配政策导向作用，强化岗级工资保障，实现员工收入与绩效考核紧密挂钩；组织全员开展银行从业人员刑事责任风险警示教育及合规培训，提升员工整体业务素质。

【信息化建设】通过自主研发与软件供应商开发相结合，升级了客户评级、资金结算、反洗钱系统，研发了预留印鉴管理系统；开展数据级别灾备系统切换演练；完成软件采购，确保公司办公软件正版率 100%，为公司业务开展、风险管理奠定良好的基础。

【企业文化建设】坚持践行新时代党的建设总要求，把学习宣传贯彻习近平总书记视察天津港重要指示精神作为首要政治任务，开展“大学习、大讨论、大贯彻、大党建、大创新、大发展”活动；创新实施“融入式”党建工程，提升公司党建质量；强化作风建设，落实中央八项规定精神，运用监督执纪“四种形态”，营造风清气正政治生态。

T

天津能源集团财务有限公司

【集团概况】天津能源投资集团有限公司（以下简称“集团”）是天津市国资委出资并监管的国有独资公司，注册资本 100.45 亿元。作为天津市能源项目投资建设与运行管理主体，集团以“四源”，即电源、气源、热源、新能源为主营业务，承担着保障天津市能源安全稳定供应和推动全市能源结构调整优化的重任。

【经营概况】天津能源集团财务有限公司（以下简称“公司”）成立于 2017 年，注册资本 10 亿元，集团出资 8.20 亿元人民币，出资比例为 82%。公司始终秉持“服务集团、规范经营、稳健发展、创造价值”的经营方针，践行“立足集团主业发展，服务集团成员单位”的使命要求，积极发挥“资金归集平台、资金结算平台、资金监控平台、金融服务平台”的作用，截至 2019 年末，公司资产总额为 68.62 亿元。2019 年度营业收入 15659.02 万元。

【服务实体】公司以“服务实体经济”为宗旨，通过存款利率上浮、贷款利率下浮、结算免费、手续费免费等优惠措施，全力支持集团实体经济发展，最大限度助力企业降本增效。2019 年，公司服务成员单位增至 47 家，基本涵盖集团主要控股单位。

【信贷业务】截至 2019 年末，公司自营贷款余额为 146877.36 万元，较 2018 年年末新增自营贷款 49577.09 万元。2019 年，公司进行自营贷款发放 193877.36 万元，自营贷款收回 144300.27 万元。信贷资产风险分类结果全部为正常。

【资金业务】公司主要资金运作方式为办理同业业务存款。2019 年度累计实现同业收入 9890.01 万元。2019 年，公司共办理结算业务 6653 笔，金额 317.54 亿元人民币。

【资金集中】集团将资金归集率作为对下属企业年底考核的重要指标，截至2019年末公司客户增至47家。公司对成员单位存款利率在合理范围内给予让利，手续费全部减免，2019年资金归集率为61.64%。

【风险管理和内部控制】编制公司风险偏好陈述书；严格执行审贷分离制度，履行授信业务审批职责；组织完成监管评级工作；高效、准确上报各类监管报告、监管数据；每季度至少开展一次风险管理知识培训；定期开展制度及系统流程执行情况、业务开展情况的检查；定期开展公司员工行为排查工作；进一步完善洗钱风险管理体系。公司高度重视审计工作，自成立伊始设立内审稽核部并配备专业人员，2019年全面开展对公司经营活动的审计检查，涉及评级授信等12方面情况；组织实施年度内部控制评价并形成报告；开展内控培训，强化公司人员审慎合规意识。

【人力资源管理】依托三项制度改革工作，结合公司实际经营情况，细化绩效考核模式，实现业绩目标和品能目标双考核；积极参加集团和财务公司协会举办的各类业务培训10余次，有效促进了公司整体绩效提升和员工个人能力发展。通过优化薪酬体系、鼓励业务学习等方式，为青年员工提升素质能力和干事创业搭台扩能，为公司进一步完善人力资源工作打下坚实基础。

【信息化建设】2019年，公司信息化工作着力于加强内部管理建设和系统优化。规范信息化操作流程，做到有章可遵，有迹可循；加强公司内部运维管理，提高巡检频次，扩大巡检范围，及时备份，做到分级、分地、分时备份；加强应急演练，全年针对公司网络专线、系统应用及数据库开展应急演练，并根据演练结果及时更新应急预案，使预案切实可行；进一步优化系统，完善系统功能，进一步提高用户体验。

【企业文化建设】公司重视员工人文关怀，购置报纸期刊、专业图书，丰富阅览室，陶冶情操；成立工会，建立母婴室，关怀女员工；购置跑步机、乒乓球台、每天五分钟早操，强身健体，劳逸结合；改善餐厅环境、为疫区捐款、扶贫助困。听取员工心声，召开座谈会、购置意见箱；组织内部业务培训，提高员工业务技能；参观天津觉悟社、观看《我和我的祖国》等团建活动，以提高全体员工凝聚力、向心力。

【法务工作】公司深入贯彻落实全面依法治企理念，进一步完善组织领导建设，分级开展普法教育，全面提升公司法治工作系统化、专业化、规范化水平。截至2019年末，审核公司制度30项、合同38份，实现外聘律师法律三项审核100%，确保重大决策、重大合同、制度的法律审核前置且做到全覆盖。

天津天保财务有限公司

【集团概况】天津保税区投资控股集团有限公司（以下简称“集团”）是天津港保税区管委会下属国有独资公司。作为滨海新区大型国有控股集团，集团坚持区域功能服务与企业经济效益相统一，为区域提供安全、稳定、优质的基础设施建设、运营与服务，形成了涵盖“区域开发建设、基础设施运营、物流及汽车展贸、金融与投资”四大主业板块的多元化产业发展格局。集团将持续倾力打造“治理规范、主业突出、管控有力、业绩优良”的一流投资管理型公司。

【经营概况】2019年，天津天保财务有限公司（以下简称“公司”）致力于资金管控，以资金为纽带，围绕资金管理和融资服务业务主线，发挥“金融牌照”优势，稳健推进各项业务，持续提升公司风险防控能力，较好承担了集团内部“四个平台”功能。截至2019年末，公司资产总额93.49亿元，负债总额56.61亿元，所有者权益合计36.88亿元。2019年实现营业总收入3.45亿元，利润总额2.65亿元。

【信贷业务】公司围绕集团发展战略，积极解决成员单位融资需求，以产品创新为载体，支持民生工程建设、重点项目建设，助力区域实体经济发展。拓展产品应用，向固定资产贷款、融资租赁、并购贷款、房地产开发贷款、付款保函、关税保函等方向进行开发和拓展；开展低信用风险授信业务，通过全额保证金的模式解决成员单位付款保函业务需求，支持项目建设进度，促进资金归集。2019年累计为成员单位发放贷款28.87亿元，办理保函业务0.68亿元。

【融资服务】公司立足“统一运作、专业经营、集成管理”的融资管理思路，切实降低集团整体融资成本，保障成员单位资金需求。对内主动了解成员单位的资金需求，及时与合作银行沟通谈判，争取优惠贷款条件；对外运用金融牌照优势，为成员单位提供融资担保，缓解集团担保压力。2019年担保业务发生额13.04亿元，年末担保余额16.54亿元，协助成员单位取得银行授信37.48亿元。

【投资业务】公司投资研究体系建设日益完善，专注于高等级信用债、利率债、货币基金等低风险投资品种，债券投资规模逐步扩大，2019年公司在银行间债券市场现券买卖、债券回购等业务品种上交易越发活跃，公司通过合理制定投资交易策略，严密监控市场风险，做好流动性和收益性的平衡。

【票据业务】公司围绕集团“区域开发建设、商贸物流、基础设施运营”板块经营特点有序开展电票服务，有效缓解所属企业融资压力。2019年，公司通过银行代理模式为成员单位办理并承兑电票3笔，金额合计321.34万元。

【资金集中】2019年，公司严格落实集团资金管控要求，持续优化“资金归集平台”基础功能，根据成员单位归集度、归集资金稳定程度，适当提高存款利率水平；增强成员单位资金归集积极性。2019年办理资金结算业务20942笔，结算量4777亿元，日均归集资金44.17亿元。

【业务创新】公司开通了“现券匿名点击业务”交易权限，并实现了债券回购、现券、借贷三大主流业务品种全面覆盖，各类交易品种相继开通。

【风险管理和内部控制】2019年，公司治理与风险管理工作取得重大进展，董事会重新选举四个专门委员会，合规与风险管理部、内审稽核部与信息科技部独立设置并充实人员，以全面覆盖为核心的全面风险防控体系初步建成。公司大力推进建立健全全面风险管理体系，以“全覆盖、全流程、责任制、风险文化”为目标的全面风险管理体系已经初步成型，确立稳健合规的风险偏好，完善以现行110余件制度为框架的内控制度体系，建立以授信与投资审查委员会为核心的信用风险决策体系，打造前中后台三道防线协同的风险管理执行体系。经过近一年的努力，“依法合规、稳健经营”的风险文化开始浸润经营管理的各个方面。稳健的风险管理，为公司新一轮改革创新的启动提供有力支撑，成功完成了并购贷款、融资租赁、房地产开发贷款、经营性物业贷款等多项新业务。

【人力资源管理】2019年，公司一方面充分发掘内部潜能，致力于培养锻炼高素质专业人才队伍，健全培训管理体系，全员专业技能显著提升；另一方面从社会公开招聘部分中层及普通员工，坚持择优聘任、德才兼备、任人唯贤，注重对政治品质、工作能力、廉洁自律等方面考察考核。公司高素质专业金融团队逐渐成型。

【信息化建设】2019年，公司成立了信息科技部，进一步完善了信息科技管理体系。一是完善信息化制度体系建设，加强信息科技规范化管理；二是巩固基础设施建设，为核心系统提供安全稳定的生产环境；三是推进核心业务系统数据接口建设，提高业务数据可用性水平；四是加强运维管理，保障信息系统安全稳定运行；五是完善应急管理体系，提升业务连续性水平。

【企业文化建设】公司党支部带领全体党员深入学习贯彻党的十九大精神，稳步推进国企党建工作在基层支部落地生根。2019年围绕全面从严治党主线，严肃开展党内组织生活，积极开展“不忘初心、牢记使命”主题教育，形成了“维护中央权威、捍卫核心地位、对党绝对忠诚”的良好政治生态。

天津物产集团财务有限公司

【集团概况】天津物产集团有限公司（以下简称“集团”）主要经营区域涵盖大宗商品贸易、现代物流、地产开发、金融服务等。经营区域覆盖全国，并在美国、德国、日本、新加坡、菲律宾、中国香港等国家和地区建立了境外分支机构。集团注册资本金26.5亿元，下属企业259家，其中二级企业55家，三级及以下企业203家，上市公司3家。

【经营概况】公司充分发挥自身作用，在审慎合规的前提下，持续开展业务。2019年，公司总资产221.41亿元，营业收入3.43亿元，净利润0.09亿元。

【信贷业务】2019年6月末，公司将贷款利率由原来的3.92%调整至1.52%，以低于同业的贷款利率发放贷款，减轻了成员单位债务负担，降低集团成员单位融资成本。截至2019年末，累计发放贷款212笔，金额362.56亿元，余额211.13亿元。

【资金业务】2019年，公司与各金融机构积极沟通，做好稳授信、续授信的工作，为各项业务的续做打好基础，截至2019年末，公司累计获得同业授信额度48.3亿元人民币。

【票据业务】2019年累计开立票据320张，金额27.09亿元，余额90.67亿元。累计完成票据贴现6笔，金额2.5亿元。

【外汇业务】2019年，公司累计与金融机构开展4笔美元拆借业务，金额为7000万美元。代理成员单位购汇及银行间外汇买卖平盘累计金额为5540万美元。其中，为成员单位办理购汇业务1笔，金额共计2020万美元；自营结售汇2笔，金额共计3520万美元。

【资金集中】公司不断加大资金归集、结算力度，把好集团资金出口关。截至2019年末，共审核付款单4.66万笔，金额累计1684.1亿元；共办理正常结算业务笔数3165笔，涉及金额1461.09亿元；共完成14家银行的442个账户授权工作，约占集团全部一般结算户（可归集）账户总数量的48%。

【风险管理和内部控制】2019年，公司一是做好合规指标的监测和报送工作。按日监测公司各类风险性指标，累计报送监管报表1000余份，报送各类报告50余份，无迟报、漏报、解锁情况。二是对集团成员单位追加增信措施，完成了集团内债务人股权出质设立登记工作。三是对保证金账户进行了专项核查。经过核查，不存在保证金账户资金与成员单位结算账户串用或挪用等情况，没有随意调整（后补）保证金账户资金的情况，保证金账户能够实现专户与封闭管理。四是发挥审计职能，对发现问题持续核查，督促整改。2019年共开展公司内部专项审计8次，发现32项问题，提出18项建议，均完成整改。

【人力资源管理】2019年，公司一是完善薪酬及请休假制度。对现行《薪酬管理办法》《绩效考核管理办法》《请（休）假制度》及《考勤管理制度》进行修订，使其适应当前公司发展需要。二是重视员工诉求，加强人才培养。共征集合理化建议四大类13条。三是做好干部选拔。选调兄弟单位优秀中层干部2人，充实干部队伍。

【信息化建设】 2019年，公司一是增加机房巡检的频率和力度，保障信息系统的稳定。截至2019年末，累计处理系统权限调整、审批流程调整、系统bug、系统升级等事项300余件，处理时长均在1个小时内。二是6月初完成了拜特网银证书的申请、制作和更新，编订操作手册，指导成员单位完成更新工作，保障了各项工作的连续性。

【企业文化建设】 2019年，公司一是持续加强政治建设，抓实理论武装。开展中心组学习33次，其中主题教育期间11次；开展正、反典型的案例教育及现场参观学习9次；加强意识形态工作，做好团青、党外干部的学习教育。二是持续加强专项整改，抓好问题落实。做好“不忘初心、牢记使命”主题教育问题专项整治，结合查找的问题认真制定问题整改清单，逐项落实到责任部门和责任人，列明整改时限，整改期间共修订制定各类规章制度10项，专项整治完成率为100%。三是持续加强基础党建，抓牢最大政绩。认真落实“三会一课”制度，召开支委会37次，审议事项169项；党员大会23次；党小组会63次；主题党日活动17次；支部书记和领导班子讲党课7次。组织开展党员群众喜闻乐见的学习教育和主题活动8次，参与人数超260人次。四是持续加强作风建设，推进全面从严治党。开展履职、廉政谈话各10人次；抓好“不作为不担当”、形式主义官僚主义专项治理工作；加大廉政教育，筑牢思想防线，畅通举报渠道，鼓励广大职工群众积极参与监督，形成震慑，坚决防止“四风”问题反弹。

T

天津医药集团财务有限公司

【集团概况】 天津医药集团（以下简称“集团”）是一家国有大型综合性制药集团，以绿色中药、化学原料药、化学制剂与生物药、特色医疗器械、现代商业物流五大板块为主体，科研、生产、商业销售一体化运作，拥有180多家企业，控股中新药业、天药股份、力生制药三家上市公司和迈达科技一家新三板上市公司，与葛兰素史克、大冢、维克多等跨国知名制药公司合作组建合资企业10余家。集团主要经济指标位居中国医药行业前列，连续多年入选中国企业500强、中国医药工业百强。

【经营概况】 天津医药集团财务有限公司（以下简称“公司”）2019年实现营业收入6068万元，利润总额2398万元，同比增长14.79%和14.52%，完成年度预算的114.49%和104.08%。在信贷业务方面，注重为企业救急救渴，提供临时性应急贷款；在资金归集方面，公司致力于解决归集障碍，可归集资金归集度于年中达85%；在提升服务质量方面，开展结算业务满意度调查问卷，针对客户提出的问题进一步改善管理和服务质量；在业务拓展方面，初步开展固定收益类有价证券投资和拆借两项新业务，并加入全国银行间债券市场。

【信贷业务】 2019年，公司一是推动为成员单位外部融资提供担保业务落地，帮助集团销售公司在平安银行获取首笔3000万元外部低成本信用证融资（利率为4.35%）；二是牵线交通银行与太平宁河公司合作开展普惠金融业务，获得1000万元的信贷支持，利率较基准利率下浮5%；三是完成首笔再贴现业务落地，降低中小微企业融资成本（利率为2.25%）。2019年，公司共为企业节约融资成本合计710余万元，其中贷款业务节约390余万元，票据业务节约320余万元。

【资金业务】2019年，公司积极争取农业银行、兴业银行、招商银行的高收益存款产品，高收益同业存款业务可实现收入1099万元，同比增长127.34%，增加利润163万元。公司于1月获得固定收益类有价证券投资业务资质，交易量3.84亿元，年化收益率为2.65%，实现收入184万元，并于11月完成全国银行间债券市场准入和联网工作。公司与工商银行、兴业银行、渤化财务、金城银行、招商银行、天津银行等金融机构开展拆借业务13笔，累计金额8.40亿元。

【资金集中】2019年，公司一是开展太平公司、兴业银行及财务公司在存款、同业授信和票据质押等方面的综合金融服务，解决太平公司的资金回存问题，使其可归集资金归集度提升至90%，达到历史最高水平；二是推动太平公司、中新分公司账户直连和部分资金归集；三是扫除资金管控盲区，实现对托管中心管理的三家企业和管理权较弱的太平祥云的直连和归集。通过上述努力，公司各项存款额于年中达18.04亿元，可归集资金归集度为85%，2019年日均存款额12.36亿元，较上年同期增长16.93%。

【风险管理和内部控制】2019年，公司一是完善治理体系，对董事会及总经理办公议事规则进行了两次完善，并制定《授权管理办法》；二是强化制度建设，更加侧重主要业务的流程细分标准化、新开展业务的基础制度建设和经营管理制度的效力提升，2019年共制定及修订信贷、结算、财务、人事、IT及综合管理类各项制度34项、流程8项；三是加强风险内控，优化信贷审查管理，确保公司信贷资金安全，并根据LPR改革要求，及时研究修订了相关信贷业务合同及业务系统流程。

【人力资源管理】公司始终重视人才培养及岗位建设工作，在2019年快速积极推动三项制度改革，加强薪酬与考核紧密挂钩、合理拉开收入差距，严肃劳动纪律、加强劳动技能培训，推进企业中层管理人员聘任制和契约化管理，推进职业经理人制度、全面实行职业经理人聘任制，加速用工机制、分配机制、用人机制全面市场化转变，形成自上而下的“三能”机制，增强企业发展动力。

【信息化建设】2019年，公司一是升级网络安全设备，投资部署网络系统监控一体机，实现对网络、服务器、数据库、中间件实时监控；二是持续提升业务系统使用性能，如上线客户网银端IE11，升级客户网银证书，实现了结算回单汇总式打印，每年可节约约90%的打印量（约4万张），此外，为配合新业务开展，及时接入全国银行间同业拆借中心，同时公司内部上线投资业务功能；三是强化应急能力，完善IT应急预案，开展季度网络系统切换、数据恢复演练以及年度机房应急演练。

【企业文化建设】2019年，公司积极发挥工会的企业文化创建作用。做好重大传统节假日员工慰问工作，组织了员工大讲堂、职工春游、兄弟企业参观、猜灯谜闹元宵、端午品香粽等职工活动，丰富了员工生活，开阔了员工视野，体现员工关怀；完成2019年度工资集体协商和女职工安康保险工作，积极发展和谐劳动关系，凝聚企业内部向心力。

天瑞集团财务有限责任公司

【集团概况】天瑞集团股份有限公司（以下简称“集团”）成立于2004年12月21日，是一家集铸造、水泥、旅游、煤电、矿业、商贸物流等产业为一体的综合性企业集团。集团是河南省重点支持的百户工业企业之一。2010年1月，“天瑞”商标被国家工商总局商标评审委员会认定为中国驰名商标。2019年集团列中国企业500强第449位、2019年全国民营企业500强第216位、2019年中国民营企业制造业500强第129位。

【经营概况】天瑞集团财务有限责任公司（以下简称“公司”）是由集团发起设立、经中国银行保险监督管理委员会批准设立的银行业金融机构，注册资本10亿元人民币。其中，集团出资46250万元，出资比例为46.25%；天瑞水泥集团有限公司出资25500万元，出资比例为25.5%；天瑞集团铸造有限公司出资5250万元，出资比例为5.25%；天瑞旅游集团股份有限公司出资23000万元，出资比例为23%。截至2019年末，公司成员单位共54家，并为47家成员单位开立资金归集账户。吸收各项存款15.94亿元，发放各类贷款26.6亿元；资产总额36.20亿元，负债总额25.48亿元，所有者权益10.72亿元；2019年度实现营业收入0.50亿元，净利润0.24亿元；全年累计办理结算业务6.51万笔，结算量2456.46亿元。

【票据业务】公司于2018年7月13日与上海票据交易所电子商业汇票系统（ECDS）通过直连模式正式接连，2019年公司票据业务进入快速发展阶段。截至2019年12月末，公司累计开出电子银行承兑汇票757张，合计金额6.58亿元；兑付电子银行承兑汇票536张，合计金额2.45亿元。2019年1月公司成功办理首单电票贴现业务，全年累计办理票据贴现11张，合计金额4031万元。在电票的承兑及贴现业务中，公司业务部门严格按照规章制度，对贸易背景真实性进行严格审核，保证业务开展的合规性。

【风险管理和内部控制】2019年，公司制定了全面风险管控策略和反洗钱风险管控策略，针对公司实际经营过程中的风险进行全面分析，并制定了详细的管控措施，落实责任到人。坚持全面部署和突出重点相结合，深入开展“巩固治乱象成果，促进合规建设”自查工作，进一步强化各部门的内部控制职责，优化内部控制措施，建立市场乱象整治工作长效机制，坚持即查即纠、立查立改的原则，达到时时纠错，全面合规经营，确保稳步落实整改，提升合规管理水平。稽核审计部按照年度审计计划，对公司治理、资金结算、信贷业务、信息系统等主要工作内控执行及操作流程进行了专项全面的审计监督，防范经营风险，确保内部合规执行到位。

【信息化建设】公司根据年度计划及业务发展需要，在信息技术方面重点完成了与人民银行郑州中心支行的金融城域网接入工作，实现了监管数据与报表的线上及时报送。配合上海票交所，按时完成了数字证书的测试与上线更换工作，确保电子承兑汇票业务有序开展。完成与工商银行前置机接口程序升级工作。

通用技术集团财务有限责任公司

【集团概况】中国通用技术（集团）控股有限责任公司（以下简称“集团”）是一家国有重点骨干企业，成立于1998年3月，以先进制造与技术服务咨询、医药医疗健康、贸易与工程承包为核心主业。2019年集团以服务国家战略为导向，围绕服务制造强国、健康中国、“一带一路”建设三大国家战略，不断完善产业链布局，主业向关系国家安全、国民经济命脉和国计民生的重要行业和关键领域、前瞻战略性新兴产业不断集中，向具有全球竞争力的世界一流企业迈出坚实步伐。

【经营概况】2019年，通用技术集团财务有限责任公司（以下简称“公司”）坚持党建和经营齐抓共管，全面贯彻落实集团战略部署，紧扣资金管理中心平台搭建及功能发挥，坚持“管控与服务并重，金融与产业协同”，着力强化资金管控、提升服务能力，促进公司转型发展。

【**信贷业务**】2019年，公司对含集团公司在内的28家成员单位开展信用评级工作，并相应开展风险限额的确认和新年度的额度授信。公司支持成员单位绿色发展、技术创新及转型升级，践行“绿色金融”“产融结合”。2019年累计发放自营贷款220.12亿元，同比增长117%；日均贷款余额71.89亿元，同比增长11%。截至2019年末，公司贷款类业务余额为110.43亿元，全年不良贷款率为零。

【**资金业务**】2019年，公司对50家同业金融机构开展了授信评级，对其中44家给予同业授信并定期对授信方案及授信使用情况等进行评估。此外，公司不断提升资金计划管控水平，加强对成员单位资金流向的把控，合理安排资金头寸，并在确保成员单位需求和自身流动性比例的前提下合理开展同业业务，兼顾资金配置效率与收益水平。

【**票据业务**】2019年，公司票据业务实现较快发展。自2018年末上线电子商业汇票系统（ECDS）后，公司大力推广票据业务，全方位开展包括票据贴现、承兑、保贴在内的全链条、全品类业务，通过协议编制、流程再造、定价机制优化等工作，不断夯实票据业务基础。截至2019年末，已有36家成员单位在公司ECDS中开通电票相关功能；2019年度，公司票据业务规模达20.95亿元。

【**外汇业务**】2019年，公司积极走访有潜在结售汇业务需求的成员单位，以细致周到的服务和优惠的价格赢得成员单位的好评，取得了较好的工作成效，2019年公司结售汇金额达4.45亿美元，有效协助成员单位降低对外汇兑成本，助推集团实现利益最大化。

【**资金集中**】2019年，公司积极推动跨境人民币集中收付业务，持续跟踪分析不可归资金的形成原因和变化情况，加强资金集中管理。2019年公司日均吸收存款折合人民币134.36亿元，同比增长30.78%，创历史新高。此外，2019年，公司获批跨境资金集中运营资质，正式打通境内外全币种资金融通通道。

【**业务创新**】公司不断丰富业务品种，想方设法努力为成员单位提供更加灵活、便捷、高效的服务。2019年，公司为成员单位援外项目向商务部开具履约和无缺陷质量保证金保函，完成公司首笔保函业务；为成员单位发行ABS产品提供融资顾问服务，并认购成员单位ABS产品1亿元，是公司首次试水ABS领域融资咨询及投资业务。

【**风险管理和内部控制**】2019年，公司不断完善全面风险管理体系建设，切实提升风险管理的实效性，增强公司整体风险防范能力。一是结合授权和实际，优化业务流程和内控手册；二是制定成员单位授信评级方案，形成结果并给予年度授信；三是有效落实业务全周期风险把控，切实开展贷前审查、贷中受托支付、贷后跟踪走访等工作；四是做好日常风险防范与内控提升，包括风险指标监测、制度修订、内控计划执行等；五是不断加强学习，提高风险管理和内部控制的前瞻性。

【**人力资源管理**】公司本着以人为本的理念，扎实推进人力资源管理各项工作。2019年，公司持续加强人才队伍建设，开展员工轮岗及选拔，招聘优秀人才，搭建人才库，盘活人才资源；建立任职准入机制，定期进行准入认定，强化员工危机意识和能力提升意识；通过扩充培训资源、提高培训员工覆盖度、强制与自愿相结合、丰富培训内容和形式、做好培训后展示与分享等方式，不断完善培训机制；做好员工服务，为员工办理北京市工作居住证和公租房申请等，切实为员工解决后顾之忧。

【**信息化建设**】2019年，公司一是推进应用系统建设，进一步丰富核心业务系统功能，提升业务自动化处理能力，筹备集团资金统一管控系统建设，通过一系列信息化项目和管理措施，不断加强对集团资金的管控水平和对成员单位的服务能力。二是不断提高信息安全管理水平，加强基础平台建设及维护。三是从制度管理、项目管理、专业研究等方面持续加强IT治理。

【企业文化建设】2019年，公司聚焦“强班子、夯基础、抓重点、促融合”的党建工作目标，全面落实从严治党责任，以组织开展“不忘初心、牢记使命”主题教育为契机，持续提升党建工作水平。公司组织员工围绕加强爱国主义教育、庆祝新中国成立70周年、新老员工传帮带、消费扶贫等主题，开展了一系列文化活动，进一步增强了员工的凝聚力。

铜陵有色金属集团财务有限公司

【集团概况】铜陵有色金属集团控股有限公司（以下简称“集团”）是以有色金属（地质、采矿、选矿、铜铅锌冶炼、铜金银及合金深加工）、化工、装备制造三大产业为主业，集建筑安装、井巷施工、科研设计、房地产开发、金融贸易等相关产业多元化发展的国有大型企业集团。2019年列世界企业500强第461位。

【经营概况】2019年，铜陵有色金属集团财务有限公司（以下简称“公司”）经营业绩持续攀升，平均资产规模91.19亿元，同比增长8.86%；日均吸收存款76.63亿元，同比增长5.86%。2019年实现营业收入3.06亿元，同比减少2.24%。全口径资金归集度为68.15%，资本充足率为15.60%，流动性比率为42.98%，不良资产率和不良贷款率均为零，各项监管指标符合监管要求。

【信贷服务】公司积极响应国家支持实体经济相关政策，促进实体降杠杆，回归本源，人民银行推出LPR利率定价模式后，及时调整贷款定价策略，贷款由基准利率变成LPR利率加减点定价，跟随市场利率实现企业融资成本下降。开拓集团主业客户，稳定贷款数量及质量，2019年末贷款余额64.08亿元。

【资金集中】2019年，公司全力以赴挖掘存款潜力，实现党费会费资金归集，通过直连党费账户，归集银行账户富余党费资金945.62万元。搭建工会系统资金平台，实现集团工会对下属工会资金管控要求，进一步拓展了财务公司资金归集领域，2019年末归集资金约4850.43万元，全年结算量17.48万笔，结算金额5399.43亿元，同比分别提高12.21%和1.32%。加大体外资金监测归集力度，对非直连账户资金余额做到应收尽收。

【票据业务】2019年开电票客户数量13家，开票笔数5901笔，开票金额30.45亿元。

【结售汇业务】2019年办理代客结售汇业务439笔，累计金额49.99亿美元。

【保险代理】2019年，公司共为集团45家单位办理了统一保险。为成员企业境外项目办理人员意外伤害险询价并成功投保，跨出了代理境外保险的第一步。积极向集团等多方汇报沟通，力争早日为集团厄瓜多尔项目提供保险服务。

【风险管理和内控建设】围绕“合规文化建设提升年活动”方案，持续加大合规风险管理排查力度；持续优化制度流程，根据监管要求，结合业务流程和实际工作需要，全面梳理优化制度；不断加强业务审查；全面落实监管要求，积极主动按照监管要求完成各项工作。

【信息化建设】根据信息系统平台安全运行需要，加大管理和协调力度，及时对软硬件进行升级和更新，确保信息系统安全畅通。根据业务需要，优化升级电票模块、结售汇数据报送系统，坚定不移推进业务处理自动化、服务电子化、管理信息化。

【企业文化建设】发挥党支部战斗堡垒作用，根据上级党委要求，积极开展“不忘初心、牢记使命”主题教育活动。做好党建规定动作，将支部“三会一课”落到实处。始终认真贯彻八项规定精神，落实“四风建设”。严控招待办公费用，根据集团降本增效文件精神，公司严格控制各项费用指标，将八项规定精神落到实处。

万向财务有限公司

【集团概况】万向集团（以下简称“集团”）主业为汽车零部件，是中国汽车零部件的代表企业之一。与一汽、二汽、上汽、广汽等建立了稳定的合作关系，主导产品市场占有率达65%以上。在美国、英国、德国等10个国家拥有近30家公司、40多家工厂，是通用、大众、福特、克莱斯勒等国际主流汽车厂配套合作伙伴，主导产品市场占有率超过10%。2019年，集团保持了整体的持续性和稳定性，营收、创利指标均实现稳步发展。

【经营概况】2019年，万向财务有限公司（以下简称“公司”）实现了经营目标的稳健增长，各项监管指标全部达标。截至2019年末，公司营业收入、资产规模基本与上年持平；利润总额、净利润分别较上年同比增长4.74%和40.99%。

【信贷业务】2019年，公司重点完成对集团内成员单位的综合授信工作；公司本外币贷款余额同比增长2.54%；公司本外币存款余额同比增长25.89%。公司不良贷款为零，信贷资产业务运行良好。

【资金业务】2019年，公司积极与银行、投资公司等金融机构沟通协作，争取融资结构、融资成本最优化和资金效益最大化，实现了资金需求的有效保障和资金运营的高效收益。一方面，公司与银行达成全国范围内财务公司牵头贷款金额最大的银项合作协议，成功牵头工商银行浙江省分行、国家开发银行浙江省分行与万向集团签署贷款金额480亿元的银项合作协议，为“万向创新聚能城”建设提供融资等方面的综合合作。另一方面，公司完成7家合作银行的同业授信额度，同时完成公司对22家金融机构交易对手的综合授信，并建立与工商银行和浦发银行金融市场部的拆借联系，在浦发银行和民生银行签订同业平台协议，与外资行三井住友银行建立交易关系。积极与各家银行协商，提高了中国银行和浦发银行的活期协定利率，最高协定存款利率保持在2.6%～3%区间，保证了沉淀资金的收益率。

【投资银行业务】2019年，公司实现全国范围内首单民营企业财务公司推进实施的市场化股权融资项目落地。成功助推集团与工银金融资产投资有限公司签署战略合作协议，工银投资于2019年3月对万向一二三股份公司投放债转股增资资金，并完成了浙江省金控公司跟投的审批工作。2019年12月末，完成了中银投资对万向三农债转股增资和建信投资对万向三农债转股增资工作。联系各家评级公司，沟通协调集团成员企业主体评级提升事宜；持续关注债券市场利率情况，开展了万向钱潮超短期融资券和万向三农中期票据、短期融资券的注册申请准备工作。

【投资业务】2019年，公司重点夯实投资基础管理，稳健开展新股询价申购、集团市值管理以及二级市场持仓品种的调研分析和跟踪操作；持续研究分析和挖掘新的投资标的；做好基金业务的合理规划和接洽开拓。

【票据业务】2019年，利用公司电子银行承兑汇票业务，重点开展一头在外银票贴现，全年参与的产业链集团外单位61家；平均年化利率远低于同期金融机构小微企业贷款平均利率。公司充分发挥区块链技术在产业链金融中的作用，开展了基于区块链技术的应收账款保理业务。

【外汇业务】2019 年，公司继续在集团成员企业中扩大外汇业务范围，完成跨境资金池业务备案材料，成员企业增至 31 家；开展金融衍生品业务资格的申请材料已提交浙江银保监局；继续推进财务公司跨境业务，为集团相关成员企业开拓资金跨境通道。拟定并下发了《公司国际贸易融资业务操作规程》，将成员企业在外部银行的进口押汇业务逐渐转至财务公司操作。

【资金集中】2019 年度，公司通过进一步深化网银系统、票据系统、外汇系统及柜台结算等多种结算工具，实现资金的有效归集和为企业提供准确、及时的结算服务，确保结算工作顺利开展。2019 年末，公司资金集中度与上年基本持平。

【业务创新】2019 年，公司开展了省内财务公司第一笔美元同业拆借业务，扩展了公司外汇资金融资渠道，丰富了公司外汇业务种类。同时，公司秉承“客户至上，服务第一”的理念，深化员工服务意识的培养，规范服务行为，落实“最多跑一趟”措施。

【风险管理和内部控制】2019 年，公司持续完善内部治理，有效夯实风险抵御能力。信用风险管理方面，办理信贷业务实行先评级后授信，严控信用风险限额管理。截至 2019 年末，公司不良贷款率、不良资产率保持为零。市场风险管理方面，公司严格止盈止损管理，在流程控制、限额管理、指标监测等方面加以控制。流动性风险管理方面，公司设立了流动性风险限额，建立预警机制，定期开展压力测试，流动性储备充足，流动性风险较小。合规风险管理方面，公司及时健全业务制度和管理流程，按照内控优先原则，对业务流程定期进行梳理；加强了对新产品和新业务开发的合规性审核和测试，2019 年共修订和制定制度 23 项。

【人力资源管理】2019 年，公司主要健全激励与约束机制，起草并下发了公司《员工职务专业双通道管理办法》《季度“创造奖、创业奖、创新奖”评选办法》等，修订人事管理制度，强化人力资源管理工作。结合公司实际发展需求，适时调整了公司组织架构，并开展定岗定编工作，对部门岗位进行重新设置，做好中高层管理人员职务聘任工作。在人员招聘方面，2019 年招聘 2 名拥有硕士学位优秀人才；在员工综合素质培训方面，累计培训 20 余期，参训人数合计 374 人次，培训覆盖率为 100%。

【信息化建设】2019 年，公司重点完成大数据平台一期项目的开发建设；加快区块链技术在供应链金融业务中的进一步应用和推广；推进 1104 工程的电子化填报，实行人工填报和电子填报相互校验，保证了数据的准确性；设立了信息科技管理委员会，加强对信息项目的协调管理，健全信息科技风险防范机制。

【企业文化建设】公司积极组织各项企业文化活动，开展了“读原文、学原著、悟原理”主题教育活动；召开公司年度总结表彰会及联谊会；组织“送温暖献爱心”捐款活动和系列志愿者活动；积极参加集团企业文化竞赛、“庆祝新中国成立 70 周年”演讲比赛等活动。

五矿集团财务有限责任公司

【集团概况】2019 年国内外形势复杂多变，中国五矿集团有限公司（以下简称“集团”）紧跟习近平总书记一系列重要指示要求和党中央、国务院重大决策部署，盯住“三步走、两翻番”目标，深入推进高质量发展，迎难而上、再创佳绩，超额完成年度预算目标和国务院国资委考核任务，各项工作取得可喜成效。

【经营概况】2019 年，五矿集团财务有限责任公司（以下简称“公司”）步步紧跟集团各项决策部署，深入推进高质量发展，迎难而上，再创佳绩，实现营业收入 6.44 亿元，利润总额 2.54 亿元，净利润 1.79 亿元，超额完成年度预算目标和集团考核任务，资金管理、系统建设、风险管控、企业文化建设、党建质量等各方面工作不断提升、屡结硕果。

【服务实体】公司积极落实集团要求，发挥资金结算平台功能，优化服务流程，积极推动代理结算业务范围进一步扩大，结算量由 2017 年的6040 亿元、2018 年的 6760 亿元增至 2019 年的 11092 亿元，实现跨越式增长。

【信贷业务】公司推出贷款利率定价模型与法人透支创新业务，迅速扩大自营贷款规模，用于补充成员企业流动资金，置换外部银行高息贷款，不断提高资金使用效率。2019 年末，公司自营贷款和贴现余额为 102.61 亿元，增幅达到 63.89%。公司结合经营环境变化，积极调整信贷结构，优化客户结构；贯彻“稳健、审慎、灵活”的风险管理方针，加强信贷精细化管理，切实防范信贷风险，完善内部控制，提升服务水平，促进产融结合。

【资金业务】公司秉承“统筹规模、择优协作、积极发展、稳健推进”的授信思路，充分发挥了金融服务平台作用，利用货币市场、资本市场的相互渗透，整合有效资源，在集团资金极度紧张的关键时间节点，以远低于市场平均的利率拆入大量资金，大大缓解了集团资金链压力，对集团资金流动性提供了有力保障。

【投资业务】公司对投资业务各类品种开展调查研究工作。随着 2019 年公司评级提升以及投资业务资质恢复，公司抓住资金充裕的有利时机，积极配置货币基金这一业务品种，平衡现金管理的流动性要求，同时利用其在所得税方面的优势获取较高收益，提高了资金运营效率。截至 2019 年 12 月 31 日共实现投资收益 1420.68 万元，浮动损益 4480.88 万元，配置货币基金共 26 亿元。

【票据业务】公司与合作金融机构多次洽谈，设计和改进实施方案；与集团成员单位客户并肩作战、反复测试；最终成功上线“票据池”模块。2019 年 12 月 25 日上午 10 点，五矿资金管理与结算项目二期票据池模块提前 7 天正式上线运行。票据池打造了集团票据管控和监测平台，为成员企业提供了更便捷和多样化的服务，全面提升了票据业务的管理效率。

【外汇业务】公司秉承“以客户为中心，为客户提供优质服务”的理念，围绕国际结算、即期结售汇、跨国公司外汇资金集中运营管理、跨境双向人民币资金池和外汇存款五项业务，充分发挥结算职能和服务职能，不断提高结算服务质量，优化业务流程，深化服务内涵，为集团进出口企业降本增效提供了有力的金融支持。

【资金集中】根据集团“所有的银行账户必须纳入资金系统，所有的结算业务必须通过资金系统进行”的工作要求，公司以资金系统建设为基础，着力提升服务和资金管控能力，资金系统应用逐步深入，系统覆盖范围逐渐扩展，资金集中管理的理念持续强化，实现集团各级次资金集中管理、统一运作，显著提高了资金信息的透明度，公司的吸存量、资金集中度均得到显著提升。

【风险管理和内部控制】公司通过持续制度的增补和修订等制度建设工作完善内部控制管理，搭建科学、合理、有效的制度体系，进一步优化工作流程，提高管理效能，明确“三重一大”决策事项边界，改进工作作风，实施“有制可依、有规可守”“相互联系、相互制约”的内部控制管理程序，保证经营管理合法合规，无重大风险事件发生，无金融案件发生，风险管理第二道防线、内部审计第三道防线执行有效。

【人力资源】公司致力于构建一支符合战略发展要求的复合型一流金融人才队伍。一是充分挖掘内部培训资源、有效利用外部培训资源，有针对性地开展员工培训；二是开展人员轮岗，激发员工的积极性，形成富有生机活力的人才发展机制；三是强化绩效考评与薪酬水平的挂钩，有效激励奖励，向员工传导企业的价值理念，形成积极进取、敬业奉献的企业氛围；四是用好人事信息系统，推动人力资源管理规范化、精细化。

【信息化建设】公司实施了中国五矿资金管理与结算系统的二期建设，通过二期第一阶段成果的顺利上线，实现了票据池、多级资金池、法人透支、利率市场化、自动开关机等功能，丰富了公司的产品种类，提升了系统服务和管理效率，使资金系统在集团所属企业中更加深入应用。二期灾备中心的建设和公司攻防演练项目进一步提升了公司的系统安全和应急水平，有效保障了资金管理安全。

【企业文化建设】2019年，公司共计开展活动58项，各部门员工编写宣传稿72篇，宣传口号3条，共组织培训43项700人次，内部讲堂9场，较2018年实现大幅增长。公司党支部扎实推进“两学一做”学习教育常态化制度化，党支部核心领导能力不断增强，党建工作服务经营管理更加有力，取得明显成效。深入开展党组织活动，深入开展党风廉洁教育。

武汉钢铁集团财务有限责任公司

【集团概况】武汉钢铁集团财务有限责任公司（以下简称“公司”）所属集团公司为武钢集团有限公司，武钢集团有限公司是中国宝武钢铁集团有限公司（以下简称“集团”）100%控股的下属子公司，2019年集团聚焦融合加快发展，经营质量稳步提升，全年实现营业收入351.16亿元，实现利润6.3亿元。

【经营概况】2019年，公司根据集团总体战略布局，继续推进同宝钢集团财务有限责任公司（以下简称“宝钢财务公司”）的整合，并着眼于服务中国宝武产业体系建设，聚焦业务及平台整合，探索自身发展新路径。截至2019年末，公司资产规模233.02亿元，实现年营业收入3.76亿元，完成利润8.19亿元（经营利润约1.5亿元），完成了年初预算目标。

【票据业务】围绕集团共建高质量钢铁生态圈的发展要求，公司不断深化和延伸产业链金融服务，截至2019年末共办理产业链贴现业务70多亿元，并实现了产业链下游业务的突破。同时，进一步挖掘市场潜力，加强客户走访调研，特别是对新增客户进行需求调研，为未来公司业务规模拓展打下基础。

【资金集中】为保证在整合特殊时期公司稳定经营，公司对重要客户的资金计划密切跟踪，做好大额资金留存协调工作，维持了存款规模的相对稳定。根据集团账户穿透式管理要求，公司协助武汉地区集团成员单位办理账户直连业务，优化办理流程，实现了集团应联尽联的目标，满足了其穿透式监管的要求。

【风险管理和内部控制】在推进整合过程中，公司加强应急预案准备，保障大额资金支付时资金链安全。持续严控信用风险，及时对客户进行评级授信，定期对担保贷款的抵押品进行现场检查。按期完成反洗钱数据报送，按人民银行政策要求规范实施反洗钱措施。加大同相关监督管理部门的沟通协调，并获得相应的政策指导与支持，确保整合工作合规有序推进。加强了信息系统运行监控，以及重点系统和设备的巡检，确保未发生因设备故障导致的系统中断运行事件。加强公司经营场所巡查监控，及时发现隐患并整改维护，确保无重大安全责任事故发生。

【企业文化建设】公司在“不忘初心、牢记使命”主题教育过程中，组织领导干部集中轮训学习，持续推动党员责任区建设和党员登高，创新开展了季度学习征文，并配合学习强国软件的使用，挖潜党员学习深度和广度，提升党员队伍素质。以主题教育自查整改和上级党委巡查为契机，对党支部建设进行了全面检查清理，完善了党务工作流程和廉政风险责任落实机制。

物产中大集团财务有限公司

【集团概况】 物产中大集团股份有限公司（以下简称“集团”）是浙江省省属特大型国有控股上市公司，是中国供应链集成服务引领者，自2011年起连续入围世界企业500强，2019年列第249位，是国内同行中唯一入选高盛“新漂亮50”的上市公司。

【经营概况】 2019年是物产中大集团财务有限公司（以下简称“公司”）“十三五”战略规划的攻坚之年，也是公司积极践行“数字化转型”发展的关键一年，公司全面加强党的引领，坚持高质量发展理念，统筹推进业务创新、信息化升级和风险防控，不断提升公司价值创造。2019年实现营业收入2.49亿元，利润总额1.04亿元，贷款平均投放规模111亿元，连续四年不良贷款为零。

【服务实体】 公司牢固树立以客户为中心的理念，紧紧围绕集团发展的金融服务需求，发挥金融专业优势，打造核心竞争力，持续提升服务实体经济质效。公司坚持减费让利政策，致力于支持成员公司降本增效，2019年为成员公司提供专项优惠利率贷款累计70余亿元，降低成员公司融资成本302万元，减少委托贷款手续费支出2400余万元。

【信贷业务】 公司立足集团战略发展，结合自身业务特点，制定差异化信贷政策，注重精准施策，精细化管理，配合集团战略调整业务结构。公司创新提出大型成员公司的战略合作模式，个性化定制服务方案，一揽子解决成员公司金融服务需求。公司不断创新金融服务产品，推出“月内贷”产品服务成员公司超短期资金周转需求，持续优化业务流程，减少中间环节，提升信息化自动数据处理能力，提高业务办理效率，提升客户服务满意度。

【资金业务】 存款业务方面，公司坚持做实做细存款业务，2019年月均吸收存款62.2亿元，吸收存款规模实现稳中有升，存款结构有效优化。同业业务方面，公司有效开展了同业授信、存放同业、国债逆回购、同业拆借等同业业务，并在业务开展过程中建立了广泛的同业授信，完善了同业授信管理体系，强化了与银行等金融同业的合作关系。资金结算方面，公司不断深化免费、高效、便捷的资金结算平台建设，2019年实现资金结算规模10673亿元，同比增长35%。

【投资业务】 公司已在15家基金、资产管理公司开立基金账户，2019年累计投资货币市场基金、公司债及ABS等有价证券投资业务11亿元，所投公司债发行人均为浙江省内优质企业，主体评级为AA+级以上。公司于2019年11月获批股票外有价证券投资业务资质，并落地了首笔应收账款资产支持证券业务，原始权益人系浙江省属国有企业，主体评级为AA级。

【票据业务】 公司自2018年开展电子银行承兑汇票业务以来，经过一年多的发展，现已涵盖票据托收、承兑、贴现、央行再贴现等票据类业务。2019年累计为成员公司办理承兑8.29亿元，贴现1.94亿元。公司根据成员公司用票需求，与成员公司一同走访上游供应商，特别是设立财务公司的大型央企供应商，与财务公司同业合作，积极推动财务公司承兑汇票在成员公司结算、贸易融资中的使用。

【资金集中】 2019年，公司一是持续推进银行账户挂结，不断扩大资金池容量，年末挂结银行账户达780个。二是不断深化资金集中管理，完善资金集中管理制度，积极推动集中度指标考核工作，集团整体资金集中管理工作跨上新台阶。三是开展资金专题分析，使资金集中管理抓住重点。2019年末账户集中比例为52.80%，全口径资金集中度为47.7%，可归集口径资金集中度为95.81%。

【**业务创新**】2019年，公司一是推动再贴现业务落地，使金融支持实体经济政策在集团实现有效落地。二是创新票据业务模式，实现了电子银行承兑汇票“买方付息”贴现业务的成功落地，形成了财务公司、成员公司、产业链下游企业三方共赢的良好局面。三是成功获得股票以外的有价证券投资业务资质，极大地丰富了公司的资产配置渠道，优化了资产配置结构。

【**风险管理和内部控制**】公司深入贯彻监管文件精神，加强在公司治理、资产质量和业务经营三个重要领域的合规管理，2019年风险监控指标均符合监管要求。公司联合德勤华永会计师事务所，历时半年完成内控手册编制，对经营管控环节进行重新审视，逐项优化完善控制措施，并将外部监管要求、内控制度规定和行业优秀做法等内容融入内控手册，使公司内控体系更加科学完善。

【**人力资源管理**】为平衡财务公司金融属性和集团功能定位，公司对浙江省内财务公司同业和集团下属成员公司开展了一次专题调研。结合调研结果，公司绩效考核工作小组进一步优化了绩效考核方案，充分发挥绩效考核对公司发展、人才培养的支撑作用。

【**信息化建设**】公司聚焦科技变革，深入推进金融数字化建设，成功实现了新一代金融综合管理平台上线。新系统平台采用“稳定核心+专业外围”的系统架构模式，包含存贷款、结售汇、资金管理等主要业务功能，外围对接财企、财银、上海票交所接口，具备丰富的参数体系，可以充分支撑和满足外部监管、业务发展、管理变革的需求，对集团金融资源统筹管理提供信息化支持也具有非凡的意义。

【**企业文化建设**】公司联合浙江大学管理学院打造企校党建共建新样板，形成国企与高校“产教融合、产学互融”的良性机制和工作平台。公司打造的合规督办“大监督”模式获得浙江省国企党建创新品牌30强，“浙江共产党员”“浙江党建”等官方媒体专门进行了报道宣传。公司工会以打造“五融”特色职工之家为抓手，推出“六大工程”“十二项举措”，获得省部属企事业“先进职工之家”荣誉称号。

物美商业财务有限责任公司

【**集团概况**】北京物美商业集团股份有限公司（以下简称“集团”）由北京物美综合超市有限公司经股份制改制设立，主要从事连锁便利超市和中、大型超市经营。集团及下属子公司主要经营业务范围包括购销百货、五金交电化工、针纺织品、工艺美术品、建筑材料、装饰材料、机械电器设备、日用杂品、电子计算机软硬件及外部设备、家具、出租柜台、技术咨询、技术服务、零售国家正式出版的音像制品、从事商业经纪业务、购销农副产品等。

【**经营概况**】截至2019年末，物美商业财务有限责任公司（以下简称“公司”）资产总额20.24亿元，同比增长14.27%。负债总额14.59亿元，同比增长18.96%，其中，吸收存款14.56亿元，同比增长87.37%，所有者权益5.65亿元，公司资产负债率为72.07%。2019年度，公司实现营业收入2957.58万元，利润总额2666.66万元，净利润1999.99万元。

【信贷业务】公司继续坚持面向集团主业提供服务，积极开发适应集团及成员单位业务需求的信贷产品，结合集团核心业务的战略调整，2019年公司面向成员单位开展商业票据贴现业务累计5.21亿元，办理流动资金贷款2.50亿元，截至2019年末信贷资产余额4.72亿元。

【资金业务】截至2019年末，公司累计完成结算业务20.61万笔，结算金额1536.51亿元，其中，代理支付业务10.56万笔，代理支付金额270.64亿元。2019年人民银行加大力度推行LPR定价机制，为提升货币市场竞争力，公司从第四季度开始为成员单位办理协定存款业务，进一步增强吸收成员单位资金头寸能力，提升财务公司金融服务含金量。

【资金集中】2019年，公司继续加大资金管理力度，进一步落实统收统支，通过资金归集全方位精准性服务于集团资金运作需求。截至2019年末，公司面向集团及成员单位吸收存款14.56亿元，存放同业及央行15.75亿元，公司全口径资金集中度为84.9%，同比增长59.43%。

【风险管理和内部控制】公司自成立以来逐步构建了董事会领导下职责清晰、分工明确的全面风险管理组织架构。2019年，公司继续加强风险管理、合规管理的规范化、标准化，严格组织落实各项资产风险分类工作，并对各项业务进行风险排查。截至2019年末，公司不良资产率和不良贷款率均为零，各项业务经营合规，资产质量良好，整体风险可控。

【信息化建设】2019年，公司深化产融结合，创新金融服务，提升科技力量，坚持服务零售业市场定位，结合零售服务发展战略，顺应零售市场发展趋势，科学制定信息科技中长期发展规划，明确信息科技建设和管理阶段性目标，提升核心竞争力。

【企业文化建设】自2015年成立以来，公司坚持“规范经营、开拓创新，依托集团、特色金融”的经营理念，以助推集团战略发展、实现整体利益最大化为根本目标，为集团的多元化经营发展战略提供更为广泛深入的金融支持。同时锐意进取，开拓创新，集中开发并开展与集团整体发展战略相一致的新增金融业务，逐步发展成为与核心产业链充分融合、协同的金融服务平台。

西部矿业集团财务有限公司

【集团概况】西部矿业集团有限公司（以下简称“集团”）在全国12个省、自治区、直辖市拥有60余家分、子公司，业务范围涉及有色金属矿采选冶炼、盐湖化工、新型绿色建筑及地产开发、旅游资源开发、金融及信息技术等产业板块，产业多元，是青海省唯一一家进入中国企业500强的企业。

【经营概况】截至2019年12月31日，西部矿业集团财务有限公司（以下简称“公司”）资产总额136.33亿元，负债总额105.93亿元，所有者权益30.40亿元，实现拨备前利润总额27282万元。

【服务实体】2019年，面对错综复杂的外部环境和资金成本的明显上升，公司主要通过存款利率上浮、贷款利率下浮、手续费减免、中间业务价格优惠等措施，主动服务，攻坚克难，一如既往地优惠让利，且力度进一步加大，集团成员单位认可度进一步提升。2019年累计让利优惠超过1.10亿元，金额较上年增长83.30%，再创历史新高。

【信贷业务】公司贷款投放重点支持了集团本部的资金运作，同时对重点企业和在建项目给予信贷支持，有效支撑了集团重点项目建设。2019年累计向成员单位发放贷款139.90亿元，收回 119.80 亿元，贷款余额 68.09 亿元，较年初增加 20.09 亿元，贷款余额创历史新高。

【资金业务】按照各成员单位用款计划，优化资金归集及资金头寸管理策略，严格执行议价机制，提高议价能力，充分拓展金融机构合作对象，合理搭配同业定期期限及金额，公司存放同业活期和定期收益率均创历史新高。

【投资业务】公司按照“风险可控、利益最大化”的原则，按照“风险可控、收益优先”的资源配置目标，积极寻找较高收益的现金管理类产品进行配置，平均收益率为 5.09%。所有投资业务五级分类正常，质量优良。

【票据业务】2019 年，公司办理电子商业承兑汇票业务 2937 笔，累计签发量达到 41.5 亿元，承兑余额 26.16 亿元；累计为成员单位办理贴现业务 1058 笔，累计业务量达到 20.89 亿元，日均余额达到 17.54 亿元。

【资金集中】公司按照“一户一策、应归尽归”的原则，积极发挥资金归集平台作用，资金集中度进一步提升，资金集聚效益不断体现。2019 年末管理成员单位 68 家，较年初新增 8 家；年末全口径资金归集率达到 74.28%。

【风险管理和内部控制】公司一是完成制度梳埋工作。2019 年公司组织专业人员在原风险点的基础上，进一步全面梳理了包括综合管理、资金管理、结算业务、信贷业务、票据业务、中间业务、财务管理、会计核算、信息科技、合同管理等业务及管理流程，优化了流程中 120 余个关键风险点，有效防范操作风险。二是全面推进风险预警管理。通过发现可能会危及公司资产安全的预警信号，最大限度地规避或减少损失，公司于 2019 年 1 月启动全面风险预警机制，涵盖信用、市场、流动性、合规、信息科技、操作等风险。明确了风险级别、关键预警指标、预警信号、应对方案、应急机制等内容。建立了全员参与、及时报告、快速反应、责任追究的全面风险预警管理机制。

【人力资源管理】公司以素质能力提升为第一要务，分条线、分岗位制定不同的培训内容及学习计划，通过公司级培训、部门级培训、自学及岗位履职能力考试手段，持续加强全员履职能力及素质提升工作，确保公司人才队伍稳定、素质优良。2019 年，全年累计培训 360 人次，参加履职能力考试 15 人，合格 15 人。

【信息化建设】2019 年，公司一是完成硬件系统整体升级和机房搬迁工作。为解决公司机房基础设施环境薄弱、硬件系统老化等问题，公司通过租赁中国移动大数据中心机柜、硬件系统整体升级工作，完成了机房整体搬迁、应用系统迁移及云计算平台部署工作，切换完成 4 个应用系统、6 家直连银行和 8 条网络专线，实现了设备零损坏、系统零故障的目标。二是完成数据分析平台、移动 APP 平台和反洗钱系统项目建设工作。为进一步提升集团整体资金数据治理水平，实现移动查询审批功能，满足反洗钱管理要求，有效提升集团及财务公司数据治理水平、分析决策能力和综合管埋能力，公司于 2019 年 12 月完成数据分析平台、移动 APP 平台和反洗钱系统的上线工作。

【企业文化建设】2019 年，公司累计开展集中学习 16 次，专题党课 8 次，观看警示教育片 3 次，集中参观学习 1 次，学习强国使用人数 18 人，平均积分达到 6200 分；开展形式多样的文体活动，全年累计开展各项文体活动 6 项，180 多人次参与。继续深入开展“送温暖”活动，累计走访慰问生病员工 3 人次。公司的向心力和凝聚力不断增强，广大干部员工的工作热情进一步高涨，为公司顺利完成各项年度工作任务奠定了坚实的群众基础。

西电集团财务有限责任公司

【集团概况】中国西电集团有限公司（以下简称“集团”）是我国唯一一家以完整输配电产业为主业的中央企业，成立于1959年7月，是以我国“一五”期间156项重点建设工程的4个项目为基础形成的，集科研、开发、制造、贸易、金融为一体的大型企业集团。历经一个甲子的拼搏与发展，中国西电集团已经成为我国最具规模、成套能力最强的中压、高压、超高压、特高压交直流输配电设备和其他电工产品的研发制造、实验检测和服务基地。

【经营概况】2019年，西电集团财务有限责任公司（以下简称“公司”）紧紧围绕年度重点任务目标，密切跟踪金融市场动向，加强政策研判，积极拓展金融业务，持续巩固资金集中管理成果，不断提升金融服务能力和水平，促进集团所属企业高质量发展。2019年，面对国内外宏观经济形势下行、利率市场化冲击和趋严趋紧的金融监管环境，公司实现营业收入3.08亿元，实现利润总额2.11亿元，实现净利润1.58亿元。

【信贷业务】2019年，公司紧随市场利率变化趋势，根据中国人民银行发布的LPR定价机制，及时制定《信贷业务差异化金融服务方案》，将LPR降息优惠力度第一时间传导至集团成员企业，降息幅度约为10个基点，成为全省首家执行贷款利率市场报价机制的财务公司。

【产业链金融】2019年，公司积极与民生金租、西藏金租等金融机构交流合作，推广成员企业设备融资租赁业务，完成与集团主机企业西安西电变压器有限责任公司设备融资租赁业务签约。

【资金业务】2019年，公司建立“三池联动”的资金池（即同业资金池、类现金产品池、投资产品池），通过对三类资金池分类管理，科学合理配置资金，有效分散资金风险，不断提高资金效益和效率。

【投资业务】2019年，公司持续优化投资决策流程，强化风控审核，制定《有价证券投资业务操作手册》（试行），建立了投资白名单制度，对整体资金配置结构进行优化，提高资产配置效益。开展有价证券投资业务，规模达30亿元，有价证券投资业务交易对手从上年的3家增加到15家，累计开展国债逆回购业务120亿元。

【票据业务】2019年，公司不断加强同业合作，开展票据转贴现业务。与宝钢集团财务有限责任公司“首单”买断式电子票据转贴现业务成功落地。

【外汇业务】2019年11月，公司获得国家外汇管理局陕西省分局下发的《跨国公司跨境资金集中运营备案通知书》，成为省内首家在新规实施后备案成功的企业，可开展跨境资金池的境外放款额度为4.95亿美元，集中外债额度为33亿美元。通过跨境外汇资金池，可实现跨国集团公司境内外成员跨境资金集约化管理，进一步助力集团海外业务快速发展。

【资金集中】2019年，公司持续深化账户归集工作，一是通过与成员企业紧密联系，多渠道了解其外部银行账户的性质、用途，研究确定适合的归集方式；二是按月统计成员企业资金使用情况，关注其资金变动趋势，层层分析影响资金集中度的原因，制定解决措施；三是管控成员企业大额资金支付，确保归集资金的安全、及时、完整。2019年，中国财务公司协会公布的2018年度行业资金集中度排名，集团全口径集中度达到89.75%，在全国248家财务公司中排名第7位、央企中排名第2位，较上年度提高2.2个百分点，提升5个位次。

【业务创新】2019年，公司成立了“青年金融创新论坛”，共有14项金融应用性研究课题通过评审立项。力求通过青年金融创新论坛，达到得到一批成果、锻炼一支队伍、凝聚一种精神的目标，切实发现一批思维活跃、理论扎实、眼界开阔、敢于实践的青年骨干人才，为公司改革发展提供人才支撑和保障。

【风险管理和内部控制】2019年，公司全面推进“大合规”工作，作为集团合规体系建设试点单位之一，针对近三年来外部各类检查，包括巡视、审计、银保监监管等提出的问题，举一反三，逐项落实工作责任。选聘总法律顾问，成立合规委员会，明确人员构成及职责分工，制定《合规建设实施方案》和《合规管理推进计划》，全面梳理风控体系，通过风控部门参与专业委员会议事环节，将风险管理环节前移至事前。

【人力资源管理】全面梳理公司岗职位体系，完善部门职责、岗位职责，明确各组织的职责边界。强化监督考核力度，建立定期评估机制，对部门工作推进实行“月跟踪、季评价、年考核”，抓好跟踪督办。优化人才队伍结构，通过市场化方式选聘专业人才，满足公司快速发展的人才需求。2019年末首次推行全员公开述职考核的绩效考核机制，产生了鼓励先进、督促后进、激发活力的良好效果。

【企业文化建设】2019年，公司党总支强化“两个责任”和“一岗双责”的落实，围绕“不忘初心、牢记使命”主题教育，扎实做好8个阶段工作，确保党中央、国务院国资委党委、集团党委决策部署不折不扣落到实处，确保主题教育取得扎扎实实的成效。主题教育期间，公司主要领导和部门负责人深入5家财务公司、9家合作金融机构、10家商业银行、9家券商、6家信托公司等开展对标交流，拓宽视野思路，借鉴经验助力转型升级。同时，围绕2019年党建工作要点，逐项对照推进完成，重点完成34项党建制度、完善党建责任考核、运用“大监督”体系、强化舆论宣传、完善维稳信访机制等工作，推进党建登高，促进党建工作与经营工作深入融合。

西门子财务服务有限责任公司

【集团概况】西门子股份公司（以下简称“西门子”）是全球领先的技术企业，170余年来不断致力于卓越的工程技术、创新、品质、可靠性和国际化发展。公司业务遍及全球，专注于电气化、自动化和数字化领域。作为最大的高效能源和资源节约型技术企业之一，西门子在高效发电和输电解决方案、基础设施解决方案、工业自动化、驱动和软件解决方案等领域占据领先地位。依托公开上市的子公司西门子医疗股份公司，西门子也是计算机断层扫描和磁共振成像系统等医疗成像设备，以及实验室诊断和临床IT领域的技术领导者。西门子最早在中国开展经营活动可以追溯到1872年，向中国出口了第一台指针式电报机，并在19世纪末交付了中国第一台蒸汽发电机以及第一辆有轨电车。1985年，西门子与中国政府签署了合作备忘录，成为第一家与中国进行深入合作的外国企业。西门子见证了中国改革开放带来的巨大变化，同时也为中国的改革发展作出了贡献。

【经营概况】2019年，西门子财务服务有限责任公司（以下简称“公司”）实现了自身业务稳定增长，各项监管指标全部达标。截至2019年末，公司资产总额折合人民币约126亿元。

【信贷业务】根据内部规定，公司的贷款发

放对象主要为西门子控股的在华成员单位，且母公司提供支持。公司根据借款成员单位的财务状况、盈利能力、发展预期等对其进行授信评级，基于评级结果提供信用贷款或担保贷款。

【票据业务】公司仅向西门子控股企业提供贴现业务且公司接受的均为全国性商业银行承兑的银行承兑汇票，并事先对票据要素和贸易背景的真实性进行严格审核，将风险降至可控范围。

【外汇业务】2019 年，公司的外汇业务主要为吸收西门子在华成员单位的外币存款、外汇资金集中运营管理试点业务、即期结售汇业务和即期外币对业务。

【资金集中】公司一直致力于减少集团成员在外部银行的存款，提高资金集中度，为集团的稳健发展提供最好的保证。公司资金集中度常年保持在 90% 以上。

【风险管理和内部控制】公司建立健全各项规章制度，严格遵守内控制度，坚持稳健发展和合规经营的原则，实现健康经营。将风险管理作为日常工作的重要组成部分，着重关注信用风险、流动性风险、市场风险及资本充足率水平。同时认真学习并执行监管机构的各项监管指标及监管要求，保证公司的合规经营和稳健发展。

【人力资源管理】公司通过西门子（中国）有限公司的人力资源共享服务部门实现公司的人力资源管理、包括人员招聘、培训管理、劳动用工制度、薪酬体系、绩效考评管理等，完善公司人力资源基础建设，实现目标管理与激励机制的有机结合。同时结合自身行业特点，安排或组织相关部门员工进行形式多样且有针对性的岗位培训，丰富员工的职业技能和综合素质，在促进个人职业发展的同时，提高了公司的经营效率。

【信息化建设】公司从德国总部引进 Murex 系统并将其作为核心业务和风险管理系统。主要使用交易模块、风险管理模块及授信管理模块等，可满足各类内外部交易管理、市场风险管理和信用风险管理等需求。其中交易模块涵盖所有内外部表内交易，包括存贷款、贴现、同业拆借、债券逆回购以及外汇交易等。风险管理模块主要用于市场风险管理，包括在险价值（VaR）计量及其限额控制，损益监控及其限额控制等。授信管理模块主要用于信用风险管理，包括为内外部交易对手设置授信额度、实时风险敞口计量和授信额度使用率计算、超限预警等。同时，Murex 系统与 Finavigate 系统实现了无缝对接，Murex 用于金融交易录入、确认、本金和利息计算及交易查询，Finavigate 完成结算、会计处理和基本财务报表等，最大限度地减少了人员操作风险和会计核算风险。

【企业文化建设】公司一直提倡和营造和谐团队，通过组织各类活动激发团队活力和提升凝聚力，包括户外旅游、健身锻炼、新春联欢等。同时，西门子工会也定期组织丰富多彩的文体活动，如音乐会、艺术展、各类体育运动等。

西王集团财务有限公司

【集团概况】西王集团有限公司（以下简称“集团”）成立于 1986 年，33 年来集团深耕主业，已形成了以玉米深加工和特钢生产制造两大主业板块为主导，投资运动营养、物流、国贸等产业的全国大型民营企业，控股西王食品、西王特钢、西王置业三家上市公司和西王集团财务有限公司（以下简称“公司”）。子公司山东西王糖业有限公司、西王药业有限公司、山东西王食品有限公司、西王金属科技有限公司被国家认定为高新技术企业。

【经营概况】截至2019年末，公司资产总额61.12亿元，负债总额37.82亿元，净资产23.30亿元。2019年度，公司累计实现营业收入2.76亿元，实现拨备前利润总额28089.82万元，拨备后利润总额11421.57万元。

【服务实体】2019年，公司更好地发挥金融服务职能，合理配置集团金融资源，深入推进减费让利，进一步降低实体企业财务费用和融资成本，从而有力地支持了实体经济发展。2019年，公司通过贷款投放为成员单位放款让利1.45亿元；通过免收成员单位担保费、承兑汇票承诺费，为集团节约资金成本0.64亿元；通过同业业务为集团节约成本0.52亿元；通过资金归集为集团增加存款利息收入0.24亿元。以上共为集团减费让利2.85亿元。

【信贷业务】2019年，公司认真践行“集团金融服务中心”和“集团金融资源管理中心”两个中心的定位，致力于夯实信贷业务基础管理，不断提升主动服务意识，为成员单位提供差异化、优质高效的全方位信贷服务。2019年末成员单位贷款需求满足度达46%。

【资金业务】2019年，公司完善了《流动性风险管理办法》《流动性风险应急预案》，依据日常流动性指标及经营状况，将流动性控制作为风险管控的重中之重。公司根据每周流动性情况制定多方案、多渠道的流动性补充方案，不断进行压力测试，努力增加融资来源，增加渠道支持，提升流动性应急管理能力。

【资金集中】2019年，公司通过加强账户管理，强化成员单位银行账户监控，进一步提高资金集中管理水平。2019年末按照全口径计算，资金归集度达71.70%；按照可归集资金口径计算，资金归集度达74.54%。

【外汇业务】2019年，公司通过多方式、多渠道进行结售汇知识的学习和系统的操作演练，顺利通过即期结售汇资质的验收工作。

【风险管理和内部控制】2019年，公司高度重视合规建设，根据山东银保监局开展“行业规范建设年”的要求，精心部署，通过一系列有效措施，不断完善工作领导小组职责，细化工作要点，全面贯彻落实活动精神。营造依法办事、遵章守纪的浓厚合规氛围，确保全体员工知敬畏、存戒惧、守底线，筑牢全体员工“合规创造价值、合规人人有责”的理念，形成“不能违规、不敢违规、不愿违规”的合规文化。

【内部审计】2019年，公司明确了内部审计工作重点和方向，即“标准化、严格化、数量化”。围绕“三化”扎实有效推进审计工作。建立审计问题联席会议机制，强化整改落实，切实发挥审计效力，保证业务严格遵循操作流程，依法合规经营。

【信息化建设】2019年，公司持续优化完善表外账管理系统、审计信息系统、风险管理监测及预警系统等一系列新开发系统，部署了内网办公系统，为业务发展和合规经营提供强力信息系统保障。

【企业文化建设】公司加快推进企业文化建设，持续推进“管理者五项要求”建设，不断提升中层干部执行力和素质。积极组织“全员健身提素庆周年活动”以及“庆元旦、迎新年”知识竞赛等系列活动，进一步提高员工的向心力和凝聚力。

厦门海翼集团财务有限公司

【集团概况】厦门海翼集团有限公司（以下简称“集团”）是厦门市国资委出资设立的国有独资企业，是厦门市十大集团之一，属机械制造行业，集团总资产超过200亿元，净资

X

产近60亿元。集团组建以来，实施资源整合，打造发展平台，构筑了高端制造业（工程机械、专用车、钢结构、液压零部件）、航空产业、供应链运营（贸易、物流）、金融服务（财务公司、融资租赁、投资、资产管理、小额贷款）和地产五个业务板块，拥有包括上市公司厦门厦工机械股份有限公司在内的控参股企业百余家。集团“实业经营”与“资本运作”双翼并重，打造高端制造业投资平台和发展服务商，形成了相互协同、健康可持续的发展格局。

【经营概况】 2019年，厦门海翼集团财务有限公司（以下简称“公司”）取得历年来最好经营成绩，为推动集团转型升级打下坚实的基础。截至2019年12月31日，公司资产总额达到35.41亿元，净资产10亿元，总负债25.41亿元，2019年实现营业收入8392.19万元，利润总额4922.30万元，净利润3859.22万元。

【服务实体】 随着集团结算中心及财务公司职能深度融合，公司作为集团的资金管理中心，多维度为成员企业提供服务，丰富了公司业务范畴。2019年，公司全程参与了集团内上市公司厦工股份的重整事项，公司从制定集团整体资金计划方案、合理筹划重整资金及解决法律问题等多角度为项目的顺利完成发挥了重要的作用。

【信贷业务】 公司积极发挥信贷服务实体功能，以服务为导向，发挥财务公司综合金融服务作用，抓住集团资金沉淀的契机，结合集团产业发展提供信贷支持。一是信贷规模及日均信贷规模再创新高。截至2019年底，公司信贷规模28.88亿元，日均信贷规模25.10亿元，分别同比增长31.21%和34%，对集团产业发展提供有效的资金支持，保障集团顺利完成年度营收计划。二是研判利率走势，调整信贷资产在自营贷款及贴现资产的分布。2019年末自营贷款与贴现贷款的比值为4.43，较2018年末的比值1.34增加了3.09，利用两种资产价格的剪刀差效应，提升公司资产的边际收益。三是积极响应国家政策，持续扶持小微成员单位。2019年累计为小微成员企业办理融资业务15.98亿元，其中，贷款14.29亿元，承兑汇票1.69亿元，综合融资利率为4.06%，较原基准利率下浮6.67%，有效地为小微企业发展提供充足低成本资金。四是充分发挥内部银行作用，为成员企业节费增效。2019年为成员企业降低成本201.38万元。

【资金业务】 2019年，公司紧抓流动性安全管理工作，通过提升资金计划及预测的精细化水平，科学合理地配置资金期限，在提升资金安全的前提下进一步提高资金头寸的运作效率，也大幅提升了财务公司资金存放收益。

【投资业务】 公司一是2019年7月货币市场基金投资业务上线了基金通交易平台，奠定了基金投资业务管控手段行业领先地位，极大提高了货币市场基金操作效率，将货币基金管理人管理半径从不足5家提高至15家，产品管理半径从15只提高至20只。二是公司的投资渠道得到了进一步拓展，2019年9月25日公司获批“除股票以外类有价证券投资”资质，并于2019年12月12日实现信托计划投资业务破冰，完成了首笔2000万元信托计划投资业务。2019年12月26日完成首笔与非存款类金融机构合作的跨年末同业拆出业务，金额1亿元，期限7天。这标志着公司投资业务走上新的里程。新业务的落地，增加了公司的利润来源，增强了公司的综合实力。

【票据业务】 公司持续优化再贴现业务流程，实现再贴现业务相关三个部门业务流转无缝对接，提升效益。同时，公司同步优化转贴现操作环节冗繁流程，充分利用加入上海票交所的契机，盘活公司票据资产，提升效益。2019年，公司发生转贴现转出业务6笔，票面金额合计3.5亿元，较2018年公司发生转贴现转出业务1笔、票面金额0.6亿元增长明显。

【资金集中】 2019年，在负责集团结算中心职能的基础上，公司司库管理职能进一步凸显，通过前期的整合资金报送平台，统筹管理集团资金、规划融资授信需求、加强银行账户开销户管理，满足成员单位对资金收益率的要求，在不断提高对成员单位服务质量的同时，资金归集率提升至 63.79%，比 2018 年底提高了近 9 个百分点。

【业务创新】 2019 年 9 月 25 日，公司获批有价证券投资（除股票投资以外类）和委托投资业务。2019 年 12 月 12 日，公司成功申购了第一笔信托投资业务，标志着公司投资业务走上新的里程。

【风险管理和内部控制】 2019 年，风险管理策略继续维持为“稳健偏保守”，不良率控制为零。一是结合监管部门的信息科技风险管理政策，完成信息科技外包风险评估工作，将信息科技外包风险评估纳入全面风险管理体系。二是及时关注外部金融风险并应用到工作中，新增制定了票据承兑业务应急预案，开展灾备项目应急演练，确保灾备项目上线后业务连续处理及数据安全。三是加强员工教育，树立合规氛围，开展案件警示教育专项活动，不断强化员工风险防范及合规意识。四是加强数据标准化建设和管理，出台监管统计工作办法，进一步实现公司统计工作的系统化、规范化。完善数据报表考核机制，新增贷款比例、投资结构、结算收支比、账户集中比例等考核指标，引导公司业务发展符合监管要求。

【人力资源管理】 坚持业绩考核导向，建立完善长效激励机制，优化考核体系，激发干事创业激情；创新人才培养方式，定期开展部门轮训，积极培养内部人才，按要求进行人员轮岗，形成公司每位员工至少胜任两个以上岗位，切实做到人尽其才、一专多能；制作员工手册，对新员工进行岗位培训、企业文化培养及廉政教育。

【信息化建设】 2019 年，公司加大了对系统建设的投入，投入金额较 2018 年增长 49.20%。在基础设施方面，完成了灾备系统建设，新增的灾备系统达到了应用级别，具备实时恢复生产的功能，有效提升信息科技风险防控，确保业务能安全稳妥地连续运行。在信息系统建设方面，成功上线财企通平台，有效提升成员企业运营效率。持续优化升级业务系统，升级上海票交所交易系统，强化信息系统对业务和管理的支撑能力。

【企业文化建设】 为庆祝祖国 70 周年华诞以及公司成立 7 周年，公司组织员工开展“欢庆国庆 · 迎周年庆”健步行活动，倡导绿色环保出行，为祖国 70 周年庆献礼。党建方面，公司党支部积极开展“不忘初心、牢记使命”主题教育，组织“深化双报到、为民解难题”活动，联合建设银行开展反洗钱、电信诈骗、非法集资及“金融知识万里行”社会公益宣讲，服务社区，积极为社会、为群众排忧解难。公司坚持党建引领发展，完善公司治理机制。

厦门翔业集团财务有限公司

【集团概况】 厦门翔业集团有限公司（以下简称“集团”）是一家跨地域、多元化发展的大型国有企业集团，拥有全资或控股下属公司 70 余家，产业覆盖机场、码头、城际客运、酒店、会展，电子商务、物流服务、临港商业地产、食品、广告传媒、智能科技等领域，是中国服务业 500 强企业之一。2019 年，集团收入及利润再次创历史新高。截至 2019 年末，集团资产总额为 383.81 亿元，同比增长 12.75%。2019 年实现营业收入 174.83 亿元，同比增长 18.14%；利润 16.17 亿元，同比增长 0.88%。

【经营概况】 2019 年，厦门翔业集团财务有限公司（以下简称“公司”）推进公司新业务资质获取和落地，加强制度体系和风险防范机制建设，进一步提升公司金融服务水平和质量。截至2019年末，公司资产总额为83.25亿元，同比增长17.11%；所有者权益13.17亿元，同比增长10.77%。2019年实现营业收入2.29亿元，同比增长5.60%；净利润总额1.25亿元，同比增长14.40%。资本充足率为34.04%，平均流动性比例达53.15%，无不良资产和不良贷款，整体经营安全稳健。

【服务实体】2019年，公司针对性地引导集团成员企业扩大票据结算量；针对成员企业应收账款较多的问题，积极探讨和推动买断式保理业务；针对企业的租金支付问题，推动其与业主方以票据支付租金，提高其资金使用效率。通过利率优惠、费用减免等措施，为集团成员企业节约成本达3848.65万元。

【信贷业务】2019年末，公司各项贷款余额21.09亿元，累计为集团成员企业开立电子银行承兑汇票9900万元；办理贴现业务2.21亿元；办理融资租赁3300万元。公司除提供流动资金贷款、固定资产贷款、经营性物业贷等传统信贷产品外，还积极推广法人账户透支、无还本续贷等创新产品，全年累计办理法人账户透支业务1.3亿元，办理无还本续贷“连续贷”业务400万元，多措并举为集团成员企业提供优质便捷的金融服务。

【资金业务】公司根据资金和同业市场情况动态调整同业业务策略，取得了良好成效。2019年同业业务操作合计121笔，金额合计196.6亿元；实现理财收入1.12亿元，累计办理同业拆借金额35.90亿元，实现有价证券投资收益838.66万元。

【资金集中】2019年，公司重点规范集团各成员企业开户银行的选择，谨慎评估，严控开户数量，并对开户银行选择进行测算，合理选择开户银行。开展集团账户及资金归集工作，做到应归尽归。截至2019年末，公司账户集中度为68.44%，全口径资金归集度为84.8%，可归集口径资金集中度为88.32%。

【业务创新】公司于2019年3月顺利获批有价证券投资资质，9月获批银行间债券市场准入，11月实现银行间市场成功开户联网。2019年依次开展了货币基金、标准化信托产品两类有价证券的投资，实现投资收益838.66万元。2019年7月，公司成功办理元翔（厦门）海岸有限公司趸船融资租赁直租业务1笔，金额3300万元。12月初正式获批开展买方信贷业务。

【风险管理和内部控制】公司继续完善立体式风险管理体系。不断完善制度体系，2019年新制定或修订相关制度共计25项，夯实合规经营基础。制定《公司全面风险管理三年规划(2019—2021年)》，推动风险关口前移，深度介入新业务拓展，充分发挥风险管控的协同管理职能，保障公司各项业务健康发展。

【信息化建设】2019年，公司持续完善、开发核心业务系统的功能。开发上线同业授信、同业保本理财、有价证券投资、投后管理，搭建了同业业务管理平台；优化融资租赁、保理和保函功能，完成LPR利率改造，完善信贷业务管理平台；开发自动财银对账和结算业务双人双岗功能，提升结算服务效率和专业水平；完成黑名单接口、反洗钱报文接口、客户信息管理中受益所有人登记和维护功能开发，采购道琼斯黑名单数据库，提升公司反洗钱工作质效。

【企业文化建设】2019年，公司工会正式组建成立，全年组织了“快乐健步走　文明齐动手”洁净家园暨春游踏青活动，并积极参与集团新春游园会、集团第十三届职运会、银协乒乓球赛等多项活动，进一步提升公司的凝聚力，增强团队协作精神。以“服务”为宗旨，积极营造“理解人、尊重人、关心人”的企业氛围，在春节、三八妇女节等传统节日给公司员工送去祝福和问候，增强员工对公司的认同感与归属感。

新奥财务有限责任公司

【集团概况】新奥能源控股有限公司（以下简称“集团”）致力于推动创建清洁、低碳、智能的现代能源体系，已形成零售天然气、综合能源两大核心业务，逐步向综合能源服务商转型。2019年，面对宏观经济下行、体制改革提速、行业竞争加剧等诸多挑战，深化卓越运营、推动创值挖潜，业绩实现逆势增长。

【经营概况】2019年，新奥财务有限责任公司（以下简称“公司”）统筹集团整体授信，保障集团资金需求；扩大信用节约资金，降低成本提高效率；利用数据创值赋能，服务整个生态客户。2019年，各项经营目标顺利达成，实现营业收入2.95亿元，净利润1.72亿元，人均净利润297万元，资产总额107.23亿元。

【服务实体】截至2019年末，公司服务成员单位数达738家。为满足客户的多样化资金需求，公司深入调研成员企业的融资痛点，加强金融服务和产品的创新，大力拓宽成员企业融资渠道，满足企业的融资需求；同时，坚持对成员企业减费让利、免收结算服务费，大力拓展信用融资工具开票，最大限度地降低企业融资成本，累计为成员单位节省贷款利息3334.22万元、节约财务费用554万元。

【信贷业务】公司坚持立足集团、做优资产负债业务规模的原则，首先是深挖运营资金潜力与积极拓展资金来源并举，全力保障集团和成员企业并购、偿债、还贷及日常经营的资金需求；其次是建立更加合理化、市场化的贷款定价机制，综合衡量成员企业的不同业态、不同阶段、经营水平、盈利能力、经营稳定性等指标，结合贷款风险、与公司合作程度、股权占比及市场资金价格等因素进行贷款定价。截至2019年末，公司存款余额80.89亿元（含美元折人民币），信贷余额73.29亿元（含贴现），委托贷款余额72.96亿元（含美元）。

【资金业务】2019年，公司累计完成境内结算49.41万笔，结算金额5082.72亿元；资金结算笔数较上年增长22.88%，结算金额增长28.35%。2019年境外结算完成824笔，结算金额折合美元为30亿美元，资金结算笔数较上年增长7.99%。精细化的资金管理，规范化的业务流程，使公司经受住了结算量逐年增加的考验，全年资金风险事故零发生，切实保障了集团的资金安全。公司积极开展同业拆入业务，截至2019年末，公司拆入资金累计发生额为88.54亿元，主要期限为7天。

【投资业务】公司还积极探索开展投资业务，一方面，通过提高同业存款资金收益，实现备付资金的保值增值，截至2019年12月31日，实现同业存款利息收入1016.8万元；另一方面，大力推进有价证券投资，强化同业业务风险识别和预警，实现投资利息收入2243.66万元，投资收益率为3.41%；投资业务累计发生额为204.8亿元，主要投向银行对公产品。

【票据业务】2019年，公司积极探索票据结算和融资功能，持续发力推广财务公司承兑汇票用于成员企业内外部结算，全年承兑9.44亿元；扩大同业授信规模，为财票贴现奠定基础，以低于市场融资水平利率，协助企业和供应商办理财票贴现，缓解企业资金压力；集团所辖成员企业均为民营企业，符合人民银行票据再贴现“直通车”条件，2019年办理再贴现7.61亿元。

【资金集中】截至2019年末，公司全口径资金归集率为62.24%。主要采取了两方面的工作措施：一是严格收支两条线，减少本地资金留存，提升资金归集率；并通过大力推动成员企业集中付款上线工作，促进集团资金集中管理，提高管理效率，降低资金风险，截至2019年12月31日，共有567家成员企业实现集中支付。二是充分应用人民币、外汇两个资金池，打通人民币、外汇资金池通道，不仅有效提高外汇资金归集率，也在一定程度上缓解了公司流动性偏紧的状况。

【风险管理和内部控制】面对防范化解金融风险带来的巨大压力，公司时刻做好应对各种复杂困难局面的准备，围绕做好“六稳”工作，坚守风险底线思维，以合规促发展。2019年，公司主动作为，广泛调动内外部资源，探索运用数字化技术，增强风险管理水平；同时，从审计层面持续推动公司制度体系完善，减少风险管控盲区，有效降低了公司资金风险、合规风险和操作风险。截至2019年末，公司未发生金融风险事故。

【人力资源管理】2019年，公司持续加强匹配业务转型的生态组织建设。一是基于业务转型需要，完成按需聚合、网状赋能的组织设置和关键角色设置，推动金融创新业务落地；二是建立价值驱动的能力体系，完成角色体系切换，基于创值场景，形成角色标准，落地人才标签的基础应用规则，牵引事业伙伴主动成长；三是落实人才流动规则，完成公司自驱组织召集人竞聘工作，提升支撑公司战略全面落地的人才保障能力。

【信息化建设】2019年，公司围绕数字化转型，探索搭建金融资源供需信息交互渠道，赋能业务决策，实现利用数据换资源。以“交易+数据+场景”为核心，构建生态圈金融服务体系。2019年上半年，公司聘请普华永道并联合内部各相关方对财资管理平台、跨行管理平台及周边系统进行了风险评估，并就评估发现的问题进行了全盘修复，这一举措实现了公司核心操作系统安全水平的提升。

新凤祥财务有限公司

【集团概况】新凤祥财务有限公司（以下简称“公司”）成立于2015年6月，最大控股股东为新凤祥控股集团有限责任公司（以下简称“集团”）。集团是一家工农业齐头并进的民营大型综合企业集团，业务板块主要包括铜冶炼及铜贸易业务、肉鸡养殖屠宰加工业务，正在形成新凤祥金融产业。多年来，集团始终坚持聚焦主业、稳健经营，在保持核心业务发展的同时，加大安全、环保投入，通过不断的技术研发推动传统企业新旧动能转换，提升集团核心竞争力。2019年末，集团资产总额283.45亿元，全年累计实现营业收入482.73亿元，实现利润总额11.02亿元。

【经营概况】2019年，公司上下紧紧围绕“依托集团、服务集团”这一中心，紧跟集团改革发展步伐，秉承依法合规、审慎经营的理念，准确把握经济形势，夯实基础业务，强化风险管理与合规运营，全面提高综合金融服务能力，有力助推了集团祥光有色金属和凤祥食品两大产业实体发展，并顺利完成了各项经营指标。截至2019年12月末，公司资产总额102.17亿元，比年初增加17.47亿元，增长20.63%；负债总额70.14亿元，比年初增加6.56亿元，增长10.32%；所有者权益32.03亿元，比年初增加10.91亿元，增长51.66%。2019年实现扣除资产减值损失后利润总额1.24亿元，比上年同期增加0.57亿元，增长85.07%。

2019年，经公司股东会审议并报山东银保监局批准，公司于7月份顺利完成了10亿元的增资工作。增加注册资本后，公司同业拆借限额、电子商业汇票承兑限额、同业授信额度均得到提高，进一步拓展了业务领域和业务规模，更好地支持集团公司实体经济和“三农”事业发展，为成员单位提供更加优质的金融服务和更加安全的金融产品。同时，增资将提高公司信贷支持对集团整体融资需求贡献度，有利于进一步提高资金归集率和资金运作水平。

【信贷业务】信贷规模持续增长。通过评级授信为11家成员单位核定授信额度，覆盖了主要成员单位。2019年办理信贷业务110笔，包括流动资金贷款、电票承兑、转贴现、委托贷款等业务品种。截至2019年12月末，各项贷款余额为78.31亿元，其中投向祥光有色金属行业67.54亿元，农业板块10.77亿元。信贷总量保持在合理水平，结构更趋平衡，为集团新旧动能转换提供了有力支撑。

【外汇业务】集团两大产业年进出口贸易总额较大，公司利用即期结售汇业务资格，引导企业顺势办理结售汇，2019年共为成员单位办理售汇业务28笔，金额2.21亿美元，结汇业务5笔，金额2295万美元。加强外汇政策研究学习，及时关注外汇市场行情，降低了集团汇兑成本，和同期银行牌价比，累计节约汇兑手续费368万元。加强政策研究与同业合作，与中国银行、建设银行和浙商银行建立了稳定的交易对手关系，确保结售汇业务合规稳健经营。

【票据业务】2019年，公司持续推进上海票交所纸电票据交易融合项目系统建设，做好项目上线工作，持续完善核心系统功能。2019年，成员单位利用财务公司电票系统累计出票152笔，共计33.97亿元。公司累计为成员单位办理电子商业承兑汇票贴现97笔，合计19.51亿元；电子银行承兑汇票承兑60笔，合计18.17亿元。

【业务拓展】2019年，公司一是积极申报业务资格，推进业务落地。2018年公司申报获批了有价证券投资业务资格（除股票投资以外类）后，通过认购成员单位债券、开展债券借贷融入国债、质押式回购等业务盘活资金，为集团提供资金流动性支持。二是拓展融资渠道，积极推进同业授信产品落地。积极与20余家银行建立并保持良好的合作关系，推进同业授信和业务落地，涉及票据转贴现、代开银承、代开国内证等多个产品种类，为集团公司发展扩大了融资渠道。

【风险管理和内部控制】2019年，公司一是开展风险专项治理。巩固“三违反、三套利、四不当、十乱象”“合规制度建设年”等专项治理整顿活动成果，组织开展合规管理深化年活动，组织全员参加合规知识学习，开展合规管理测试，完善公司级合规指南编制。二是有重点地防范主要风险。对信贷业务及同业业务的评级、授信和支用等环节进行严格审核审查，在印章管理、同业交易对手审查、反洗钱等方面开展了重点检查。三是加强内部审计。注重提升内部审计管理水平，组织对公司各项管理制度、业务制度和操作流程进行梳理整合，采用各部门逐项自查与审计稽核部全面排查相结合的方式，全面梳理现行163项制度，对78项制度提出修订意见，规范各项业务行为，发挥内部规章制度“第一道闸门”的作用。以“巩固治乱象成果，促进合规建设”专项整治活动为契机，对公司5个部门共17项业务种类进行了全面审计，以审促改，推动稳健经营合规展业。

【信息化建设】注重信息安全管理，提升运维管理能力及应急处理能力，开展三年到期信息化全面审计工作，新增应用负域均衡设备、数据库审计设备和应用防火墙，开展了业务系统、网络、存储等全方面切换演练，完成4次配电应急演练，为业务开展提供信息科技保障。

【企业文化建设】公司党支部现有党员15名，党员人数占员工数量的比例达到40%，是集团党员比例最高的成员单位。其中中层管理人员以上的党员数量占党员总人数的53%，公司领导班子和党支部委员“双向进入、交叉任职”，为公司“双培养”工作和党员队伍建设工作奠定了良好的基础。积极探索金融特色党建工作，以党建促经营，积极组织学习，开展党日活动，团队建设进一步加强。

X

新华联控股集团财务有限责任公司

【集团概况】新华联集团（以下简称“集团”）历经29年的持续快速发展，已成为涵盖文旅与地产、矿业、石油、化工、新能源、投资、金融、陶瓷、酒业等多个产业的大型现代企业集团，拥有“新华联文旅”“东岳制冷剂”“华联陶瓷”“新华联喜阳阳”“红官窑”等10余个知名品牌，连续15年跻身中国企业500强和中国民营企业100强行列。截至2019年末，集团总资产超过1300亿元，年营业收入超过1000亿元。

【经营概况】2019年，新华联控股集团财务有限责任公司（以下简称“公司”）全力做好资金调度、信贷资源配置、结算服务、风险管控等工作。公司2019年实现营业收入2.68亿元。同时，公司主动采取逆周期调节，让利成员企业，促进整体协同，净利润呈降低趋势，2019年实现净利润1967万元。

【服务实体】公司认真履行提升服务实体经济质效的主体责任，充分发挥集团内部产业金融服务与集团司库管理金融双重职能，促进集团降成本、去杠杆、管控风险、提质增效。针对民营企业及小微企业融资难、融资贵问题，公司加强资金统筹、优化资源配置，提高集团资金使用效率。按照人民银行LPR机制改革统一部署，促进贷款利率“两轨合一轨”，提高集团利率传导效率，着力降低集团及成员单位融资成本，有效实现产融结合。

【信贷业务】公司充分发挥金融纽带作用，主要采取短期贷款和票据融通的服务模式，加大信贷投放规模，服务实体经济发展。2019年，公司在审慎经营、风险可控的前提下，提供灵活的自营贷款、高效的循环提款、便捷的票据业务，支持集团主营业务发展，信贷投放额度同比增长131.22%。

【资金业务】2019年，公司进一步加强同业交流、深化同业合作，积极拓宽融资渠道。在资金运用方面，有针对性地应对流动性风险，办理同业拆借类业务。公司还利用央行票据再贴现等政策工具，助力集团成员单位降低财务成本。

【票据业务】公司持续拓展同业授信，提升公司票据的认可度和流通性。2019年，累计为成员单位开立承兑汇票12.26亿元，办理票据贴现3.38亿元，缓解了成员单位的资金压力。公司加大了与同业机构的业务合作范围，拓展票据质押式回购业务品种，丰富流动性管理手段，提高了流动性管理水平。

【资金集中】2019年，公司积极提升业务服务水平，一是坚持与集团协作，加强资金计划管理，提高资金计划的准确性。二是通过远程服务等手段，提升成员单位操作人员使用公司资金系统的熟练度，增强其通过公司结算的意愿。三是在保证结算服务质量的基础上，通过让利，稳定成员单位的资金归集和日常结算量。

【风险管理和内部控制】公司围绕监管要求，确保合规经营。一是加强信贷审查委员会管理，规范授信项目审查流程，明确各部门在审查阶段的职责、权限及时效等要求，有效提高了授信审批的严肃性和规范性。二是审慎开展经营，提升精细化管理水平，修订分类管理办法和减值准备管理办法，通过细化资产分类标准，推行信贷资产十一级分类，逐级对应拨备比例，进一步夯实信贷资产质量，有效提升资本风险防御能力。三是持续完善制度，完善内控管理，公司内部规章、制度、规定已达到138个。

【人力资源管理】公司重视绩效考核，建立以集团战略为引领，以目标为牵引，以业绩为导向的全员考核体系，将公司任务指标层层分解至部门、员工，并将考核结果直接运用于管理干部任免、奖惩等，激发员工活力；多层次、多渠道、全方位进行人才培养，结合业务开展和公司管理需求，组织员工有针对性地参加内外部培训，强化职业行为规范，提升工作技能；精心组织，认真做好各类招聘工作，坚持进行日常关键岗位工作人员及后备人才储备。

【信息化建设】公司以全面提升系统服务水平为目标，推进应用系统建设及系统运维升级。一是紧密配合业务需要，全面推进资金管理系统建设。二是完成票据交易系统 3.0 升级。三是继续完善生产环境的高可用改造，使用负载均衡，降低业务系统中断的风险。四是提升系统运维升级，通过不同运维手段及时发现问题，确保业务系统正常、高效运行。

【企业文化建设】2019 年，公司组织了参观世园会、乒乓球比赛、迎新聚餐、文化大讲堂、青年沙龙等丰富多彩的活动，在员工强身健体的同时，增强团队凝聚力；公司按月精心选择福利物资，为员工发放新鲜水果、生活用品，提升员工幸福感；鼓励员工多动笔，多宣传公司新气象、新风貌，公司也开展重点事件宣传，展示公司工作成果，鼓舞员工士气；公司建立了读书角，丰富员工业余生活，每年购置生活类、专业类图书，鼓励员工增加阅读量，在阅读中获得快乐和业务能力提升。

新疆金风科技集团财务有限公司

【集团概况】新疆金风科技股份有限公司（简称“金风科技”）成立于 1998 年，是一家集风机制造、风电服务、风电场投资与开发、金融服务及水务等为一体的新能源企业，占据全球陆上新增风机容量首位，占全球装机比例的 41.33%，是中国新能源发展的亲历者与创新的推动者，多次入选“全球最具创新能力企业 50 强”。自成立至今，金风科技在全球布局 7 个研发中心、20 余个工程中心，在全球 6 大洲、24 个国家稳定运行，全球员工超过 8000 人，在北美洲、南美洲、欧洲、非洲、大洋洲、亚洲、中东北非七个区域设立 8 家海外子公司。

截至 2019 年末，金风科技实现营业收入 396.40 亿元，利润总额 25.61 亿元，总资产 1030.57 亿元，净资产 322.24 亿元。

【经营概况】新疆金风科技集团财务有限公司（以下简称“公司”）于 2019 年度重点完成内外部信息系统的对接，完成了基础业务制度流程和系统流程的优化对接，完成了岗位培训，开展了结算、信贷、报表报送、风控审查等基础业务。截至 2019 年末，公司资产总额 108.60 亿元，吸收存款余额 77.97 亿元，累计发放成员单位贷款 72.74 亿元，累计发放委托贷款 34.64 亿元，实现利息收入 2.07 亿元。

【服务实体】2019 年，公司深入挖掘成员单位业务需求，通过各类存贷款、结算、银行承兑汇票、保函、贴现等业务支持服务内部客户 320 家。业务遍布风机制造、风电场投资与开发、环保水务、分布式光伏等多个实体版块。

【信贷业务】2019 年，公司签订贷款合同金额合计 121.00 亿元，其中，委托贷款合同金额共计 33.38 亿元，自营贷款合同金额共计 87.62 亿元。截至 2019 年 12 月 31 日，公司贷款余额合计 100.99 亿元，其中，委托贷款余额为 29.86 亿元，自营贷款余额为 71.13 亿元。

【资金业务】2019 年，公司吸收存款余额 77.97 亿元，其中，活期存款 0.17 亿元，协定存款 55.29 亿元，定期存款 20 亿元，通知存款 2.51 亿元。资金归集情况取得显著成效，2019 年末全口径资金集中度为 68.75%，可归集资金集中度为90.54%，为资产业务开展夯实基础。

【资产管理】2019年，公司资产总额108.60亿元，其中存放央行准备金3.76亿元，存放同业34.57亿元，贷款余额71.13亿元。2019年累计实现利息收入2.07亿元，手续费收入共计0.08亿元，拨备前利润1.16亿元。

【票据业务】2019年12月23日，公司通过电票系统正式签发首张电子银行承兑汇票，实现承兑业务零的突破。2019年，通过公司电票系统签发电子汇票25张，累计金额2100万元，为集团成员单位贸易结算提供有力支持。

【业务创新】公司在做实基础服务的同时，积极响应产业需求，逐步开展服务创新，业务品种不断丰富。2019年7月25日，开具第一笔履约保函；2019年10月15日，签订首笔固定资产银团贷款，支持风电场建设；2019年11月20日，接入上海票据交易所系统，正式具备办理承兑、贴现、转贴现的业务资质。公司的业务创新为更好地服务实体和自身发展提供了更大空间。

【风险管理和内部控制】公司按照《商业银行内部控制指引》完善职责分工、内部控制治理和组织架构，落实内部控制措施；完善制度体系建设、加强信息系统、员工行为、业务管理，加强市场风险、信用风险、操作风险、流动性风险、合规风险、信息科技风险与资本管理；主要监管指标均在正常范围内。

【人力资源管理】2019年，公司本着独立、专业、制衡的原则进行了内部机构设置和分工；建立了规范高效的行政人力资源服务流程；搭建了监管沟通渠道，切实落地各项监管要求；深入发挥“三会一层”决策作用，打造专业化团队；不断完善优化内部制度并有效实施；各项职能平稳运行。

【信息化建设】2019年，公司为全面加强信息科技风险管理，制定了信息科技风险管理及信息安全管理的各项制度，并对信息科技相关的战略规划、系统建设以及信息科技风险管理等重要事项进行规范，信息科技联合内控合规与内部审计部门组成“三道防线”，形成了完整的IT风险防控体系，各司其职、分工合作，信息化能力得到有效提升。

【企业文化建设】2019年，围绕公司“客户导向、知行合一、开放协作、尊重信任”的核心价值观，通过总结会、高管面对面、入职纪念日、户外徒步等活动，公司形成了互相信任、互相支持、互相促进、互相欣赏的企业文化氛围，进一步推动了公司的健康发展。

新希望财务有限公司

【集团概况】新希望集团有限公司（以下简称“集团”）是中国最大的农牧企业集团之一，连续17年位列中国企业500强前茅。2019年，集团旗下A股上市公司增至4家，在全球30多个国家和地区分子公司超过600家，资产规模超2000亿元，年销售收入超过1300亿元，已逐步发展成为以现代农业与食品产业为主导，持续关注、投资、运营具有创新能力和成长性的新兴行业的综合性企业集团。2019年，集团董事长刘永好当选“2019十大经济年度人物”，并受邀参加庆祝中华人民共和国成立70周年阅兵仪式。

【经营概况】2019年，新希望财务有限公司（以下简称“公司”）围绕服务集团主业，有效发挥金融平台功能，经营绩效取得历史性突破。公司取得股票投资以外有价证券投资业务资质、延伸产业链金融服务试点资格；成为中国财务公司协会理事单位。截至2019年末，公司资产总额159.08亿元，负债总额143.56亿元，所有者权益15.52亿元。2019年实现营业收入 2.40 亿元，同比增长 6.16%；实现净利润 1.42 亿元，同比增长 3.65%。

【服务实体】2019 年，公司一是支持集团农牧主业发展，向主业提供贷款、承兑、贴现、融资租赁等信贷支持超百亿元；二是支持集团新兴民生产业发展，通过流动资金贷款、项目贷款、票据贴现等多业务、多渠道向集团下属冷链物流运输、调味品、营养保健品、医疗健康等民生产业提供资金支持；三是积极支持科技型企业，专门为科技型企业开辟信贷业务“绿色通道”，针对其自身特点创新产品设计，提供多种便利融资途径。

【信贷业务】公司积极为成员单位提供丰富的信贷产品。截至 2019 年末，信贷余额规模再上新台阶，同比增长 25.35%。2019 年办理信贷业务发生额首次突破百亿元，同比增幅约为 75%。

【产业链金融】2019 年，随着延伸产业链金融业务的成功落地，公司实现了金融服务范围从集团内部延伸至产业链上游的突破。此外，公司积极响应国家和集团扶贫攻坚相关要求，加大对贫困地区农牧产业资金支持力度，创造性地为新希望六和西昌饲料公司、凉山养殖公司首次办理了“零利率”票据贴现业务，对地处贫困地区的成员企业实施产业扶贫、带动周边困难群众脱贫致富提供金融支持。

【资金业务】公司通过账户管理、结算管理、创新融资业务和资金管理，形成资金流的监控闭环管理，并牵头统筹全集团整体授信融资等资金管理工作。2019 年，公司牵头完成集团在银行间市场 7 期、合计 80 亿元债券发行，平均融资利率低于同期 AAA 级民营企业发行价格。

【投资业务】2019 年，获得除股票外有价证券投资业务资格后，公司迅速开展了货币基金和银行现金管理类理财产品投资业务。除股票外有价证券投资业务的开展，丰富了公司的流动性管理工具，有利于公司进一步优化资产配置，提高集团资金收益。

【票据业务】2019 年，公司着力加大对集团农牧主业的票据业务支持力度，全年票据业务服务成员企业数量近 200 户、覆盖全国三分之二以上省份，为农牧成员企业提供承兑、贴现业务总额近百亿元，有力地支持了集团农牧主业资金需求。

【资金集中】2019 年，公司一是坚持集中管理银行账户。一方面通过资金管理系统全面掌握成员单位银行账户信息，有序推进合作银行账户的全直连；另一方面通过多种方式加强非合作银行账户资金监管。二是拓展合作银行范围，提升资金归集能力，截至 2019 年末，公司已经与 10 家银行建立直连，覆盖全集团 82.86% 境内银行账户。2019 年末，集团全口径资金集中度达 85.47%，年末吸收存款和资金集中度均创新高。

【业务创新】2019 年，公司取得股票投资以外有价证券投资业务资格和开展延伸产业链金融服务试点两项新业务资格。公司 2019 年办理有价证券投资业务 12.51 亿元，均投向政策鼓励的标准化资产，未出现任何投资风险；为农牧板块成员单位供应商办理一头在外票据贴现业务 1200 余万元。公司首次开展信贷资产转让业务 5 亿元，首次开展票据质押回购业务 15.52 亿元。

【风险管理和内部控制】2019 年，公司严守合规安全底线，有效提升风险管理能力。新建或修订内控制度 49 项，织密织厚制度“防护网”；开展银行业乱象自查等 2 次全面合规检查及 9 次专项合规排查，踩稳踩牢风险“刹车”；构建流动性压力测试模型，日常有效监测各类监管指标，夯实夯牢合规“安全线”；进行 5 次合规文化培训，强化公司员工风险意识，培育良好的风险管理文化。公司全年零违规、零风险、零事件。

【人力资源管理】2019 年，公司紧紧围绕集团“五新”要求，坚持“员工与企业并进，同心同向培养人、成就人”的人力战略，全力打造高学历、专业化、年轻化队伍。2019 年，公司引进 6 名员工，均为名校毕业生，均有 5

年以上金融从业经验，其中硕士4名，1名具备注册会计师和注册税务师资格证书。

【信息化建设】在基础设施方面，公司完成了备机房改造，进一步加固了同城系统级灾备能力，提升了业务连续性。在信息系统建设方面，建成集团资金管理二期、票交直连升级、反洗钱二代、新增银企直连等12个项目。在信息化治理方面，新增或修订信息项目管理和信息安全制度10项。

【企业文化建设】2019年，公司围绕打造国内一流财务公司的目标，全力宣贯企业文化。一是积极开展内部培训、参加外部培训共计72次，提升员工队伍专业素养。二是全年创新开展各类主题团建活动7次，提高了员工归属感与认同感。三是积极发扬“传、帮、带”精神，帮助新员工迅速成长。

徐工集团财务有限公司

【集团概况】2019年，徐工集团工程机械股份有限公司（以下简称“集团”）继续保持良好的发展态势，主要经营指标再创新高。截至2019年第三季度，集团实现营业收入432.39亿元，同比增长26.89%；净利润30.20亿元，实现翻倍增长；经营性净现金流31.02亿元，同比增长61.48%。在强劲业绩表现的有力支撑下，集团持续领跑中国工程机械行业，列全球行业第六位。

【经营概况】2019年末，徐工集团财务有限公司（以下简称“公司”）资产总额196.24亿元，增幅为28.51%；负债总额170.83亿元，增幅为33.65%。2019年，公司累计办理各类贷款业务161.07亿元，同比增加47.74亿元；实现净利润1.52亿元，增幅为13.98%；全年为集团创造价值6.25亿元，直接贡献收益1.85亿元。2019年，公司在创新发展的同时始终保持稳健的经营风格，各项监管监测指标符合监管规定。

【服务实体】2019年，公司围绕建设“五大工程”的高质量发展新思路，即业务系统升级工程、引导需求的业务创新工程、同业合作提质提量工程、文化凝聚素质提升工程、流程再造风控合规工程，稳步扎实推进各项工作，集团融资结构得到明显优化，全面风控理念向成员单位深入传导，金融产品守正出新，产业链金融业务提质上量，国际金融服务体系不断完善，有效支撑了集团主业发展。

【信贷业务】2019年，公司累计为成员单位办理各类信贷业务161.37亿元，其中，自营贷款63.80亿元，委托贷款2.30亿元，商业汇票贴现42.71亿元，商业汇票承兑34.64亿元，代开银承17.65亿元，保函0.27亿元。通过创新金融产品、扩大授信覆盖面、提高信贷投放精准性等方式有效促进了集团传统优势板块及战略新兴板块的全面发展。

【产业链金融】2019年，公司累计办理产业链金融业务1031笔，合计56.03亿元，同比增加24.68亿元，业务余额突破40亿元。截至2019年末，公司产业链金融业务累计投放超过150亿元，其中，为供应商提供融资71.56亿元，为经销商及终端客户提供融资84.03亿元，对集团超400亿元的产品供销提供了信贷支持。在全国28个省、自治区和直辖市为超过400家企业客户和近200位个体工商户提供了融资服务，有效促进了集团产业的高质量快速发展。

【资金业务】2019年，公司一是再贴现规模稳步扩大，累计办理再贴现38.30亿元，为服务主业获得了更多低成本的优质资金。二是继续拓展同业拆借渠道。2019年办理同业拆借126.12亿元，在关键时点有效保障了资金链的有序畅通，也提高了间歇资金的效益。三是优化同业存放，并积极与银行谈判，将最高活期利率提高至2.7%。此外，定期开展流动性压力测试和应急演练，制定了相应的流动性应急预案，确保集团的流动性安全。

【投资业务】公司严格按照监管规定的经营范围适度开展相关投资业务，增强流动性管理水平。公司严格控制投资业务风险，筛选安全性高的短期投资品种，跟踪市场波动及市场中的突发事件，保障本金安全及投资收益的安全到账。2019年末，年内发生的投资业务均已正常结清。

【票据业务】2019年，公司为成员单位累计办理票据承兑52.29亿元，票据贴现42.71亿元，满足了成员单位采购支付以及低成本融资的多样化需求。办理经销商开票16.85亿元、"一头在外"的商业汇票贴现13.18亿元，有效推动了集团主业与产业链同盟军的共赢发展。2019年，公司成功搭建集团票据池，盘活徐工电票超过10亿元，直接为集团创造效益近千万元。

【外汇业务】2019年，公司充分发挥外币资金池、即期结售汇、代开信用证、外币拆借、外汇贷款、海关保函等业务功能，助力成员单位拓展海外市场。2019年，累计办理即期结售汇1.3亿美元，对集团外汇头寸作内部对冲管理，降低汇兑风险及成本。外币资金池主账户累计结算量突破26亿美元，境内归集外币13.7亿美元，提高外汇资金的使用效率，为集团本外币一体化管理积累了经验。

【资金集中】2019年，公司进一步加强资金归集工作，一是各成员单位银行账户资金应归尽归，二是对新增成员单位及时实现资金归集，三是扩大代开电票规模，四是大力推动集团票据池业务，五是开展外币实时归集。2019年末，公司全口径资金归集率为76.80%，可归集口径资金归集率为94.26%。

【业务创新】2019年，公司一是开展固定资产贷款业务，支持成员单位技术升级改造，截至年末完成放款7500万元；二是创新推出经销商代理权质押融资，既有效控制了融资风险，又将经销商的销售积极性充分调动了起来，强化合作关系；三是结合成员单位的综合需求，开辟了通过资产抵押与票据贴现业务的创新组合提高成员单位及财务公司资产质量的新渠道；四是打开了商票转贴现的通道，增强了服务主业和流动性管理的功能。

【风险管理与内部控制】2019年，公司一是建立健全授权体系，进一步规范了授权管理，在加强内部控制的同时，切实提高工作效率；二是结合监管重点与风控难点，开展业务大检查，找不足、补短板、促提升；三是梳理、更新、修订合同文本，规范了涉及贷款市场报价利率LPR的表述，建立具有公司特色的合同文本库；四是结合客户实际，制定特色、可行的工作方案，重点解决产业链上下游客户风控难点；五是多种方式加强合规文化建设，切实筑牢"合规人人有责，合规创造价值"的合规意识。

【人力资源管理】2019年，公司一是完善人才梯队建设，成功推行了"见习部长"选聘机制，为年轻员工成才提供了新的平台和路径，也为干部选聘制度的改革进行了有益的尝试。二是进一步加强培训工作，努力拓展师资资源、丰富课程设置、创新教学模式，完善了风险合规培训、外汇外语培训、综合课堂三轮并驱的培训体系，久久为功地打造一支具有良好职业操守、专业过硬、战斗力强的国际化复合型金融人才队伍。此外，公司改进了员工的薪酬机制，更加具有长期的激励作用。

【信息化建设】2019年，公司一是核心业务系统功能优化项目完成前期环境搭建、基础数据准备、数据迁移和测试，已全面进入测试并行阶段。二是完成电子合同项目、征信前置查询项目、电票系统等项目的招标、投标、评标和授标工作。其中，征信前置查询项目已完成前期部署，符合人民银行年底考核进度，有效满足征信工作要求。

【企业文化建设】2019年，公司开展了一系列活动，多层次加强文化建设。一是以"不忘初心、牢记使命”主题教育为核心的党建文化建设；二是以英语考评、职工书屋、自学考证等活动为依托的学习文化建设；三是以“风险课堂、风险合规园地、风合日立公众号、风险审查通报”为框架的风险合规文化建设；四是以年度重大项目攻坚为基础的创新文化建设；五是以员工及家属关爱活动、慈善捐助等活动为载体的公益文化建设。

兖矿集团财务有限公司

【集团概况】兖矿集团有限公司（以下简称“集团”）以矿业开采、高端化工、现代物流及工程技术服务为主导产业，是中国唯一一家拥有境内外四地上市平台的煤炭企业。经过40多年开发建设，现已形成山东本部、陕蒙、大洋洲、上海、新疆、南美洲“六大核心基地”发展格局。集团境内外在岗员工8.9万人。2019年完成煤炭产量1.66亿吨；利润总额120亿元，同比增长18%；营业收入2800亿元，同比增长8.9%；2019年末资产总额3270亿元，同比增长6.4%。列世界500强企业第318位。

【经营概况】2019年，兖矿集团财务有限公司（以下简称“公司”）股东兖州煤业股份有限公司收购中诚信托有限责任公司持有公司5%的股权，公司股权比例调整为兖矿集团持股5%，兖州煤业持股95%。增加注册资本金15亿元，达到25亿元（含1000万美元）。监管评级为1B级，获批跨境资金归集、有价证券投资和延伸产业链金融业务资质。2019年末，公司资产规模247亿元，负债规模215亿元，利润总额2.3亿元，实现资金价值创效6亿元。

【信贷业务】公司向成员单位提供信贷支持，发放低息贷款、提供低息贴现利率，2019年累计发放贷款107.69亿元，贷款综合利率为3.59%。2019年末贷款余额110.06亿元，同比增加34.55亿元，实现利息收入3.11亿元。

【产业链金融】公司围绕核心主业企业，推出“一头在外”票据贴现业务，服务范围延伸至上游供应商，推动产业链深度融合，2019年累计办理延伸产业链金融业务6笔，金额290万元，综合利率为3.50%。

【资金业务】公司建立资金管理例会制度，每周调度大额资金付款计划，动态掌握大额资金支付情况，提升资金管理精准度。稳定存放同业存款价格，审慎选择同业拆出业务对手，2019年同业业务实现收益2亿元。

【投资业务】公司获批开展固定收益类有价证券投资业务，2019年购入货币市场基金3200万元，持有期收益率为3.02%，丰富了资产配置手段，提升了金融资源配置水平和资金创效能力。

【票据业务】公司稳步推进电票业务，降低成员单位交易成本，提升票据结算比例，2019年累计承兑26.02亿元，同比增幅为134%。减少保证金占用4亿元，节约财务费用约0.15亿元。

【外汇业务】公司获批开展跨境资金集中业务，归集境外资金4.77亿美元。

【资金集中】公司通过开展代开承兑汇票、代签信用证等业务，减少成员单位外部融资支出，避免保证金沉淀至外部金融机构，2019年公司吸收存款215.10亿元，日均存款余额152.60亿元，比2018年日均余额增加25.60亿元。截至2019年12月31日，全口径资金集中度为49.30%。

【业务创新】公司跨注册地为成员单位在全国海关口岸提供担保业务，开立关税保函7000万元，节约财务费用300万元；开展农民工工资保函业务，减少保证金占用200万元；开展国际信用证代开业务，代开国际信用证8700万美元；开展银承代开业务，降低外部保证金缴存比例，代开票据5亿元；办理同业拆入0.50亿元。

【风险管理和内部控制】公司规范制作制度目录，从内容、流程等方面进行合规性审查，对已开展业务及已审批未开展业务进行梳理，梳理完善涉及综合管理、计划财务管理等8大类164项管理制度，形成管理制度汇编，为业务开展提供制度依据。根据监管要求开展专项治理，对业务开展、内部控制等进行自查。组织两期合规文化大讨论，将合规理念渗透到经营管控全过程。

【信息化建设】公司启用资金管理信息系统，成为全国首家实现资金管理信息系统与SAP、共享中心无缝对接的财务公司，实现了“SAP报账—共享审批—财司结算”全流程线上资金运转。

【企业文化建设】公司开展“不忘初心、牢记使命”主题教育活动，通过专题党课、主题党日活动、民主生活会等形式，提升党员干部党性修养。组织团建、银企党建联谊等活动，通过报纸、网站、电视等途径，持续宣传业务开展、党建等方面信息，展示公司良好外部形象。赴矿区、超市和学校开展“金融知识万里行”活动，引导职工群众树立正确的金融观、消费观、信用观，远离非法集资，提高风险防范能力。

阳泉煤业集团财务有限责任公司

【集团概况】阳泉煤业（集团）有限责任公司（以下简称“集团”）成立于1950年1月7日，是山西五大煤炭集团之一，以煤炭、化工、旅店、现代工业新业态、现代物联网大数据、现代智慧服务业、现代金融七大产业板块为发展力量，形成了一个以构建高质量现代产业体系，从有限的资源开采迈向无限的资源利用、从重工业迈向新兴服务业的大型国有煤炭企业。集团现有总资产2430亿元，二级分子公司62个，职工17万人，现有41座煤矿，保有储量200亿吨，已形成亿吨煤炭生产基地布局。通过与多所高校、院所合作，不断发展高精尖类产业体系，获得鉴定成果140项，其中，国际领先水平23项，获得省行业级以上科技进步奖49项，取得各类专利403项。

【经营概况】2019年阳泉煤业集团财务有限责任公司（以下简称“公司”）通过搭平台融通资金，拓渠道优化结构，推创新降低成本，优服务提升效率，充分发挥公司作为持牌金融机构的逆周期调节作用，使实体产业与金融产业形成良性循环，从而实现高质量发展。2019年共计实现营业收入5.79亿元，利润总额4.16亿元，结算量15.74万笔，金额总计6423.86亿元，年末流动性比例为52.82%，存贷比为74.49%，资本充足率为25.79%，各项风险监控指标都在监管范围之内。

【信贷业务】2019年，公司累计投放信贷资金241亿元，其中，自营贷款154亿元，表外业务87亿元。一方面按照贷款基准利率向集团本部提供综合授信80亿元，累计为集团本部投放流动资金贷款105亿元，日均余额44亿元；另一方面助推成员单位从生产型向经营管理型、从重规模向重效益、从粗放型向精细化转变，2019年累计向11家重点关注企业授信44亿元，投放信贷资金18.50亿元。其中，煤炭开采与洗选企业累计授信25亿元，投放流动资金贷款13.50亿元；煤化工企业累计授信16.70亿元，投放流动资金贷款4.30亿元，融资租赁0.50亿元；现代工业新业态类企业累计授信2.30亿元，投放流动资金贷款0.20

亿元。

【投资业务】为提高投资决策水平，有效控制投资风险，2019年公司办理17笔投资业务，累计投资金额32.78亿元。2019年投资收益完成4030万元，日均投资8.66亿元，收益率为4.65%。完成同业收入（不含央行存款）7953万元，日均38.02亿元，同业收益率为2.09%，其中，同业活期收入完成7730万元，日均37.25亿元，同业收益率为2.08%；同业定期收入完成223万元，日均7644万元，收益率为2.92%。

【票据业务】2019年，公司针对下属单位支付、融资中的痛点、难点，继续扩大电票业务规模，并通过探索上下游企业集团财务公司之间电票互认，打造阳煤财务公司电票流通网络，2019年累计签发电票13.10亿元。办理代签银承8.50亿元，代签信用证4.40亿元，同时实行票据全集中管理来实现资金、票据之间的高效转化，解决内部企业资金、票据资源不对等问题，有效盘活票据资产130亿元，实现效益最大化。公司充分发挥过桥作用，设立救急资金5亿元，对于资金出现临时周转困难的企业，以低于外部商业银行贴现率的价格办理贴现1.80亿元。

【资金集中】公司对账户结算全管控，通过对集团及所属企业752个账户的全周期管理，以及资金结算线上化管控，以账户强归集，以结算促管控，可归集口径资金归集率稳定在95%左右，全口径归集率基本上稳定在40%左右，归集率最高曾达到46.13%，2019年清理账户48个。在资金归集加强的同时，还加强了既有账户的清理整顿，账户管控力度得到加强。针对煤化工板块企业多、账户多、资金分散且管控难度大的问题，建立完善了化工板块资金归集情况周报告制度，各板块资金归集率得到稳步提升。

【风险管理和内部控制】公司坚持以外部监管评价为导向，充分利用审计结果，完善公司治理和内部控制，2019年共接受银保监局、人民银行、国资委、审计局、财监办等外部检查13次。持续开展制度废改立，对136项制度进行了后评价，废止13项、修订16项、新增1项。2019年日常稽核83次、专项检查8次，共发现问题51个，已整改48个，整改中3个。持续关注经济周期和金融监管共同作用的影响，2019年下发风险提示11次。

【信息化建设】2019年，公司积极开展对标，通过组织召开全省财务公司信息科技交流会，并实地调研走访省内外6家财务公司，寻找金融与科技融合的着力点。强化对标结果的运用，通过与集团资金管理特点的融合，构建新一代资金管控服务系统，提高资金管控业务自动化水平，丰富成员单位金融服务渠道，为实现集团“资金一体化”的司库管理提供系统支撑。强化系统融合能力，通过与21家成员单位座谈交流，了解其需求，与财务共享、集团ERP对接融合，打通财务、金融、实体的数据通道，避免成为信息孤岛。

一汽财务有限公司

【集团概况】中国第一汽车集团有限公司（以下简称“集团”）前身为第一汽车制造厂，1953年动工兴建，已构建从东北到华北、华东，再到西南、华南的产业布局，业务覆盖“红旗”“解放”、“奔腾”、合资合作、新兴业务、海外业务和生态业务七大板块。2019年度，集团实现整车销售346.4万辆，高出行业10个百分点，实现全系全面逆势增长，整体经营在行业独领风骚。

【经营概况】一汽财务有限公司（以下简称

“公司”）配合集团推进资金集中，2019 年末各项存款余额 941.53 亿元，较年初增幅为 6.75%。搭建统一支付平台，上线电票线上清算服务，支付结算服务效率提升。积极调整业务结构，压降资金运用业务，2019 年末信贷余额 382.71 亿元，较年初增幅为 141.46%。2019 年末公司资产总额 1099.82 亿元，较年初增幅为 8.87%，全年累计实现利润总额 29.59 亿元。

【服务实体】2019 年公司立足助推产融结合，通过加大信贷支持力度及产品创新模式，积极服务集团及集团各成员单位。公司成员单位信贷累计投放规模 298 亿元，创历史新高；商用车汽车金融业务累计投放 425 亿元，促销车辆 14.16 万台，助力集团解放品牌保持重卡市场领先地位。在服务成员单位价值发挥作用方面，公司秉持服务集团、降本增效的基本原则，累计让利集团成员企业 7.46 亿元。

【信贷业务】2019 年，公司扩大对成员单位的信贷支持力度，为集团 29 家成员单位年度授信合计 504.3 亿元，授信额度同比增长 29%。深入挖掘成员单位融资需求，重点争取对一汽轿车、一汽出行、一汽商贸等客户增投信贷，创新开展成员单位融资租赁业务，支持集团主业发展。2019 年度累计投放成员单位贷款 193.04 亿元，年末贷款余额 36.99 亿元，同比增长 607%。利率设置方面，稳步推进 LPR 改革政策落地，实现成员单位信贷业务全面参考 LPR 定价。

【产业链金融】2019 年，公司针对解放商用车市场需求，不断创新开发按季还款产品、灵活缓冲产品、二手车金融产品、小微企业金融产品等，有效满足解放经销商及广大卡友的金融需求，全年助力解放公司车辆促销 14.16 万台。同时，公司助力经销商国五标准车辆采购储备，2019 年累计对经销商采购融资投放 75.5 亿元，支撑 180 家经销商采购 2.4 万台解放卡车。

【票据业务】2019 年，公司票据业务围绕产品升级、营销推广、产业链票据服务、同业协同合作等多措并举，累计承兑 148.1 亿元，同比增长 33%；直贴 56.72 亿元，同比增长 4.3 倍。与 23 家银行建立票据全国保贴合作，进一步增强公司票据市场认可度和流通性。通过商业银行“直贴 + 转贴”模式拓宽公司利润来源，丰富集团供应链金融业务场景，协助供应商缓解融资难、融资贵问题。2019 年，公司累计办理供应链票据回贴 5620 万元，其中涉及储备供应商 6 家。

【外汇业务】2019 年，公司外汇业务主要操作即期结售汇业务和外汇买卖业务，通过积极的客户拓展，累计办理售汇业务 170 笔，业务规模 63.38 亿元，折合 9.19 亿美元，较 2018 年增长 71.6%，为成员企业节省购汇成本 460 余万元；办理外汇买卖业务 3 笔，业务规模 27.62 亿元，折合 3.97 亿美元。同时，建立外汇专家委员会机制，邀请集团内外部专家共同参与业务研讨，携手成员企业做好汇率风险管理，助力集团国际业务发展。

【资金集中】2019 年，公司为集团及全资成员单位客户进一步优化资金池产品，建立有效资金集中管理渠道，结合客户需求设置智能存款等产品，提升结算与现金管理综合服务水平。在合资客户方面，创新建立以党建促经营模式，为一汽丰田提供市场最优化存款产品；配合一汽—大众打开资金分享通道，促进终端销售份额提升，通过个性化方式提升战略客户存款集中度的提升。2019 年，公司资金集中度最高达 74%，存款规模达到 1046 亿元，首次突破 1000 亿元大关。

【业务创新】2019 年 5 月，公司实现首笔再贴现业务操作，再贴现金额 4500 万元，利率为 2.25%，进一步拓宽公司外部融资渠道。10 月，公司正式获得上海票交所电子商业汇票系统（ECDS）线上清算资质，成为首批上线的六家财务公司之一。截至 2019 年 12 月 31 日，公司累计完成线上清算交易 180 亿元，为集团节省票据资金在途占用 60 亿元。2019 年协助集团获批跨国公司跨境资金集中运营管理业务资格和跨境双向人民币资金池业务资格。

【风险管理和内部控制】2019 年，公司持续完善全面风险管理体系，开展制度体系能力提升项目，强化制度全周期管理，推行制度“三堂会审”机制；完善风险政策及限额管理，调整业务结构，实现政策引领；升级风险预警管理，强化非现场贷后管理，优化风险预警指标体系，动态、及时监测处置客户风险；推进商用车风控模式转型升级，加强车队数据质量管理、终端客户身份真实性管理及资产质量管理；培育操作风险及内控文化，加强操作风险检查力度及关键环节风险治理。

【人力资源管理】2019 年，公司制定年度招聘策略，启用 RPO 服务，推进内部人才举荐机制等，多手段确保人员配置达成并保持组织活力。关注员工通用能力短板，“对症下药”设置培养项目；持续开展完善领导力提升培养项目，增强各层级管理力量，优化人才梯队。通过职等职级机制运行实现员工能上能下，促进员工队伍动态发展，推进并运行区域市场化薪酬机制，激励业绩贡献者，实现薪酬能增能减。

【信息化建设】支付结算及资金管理方面，落地集团 C 端收单场景，输出支付、收单、钱包等支付服务，实现集团及成员单位的统一资金收付，付款资金的零余额管理，收款资金的定时上收入账，实现集团对成员单位资金运用情况的实时监控与预警。供应链金融服务方面，完成面向解放经销商的商用车 APP 产品升级，同时支持个人信贷及融资租赁业务；通过商用车经销商 BI 系统，实现将商用车数据以报表、驾驶舱分析等形式呈现给各区域，有效赋能经销商业务管理。

【企业文化建设】2019 年策划发布《一汽财务有限公司企业文化白皮书》《一汽财务有限公司 2019 年企业社会责任报告》；建成涵盖企业荣誉、广宣物料为一体的“一汽财务有限公司文化角”；组织首届财务公司全员健身活动，成功举办羽毛球、乒乓球、篮球、红歌赛、接力跑等 52 场文体活动，“愉悦生活、愉快工作”理念深入员工生活。

伊利财务有限公司

【集团概况】内蒙古伊利实业集团股份有限公司（以下简称“集团”）为上市企业，稳居全球乳业第一阵营，蝉联亚洲乳业第一，也是中国规模最大、产品品类最全的乳制品企业。

【经营概况】伊利财务有限公司（以下简称“公司”）围绕“立足集团、服务集团，打造一流财务公司”的发展目标，充分发挥公司的金融特性，助力集团主业发展。截至 2019 年末，公司资产总额 34.11 亿元，负债总额 28.84 亿元，所有者权益 13.27 亿元；全年实现营业收入 1.72 亿元，利润总额 0.82 亿元，净利润 0.62 亿元。

【服务实体】在结算服务方面，2019 年公司共计为集团内的 72 家成员单位办理结算业务 212.72 万笔，较 2018 年度同期增长 7.47%；业务处理能力稳步提升，单日结算业务办理量达 6.0 万笔。2019 年持续开展财务公司集中收付全集团境内外汇资金，向成员单位提供外汇业务“一站式”服务，合计办理即期结售汇业务 1069 笔，涉及金额折合人民币 65.17 亿元，在提高境外资金管理效率的基础上为集团节约换汇成本。

【信贷及票据业务】2019 年，公司持续优化信贷业务及票据业务管理制度与审批流程，在提高业务办理效率的前提下，更好地满足客户个性化融资业务的需求，全年投放金额近 44.52 亿元。2019 年签发承兑汇票金额约 1.73 亿元，在为集团与成员单位提供更优质更高效金融服务的同时，大大节省了融资费用。2019 年“一头在外”票据贴现业务累计办理约1.05亿元，切实降低了供应链上游客户的融资成本。

【资金集中】 2019年，在保证资金安全性、流动性的前提下，公司积极研究资金市场价格走势，合理利用沉淀资金，把握有利时机，提升资金收益。2019年末全口径资金归集率为16.43%，可归集口径资金归集率为25.73%。

【业务创新】 公司新开展成员单位法人账户透支业务，截至2019年末，该业务累计办理户数48户，累计发生额187.60亿元。公司在资金管理的工作上有了实质性的突破。

【风险管理和内部控制】 2019年，风险合规部组织开展公司合规检查工作，保障公司稳健经营；开展内部控制自评工作，全面提升各项制度的合理性与合规性；开展风险指标监测工作，对资本充足率、流动性比率等27项指标进行监测并按季度出具风险指标监测分析报告。

【人力资源管理】 2019年，公司主要从人员考评、培养、选拔、激励等方面为公司业务发展提供战略支持。一是实施部门绩效评估机制，促进各部门从管理人员到员工各司其职、各尽其责；二是完善内控机制，加强风险防范，培养复合型人才；三是加强外部培训管理，开展课程内化及课程结果及时落地，确保员工培训达到预期目标。

【信息化建设】 2019年，公司开展了运营系统年度优化项目、法人账户透支业务上线、机房搬迁及办公场所搬迁工作。运营系统功能优化，提升了运行效率及稳定性。法人账户透支业务上线，提升了资金头寸的管理能力。对新机房的空调、强电、环境监控、门禁等进行了改进，可以保证公司业务系统安全、有效、稳定的运行。

亿利集团财务有限公司

【集团概况】 亿利资源集团有限公司（以下简称“集团”）创立于1988年，总部位于北京CBD亿利生态广场，拥有一家A股上市公司（亿利洁能）、一家新三板上市公司（亿兆华盛）以及三十余家全资及控股子公司，员工近万人。集团成立三十多年来始终致力于生态环保产业，创造绿色生态财富逾6000亿元，被中国政府授予“国土绿化奖” “中国脱贫攻坚奖”，被联合国授予“环境与发展奖”“全球治沙领导者奖”“地球卫士终身成就奖”，并被誉为“世界绿色发展领袖”。

【经营概况】 2019年末，亿利集团财务有限公司（以下简称“公司”）资产总额206.60亿元，其中，各项贷款余额195.13亿元，货币资金11.12亿元；负债总额152.45亿元，其中，吸收存款95.64亿元；所有者权益总额54.15亿元，其中股本50亿元。2019年实现总收入7.44亿元，利润总额0.94亿元。

【服务实体】 公司服务集团产业的方式仍以贷款业务为主，此外积极为成员企业发展提供包含融资意向书、资信证明等在内的担保类服务，有效推动了产业发展。

【信贷业务】 公司进一步完善信贷部门基础建设，搭建了科学、规范的管理平台，各项信贷业务平稳有序开展，有力地支持成员企业、集团绿色产业发展。2019年，公司信贷部共为26户成员单位开展了评级授信工作，其中新增挖掘4户成员企业开展首次授信合作。

【资金业务】 2019年，公司以全面提升资金精细化管理水平和资金运营能力为核心，以搭建资金运营管理平台为目标，对成员企业账户进行进一步梳理。在支付结算体系建设方面，通过与工商银行、建设银行、交通银行和农业银行等银行加强直连资金通道管理，全年实现了大额和紧急支付无延误，已成为集团和成员单位资金结算的主通道和核心平台。

【票据业务】 稳健有序开展票据业务，从银行承兑票据入手，鼓励成员单位通过票据向公司贴现，进而推动公司积极开展银行间票据交易，盘活票据，盘活资金。拓宽商业承兑票据贴现和转贴现的受理范围，发挥公司票据业务的作用，提高对成员单位的服务功能。

【资金集中】 集团制定《关于加强资金管理有关问题的通知》《亿利资源集团有限公司全面开展资金收支两条线的方案》等明确的财务资金管理制度，要求成员单位必须在公司建立归集账户，通过公司进行资金收付来加强资金集中管理，提高资金归集率。公司为集团资金集中管理的唯一平台，通过自身的核心系统与集团 NC 资金系统联动，实现集中统一行使集团资金结算中心职能。

【风险管理和内部控制】 2019 年，公司加大对基础管理薄弱环节的内审力度，先后实施了 13 项审计检查，其中 10 项专项审计、1 项突击审计、2 项日常审计项目。审计项目范围覆盖信贷、票据、财务、结算、同业、反洗钱等多个领域，通过审查整改，公司治理工作得到进一步完善。同时，结合监管要求和公司实际需要，全年新设或修订管理制度 8 项，此外，公司全力推进业务流程梳理和建设工作，逐渐形成覆盖前中后台各项主要业务、重要环节和关键风险点的制度流程体系。

【人力资源管理】 2019 年，公司全面搭建公司人才梯队，防止人才断层；关注 2017 届及 2018 届未来之星培养，为公司提供新鲜血液。全年累计组织培训 20 余次，促进公司员工专业知识与实际工作紧密结合，提升全体员工的综合素质，为打造一支专业、高效的金融团队作出了贡献，在集团特殊时期，在公司关键时刻，没有人退缩、没有人怯战，人员保持高度稳定，为打硬仗提供最基础人员保障。

【信息化建设】 2019 年，公司信息技术部按照《亿利集团财务有限公司信息科技三年发展规划（2017—2019 年）》的整体部署，在 2019 年 10 月 19 日至 20 日，顺利完成电子汇票交易系统证书链的更换及全网金融机构的更新工作。在 2019 年 11 月 23 日至 24 日，顺利上线了票据交易系统 3.0 项目，有力保障了公司票据业务的顺利开展。

【企业文化建设】《亿利忠诚准则》是公司“基本法”，“客户为本、奋斗为荣、厚道共赢”是公司核心价值观。为积极引导全员弘扬和践行企业文化，公司定期开展丰富多彩的文化活动，关爱员工日常生活，同时定期开展专业知识培训，全体员工团结、友爱、和谐、幸福，员工与公司在核心价值观上实现了高度契合。

营口港务集团财务有限公司

【集团概况】 营口港务集团有限公司（以下简称“集团”）前身为营口港务局，原隶属于交通部，1988 年以后实行以地方为主的双重领导体制。2003 年 4 月，集团成立，实现政企分开。公司初期注册资本为人民币 17 亿元，2009 年 12 月 26 日增资扩股至 90 亿元。2019 年 5 月 31 日进行股权划转，集团实际控制人由辽宁省国资委变更为招商局集团。2019 年，集团所在港口完成货物吞吐量 2.29 亿吨，同比减少 33.6%。集装箱量 547.7 万标箱，同比减少 9.3%。

【经营概况】 2019 年营口港务集团财务有限公司（以下简称“公司”）营业收入 1.79 亿元，净利润总额 9794.08 万元，资产总额为 64.28 亿元，所有者权益为 8.18 亿元，资本充足率为 19.70%。

【服务实体】 2019 年，公司将自营贷款利率从基准上浮10%降低至基准下浮50%，为集团及成员单位共节省贷款利息支出4200万元。

【信贷业务】 2019年，公司新投放自营贷款24笔，投放金额54.25亿元，年末余额36.93亿元；发放委托贷款2笔，投放金额4.8亿元，年末余额22.5亿元，有力支持了集团的发展战略。

【资金业务】 公司积极营销、广泛询价，经过多层次、多方面的沟通协调，提升同业存放收益水平。2019年新办理同业定期存款74笔，累计存放金额104亿元，年末余额10.52亿元。

【资金集中】 2019年，公司不断完善管理和业务创新，从存款利率优惠、减免成员单位各项费用、开发大数据平台批量处理等多方面为成员单位提供安全、高效、便捷的服务，全年为成员单位节约费用64万元。2019年新增开户20户，全年日均存款56.3亿元，比上年增长34.82%。

【风险管理和内部控制】 2019年，公司对原有管理制度进行了梳理，全年对原有8项制度进行了修订，新增制定1项。按各项管理制度开展风险管理工作，召开13次项目评审会议，包括授信项目9个，客户信用评级7家，委贷项目1个。对授信项目及信用评级提出了合理化建议，从授信的合规方面发挥了控制风险的作用。

【人力资源管理】 2019年，公司持续加强队伍建设，全年公司员工受训达200人次。鼓励员工自学银行专业考试，公司累计18人通过高管任职资格和银行业资格考试，其中，中级以上共计8人，实现持证上岗比例达90%；业务人员还取得了债券交易风险管理证书和本币交易员证书等多项证书，保证业务开展“持证上岗”。

【信息化建设】 2019年，公司持续推动核心系统新增模块建设。加大征信系统建设力度，于2019年6月顺利通过验收。与集团信息分公司签署系统运维合同，利用外脑加强了公司的信息系统运维管理，保证核心系统软硬件全年稳定运行。

【企业文化建设】 2019年，公司深入推进“精细化管理”，对部门职能、岗位职责、业务流程、操作细则进行再梳理、再规范，进一步提高管理水平，让公司每一名员工都成为“金融人才、金融精英、金融专家”。组织员工开展“不忘初心、勇攀高峰”登山活动；定期开展制度解读；邀请党校老师、同业机构开展党务知识和业务知识培训。通过一系列宣传、学习、教育和文体活动，增强了团队的凝聚力和合作意识，助推公司企业文化建设。

有色矿业集团财务有限公司

【集团概况】 中国有色矿业集团有限公司（以下简称“集团”）成立于1983年，是国务院国资委管理的大型中央企业，主业为有色金属矿产资源开发、建筑工程、相关贸易及服务。集团业务遍布80多个国家，涉及40多个有色金属品种，拥有境外重有色金属资源量2000多万吨，是中国“走出去”开发资源时间最长、产业链最完备、项目数量最多的企业，列中国企业全球化50强第18位。截至2019年末，集团资产总额1239.45亿元，实现营业收入1296.06亿元，利润总额14.25亿元。

【经营概况】 2019年，有色矿业集团财务有限公司（以下简称“公司”）围绕集团战略，年底完成了股权结构变更、异地迁址工作，母公司由大冶有色金属集团控股有限公司变更为中国有色矿业集团有限公司，注册地由湖北黄石迁至湖北武汉。2019年，公司各项经营工作稳步开展，全年实现资产总额53.42亿元，同比增长 108.27%；负债总额 47.86 亿元，同比增长 148.88%；所有者权益 5.56 亿元，同比减少 13.40%。2019 年实现利润总额 2525.74 万元，净利润 2201 万元，同比下降 33.33%。

【结算服务】 2019 年，公司发挥金融结算职能，加强账户管控能力，资金结算服务水平不断提升。以账户授权联网为切入点，持续推进资金集中，资金集中率和存款规模同步提升；狠抓结算业务服务质量和服务效率，2019 年办理结算业务 5.34 万笔，累计结算资金 4188.21 亿元，结算业务零差错；通过综合业务合作，争取主要结算行的结算费用包年政策，有效降低了结算成本，2019 年共节约手续费 72.95 万元。

【信贷业务】 公司坚持控风险、优配置、盘活存量的原则，积极开展信贷服务。2019 年新发放流动资金贷款 12.2 亿元，法人账户透支业务 1 亿元，委托贷款业务 4.24 亿元。根据成员单位资产负债结构和现金流特点，合理调整重点成员单位贷款期限结构，优化成员单位负债结构；开展信贷业务创新，积极推进海关税担保业务，有效节约成员单位资金占用成本。

【资金集中】 2019 年，公司完成股权结构变更后，服务集团成员单位数量大幅增至 223 家。为加强资金集中管理，集团召开资金集中动员大会，下发资金集中管理办法，强化资金集中管理考核监督。截至 2019 年末，公司吸收存款余额 47.77 亿元，同比增长 149.71%，实现年日均存款 14.87 亿元，同比增长 28.08%。由于母公司变更，2019 年末集团合并报表货币资金为 194.72 亿元，公司 2019 年末全口径资金集中度为 22.81%，同比减少 50.13 个百分点。

【风险管理和内部控制】 2019 年公司股权结构变更后，全面变更“三会一层”组织构成，按照独立运作、有效制衡的原则，健全了职责边界清晰的“三会一层”公司治理架构，建立符合公司章程，自上而下清晰明确的授权管理体系。进一步健全公司内部控制管理体系，细化业务流程，梳理并完善公司治理、结算管理、信贷管理、财务管理、资金管理、投资管理、外汇业务、风险管理、信息科技、综合管理、内部控制等方面 130 余项制度。加强内部控制监督管理，通过对重点领域和重点业务进行监督管理，确保了公司内控管理体系的有效运行。

【信息化建设】 2019 年，公司开展变更迁址和核心系统数据迁移工作，信息系统建设全面开展。完成数据中心机房搬迁和核心业务系统升级工作，建立涵盖资金结算、资金集中、存贷业务、同业业务、票据业务、外汇业务、财务管理、风险日常管理、1104 报表、价格管理、增值税管理等功能模块的核心业务操作系统，有效满足了公司各类业务开展的需要，同时完善了集团账户管理系统和融资管理系统、反洗钱系统、征信采集系统、EAST 采集系统等功能，更好地提升了公司信息化管控水平。

粤海集团财务有限公司

【集团概况】 2019 年，广东粤海控股集团有限公司（以下简称“集团”）资产规模稳步扩展，盈利水平有力攀升，增速创十年来新高，年末总资产 1171.69 亿元，资产负债结构保持在相对稳健水平。围绕打造粤港澳大湾区龙头企业、创建具有国际竞争力的一流企业，国有资本投资公司改革和“双百行动”综合改革持续深化，各业务单元战略定位进一步明晰，基础管理体系持续完善，继续推动实施创新驱动发展战略，努力实现集团高质量发展。

【经营概况】 粤海集团财务有限公司（以下简称“公司”）本着“依托集团、服务集团”

的原则，坚持合规运营，提升服务质效，经营服务能力和风险管理水平稳步提升，三道防线风险管控基础进一步夯实，各项业务指标完成情况良好。2019 年实现营业收入 12916.65 万元，同比增幅为 11.57%；利润总额 10401.81 万元，同比增幅为 24.09%。

【服务实体】公司针对制造业成员单位用款频繁等特点，以循环流动资金贷款替代原有流动资金贷款，支持成员单位灵活用款，做到"随贷随还"，简化手续、降低用款成本。通过构建有效的金融服务体系，切实满足集团在大湾区项目的金融服务需求，2019 年为湾区内成员单位提供自营贷款、委托贷款、保函、票据等金融产品服务金额超过 30 亿元，覆盖香港、广州、深圳、中山、江门、东莞等地区。

【信贷业务】2019 年，公司新增信贷客户 8 户，客户覆盖面进一步扩大，涵盖集团各主业板块。2019 年新增贷款投放创历史新高。自营贷款投放继续增加，协助集团资产负债率下降约 2 个百分点。信贷业务产品进一步丰富，票据、保函、委托贷款等中间业务办理量均实现正增长。与上市公司的信贷业务合作范围进一步拓宽，在保持贷款、保函、委托贷款服务的基础上，票据业务和上市公司结算存款归集取得突破。

【资金业务】2019 年，公司精细化管理资金头寸，形成"三个工具、两个办法"的头寸管理模式，优先支持信贷投放需求，满足集团及成员单位各项结算的资金头寸需求，同时紧盯市场，提升零散资金的收益率，全年同业业务收入 1.52 亿元，实现了安全性、流动性、盈利性"三性统一"的良性发展。

【投资业务】2019 年，公司申请开办有价证券投资业务（固定收益类）和委托投资业务，并于 12 月 28 日获得广东银保监局批复同意。

【票据业务】与成员单位上下游企业、银行机构等加强联动，公司于 2019 年第一季度落地首笔票据代开业务。票据业务的开办有效增加了成员单位在金融机构票据授信额度，2019 年累计办理票据代开业务 5700 万元。

【资金集中】公司定期跟踪分析成员单位资金归集情况，积极争取与资金量较大的重大客户、重大项目、新设立成员单位合作，通过调整存款利率上浮水平，进一步让利成员单位，稳定资金归集。2019 年末，吸收存款时点余额 83.53 亿元；全年日均存款 68.73 亿元，同比增长 75.57%。2019 年末可归集口径资金集中度为 81.96%。此外，通过为上市公司附属公司提供结算支付服务带来配套日均存款沉淀 5827 万元、年末时点存款余额 2.44 亿元。

【业务创新】2019 年，公司创新服务模式，制定了"财务公司贷款 + 金融机构产品"结构化服务模式，得到集团、成员单位和银行的认可，审批授信 20.7 亿元，并发放贷款 10.7 亿元。公司深入研究成员单位资金结算特点，瞄准上市公司旗下企业百货公司结算支付业务，结合百货公司结算支付具有频度高、笔数多、分批审核支付的特点，对公司业务模式和网银系统功能进行创新，在不影响系统日常业务办理的前提下增加批量付款模式。

【风险管理和内部控制】公司建立以资本充足率为核心的风险限额政策，加强日常指标监测，结合首次建立的风险专项考核机制，确保风险政策落地实施。2019 年新增和修订制度 52 项，优化业务流程 7 项，先后实施"三重一大事项"清单、细化综合金融服务等 16 项举措。2019 年，公司各项风险监管指标合规，实现安全运营，平安金融工作年度考核结果大幅提升，列广东财务公司第三名。

【人力资源管理】公司认真落实集团关于选人用人问题整改、严控人力成本、实行职业经理人的工作要求，规范干部选拔任用工作流程、干部人事档案管理、薪酬事项决策和公开机制，开展员工胜任力及收入与能力匹配度测评，搭建职业经理人方案初步框架，完成新绩效考核体系设计，进一步加强计划、监控、调整、评价等闭环管理。

【信息化建设】公司有序推进信息化建设，逐步加强信息科技对各项业务的支撑作用，2019 年重点按照公安部安全等级保护服务最新法规要求，对生产核心业务运营管理系统开展全面差距测评，预防可能发生的信息安全风险事件。通过有序推进 Oracle 财务系统接口开发项目、反洗钱开发项目、批量付款功能优化开发项目和利率功能优化开发项目，有效支撑公司业务发展。

【企业文化建设】公司党支部通过抓党建促进企业改革发展，提升队伍组织力和凝聚力，扎实开展“不忘初心、牢记使命”主题教育，顺利组建工会，结合实际组织平安金融等特色主题党团活动，团结动员全体党员干部和员工积极投身公司经营发展中。

云南建投集团财务有限公司

【集团概况】云南省建设投资控股集团有限公司（以下简称“集团”）全面打造基础设施投资、城乡建设投资、房地产开发投资、海外投资和新兴产业投资五大投融资平台，全面构建投资金融、工程建设、资产运营、设计科研、协同发展五大业务板块。2019 年实现营业收入 1328 亿元，实现利润 35 亿元，年末资产总额 4018 亿元，净资产 1073 亿元。

【经营概况】2019 年，云南建投集团财务有限公司（以下简称“公司”）结算资金 5342.75 亿元，投放贷款 81.69 亿元，年末资产总额 147.49 亿元，较年初增长 43.40%，全年实现营业收入 4.34 亿元，增幅为 10.40%，利润总额 3.06 亿元，增幅为 17.38%。不良资产率持续保持为零，各项监管指标均满足监管要求。

【服务实体】2019 年，公司一是丰富金融业务品种，及时回应成员单位诉求，以定制化、专业化的金融服务开展新业务。开发贷款、融资租赁、保理业务等产品相继落地。二是践行普惠金融政策，创新票据业务模式，与商业银行开展“供应链金融 + 票据”业务，延伸产业链金融服务，解决中小企业融资难问题。为集团供应链上 45 家民营小微企业提供融资服务，贴现金额 2.72 亿元。该案例入选人民日报全国党媒信息公共平台编写的《中国普惠金融实践案例集锦（2018—2019）》。三是助力集团债券发行，发挥金融渠道优势，引入外部资金，积极参与债券购买，确保债券发行成功。

【信贷业务】为集团重点项目建设提供融资保障，积极参与支持集团成员单位易地扶贫搬迁项目、农村公路建设、环保领域等项目建设，针对上述符合国家政策导向的项目，千方百计降低企业融资成本。切实解决扶贫、涉农工程项目工期紧、资金短缺等问题。截至 2019 年 12 月末，各项贷款余额 63.30 亿元，其中，贷款余额 51.30 亿元、贴现余额 9 亿元、转贴现余额 3 亿元。累计发放贷款 81.69 亿元，累计回收贷款 80.39 亿元，实现贷款本息收现率 100%，贷款五级分类为正常。

【资金业务】2019 年，公司再贴现业务通过人民银行 MPA 考核，获取了 7.6 亿元授信额度，累计再贴现 15.62 亿元；依托资金管理职能系统，编制资金计划，有效提高资金预判能力，提高资金使用效率，与 12 家银行开展了同业合作，获取同业收益 1 亿元；重点转向与地方法人金融机构合作，获取 4 家机构共 14.75 亿元的同业授信。

【投资业务】2019 年，公司获取了 3 家银行 8 亿元的授信，首次开展了债券借贷业务；与多家基金公司进行交流合作，根据盯市情况，选择收益最大化投资时点，操作了货币基金投资业务 6 笔。

【票据业务】2019 年，公司开立电子银行承兑汇票 24.17 亿元，公司承兑的电子银行承兑汇票外部保贴银行增加至 8 家。基本保贴利率保持在高于同期限同档次国股票据 20 ~ 40 个基点的区间，收款人贴现成本总体可控。结合供应链 + 票据模式，推广商业承兑汇票运用，降低票据业务成本，2019 年开立电子商业承兑汇票 24.53 亿元，电子商业承兑汇票出票量首次超过电子银行承兑汇票出票量。

【资金集中】公司借助集团 NC 报表系统建立了成员单位每半月报送资金报表的长效资金管理体系，并据此建立了完善的对成员单位资金管理考核体系。从集团层面将财务公司资金管理嵌入集团对下属单位的日常管理中，为资金集中管理提供强有力的制度保障。组织开展账户清理工作，从资金源头（账户）上强化集中管理。调研走访常态化，分组对接、一对一服务。本着“了解你的客户”“客户分类管理”原则，将成员单位按照资金特性分组，分组挂钩成员单位，形成一对一服务。

【业务创新】公司 2019 年推出应收账款保理业务，疏通内部支付梗阻，加快现金回笼，全年办理供应链融资保理业务 8 笔，金额合计 2.09 亿元。资金业务方面，2019 年成功开展了第一笔债券卖出回购业务，缩短了同业资产负债久期差，有效提升了抵御流动性风险的能力。

【风险管理和内部控制】汇总形成第四版建投财务公司制度手册，共收录 8 个版块、145 项管理制度；优化 1 项业务流程，梳理 275 项业务流程及操作权限；建立统一管理类合同台账，按季度对履行情况进行跟踪记录，提升合同管理秩序；更新 2019 年版公司内部控制管理及评价手册，持续对内控情况进行管理和监督。

【人力资源管理】公司始终坚持正确的选人用人导向，进一步完善与公司发展相适应的人才选用和管理机制。一是重视人才教育培训，优化完善培训体系。通过多形式、多层次、多方位的培训，提升员工综合素质。2019 年参加培训 50 次，累计参培 73 人次。二是制度化、常态化开展每周四交流学习，2019 年开展交流学习活动 29 次。三是进一步丰富员工工作阅历，挖掘人才潜力，提升全员金融专业水平和综合素质。四是鼓励员工参加从业资格考试，取得专业技术资格的员工比例不断提高。截至 2019 年末，公司拥有职称人员占员工总数的 61%，其中具有中高级职称人员占总人数的 54%。

【信息化建设】2019 年，公司一是协调软件公司、外包单位及关联厂商，及时处理系统问题；二是邀请第三方机构对承载业务系统的软、硬件设备，网络环境、机房环境等系统运行状况开展安全风险评估；三是按照等保要求完成公司业务系统公安部二级等保备案，全面提高信息系统安全防护能力；四是按照国家版权局要求，完成公司操作系统、办公软件及杀毒软件正版化。

【企业文化建设】公司党支部以习近平新时代中国特色社会主义思想为指导，以党的政治建设为统领，坚持“把方向、管大局、保落实”，扎实开展“不忘初心、牢记使命”主题教育，党的建设不断加强，党的路线方针政策在企业得到坚决贯彻落实，为实现高质量发展提供了坚强保证。选派 1 名驻村扶贫工作队员，为坚决打赢脱贫攻坚战贡献力量，组织开展公司第二届职工运动会、到昆明陆军讲武堂开展实地党性教育等活动。通过各项活动的开展，增强了员工归属感、认同感和荣誉感，构建了健康向上、积极进取的文化氛围。激发了员工干事创业的“精、气、神”。

云南昆钢集团财务有限公司

【集团概况】昆明钢铁控股有限公司（以下简称“集团”）始建于 1939 年，前身是中国电力制钢厂和云南钢铁厂。经过 80 年发展，集团已由单一钢铁制造企业逐步形成传统产业和新兴产业相结合的现代企业集团，是中国500强企业之一。2019年，集团按照云南省委省政府的产业定位，确定了“做优钢铁产业链、做强物流网服务网、做好产城生态圈”的战略方针，组建云南省物流投资集团和华创文旅大健康产业集团，着力打造“一链、一网、一圈”的发展新模式。

【经营概况】2019年，云南昆钢集团财务有限公司（以下简称“公司”）立足自身功能定位，以服务集团供给侧结构性改革为主线，推进精细化管理，加大创新力度，拓展服务职能，提升创效水平，经营管理取得较好成效，荣获集团管理创新二等奖，被评为集团2019年度红旗单位等。截至2019年末，公司资产总额63.23亿元，负债总额51.86亿元，所有者权益11.37亿元，全年实现收入2亿元，利润1.08亿元，无不良贷款，各项指标均符合监管要求。

【服务实体】2019年，公司信贷规模稳步增长，有效压减集团外部带息负债45.98亿元，节约利息支出2亿元；累计从外部金融市场引入低成本资金167.43亿元，在补充集团资金流动性的同时有效降低资金成本；最大限度上浮存款利率、下调贷款利率，减免结算手续费，加大中间业务价格优惠力度，参照集团综合融资成本和银行收费标准，全年为集团节约成本费用近2亿元。

【信贷业务】2019年，公司按照“有扶有控、有保有压”的原则配置集团资源，将资金精准投放于集团重点发展领域、新兴产业、具有竞争力的优质企业，全年累计投放信贷资金96.78亿元，日均投放信贷资金41.22亿元，较上年增长49.78%，累计办理委托贷款11.84亿元，较上年增长167%。

【资金业务】2019年，公司以资金的安全性、流动性和效益性为核心，深度融入集团月度预算管理和债务融资安排工作，精准安排信贷投放计划和资金支付，降低结算备付金比例；合理调整资产负债及期限结构，抓住低成本融资机会，适时适度融入同业资金，加强同业议价，上调存放同业利率，开展货币基金申赎业务，提高资金使用效率和运作效益。

【票据业务】2019年，公司在集团全面推广使用电票系统，积极推动电票“走出去”。截至2019年末，成员单位用电票系统开具电子商票164.53亿元，票据流经集团内外上千家产业链上下游企业，有力协助成员单位发展自身信用，巩固产业生态圈；公司打通票据流通全环节，开展低成本票据融资25.92亿元，切实缓解集团中小企业融资难、融资贵问题。

【资金集中】2019年，公司全年结算16.67万笔，结算金额4831亿元，同比分别增长20.27%和26.73%；日均吸收存款33.10亿元，同比增加18.81亿元，增幅为66%；年末全口径资金集中度为41.62%，可归集口径资金集中度为90.61%。

【业务创新】2019年，公司结合成员单位生产周期特点，新推出流动资金循环贷款业务，成员单位可在核定额度内随借随还，有效满足成员单位短期、频繁的临时性资金缺口需求；与证券公司办理首单买断式回购票据转贴现业务1亿元，这是公司与证券公司开展同业合作的一次有益尝试。

【风险管理和内部控制】公司不断强化以“三会一层”为主体的法人治理结构，完善基本治理制度，定期召开三会审议决策“三重一大”事项，各治理主体、各部门各司其职、各负其责、互相监督、互相制约；坚持“内控优先，制度优先”，集中梳理、修订和完善公司160余项管理制度、操作流程；持续开展7项审计稽核，建立稽核“问题库”，逐条跟踪整改结果，确保整改落实到位。

【人力资源管理】2019年，公司按照选贤任能、德才兼备、注重实绩、群众公认的原则，公开、公平、公正、择优竞聘产生4名部门经理；根据从业人员的知识层次和个人潜力，有针对性地对现有人员进行再教育和培训，建立人才梯队，全年累计为员工提供内、外部培训34次；传承“传、帮、带”文化，重点培养骨干员工，积蓄后备力量；建立激励机制，对爱学习、肯学习、学有所用的人员给予激励和奖励，公司员工基本实现“持证上岗”。

【信息化建设】 2019年，公司电票自动兑付功能上线，实现票款自动清算，改变人工逐笔录入和长流程审批状态，大大提高票据兑付处理时效；“财务一体化集团管控体系”（集团“两化融合”评审项目之一）通过北京国金恒信认证有限公司专家评审；全年优化信息系统13次，更新软件包37个，优化业务流程11个，系统功能更加全面、高效。

【企业文化建设】 2019年，公司紧扣调研课题，开展“不忘初心、牢记使命”主题教育活动，分析症结，研究提出解决问题的方法措施；开展“凝心聚力再前行”三八节徒步活动、积极参加集团组织的趣味运动会、知识竞赛等，提高员工队伍的凝聚力和战斗力；推动合规文化和廉洁文化建设，员工行为承诺“上墙”，党员承诺“上桌”；组织参观西南联合大学遗址、朱德故居、昆明陆军讲武堂，开展现场教育活动；到云南省宣威市海岱镇其诺嘎村回访挂联贫困户，了解贫困户情况。

云南冶金集团财务有限公司

【集团概况】 2019年，中国铜业有限公司①（以下简称“中国铜业”）实现了资产总额、营业收入、利润总额“三连增”：资产总额2000亿元，营业收入1094亿元，实际生产经营利润创历史最高水平。获AAA级主体信用评级，多个重点项目建成投产。其子公司分获国家科技进步二等奖，中国铅锌行业“高质量发展杰出贡献奖”“中国有色金属工业年度绿色发展领军企业”等。铜综合实力位居全国前列，铅锌规模居国内第一位、世界第四位，打造了中国有色金属行业“航空母舰”。

【经营概况】 截至2019年12月31日，云南冶金集团财务有限公司（以下简称“公司”）资产总额35.29亿元，完成营业收入1.71亿元，利润总额1.52亿元，利润总额较2018年同期增长27.63%，完成资金结算34593笔，结算总金额2078.64亿元，结算总金额较2018年同期增长5.1%；通过开展再贴现、转贴现等业务，积极引入外部资金。公司按照“深改革、精管理、多盈利、快融合”的总要求，服务、支持集团生产经营稳定运行，各项监管指标符合要求。

【服务实体】 公司始终坚持“不争利益、不抢资源”，在资金来源不断萎缩的情况下，2019年，公司贷款加权平均利率同比降低40个基点，为云南冶金集团股份有限公司（以下简称“云冶”）成员单位直接让利1267.42万元，间接让利1861.88万元。公司积极配合中国铜业进行“两金压降”、清欠民营企业款项、调整产业结构等专项工作。

【信贷业务】 截至2019年12月31日，公司各项贷款余额25.82亿元，较年初42.19亿元下降16.37亿元；其中，流动资金贷款余额17.28亿元，较年初33.54亿元下降16.26亿元；项目贷款余额0.67亿元，贴现余额7.86亿元，较年初6.94亿元增加0.92亿元，开立银行承兑汇票余额0.92亿元，委托贷款余额52.84亿元，完成了压降贷款规模的既定目标。

【资金业务】 2019年，公司一是把握融入中铝集团的有利时机，努力争取在金融机构获取增量同业授信；二是实现了成员单位农信社账户的连线功能；三是积极协调同业存放业务。

① 2018年11月，云南冶金集团股份有限公司股权划转至中国铜业有限公司。

2019年度共实现同业利息收入2310.43万元，较2018年同期增长181.3%，同业利息支出同比减少3539.29万元。

【票据业务】2019年，公司累计办理商业汇票贴现业务225笔，金额共计20.16亿元；开立银行承兑汇票224笔，金额共计11.75亿元；转贴现业务10笔，金额共计2亿元；再贴现业务181笔，金额共计13.65亿元。

【资金集中】公司通过按日收集各二级单位货币资金统计表，统计各单位日均货币资金及日均吸收存款，形成二级单位每日集中度报表，据此督促成员单位提高资金集中度。截至2019年12月31日，全口径资金集中度为18.69%，比2019年初增长了5.00%，确保了在重要时点，资金能够及时、足额到位。

【风险管理和内部控制】在信用风险防控方面，适时出台信贷指导意见和信贷支持意见，对担保责任落实的存量贷款企业实施债权主体置换、展期等合规手段化解违约风险提供必要的政策支持；在流动性风险管理方面，通过建立“资负到期结构监测表”对公司未来一定时期内可能产生的流动性状况提前预警；在内控合规管理方面，完成《全面风险管理手册》的编撰工作和对各类密钥的全面清理检查工作。对标监管和业务发展实际，定期清理、更新发布制度包。针对人民银行利率报价机制改革，拟定了公司LPR定价方案。

【人力资源管理】公司开展岗位体验活动，在公司范围内让员工对不同部门、不同岗位进行学习、了解、体验。通过活动增加了不同部门、岗位之间的深入沟通了解，增强了公司凝聚力，提高了员工的综合素质及办事效率。

【信息化建设】公司成功上线电子对账模块，有效降低了公司打印及邮寄回收对账单的工作量，同时也提高了成员单位进行账务处理的时效性；采购并使用安全网关和前置机，提升系统安全稳定运行能力；完成N9资金管理信息系统安全证书的更换、上海票交所系统证书的更新、公司域名的展期工作。

【企业文化建设】公司向集团等不同组织投稿31篇，被中铝集团采用2篇，中国铜业采用1篇，财务公司协会采用2篇。开展“新起点、新征程”“对标先进、降本增效”等系列活动，组织爱心助学捐款。公司获云南冶金集团股份有限公司2018年度“优秀领导班子”荣誉称号，总经理获“优秀管理者”荣誉称号；公司结算部获“2018年度中国铝业集团有限公司青年文明号”荣誉称号。

云南云天化集团财务有限公司

【集团概况】云天化集团有限责任公司（以下简称“集团”）有效应对了中美贸易摩擦、市场产能过剩等不利因素，总资产达到千亿元，负债率连续三年下降，进出口总额14.5亿元；化肥产品生产同比增长0.8%，销售化肥产品同比增长4.5%，玻纤产品生产同比增长10%，销售玻纤产品同比增长6.8%。2019年，集团列中国企业500强第283位、中国制造业企业500强第126位，云南省外贸发展综合贡献百强企业第1位。

【经营概况】云南云天化集团财务有限公司（以下简称“公司”）经济运营稳中有进，盈利状况良好。截至2019年末实现资产总额56亿元，负债总额44.46亿元，净资产总额11.54亿元，实现营业净收入13079.58万元，同比增长1.43%，2019年实现利润总额9056.68万元，同比增长12.89%。不良资产率和不良贷款率均为零。全口径资金集中度为25.03%，较上年同期增加7.16个百分点，公司持续提高集团资金集中度。

【服务实体】2019年，公司实施价格优惠和业务引领策略服务实体经济，通过下浮贷款利率、降低贴现利率、免收手续费等方式为整个集团节约成本费用2.42亿元。稳妥办理委托贷款业务、引导成员单位盈余资金有价调剂；推进财务咨询顾问业务。同时公司在国家外汇管理局政策支持下，获得外资银行3500万美元借款，并将该笔资金提供给有资金需求的成员单位，使其直接用于国外采购原材料，拓宽成员单位融资渠道。

【信贷业务】2019年，公司紧紧围绕集团主业以及转型升级方面开展各类信贷业务，集中全集团资金资源，优化资金配置，优化信贷资产期限结构。2019年累计发放自营贷款84.55亿元、委托贷款15.88亿元。

【资金业务】2019年，公司精准编制资金预算，合理安排资金头寸，实现了资金需求的有效满足和资金运营效率最大化的“双赢”。一方面，在资金短缺的情况下，通过银行间市场正回购和拆入等业务，及时融入资金，充分保证集团和公司的资金流动性，确保各项业务顺利进行；另一方面，在资金盈余的情况下，通过逆回购、同业存放等业务，提高资金运营效率。存放同业12.07亿元，同比增长55.94%。

【投资业务】2019年，公司成功引入债券投资者，促使集团公司债券发行成功，撬动和活跃集团公司债券，增强投资人信心，向市场购买集团债券1.3亿元。公司开展了货币市场基金、国债及金融债投资业务，实现投资收入29.94万元。

【票据业务】2019年，一方面，公司搭建了集团票据池业务系统，并正在与建设银行开发直连接口。通过票据池的搭建，防范了票据管理风险、盘活了票据资产，提高了票据使用效率，全年通过票据池为成员单位累计融资约7亿元；另一方面，积极推进集团票据集中管理，拟定《票据集团化管理激励方案》和《票据具体化管理考核方案》。

【资金集中】2019年，公司以推进资金集团化管理专项工作为抓手，一是加强现金预算管理，有效地提高了资金的集中；二是强化成员单位银行账户管理的授权、清理工作，新增授权账户82个，注销银行账户140个；三是实行账户管理网上审批，提高了管理效率；四是加强成员单位银行账户核实，根据实际调整银行留存限额，加大资金的集中力度；五是积极配合上市公司做好资金集中管控项目。

【业务创新】2019年，公司利用自身的同业业务渠道与资源，努力拓展财务顾问业务，为成员单位成功融入3亿元中期资金。

【风险管理和内部控制】2019年，公司一方面建立全面风险管理体系，明确全面风险管理目标、风险管理组织架构、风险偏好、风险管理程序、风险识别、计量、监测及控制、监督与评价机制、应急处理机制等内容。另一方面在各部门设定风险合规管理员，细控各部门存在的风险点，确切提出风险防控措施，结合公司实际业务发展情况，新增和修订相关管理办法、实施细则共计24个，进一步完善了制度管理体系。

【人力资源管理】2019年，公司按照合规经营类指标、风险管理类指标、经营效益类指标等五大类进行划分，落实到公司指标、部门指标及否决指标中，结合公司经营目标及重点工作，完成项目绩效立项，形成有效的激励制度。持续优化完善岗位职责说明书，进一步明晰各岗位职责，规划各岗位上升通道。继续加大中层管理人员及青年员工的专项培训，提高员工队伍的专业技能。

【信息化建设】2019年，公司持续加强信息系统建设，确保17家银企直连渠道畅通。继续推广集团票据池系统在成员单位中的使用，积极推进建设银行票据接口的联调测试；完成上市公司资金集中管控系统建设，顺利完成一期上线及推广使用；实现全集团账户管理的手机移动审批；实现财务公司5万元以下小金额自动支付功能；完成上海票交所纸电票据交易融合以及直连接入上海票交所票据交易系统的顺利上线。

【企业文化建设】2019年，公司党支部突出“两个责任”，强化“四个意识”，坚定“四个自信”，做到“两个维护”，全面落实党建工作责任，通过定期举办的主题党日、党员政治生日、领导干部讲党课、警示教育等活动，激励党员干部坚定理想信念，加强支部和党员队伍建设。支部认真开展组织生活，认真执行“三会一课”制度，支部活动筹备充分，主题突出，记载完整，质量较高。有效实现党建工作与企业发展互相促进，党员队伍充分发挥示范引领作用。

招商局集团财务有限公司

【集团概况】招商局集团有限公司（以下简称“集团”）是中央直接管理的国有重要骨干企业，进入世界500强企业。业务集中于综合交通、特色金融、城市与园区综合开发运营三大核心产业，并正实现向实业经营、金融服务、投资与资本运营三大平台转变。截至2019年末，集团实现营业收入7177亿元，利润总额1625亿元、净利润1262亿元，总资产9.3万亿元，利润总额、净利润和总资产在央企中均排第一位。

【经营概况】2019年，招商局集团财务有限公司（以下简称“公司”）通过存贷款利率优惠、减免中间业务费用等途径，累计帮助成员单位降本增效3.39亿元。2019年累计实现营业收入15.62亿元，利润总额7.05亿元，资产规模513.00亿元。

【服务实体】2019年，公司存量贷款均投向实体经济，支持实体企业转型升级，发放贷款103.71亿元。支持成员公司支持“一带一路”建设，提供贷款规模总计21.19亿元。积极配合支持大湾区建设，开展广泛业务服务与交流、降低集团整体外部债务，发放贷款124.78亿元。继续拓展结算产品和渠道，优化产品和系统功能。

【信贷业务】2019年，公司积极拓展客户数量、扩大信贷规模。围绕集团战略导向，贴近成员单位经营需求，坚持产融结合。针对实业部门融资难、融资贵的痛点提出方案，为成员单位提供全方面整体服务方案。截至2019年末，公司贷款余额335.04亿元，较上年增长8.53%。

【资金业务】2019年，公司积极拓展同业合作渠道，与多家银行合作，根据公司资金特点定制资金管理产品。扩大同业授信额度，累计在十余家银行取得300多亿元同业授信。充分利用同业资源积极开展线上资金交易业务，2019年累计交易量突破2600亿元，在确保流动性充足的前提下进一步提升了资金使用效率。

【投资业务】2019年，公司在取得固定收益有价证券牌照后开展首笔投资业务。投资业务以一年期以内的投资标的为主，2019年共计开展6亿元投资业务，投资收益率为3.94%，进一步提升了公司整体收益。

【票据业务】2019年，公司进一步扩展票据业务合作保贴银行，“招财票”市场认可度和流动性进一步提高。2019年累计办理承兑票据812笔，金额11.94亿元；办理票据贴现803.98万元。

【外汇业务】2019年，公司完成跨境外汇资金池重检备案及政策宣介，备案成员单位100余家。为成员单位资金收付及调剂提供高效、便利渠道，通过外债、对外放款等业务协助成员单位进行跨境资金调剂，灵活运用跨境人民币、外汇资金池给成员单位资金运转提供空间，实现收结汇、购付汇一体化链条操作。2019年共办理结售汇业务400余笔、跨境资金池相关业务400余笔。

【业务创新】公司启动智能机器人项目，实现转账、数据抽取、对外支付功能，有效防范人工操作风险；启动批量代发工资项目，已有2家成员单位成功使用；以资产服务机构身份参与成员单位ABN发行，开展首笔资产证券化财务顾问业务；定制开发承兑汇票业务，拓展保函业务种类；首次以银团贷款方式为客户提供信贷支持。

【风险管理和内部控制】加强风控组织机制建设，细化各层级职责；强化合规管理体系建设，获集团年度合规考核验收95分，进入第一梯队；强化风控制度体系建设，2019年制度新增23项、修订55项；定期开展风险识别与评估、内控评价；健全风控文化机制建设，发布风险周报50期、合规风险提示函5期、监管政策动态6期；开展常规稽核和税务管理专项内审，确保内部控制和风险管理措施得到有效执行。

【人力资源管理】结合经营管理需求，通过市场化方式补充急需人才。健全人才培养和成长通道，完善员工绩效考核激励和培训机制。推进团队建设，提升员工满意度和公司凝聚力。

【信息化建设】完成资金系统二级资金池改造升级、批量代发、建立信用资产减值模型，升级财企功能模块，完成数字化规划及指导报告，对接电子商业汇票系统（ECDS）。上线运维及应用性能监控管理平台，完成网络安全加固集成项目；完成资金系统安全等级保护年度评测与整改，提高安全纵深防御能力。

【企业文化建设】公司党委深入学习贯彻落实党的十九大和十九届二中、三中、四中全会精神，坚决做到“两个维护”，扎实开展“不忘初心、牢记使命”主题教育，把党建优势转化为发展优势。申报的文化成果荣获“2018—2019年度全国企业文化优秀成果”一等奖。

浙江海港集团财务有限公司

【集团概况】浙江海港集团财务有限公司（以下简称“公司”）所属集团为浙江省海港投资运营集团有限公司、宁波舟山港集团有限公司（以下简称“集团”）。集团是浙江省省属港口运营集团，实行“两块牌子、一套机构”运作，是全省海洋港口资源开发建设投融资的主平台。2019年，集团主要经营的港口之一宁波舟山港完成货物吞吐量11.19亿吨，连续11年蝉联全球港口第一；完成集装箱吞吐量2753.5万标准箱，箱量继续保持世界前三强。

【经营概况】2019年，公司全年实现营业收入5.82亿元，为年度预算的108%；实现利润3.90亿元，资产总额达180.52亿元。资本充足率为18.00%，流动性比例为30.98%，不良贷款率为零。投资业务多元拓展，2019年投资额达16亿元，实现投资收益3300万元。

【服务实体】公司发挥内部银行作用，积极支持实体经济发展，落实“新发放贷款中参考LPR定价占比”的工作。修订完成了相关业务制度和合同文本，2019年10月22日与某成员单位签订了1.5亿元的流动资金贷款合同，推出首笔LPR定价贷款，并确定公司后续贷款全面执行参考LPR定价制度。

【信贷业务】公司通过与成员单位实时沟通，了解资金需求和时间节点，制定年度信贷投放计划表。2019年公司贷款余额101.23亿元，同比增长10.85%；实现贷款利息收入3.51亿元，同比增长17.15%；为成员单位节约利息成本1.1亿元。公司在申报绿色信贷获批的基础上，3月份首次完成绿色信贷专项统计数据的报送工作，开创了省内财务公司报送绿色信贷专项统计数据的先河，有力宣传了集团的“绿色港”理念。

【资金集中】公司大力推进资金归集业务，

积极与成员单位及相关银行进行沟通，开拓资金归集渠道，做到应归尽归。2019年公司累计办理结算交易44.96万笔、金额5600多亿元，结算金额同比增长11.46%，截至2019年末，资金归集规模达157.70亿元，资金集中度为80.34%。

【资金业务】2019年，公司与交易商协会签署中国银行间市场债券回购交易主协议，进入债券回购市场。公司拓宽线下定存交易渠道，开展工商银行、建设银行外的线下定存业务。2019年资金业务交易量近千亿元，实现收益超2亿元。

【业务创新】针对集团内小微企业普遍存在资金需求大、贷款周期短；抵质押物确权难等问题，公司推出无还本续贷业务品种，为企业打通"经济动脉"，2019年12月13日首次为成员单位办理一笔300万元无还本续贷业务，受到企业好评。

【信息化建设】2019年，公司开展内部生产系统数据库容灾项目、金融信息辅助管理系统等建设，落实外部机构提出的系统升级改造。公司移动金融服务平台成员单位端手机APP正式上线投入使用，成员单位用户可通过APP随时随地了解资金动态，实现业务信息提醒、查询、办理的"移动化"。

【风险管理】2019年，公司重点做好关键领域的风险排查和防控工作，开展了集团的迎审自查、许可证自查、防范电子商业承兑汇票风险排查、"巩固治乱象成果，促进合规建设"等自查工作。2019年对20项新增制度、28项修订制度、12个合同或协议以及成员开销户出具合规审查意见。

【企业文化建设】公司扎实推进企业文化建设，为"强港文化"的落地生根贡献金融力量，加强文化与制度、管理的深度融合；扎实推进精神文明创建，倡导"爱港敬业、顽强拼搏、追求卓越"的企业精神，被评为"2017—2019年度集团文明单位"；积极选派职工参加集团企业文化培训。

浙江省交通投资集团财务有限责任公司

【集团概况】浙江省交通投资集团有限公司（以下简称"集团"）成立以来，历经两次改革重组，合并整合原浙江省铁路投资集团、省商业集团而来，负责全省高速公路、铁路、重要的跨区域轨道交通和综合交通枢纽等交通基础设施的投融资、建设、运营及管理职责。截至2019年末，集团资产总额达4766.12亿元，同比增长17.5%，全年实现营业收入1471.19亿元、利润总额106.88亿元，同比分别增长6.9%和16.9%。

【经营概况】浙江省交通投资集团财务有限责任公司（以下简称"公司"）明确了建设"一流财务公司"的发展方向及相应的实施路径。2019年实现营业收入17.40亿元、净利润4.08亿元。2019年末公司资产总额518.33亿元，负债总额476.35亿元，吸收存款余额473.25亿元，自营贷款余额337.01亿元。

【服务实体】2019年，公司协助集团以极低利率直接融资100亿元。其中，中票发行利率较基准下浮超过20%；超短融发行利率各期皆较基准下浮超过40%，创下省内同级别同期限债券发行最低利率。通过统一公开询报价、内外部融资联动、金融资源综合调配等措施，集中竞价、择优选取，新增项目贷款利率基本控制在基准利率下浮10%的水平，部分项目突破基准利率下浮10%的隐性下限。

【信贷业务】2019年，公司累计新增信贷规模154.07亿元，年度自营贷款余额最高时达354亿元，2019年末维持在337亿元，较2018年末同比增长76.90%。

【产业链金融】公司于2019年4月获得中国银保监会延伸产业链金融服务试点业务资格备案，于2019年6月开展了首笔“一头在外”的票据贴现业务，全年开展“一头在外”的票据贴现业务约5500万元。

【投资业务】2019年，公司首次参与可转债一级市场投资和股票二级市场交易。其中参与认购某金融机构可转债，平均投资收益率为11.15%；参与某集团股票增发，投资收益率为23.71%。

【票据业务】2019年，公司建立了集团票据集中管理池，稳步推进成员单位票据集中管理，提供票据贴现、质押等系列服务。2019年累计完成非融资类保函352笔，总计金额10.61亿元；电票业务102笔，总计金额9.69亿元，累计为成员单位节约财务成本超过500万元。

【资金集中】公司配合集团对子公司进行资金存放检查，从归集可行性、存放规范性、存款利率合理性、统筹调配度等方面进行全面检查和分析。提升上市公司金融服务协议存款限额。2019年，将浙江交科、浙江沪杭甬的金融服务协议存款限额从9亿元、14亿元分别提高至20亿元、25亿元。

【业务创新】搭建跨境双向人民币资金池。2019年11月取得中国人民银行备案批复，获得总额度为491.11亿元的跨境双向人民币资金池业务资质。集团下属27家境内外成员企业现已成功入池。开展金融研究，2019年公司创刊《交投金融直播间》，对金融市场的数据进行梳理，对投融资政策进行分析，向集团提示宏观政策、汇率和利率等方面的系统性风险。

【人力资源管理】公司探索产教融合和人才培养新模式，与浙江商业职业技术学院开展校企合作，鼓励员工参加各类专业培训。2019年，公司董事长钱文海获得杭州市江干区2019年“百人计划”创新人才称号；6名员工论文被中国交通投融资年会暨首届上市公司峰会选入峰会刊物，其中1名员工撰写的《探讨国内司库型财务公司转型升级》被评为峰会优秀论文。

【信息化建设】“浙交财资应用与服务平台”作为公司新的核心系统，于2019年11月顺利完成新老系统割接，实现预定上线目标。该平台荣获2019浙江省企业信息化创新项目优秀奖，将成为支持公司争创一流财务公司的系统基础。

【企业文化建设】公司高标准抓党建工作。全面深入开展“不忘初心、牢记使命”主题教育，实现“党建+业务”同频共振，党员骨干带头组成“融资直通车”“直融好顾问”，切实服务好成员单位。打造廉洁财资文化。公司党委、纪委严格落实“两个责任”，强化“一岗双责”，以警示教育、廉洁风险排查、参观廉洁教育基础等多种形式加强反腐倡廉宣传教育，强化员工廉洁意识。纪检部1名员工获集团“十大勤廉先锋”称号。

浙江省能源集团财务有限责任公司

【集团概况】浙江省能源集团有限公司（以下简称“集团”）成立于2001年，总部位于浙江杭州，主要从事电源建设、电力热力生产、石油煤炭天然气开发贸易流通、能源服务和能源金融等业务。经过19年的创业发展，集团已成长为省属国企中能源产业门类较全、电力装机容量最大的能源企业，是浙江省委、省政府能源产业发展的主抓手、能源合作的主平台、能源供应的主渠道、能源安全保障的主力军和环境保护的主战场。截至2019年12月31日，集团合并资产总额2435亿元，所有者权益1232亿元，资产负债率为49.40%。全年实现销售收入 1111.8 亿元，实现利润总额 92.2 亿元。

【经营概况】2019 年，浙江省能源集团财务有限责任公司（以下简称“公司”）坚定司库功能定位，加强以“资金账户集中、融资管理集中、对外支付集中”为主要抓手，全面加强集团资金集约化管理，专注主责主业，为集团内部资源优化配置和降本增效作出应有的贡献。2019 年末，公司资产总额 284.43 亿元，归集资金 253.82 亿元，银监口径资金归集率为 85.07%，全年实现营业收入 7.15 亿元，利润总额 5.91 亿元，净利润 4.47 亿元。

【服务实体】2019 年，公司继续发挥人才优势和专业优势，为集团及成员单位提供强有力的财务顾问服务，做好集团决策参谋。协助集团开展银行融资“总对总”谈判，助力成员单位累计提取各类银行贷款 109.33 亿元，协助集团开展储架式公司债、企业债、超短融的发行申报工作，2019 年协助集团发行 14 期超短融 180 亿元。

【信贷业务】2019 年，公司积极发挥“内部银行”作用，精准发力，服务实体，有扶有控，充分发挥集团内部资金余缺调剂功能，为集团主业提供有力的信贷支持。公司 2019 年向成员单位发放自营贷款 132.37 亿元，较 2018 年增加 37.01 亿元，增长 38.81%，有效保障了集团项目建设和资金链安全。

【资金业务】2019 年，公司多途径开展资金业务，提高资金使用效率和收益水平，全年累计开展同业协议存款业务 27 笔，日均存量规模 33.85 亿元；累计购买同业存单 11 笔，日均存量规模 10.15 亿元；累计开展银行间市场债券质押式逆回购业务 44 笔，日均余额 10.06 亿元，实现了资金流动性、安全性和收益性的有效统一。

【票据业务】公司积极开展承兑、贴现等票据业务，为成员单位及其产业链服务商提供低成本融资服务。2019 年，公司累计开展票据承兑 54 笔，累计金额 11.23 亿元，累计开展票据贴现 54 笔，累计金额 9.91 亿元，其中，“一头在外”票据贴现（延伸产业链金融）30 笔，累计金额 6.14 亿元。

【资金集中】2019 年，公司立足司库管理基本功能，持续做好资金集中管理工作，努力实现“成立一家，归集一家”的资金归集管理目标，减少资金在集团系统外部游离。截至 2019 年末，406 家成员单位在公司开立结算账户，较年初新增 139 家，其中 166 家成员单位实现“收支两条线”管理模式，若剔除部分不可归集的因素，公司资金归集率达 99%，位居行业前列。

【业务创新】2019 年，公司协助集团财务共享服务中心完成 168 家成员单位上线，推动财务共享服务中心与财务公司融合发展，助力集团财务战略转型。

【风险管理和内部控制】公司不断完善“三会一层”治理架构，加强全面风险管理和内部控制。2019 年，公司顺利完成董事会、监事会和高级管理人员换届改选，全年召开董事会 5 次，审议通过议案 28 项。召开股东会 4 次，审议通过议案 10 项。召开监事会 3 次，审议通过议案 6 项。根据公司“三定”方案，把综合管理（党群监察）部分设为办公室、人力资源部、党群纪检室，进一步完善部门设置。

【人力资源管理】2019 年，公司实施全员竞争上岗，加强人才梯队建设。通过竞争上岗，晋级晋岗 54 人，累计提拔中层正职 1 名、中层副职 8 名。加强应届毕业大学生招聘，2019 年招聘应届毕业大学生 5 人。加强员工培训力度，培训经费投入 61 万元，员工培训参与率 100%。

【企业文化建设】2019 年，公司深入开展企业文化建设，通过党建带工会和共青团建设，开展各类活动提升员工归属感和凝聚力。为员工结婚生育等发放慰问金 2.44 万元。开展社会公益活动，向四川省仪陇县结对贫困村捐资 60 万元。青年团员常态化开展西湖微笑亭、杭州东站志愿者服务活动。

振华集团财务有限责任公司

【集团概况】中国振华电子集团有限公司（以下简称“集团”）是由始建于20世纪60年代中期国家“三线”建设的军工电子基地——083基地发展而来的。集团是55家首批国家试点大型企业集团之一，计划在国家单列，拥有国家级技术中心、博士后工作站和国家863成果转化基地。50年来，集团为国家重点工程和国防建设作出了重要贡献：参加了集成电路、“331工程”等大会战，先后为“东方红一号”、“两弹一星”、探月工程、东风系列等重点工程提供保障，填补了7项国内技术空白，创造了8项国家第一。集团在形成了电子元器件、电子材料、整机及系统、现代服务业四大业务板块的基础上，聚焦优势资源，着力打造电子元器件、集成电路、新能源新材料三大核心业务板块。2019年，实现营业收入70.54亿元，利润6.72亿元，总资产154.73亿元。

【经营概况】2019年，振华集团财务有限责任公司（以下简称“公司”）坚持“依托集团，服务集团，稳健经营，持续发展”的经营理念，规范运作，依法经营，扎实推进各项经营管理工作，基本完成了各项经营目标。2019年，公司实现营业收入4617.69万元，较上年的4104.99万元增加512.70万元，增幅为12.49%；实现利润总额2210.21万元，较上年的1854.27万元增加355.94万元，增幅为19.20%；全年实现所得税568.44万元，比上年的434.54万元增加133.90万元，增幅为30.80%；实现增值税和税金及附加136万元，较上年实现的增值税和税金及附加185万元减少49万元，降幅为26.49%。

【信贷业务】2019年，全年累计发放贷款共计23笔，发生额共计4.31亿元，贷款余额为4.42亿元；全年累计办理承兑汇票贴现361笔，发生额共计5.88亿元，其中，办理银行承兑贴现147笔，金额4.43亿元，电子商业承兑汇票贴现214笔，金额1.45亿元，贴现余额2.59亿元；全年办理委托贷款业务62笔，发生额共计14.58亿元，委托贷款余额15.70亿元。期末各项贷款余额为22.71亿元（含委托贷款），比上年减少2.20亿元，降幅为8.82%。

【票据业务】2019年，集团成员企业在公司质押银行承兑汇票23笔，金额2231万元；公司为成员企业票据池质押及保证金担保开具银行承兑汇票146笔，金额共计1.69亿元。

【资金集中】2019年末，公司吸收存款余额为19.57亿元，较上年的13.91亿元增加了5.65亿元，增幅为40.63%。2019年12月31日，公司全口径资金集中度为83.12%。2019年累计办理结算55494笔，累计结算金额443亿元。

【业务创新】2019年，公司推出电子商业承兑汇票贴现业务，以拓展金融服务品种和融资渠道，帮助集团成员企业解决融资难、融资贵的突出问题，提供便捷、高效的金融服务。主要开展了前期准备工作，包括：向监管部门报备，制定完备的相关制度、流程和合同，制定有效的风险防控措施等。截至2019年末，公司开展电子商业承兑汇票贴现业务214笔，金额1.45亿元。

【风险管理和内部控制】2019年，一是风险管理委员会召开两次会议，部署公司治理、内部控制、风险管理等工作。同时成立了风险防控工作领导小组，明确风险防控工作目标，细化责任分工。二是通过完善案防制度、逐级签订案防责任书，明确案防管理“一岗双责”，将案防任务分解到岗到人，形成“一把手负总责、全员参与”的案防责任体系。2019 年，公司总经理与银保监局签订案防责任书，总经理分别与副总经理、业务部门经理签订案防责任书 8 份，与员工签订案防责任书 8 份。三是对内控制度进行了全面清理，截至 2019 年末，新增内控制度 6 项，修订内控制度 20 项，新增流程 1 个，修订流程 10 个，各项业务制度、流程得到进一步完善。

【信息化建设】2019 年，公司建立了同城灾备系统，实现了信息技术应用的标准化，增强了信息系统对业务的支持，查找薄弱环节和风险隐患，避免系统数据管理出现操作风险。在日常信息系统安全管理上坚持预防为主，坚持每日机房巡检和网络安全检查，始终把信息系统安全运行放在信息管理的重要位置。加强信息科技风险管控、防范风险，确保计算机系统安全、高效运行，做到了全年信息系统安全无事故、无案件，为业务稳定运行提供可靠保障。

【人力资源管理】2019 年，公司加强员工培训，鼓励员工参加学历、职称及资格考试等各种有助于提高自身素质的学习考试。职工参加的业务培训涉及范围有基础业务、税务政策、税收新规、法律合规、内控制度、风险管理、反洗钱工作、人事管理等。2019 年完成了培训人员 393 人次，共计 2872 学时。

正泰集团财务有限公司

【集团概况】正泰集团股份有限公司（以下简称“集团”）始创于 1984 年，以智能电气、绿色能源、智能家居、工控与自动化四大板块为主业，发展成为全球工业电气与新能源领军企业。产业制造基地国内主要分布在温州、杭州、上海、嘉兴、咸阳；在泰国、新加坡、越南、马来西亚、埃及等“一带一路”沿线国家设有区域工厂；在欧洲、中东非、亚非拉、亚太、中国区、南美建立了六大国际区域营销中心。全球员工超过 3 万名，业务遍及 140 多个国家和地区。

【经营概况】2019 年，正泰集团财务有限公司（以下简称“公司”）以“夯基础、建结构、练队伍、筑平台”为主题，深挖司库管理功能，各项监管指标符合要求。2019 年末，实现总资产 42.33 亿元，净资产 10.65 亿元，吸收存款 31.54 亿元，贷款余额 19 亿元，服务成员单位 329 家。

【服务实体】公司积极为成员单位提供专业金融服务，坚持服务集团资金集中管理的基本定位，发挥资金归集平台、资金结算平台、资金监控平台、金融服务平台四项功能，坚持服务产业需求，发挥贴近实业优势，贷款实现 100% 投向制造业，切实支持实体经济发展。2019 年 4 月，助力集团成功发行 5 年期中票 8 亿元，创下当期全国同品种、同期限、同评级民营企业利率最低。

【信贷业务】2019 年，公司授信客户同比增长 191.67%，累计贷款发放同比增长 167.49%。公司不断开拓新的融资业务品种，实现各项“首笔”突破——首笔保函、首笔贴现、首笔银票，充分发挥了公司的平台优势，通过减免手续费，降低贷款利率，助力成员单位降低财务成本，优化资产负债结构，提升流动性管理能力，有效支持成员单位发展。

【资金业务】2019 年，公司通过不断完善资金计划，加强资金管控，科学控制资金头寸，在满足成员单位合理资金需求的同时，开展存放同业业务，合理安排不同期限的现金流，有效防范流动性风险，优化资产结构。2019 年，公司成功加入同业拆借市场，提高公司资金融通能力和资金效益。

【资金集中】公司积极推动银财直连系统建设，与多家金融机构建立了银财直连。2019年日均归集金额25.80亿元，年末归集金额31.54亿元，全口径资金集中度为42.84%。

【票据业务】2019年，公司顺利实现票据交易系统上线。2月26日，成功开立首笔电子银行承兑汇票。2019年，公司为成员单位共计开立电票73笔，金额1.65亿元。

【业务创新】2019年，公司分别于外汇局和银保监局完成跨境资金集中运营业务备案，成功开展首笔境外放款业务，有效解决境外公司的资金需求，以协助集团统筹管理外汇风险，积极构建集团境内外、本外币一体化的资金集中管理平台，充分发挥公司“内部银行”和金融牌照优势。

【风险管理和内部控制】公司始终坚持“业务发展、制度先行”的管理理念，2019年，对信贷、资金、结算、风控、内审、行政等多项管理制度完成修订，不断完善各项制度，规范公司经营管理。同时，加强全流程风险管理，重视信贷“三查”，强化风险管理“三道防线”建设，充分发挥监督作用，开展运营资金使用审计、信息系统风险评估审计等相关审计工作。

【人力资源管理】2019年，公司多渠道引进专业人才，不断扩大充实专业队伍；发布《业务类职系任职资格管理办法（试行）》，建立完善业务类员工职业发展通道；通过内部授课与外部培训相结合，全年共计培训49期600人次，共计447课时。

【信息化建设】2019年，公司增设信息科技部，加强信息化系统建设，确保公司业务稳健运行。有序推进信息化项目二期实施工作，范围包括集团账户与收付管理、集团资金预算管理、集团融资管理、集团票据管理。持续提升集团资金归集度、方便成员单位的资金收付管理。此外，电子商业汇票系统（ECDS）项目经上海票交所现场系统与环境检测，通过验收正式上线应用；2019年9月正式启动电票全直连项目实施，12月完成案例测试工作。

【企业文化建设】公司在“三八妇女节”为女员工提供“美丽生活”花艺培训沙龙，并举办插花比赛；通过组织“乐跑团”，邀请上海、杭州、嘉兴等地成员单位的跑友齐聚雁荡山；积极响应银行业协会、保险行业协会组织举办的各种趣味运动会，组织骨干员工参加，丰富了员工的业余生活，提高了员工的归属感与荣耀感。

郑州宇通集团财务有限公司

【集团概况】郑州宇通集团有限公司（以下简称“集团”）是以客车、工程机械、环卫等商用车为主业，兼顾地产、产业金融及战略投资的企业集团，总部位于河南省郑州市。2019年，集团继续保持良好的发展势头，尤其是核心成员企业宇通客车在新能源和海外市场快速发展，成为集团新的经济增长点。2019年集团实现营业收入460.50亿元。

【经营概况】2019年，郑州宇通集团财务有限公司（以下简称“公司”）通过加强资金集中管理，提升资金使用效率，完成了年度经营目标。2019年末，公司资产规模76.94亿元，贷款余额50.33亿元，实现营业收入2.71亿元，净利润1.61亿元，净资产收益率为11.76%。各项监管指标均符合监管要求，整体风险水平低，资产质量优良。

【服务实体】2019年，公司通过降低贷款中间环节成本、推广商业承兑汇票、保函等举措，切实降低实体企业财务成本，提高对集团主业的支持力度。2019年，公司对成员单位办理的中间业务收取的手续费相比银行均有下浮且减免保证金，并鼓励对成员单位办理循环贷款，以提高资金使用效率。2019 年，公司累计为成员单位办理循环贷款 42.8 亿元。公司加大了保函推广力度，累计为成员单位开具质量保函、履约保函等共计 65 笔，金额 1.58 亿元，为成员企业减少了大量资金占用。

【信贷业务】 公司建立了成员单位定期走访机制，定期与集团各成员单位当面沟通，深入了解并满足各单位信贷业务需求，促进集团主业健康发展。2019 年，公司累计发放自营贷款 35 笔，放贷金额 60.59 亿元，累计发放委托贷款 3 笔，放贷金额 0.75 亿元，充分满足了各成员单位信贷业务需求。

【产业链金融】 支持集团成员单位发展，协助其优化付款方式、降低采购成本，并盘活上游供应商的应收账款，公司积极为上游中小微供应商办理延伸产业链金融业务，以较低的成本满足其资金需求，有效支持了实体经济发展，2019 年，公司累计为 270 家客户办理延伸产业链金融业务 2135 笔，金额 27.6 亿元，其中中小微客户 257 家，占比达 95.18%。

【资金业务】 2019 年，公司采取多项措施，确保集团整体资金安全。一是继续优化资产配置，优先满足集团成员单位的资金需求；二是进一步强化头寸精细化管理，建立并完善资金日计划编制、监督及评价机制，建立日跟踪循环监控流程，保持合理的资金头寸；三是推动资金共享项目，搭建集团统一的资金管理平台，实现账户、资金的统一筹划管理，达到资金可视化，进一步提升资金集中度。

【投资业务】 2019 年，公司加强投前产品调研，完善投后管理机制，持续优化投资业务控制标准，强化全流程风险管理。公司加大与金融机构的合作力度，不断丰富完善投资产品种类，2019 年累计新增流动性产品配置超过 30 只，在保证充足流动性并兼顾资金安全的前提下，合理配置闲置资金，优化投资组合，提高了集团整体资金收益。

【票据业务】 公司持续协助成员单位推广商业承兑汇票。通过优先为持有商业承兑汇票的供应商办理贴现并适当降低贴现利率，有效推广了商业承兑汇票，实现了“以客户为中心”的初衷，支持实体经济发展的效果显著。2019 年，公司累计为成员单位办理 10 笔贴现，贴现金额约 4.21 亿元，累计为成员企业供应商办理贴现 1822 笔，贴现金额 20.34 亿元。

【外汇业务】 2019 年，公司为成员单位高效办理结汇业务累计 1067 万美元，较 2018 年增长 148.14%。

【资金集中】 2019 年，公司持续提升成员企业服务能力，提供定制化头寸管理、资金服务，同时增加集团资金账户银企直连功能，利用系统提高服务效率。2019 年末，集团全口径资金集中度达到 62.34%，较上年提高 18.19 个百分点，这与资金持续精细化管理、服务能力提升等多方努力密不可分。

【风险管理和内部控制】 2019 年，公司着力强化风险管理和内控制度建设。公司全面开展了制度、流程修订工作，累计对 170 余项业务、管理制度进行了修订、完善，保证了制度的合规性、适用性和规范性。同时，公司依据完善后的管理制度对授权进行优化并梳理工作流程，保证在业务开展过程中不同岗位、角色之间相互监督、牵制，提升了风险管理和内控制体系建设效果。

【信息化建设】 2019 年是公司信息化建设取得重要进展的一年。公司制定了“小核心、大外围”的信息化战略规划，并与专业 IT 科技企业合作重新搭建了公司核心及外围系统。截至 2019 年末，核心及网银一期、结算一期已上线，可满足集团基本结算管理需求，内部信贷实现了成员企业贷款线上审批和管理；结算业务实现了利息计提等自动处理，管理报表实现了监管旬报、日报、准备金计算等工作系统化处理，工作效率不断提高；同时，整个系统封闭运行，杜绝人工干预，可有效降低操作风险；数据的及时性和准确性进一步提升，为管理深化提供了重要支撑。

【企业文化建设】 2019 年，公司大力推行合规文化建设。一是公司在风险管理部专设了合规专员岗，专门负责公司的合规风险管理，在制度流程建设、研究法规与监管文件等方面不断完善公司的合规体系；二是结合集团企业文化建设要求，在日常工作和周例会上坚持学习和研讨，不断强化员工的风险意识；三是按计划坚持开展“合规基础管理提升”专项培训和考试。通过一系列措施，极大地提升了员工的合规意识和公司合规管理水平。

中车财务有限公司

【集团概况】中国中车集团有限公司（以下简称“集团”）是世界轨道交通装备龙头企业，拥有全球最大的电力机车、高速动车组、大功率内燃机车、铁路客车、铁路货车、城轨地铁车辆研发制造基地。公司历史悠久，旗下有16家子公司历史超过百年，最早的企业成立于1881年。2000年南北车脱钩分立，2015年实现重组，通过改革创新实现了从小到大、从国内到国际、从传统企业到现代企业的转变。

【经营概况】2019年，中车财务有限公司（以下简称“公司”）以合规稳健运营为主线，牢牢把握“行政性主体”和“市场化主体”双重属性，围绕“服务、经营、管理”三大核心，规范稳健开展各项业务，实现营业收入5.40亿元，净利润3.53亿元；2019年末，公司资产450.89亿元，负债411.16亿元，所有者权益39.73亿元。

【服务实体】2019年，公司不断完善“一个中心、四个平台”建设。运营模式逐步完善，差异化考核落地，资金使用效率不断提高，资金净备付率为10.76%，较上年同期下降5.42%；努力践行金融服务主业使命，内部信贷平台功能充分发挥；积极发挥金融牌照优势，拓展融资渠道，保障集团资金链安全、降低融资成本；受托搭建大额“资金监控平台”，先后解决直连银行资金池转移等多个难点问题，成为在国务院国资委网络和数据测试中为数不多的首批通过测试的单位。

【信贷业务】2019年，公司积极推进以自营贷款为核心的各类信贷服务。年末自营贷款和贴现业务余额172.88亿元，其中，自营贷款149.35亿元，票据贴现21.95亿元，保理业务1.58亿元。累计为成员单位发放贷款184笔，金额合计720.58亿元。公司保函业务取得突破性进展，1—12月累计办理各类保函合计金额19.64亿元，其中为苏州中车建工PPP项目办理预付款保函单笔金额达10亿元。

【产业链金融】2019年，公司取得延伸产业链金融业务试点资质，全年实现11家4.23亿元延伸产业链金融业务落地，先后与工商银行、交通银行、招商银行、邮储银行、民生银行、中信银行、广发银行等主要商业银行开展同业授信合作，累计获得贴现授信额度超过200亿元。公司主动联系产业链上下游财务公司开展同业授信合作。通过票据互认打通财司电票在产业链企业间的流转和融资路径，深入整合产业链金融资源，开展产业链票据贴现、转贴现合作。

【资金业务】2019年，公司积极推进资金平衡配置机制建设，完善资金计划系统，开展各项资金调度和配置工作，有效熨平波动、降低成本、提升效率、优化服务。通过采取稳健的流动性管理策略，适度提升流动性资产比例，确保公司资金链安全，确保监管合规。2019年，公司通过吸存、同业拆借、协助总部二次调剂、发行超短融、中期票据及贷款等全年可配置资金日均规模约为402亿元，同比增加19亿元，增幅为4.95%，全面满足总部与成员单位所需资金。

【投资业务】公司债券业务破冰，流动性管理手段更加丰富。2019 年，公司先后开展两笔银行间市场债券投资业务，截至 2019 年 12 月末累计实现利息收入 56.37 万元，收益率为 3.14%。公司积极、稳健开展货币基金业务，全年货基平均持仓 25 亿元，实现收入 6971 万元，实际收益率为 3.71%。探索完成货基转换业务的操作。2019 年，公司引入货币基金投资业绩考核机制，有效提高了货基投资业绩的可视化与透明度。

【票据业务】2019 年，公司初步建立集团票据池，实现票据信息集中，开展票据线上清算、票据融资集中、票据资产运作管理、转贴现、再贴现业务，实现成员企业贴现业务量明显增长，再贴现业务规模质的突破。2019 年累计办理票据承兑 1511 余笔，合计金额 47.35 亿元；累计办理票据贴现 57.4 亿元，财务公司贴现利率较市场平均利率低 40 个基点，2019 年 1—12 月共计为成员企业节省成本 778 万元；累计办理再贴现 10.62 亿元，日均规模 1.89 亿元。

【外汇业务】2019 年，公司获得外汇局关于跨国公司跨境资金集中运营备案通过，共入池成员单位 94 家，其中，境内成员企业 65 家，境外成员企业 29 家，外汇业务全面开展。截至 12 月末，累计办理集中收付汇 8 笔。通过跨境资金池办理 2 笔对外通道业务，为境外子公司经营发展提供资金支持。

【资金集中】2019 年，公司不断拓展结算业务品种，丰富资金归集渠道，提高结算服务能力，积极有效对冲集团整体资金减少带来的负面影响。2019 年 12 月 31 日，公司吸收存款规模达 406.05 亿元，较上年同期 314.52 亿元增加 91.53 亿元，增幅为 29%。全口径归集度为 65.51%，较上年同期增长 6.3 个百分点。2019 年外币存款保持稳定增长，境内外币归集率保持在90%以上，全年日均32 亿元，较2018 年增长 9 亿元，增幅为 40%，年末余额 37 亿元，较上年末增长 12 亿元，增幅为 45%。

【业务创新】2019 年，公司创新金融工具和手段，服务能力不断提升。包括：建立集团票据池，实现票据信息集中；获批延伸产业链金融试点资质，突破供应链金融业务；打通跨境资金集中运营管理通道，全面开展外汇业务；稳健积极开展货币基金业务；创新开展债券投资业务；移动互联 APP“金管家”全面应用；财企直连不断推广；代理收款开展试点等。

【风险管理和内部控制】2019 年，公司持续做好风险管理主要监控指标按日监测，持续完善风险管理体系，完善内控制度，健全法制建设，不断加强以风险管理为主线的企业文化建设，公司整体风险管控情况良好。资产质量保持稳定，不良贷款率和不良资产率均为零。表外业务无违约和逾期情况，信用风险可控。未发生流动性风险事件。新业务投资货基产品，市场风险可控。未发生操作风险事件。

【人力资源管理】2019 年，公司不断完善人才发展的体制机制，保持持续创新能力。畅通“人才成长”机制：启动专业技能等级评聘工作，落实公司“双通道”机制；建立中层领导干部任期制，推行集团干部管理的“两制一契”制度；落实关键岗位人员轮岗机制。加大年轻干部培养力度，制定《后备干部选拔培养使用管理办法》等制度。注重核心人才储备。与员工共享改革发展成果，持续加大各类人才培训力度。

【信息化建设】2019 年，公司积极推动财务创新和智能化管理。实现报表填报信息自动化，建立 ACS 系统，实现上海票交所直连平台、征信数据接口系统的落地投产。2019 年，财企直连接口开通，为成员企业提供方便快捷的结算服务，大连机车已通过财企直连接口提交 2000 余笔付款指令，反响良好。“中车金管家”移动互联二期项目开发完成，实现了股份公司 EAS 借款移动端审批、公司工作流程电子化和移动化等功能。保密和信息安全工作再上新台阶。

【企业文化建设】2019 年，公司通过公众号、金管家APP等平台积极宣传公司最新成就与业绩，党政工团积极开展劳动竞赛、春游、秋游、节日慰问等活动，聚人心、促发展。公司党委和领导班子多方寻求资源，进行调查研究，帮助解决职工关心的公租房申请与补贴、法定节假日加班补贴，高温等特殊天气外出公差用车、协调解决延长用餐和洗浴时间，人才双通道机制启动等群众最关心、最直接、最现实的问题。2019年，公司上缴扶贫款48.56万元。

2019年，公司党委中心组集中学习19次，所属三个党支部累计召开党员大会22次，支委会48次，党课18次。公司党委通过全面实施工作清单化管理，深化“三基”建设，巩固巡视整改成果，推动打造党建“金名片”，实施干部管理任期制、聘期制和契约化管理，有效实施宣传、保密、统战工作等，党的全面领导切实加强。

中船财务有限责任公司

【集团概况】中国船舶集团有限公司（以下简称“集团”）是按照党中央决策、经国务院批准于2019年10月14日由原中国船舶工业集团有限公司与原中国船舶重工集团有限公司联合重组成立的特大型国有重要骨干企业，有科研院所、企业单位和上市公司147家，资产总额7900亿元，员工31万人，拥有我国最大的造修船基地和最完整的船舶及配套产品研发能力，能够设计建造符合全球船级社规范、满足国际通用技术标准和安全公约要求的船舶海工装备，是全球最大的造船集团。2019年实现营业收入3800亿元，利润总额145亿元，同比增长18.5%，承接新船订单量和手持船舶订单量均居世界造船集团第一位。

【经营概况】截至2019年末，中船财务有限责任公司（以下简称“公司”）资产总额777.50亿元，同比增长56.36%；负债总额703.89亿元，同比增长62.97%；实现营业收入16.60亿元，实现利润总额12.76亿元，各项指标均符合监管要求。

【产业链金融】2019年11月，公司成功获得上海银保监局产业链金融业务备案批复并通过现场验收，并于当月底成功开展了首笔“一头在外”票据贴现业务，总金额2200万元，利率为4.8%。2019年，公司累计开展产业链金融业务总金额4555万元，延伸产业链金融业务成功落地，这标志着公司金融服务边界由集团成员单位延伸至成员单位的产业上下游客户，金融服务的广度和深度进一步拓展。

【信贷业务】为深化信贷服务，支持应用产业发展，公司主动识别融资需求，加大信贷投放力度。截至2019年12月末，日均信贷规模同比增长9.7%。公司积极推广新产业信贷优惠政策，通过发放超低利率贷款大力支持集团应用产业发展。2019年，公司新发放应用产业贷款平均利率仅为2.3%。

【外汇业务】2019年，结售汇业务集中管理取得突破性进展，8月，公司建成集团公司结售汇业务集中办理平台，完成对集团即远期外汇业务的集中管理，实现即期远期结售汇业务集中度90%以上，全年交易笔数为上年同期的2.8倍。

【资金集中】公司积极配合集团做细做实资金管理，多维度压实资金归集，通过整合财银直连、财企直连，构建起财务公司、成员单位、银行三方互联互通的闭环型体系，以集中结算驱动资金集中，2019年，实现集团全口径资金集中度同比增长18.71%，集团可归集资金集中度达97.28%。

【业务创新】2019年，公司配合集团圆满实现首艘国产大型邮轮融资项目落地，并积极探索利用应用产业优惠贷款、买方信贷、牵头银团、并购贷款等多项信贷产品，初步实现了渗透豪华邮轮全产业链生命周期的综合金融服务，全面助力集团邮轮产业发展。此外，协助成员单位圆满完成首艘国产大型邮轮建造投保工作，以低于国际市场近一半的成本成功投保大型邮轮船舶建造险，帮助成员单位节约保费成本约2000万元。

【公司治理】规范“三会一层”建设和运行，新增《三会一层及各专业委员会信息沟通机制管理办法》，修订《股东会议事规则》《董事会议事规则》和《监事会议事规则》，进一步厘清各治理主体职责边界，优化董事会科学决策、监事会严格监督的运行机制；建立董事监事履职评价体系，制定《公司董事和监事的履职评价办法》，并首次开展公司董事监事履职评价工作。

【制度建设】规范制度修订流程，实行制度“一审二审”双重审核制，增强制度制定的科学性和准确性；完善绩效管理体系，加强岗位序列与岗位层级建设，制定《员工职业发展管理办法》，修订《绩效考核管理办法》和《薪酬管理办法》，拓宽管理序列、专业序列职业路径“双通道”，优化员工职业发展路径。

【风险合规】对公司各项业务的合规性、项目风险预估的充分性、相应风险防控措施的有效性进行事前评审和事中监督，识别、评估并及时提示各类风险，监测各项风险监控指标，确保合规经营，确保风险可控。加强对最新法律法规和监管政策的学习解读，强化对公司各项规章制度的传达和宣贯，提高员工“依法治企、合规经营”的意识和理念。

【内控审计】结合监管机构和集团相关要求，充分发挥内部审计“第三道防线作用”，实现公司主营业务审计全覆盖。此外，加强公司内部管理审计。完成公司监管信息资料报送情况、印章证照使用情况、信息系统建设情况等专项管理审计工作，并对所有审计发现问题的整改落实情况进行持续跟踪。

【信息化建设】持续深化信息化建设和应用，新上线预算网报、门户系统，有力提升了财务管理规范和集成应用水平；对核心、人力资源等系统深度优化，满足新业务需求；进一步规范运维管理流程，优化网络结构，确保信息系统安全稳定运行。积极开展新技术研究，探索流程自动化机器人、大数据、区块链等新技术应用。

【企业文化建设】公司党委坚持以习近平新时代中国特色社会主义思想和党的十九大精神为指导，牢固树立“四个意识”，坚定“四个自信”，坚决做到“两个维护”，毫不动摇坚持党的全面领导，充分发挥党委领导作用，讲政治、强党建、转作风、促发展，勇于革命、勇于斗争，推动党建工作质量明显提升，真抓实干作风逐步形成，高质量发展重点任务取得阶段性重要进展。

中船重工财务有限责任公司

【集团概况】中国船舶重工集团有限公司（以下简称“集团”）成立于1999年7月1日，是由原中国船舶工业总公司部分企事业单位重组成立的特大型国有企业，是国家授权投资的机构和资产经营主体，主要从事海洋装备产业、动力与机电装备产业、战略性新兴产业和生产性现代服务业的研发生产。2019年10月14日，根据党中央决策、经国务院批准，中国船舶工业集团有限公司与中国船舶重工集团有限公司联合重组成立中国船舶集团有限公司，拥有科研院所、企业单位和上市公司147家，资产总额7900亿元，员工31万人。

【经营概况】2019年，中船重工财务有限责任公司（以下简称“公司”）紧紧围绕集团公司战略规划和建设一流财务公司总体目标，按照年初确定的“1434”工作思路，不断加强业务创新、优化资源配置、降低资金成本、提高资金效率，为集团成员单位提供结算、存款、贷款、承兑、贴现、担保等多样化的金融服务，最大限度地满足了集团成员单位的资金需要。2019年末，公司资产规模达到1150.41亿元，全年累计实现营业总收入34.88亿元，利润总额20.82亿元。

【信贷业务】公司持续提升服务集团战略、助力成员单位发展的能力，切实降低集团成员单位融资成本。截至2019年末，公司信贷规模432亿元，同比增长11%；全年为集团成员单位开具电子银行承兑汇票183.81亿元，同比增长31%；累计承兑票据7827张，同比增长36%。公司始终坚持信贷优惠政策不动摇，最大限度给予成员单位利率优惠和收费减免，通过提供融资利率下浮、零保证金、减免手续费等多项优惠服务政策，2019年累计为集团节省财务费用支出共计14.13亿元。

【资金业务】公司以确保资金安全性和流动性为前提，严格落实日资金收支计划机制，强化资产顺周期配置，以利率为导向合理安排资金存放，努力实现效益最大化，2019年，日均存放同业规模达到531亿元，实现同业利息收入19.7亿元。积极利用货币政策工具拓宽融资渠道，办理小微企业票据再贴现融资0.44亿元，并在充分掌握监管政策的基础上不断创新，成功办理首单1.98亿元买断式转贴现业务。

【投资业务】2019年，公司以金融服务平台的战略定位为导向，不断加强投研能力的提升与培养，通过适度调整投资结构，积极探索新的业务方向，取得了较好的投资业绩。公司充分发挥身处金融市场前沿的优势，在集团融资工具发行、受托投资等方面为集团及成员单位提供专业的金融服务，并且密切跟踪分析国内外宏微观经济形势、最新监管动态和市场利率、汇率等政策调整，为推进集团公司军民融合、实现公司高质量发展提供了信息支持。

【资金集中】公司持续加大资金集中拓展力度，深入开展资金动态监控，夯实资金集中管理基础，对标商业银行深挖服务潜力，创新服务手段，通过提升外转不落地额度、开展受托支付、上线银行账户管理系统、为成员单位办理靠档计息等工作，提升结算服务水平、促进资金集中。2019年末，公司吸收存款余额首次突破千亿元，达到1020.36亿元，全口径资金集中度达到62.63%，资金结算总额74670.35亿元，结算量42.03万笔。

【业务创新】公司积极探索集团产业链上下游互动、互促、合作共赢发展的新模式，通过设计个性化、运用标准化的金融服务产品，为成员单位提供综合金融解决方案。2019年，针对军品业务产业链上游单位存在的销售回款延期、应收账款规模居高不下的情况，公司为成员单位量身设计保理融资方案，首次向成员单位提供军品应收账款保理融资服务3亿元，有效缓解了成员单位资金紧张的局面。

【风险管理和内部控制】公司秉承审慎稳健的经营理念，建立了机制健全、制度完善、措施有力、控制有效的内部控制与风险防控体系。一是设置法治与风控领导小组及其办公室，提高风险管理与法治工作跨部门统筹效率；二是探索推进以风险管控为导向、以内部控制为手段、以合规管理为理念、以制度建设为基础的“四位一体”运营管理体系建设，将其作为公司风险控制的重要措施；三是充分发挥“第三道防线”的作用，完成不相容重点岗位专项审计等10余项审计项目，确保各项业务合规稳健运行。

【信息化建设】公司围绕建设以数据仓库为核心的金融科技云生态的中心目标，拥抱大数据、人工智能，加强金融与科技的融合。全面推进新一代核心业务系统建设，为公司数据化转型和竞争力提升打下基础；积极探索数据标准化管理，通过数据治理带动业务价值和数据价值的提升；实施协同办公系统大版本升级，着手智慧协同建设；协助集团资金管理系统建设，强化集团对成员单位财务管控；引入RPA机器人实现人民银行征信系统自动化报送，助力业务创新及管理提升。

【企业文化建设】公司党支部始终把坚持党的领导、加强党的建设作为公司的“根”与“魂”，不断促进党建与业务的有效融合。全年认真组织学习党的十九大精神和习近平新时代中国特色社会主义思想，积极构建“党政工团齐抓共管”的良好工作格局；坚持“三重一大”事项决策前置程序，发挥党支部在公司决策中“把方向、管大局、保落实”的领导作用；深入开展“不忘初心、牢记使命”主题教育与“庆祖国70华诞”系列爱国主义教育活动，激发广大员工将爱国主义热情转化为助力公司“二次创业”的动力。

中广核财务有限责任公司

【集团概况】中国广核集团（以下简称“集团”）是国家特大型企业集团，1994年成立，业务覆盖核电、核燃料、新能源、金融服务、核技术、生物天然气、环保等，拥有5家上市公司。截至2019年12月末，集团资产总额7500亿元，员工4.2万人，在运清洁能源控股装机5800万千瓦，是我国最大、世界第三大核电集团。集团积极参与“一带一路”建设，在中国企业跨国指数排名中位列电力央企第一。集团主要经营业绩连续十年实现两位数增长，连续六年获国务院国资委A级评价。

【经营概况】2019年，中广核财务有限责任公司（以下简称“公司”）实现营业收入10.51亿元，利润总额6.63亿元，净利润4.96亿元，净资产收益率为11.95%；截至2019年12月31日，公司实现经济增加值（EVA）1.43亿元，公司资产总额428.40亿元。

【信贷业务】2019年，在国内外复杂多变的政策和市场形势下，公司贴合国家政策、主动作为，发挥集团资金管理一体化运作优势，圆满完成了集团境内外核电、新能源等重大项目融资工作，及时有效保障项目用款需求和资金安全，集团整体融资成本得到了有效控制。2019年按计划完成了核电等两个主要业务板块的融资管理司库试点工作，后续将继续稳步推进司库模式下的资金一体化融资统筹工作。

【资金业务】2019年，公司加强资产负债管理统筹，提升资金运作水平，资金利用效率明显提高。一是积极应对吸收存款规模缩减，有效压降货币资金规模，大幅提升存贷比；二是通过增加同业交易频次，丰富交易品种，年度内实现同业收益率2.94%，超过市场Shibor－1W日均利率13%；三是通过提升主动融资能力，有力补充资金池流动性，2019年未出现流动性风险。

【投融资业务】2019年，公司不断夯实投资业务管理能力，积极适应资本市场变化，通过动态制定有效应对策略，深入研究开展前瞻性研判，较好地控制了市场风险，把握时机实现了投资收益。在融资方面，公司助力集团完成了在境外设立中期票据计划项下的首单发行，本次发行为集团首次在境外信贷市场筹组银团贷款，也是中央企业首笔境外绿色银团贷款，实现了2018年以来非金融类中资企业同期限美元债券的最低发行利率。

【票据业务】2019年，公司以集团内部票据结算量较大的核电板块为业务重点，全年累计开展票据承兑业务金额约22.62亿元，并提供业务咨询服务，积极推动“一头在外”票据业务。公司加强与银行的合作，已取得多家银行的票据专项额度，以便在全国范围内开展票据贴现，降低财务费用。通过产业链金融业务的开展，解决了成员单位采购资金周转以及上游供应商的融资需求，更好地整合产业链资源，解决产业链上中小企业的资金需要，带动整个产业链的健康发展。

【外汇业务】2019 年，公司进一步强化核心专业能力建设，搭建标准化管理知识体系，研究形成标准套期会计运用模型，并成功应用于中广核国际的利率掉期交易等项目。通过构建新型风险管理体系，严控集团外汇风险敞口，集团 2019 年合并汇兑损益有效控制在利润总额的 1.2% 范围内，近三年均控制在 2% 以下的低风险水平。此外，通过扎实开展外汇管理业务，助力集团核电、新能源、核燃料等重点“走出去”项目的稳步推进。

【资金集中】2019 年，公司充分发挥集团资金管理平台职能，不断深化资金集中体系建设，并创新海外资金集中管理模式，在银行账户、资金归集、资金计划管理方面取得实质成果，推动集团境内外资金集中管理迈上新台阶。集团超过 2300 个账户实现在线监控，集团整体账户直连监控率达到 80.70%，持续保持较高管理水平，集团全口径资金集中度达到 86.54%，创历年新高。

【业务创新】2019 年，公司完成了核电和能源国际两个主要业务板块的融资管理司库试点工作，为后续推进集团司库统筹工作奠定了基础；创新核电工程融资模式，实现了联合贷款模式在核电项目中的首次应用，更好地匹配了华龙一号项目固定资产的折旧年限；公司创新拓展集团境外融资渠道，开辟发债以外的融资创新模式，通过开展境外银团工作，成功完成了 5 亿美元集团境外绿色银团贷款签约，实现同评级银团成本最优，为集团后续境外融资打下了坚实的基础。

【风险管理和内部控制】2019 年，公司不断完善风险合规内控制度体系建设，夯实公司管理基础，持续推动风险合规内控管理机制稳健运行，促进管理措施有效落地，通过开展风险分类管理和指标动态监控，实现了风险及时预警，同时通过开展风险合规内控评估，全面促进合规管理提升。2019 年，公司全面风险管理体系有效运行，未发生重大风险事件，合规风险处于有效监控状态，公司在重大经营管理方面保持了有效的内部控制，未发现重大风险控制缺陷。

【人力资源管理】2019 年，公司大力推动人力资源精细化管理，不断优化人才发展机制。一是结合公司业务实际，探索能够充分体现财务公司价值的工资总额核算机制；二是结合公司司库管理发展需求及监管导向，优化部门职责分工，加大人才队伍招聘配置力度；三是结合业务完成岗位体系梳理，升版各部门岗位说明书和任职资格，完善人力资源信息数据。

【信息化建设】2019 年，公司不断提升信息化管理水平，启动了核心业务系统建设项目，并作为 2019 年度重点项目持续推进。截至 2019 年末，核心业务系统的项目启动、业务蓝图和系统实现阶段工作已全部按期完成，为后续用户测试和全面上线工作奠定了重要基础。

【企业文化建设】2019 年，公司时刻不忘“创造绿色金融价值，助推清洁能源发展”的使命，始终坚持“一次把事情做好”的核心价值观，牢牢抓好企业文化建设，加强意识形态工作，建立率先垂范、善于经营、关爱员工、公正廉洁的作风准则，树立诚信透明、专业规范、有效执行、团队协作的行为规范，企业文化与品牌建设工作得到进一步加强。

中国大唐集团财务有限公司

【集团概况】中国大唐集团有限公司（以下简称“集团”）是2002年在原国家电力公司部分企事业单位基础上组建而成的特大型发电企业集团，2017年完成公司制改制，成为国务院国资委100%持股的有限责任公司，注册资本370亿元。

【经营概况】2019年，中国大唐集团财务有限公司（以下简称“公司”）紧紧围绕集团战略目标，密切关注监管政策要求，狠抓存量、力拓增量、梳理减量，不断提高资金运用效率，稳步推进高质量发展，金融服务能力获得进一步提升，风险控制能力显著增强，迈出了高质量发展的坚定步伐。2019年经营工作成效显著，获全国国企管理创新年度成果二等奖，中国金融品牌“用户体验年度案例奖”，保持“首都文明单位”荣誉称号。

【服务实体】始终保持市场化、差异化利率定价策略，进一步围绕集团金融资源优化配置。完善金融产品设计，继续开展保函业务，提供各类金融顾问服务，先后为多家系统内单位提供承销商遴选服务，开展超短融、私募债等顾问服务项目，建立标准化服务流程，进一步拓展服务范围，财务顾问业务有效拓展，金融服务不断深化。

【信贷业务】坚持服务导向、创新驱动、主动营销，做精做细信贷业务，为成员单位提供优质高效金融服务。积极研究并实施贷款市场报价利率（LPR）方案，为市场化利率改革做好先行探索实践，有效降低成员单位融资成本，对客户经营发展的支持度、满意度、贡献度大幅提升。

【产业链金融】2019年，公司积极跟踪掌握集团各领域业务需求，加强对产业链上下游的研究，提供票据承兑、贴现、商票保贴等各品种金融服务，通过优化流程提高融资服务效率，推进“一头在外”业务办理，供应链金融业务持续拓展。

【资金业务】2019年，公司进一步加强资金集中管理，为资金精细化运用提供保障。不断加强资金管理协同，加强资金配置、资金备付和流动性管理平衡，及时调整信贷资金和金融市场资金配置，资金使用效率不断提升。

【投资业务】优化调整投资策略，对投资资产进行精细化管理，审慎开展各类业务，从存量、增量、减量三个方向发力提升资产收益率。

【外汇业务】持续关注集团国际业务开展情况，积极引导成员单位开展结售汇业务，不断拓宽服务范围，提升外汇业务服务支持力度和业务规模。

【资金集中】加强资金集中管理，组织开展现场及非现场检查，提升账户信息监控力度。完善资金计划和存款预测模型，减少成员单位资金收支计划时间和金额偏差，全口径资金集中度进一步提高，有效杜绝了增量资金滞留，为资金精细化运用提供有效保障。

【业务创新】不断完善支付功能，提供大唐网银到商业银行转付业务通道，实现一站式办理支付结算业务。开通线上资信证明申请、对账确认和代理收款功能，积极推进夜间紧急支付自动处理能力提升，有效满足成员单位需求，提供用款便利性，提升客户体验。

【风险管理和内部控制】完善公司治理，实现“三重一大”决策事前酝酿、在线审批、全流程管控。风险管控标准化进程加快，充分发挥业务联动机制，完成风险监测系统上线运行。全面完成内控评价工作，梳理完善公司风险矩阵，构建资金管理、投资决策、信贷审批在内的制度、内控、应急预案三维立体业务防控体系。

【人力资源管理】人才队伍建设进一步加强，激励约束机制不断优化。持续加强考核结果应用，不断优化考核指标体系，激发职工干事创业热情。组织实施内外部培训，促进人才核心素质和业务水平提升。

【信息化建设】完成核心系统功能优化，资金调度中心、财务共享中心、核心业务系统的服务能力和运行效率获得大幅提升。圆满完成风险监测报送系统、人民银行监管系统、费用管理及对外支付系统上线。稳步开展自主研发，立足大数据应用研究，推进数据核对及关键指标展示功能自主创新。完成同城灾备系统上线及实战演练，“两地三中心”安全体系全面落地，系统安全稳定程度创历史最高水平。

【企业文化建设】继续加强新闻宣传与品牌建设，积极服务中心工作，组织《人民日报》《金融时报》等中央媒体走进大唐，发挥较好宣传效果。抓好职工提案意见的办理反馈，鼓励职工参与管理提升。充分利用职工恳谈日、党员活动日、职工服务中心等方式，发挥凝心聚力作用，营造了良好的发展环境。

中国电建集团财务有限责任公司

【集团概况】中国电力建设集团有限公司（以下简称“集团”）2019 年在世界 500 强企业中列第 161 位，列行业分榜第 6 位；在中国企业 500 强排名中列第 42 位；在 ENR 全球工程设计企业 150 强中继续排名第 2 位、全球工程承包商 250 强中排名上升至第 5 位。

【经营概况】中国电建集团财务有限责任公司（以下简称“公司”）2019 年实现营业收入 13.94 亿元；利润总额 5.15 亿元，同比增长 9%。年末吸收存款余额 453.98 亿元，全年平均吸收存款规模达 404.96 亿元，同比增长 17%；自营贷款余额 270 亿元（含应收账款保理），全年平均发放贷款规模达 283.64 亿元，同比增长 33%；年末资产总额达 513 亿元。实现利润排名第 55 位，各项监管指标运行良好。在经营满 3 年后的首个纳税年度评定中顺利获评年度纳税信用 A 级企业。

【信贷业务】2019 年日均贷款规模达到 284 亿元，比 2018 年增长 16.31%，日均贷款余额达到历史最高水平；2019 年 9 月末各类贷款余额达到 302.97 亿元，自公司成立以来首次突破 300 亿元大关。拓展绿色金融服务，加大绿色环保项目支持力度，2019 年累计发放 10.85 亿元绿色贷款，带动项目融资金额 290 亿元。开展集团内部应收账款保理业务，全年累计办理 8 笔应收账款保理业务，累计金额 8.4 亿元。合规开展委托贷款业务，2019 年累计办理 13 笔委托贷款业务，金额合计 15.05 亿元，委托贷款余额 175.46 亿元。大力开展信用鉴证业务，初步形成集团内部信用体系，2019 年累计办理保函 745 笔，累计金额 63.41 亿元。提升债券发行咨询服务能力，协助成员企业发行 280 亿元永续类债券，降低集团资产负债率 2.65%。

【资金业务】2019 年人民币同业资金年化收益率为 2.56%，基本达到同业市场 3 个月定期利率的平均水平。2019 年美元同业资金年化收益率为 2.15%，是 2018 年同期的 1.9 倍，全年实现同业资金运作收入 3.58 亿元，在资金规模同比下降 9% 的情况下实现资金收益同比增长 1%。

【投资业务】2019 年 12 月，北京银保监局批准公司新增固定收益类有价证券投资业务资质，进一步丰富公司的资金运作手段。

【票据业务】公司电子商业汇票系统于 2019 年 2 月顺利通过上海票据交易所现场验收。2019 年 6 月，电子银行承兑汇票成功接入上海

Z

票据交易所电子商业汇票系统（ECDS）。首次执行发票原件签注、真伪核查等风险控制措施。2019年累计办理票据承兑业务4505张，金额33.44亿元，未到期票据余额为18.61亿元。

【外汇业务】公司完成主办企业和退出/纳入跨境资金集中运营管理范围的成员企业清单备案、集中全部外债及对外放款额度并备案相关成员企业清单登记、《外债和境外放款框架性协议》签订、原国际主账户资金余额处置、跨境资金管理合作银行确定等工作，成为第3家在外汇管理局完成备案的中央企业。

【资金集中】2019年，公司紧抓资金集中工作，提升归集资金质量，工作成效显著。一是着力构建并完善成员企业—公司—银行三位一体的资金集中体系，广泛铺设资金归集及监测通道，拓展资金集中管理体系覆盖范围。二是资金集中管理考核及激励措施并举，激励成员企业努力提升自身资金管理水平，积极配合集团资金集中管理工作。三是通过通知存款改造和存款品种整合等措施，调整公司内部存款结构，平衡日均归集资金。公司2019年本外币日均存款额同比增幅高达16.54%，可供统筹运作的归集资金质量得到明显改善。

【业务创新】2019年，公司在以下方面开展了业务创新：一是丰富金融产品供应，首次开立了以集团外部企业为受益人的履约保函，保函受益人扩展至外部企业。二是按照“一企一策”原则为2家装备板块龙头骨干企业制定金融服务方案，给予最大限度的金融资源支持，首次推出年利率为2%的科技创新贷款。三是建立健全以联席工作机制为主的资金计划管理体系，统筹资金安排，资金计划偏差率基本控制在20%以内。四是构建全级次银行账户余额监控和统一管理平台，通过建立上报机制、增设月末余额等栏目、开发内部账户和银企直连账户自动取数功能，实现公司和成员企业之间数据推送互通，实现高效的资金集中管理工作。

【风险管理和内部控制】2019年，公司在风险管理和内部控制方面加强管理：一是强化全面风险管理，健全完善风险管理全流程链条管理机制，重点监测和评估分析公司合规、信用、市场和信息技术风险，完成《风险管理报告》2份。二是首次开展流动性压力测试，加强风险防范和抵御能力，建立健全模型和方法，取得阶段成果。三是认真开展“巩固治乱象成果，促进合规建设”、股权和关联交易整治等专项检查和风险排查，确保各项业务合法合规。四是以监管评级为抓手、以风险问题为导向，坚持以达标升级活动促基础建设和合规管理。

【人力资源管理】2019年，公司完成高管任职资格报批，领导班子成员由5名增加至7名。制定了《选人用人年度工作计划》，完成高管和中层干部选拔任用，新提拔总经理助理2人，补充中层干部6人，中层干部主体年龄逐步由“70后”向“80后”转变。以社会招聘的方式补充了一批年轻专业人才，增强团队战斗力。

【信息化建设】2019年，公司核心业务系统新增电票、保函、保理、银团等功能模块，信贷业务实现全面线上运行。继续推进智能业务机器人的应用，部署机器人集中控制台，选取适用性更强的业务流程进行更大范围的自动化改造。公司管理驾驶舱系统通过初步验收，构建以集团资金数据为主的电建金融数据库，搭建公司级大数据云分析平台。建设集中统一的移动应用平台，全面实现中国电建OA、公司OA公文移动处理以及行政、资金审批业务的移动化应用。

【企业文化建设】2019年，公司组织修订了《党委议事规则》等制度，印发了《“三重一大”议题决策程序》，持续完善党建规章制度体系建设。与合作金融机构开展党建共建和廉洁风险联防联控建设，形成了同业合作大监督格局机制，推进廉洁风险的“协同作战”。公司秉承“责任、创新、诚信、共赢”价值观，不断打造“家和”的企业文化，开展“立足岗位建功，不负青春理想”主题讲座活动，组织员工开展“职工健身榜样竞赛”相关活动，积极参与新中国成立70周年大型成就展、北京“悦节拍”音乐半程马拉松比赛、北京善行者徒步走等活动，提升员工凝聚力和集体归属感。

中国电力财务有限公司

【集团概况】2019 年，国家电网有限公司（以下简称“集团”）深入学习贯彻习近平新时代中国特色社会主义思想，全面落实党中央、国务院决策部署，助力脱贫攻坚和乡村振兴，开展阳光扶贫行动，累计并网光伏扶贫电站 2003 万千瓦，惠及 282 万贫困户；助力污染防治攻坚战，大力促进新能源消纳，经营区域新能源并网容量、发电量分别增长 16.1% 和 16.5%，利用率达到 96.8%；持续优化电力营商环境，我国在世界银行“获得电力”排名上升至第 12 位；连续 15 年 5 个任期获国务院国资委业绩考核 A 级，连续 7 年获国际三大评级机构国家主权信用评级，连续 4 年获中国 500 最具价值品牌第一名，首次进入全球 100 大非金融跨国企业榜单，排名第 62 位。

【经营概况】2019 年，中国电力财务有限公司（以下简称“公司”）牢牢把握“不忘初心、牢记使命”主题教育这条主线，坚持服务主业、服务行业，明确了建设世界一流财务公司的目标任务，坚定不移地做强做优做精做专主业，积极应对集团电费收入增长趋缓等不利因素，稳存款、增信贷，抓服务、创效益，主要经营指标创出历史最高水平，实现利润 58.64 亿元，同比增长 22%，客户服务满意率达 100%，主要指标位居行业前列。

【服务实体】2019 年，公司全力支撑集团深化“1233”新型资金管理体系建设，建成新一代资金结算系统，实现付款业务和主要合作银行收款业务全程在线处理，资金支付事中预警监控功能在 18 家省电力公司上线应用，资金归集效率和安全管控水平显著提升。加强存款产品创新，存款规模保持稳定，实现日均余额 2922 亿元。精准落实集团融资管理政策，高效满足集团成员单位融资需求，累计发放各类贷款 2560 亿元，同比增长 27.51%，有力支持了电网建设与运营。

【信贷业务】2019 年，公司严格落实人民银行和银保监会的信贷监管要求，紧密围绕国家电网公司战略部署，做强信贷服务能力，做优信贷业务创新，做精信贷基础管理，做专信贷风险防控，大力提升信贷运营效率，持续提高融资服务能力，日均贷款余额 2089.67 亿元，同比增长 494.54 亿元，增幅为 31.00%，创历史最高水平。

【产业链金融】2019 年，公司规范稳健开展产业链金融业务，以“一头在外”票据贴现为主要产品，稳妥推进延伸产业链金融服务，为电力产业链企业提供有力的融资支持，全年累计办理“一头在外”票据贴现业务 1950 笔，金额 91 亿元，同比增长 29%。

【资金业务】2019 年，公司科学安排资金运作，优化交易策略，加大融入力度，增加 1 至 3 个月期限融入资金规模，并抓住市场时机配置较长期限的同业存单，在保障备付安全的前提下，取得了较好的资金运作收益。

【投资业务】2019 年，公司坚持低风险投资策略，全部退出二级市场股票投资，将更多资金投向电网建设。把握市场阶段性机会，稳健开展债券型基金投资。加强市场研判，利用短债基金等产品，提高短期资金运作效益。

【票据业务】2019 年，公司加强票据业务运营管理，切实提升票据业务服务质效，累计办理承兑业务 37440 笔，金额 480.78 亿元，同比增长 43.00%；办理贴现业务 2424 笔，金额 109.01 亿元，同比增长 29.8%；实现再贴现业务常态化办理，金额 4.32 亿元，涉及小微票据 488 笔；完成转贴现试点，金额 3.19 亿元。

【外汇业务】2019 年，公司积极关注外汇

Z

政策形势，及时跟踪外汇市场变化，完成跨境资金集中运营业务重新备案工作。2019年共办理结售汇业务26笔，其中，美元业务25笔，累计金额1742.15万美元；欧元业务1笔，累计金额4.39万欧元。

【资金集中】 2019年，公司优化资产负债管理策略，加强监管指标日常管理，适时调整备付额度，提高资金集中运作效率，日均资金利用率为86.75%，日均备付率为16.26%。依托公司级集团账户体系，持续提高成员单位资金归集效率，协助集团进一步压降不可动用资金，拓宽资金归集范围。2019年末，全口径资金集中度达到83.78%。

【业务创新】 2019年，公司贯彻落实集团"适时引入境外低成本资金支持境内电网建设"重要部署，与境内外成员单位密切配合，分两笔顺利完成40亿元1年期人民币外债跨境融入业务，实现跨境本、外币通道全部打通，为集团有效利用境内、境外两个市场提供了强有力地支持。

【风险管理和内部控制】 2019年，公司主动适应监管新形势，严格落实监管部门和集团安全风险管理工作要求，不断提升风险管控水平，获得良好的监管评级结果。完善风险管理体系，积极构建公司风险偏好、政策等风险管理顶层架构，风险管理有效性持续提高。完善应急预案体系，形成管理条线更清晰、管理职责更明确、应急处置更高效的应急预案管理体系，公司应急管理能力有效提升。

【人力资源管理】 2019年，公司深入推进"三项制度"改革，持续夯实制度基础，加快培养优秀年轻干部，激励各级干部担当作为，形成了一支政治站位高、专业水平强、作风纪律严、客户评价优、廉洁自律好的优秀干部员工队伍。持续完善"目标自选、分档激励"的业绩考核方式，优化考核指标设置，激发经营单位潜力；严格实施业绩考核方案，深化绩效考核结果应用，优化绩效工资分配，合理提升高绩效员工的薪酬水平。

【信息化建设】 2019年，公司大力推进金融科技创新，成功实施新一代资金结算系统切换上线，全面启动新一代电票业务系统建设研究，有序开展机器人流程自动化工具和银行电子回单推广实施，扎实推进本地高可用及数据级灾备建设，圆满完成护网专项行动及重大节日保障，公司信息系统连续五年保持安全运行零事故，为公司业务创新发展、服务集团发展战略提供有力支撑。

【企业文化建设】 2019年，公司积极推进企业文化重点工程和储备工程建设，举办"我和祖国共奋进"庆祝新中国成立70周年诵读歌会，开展产业链金融创新发展劳动竞赛，办好员工"文化讲堂"，加强文明单位创建，公司保持"全国文明单位""首都文明单位标兵"荣誉称号，华东分公司、江苏分公司分获上海市文明单位、南京市文明单位荣誉称号。

【社会责任】 全力服务集团光伏扶贫工程，针对分布式光伏电费结算量大、收款人多等特点，协同主要合作银行，研究推出对私批量支付的高效结算方式，缩短电费到账时间，为国家电网推进光伏扶贫做好保障，可惠及282万脱贫户。

中国电信集团财务有限公司

【集团概况】 中国电信集团有限公司（以下简称"集团"）是按国家电信体制改革方案组建的特大型国有通信企业，是依照《公司法》设立的国有独资公司，为国务院国资委直接管理的中央企业。公司顺应信息通信业智能化发展趋势，着力推进网络智能化、业务生态化、运营智慧化，实施网络、业务、运营、管理四大智能化重构，致力于做领先的综合智能信息服务运营商。

【经营概况】中国电信集团财务有限公司（以下简称“公司”）于2019年1月8日正式成立。2019年，公司全面推进公司法人治理体系和全面风险防控体系建设，积极助力集团内部金融资源整合，努力发挥四个平台功能。截至2019年末，公司资产总额176.03亿元，所有者权益50.26亿元，实现营业收入2.24亿元，拨备前利润总额2.14亿元。

【信贷业务】2019年，公司严格遵循“先评级、后授信、再用信”的基本原则，建立贷前调查、贷中审查、贷后检查三道风险防线，实现审贷分离。截至2019年末，公司人民币贷款余额为120.25亿元。

【资金业务】2019年末，公司存放央行款项4.06亿元，存放同业款项53.21亿元。公司按照监管规定，合规经营同业业务，对同业交易对手进行授信及与商业银行总部签订同业定期协议。主要合作银行为工商银行、建设银行、中国银行、交通银行、农业银行、民生银行等国有、股份制银行，交易对手信用风险可控。

【资金集中】2019年，公司吸收存款逐步上升，截至2019年12月31日，吸收成员单位存款125.51亿元，公司共计办理结算业务69万笔，结算金额1441.90亿元。

【风险管理和内部控制】2019年，公司加强风险防控，搭建全面风险管理体系，提高风险管理水平，为公司依法合规、稳健经营保驾护航。公司构建明晰的授权机制和科学的规章制度体系，开展年度制度建设及专项风险自查，建立风险合规指标日常监控机制，严格防范重大风险并提高风险管理时效性。落实年度审计计划，实施覆盖各项业务条线的审计工作，加强审计监督。

【人力资源管理】2019年，公司重点加强对在岗员工的专业及素质能力培训，开展同业交流学习，提高员工综合能力。根据发展战略和岗位需求，组织多次社会和校园招聘，共引进6名新员工，为公司注入新鲜血液，激发组织和人才的活力。健全规范人力资源制度，促进公司员工工作规范化。

【信息化建设】2019年，公司完成核心业务系统搭建，重点打造结算平台，提供5万笔/小时结算能力，与集团ERP系统无缝对接，通过自动承接支付指令、流水自动匹配回传、电子回单批量下载、自动退单、自动退汇等提高结算平台自动化处理能力。实现集团总分多级资金池、预算额度管理、关联交易管理、循环贷款等重点产品上线，实现电子商业汇票系统（ECDS）直连对接，增加堡垒机、日志审计等安全设备，提高系统和网络的安全管理能力。

中国电子财务有限责任公司

【集团概况】中国电子信息产业集团有限公司（以下简称“集团”）成立于1989年5月，是网络安全和信息化产业国家队，以提供电子信息技术产品与服务为主营业务，核心业务关系国家信息安全和国民经济发展命脉，形成了网络安全、新型显示、集成电路、高新电子、信息服务、工业互联网协同发展的产业格局。截至2019年末，集团资产总额3291.60亿元，实现营业收入2232.11亿元，利润总额14.73亿元。

【经营概况】2019年，中国电子财务有限责任公司（以下简称“公司”）着力深化资金集中，提升金融服务水平，推动各项工作再上新台阶。截至2019年末，公司资产总额470.88

亿元，所有者权益30.65亿元。实现营业总收入10.70亿元，同比增长31.91%；利润总额3.62亿元，同比增长8.24%；金融服务日均规模278.73亿元，同比降低0.81%；对集团收益贡献11.32亿元，同比增长12.50%；全口径资金集中度为68.53%，含委托贷款、委托投资的资金集中度为76%。

【服务实体】公司大力支持集团成员企业“一带一路”建设和“走出去”战略的实施，2019年向相关成员企业提供整体授信额度近67.30亿元，授信品种为流动资金贷款、票据承兑和贴现、保函、担保等各类金融产品；根据小微企业需求及实际经营情况，实施差异化授信方案，提供结算、贷款、贴现、保函等金融业务，对18家小微企业提供综合授信额度12.81亿元。截至2019年末，向小微企业发放贷款余额3.22亿元，贴现余额3.16亿元，承兑余额1427.13万元，满足了小微企业的金融需求，支持了小微企业的发展。

【信贷业务】2019年，公司通过给原有授信企业增加授信额度满足企业新增资金需求、支持集团重点项目建设及进一步扩大授信范围到三、四级成员单位等方式，在处理好MPA考核对信贷规模影响的前提下，努力扩大金融服务范围和提高金融服务规模。2019年完成119家企业综合授信工作，授信金额394.05亿元。2019年日均贷款规模115.32亿元，同比增长5.41%。在原有金融服务品种的基础上，增加了服务的广度和深度。

【资金业务】2019年，公司紧密围绕企业需求，结合财务公司业务特点，使同业业务真正发挥弥补财务公司短板、满足集团企业需求的桥梁作用。加强同业合作，增加银行授信品种和额度。2019年取得同业授信额度238.20亿元，同比增长17.22%。与农业银行、中国银行等银行深入对接，在满足流动性需求的前提下，沉淀资金安排灵活多样，兼顾资金的安全性、流动性和收益性。

【资金集中】2019年末，公司全口径资金集中度为68.53%，同比增长7.92%。公司每月对成员单位资金集中情况进行测算分析，查找原因，梳理问题，为企业提供个性化的金融服务方案；针对上市公司资金特点、规模、布局，制定金融服务方案，通过市场化的利率及多样化的产品满足上市企业需求，在符合政策监管前提下突破制约资金集中管理瓶颈；成立外汇工作小组，探索外汇风险集中管理工作；积极与银行合作，围绕企业需求，推送个性化服务方案。

【票据业务】2019年，公司加大与银行合作力度，与招商银行、工商银行、建设银行、北京银行等10家银行达成保贴服务合作，2019年票据业务规模53.32亿元。进一步扩大票据业务辐射范围和业务规模，推动财务公司承兑票据的接受度，降低企业资金占用量和资金成本。

【外汇业务】公司及时关注外汇市场汇率价格，选择市场优惠价格平价向企业开展结售汇业务。运用跨境双向人民币资金池和外汇集中运营管理渠道，为成员单位提供本外币国际结算和跨境资金运营管理服务。2019年新开外汇账户8家，全年完成外币结算2231笔，结算金额40.98亿美元，结售汇业务629笔，金额为32.77亿元人民币，为企业节约汇兑成本935.05万元人民币。

【风险管理和内部控制】2019年，公司进一步完善全面风险管理体系。以监管意见整改为契机，落实监管各项要求，加强对各项业务的梳理，通过修订完善内控制度，进一步规范业务操作流程，有效防范风险，2019年共制定和修订60项制度流程。深入开展合规自查工作，切实全面查找问题、不足和风险隐患，及时处置，化解风险。加强合规文化建设，提升风险防范水平。

【人力资源管理】2019年，公司从紧跟集团战略布局、深化客户服务出发，优化部门架构，规范部门岗位职责；搭建职业发展体系，拓宽员工职业发展通道；以市场化改革为导向，完善薪酬考核体系；提高公司准入门槛，从严从优规范招聘新员工。

【信息化建设】2019 年，公司对流程进行规范，并将流程表单化、表单信息化，固化至 OA 办公平台，实现办公自动化，提高了工作效率，加强了内部控制，减少了人为操作风险，截至 2019 年末上线流程 127 个。同时完成了票据交易系统与核心业务系统集成，以及综合授信、同业模块等核心业务系统升级改造的设计工作。

【企业文化建设】2019 年，公司党委把学习宣传贯彻习近平新时代中国特色社会主义思想和党的十九大及十九届历次全会精神作为首要政治任务，推进“两学一做”学习教育常态化制度化；结合自身实际，不断完善党委前置研究和“三重一大”集体决策工作体系，推动将党的领导落实到公司经营管理的各个方面；开展“不忘初心、牢记使命”主题教育；将全面从严治党摆在突出位置，与业务同步推进，推进廉洁文化建设。

中国电子科技财务有限公司

【集团概况】中国电子科技集团有限公司（以下简称“集团”）是中央直接管理的军工企业集团之一，是国内覆盖电子信息全领域的大型科技集团，能同时为各军兵种全方位提供信息化装备，为各种平台提供各类核心元器件，在网络信息体系规划与建设、信息化装备研制生产、网络信息服务方面具有较强实力。2019 年净利润 287 亿元，同比增长 11.4%，核心业务收入 2222.7 亿元，同比增长 10.6%，连续 15 年保持中央企业经营业绩考核 A 级，并取得排名第三的历史最好成绩，连续 5 个任期获评经营业绩优秀企业、3 次“业绩优秀企业”和“科技创新优秀企业”。

【经营概况】2019 年，中国电子科技财务有限公司（以下简称“公司”）保持了高质量发展。重点领域改革不断深化，司库体系建设、产业链金融、增资等工作取得重大进展。金融服务保障能力进一步提升。通过 371 亿元贷款、54 亿元贴现、33 亿元承兑、1.4 万亿元结算，公司全面超额完成收入、利润等经营目标，切实保障了集团的资金需求。截至 2019 年末，公司营业收入 17.45 亿元，利润 12.29 亿元。资产规模 843 亿元，同比增长 40%。

【服务实体】坚持金融资源聚焦科技创新、自主可控等集团重大战略，保障了重大项目的顺利运行实施。积极调研集团工程融资需求，2019 年累计向集团重大项目发放贷款超过 30 亿元，解决企业资金难题，促进集团公司重大战略落地。其中向电科院涞水产业园、声光电 CUMEC 项目分别提供贷款支持 2.88 亿元和 6.5 亿元，切实保障项目建设有序推进。

【信贷业务】2019 年，公司为 196 家单位安排了 619 亿元综合授信，同比增加 103 亿元；为 157 家单位发放了 371 亿元贷款，其中，为军工产业提供 164 亿元，重点支持了网络信息体系和 JS 工程建设等；为民品和科技创新产业提供 204 亿元，重点支持开拓区域市场和攻克关键核心技术；为国际化提供 3 亿元资金支持。截至 2019 年末，贷款余额 355 亿元，日均贷款 226 亿元。

【产业链金融】2019 年，公司为 1045 家中小微供应商提供了 54.33 亿元资金，积极参与中国电科集采大会和集采检查，主动挖掘业务，与最大集采平台南京物流信息、天津力神、太极股份实现了财企直连。坚持科技赋能，发展普惠金融，针对中小微供应商融资需求“小额、多频”的特点，上线了中国电科产业链金融系统，直接面向供应商，在线办理业务，服务效率和质量大幅提升。

【资金业务】公司深入总结集团资金规律，

Z

充分运用多种资金配置方式，灵活配置资金资源，积极探索建立资金融通长效机制，配合财务部发行40亿元超短融，妥善解决集团季节性、规律性资金短缺，保障了流动性安全，提高了资金收益，资金配置效率和效益进一步提升。

【投资业务】稳妥开展投资业务，主动适应资本市场调整资产管理结构，以标准化产品为投资主体。历时2年，完成所有非标产品清退，本息全部顺利收回。

【票据业务】加强集团票据管理，搭建票据池系统服务集团票据集中管理，拟定票据集中管理办法，防范集团票据风险；首批获得电子商业汇票系统（ECDS）线上清算功能，为集团公司创造更加便利的票据使用环境、盘活用好存量票据发挥了积极作用。

【外汇业务】2019年6月，公司正式获批外汇即期结售汇资质，8月获得上海外汇交易中心会员资格，具备了开展即期结售汇业务的能力。10月成功开展了首笔结售汇业务，并与工商银行完成外汇净额结算交易，提高了结售汇的效率，降低了成本，减少了汇率风险。

【资金集中】以银行账户管理为抓手，推动资金集中工作，提升了资金统筹管理水平，资金资源集团化运作优势更加明显。截至2019年末，日均存款规模392.81亿元，同比增加62.3亿元。资金归集规模768亿元，同比增加234亿元，创历史新高，为保障产业发展资金需求奠定了坚实的基础。全部完成了1349个账户签约，配合集团财务部定期组织成员单位上报未签约账户信息，实现账户全监控，有效保障了集团公司资金安全。

【风险管理和内部控制】全面落实中央关于打好防范化解重大风险攻坚战的精神，强化大额资金支出管控，防范集团大额资金支出风险。推进亏损低效企业治理工作，加强同业授信管理，优化授信体系，严控同业授信额度。加强全面风险管理体系建设，形成全面风险评估报告，建立了全员、全岗位、全业务风险防控手册。落实“立、改、废”要求，加强顶层设计，梳理形成由167项制度构成的制度体系。

【人力资源管理】坚持人才优先，完善干部考核评价机制，开展中层干部的任期考核工作。加强优秀年轻干部培养，2019年选拔中层正职2人，中层副职6人，进一步充实了年轻干部人才队伍。积极补充新生力量。加大培训，实现内部培训全覆盖，外部培训67次，进一步提升人才队伍素质。

【信息化建设】2019年，公司形成了面向未来的大数据、云计算建设方案，推动金融+科技方案落地。加强信息系统对业务的支撑能力，运用科技手段实现业务拓展及系统加固，将采用以云计算为底层平台，使用数据分析技术贯穿全部业务系统及模块。核心业务系统服务超过540家成员单位、1000多家产业链单位，系统直连3家成员单位、14家银行，2个监管部门、4家交易所，形成支撑中国电科金融业务发展的信息化平台。

【企业文化建设】公司围绕中心工作，大力宣贯电科文化理念，统筹推进企业文化建设“五大工程”落地深植，积极践行社会主义核心价值观，深耕厚植集团公司企业文化。组织开展“千里之行·万步有约”健步走等活动，持续营造和谐环境。

中国航发集团财务有限公司

【集团概况】中国航空发动机集团有限公司（以下简称“集团”）是中央直接管理的军工企业，下辖29家直属企事业单位，拥有3家主板上市公司，现有职工8万余人。中国航发始终秉持“国家利益至上”的价值观，秉承“动力强军、科技报国”的集团使命，坚持“动力为本、质量制胜、人才强企、合作共赢”的经营方针，充分发扬“务实创新、担当奉献”精神，坚持聚焦主业，坚持强军首责，致力于做航空动力的保障者、制造强国的建设者和创新驱动发展的践行者，为早日建成世界一流航空发动机集团而奋力拼搏。

【经营概况】2019 年，中国航发集团财务有限公司（以下简称“公司”）聚焦服务集团主业，聚力打好防范金融风险攻坚战，注重夯实发展基础，着力构建“结算业务、融资服务、保值增值”三大业务条线，积极推进“党建、风险内控、人才队伍、信息化”四个建设，实现了良好开局。截至 2019 年末，公司资产余额 247.20 亿元，吸收成员企业存款余额 235.29 亿元，自营贷款余额 32.19 亿元，委托贷款余额 12.34 亿元，全年实现拨备前利润 1.78 亿元，各项监管指标运行良好，未发生风险事件。2019 年，公司聚焦服务主业降本增效，执行存款利率上浮、贷款利率下浮、结算业务“零收费”的政策，全年为成员企业节约财务费用 4790 万元。

【结算业务】积极协助集团加强资金集中管理，完成集团结算中心业务承接，协调集团 3 家上市公司顺利通过股东大会关联交易议案，实现了资金集中“全覆盖”。2019 年公司共为 117 家成员企业开立结算账户，全年累计办理结算业务 114581 笔，结算金额 5420 亿元，实现结算业务“零差错”，年末集团全口径资金集中度为 85.44%，可归集口径资金集中度达到 95.2%。不断优化网上金融系统功能，实现财企直连系统和支付结算“小额不落地”功能上线应用。

【信贷业务】聚焦支持“两机”重大专项实施，主动对接成员企业融资需求，2019 年累计为成员企业办理自营贷款 132.78 亿元，助力集团降低带息负债规模，推动“成本工程”取得实效。积极推进票据业务上线，用时 7 个月完成了资质申请、制度建设、系统开发、人员培训等各项筹备工作，顺利直连接入上海票交所 ECDS 系统，成功开展了商业承兑汇票、商票贴现等票据业务试点工作。认真贯彻人民银行关于 LPR 定价模式改革的要求，推动成员企业融资成本不断降低。

【资金业务】发挥集团内部专业金融机构优势，持续关注宏观经济形势，跟踪研判同业存款利率走势，加强流动性风险控制和同业业务风险防范，精细管理资金头寸，合规做好同业资产配置，较好提高了沉淀资金收益。

【风险管理和内部控制】着力推进公司治理、“三会一层”建设及合规管理工作，风险管理和内部控制架构进一步完善。董事会下设战略、提名与薪酬委员会，风险管理委员会和审计委员会，经营管理层下设资产负债管理委员会、信贷审查委员会、预算管理委员会和风险管理与内部控制委员会，各专业委员会全面履行决策支持职能，高效运行。坚持制度先行，完成了 124 项制度的梳理修订和 83 个关键业务流程的内控操作手册编制。充分发挥“三道防线”作用，坚持风险管理融入业务流程和日常管理，坚持限额管理、分级审批等风控手段固化到信息系统中，坚持重点业务和管理活动审计稽核“全覆盖”，有效促进了依法合规经营。

【人力资源管理】推进抓“三基”部署要求，围绕国内金融市场概况、核心企业经营情况介绍，以及结算、信贷、资金、风险、外汇、财务管理等基础业务，2019 年共举行 10 期“内部大讲堂”。按照兼顾公平、突出价值导向的原则，健全完善激励约束机制，有效发挥考核激励引导作用。

【信息化建设】坚持以业务驱动为主线，不断优化完善核心业务系统，完成了国务院国资委大额资金监控报送系统、财企直连系统和电票业务系统建设，推进了征信系统、同城灾备系统、1104 数据校验系统开发与建设，为公司各项业务高效运转提供辅助支撑。严格信息系统运维管理，被评为国防科工局“2018—2019 年度军工行业网络安全防护最佳实践应用单位”。

Z

【企业文化建设】组织开展“一次把事情做对”主题活动，设立内部稽核案例“曝光台”，着力培养“严慎细实、精益求精”的工作作风。开展征文活动，集思广益凝聚发展共识，群策群力汇聚发展合力。组织开展企业文化专题培训，梳理员工行为规范守则。认真组织“不忘初心、牢记使命”主题教育，推动习近平新时代中国特色社会主义思想学思践悟、细照笃行，引领凝聚“守初心、担使命”的思想共识。

中国航空集团财务有限责任公司

【集团概况】中国航空集团有限公司（以下简称“集团”）于2002年10月11日正式成立，是以中国国际航空股份有限公司为主体的大型国有航空运输集团，注册资本155亿元人民币。集团所属二级公司7家，主业中国国际航空股份有限公司在香港、伦敦和上海上市。集团经营业务涵盖航空客运、航空货运及物流两大核心产业，涉及飞机维修、航空配餐、航空货站、地面服务、机场服务、航空传媒等高相关产业，以及金融服务、航空旅游、工程建设、信息网络等延伸服务产业。

【经营概况】2019年，中国航空集团财务有限责任公司（以下简称“公司”）着力于集团深化改革大局，不断推动公司高质量发展。截至2019年末，资产总额145.90亿元，同比增长12.40%，净资产18亿元。2019年实现总收入3.49亿元，实现利润总额1.39亿元，同比增长13.60%，结算量10828.60亿元人民币，人民币结算量同比增长8.3%。

【服务实体】公司通过优化业务品种及结构，充分发挥内源资金配置功能，最大限度满足成员单位融资需求。积极推进保函业务，通过为企业提供快捷、高效的服务和优惠费率，在有效助力企业发展的同时促进其有效节省财务费用。

【信贷业务】截至2019年末，公司日均贷款规模46.60亿元，同比增长13.44%，不良贷款率为零。

【投资业务】公司投资标的以固定收益类资产为主。通过控制信用债券投资比例、增加利率类债券配置等措施，严控信用风险，精选高评级国有企业信用债，审慎参与利率类债券市场波段操作。

【资金业务】2019年，公司对存量资金进行周期分析，并考虑资金来源的期限、成本等因素。持续关注货币政策变动，跟踪市场资金变化。加强同业资金双向融通，公司从6家银行获得综合授信额度56亿元，从10家财务公司获得综合授信额度80.8亿元，有力地保障资金流动性。

【资金集中】2019年，公司配合集团资金集中管理要求，结合各企业实际情况实施有针对性的吸存方案，存款规模稳中有升，结算业务5.2万笔，集团全口径资金集中度保持在80%以上。

【风险管理和内部控制】2019年，公司继续深化风险管理和内部控制，持续完善制度体系，全年新增制度13项，修订制度31项。建立监管信息填报管理制度，开展案件防控、扫黑除恶、反洗钱、乱象整治等专项治理自评工作。扩大内部审计覆盖范围，开展投资、资金、反洗钱等8个专项审计项目及内部控制自我评价。持续开展日常监督，强化操作风险检查，增加穿行测试步骤，形成风险管理多层次、相互衔接、有效制衡的运行机制。

【人力资源管理】2019年，公司对部分制度进行了制定、修订，规范公司项目经理选拔任用管理工作，提高选人用人工作科学化、制度化水平，加强对高级管理人员的管理与监督，健全履职评价制度，规范员工绩效工资管理，建立有效激励约束机制，规范福利费管理，逐步建立全面、科学的考评奖励体系。依托2019年培训计划，根据各部门员工需求，积极组织和配合公司内训及外训，组织员工参观国航核心部门，开阔视野，提升员工综合能力。

【信息化建设】公司2019年开展了核心系统升级工作，明确系统功能需求，与多家银行、国航股份以及成员企业分别建立银企、财企接口，实现多系统间的高效集成。

【企业文化建设】公司党支部认真开展“不忘初心、牢记使命”主题教育，抓作风建设，严守中央八项规定精神，履行“三重一大”决策机制，抓文化建设，组织参与各项文体活动，如趣味运动会、棋牌比赛等，丰富职工文化生活。

中国航油集团财务有限公司

【集团概况】中国航空油料集团有限公司（以下简称“集团”）是中国最大的集航空油品采购、运输、储存、检测、销售、加注为一体的航空运输服务保障企业，主营业务分为航油、油品贸易、物流和国际业务四大板块，构建了遍布全国的航油、成品油销售网络和完备的油品物流配送体系。2019年，实现销售收入2797亿元，连续9年入选世界500强企业，排名第283位，上升88位，连续三年获得国务院国资委经营业绩考核A级。

【经营概况】2019年，中国航油集团财务有限公司（以下简称“公司”）实现营业收入（含投资收益）1.95亿元，实现利润总额8026万元，净利润6221万元，收入、利润和净利润均创历史新高。

【服务实体】2019年，公司继续坚持以服务供给侧结构性改革为主线，借助融合产业及金融的天然优势，顺应国家政策变化及金融市场形势发展，协助集团规划负债规模及结构，选择合适的融资工具，帮助集团降低负债水平。持续通过存贷款利率优惠、结算免费、手续费减免等措施全力支持集团产业发展，最大限度地帮助成员企业降本增效。在传统业务方面不断扩大规模、丰富产品、改进服务，公司迸发出勃勃生机。

【信贷业务】2019年末，公司信贷资金余额23.72亿元（含融资租赁），日均贷款余额22.87亿元，较上年同期增加1.14亿元，同比增长5.25%，信贷资金投放日均余额创历史新高，为集团创收逾1.08亿元；2019年累计受托发放委贷4.52亿元，委贷余额峰值8.28亿元，日均委贷余额7.26亿元；2019年免费出具贷款意向书、贷款承诺函，金额合计约13.91亿元，为成员单位节省财务费用逾66万元。

【资金业务】2019年，公司共完成拆借业务146笔，拓宽同业授信额度，获批最高综合授信总额度达164.5亿元；累计完成结算业务64168笔，结算金额12433亿元；日均吸收存款本外币合计38.36亿元；持续加强同业合作，大力推进合作银行各项费用减免；结合资金监控功能的发挥，进一步精细化头寸管理，保持与同业银行的密切沟通，争取同期市场利率高水平，实现同业资产的保值增值。

【投资业务】公司持续跟进货币基金及债券市场行情，抓住有利价位进行货币基金产品的申购、赎回，在保障流动性的同时提升公司整体收益。2019年，投资业务总规模7.66亿元，实现投资收益872.63万元；完善现有投资业务管理体系，建立投资产品池，明确产品及交易对手的入池遴选标准，动态调整货币基金池内

Z

产品，拓宽货币基金投资范围，提升资金使用效率及收益。

【外汇业务】2019 年，公司落实外汇管理政策，高效完成跨境资金集中运营业务重新备案，借助备案契机，对参与跨境资金集中运营管理业务的成员单位清单进行调整，将持有外汇头寸的全部纳入备案范围，为集团进行外汇资金的集中管理提供保障。综合分析各方面因素，适时结汇美元存款准备金，实现汇兑收益 135 万元。

【资金集中】2019 年，公司着力强化资金集中运营管理，通过保障支付结算、账户监控、境内外资金联动、结售汇业务的推广等手段，进一步加强资金集中管理，合理平衡资金运用，有效盘活集团内部资金，调剂集团内资金盈缺情况，实现了月均资金集中度超过 75%；协助集团进行两轮银行账户梳理工作，为集团账户规范化管理提供重要帮助，也为进一步提高账户资金管控力度打下坚实基础。

【风险管理和内部控制】2019 年，公司紧密围绕公司战略发展目标、年度经营目标以及经营管理中的重大事项，持续推进全面风险管控体系建设，加强风险管理与经营活动的有机融合；通过规章制度修订工作、内控缺陷自查工作及审计工作的联动，进一步规范业务活动，切实将内控体系管控要求嵌入业务制度、业务管理流程，结合业务开展实际对原有业务条线审批权限进行审视，组织开展权限指引表修订工作，及时弥补新增业务空白，明晰审批层级、决策权限。

【人力资源管理】2019 年，公司合理调配选聘中层领导干部，进一步充实干部队伍中坚力量；开展内、外部培训工作，2019 年公司各部门累计为员工培训 11 次；有序组织各部门相关业务人员参加专业技能培训，4 人次先后赴上海清算所、中债登公司培训。

【信息化建设】2019 年，公司先后完成财银直连优化项目、投资业务管理系统建设项目、核心业务系统贷款市场报价利率（LPR）模块建设项目和公司新址信息化项目；先后处理了各优化需求 8 项，处理各成员单位各类问题申报 61 项，进一步提升核心业务系统稳定性；推动科技创新工作，着力推进机器人流程自动化技术的应用。

【企业文化建设】2019 年，公司扎实开展主题教育，公司董事长、领导班子坚持以上率下，带头讲党课，开展主题教育“回头看”，完成自查整改工作；公司成立党委、纪委，组建第一、第二党支部，出台公司党委会议事规则；组织全体员工参观北京顺义焦庄户地道战遗址，接受爱国主义教育；发挥工会纽带作用，签订了公司集体合同，开展了夏送凉爽、冬送温暖、盐池扶贫产品采购等活动；为员工之家购置健身器材、图书杂志，丰富员工文体生活。

中国华电集团财务有限公司

【集团概况】中国华电集团有限公司（以下简称“集团”）是 2002 年底国家电力体制改革组建的国有独资发电企业，属于国务院国资委监管的特大型中央企业，主营业务为电力生产、热力生产和供应，以及与电力相关的煤炭等一次能源开发及相关专业技术服务。2019 年在世界 500 强企业排名第 386 位。

【经营概况】2019 年，中国华电集团财务有限公司（以下简称“公司”）上下以“服务集团、服务主业”为中心，紧跟集团改革发展步伐，充分发挥金融优势和平台作用。截至 2019 年末，公司实现利润 11.02 亿元，年化净资产收益率为 11.27%，系统内投放资金占比为 90.69%，外部资金支持增长率为 9.86%，各项监管指标全面达标，保持了监管、行业评级双优秀。在集团首次业绩考核中获评A级，获得集团先进企业称号。

【服务实体】2019年，公司推动信贷投向优化转型，重点支持水电、风光电等可再生能源，在4个月时间内对风光电企业授信超过30家，授信总额超过40亿元。截至2019年末，累计为风光电企业发放贷款86.23亿元，风光电企业贷款余额31.5亿元，较2018年末的3.1亿元上升10倍有余，极大支持了集团新能源产业的发展。

【信贷业务】2019年，公司以防风险、保安全为前提，将信贷规模保持高位，统筹安排年度、季度、月度资金投放，调整信贷利率期限结构，在外部融资价格逐渐下移的情况下，顺利实现从基准利率向LPR的利率换锚，一方面稳定核心信贷客户，加大对优质电力基建项目投放；另一方面利用月中资金宽松时点，尽可能为成员单位提供应急资金支持，以规模稳定保障整体信贷资金的利息收入。

【资金业务】公司持续加强资金精细化管理。通过直接引资、银团贷款、票据转（再）贴现等方式，加大外部引资力度。截至2019年末，公司引入外部资金282.19亿元。拆入资金2439.4亿元，日均拆入资金15.63亿元，个别时段拆入资金规模持续达到人民银行限额50亿元，有效化解结息等关键时点的流动性压力。根据集团统一安排，为30余家成员单位以搭桥贷款方式提供临时应急资金近32亿元，切实帮助成员单位解决短期资金周转问题，保障了资金链的安全。

【投资业务】2019年，公司在短期运作产品收益率下降、监管趋严、产品受限等新形势下，把握固定收益市场走势，新增债券基金配置8亿元。

【外汇业务】全力开拓国际业务，畅通本外币跨境资金融通渠道。2019年获批双向人民币跨境资金池业务资质和外币拆借资质，完成跨境外币资金池业务重新备案并实施开展，成为北京地区首批首家完成重新备案的财务公司，先后完成200万元人民币跨境流入，完成3500万美元跨境流入及后续流出，实现外币资金跨境流入流出双向落地，开辟了跨境资金融通新渠道，实现外币资金集中管理新突破。

【资金集中】持续夯实账户基础，强化资金归集，抓好大额资金管理，资金管控水平稳步提升。一是以销定开，规范开户管理。二是完善资金集中综合考核细则，形成“六率”指标体系，确保实现集团资金管理“三个87%”目标。三是严格执行集团现金流量预算管理办法和大额及重要资金支付审核实施细则（试行），逐步加大大额及重要资金支付的审核力度，规范大额资金支付结算和合规管理。四是坚持集中培训与远程培训相结合，不断扩大培训覆盖面。

【风险管理和内部控制】严格落实监管要求，依法依规治企。一是内控体系持续优化。全面梳理公司内控管理体系，实现全覆盖，明确将纪检监察纳入管控范围，构建业务、管理、监督条线的内部控制体系。二是依法治企扎实推进。将法治思维贯穿运营生产全过程，召开公司法治工作专题会议，完善法律合规风险防范机制，强化法律审核，全面落实“三个100%”要求。三是审计监督持续发力，审计工作向主动审计转变，突出问题导向，有针对性地制定审计工作计划，完善内审制度，明确审计依据，规范审计行为。四是资产风险精准把控。完成对13个区域29人次的现场实地调研和贷前、贷后检查，及时监测信贷客户和信贷资产的风险状况。

【人力资源管理】不断完善人力资源管理体制机制，完成薪酬激励体系优化，健全中层干部管理体制，通过落实“凡提四必”加强干部选拔培养和使用。坚持严管厚爱相结合，管好关键人，管到关键处，管住关键事，管在关键时，对不作为慢作为的进行调整，抓早抓小，防微杜渐。鼓励创新，宽容失误，建立完善相应的激励措施，强化干事导向，大力发现、表彰和选拔敢于负责、勇于担当、善于作为、业绩突出、清正廉洁的干部，旗帜鲜明地为敢于

Z

担当的干部撑腰鼓劲，激励干部增强干事创业的精气神。

【信息化建设】积极推进集团财务共享中心建设，成立共享中心对接工作专项项目组；从资金管理、风险管控的角度，梳理完善流程需求，组织需求转化、推进开发测试，确保各项工作按进度推进。通过内外部调研，了解成员单位需要，关注热点难点，迅速解决账户入网、密钥管理、贷款还款计划调整、结算系统应用等方面的问题。启动同城灾备咨询，加快推进同城应用中心建设，上线“一键式系统应用助手”，使信息化支撑力得到进一步提升。

中国华能财务有限责任公司

【集团概况】中国华能集团有限公司（以下简称“集团”）是经国务院批准成立的中央骨干企业，所有制为有限责任公司（国有独资），坚持电为核心、煤为基础、金融支持、科技引领、产业协同的发展战略。2019 年，集团“六个新提升”“两大突破”取得重大进展，完成发电量（国内）7136 亿千瓦时，同比增长 1.56%；实现营业收入 3030 亿元，同比增长 8.7%；利润 188 亿元，同比增长 31.1%。

【经营概况】中国华能财务有限责任公司（以下简称“公司”）以加强党的建设为根本保障，优化服务功能，支持实体经济；强化资金集中管理，提高经营效益；抓好风险管控，安全稳健发展。公司连续四年获评集团“先进企业”。2019 年，公司实现基础、经营、政治和形象安全，监管指标均符合监管机构的要求。公司实现利润总额 13.19 亿元，同比增加 2.46 亿元；结算量 2.85 万亿元，同比增长 10.96%。

【信贷业务】公司进一步加大信贷投放力度，适时调整资金运作，确保信贷投放，2019 年共发放贷款 789 亿元，实现日均贷款 322.53 亿元，同比增长 5%。及时开展应急资金保障，发放应急贷款 6 笔，金额 12 亿元，助力企业缓解资金困难。深化服务集团转型升级发展战略，2019 年末清洁能源项目贷款占比达 23.3%，同比提高 4.08%。发挥撬动外部资金的杠杆作用，完成澜沧江托巴项目 50 亿元固定资产银团贷款筹组。助力集团企业提质增效，调整企业存贷款利率，新增存款利率上升 7 个基点，新增贷款利率下降 11 个基点，综合息差进一步收窄。

【资金业务】进一步强化资金“月预算、周安排、日调度”的管理机制，提升资金管控水平。加大融资工作力度，合理控制备付水平，增强资金保障能力。2019 年日均融资 12.35 亿元，同比提高 185.22%；降低日均备用资金 4.2 亿元，日均备付率同比下降 0.44 个百分点。

【投资业务】2019 年，公司进一步强化资金运营，把握有利时间完成存量资产处置，实现收益 9777 万元；审慎开展增量投资，累计开展中低风险投资 224.14 亿元，在确保合规安全的基础上实现收益水平基本稳定。

【票据业务】2019 年累计签发电子银行承兑汇票 820 张，金额 51.47 亿元；开立保函 100 笔，金额 2.29 亿元。开发完成集团企业票据信息管理系统，进一步扩展集团资金集中管理的外延，为实现集团企业票据信息的实时、全面采集和最终集中运营创造了条件。

【外汇业务】2019 年开展外汇结售汇 26 笔，金额 3782.41 万等值美元，实现跨境支付 1914 万等值美元。完成 37 家企业跨境资金集中运营管理业务的重新备案入池，集中外债额度和放款额度分别为 105.20 亿美元和 15.78 亿美元，为实现境外企业资金管理奠定了基础。

【资金集中】2019 年，公司扎实开展集团企业账户开立、集中上存、集中支付、收支管控、账户监控等各项服务工作，强化资金信息的分析和报送，集团主要资金集中管理指标持续改进。集团企业预算管控率、账户集中开立率和资金账户监控率均达到100%，资金集中支付率为98.36%，可归集口径资金集中度为99.85%。日均资金集中度达到82.29%（剔除金融和境外企业政策性不可归集资金），同比提高4.79个百分点，年末时点数达到89.79%。受集团企业压缩、资金沉淀等因素影响，存款日均354.46亿元，同比下降20.37亿元。

【风险管理和内部控制】强化金融风险防控，深入开展业务合规审查、监管指标动态监测、经营资产的贷（投）后管理等工作，公司各类资产质量良好，风险可控在控。扎实开展内控测评与内部审计，2019年开展的各项审计检查、内控评价均未发现重大问题和实质性缺陷。建立健全各项监督检查发现问题整改责任制，强化整改落实监督。扎实做好公司涉诉案件的应诉工作，有关案件诉讼进展顺利，公司权益得到有效维护。

【制度建设】全面系统梳理公司现行的200余项管理制度，有效识别制度修订废止不及时、分类及层次不清晰等问题，厘清修订思路，重新规划完成制度体系优化清单，进一步优化了公司管理制度体系，确保各项经营管理工作有章可循。

【人力资源管理】加强人才队伍建设和员工业务素质的提高，深入开展培训工作，2019年累计开展内外部培训20次，组织员工参加各类培训565人次。

【信息化建设】完成网银系统客户端优化的开发上线工作，客户应用体验更加便捷。通过对核心业务系统35项功能的完善和硬件系统的升级，增强信息系统对公司经营业务的支持能力，持续提高信息平台业务处理效率。完成公司核心系统硬件升级和青岛异地灾备中心迁建，公司“两地、三中心”的业务系统架构更加稳固，进一步增强了信息系统的保障作用。

中国化工财务有限公司

【集团概况】中国化工集团有限公司（以下简称“集团”）为国有独资公司，营业范围包括危险化学品生产，化工原料、化工产品、化学矿、化肥、农药经营（化学危险物品除外）、塑料、轮胎、橡胶制品、膜设备、化工装备的生产与销售，机械产品、电子产品、仪器仪表、建材、纺织品、轻工产品、林产品、林化产品的生产与销售，化工装备、化学清洗、防腐、石油化工、水处理技术的研究、开发、设计和施工，技术咨询、信息服务、设备租赁等。

【经营概况】2019年，中国化工财务有限公司（以下简称“公司”）实现营业收入3.83亿元，利润总额1.04亿元，日均存款98.62亿元，日均贷款74.64亿元。为成员企业节约财务费用1.11亿元。

【服务实体】2019年，公司对信贷结构进行调整，将信贷资源向符合集团主业发展方向、经营良好的三级生产企业倾斜，向上市公司倾斜。公司对科技含量高、创新能力强的优质企业加大支持力度，增加授信规模、丰富业务品种、采用信用方式等，同时建立退出机制以完善信贷政策。

【信贷业务】2019年，公司累计授信余额153.35亿元，通过续做、新做、调增授信等方式，积极满足企业用款需求。通过降低贷款利率、丰富信贷产品种类、提供高效快捷的服务，帮助企业用财务公司低成本贷款置换外部银行融资，提高企业依存度。2019年累计发放自营贷款272.83亿元，银团贷款0.6亿元，合计放

Z

款273.43亿元。

【资金业务】2019年，公司一是建立部门间联动机制，监控成员企业大额资金变动，及时与成员企业沟通资金安排并优化资金计划。二是上线资金计划上报系统二期，优化企业上报功能，新增计划控制及统计分析功能。三是通过对标，完善公司资金计划管理体系。

【投资业务】2019年，公司继续稳健开展投资业务。公司扩大货币基金交易对方范围，新增险资背景的货币基金管理公司；随着市场货币基金收益率的下行，公司逐步降低货币基金投资规模，日均规模0.65亿元。债券投资方面，跟踪债券的二级市场情况，协助集团分析二级市场债券价格影响因素，帮助集团取得合理的市场发行价格。规范投资业务内部审批和管理，推进投资业务系统建设。

【票据业务】2019年，公司电子商业汇票系统正式上线运行。通过该系统，公司可为成员单位提供电子商业汇票的签发承兑；利用财务公司同业授信额度，为企业提供合作银行的票据保贴业务，并争取了较低的贴现利率，降低企业融资成本。

【外汇业务】2019年，公司抓住外汇市场利率波动机会，高效、便捷地为成员企业办理结售汇业务，降低结汇成本，实现结汇1.2亿美元，同比增长33%，为企业节约汇兑成本人民币120万元。

【资金集中】2019年，公司采取多种措施促进资金集中。新增一家上市公司签署金融服务协议，并积极推进已合作上市公司提高存款限额。代开业务形成规模，促进企业保证金释放。加强通报力度，将每月集中度通报范围扩大至全部三级企业，对未达标企业进行原因分析，强化资金集中度与企业授信规模及利率挂钩。做好时点存款提前确认，建立月末、季末、年末存款确认流程。加强企业账户数据分析，了解企业货币资金分布，为资金进一步归集提供数据保障。奖励资金集中先进企业，有效调动了企业资金集中的积极性。

【业务创新】2019年，公司主动与成员单位沟通，探讨解决其下游经销商的融资难问题。积极调研相关电商平台、大数据公司、区块链公司和商业银行，了解区块链在供应链金融中的应用问题，并向北京银保监局沟通和专题汇报供应链金融相关事项。

【风险管理和内部控制】2019年，公司多措并举加强流动性风险管理，积极寻求多样化的资金来源，完善流动性风险管理机制，制定日常管理方案和应急管理预案。完善内控体系，降低操作风险，开展“内控体系建设项目”，制定应急管理预案。梳理合规及信息系统风险，研究2018年银行业处罚公示信息和监管新导向，全面核查主要合规风险点，制定信息系统瘫痪日常预防方案和应急管理预案。评估并防范新业务风险。

【人力资源管理】2019年，公司继续完善激励约束机制，开展人才在行动，组织和引导全员参与，推动员工对绩效薪酬体系的认知了解，积极改善公司激励约束机制中存在的问题，并积极推进员工职业发展。

【信息化建设】2019年，公司加强信息系统对业务的支撑，强化项目管理，狠抓阶段性里程碑检查及用户测试，提高开发质量和效率。积极开展自主研发，完成大小项目7项，包括开发存贷款日均余额及平均利率测算工具，满足业务产品拓展、上报统计及业务监控要求，减轻手工统计工作量。更换部分老旧设备，保障业务连续性。配合加固漏洞防控查杀病毒，保障国庆70周年期间网络安全。

【企业文化建设】2019年，公司充分利用报刊和网站等宣传方式做好内外部宣传工作，开展献礼祖国70华诞和10周年司庆系列活动，加强党对意识形态工作的领导和管理。加强群团工作，开展纪念五四运动100周年系列活动；完善工会职能，加大扶贫消费力度；开展年节假日送温暖活动，增强员工对公司的认同感和归属感。

中国黄金集团财务有限公司

【集团概况】 中国黄金集团有限公司（以下简称“集团”）是我国黄金行业唯一一家中央企业，是中国黄金协会会长单位，是世界黄金协会在中国的首家董事会成员单位，是首批“上海金”参考价成员单位，同时还是中国国内唯一获得国际黄金行业最高信用评级（BBB级）的黄金企业。集团主业为：贵金属及伴生金属资源开发、冶炼、加工、贸易，辐照加工业，拥有完整的黄金上下游产业链。集团下设中金黄金、中金国际、中金珠宝、中金建设、中金资源、中金辐照、中金贸易七大业务板块，其中上市公司两家（境内A股上市公司“中金黄金”以及加拿大和香港两地上市的“中金国际”）。在我国重要成矿区带和“一带一路”沿线规划和建设了25个黄金及有色金属生产基地。

【经营概况】 2019年，中国黄金集团财务有限公司（以下简称“公司”）坚持“依托集团、服务主业”的经营宗旨，充分发挥财务公司平台作用，服务集团主业，让利成员企业，推进产融结合，不断提升金融服务水平和资金使用效率。截至2019年末，公司资产总额75.49亿元，负债总额64.12亿元，所有者权益11.37亿元；全年实现收入2.18亿元、利润1.36亿元，各项指标均达到监管要求，荣获集团“突出贡献企业”称号。

【信贷业务】 公司充分利用人民银行核定的信贷规模，努力营销、将规模用足，最大限度发挥集中资金作用和效益。截至2019年末，授信客户超过120户，累计发放自营贷款金额80亿元，办理委托贷款42笔、余额90.92亿元。2019年因替换银行贷款直接为集团节省融资成本1.59亿元，贷款利率下浮为成员单位节省利息支出超过1000万元，委贷手续费用继续实施优惠，全年节约手续费支出684万元。

【资金业务】 通过不断与同业机构沟通协调，努力拓展公司外部同业授信，2019年争取同业授信71亿元，拆入资金近30亿元，有效缓解了公司的头寸压力，增强了公司的流动比率。

【票据业务】 2019年，公司大力推广电票业务，为企业开具银行电子承兑汇票179张，总额1.92亿元，切实服务集团主业发展，减少了企业付现压力，保证金不超过10%，大幅降低了企业保证金占用。

【资金集中】 2019年，公司继续利用宣讲行政要求和提升服务质量两种手段，积极、持续推进资金集中工作。在集团压降资产负债率、大量偿还借款，板块上市暂不能归集、货币资金减少的情况下，经过多方协调、密集调度，吸收存款日均达到50.96亿元，集团资金集中比率达到61.65%，确保了公司日常经营及平台作用的发挥。

【业务创新】 2019年，公司获批承销成员单位企业债券业务资格、跨境资金池业务资格、即期结售汇业务资质。年化投资收益率达到3.4%，超过了年初设定的投资年化收益率3.3%的任务目标。在投资范围较窄，市场利率整体下行的大环境下，既保证了投资的安全性，又为公司增加了收益。

【风险管理和内部控制】 不断加强内部管理和风险管控，落实监管意见，贯彻集团金融风险排查要求，进行重点风险环节自查，推进公司合规管理。2019年初完成AB角岗位管理办法及22项制度的修订，优化业务流程图。定期开展合规风险和操作风险检查，凭证稽核、事中稽核、专项稽核，不断完善贷审会信用风险管控、加强流动性风险前瞻管理，将监管规则内植于日常经营管理，筑牢依法依规经营的制度基础和机制保障，确保业务合规、资金安全。

【人力资源管理】2019 年，公司组织社会人员招聘，公开招录 4 名专业金融人才，为集团金融板块建设奠定人才基础，建立高素质金融人才梯队建设体系。公司现有人员 33 人，其中具备银行从业资格 20 人、证券从业资格 14 人、基金从业资格 7 人、国际财资管理师 5 人、银行间市场本币交易员 1 人、债券托管结算资格业务员 2 人。

【信息化建设】2019 年资金管理信息系统通过了信息系统安全等级保护测评三级的监测，并收到公安部颁发的备案证明，标志着公司资金管理信息系统在物理、网络、主机、应用安全方面、系统建设、运维管理等方面达到与商业银行相当的安全管控水平。

【企业文化建设】2019 年，公司充分发挥党支部“把方向、管大局、保落实”的作用。1 月制定《2019 年党建工作计划》，签订《党建工作责任书》。6—9 月扎实开展为期 3 个月的“不忘初心、牢记使命”主题教育活动，2019 年开展 12 次主题党日活动，6 月赴河北乐亭参观李大钊纪念馆，11 月组织参观香山革命纪念馆、观看纪录片《榜样 4》，通过多种形式深化爱国主义教育。荣获 2019 年度集团先进基层党组织称号。

中国建材集团财务有限公司

【集团概况】中国建材集团有限公司（以下简称“集团”）2019 年实现利润总额 235 亿元，同比增长 13.5%，营业收入 3981 亿元，同比增长 14.4%，超额完成国务院国资委下达的经营目标，创造了历史最好业绩。持续深入推进“三精”管理，供给侧结构性改革成效显著，“2422”压减取得预期效果，盈利能力、管理效能明显提升。创新驱动持续推进，3 项成果获国家科技进步二等奖，累计有效专利 12500 多项。“水泥 +”战略全面推进，新材料产业增效明显，工程服务和国际化业务取得新突破，“三足鼎立”格局进一步完善。深化改革落地落实，国有投资公司试点方案获批，改革试点成效显著，机制改革稳步探索，内生活力明显增强；党的建设全面加强。

【经营概况】中国建材集团财务有限公司（以下简称“公司”）2019 年实现利润增长 13%，助力集团降低资产负债率约 0.13%，人民币日均存款增长 25%，日均贷款增长 21%、结算量增长 31%、同业拆入增长 184%。公司完成法人变更、注册资本金变更等系列重大监管行政审批事项，各项业务有序开展，新业务逐步推进，各经营指标均达到监管要求。

【服务实体】公司通过“一企一策”为成员单位定制服务方案，提供精准服务，进一步延伸服务触角和服务链条，提升公司市场化服务能力，达到良好的服务效果，为成员单位实体经济提供了有力的支持和保障。紧跟国家“一带一路”倡议等国家重大决策的实施和进展，支持科技创新中心建设，优先发展绿色金融，不断加大对绿色经济、低碳经济、循环经济的支持，为相关企业办理各类信贷业务。

【信贷业务】公司积极发挥内部资金融通作用，借助金融科技，降低集团整体融资规模，为成员单位提供自营贷款、委托贷款、开立保函、办理银行承兑汇票及贴现等服务，通过给予优惠贷款利率为成员单位优化负债结构，降低融资成本，节约财务费用。公司严格按照有关规定，对每笔贷款进行贷款首次检查和按季度的贷后审查，确保成员单位按照合同约定用途使用贷款。

【资金业务】公司建立日末资金归集制度，最大限度提高资金收益，建立每日资金头寸统计结果共享报告机制，增加保本理财品种。公司 2019 年共办理同业拆借 70 笔，累计拆借金额199.23亿元，解决临时性头寸不足。截至2019年末共获得6家银行33.5亿元授信，新增衍生交易、票据保贴、分离式保函应收账款保理等授信品种，拓展为成员单位服务的领域。

【投资业务】公司完善投资流程，主动与监管及同业沟通交流，打通债券投资渠道，跟踪市场行情，深入调研，模拟业务投资方案，为债券投资业务开展打下坚实的前期基础。

【票据业务】公司电票业务已覆盖集团主要成员单位，进入全面发展阶段。2019年，实现票据全生命周期的直通式处理，提高自身票据业务处理效率、优化清算结算流程，进一步助力集团产融结合。

【外汇业务】公司取得农业银行总行营业部结售汇授信额度，并对成员单位开展结售汇业务，使金融牌照优势更多惠及成员单位。

【资金集中】按照“一企一策，精准服务，增进沟通，拓展空间”的经营思路，成立专项业务小组，与成员单位展开关于资金集中方面多维度合作，加强与主要单位资金服务系统对接来扩大资金池范围。人民币资金池规模进一步扩大，进一步发挥金融牌照优势，提高集团公司整体的资金使用效率和效益。

【业务创新】建设符合成员单位多场景资金应用的“1+N”资金共享平台，会同友商针对成员单位的集采业务系统制定系统解决方案，推进上海票交所电子商业汇票系统（ECDS）直连建设，与银行票据保贴业务合作实现新突破。

【风险管理和内部控制】公司已建立较为完善的法人治理结构和制度体系，截至2019年末，公司规章制度141项，业务流程116项，覆盖现有业务活动和日常管理活动。开展了2019年度监管自评级，完成了“股权和关联交易专项整治”等专项工作，将其作为风险合规机制的有效补充，切实巩固风险管理工作防线。2019年开展了信贷业务、税务管理、招标管理的专项审计，举办风险、合规、法律培训3期。

【人力资源管理】公司坚持把教育培训作为提升干部综合素质和履职能力的重要抓手，组织员工参加各类专业技能培训348人次。形成跨部门联合编组拓展业务、“客户经理项目负责制”等人才培养模式，着力培养“一专多能”的复合型人才队伍。

【信息化建设】公司2019年业务零中断，保障了网上金融服务系统安全生产运营。启动“1+N”共享资金服务系统平台建设，历时8个月完成。开展两家结算中心系统建设、监管报送系统建设。开展信息系统专项自查，机房基础设施应急演练，核心业务系统应急演练、容灾恢复演练各2次，有效地保证了核心系统的业务连续性。定期组织开展技术和管理层面评估，从多维度进行系统安全检测和加固，保证业务系统的信息安全。向国家专利局申请异构系统数据传输和分类安全检测方法两项专利，并顺利进入实审阶段。

【企业文化建设】公司以中心组学习为抓手，深入学习研讨，充分利用党建书屋、学习强国APP等载体加强交流。深入开展“不忘初心、牢记使命”主题教育，加大调研力度，探索创新合作模式，推动学习教育与中心工作深度融合。营造积极向上的企业文化，组织“走进一带一路”和“缅怀革命先烈，弘扬时代精神”等主题党日活动。举办创意视频比赛、读书会等活动，公司凝聚力持续增强。

中国南航集团财务有限公司

【集团概况】中国南方航空集团公司（以下简称“集团”）成立于2002年10月，是中央管理的三大骨干航空集团之一。集团主营航空运输业务，兼营飞机发动机维修、进出口贸易、金融理财、传媒广告、地产等相关产业。集团主业公司中国南方航空股份有限公司（以下简称“股份公司”）在上海、香港和纽约三地上市，现有16家分公司、22个国内营业部和69个国外办事处。集团是中国运输飞机最多、航线网络最发达、年客运量最大的航空公司，机队规模和旅客运输量均居亚洲第一、世界第三。集团在Skytrax 2019年世界最佳航空公司排第14位，在2019年航空公司“金凤奖”评选中获最佳航空公司第一名。

【经营概况】2019年，中国南航集团财务有限公司（以下简称“公司”）建成集团司库，担任集团跨境资金池的主办企业，加强内控风险能力，优化“四个平台”职能，实现高质量发展。2019年公司实现利润总额1.51亿元、日均资金集中度为89.95%，资金收益率为2.76%，资产收益率为1.84%。

【服务实体】公司面对资金存量不足的难题，坚持提高金融服务能力，2019年为成员企业节省财务费用支出共计1858万元；派专员协助集团资金计划管理，提升准确性和时效性，94%的主要子公司资金计划偏差率在1%以内。客户满意度得分96.7分，在集团成员中排名第一。

【信贷业务】2019年，公司积极转变发展模式，办理了自营贷款、委托贷款与保证三类信贷业务，年日均贷款规模为23.99亿元，不良贷款率保持为零。

【资金业务】公司持续优化资金业务，巩固流动性管理，并加强同业资金管理。2019年开展了逾10次流动性情景压力测试，保证新增资产流动性安全。积极与十余家同行协商，获得15家金融机构共150亿元授信。保持与合作银行的良好关系，提升资金收益2960万元。

【投资业务】2019年，公司增加1.5亿～2亿元低久期利率债基金产品配置，防范通胀带来的收益率上行风险，获得较为安全的投资收益。

【外汇业务】公司于2019年2月1日获批即期结售汇业务资格。2月至5月，公司陆续完成了外币资金池搭建及外汇交易中心人民币外汇即期会员资格获取，通过外汇管理局验收，并顺利于6月20日开办第一笔代客即期结售汇业务，金额由5.7万美元增加至144万美元。截至2019年12月31日，共办理代客即期结售汇业务39笔，累计业务金额约904万美元。

【资金集中】2019年，公司坚持功能定位，持续抓好资金集中管理。2019年共完成48个客户共60个本外币账户的资金集中管理，协助股份公司回收各行电子客票资金580亿元。深入调研股份公司海外资金归集情况及境内外成员单位业务需求，协助股份公司核销31笔外债。获批跨境资金集中运营管理业务资格。

【业务创新】2019年，公司获海关总署批复同意开展关税保函业务。公司2019年共出具担保总额12.2亿元的关税保函，为成员企业节约手续费支出26.4万元，每年将为成员企业节约手续费支出48.8万元。

【风险管理和内部控制】2019年，公司对标监管评级，优化完善公司治理架构，积极增补董事，调整董事会专业委员会设置，修订“三会一层”决策制度10项，调整公司内部分工、职能和名称。实现了制度、流程图和内控矩阵的统一化和标准化，制定年度风险偏好政策，建立资本管理制度，优化完善流动性管理机制，加强风险监测，指派专门部门统一对接监管，公司2019年未发生重大风险事件。

【信息化建设】2019年5月制定下发IT中长期发展规划，保证了信息化建设与公司业务发展战略同步，明确了信息化建设的发展方向。2019年9月金融服务平台顺利上线，金融服务平台不仅继承原有系统相关功能，更增加了同业业务、反洗钱等新功能。

【人力资源管理】2019年，公司持续优化绩效考核工作，进行薪酬制度改革。在经营考核指标中，加入公司特色风险合规考核。推进考核纵向到底，将年度考核指标分解到季度、落实到具体岗位。进行薪酬制度改革，推动薪酬结构合理化，员工薪酬稳定提升。2019 年公司共组织开展各类培训 41 场次，推动员工资质水平提升，培训满意度为 90%，参加人数累计达 800 人次。

【企业文化建设】完善培训组织机构，创建了“南财小课堂”公司特色培训品牌，设立内部人员培训系统，实现知识共享，帮助优秀员工从多维度实现自身的价值。设立“职工小家”，为公司日常文娱活动、信息交流、休闲放松和小规模会议提供场地，提升员工归属感。举办花都湖步行竞赛等户外活动，推动员工团队建设。

中国能源建设集团财务有限公司

【集团概况】中国能源建设集团有限公司（以下简称“集团”）成立于2011 年9 月，是国务院国资委直接管理的特大型能源建设集团。集团肩负着“世界能源、中国能建”的使命，是全球范围内从事工程项目规划咨询、勘测设计、工程建设、装备制造、投资运营的综合服务商，是中国乃至全球电力行业最大的综合解决方案提供商之一，矢志成为“科技型、管理型，国际化、多元化”具有国际竞争力的工程公司。2019 年集团列世界 500 强企业第 364 位，列国际承包商 250 强第 23 位。

【经营概况】2019 年，中国能源建设集团财务有限公司（以下简称“公司”）立足“四个平台”功能定位，秉承“服务、规范、创新、稳健”的经营理念，以全面提升金融服务质效为目标，坚持稳中求进，奋力突破工作难点，全面超额完成了年度经营目标，资产规模、盈利水平、存款规模、贷款规模均创下历史新高。截至 2019 年末，公司资产总额 515.25 亿元，同比增长 30.25%；实现利润总额 3.6 亿元，同比增长 52.54%；吸收存款 470.5 亿元，贷款余额 203.42 亿元，同比分别增长 27.3%、49.69%；资本充足率为 13.76%，流动性比例为 70.95%，不良贷款率为零，不良资产率为 0.04%，各项监管指标保持达标。

【信贷业务】2019 年，公司牢牢抓住资金运用的核心，积极发挥内源性融资作用，加强客户走访，强化贷款营销，大力支持实体经济发展。一是自营贷款投放力度加大。2019 年公司累计投放自营贷款约 292 亿元，同比增长 36.59%。二是银团贷款业务稳步开展。上年度两笔银团贷款继续分批投放，当年再次帮助成员企业成功撬动总金额 43 亿元的两笔银团贷款融资。三是评级授信工作逐步夯实。客户信用评级覆盖面进一步扩大，授信体系更加科学完善。

【资金业务】2019 年，公司在保持资金流动性的同时，积极开拓高收益同业存放渠道，资金收益大幅提升。一是动态监测流动性状况，建立流动性应急机制，流动性比例始终保持达标。二是通过合理配置不同期限的中短期同业存放、约期存款等同业产品和货币基金、债券基金、交易所国债逆回购、银行间债券质押式逆回购、同业存单等低风险投资产品，资金收益较上年度增长 53.83%。

【投资业务】2019 年，公司在政策范围内拓展银行间业务，大力加强投研力度，优化投资结构，投资业务有序开展。一是全面打通银行间债券市场，灵活开展银行间业务，适时配置公募纯债基金，优化投资结构。二是发挥投研优势，开展热点投资产品、存量股票处置方案和集团境外资金池研究，研究建立集团金融板块协同发展机制。

【外汇业务】经过制度建设、系统搭建、人员配备、银行交易对手建立等准备工作，公司结售汇业务于 2019 年 8 月成功落地。通过在集

Z

团内大力宣传推介财务公司结售汇业务，公司与12家成员企业签订了即期结售汇业务合作协议，全年累计办理结汇4笔，累计金额812.07万美元，结售汇业务实现了从无到有。

【资金集中】2019年，公司继续发挥集团资金归集平台作用，不断巩固资金集中成果，深挖资金集中潜力，资金集中管理水平再上新台阶。一是境内外汇资金集中再获突破。截至2019年末，公司吸收外币存款余额达到3.72亿美元，比上年末增长2400%。二是多级资金池成功上线。集团、各成员企业及其下属单位内部资金调剂、归集需求得到满足，成员企业资金配置更加便捷。三是巩固提升资金集中成果。创新推出“合约定期存款”业务，协助集团在集团内开展资金集中检查，督促成员企业主动归集资金。2019年末，公司资金集中度首次突破70%。

【风险管理和内部控制】公司2019年继续保持零风险事件、零案件、零事故的良好运行态势，并首次获得由金融时报社主办的2019中国金融机构金牌榜·金龙奖“年度最佳风险管理财务公司”奖项。一是监管评级水平大幅提升。经过一年时间的对标看齐补短板，公司监管评级水平提升4级，在行业内处于中上水平。二是内控合规建设深入开展。持续开展制度建设，2019年新增22项、修订46项、废止5项；不断健全反洗钱工作体制机制，工作基础逐步打牢打实。三是法治建设显著加强。持续加强法律风险管理，经济合同、重要决策、规章制度法律审查率保持100%。四是审计监督作用有效发挥。2019年公司内外部审计发现各项问题均得到全面整改落实，内控合规建设进一步加强。

【人力资源管理】2019年，公司深入开展三项制度改革，加强职工教育培训，优化配置人才结构，人力资源的“助推器”作用更加突出。一是三项制度改革深入推进。创新员工绩效考核模式，绩效考核的强激励、硬约束作用不断增强；研究干部能上能下机制，严格开展干部考核，干部履职能力不断提高。二是职工培训项目扎实开展。2019年公司共举办职工培训项目16项，并首次推出面向公司青年骨干和集团金融财务系统的“菁英计划”培训班，培训内容转化效果好。三是人才引进步伐加快。大力开展成熟人才和应届毕业生招聘工作，不断为业务发展补充人才力量。

【信息化建设】2019年，公司大力布局业务信息化建设工作，加强前沿技术融合运用，信息化建设不断提速。一是首个信息化规划正式出台。2019年公司出台了首个信息化建设规划，提出“1412”战略，为公司金融科技起飞打下了坚实基础。二是机房硬件改造升级大力推进。公司正式启动了北京灾备中心建设，同时在武汉主机房硬件更新升级中融入云技术，为公司开启云时代拉开序幕。三是多个分业务系统顺利上线。2019年公司完成了数字档案管理系统、集团广域网直连项目、业务信息系统升级等多个系统建设及升级，有力地支持了经营管理。

中国平煤神马集团财务有限责任公司

【集团概况】中国平煤神马能源化工集团有限责任公司（以下简称“集团”）由原平煤集团和神马集团两家中国500强企业重组而成。集团坚持走特色转型发展道路，构建了以煤焦、尼龙化工、新能源新材料为核心产业，多元支撑、协同发展的产业新体系，打通了煤基尼龙、炭素和光伏三条全国能源化工行业独具特色的产业链条。集团是我国品种最全的炼焦煤、动力煤生产基地和亚洲最大的尼龙化工产品生产基地。煤炭产能4500万吨，工业丝、帘子布、糖精钠产能世界第一，尼龙66盐、工程塑料产能亚洲第一，焦炭、硅烷气、超高功率石墨电极、高效单晶硅电池片产能全国第一。旗下拥有平煤股份、神马股份和易成新能3家上市公司和7家新三板挂牌企业，营业收入、资产总额双双超过1500亿元。

【经营概况】2019年，中国平煤神马集团财务有限责任公司（以下简称“公司”）认真实施合规管理，积极稳健开展业务，努力开创新局面。截至2019年末，公司资产总额107.13亿元，负债总额74.72亿元，所有者权益32.41亿元，2019年营业收入3.65亿元，利润2.49亿元，较好地完成了集团公司下达的指标，连续两年被集团评为质量效益金牌单位，各项监管指标持续优于监管要求。

2019年8月13日经平顶山银保监分局批准，公司各股东同比例增加注册资本金20亿元，增加后注册资本金达到30亿元。

【信贷业务】2019年，公司紧紧围绕集团发展战略，积极贯彻人民银行和银保监会稳信贷、提升服务实体经济质效、支持企业转型发展、化解过剩产能等一系列信贷政策，积极开拓有效信贷投放，加大对成员单位的支持力度，促进资产规模稳步增长，提高经营能力。公司开展的信贷业务主要是贷款、贴现、承兑、委贷等传统业务，服务成员单位37家。2019年完成信贷投放90.97亿元，其中，贷款54.87亿元，贴现36.11亿元。另外为成员单位签发银行承兑汇票11.30亿元，办理委托贷款0.10亿元。2019年累计为成员单位节约财务费用约5614万元。办理信贷资产转让业务13.98亿元，转出贷款资产13.98亿元，增加贴现业务占比，调整了资产结构。

【资金集中】2019年，公司着力开展核心单位资金归集工作，和平煤股份重新签订了金融服务框架协议，将归集限额由30亿元提高到了50亿元。同时，易成新能资金归集取得突破性进展，深圳证券交易所同意归集资金。深入开展摸底调研，挖掘归集潜力，2019年新增归集单位19家，进一步巩固扩大归集面。升级优化资金管理系统，为成员单位提供更加安全、高效、快捷的结算服务，进一步提升成员单位满意度，创造条件组织好资金集中管理日常工作。通过集团制度层面的强化和自身服务水平的提升，2019年末公司归集资金74.06亿元，创历史新高。

【票据业务】2019年受风险暴露事件影响，监管趋严，公司票据业务稳健开展，2019年签发票据11.3亿元，同比增加0.10亿元。票据贴现办理36.11亿元，同比增加16.15亿元，增幅为81%，属于结构性调整。继续落实人民银行小微企业信贷政策，2019年累计办理再贴现1.8亿元，为小微企业成员单位节约利息费用48万元。

【稽核审计】公司根据《中国平煤神马集团财务有限责任公司2019年内部审计计划》安排，每季度对资金结算部、计划财务部上一季度业务开展合规审查，对重点岗位、重要环节、重要业务进行常规检查；不定时对代管票据突击抽查盘点，严防前台操作性风险。同时，重点开展公司绩效考核、反洗钱、公司治理有效性、对账业务、信息科技管理、综合授信等专项审计。通过以上审计，共查出各类问题20余条，并根据所查问题针对性地提出整改建议，有力促进了各项工作的规范开展。

【风险管理和内部控制】根据工作需要，公司对风险管理委员会进行了改选，进一步加强风险管理委员会的各项工作，并通过召开风险管理委员会和公司董事会会议对全面风险管理工作进行讨论审议，重新审定公司授权流程和内容，审定了公司年度合规检查计划和资产管理风险偏好等工作，为2019年公司风险管理工作定下了总基调。

【信息科技】公司实施了核心系统升级改造。电票业务与集团票据池集成，加强了纸票、电票的统一管理；扩展了预算管控范围，加大了管控力度；升级了银行接口系统，提升了银行支付接口处理效率；增加了资金管理移动查询功能，丰富了资金管理手段。推动资金管理系统与集团财务系统、人力资源薪酬发放系统一体化运行，实现资金业务与会计凭证、职工薪酬计算与薪酬发放全流程贯通，提升集团管控能力。进一步加强信息系统基础设施建设，提升信息系统服务能力。部署虚拟化平台，在提升设备处理性能的同时，实现系统快速、灵活部署；用全闪存双活存储替代传统存储，提高了存储性能，消除了设备单点故障。

【人力资源管理】公司积极参加由中国财务公司协会、人民银行、银保监局等部门组织的反洗钱业务培训、中国财务公司协会审计业务专题培训班、票据业务专题培训班等各类业务培训和学习交流会议。定期组织公司全体员工学习，提升政治站位，提高业务技能。

中国石化财务有限责任公司

【集团概况】中国石油化工集团有限公司（以下简称“集团”）是1998年7月国家在原中国石油化工总公司基础上重组成立的特大型石油石化企业集团。集团是中国最大的成品油和石化产品供应商、第二大油气生产商，是世界第一大炼油公司、第二大化工公司，加油站总数位居世界第二，2019年在世界500强企业中排名第2位。

【经营概况】2019年，中国石化财务有限责任公司（以下简称“公司”）圆满完成全年各项目标任务。2019年实现营业收入37.63亿元，实现利润28.13亿元，年末资产总额1992.96亿元，所有者权益281.06亿元。

【服务实体】2019年，公司以优惠信贷资金助力集团公司处僵治困、四供一业分离移交、绿色产业发展、支付民营企业清欠款等重点工作开展，累计发放处僵治困贷款32.7亿元，发放四供一业专项贷款29.93亿元，发放绿色贷款5.61亿元。通过免费结算、票据服务、结售汇、存贷款利率优惠、保函和高效办理资金归集等方式，为集团公司主业协同创效超过40亿元。

【资金集中管理】2019年，公司保持集团公司资金池、票据池、电商支付三大平台及各主要信息系统安稳高效运行，累计完成资金结算2998.37万笔、金额49.15万亿元，保持录入零差错、收付零损失、服务零投诉；2019年为成员单位提供票据业务服务合计11.2万笔、金额1215.59亿元，累计办理票据承兑345.01亿元，办理票据贴现358.15亿元；电商支付平台累计注册会员24526个，2019年在线结算量74.14万笔、金额6283.77亿元。

【资金业务】2019年，公司充分发挥金融机构优势，综合利用同业拆借、债券回购、上海票交所短期同业票据交易及再贴现等常规融资手段，有效应对货币市场信用分层和流动性冲击，加权融资成本保持同业市场较低水平。紧盯市场动态，加强资金、信贷、投行、外汇等业务联动，完善“两来两往”运行机制，灵活运用多种同业市场工具，在确保风险可控的基础上，科学配置资产负债，短期资金加权收益率显著高于一年期国开债平均利率。

【信贷业务】2019年，公司全面实施“一企一策”精准服务，制定精准服务方案500余份，累计提供各类贷款支持1038.5亿元，日均信贷规模668.74亿元。坚持提供信贷便利服务，免费办理提前还款，帮助企业节约财务费用超过3亿元。拓展关税保函业务至湛江、深圳、宁波等8家直属海关，累计办理工程保函36亿元、关税保函78亿元。委存委贷服务持续提升，累计办理136笔、金额791.9亿元。

【外汇业务】2019年，公司坚持汇价优惠，保证集团进口原油购付汇需求，首次为石化盈科、润滑油、资本公司和长城燃气办理跨境资金业务，累计办理结售汇 719.3 亿美元，同比增长 7.1%，帮助集团企业节约购汇成本达 7 亿元。精确把握外汇市场动态，准确研判汇率趋势，反复校验预测模型，交易错配日趋灵活，外汇中间业务收入创历史新高。

【投资业务】2019 年，公司紧盯股市债市市场变化，扩大机构合作范围，加大产品研究力度，持续加强资产管理，优化投资结构，严格执行交易纪律，有序推进业务转型，投资业绩显著改善。

【产业链金融】2019 年，公司两级班子成员带头，主动走访企业 200 余次，参加企业内部会议及客户座谈会等 30 余场次，先后向 1000 余人次进行产品推介，累计开展产业链票据贴现、应收账款保理、买方信贷等产业链金融业务 176.66 亿元，积累产业链客户 2644 个，实现“一年起步，两年见效，三年成规模”的既定目标，公司产业链金融业务初具规模。

【市场化经营管理】2019 年，公司坚持从市场降成本，向市场要效益，市场化业务收入占比保持在 50% 以上。完善宏观经济分析框架，进一步强化对金融政策和利率走势研判，累计发布金融市场快报、财务公司行业发展动态、宏观经济分析以及货币政策和利率分析等 77 期。市场化管理日趋成熟，FTP 内部利率市场化定价体系不断完善，及时准确传导市场压力；紧跟市场化利率改革步伐，参考贷款市场报价利率（LPR），优化 PMS 定价体系。

【“三基”工作】2019 年，公司治理结构不断完善，调整董事会成员，完成高管人员任职核准，召开九届三次董事会、监事会会议以及 2019 年第一次股东会会议。精益管理探索推进，建立涵盖各业务部门主要工作的 25 项精益管理评价标准，初步形成建标、对标、追标、创标的工作机制。完成公司 111 个岗位说明书的编制工作，全面优化岗位架构，理清岗位职责；开展内控制度执行有效性提升行动，以及内控风控大学习、岗位练兵，在集团内控风控竞赛中获得团体第三、个人银奖的较好成绩；制定重要敏感岗位轮换制度，完成 12 名中层干部的岗位调整及轮岗交流工作，促进岗位责任的有效落实。

【风险管控】2019 年，公司依法合规开展各项业务。强化信贷审查，召开贷审会 21 次；综合评估同业市场信用风险，适当缩减同业准入名单和票据贴现备案制银行名单。进一步规范抵质押担保业务管理，完善人民币外汇即期交易风险限额和授权管理方案，细化证券投资交易对手管理和锁盈止损管理措施。组织完成内控手册年度和年中 2 次实时修订，全面开展制度有效性评估，制定、修订 62 项制度，废止 13 项制度。严格落实各项监管要求，及时报送非现场监管各类报告、报表等千余份。公司全年未出现任何风险上报事件。

【信息化建设】2019 年，公司进一步完善电商统一支付平台功能，满足用户新增多项需求，提升用户体验；完成票据业务系统功能升级，作为财务公司行业首家试点单位，完成“票付通”功能上线。完成护网 2019 关键信息基础设施攻防实战演习，及时消除网络安全风险隐患，进一步提高公司信息网络安全管理水平。

【人力资源管理】2019 年，公司深入落实人才强企工程，深化双通道机制建设，推进管理和专业技术序列双向贯通；制定中层领导人员考核评价办法，强化考核结果与能增能减、能上能下、评先评优等挂钩；加大干部选拔调整力度，对分公司领导班子进行调整优化和力量补充。组织两期 63 名青工政治轮训，三年青工轮训计划全面完成，举办 7 期“职工讲堂”，广泛开展轮岗交流、跨部室学习，2800 余人次参加各类培训，促进员工综合素质全面提升。

【企业文化建设】2019 年，公司传承石油精神，弘扬石化传统，深入学习时代楷模陈俊武、最美奋斗者闵恩泽及身边先进典型；发挥工会、共青团组织作用，关心关爱员工工作生活，开展企业文化宣传和群众性文体活动，举办“壮丽 70 年奋斗新时代”第四届员工风采大赛，展示公司干部员工奋发向上的精气神和团结协作、勇争第一的精神状态。

Z

中国铁建财务有限公司

【集团概况】中国铁建股份有限公司（以下简称“集团”）由中国铁道建筑集团有限公司独家发起设立，于2007年11月5日在北京成立，为国务院国资委管理的特大型建筑企业。2008年3月10日、13日分别在上海和香港上市。集团是中国乃至全球最具实力、最具规模的特大型综合建设集团之一，2019年在世界500强企业排名第59位、全球250家最大承包商排名第3位，2018年中国企业500强排名第14位。

【经营概况】2019年，中国铁建财务有限公司（以下简称“公司”）主要经济指标再创历史新高，公司年末吸收存款余额1234.05亿元，同比增长21.11%，全年日均吸收存款812.34亿元，同比增长18.32%；年末发放各项贷款余额669.09亿元，同比增长27.44%，全年日均发放贷款598.08亿元，同比增长12.25%；全年代理结算业务770万笔，同比增长超过30%，全口径结算资金流量近14万亿元；公司实现营业收入30.12亿元，完成年度预算的105.68%，净利润10.87亿元，完成年度预算的112.88%。一年来，公司实现净利润、计提拨备、存贷款利率优惠、中间业务手续费减免等合计20.41亿元，为集团创造综合经济价值能力逐年攀升。公司资产总额1353.25亿元，继续稳居行业前茅。

【信贷业务】2019年，公司累计发放贷款809.71亿元，年末各项贷款余额669.09亿元，通过优惠贷款利率政策为集团节约利息支出约3.47亿元。公司实现了首笔外币贷款业务落地，进一步助力集团“海外优先”战略实施。2019年末公司非融资性保函业务余额145.75亿元，委托贷款余额120.35亿元，保理业务余额0.63亿元，有效撬动成员单位资金需求3.2亿元，为集团量身打造“出表降债”新渠道。

【产业链金融】公司积极发挥核心成员单位优势，借助延伸产业链金融服务的业务资质推进产业链条良好稳定的合作关系，构筑铁建良好供应生态圈。2019年累计办理“一头在外”票据贴现29.61亿元。

【资金业务】2019年，一是除开展传统的流动资金贷款外，项目贷款、新兴产业贷款、票据贴现、产业链金融、外币信贷、联合保理等业务蓬勃开展，全年日均信贷同比增长12.25%，在增量的同时，继续保持内部各项优惠政策，对成员单位流动资金贷款利率平均下浮14%。二是立足流动性均衡管理的总原则，以有限资金创造更多价值，获取金融市场超额收益。三是继续提升资金头寸管理水平。

【投资业务】公司严格按照监管要求和集团审批的投资范围稳健开展有价证券投资业务，目前已开展了货币基金申赎、国债买卖、信用债买卖、融资及财务顾问、国债正回购、国债逆回购等金融业务，货币基金等流动性管理投资工具的运用，提高了资金使用效率与效益，为集团资金池的保值增值贡献了重要力量。

【票据业务】2019年，公司继续推进铁建电票的应用范围和市场影响力，帮助成员单位降低财务成本，优化融资结构。铁建电票已为255家集团成员企业和35000余家产业链客户提供了支付结算和融资支持，得到了800余家金融机构认可（含分支机构）。

【外汇业务】公司充分利用集团外汇资金集中运营管理主办企业资质，代理成员单位开展经常项目下集中收付汇业务、境内外外汇资金集中管理、外债和对外放款额度集中调配。同时，利用即期结售汇和银行间外汇市场交易会员资格，代理成员单位在银行间市场内进行即期结售汇，为成员单位获取更高的收益。公司连接的SWIFT系统已正式启用，报文接口已正式上线。公司已获得外币拆借业务资格，在银行间外币拆借市场办理拆借业务，不断丰富头寸管理手段。

【资金集中】 截至2019年末，公司本外币合计吸收存款余额1234.05亿元，日均812.34亿元。其中，人民币吸收存款余额1221.14亿元，较上年末增长216.33亿元，增幅为21.53%；日均存款804.38亿元，较上年同期增长129.11亿元，增幅为19.12%。外币吸收存款余额折合人民币约12.92亿元，日均折合人民币约7.95亿元。

【业务创新】 2019年，公司每月及时发布金融政策研究期刊供集团内部单位参考使用，累计发布内部研究期刊12期，总字数突破30万字，金融研究水平不断提升。同时，公司进行专项研究，为集团及成员单位投融资管理和资本运作提供个性化、深领域的投研金融服务，为服务实体经济和集团高质量发展贡献“智库”力量。

【风险管理和内部控制】 公司整体风险防御能力不断提升，2019年未出现重要及以上级别的风险，一般风险防控得力，风险管控和评估工作扎实有效。

【人力资源管理】 公司建立健全干部选拔、培养、管理、评价等制度体系，树立良好的选人用人导向，努力打造一支作风优良、品质优秀、专业突出的干部人才队伍；公司主动落实人才兴企战略，完善领导干部和后备干部管理、员工晋级、职称评聘、薪酬福利、劳务用工等制度方案，形成人才脱颖而出的体制机制。

【信息化建设】 2019年是公司“信息化建设年”，公司坚持“固稳图新、稳中求进”工作目标，在保障老核心业务系统安全平稳运行的同时，大力开展新核心业务系统建设，持续加强基础设施技术应用，构建“两地三中心”容灾架构体系，完成数据中心IPV6改造；稳步推进核心业务系统2.0项目实施，组织独立第三方机构开展软件测评，按计划有序推动新系统建设；逐步完善信息科技运营管理体系，部署实施IT综合资源监控系统，多角度、多维度提升信息系统运维服务水平；不断夯实网络安全基础，加强信息安全技术防护，完成新核心业务系统三级等保测评和公安部门备案；加快推动信息科技创新，积极尝试人工智能技术应用，人脸识别将应用于新系统，智能客服系统完成招标，微信银行、移动APP应用等已初具轮廓；全年无宕机事故、无安全事故、无敏感信息泄密事故，信息科技管理水平持续提升，应用系统稳健高效运行。

【企业文化建设】 公司持续通过各种载体方式深化“铁建金钥匙”特色文化建设，积极构筑具有铁建金融企业特色的文化品牌。一是开展企业文化建设调查工作；二是从企业需求和员工需要入手，积极开展各种形式的文化品牌宣传活动；三是根据企业情况变化，不断丰富文化宣传载体，及时更新各类企业宣传品内容。

中国铁路财务有限责任公司

【集团概况】 2019年6月18日，经国务院批准同意，中国铁路总公司改制成立中国国家铁路集团有限公司（以下简称“集团”），改制后承继原公司全部债权、债务、资质、知识产权、品牌等。2019年，全国铁路固定资产投资完成8029亿元；国家铁路完成旅客发送量35.7亿人，同比增长14.1%；完成货物发送量34.4亿吨，同比增长7.8%；完成运输总收入8180亿元，同比增收468亿元，增长6.1%。截至2019年底，全国铁路营业里程达到13.9万公里以上，其中高铁3.5万公里。

【经营概况】中国铁路财务有限责任公司（以下简称“公司”）2015年7月10日经中国银监会批准开业。2015年7月24日，经国家工商总局登记注册，公司注册资本100亿元，由中国国家铁路集团有限公司及其子公司中国铁道科学研究院共同出资设立，出资比例分别为95%和5%。截至2019年末，公司总资产493.12亿元，净资产123.91亿元，资本充足率为56%。2019年实现营业收入22.88亿元，利润总额9.53亿元。

【服务实体】公司积极服务成员单位，规范开展各项业务。2019年所有种类存款利率在央行基准利率基础上均上浮30%或40%，为开户单位增加利息收入3.39亿元，同时免收成员单位凭证工本费、资金支付汇费、手续费等全部结算类费用。

【信贷业务】2019年累计为41家单位开展评级工作，对32家单位进行了综合额度授信，总授信额度619亿元。2019年新增发放贷款202.52亿元，贷款余额252.52亿元，同比增长30.16%，创公司开业以来的新高。特别是为非运输企业发放贷款12.52亿元，极大地支持了多元经济。2019年末，委托贷款余额23.32亿元。

【资金业务】公司科学编制资金预算，优化配置资金资产期限，保证日间流动性头寸充足。动态调整同业合作银行，有效引入同业竞争，为公司创效和降低集团财务成本发挥了积极作用。2019年累计开展存放同业业务7749.26亿元，取得同业利息收入13.95亿元，促进国铁集团有效控制资产负债率水平。

【票据业务】2019年7月公司票据系统以全直连模式接入中国票交系统，并顺利通过验收，安全有序地完成了上线投产。2019年首次开展了电子银行承兑汇票贴现业务。有17家成员单位接入财务公司票据系统，通过电票平台办理收票6.89亿元，开立商业承兑汇票22.31亿元。2019年为成员单位开立银行承兑汇票104.80亿元，为成员单位节约财务费用2.40亿元。

【资金集中】公司积极推进成员单位在公司开立账户和办理结算业务，结合账户清理等专项工作，持续对开立账户情况进行梳理，进一步增加开户数量、扩大归集范围。2019年公司各项结算业务开展平稳有序，开立及归集账户252户，日均吸收客户结算存款666.28亿元，办理结算业务10.59万笔，结算资金流量7.09万亿元。

【风险管理和内部控制】公司将16项监管指标全部纳入实时监控体系，各项指标均符合监管要求，年末资本充足率为55.01%，流动性比例为60.04%，无不良贷款。2019年共对109项信贷业务进行了风险审查，制定和修订内控制度37项，对公司签订的95份合同进行了合规性审查，出具法律意见书29份，按照监管部门要求开展反洗钱、扫黑除恶和案防工作。

【信息化建设】2019年，公司依据等级保护2.0标准对核心系统进行了定级、备案和测评，系统整体定为三级，测评结果为良。通过上海票交所的接入测试和验收测试，公司信息系统以全直连方式正式接入票据交易系统。以网关单点故障为场景，进行了年度应急演练，并对全体职工进行了网络安全培训。

【人力资源管理】2019年度，公司取得副高级会计师专业技术资格评审权并组建评委会，分别完成集团直属企业2018年度、2019年度评审工作。完成“百千万人才”工程、专业技术带头人申报和考核工作。制定了专业技术资格评审及相关管理办法，完成了部门职责、员工轮岗、强制休假等管理办法修订工作。组织12场业务学习交流，提升了职工业务素质。积极申请失业保险返还，减轻企业负担。同时积极推进高管资格核准工作，以满足工作需要和监管要求。

【企业文化建设】2019年，公司党委认真开展“不忘初心、牢记使命”主题教育，联合集团财务部组织“传承铁路红色基因、奋勇担当先行使命”主题党日活动，重温入党誓词，组织观看专题片和影片，协调针对检视查摆问题，制定了整改方案及整改措施。同时积极倡导“合规文化”建设，教育和引导广大职工坚守职业操守，塑造了风清气正、廉洁自律的良好形象。

中国一拖集团财务有限责任公司

【集团概况】中国一拖集团有限公司（以下简称“集团”）经过60余年的发展，已经形成以农业机械制造为核心，同时经营动力机械、零部件等多元产品的大型装备制造企业集团。农业机械业务具有国内最完整的拖拉机产品系列，拥有国际先进、国内领先、具有自主知识产权的产品技术，具有每年为全球用户提供10万台以上25～400马力拖拉机的生产能力。新中国第一台拖拉机、第一辆军用越野载重汽车在这里诞生。建厂以来，企业已累计向社会提供351万台拖拉机和287万台动力机械，为我国的“三农”建设作出积极贡献。

【经营概况】2019年，中国一拖集团财务有限责任公司（以下简称“公司”）始终秉承“依托集团，服务成员，合规经营，稳健发展”的经营宗旨，紧密围绕集团需求，强化核心功能，创新产品服务，积极为集团及成员单位提供优质金融服务，支持集团成员的生产经营、技术改造及产品销售，为促进集团的生产建设、降低成员单位财务费用发挥了银行不可替代的积极作用。2019年末，公司资产总额41.99亿元，负债总额33.74亿元，所有者权益8.26亿元，全年实现利润总额4257.54万元。各项监管指标符合监管规定。

【资金结算业务】资金结算业务实现了集团成员单位内部的转账结算和托收承付，对提高资金使用效率发挥着重要作用。2019年，公司为集团成员单位累计办理结算金额1177.74亿元，办理结算笔数10.89万笔；累计办理成员单位委托收款2.02亿元，办理业务笔数841笔；公司平均资金集中度为87.32%，在全国财务公司系统中继续保持较高水平。

【票据承兑业务】票据承兑业务不仅丰富了集团成员单位的对外支付手段，而且提高了企业集团整体资金保障能力。2019年，公司为集团及成员单位累计办理票据承兑26.7亿元，其中，办理电票16.78亿元，农机电票买方信贷9.24亿元，商票0.68亿元；年末票据余额10.76亿元，其中，电票余额10.59亿元，商票余额0.17亿元。累计办理电票兑付金额30.12亿元，办理业务笔数1.31万笔。

【信贷业务】信贷业务是公司的基础业务，促进了集团生产经营及产品销售。2019年，公司向集团及成员单位累计发放贷款25.57亿元，年末贷款余额21.48亿元，不良贷款率为零；2019年，集团及成员单位贴现业务集中度为100%，公司累计办理票据贴现2.22亿元，年末贴现余额915.04万元。公司通过贷款和贴现业务为集团成员单位生产经营提供了有效的资金支持。

【产品金融业务】2019年，国家加大环保治理力度、重点支持智能制造等新兴产业发展，公司在依法合规、风险可控的前提下，对产业链下游经销商和终端用户开展产品的融资租赁和买方信贷业务，通过精准定向无人驾驶拖拉机、新能源环卫车等项目配合集团成员企业大单产品销售，全力促进企业产品销售。2019年累计提供各类融资1.43亿元，同比增长50.84%；拉动销售收入2.57亿元，同比增长38.95%；销售各类农机产品1930台，同比增长57.42%；累计开展农机电票业务9.24亿元，同比增长156.85%。公司融资租赁、买方信贷及农机电票业务的稳步开展，促进了集团下游产业的良性发展。

【金融同业及投资业务】公司利用自身金融机构优势与外部金融机构广泛合作金融同业业务，不断拓展金融融资渠道，获取外部资金资源。2019年，公司累计开展交易所回购86.45亿元，实现利息收入1334.84万元；为提高资金使用效率，累计拆出资金51亿元。投资业务是充分利用资金资源和提高资金使用效率的主要途径。2019年，公司在董事会批准的年度投资额度内，利用暂时闲置资金，以审慎的投资策略开展投资业务，累计实现投资收益1117.02万元（含公允价值变动损益）。

【风险管理和内部控制】公司始终坚持把内控机制寓于经营管理活动之中，根据公司治理要求，建立健全股东会、董事会、监事会合理分权制衡的公司经营管理机制，实行董事会领导下的总经理负责制。公司2019年完成董事会换届和经营班子调整等工作，形成了由董事会及董事会下设风险管理委员会、内部控制委员会、内部审计委员会、信息科技委员会、稽核部和公司经营层下设风险控制部、各部门以及各风险类专职岗位组成的完整风险控制体系架构。同时，公司遵循“主动合规、制度先行”的原则，将内部控制措施嵌入各项规章制度和每个岗位操作环节之中，2019年组织对全部制度和规程进行梳理，新增和修订制度38个，对公司内部控制的目标、原则、要素、组织体系、要求、监督及内部控制制度体系建设均作出了明确的规定，形成了有效识别风险、主动避免违规的内控机制，所有内部控制活动均在公司董事会、党支部、经营层及各专业委员会的领导下有序开展。

【人力资源管理】2019年，公司在集团的支持下按照金融行业的特点设计并实施有效人才培养计划，目前银行业从业资格持证率接近90%；按照年度培训计划并根据非银行金融机构业务及风险防范的特殊性，组织从业人员专业培训，全年组织业务、法律、内控、反洗钱、信息化等内、外部培训15次，参加员工350余人次；公司根据各部门职能、岗位职责层层分解重点工作和经营指标，在内部形成“多劳多得、多得光荣”的工作氛围，激励全体员工努力工作、创先争优。

【信息化建设】公司不断加强信息化安全检查，按照“统一规划、分步实施、急用先行”的信息化战略目标，统筹考虑各类业务需求，启动核心系统更新工作，以适应行业监管和满足业务发展需求。2019年，公司完成核心业务系统开发、数据迁移、系统测试等工作，于2019年11月启动业务并行；根据监管部门对业务连续性和应急管理的要求，公司进行了金融城域网及连接上海票交所网络、机房电力供应、数据库服务器故障、主备存储、二代系统等应急演练工作。同时，对公司硬件系统进行全面升级改造，构建了跨公司机房和集团信息中心机房的双活数据中心，完成了虚拟化环境的搭建和存储数据的智能化备份和恢复，逐步增强信息科技在各项业务发展中的保障作用。

【企业文化建设】公司积极参加各项集团活动以及社会活动及公益活动，并通过日常的宣传教育，增强员工作为一拖人的荣誉感和社会责任感，并以实际行动来回报一拖、回报社会。公司2019年号召全体员工加入爱心帮扶活动中，再次向“国机爱心基金”注入捐款4923元和党员的一个月党费；公司青年工作组响应集团团委号召向贫困地区儿童捐赠一批图书和玩具，通过爱心捐助活动的不断开展，将爱心传递下去，关心更多需要帮助的人。

中国移动通信集团财务有限公司

【集团概况】中国移动通信集团有限公司（以下简称“集团”）是按照国家电信体制改革的总体部署，于2000年组建成立的中央企业。集团主要经营移动语音、数据、宽带、IP电话和多媒体业务，并具有计算机互联网国际联网单位经营权和国际出入口经营权，是全球网络规模最大、客户数量最多、盈利能力和品牌价值领先、市值排名位居前列的电信运营企业。集团连续19年入选世界500强企业，2019年列第56位；连续15年在国务院国资委经营业绩考核中获A级。

【经营概况】2019年，中国移动通信集团财务有限公司（以下简称“公司”）牢记“金融服务实体经济”使命，为集团主业发展和业绩稳定作出了积极贡献。2019年末，公司资产总额1683.34亿元，所有者权益237.20亿元，全年实现营业净收入19.29亿元，实现利润总额17.12亿元。公司严格把控风险，不良资产率及案件发生率均为零。

【服务实体】2019年，公司大力支持中西部地区基础网络建设，积极促进电信基础设施资源共享，助力国家“网络强国”战略实施，向中西部省份公司及铁塔公司发放贷款172.5亿元。通过向咪咕公司及其下属公司发放委托贷款，主动响应首都北京“科技创新中心”“文化中心”建设号召。公司向成员单位提供贷款优惠支持，有效减轻企业负担，为成员单位节约融资成本1.21亿元。公司向成员单位提供定制化的结算服务并免收费用，为成员单位节约结算费用1.78亿元。

【信贷业务】2019年，公司信贷客户数量由2018年的13家增长至18家。自营和委托贷款规模有所提升，2019年发放自营贷款223亿元，发放委托贷款251.04亿元，有效缓解成员单位资金压力。在合理满足成员单位贷款需求的同时，公司统筹安排自营贷款和委托贷款，为成员单位提供行业内最低的贷款利率，引导成员单位提升资金使用效率。公司积极对接客户需求，扩大现有信贷产品使用场景，梳理现有信贷产品，为客户提供优质、便捷信贷服务。

【资金业务】2019年，公司积极发挥专业化运营优势，持续运作同业存款、同业存单、同业拆借、质押式逆回购、交易所国债逆回购等业务，稳步拓展合作对象范围，资金管理手段不断丰富，头寸管理能力持续加强，不同期限层次资金头寸利用效率不断提高。2019年公司累计操作同业定期存款85亿元、同业存单35亿元、同业拆借和逆回购2451亿元。

【投资业务】2019年，公司积极适应资管新规及国务院国资委最新监管思路，全面梳理分析全市场资金增值产品，在严控风险的基础上丰富投资产品与投资渠道，创新开展净值型理财产品投资，积极拓展信用卡资产证券化等债券类投资，稳健运作货币基金产品，全年累计开展有价证券投资154亿元。持续完善委托投资业务流程及模式，充分发挥集团资金规模效应，全年面向27家成员单位操作委托投资139笔，规模累计1075亿元，显著提升成员单位资金效益。

【资金集中】2019年，公司资金集中体系平稳高效运营，统一结算平台建设稳步推进，年末资金集中体系成员单位数量达86家，监管口径资金集中度达36.89%，同比提升21个百分点，全年结算业务量达27104亿元，同比提升55.78%。公司按集团要求分批推进资金支付主通道的实施；实现电渠营收资金“T+0”集中结算，进一步提升结算效率；通过“顶点账户”模式基本上将各成员单位账户、资金纳入集中管理和集中监控范围。

【业务创新】2019年，公司积极适应资管新规，创新提出理财产品投资新模式，搭建“机构实力+团队能力+产品形态”的三维评价筛选模式，推进理财产品全生命周期管理，顺利实现预期收益型向净值型的平稳过渡，全年开展净值型理财产品投资45亿元，产品运行平稳、风险可控。同时，新拓展交易所国债逆回购业务，引入券商算法交易程序，有效降低场内交易的择时风险和操作风险，进一步拓宽短期资金运用渠道。

【风险管理和内部控制】2019年，公司不断夯实全面风险管理体系，制定重大流动性突发事件应急预案，开展流动性压力测试，丰富风险量化手段，强化流动性风险前瞻性研判，提升全面风险管理体系薄弱环节。重检优化现有法人客户评级授信体系，深入分析成员单位信用风险情况，不断强化贷后监控。持续推动风险管理关口前移，深化对同业合作对手的风险分析研究，加强对净值型资管产品的风险研究，探索研究对投资业务全流程的风险管控手段，提升风险管理主动性。

【人力资源管理】2019年，公司坚持党管干部原则，健全完善选人用人机制，积极构建“1+2+X”选人用人领域制度体系，从严开展干部选任工作，强化干部监督管理；坚持激励和约束并重原则，推进人才引进和激励保留工作，加强雇主品牌建设，完善薪酬分配方案，进一步加强对关键岗位和核心骨干人才的有效激励和储备选育；坚持“全员培训+专项研究”的人才培育模式，全年累计开展全员培训8期，组织参加各类培训868人次，开展课题研究3项，进一步强化队伍能力建设。

【信息化建设】2019年，公司正式发布信息系统规划、IT与网络基础设施规划，完成金融业务系统及首个自主设计、开发的软件系统——“电子审批平台”的测试上线，自主设计、开发各类管理报表，不断加强公司信息化管理支撑能力。通过架构优化和系统扩容，公司大幅提升资金管理系统并发处理性能，保障每日近2万笔的支付业务顺利开展；积极配合集团完成ERP集中化系统在31家省公司及部分专直单位的推广上线及支撑维护，推动公司系统与集中化系统协同。

【企业文化建设】2019年，公司创新开展形式多样的宣传思想文化工作，以庆祝新中国成立70周年和建党98周年为契机，策划“向党·爱国·精CAI·同心”系列活动，营造浓厚氛围、调动各方力量；加强公司论坛建设，搭建员工平等对话、高效沟通、乐于分享、共同成长的重要平台；评选表彰“一先两优”等，通过选树典型发挥身边榜样的示范带动作用；将官方微信公众号作为主要宣传思想阵地，有效发挥了微信公众号宣传推广、凝聚人心的阵地平台作用。

中国重汽财务有限公司

【集团概况】2019年，中国重型汽车集团有限公司（以下简称“集团”）深入推进各项改革，包括深化人事制度改革、搭建市场化考核激励机制、开展组织机构优化调整、全速推进非主营业务改制退出等，全面导入客户思维，在改革创新中逐步迈入高质量发展的新阶段，整体经营取得了历史最好成绩。实现汇总营业收入1167亿元，同比增长6%；经营利润57.9亿元，同比增长8.9%。国际市场开拓能力再上新台阶，重卡出口连续十五年稳居国内行业出口首位。

【经营概况】2019年末，中国重汽财务有限公司（以下简称“公司”）资产总额376.89亿元，较年初增加73.35亿元。2019年，实现各项营业收入12.74亿元，同比增长15.9%；实现利润总额5.36亿元，同比增长4.8%，经营效益稳中有升。截至2019年末，公司不良资产率和不良贷款率均为零，各项监管指标均符合要求，主要经营指标位居山东省辖内财务公司前列。

【结算业务】公司不断加大资金监控管理力度，不断优化网上对账、网上查询、银企直连等互联网结算功能，确保集团资金结算安全、及时、准确。2019年公司累计结算量3050万笔，结算金额9100亿元，为集团及各成员单位、上下游客户提供了高质量的结算服务。积极组织开展反洗钱工作，在人民银行组织的反洗钱考核评级工作中获评B级。

【资金业务】2019年，公司利用资金业务平台，加强资金运作。在合规运营、控制风险的前提下提高资金收益。2019 年，资金业务实现收入 4.26 亿元，实现账面利润 1.81 亿元。所有到期业务均及时足额收回本息，未出现资金逾期或不良，实现了资金业务零风险的目标。

【信贷业务】2019 年，公司坚持信贷政策投向，积极满足集团整车制造、发动机、新能源汽车和装备先进、技术领先的制造企业信贷资金需求，有力支持了重汽集团新旧动能转换，产融结合效果显著。截至 2019 年末，集团成员单位人民币贷款余额 195.42 亿元。同时，公司对集团各成员单位贷款实行差异化利率运作，降低融资成本，有力支持了集团实体经济发展。

【产业链金融】2019 年，公司累计发放供应商保理业务 156 笔，金额 10.098 亿元，其中以 LPR 为基准累计发放供应商保理业务 35 笔，发放金额 1.81 亿元，在整体信贷资金紧张、供应商融资难的情况下，解决了中小微企业融资难、融资贵的问题，有力支持上下游产业链小微企业发展。同时不断改进保理融资业务模式，融资授信额度逐步控制在挂账范围内，有效降低业务风险。

【票据业务】2019 年，公司电子合同管理平台项目正式上线运行，继续发挥电子票据业务优势，提高资金安全，进一步支持集团生产销售。2019 年，累计签发电子银行承兑汇票 4.3 万张，同比增长 34.38%，金额 289 亿元；累计解付电子票据 4.9 万张，金额 312.10 亿元；共签约电子合同管理平台经销商用户 129 家。公司电票业务已渗透至集团公司生产经营各环节，为促进集团销售回款、支持产业链企业发展发挥了重要作用。

【外汇业务】2019 年，公司国际业务顺利开展，美元结算量 1.13 万笔，金额达到 14.87 亿美元；累计归集外汇资金 1.84 亿美元，累计下拨外汇资金 0.7 亿美元；新增跨境人民币贷款 5 亿元，该贷款为公司首笔跨境人民币双向资金池内对境外放款；累计办理同业外币资金定期存款 1500 万美元，累计为境内外成员企业办理外币通知及定期存款 1.56 亿美元。办理结售汇 1.27 亿美元，折合人民币约 8.72 亿元，为成员单位节省汇兑成本约 172 万元，有效降低集团整体财务费用，防范汇率风险。2019 年 9 月，跨境资金集中运营业务完成重新备案，将外汇资金集中运营试点成员单位范围由 15 家扩大至 29 家。

【内控与风险管理】2019 年，公司将 164 项公司制度印刷成册并下发至每一位员工，确保各项业务合规操作、有章可依、有据可行，逐步在员工中树立了靠制度管理、经营的金融理念，建立了制度氛围。2019 年召开信贷审查委员会会议 31 次，审议 129 个项目，涉及 736 亿元人民币，出具贷审会决议 127 份，续议项目 3 个，有效降低了公司业务风险。

【稽核审计】2019 年，公司完成反洗钱、结算业务、资金运作业务、信贷业务、关联交易业务、重要岗位经济责任及飞行检查等审计项目 27 项次，对发现的问题下达审计整改通知单，限定整改期限，督促整改结果反馈，及时跟踪审计问题整改情况，建立了审计整改长效机制。

【人力资源管理】2019 年，公司积极探索建立市场化考核激励机制，根据绩效水平进行收入分配，形成了在省内财务公司行业有一定竞争力的薪酬分配标准，增强了公司的凝聚力和竞争力。通过公开竞聘，引进高层次管理人才 3 人，提拔中层管理人员 2 人，干部队伍结构不断优化。加大了员工培训力度，组织内部培训 13 期，外部培训 7 期，共计 348 人次，进一步提升了员工队伍整体素质。

【信息化建设】2019 年，公司完成包括 CAMS 外汇业务数据采集规范（1.2 版）升级工作、反洗钱二代系统升级改造工作、电子商业汇票系统与中国票据交易系统 CA 证书链更换升级验证工作、CAMS 投产上线信贷全流程电子化升级改造工作，实现了线上授信批复流程、贷后管理流程电子化。信息科技对业务发展的保证支持水平得到进一步发挥，科技对风险的防控能力得到增强。

中海石油财务有限责任公司

【集团概况】 中国海洋石油集团有限公司（以下简称“集团”）是国务院国资委直属的特大型国有企业，是中国最大的海上油气生产商。集团成立于1982年，总部设在北京。经过30多年的改革与发展，集团已经发展成主业突出、产业链完整、业务遍及40多个国家和地区的国际能源公司。集团形成了油气勘探开发、专业技术服务、炼化与销售、天然气及发电、金融服务五大业务板块，可持续发展能力显著提升。2019年，集团在世界500强企业中排名第63位，在世界最大50家石油公司中列第31位。截至2019年末，集团被穆迪评级为A1级，标普评级为A+级，展望均为稳定。

【经营概况】 截至2019年末，中海石油财务有限责任公司（以下简称“公司”）吸收存款总额为人民币1033.78亿元（不含委托存款），资产总额为人民币1153.56亿元（不包含委托贷款人民币491.40亿元），2019年累计实现拨备后利润总额人民币17.7亿元。

【服务实体】 截至2019年末，公司服务客户447家，账户达733个，2019年新增客户25家、账户56个，对集团内具备条件单位的服务覆盖率达94.00%，客户遍布28个省（直辖市）109个城市。2019年，公司累计完成人民币结算业务超百万笔，同比增长20.98%，人民币结算金额8.32万亿元，同比增长14.09%。

【信贷业务】 2019年，公司充分发挥集团内部金融服务平台的主渠道作用，针对成员单位的信贷资金需求，精细化流动性管理、多方协调资金头寸，着力安排资金投放，在保障成员单位资金需求得到有效满足的同时实现自身信贷业务规模的快速增长。2019年度，公司自营信贷日均余额500.96亿元，较上年增长14%，刷新历史纪录。

【资金业务】 2019年，公司积极研究市场运行规律与银行资金需求变化，持续优化同业存款业务期限结构，提高同业资金配置水平，新增人民币同业存款和美元同业存款加权收益率分别为3.02%和2.92%。

【投资业务】 2019年，在经济增速放缓、利率下行的周期中，公司采取加杠杆、加久期的应对策略，提升投资组合收益率，积极开拓新品种投资，重点配置二级资本债，降低组合成本，在低风险的前提下，赢得相对确定、安全的收益。

【票据业务】 2019年，公司支持成员单位共开展较低利率商业承兑汇票贴现31笔，金额合计88.29亿元，围绕产业链的票据结算与融资功能得到明显强化。

【外汇业务】 2019年，公司紧扣集团海外业务发展步伐，加速发展结售汇业务，共办理结售汇业务54.13亿美元，同比增长8.20%。

【资金集中】 截至2019年末，公司按照银保监会全口径统计的资金集中率为69.71%，继续保持较高水平。

【业务创新】 2019年11月，公司成功获得由海关总署批复的为成员单位在全国各个海关汇总纳税环节进行担保的资格，信贷产品体系得到丰富和完善，融资服务对成员单位生产经营各环节的渗透进一步加深。

【风险管理和内部控制】 2019年，公司遵守各项法律法规，始终坚持严格的风险管控，按照建设全面风险管理体系的严格标准，不断完善自身公司治理结构、制度流程体系、法人授权与分级授权体系、合规风控体系、审计稽核体系与纪检监察体系。基于卓有成效的风险管控，公司不良资产、不良贷款始终保持为零；并在国内同行中最先获得标准普尔、穆迪两大国际权威信用评级。2019 年，公司被标准普尔评级为 A+级（稳定），穆迪评级为 A1 级（稳定），为国内商业金融机构的最高水准。

【人力资源管理】 2019 年，公司积极贯彻落实集团人力资源工作要求。立足公司发展战略，多措并举，不断提高人才选育工作水平。一是树立正确选人用人导向，切实强化党组织的引领把关作用，推动选人用人工作质量有效提升；二是完善组织人事制度体系，进一步提高人力资源工作的制度化、规范化、科学化水平；三是健全人才培养开发机制，加大干部交流任职力度，拓宽干部员工职业通道；四是推进编制优化成果转化，不断优化干部队伍结构。为推动公司高质量发展、全面提升金融服务水平提供了坚强的组织和人才保障。

【信息化建设】 截至 2019 年末，公司的信息系统建设水平及信息安全风控水平得到进一步提升，主要完成的工作有协助集团资金管理平台上线，完成多项核心系统功能优化、完成核心系统基础平台升级迁移工作、持续优化协同办公平台、完成智能文传系统建设；2019 年末启动了投资业务系统、电子文档安全管理系统、征信二代项目建设。

【企业文化建设】 2019 年，公司秉承“人本、服务、合规、稳健、创新”理念，不断加强培育以人为本的管理文化，构建人本型企业；培育融合多元的服务文化，构建服务型企业；培育开放诚信的合规文化，构建合规型企业；培育系统科学的风险文化，构建稳健型企业；培育开拓进取的创新文化，构建创新型企业等方面企业文化建设，并潜移默化地融入生产经营的各个方面，用共同的价值理念和温馨和谐的文化氛围把全体员工团结在一起，最大限度地激发和调动员工的学习积极性与创造性，鼓舞员工士气，提高员工素质，凝聚企业精神，提升企业竞争力。

中航工业集团财务有限责任公司

【集团概况】 2019 年是中国航空工业集团有限公司（以下简称“集团”）实施新时代航空强国战略的开局之年，也是“十三五”规划执行的攻坚之年。四大攻坚战加速推进：“军品任务”攻坚稳步实施，“夯实基础”攻坚开局良好，“融合发展”攻坚全方位推进，“瘦身健体”攻坚取得阶段性胜利。2019 年，集团实现考核净利润 224.7 亿元、经济增加值（EVA）57.5 亿元，全面完成国务院国资委考核指标，实现营业收入 4580 亿元，利润总额 198 亿元。

【经营概况】 2019 年，中航工业集团财务有限责任公司（以下简称“公司”）认真贯彻集团年度工作会精神，围绕集团发展战略，加强核心能力建设，严控风险合规经营，不断提升管理水平，立足服务兼顾效益，着力提升行业排名，较好地完成了年度工作任务。2019 年实现营业收入（含投资收益）22.97 亿元，实现利润总额 10.18 亿元，实现经济增加值（EVA）4.57 亿元。

【信贷业务】 2019 年，公司立足航空，持续扩大信贷规模，最大限度地满足成员单位融资需求。一是广义信贷规模较上年提高 65 亿元，至 MPA 理论最高值 370 亿元（含投资）；二是持续聚焦航空主业，公司信贷资产业务中，航空主业占比达 84%；三是继续实施优惠贷款利率，以人民银行实施 LPR 改革为契机，优化贷款定价模型，平均贷款利率达 3.95%，较上年 4.09% 下降 14 个基点，为成员单位节约利息支出 7043.28 万元；四是推进航速贷，提高流动资金贷款效率，26 家单位 35.4 亿元的航速贷专项授信额度已获董事会批准。截至 2019 年末，公司日均贷款 309.5 亿元，较上年增长 11.03%。各类自营贷款、贴现及保理业务余额

Z

325.86亿元，较上年同期增长7.19%。

【票据业务】公司开展应收账款保理，提高票据服务能力，助力成员单位压两金降负债。一是积极配合集团开展买断式应收账款保理64.71亿元，新拓展招商银行渠道，共引入银行资源14.51亿元，涉及主要业务板块及集团直管单位，共35家成员单位；二是提高票据业务服务能力，促进成员单位产业链结算效率，截至2019年末，各环节电票清算笔数为7.78万笔，关键环节清算量为214.7亿元；实现贴现余额7.02亿元，日均贴现余额10.29亿元，承兑余额4.55亿元。

【保险代理业务】公司持续推进集团统保，深耕保险代理业务。一是统保参保资产进一步增加，集团参保资产2822亿元，较2018年增加19.68%，出单保费1.74亿元，较2018年减少6.95%。二是服务航空主业，航空类保险保费在总保费中占比为70.54%。设计飞机保险优化方案，保费较上年降低1384.61万元，费率下降15%。为AG600科研阶段、为各主机厂重点批产提供试飞保障，为通航产业提供机队运营保障，投保总价值656亿元。三是协助集团完成航空产品责任险保单签发，保障产品价值达11.1亿美元，增幅为13.50%，为西锐SR2X飞机国内生产线产品提供批生产试飞保险和航空产品责任险服务，持续为国际合作和整机出口成员单位提供保险保障。四是协助3家单位获得首台套保险专项补贴4622.71万元，较上年增加3139万元。

【资金集中】2019年末，公司本外币存款1073.02亿元，创历年新高。本外币日均存款650.71亿元，全口径资金集中率为66.96%，可归集资金集中率为86.46%，本外币合计日均存款678.67亿元。一是升级工商银行等3家银企直连接口，完成国家开发银行银企直连接口开发，启动广发银行银企直连开发；二是梳理集团全级次单位股权比例，动态管理成员单位名录；三是定期向各直属单位发送资金集中和账户联网数据，助力直属单位掌握所管理单位资金集中现状，提高财务月报数据质量；四是继续推进存款差异化定价，对全口径资金集中率50%以上的客户提供优惠利率，促进资金集中。

【投资业务】2019年，投资业务规范运作，严格控制风险，聚焦精细投放，优化资产配置结构。实现投资收益4.19亿元，同比增长101.32%。

【风险管理和内部控制】公司各项监管指标均符合监管要求，截至2019年末，资本充足率为13.09%，不良资产率为零，风险总体可控，未发生银保监会监管评级一票否决项。一是以“巩固治乱象成果，促进合规建设”为抓手，梳理公司突出问题和风险隐患，明确了整改措施，实现了监管评级提升。二是提高风险管理水平，创建授信模型，完善评级模型，完成年度评级授信；开展流动性压力测试，对影响流动性的具体科目进行120万次模拟验证，预测流动性缺口变化。三是加强票据业务风险审查，落实票据业务监管规定和公司风险管理要求。四是落实集团公司法治工作“三个百分百”要求，合同法审率、规章制度法审率、法律文件法审率均达100%。重新修订全部信贷业务格式合同，防范法律风险。

【信息化建设】公司提升信息科技支撑能力，助推四个平台建设。一是以客户需求为基础，以完善网络结算手段和提升资金集中管理为目标，设计开发并上线了新一代网银系统；结合票据业务发展需求，推动新电票系统建设，形成可行性研究报告并完成立项与招标。二是新投资系统投产上线，大幅提升业务效率；按照人民银行要求，推动征信查询前置系统建设。三是按照多维纵深、立体防御的网络安全建设目标，设计了安全分域体系，并有针对性地组织实施安全策略，有效提高应对网络风险的能力，通过了国家等级保护三级测评并完成备案。四是以强化信息科技基础设施为目标，高标准建设新计算机机房，顺利完成了整体迁移。新机房获得了中国计算机用户协会“国标A级机房”测评认定。

【企业文化建设】2019年，公司一是深入开展“不忘初心、牢记使命”主题教育，进一步增强全员航空报国、航空强国使命感。二是以集团公司“1122”党建工作体系为牵引，严格执行“三会一课”、民主评议党员等党的组织生活基本制度，开展党支部书记述职评议和党支部工作考核。三是严格党费管理，党建工作经费按上年度工资总额的1%纳入企业管理费用。四是扎实做好党员发展工作，发展正式党员2名，确定发展对象2名。五是落实好干部“二十字”标准，修订《干部管理制度》；优化公司人力资源管理体系建设。六是抓好党的宣传思想建设，赴延安和试飞中心开办两期党员培训班；荣获集团信息工作先进单位和先进个人称号。七是强化从严治党责任，营造良好政治生态。八是做好统战群团工作，力促和谐企业建设。

中核财务有限责任公司

【集团概况】2019年，中国核工业集团有限公司（以下简称“集团”）深入贯彻落实习近平总书记重要批示指示精神，牢记强核强国的初心使命，把握核工业发展的重要战略机遇期，发挥重组整合的新优势，全年实现营业收入同比增长17.16%，利润同比增长9.12%，连续14年获得国务院国资委考核A级，连续5个任期获评业绩优秀企业。

【经营概况】2019年是中核财务有限责任公司（以下简称“公司”）与中国核工业建设集团财务有限公司实施重组整合、业务融合的关键之年。公司扎实有效推进重组工作，2019年实现营业收入25.05亿元，利润总额16.47亿元，经济增加值（EVA）8.06亿元，全面完成集团下达的年度经营目标。

【服务实体】公司开展供给侧结构性改革，支持集团主业及重点项目建设，向发电业、制造业、采矿业、建筑业发放贷款规模占总贷款规模的91.91%；服务国家战略，参与海外项目融资重大课题研究，积极推进跨境人民币资金池业务的开展；发挥保障优势，助推国家重点项目建设，为国家重点能源项目提供资金保障及保险服务。

【信贷业务】公司积极贯彻落实国务院国资委关于“减负债、降杠杆”工作要求，挖掘内部资金，加大信贷投放力度，2019年累计投放自营贷款164亿元，2019年末信贷规模达470亿元，创历史新高，为集团节约财务费用超过18亿元，促进集团产业高质量发展。

【资金业务】持续加强资金计划和流动性管理，在合规的前提下，竭力提升资金使用率和收益率，加大同业操作频率，合规开展国债逆回购，资金收益能力进一步提升，克服了资金市场价格低迷带来的不利影响。2019年实现同业业务收入7.10亿元，综合收益率达到2.74%。

【投行投资业务】充分发挥财务顾问职能，全面参与集团各类发债项目，各期债券利率均达到同期同级别最优水平，2019年累计为集团节省财务费用约8.27亿元；充分发挥专业金融服务职能，协助集团认购及减持两核转债，回笼资金52.48亿元，实现收益2.03亿元。公司继续坚持稳健审慎的投资策略和“规范管理、创造价值”的原则，加强市场研究和预判，精心选择投资品种，2019年累计实现投资收益5.18亿元。

【外汇业务】积极拓展国际业务，国际结算业务提质增量，同比笔数和金额分别增长10%和55%，累计为企业客户节省资金成本和财务费用600万元；申请并落地跨境双向人民币资金池业务，打通集团境内外人民币资金调剂渠道；协同集团全球资金管理，充分调研央企境外资金管理实践并进行可行性研究，为集团境外资金风险和融资工作打下坚实基础。

【资金集中】以推进业务重组为契机，大力提高结算服务覆盖面与账户集中度，促进集团资金集中管理水平提升，2019 年末吸收存款余额 641.40 亿元，资金集中度为 71.23%。推出“财企通”与“代理代发”两项结算新产品，结算业务规模稳步提升，资金结算主渠道功能进一步夯实，人民币年结算笔数 47.86 万笔，同比增长 23.48%，年结算规模首次突破万亿元大关。

【业务创新】2019 年，公司完成跨境双向人民币资金池资质申请与业务落地。8 月 5 日，公司跨境人民币资金运营业务资质获批。8 月 29 日，公司作为主办企业为集团境内外企业办理委托贷款项下 9.7 亿元人民币跨境流入业务，标志着集团公司本外币跨境资金融通渠道全面贯通。11 月 4 日，在该笔委贷项下，完成 5 亿元人民币跨境偿还流出业务，实现跨境人民币双向流通。

【风险管理和内部控制】坚持稳健审慎、主动全员的风险理念，提升全面风险管理水平。公司发布信贷业务合规审查指引，开展客户身份合规性风险排查等专项工作；优化完善流动性压力测试模型和资本评估模型；结合两核财务公司业务合并重组，有效防范承接信贷业务风险，确保业务顺利转移。加强对信用风险、市场风险、流动性风险等的识别、计量、监测、报告，为业务可持续发展保驾护航。作为财务公司协会年度课题组长单位，参与财务公司与商业银行风险管理课题研究工作。

【信息化建设】统筹金融科技应用，在现有 19 套信息系统基础上继续加强主营业务系统建设，完成代理代发、财企通平台、资金流向图形化展示等功能上线，进一步夯实核心业务。在金融科技基础架构方面通过对标区域商业银行实践经验完成了 IT 基础架构建设，提升基础环境保障能力，2019 年内启动新办公楼数据中心建设工作，逐步构建“一地两中心”运营模式。公司启动网络安全等级保护测评项目，通过网络安全测评工作构建有效信息安全管控机制。在 2019 年度集团信息化水平评价中首次达到 A 级。

【人力资源管理】2019 年，公司一是提出了《培育高素质复合型金融人才打造集团专业化人才池》重大问题研究成果，编制人才队伍建设的总体目标、工作机制和保障措施，为公司发展提供坚强的人才保障和智力支持。二是根据公司合并重组工作计划，制定人员转移整体方案，在符合监管政策的前提下，建立跨单位、跨部门、跨专业的专项工作团队，促进各层面的沟通协作，实现人员整合和文化融合。三是在内外部充分调研的基础上，编制人力资源体系以及绩效考核模式优化思路和初步方案，启动重组人力资源体系套接项目，完成了部门组织机构设置、职责梳理以及“三定”工作。

【企业文化建设】以重组为契机，加强企业文化融合。开展纪念“五四”运动 100 周年、“同心同行、融合共赢”主题团建，拍摄庆祝新中国成立 70 周年《我和我的祖国有个约定》MV 等一系列活动。以联合开展“不忘初心、牢记使命”主题教育为契机，增进班子互信，凝聚全员共识；以党风廉政建设和反腐败工作为抓手，贯彻落实全面从严治党总要求，督促落实中央八项规定精神，完善监督协调机制，营造公司风清气正的良好氛围。

中化工程集团财务有限公司

【集团概况】中国化学工程集团有限公司（以下简称“集团”）是国务院国资委直接监管的大型工程建设企业集团，是我国工业工程领域资质最为齐全、功能最为完备、业务链最为完整、知识技术密集的工程公司。2019 年，集团紧紧围绕建筑工程、环境治理、实业、现代服务业四大板块开拓业务，实现新签合同额累计超过 2000 亿元。

【经营概况】2019 年，中化工程集团财务有限公司（以下简称“公司”）盈利能力再获提升，业务开展成效显著。2019 年实现营业收入 6.01 亿元，利润总额 2.46 亿元，净利润 1.84 亿元，较上年同期分别增长 9.93%、4.53%、4.55%。

【服务实体】公司加强司库职能建设，借助 SWIFT 系统实施集团境外资金监控，截至 2019 年 12 月 31 日，境外资金监控率超过 60%，集团境内保险集中管理进一步加强，为集团及企业外汇、项目融资等提供金融咨询服务近 20 项。公司为集团、企业开拓多种境内外融资渠道，实现第一单以牵头行身份组建的项目银团贷款落地，协助集团打通境外股权基金融资渠道。

【信贷业务】公司以自营贷款、票据贴现、保理融资等业务为载体大力开拓信贷投放，2019 年贷款资产余额 65.84 亿元，中间业务发生额达 18.11 亿元，较 2018 年增长 138.57% 和 26.36%。公司信贷投放能够全面满足成员单位的短期资金需求，且能够为集团重点项目建设提供资金支持。

【产业链金融】公司充分发挥自身产业链金融优势，通过办理业主付息的保理业务解决业主方资金紧张问题，与合作银行沟通采取多种手段解决供货商所持有公司承兑票据的变现额度紧张和变现价格过高问题，有效为产业链中小微企业解决了融资问题，保障了集团业务发展。

【资金业务】2019 年，公司一是加强资金计划管理，优化资金配置，提升盈利水平。截至 2019 年 12 月 31 日，累计开展人民币存放同业业务 235 笔，美元存放同业业务 89 笔。二是稳步开拓票据再贴现业务，获取低成本资金。2019 年办理再贴现承兑汇票 256 笔，取得再贴现金额 5.42 亿元，利率为 2.25%。三是利用金融牌照优势，拓展同业拆借业务。2019 年从同业市场拆入总金额 135 亿元，平均年化利率控制在 2% 以内。

【投资业务】公司继续保持稳健审慎的投资原则，以大型企业发行的高等级信用债为主要投资标的，定期跟进持仓债券发行人信用变化情况，及时进行分析和应对，确保投资业务整体风险可控。截至 2019 年 12 月 31 日，公司有价证券投资业务实现投资净收益超过 2500 万元，年化投资收益率近 4%。

【票据业务】公司积极开展票据业务，2019 年票据贴现业务发生额约 7 亿元，票据承兑业务发生额约 13 亿元，较 2018 年实现大幅度增长。同时，公司开展“票据池”业务，截至 2019 年 12 月 31 日，集团内已经有 9 家企业开通票据池业务，进一步缓解了各企业现金流压力，提高了集团票据资源管理能力。

【外汇业务】2019 年，公司一是搭建集团外汇风险管理体系，出具外汇风险管理方案并通过集团决策。二是开展境外国别政策及汇率走势研究，协助集团设计境外资金路径并管理小币种汇率风险。三是积极申请即期结售汇业务资质，2019 年年内通过外汇局系统验收及现场答辩工作，申请工作获得重要进展。

【资金集中】2019 年，公司一是持续宣贯资金集中管理政策。二是配合集团将资金集中度纳入成员单位考核指标，促使成员单位主动完成任务。三是在集团要求下持续清理银行账户，严格账户开户管理。截至 2019 年 12 月 31 日，公司吸收存款 282 亿元，资金集中度达到 66%，均达到历年最高水平。

【业务创新】2019 年，公司一是创新开展票据质押式回购业务，丰富公司流动性融资渠道。二是获银保监局批准的承销成员单位企业债券、有价证券投资（股票、信托投资除外）资质。

【风险管理和内部控制】公司不断完善内控制度体系建设、调整优化部门职能分工、加大各项风险管理力度、培育风险和合规管理文化等，公司经营发展安全稳健，各项风险控制有

Z

效，符合公司发展预期及风险偏好。

【人力资源管理】2019 年，公司一是修订公司薪酬管理体系，实行人员定编定岗定级。二是开展社会化全员竞聘上岗，进一步优化了财务公司人员结构。三是制定员工职业发展规划，完善谈心谈话机制，举办形式多样的文娱活动，公司员工向心力、凝聚力进一步增强。

【信息化建设】2019 年，公司一是推进核心业务系统更新换代项目建设。年初通过招投标方式选定公司新软件供应商，负责新核心业务系统的开发和建设，截至2019 年12 月31 日，基本完成业务需求设计及部分新需求的开发。二是开展 OA 办公系统建设。2019 年 9 月起，该系统正式投入使用并与集团总部 OA 系统实现对接。

【企业文化建设】2019 年，公司一是增加纪检职能部门、配备党务和纪检专员岗。二是探索党支部决策前置程序，规范“三重一大”事项决策。三是加强党员教育，扎实开展各项主题教育。四是做好党员发展工作，2019 年共转正党员 1 名，发展党员 1 名，培养入党积极分子 2 人，递交入党申请书 6 人。五是公司成立团支部，并开展丰富的活动，青年职工的凝聚力、向心力进一步增强。

中化集团财务有限责任公司

【集团概况】中国中化集团有限公司（以下简称“集团”）现为国务院国资委监管的国有重要骨干企业，已 29 次入围世界 500 强企业，2019 年列第 88 位。集团对境内外 300 多家经营机构进行专业化运营，并控股中化国际、中化化肥、中国金茂等多家上市公司，全球员工近六万人。多年来，集团坚持不懈推进战略转型和管理变革，实现了企业持续、健康、快速发展。

【经营概况】中化集团财务有限责任公司（以下简称“公司”）扎实推进各项战略议题，圆满完成经营业绩目标。2019 年，公司经营业绩连创历史新高，经营内涵发生变化，创新业务贡献效果显现。公司与集团建立了资金集中联动、流动性管控、账户集中推广等多项协同机制，多措并举提升服务能力、拓宽业务发展道路。同时，公司搭建了贯穿前中后台的内部协同机制、线上线下立体营销机制、以客户需求为导向客户服务机制。

【服务实体】2019 年，信贷政策方面，公司将集团所属的农业、能源、化工等重点企业纳入战略客户管理，给予业务办理快捷通道待遇，并在存贷款业务方面给予优惠利率。融资模式及业务创新方面，一方面通过提供多种融资支持，有效提升成员单位的信用评级及融资能力，协助其降低融资成本，促进成员企业扩大再生产；另一方面大力拓展产业链金融业务，提升成员企业对供应商和客户的吸引力，降低企业成本，增强市场竞争力。

【信贷业务】2019 年，公司紧密围绕客户需求，努力提升市场化金融服务能力，为客户提供优质、便捷的自营贷款、委托贷款、票据等综合金融服务，创新开展并购贷款、法人透支贷款等业务，多样化支持成员单位战略发展，公司连续三年实现资产投放日均规模增长。进一步强化上市公司金融服务，深入挖掘成员单位上下游融资需求，通过开展延伸产业链金融试点票据贴现和应收账款保理等业务，助力企业提升核心竞争力，实现稳健经营、持续发展。

【产业链金融】2019 年，公司一方面创新开展延伸产业链金融试点票据贴现业务和应收账款保理业务，实现拓客速度及业务规模大幅提升，服务覆盖集团各事业部产业链客户。另一方面全面提升产业链金融业务服务的深度和广度，农业、化工板块成员单位供应链业务拓展实现突破性增长。业务开展围绕集团核心企业，深耕产业链上下游企业的金融需求，持续向外拓展，打造产业链金融生态圈，实现产融结合、以融促产。

【资金业务】2019 年，公司不断提高资产负债管理水平，通过信息化建设促进流动性管理、资金计划管理及头寸管理的系统化、科学化、自动化，力争实现安全性、流动性、盈利性三者平衡。公司不断提高同业合作能力，加强同业交易对手准入和授信管理，关注同业交易对手信用风险，并通过同业拆借、存放同业等业务与金融机构密切交流，发挥同业保障与协同作用。公司持续探索融资创新模式，打通财票转贴渠道，首次开展基于财票的质押回购业务，有效提升融资能力。

【投资业务】2019 年，公司在研判当前经济和政策环境下，结合监管要求，一方面做好现有债券类和权益类等产品的实时跟踪管理及仓位调整，控制投资风险；另一方面扩大固定收益类资产投资，加强组合的收益稳定性。为顺应集团及公司战略转型，积极发展集团内部投融资财务顾问服务，进一步加强证券投资和金融服务的协同作用。

【票据业务】2019 年，公司票据承兑业务规模和商业承兑汇票开立规模大幅提升，延伸产业链金融试点票据贴现业务规模实现持续增长，有效满足成员单位票据结算业务需求。此外，创新开展票据回购业务，通过回购外部金融机构持有的公司财票，促进产业链金融业务拓展，提高财票流通性。

【外汇业务】2019 年，公司坚决践行央企责任，严格遵守外汇政策，秉持“科学至上”的创新理念，向集团及成员客户提供结售汇、跨境资金运营、外币存贷款、国际结算代理等服务。公司持续加强汇率市场分析与研究，外汇交易已连续第十年入围中国外汇交易中心年度银行间人民币外汇市场 100 强，为成员单位提供各类汇率资讯与咨询服务。公司持续丰富国际业务产品，创新为客户提供外币发票融资及国际保理相关服务，进一步满足客户需求，提升国际业务核心竞争力。

【资金集中】2019 年，公司与集团建立了资金集中联动、流动性管控、账户集中推广等多项协同机制，促进资金集中，保证资金安全。在开拓上市公司业务合作方面取得新突破，有效提升资金集中度，为上市公司业务拓展提供了切实可行的营销范本。

【业务创新】2019 年，公司坚持“以客户为中心”，紧跟客户个性化与差异化需求，持续提升产品创新与服务创新能力，扩大集团内部产业服务范围，逐步形成自身核心竞争力。公司组建了产品创新联合团队，注重服务模式创新与产品种类创新，开发了“一头在外”保理、银团并购、现金池等新产品。

【风险管理和内部控制】2019 年，公司着重完善风险管理体系，加强内部控制制度建设，确保业务流程顺畅、关键节点风险可控，满足公司发展要求。通过推广量化工具应用等多样化风险管控手段，进一步提升风险控制能力，满足“创新智慧金融产品，拓展产业金融服务”新业态下的信用风险管理需求。针对业务开展过程中发现的重复性突出问题进行总结、提示，提供解决方案，进一步提升风险预判、审查和跟踪监测能力。

【人力资源管理】2019 年，公司进一步完善人力资源管理体系，通过开展组织氛围调查及人才盘点工作，收集人力资源管理重要素材，着力围绕员工职业发展、完善薪酬与绩效体系、合理化岗位配置等方面开展工作。专业序列建设方面，重塑体系框架，强调专业序列与管理序列间的可转换性，打破员工发展通道的“天花板”；员工绩效管理方面，细化考核指标，实行前台与中后台差异化考核模式；人员招聘与配置方面，创新招聘方式，提升招聘效率，通过内部轮岗，合理配置人才。

【信息化建设】2019 年，公司完善现有核心系统功能，投产上线供应链平台一期项目，支持产业链金融业务快速拓展，同时启动新核心系统项目建设，支持公司两大服务平台落地，促进公司转型发展；在信息安全保障方面，启用网络准入体系和运维审计系统，实施机房基础设施升级，维持金融等保三级水平，强化信息安全，提升安全防护水平，为公司转型发展提供强力的信息化保障。

【企业文化建设】2019 年，公司围绕集团“科学至上”等主题开展内部培训，加强企业文化宣贯；通过企业文化导向行为评价指标、节日荐书等活动，营造学习氛围。公司党委以“红色引擎”为抓手，深入开展主题教育实践、支部共建及党建宣传等系列活动，凝聚精神力量，激发学习热情，进一步促进公司党建经营深度融合。

中集集团财务有限公司

【集团概况】中集集团（以下简称“集团”）1980 年 1 月创立于中国深圳，1994 年在深圳证券交易所上市，2012 年 12 月在香港联交所上市，主要股东为招商局集团、中国远洋海运集团和弘毅投资等。集团是世界领先的物流装备和能源装备供应商，致力于在集装箱、道路运输车辆、能源化工及食品装备、海洋工程、物流服务、空港设备、金融服务等主要业务领域提供高品质与可信赖的装备和服务。作为一家为全球市场服务的多元化跨国产业集团，集团在亚洲、北美洲、欧洲、大洋洲等地区拥有 300 余家成员企业及 4 家上市公司，客户和销售网络分布在全球 100 多个国家和地区。2019 年，集团营业收入约为人民币 858 亿元，净利润约为人民币 15 亿元。

【经营概况】2019 年，中集集团财务有限公司（以下简称“公司”）围绕“优质服务、坚守底线、优化提升、有质增长”的经营方针，助推产业发展，为集团各产业发展提供金融动能。尽管面临市场利率下行等挑战，但通过利用多种手段保证信贷规模的投放，公司净利润再创历史新高，2019 年实现营业收入人民币约 3.46 亿元，与上年基本持平；实现净利润人民币 1.3 亿元，同比增加 3145 万元，增幅为 31.4%；截至 2019 年末，公司总资产折合人民币约 77.18 亿元。

【资金集中】2019 年，公司获批开展跨境资金集中运营管理业务，成为跨国公司跨境资金集中运营和跨境双向人民币资金池主办企业，同时运营两条跨境通道，基本实现集团、板块、成员企业本外币资金全球集中管理。同时，为上市板块提供存款监测服务，保证关联交易的合规性，消除上市板块资金归集的顾虑。2019 年全口径资金集中度为 44%。

【公司金融业务】2019 年，公司多维度强化与各板块企业的交流互动，深入挖掘业务需求，提高业务黏性，深化合作。公司根据集团各板块的不同业务性质提供专项金融需求分析及对策方案，提供发票融资、固定资产贷款、代理业务等多种综合融资产品，满足企业资金需求。2019 年新增信贷投放总量达人民币 154.5 亿元，同比增长 10.75%，有效为产业发展提供资金支持，提高集团资金使用效率和效益。

【产业链金融】公司积极发挥集团产业优势，加强与成员企业业务协同，进一步丰富金融产品，有效延伸金融业务触角，优化授信额度等金融资源配置，大力拓展产业链金融业务，加大力度服务实体经济，助推集团主业发展并提升了综合价值创造能力。通过业务流程模式优化、审批及放款资料差异化、全方位营销等手段，公司 2019 年买方信贷业务发展迅猛，全年买方信贷业务投放金额累计超过人民币 7 亿元，较 2018 年增长超过 75%，产业链客户数量增幅达300%。

【资金和投资业务】公司在满足成员企业资金需求的同时，根据市场情况采取不同策略及工具，灵活抓住市场机遇，资金业务取得较好收益。公司还根据集团资产负债管理的整体策略和目标积极协助集团进行资金管理，适时利用多种金融工具提供流动性支持，协助集团加强货币资金管控和降低资产负债率，为集团资产负债管理提供有力支持。

【票据业务】公司针对业务板块和成员企业不同的特点和需求，进一步优化和完善票据资产集中管理方案，以市场化手段和多样化票据业务品种，推动集团票据信息集中；建立和拓展票据业务运作渠道，为成员企业提供全面的票据业务服务；通过盘活应收票据等资产，协助集团实现资产负债的有效管理。

【外汇业务】公司进一步提升企业外汇服务理念，扩展外汇服务的广度及深度，不断加强对成员企业的针对性业务沟通和服务，公司2019年代客结售汇业务总额超过6.5亿美元，有力地支持了公司收入结构优化和收入目标实现。通过直接参与外汇市场交易并大幅缩小买卖点差，为集团节省了大量外汇交易成本。

【风险管理和内部控制】公司风险管控能力和风险管理规范化水平持续提升，进一步夯实公司运营保障基础。公司通过贷前调查、信贷审查、贷后管理等措施，实现业务全程风险管控，有效防范业务风险。同时，公司不断加强风险文化建设，组织风险红黄线、征信、案件警示教育、存款准备金等风险培训，通过连续举办风险知识竞赛活动，提升员工风险意识。

【信息化建设】公司在2019年持续优化信息系统建设，提升金融信息化能力。完成了核心系统更换论证和立项、ACS系统切换、TMS优化、基础平台改造、上海票交所V2.2等项目，全力推进企业征信、个人征信综合前置查询、外汇账户上报系统升级3个项目。同时，公司通过自主开发RPA，实现板块余额监控、买贷到期提醒、逾期买贷短信通知等流程上线，提升业务运营效率。信息化建设的持续优化和推进，将进一步提升对业务发展和公司经营的支持作用。

【人力资源管理和企业文化建设】公司高度重视团队和文化建设，大力提升组织凝聚力。在人力资源管理方面，公司持续优化员工业绩考评机制，提升业绩管理规范性和导向性。根据工作需要，公司选派员工参加各类专业培训，同时选派多名优秀员工参加集团的领导力和管理能力培训，进一步提升员工能力。在企业文化建设方面，公司联合工会组织参加集团“庆祝新中国成立70周年暨集团投产37周年”合唱比赛、家庭日活动、员工外出团建等团队活动，创造良好的组织氛围。

中建财务有限公司

【集团概况】2019年，中国建筑集团有限公司（以下简称“集团”）积极践行高质量发展理念，以创建世界一流企业为目标，全年新签合同额2.86万亿元，同比增长9%，营业收入和利润总额分别位居中央企业的第4位和第6位，第14次获得国务院国资委年度考核A级，列世界500强企业第21位，稳居全球最大投资建设集团，继续保持行业内全球最高信用评级。

【经营概况】2019年，中建财务有限公司（以下简称“公司”）营业收入20.83亿元，利润总额6.04亿元，净利润4.62亿元。纳入资金归集的成员单位超过405家。通过采取分区域精准定制解决方案等模式有效解决部分成员

Z

单位受限资金问题；跨境人民币资金池业务入池单位74家，2019年办理跨境人民币资金融通总额超过64亿元。2019年，公司累计提供各类信贷融资超800亿元，通过开展财务顾问服务支持成员单位创新融资数十亿元。搭建电子商业汇票系统、上线电票服务平台，为122家成员单位提供票据综合服务。搭建完成供应链金融服务平台，为45家成员单位提供供应链金融服务。

【服务实体】2019年，公司积极响应国家政策，支持绿色环保新兴产业，首次为集团内环保领域成员单位提供贷款资金支持；以票据、保理及融资租赁业务为切入点，深度融入集团产业链发展，助力集团全产业链发展；落实贷款集中政策，提升贷款集中度3个百分点，有效助力集团整体落实国务院国资委降杠杆、减负债。

【信贷业务】2019年，公司为集团和成员单位提供近万笔、累计超800亿元的各类信贷服务支持。开立保函143笔，释放等额保证金约111亿元，涉及项目合同额近1200亿元，减免手续费超过2400万元；开展贸易融资业务9283笔，金额186.54亿元，提供贷款资金支持558.46亿元，为成员单位节约财务费用约5亿元，支持集团降本增效。

【产业链金融】2019年，公司针对集团内部总包及分供产业链，加大内部保理业务推广力度，累计开展69.50亿元内部应收账款保理业务，缓解成员单位现金流压力，为成员单位降“两金”提供金融服务。

【票据业务】2019年，公司正式上线电子商业汇票系统，全年累计开展票据业务115.26亿元，同比增长114.60%，其中，商业汇票承兑金额85.38亿元，同比增长107.89%，商业汇票贴现金额29.88亿元，同比增长136.39%。

【资金集中】截至2019年末，公司归集资金余额877.10亿元，日均归集资金622.15亿元，各成员单位在财务公司开户累计405个，资金结算总流量超5万亿元。

【业务创新】2019年，公司首次开展融资租赁业务，融资金额1.77亿元，减少成员单位固定资产资金占用，助力其高质量发展。创新财务顾问服务模式，联合成员单位举办参会人员超200人的大规模新型融资业务交流研讨会，组织融资租赁业务培训会，以财务顾问身份参与成员单位6单债券产品发行，引荐金融资源，解决成员单位投融资逾30亿元。

【风险管理和内部控制】2019年，公司重点完善内部环境、强化员工合规意识，优化风险管理工作机制。加强法律、合规工作宣贯，以培训、宣贯等方式增强全员依法合规意识；持续推进风险管理信息化应用，通过优化业务评审工作体系，提升业务评审质量与效率；以标准化业务管控促服务，结合主业及成员企业特点，打造业务操作指引；根据监管政策并结合主业业态，制定制度体系优化方案，完成优化内部制度百余项。

【人力资源管理】2019年，公司重塑人力资源管理体系，确保人事制度全覆盖。加强岗位编制管理制度建设，明确部门职责分工和编制数；不断完善培训体系，规范内部讲师、导师带徒、培训课程开发相关制度，全年组织各类培训52次；采取多方位、分层次激励措施，建立健全薪酬福利体系。

【信息化建设】2019年，公司成功接入上海票交所电子商业汇票系统（ECDS），完成电票业务系统的上线和线上清算功能的开通，整体实现集团票据的电子化管理；圆满完成公安部网络攻防演练。金融核心业务系统和运营管理系统在公安部等级备案中分别被定为三级和二级；成功完成核心业务系统与一体化平台的业务凭证接口和辅助余额回传功能接口开发，优化上线OA平台上23个业务流程。

【企业文化建设】党建方面，扎实推进主题教育和巡视整改工作，持续完善党建“四级贯通”责任体系，2019年开展各类党群学习教育活动200余次。开展“三基+”建设，严格“三会一课”“谈心谈话”等基本制度，固化、完善每周“政治学习日”、主题党日、“作风建设大讲堂”等基本载体。突出责任落实、强化纪检监督，党风廉政建设长效机制基本建立，制定5项管理制度，开展“作风建设强化年”活动。公司持续深植中国建筑“拓展幸福空间”使命宣言，围绕“周到服务凝聚客户、品质服务创造价值”理念，组织开展职工国庆文艺汇演、摄影展、朗诵比赛、“健走月”“国歌日”等活动；制作形象宣传片、建立微信公众号，加强宣传媒体建设；开展“春蕾行动，爱助扶贫”活动，为贫困村教育事业捐款捐物，积极履行社会责任。

中交财务有限公司

【集团概况】中国交通建设集团有限公司（以下简称“集团”）2019年攻坚克难，锐意进取，在践行国家战略中展现了新作为，在高质量发展中取得了新成效，在全面改革中实现了新突破。集团在国务院国资委年度考核实现“14连A”，连续13年荣膺ENR全球最大国际承包商中企首位，国务院国资委党建责任制考核连续获评A级，列世界500强企业第93位。

【经营概况】2019年，中交财务有限公司（以下简称“公司”）坚持“依托集团、服务集团”的战略定位，横向联合、纵向贯彻，外接金融机构，内联成员单位，强基固本、知行合一，资金存量显著增加，资金管理水平有效提升，金融供给与服务能力持续增强。截至2019年末，公司资产总额664.64亿元，实现净利润5.77亿元。

【服务实体】服务集团主营业务，积极跟进新疆乌尉、崔各庄、云南文马及天津地铁11号线等项目。推广成都地铁十七号经验，在介入项目初期提出资金集中方案，实现以少量资金或零资金撬动项目资金归集的目的。保险业务方面，协助佛山地铁二号线、荔榕高速、剑隆高速、赤峰综合管廊等项目索赔近1.3亿元，缓解项目资金压力。

【信贷业务】积极走访成员单位，了解融资需求，充分发挥集团金融服务平台作用和金融牌照价值，在内部融资方面主动担当做“加法”，协助集团在控制整体资产负债率上做“减法”。2019年发放贷款265.22亿元，同比增加42.6亿元。持续配合各单位开展财务公司保函替代保证金工作，开具各类保函累计28.99亿元。

【资金业务】结算量持续提升，以流量带动存量，实现了资金沉淀。银企直连覆盖面显著增加，实现内外部资金池有机结合，解决成员单位资金管理盲点，凸显资金管理的集约化优势。流动性管理水平显著提升，加大资金归集力度、合理控制信贷规模、利用同业拆借与转贴现、内部协调调配等举措平衡资产负债两端。

【统保业务】2019年通过中交统保平台上报项目涉及险种15类，完成项目1742个，同比增长17%，签单保费共计10.62亿元，同比增长12.2%；实收保险兼业代理费7673.6万元，较上年有大幅增长；保险费率较统保前平均幅度下降25%，全年降低成员单位保险费用支出近3.17亿元；举办现场培训125次，比上年增长15%。

【票据业务】持续加大产品推广力度，发挥金融信用功能。提升员工票据业务专业化水平，锤炼服务客户的内力。拓宽公司电票模块应用范围，提升票据业务办理效率与规模。

【资金集中】多次走访贵州片区项目，协调当地银行，拓展区域资金集中新模式，签订资金池协议，为成员单位提供个性化资金归集策略。深入项目现场办公，组织系统操作培训，提升资金集中效率，解决项目业主监管的受限

Z

资金归集难题。截至2019年末，公司吸收存款608.32亿元，按银保监会统计口径集团资金集中度为27.99%。

【业务创新】 积极探索创新，开发盾构机保险产品。深入研究盾构机投保的特殊风险，历经两年时间，盾构机综合保险产品获得突破，2019年成功在银保监会备案，并与保险供应商签订合作备忘录。

【风险管理和内部控制】 坚持从底线思维出发，坚持法治，深化内部控制，扎实推进风险防控体系建设。切实推动法治建设第一责任人履行职责；风险管理体系日臻完善；健全内控体系，全面开展内控评价。2019年公司新增制度7项，修订17项，召开贷审会会议6次，出具授信审查报告24份，各类审计报告12份，各类提款业务审查570笔，法律审查187项。

【人力资源管理】 梳理人力资源、干部管理相关的28项制度与岗位职责。充分征求意见，组织修订绩效考核办法，优化考核内容，加大正向激励，充分激发员工积极性、主动性、创造性。修订董事会对高管人员的监督考核办法，加大合规和风控考核力度。完成4名中层干部、6名业务人员轮岗。

【信息化建设】 强化基础管理，梳理完善制度与流程，修订密钥管理办法，提升规范性与安全性。增加数据阵列级别的数据备份机制，优化异地数据备份流程，防范数据丢失风险。建立系统及交易监控系统，实时监控各类设备、系统运行情况以及交易情况。2019年开展信息安全培训2次，有效提升全员信息安全认知水平。

【企业文化建设】 公司上下把学习宣传贯彻习近平新时代中国特色社会主义思想作为2019年工作的首要政治任务和主题主线。以党建引领发展，把党建融入发展，用发展成果检验党建，把党的建设全面推向新阶段。始终把政治建设摆在首要位置，深入开展“不忘初心、牢记使命”主题教育。持续推进“两个一以贯之”，把加强党的领导与完善公司治理统一起来，党的全面领导不断强化。文化引领成效显著。开展庆祝新中国成立70周年系列活动，大力弘扬爱国奋斗精神。邀请港珠澳大桥建设者来公司交流，参观大兴国际机场项目，增强员工对集团的文化认同。通过公司网站改版，微信公众号升级，服务标兵事迹宣传，廉洁微电影登录学习强国APP等，提升公司对外形象。

中节能财务有限公司

【集团概况】 中国节能环保集团有限公司（以下简称“集团”）是以节能环保为主业的中央企业，经过多年发展，集团已构建起以节能、环保、清洁能源、健康和节能环保综合服务为主业的“4+1”产业格局，成为我国节能环保和健康领域规模大、实力强、专业覆盖面广、产业链完整的旗舰企业。2019年，集团已拥有500余家下属企业，其中，二级公司26家，上市公司5家，业务分布在国内各省市及境外约110个国家和地区。

【经营概况】 2019年，中节能财务有限公司（以下简称“公司”）深入贯彻落实集团公司各项重大战略部署，助力集团长江经济带污染治理主体平台建设，为集团绿色产业高质量发展提供有力保障。公司坚持稳健合规经营，努力打造集团绿色金融品牌；公司完成绿色金融管理体系（一期）建设并成功上线，打造行业内“首家绿色财务公司”。

【服务实体】 2019年，公司通过资金调剂为集团节约财务费用约3.57亿元，深入贯彻落实集团长江大保护重大战略部署，提供相关专项授信35亿元，创新设计授信分割转让方案并及时提供贴身服务，有效助力集团落实长江经济带污染治理主体平台责任。

【信贷业务】公司在严格把控风险的前提下，最大限度开展信贷投放，助推集团绿色主业发展。2019年，公司累计开展集团授信19笔，金额520.07亿元；开展保函等中间业务11笔，金额1.18亿元；各类自营贷款余额125.15亿元。公司授信业务涵盖集团主要二级公司及重点三级公司的流贷、汇票、保函、担保、项目贷款等融资需求，有力保障集团公司"4+1"主业板块和长江大保护等重点项目的健康发展，为平衡集团资金需求及整体资产负债率提供了重要支撑。

【资金业务】2019年，公司累计为集团535家成员单位开立内部账户1604户，无差错完成资金结算金额13481.14亿元，服务能力得到成员单位进一步认可。公司改革完善LPR形成机制，深化利率市场化改革，推动降低集团实体经济融资成本。公司发挥金融纽带作用，牵头组织银团贷款引入外部资金支持集团发展，科学有效利用系统内资金资源，保持集团整体融资的可持续发展。

【票据业务】2019年，公司与上海票交所多次沟通，详细了解电票系统验收材料及规则，完成票据业务制度建设、电票系统软硬件开发及环境部署、系统测试等各项工作。2019年8月，公司顺利通过上海票交所系统验收，电票直连系统正式上线。

【资金集中】公司对集团整体资金情况反复梳理、密切跟踪，对集团内企业的项目贷款资金，工程、票据、保函等各类保证金，部分合资子公司资金，纳税、社保等各类专户资金，政府补贴专项资金等逐一梳理，逐户分析不同二级公司的具体情况，通过"一企一策"设计金融服务方案、优化上市公司合作协议、定制市场化存款产品，解决资金集中的难点问题，稳步推进资金集中度提升。截至2019年末，集团合并口径货币资金122.22亿元，归集资金140.46亿元，全口径资金集中度为66.42%，境内资金集中度为70.1%。

【业务创新】2019年，公司大力推进体制机制创新，牵头开展绿色金融体系研究，建立绿色信贷评价体系，提升财务公司经营管理与集团战略发展契合度，引导集团资金资源集中于节能环保主业领域及重大战略布局。将集团内重要主业领域企业及项目的科技创新、长江大保护参与度、运营项目技术指标、环境保护指标等纳入绿色金融体系，提升集团内信贷资源对于集团长江大保护、科技创新等重点战略的支持力度。

【风险管理和内部控制】公司深化全面风险管理体系建设，打造行业内先进的流动性风险指标实时监控系统，优化各项风险管控机制。坚持标准化建设，树牢内控管理体系；加强监管沟通，严控各项风险指标；构建稽核审计第三条防线，提升稽核监督质效；推动法制工作建设，促进风控水平提升。2019年，公司未发生一起影响业务发展和公司信誉的不良风险事件，不良资产率为零，资产损失准备充足率达到100%，各类信用风险指标、流动性指标、资本充足率等指标全部满足相关监管要求。

【人力资源管理】公司高度重视绿色金融专业人才队伍建设，合理制定人力资源中长期配置计划和年度计划；以员工能力开发为重点，科学地、有针对性地制定各类人才的培养目标；细化、明确任职资格和评价标准，完善员工绩效考核及薪酬激励机制。2019年，公司发挥绿色金融学院的学习平台优势，与集团内多家成员单位联合举办6期《绿色产业重点细分行业研究》专题讲座，帮助员工进一步了解新形势下的集团绿色产业发展状况，夯实人才队伍建设基础。

【信息化建设】2019年，在集团制定的财务共享平台战略规划背景下，公司依托丰富的资金集中管理经验和信息化技术基础，密切配合集团做好集团财务共享中心、集团集采运营系统和集团资金系统等重大项目的开发建设工作。作为集团系统内唯一一家自建信息系统通过公安部信息安全三级等级保护测评的企业，公司聘请专业机构对核心业务系统等级保护进行了年检及复测工作，对400余项考核评价指标全面梳理，有效确保公司核心业务系统安全稳健运行。

【企业文化建设】2019年，公司党支部严格按照集团贯彻落实“中央企业基层党建推进年”专项行动工作部署及开展“不忘初心、牢记使命”主题教育相关工作要求，深入学习贯彻习近平总书记系列重要讲话和国务院国资委党委、集团党委有关会议精神，紧扣公司核心业务，以党的政治建设为统领，以党员责任区和党员示范岗为着力点，大力发挥支部战斗堡垒作用，创新工作载体，提升专业金融服务水平，实现企业党建与业务发展的互促共进。

中开财务有限公司

【集团概况】中国南山开发（集团）股份有限公司（以下简称“集团”）成立于1982年，是我国第一家中外合资的股份制企业。经过30多年的努力，集团已成为以深圳赤湾为总部，综合物流、产城综合开发、资产管理与金融服务等核心产业辐射全国的综合性企业集团。

【经营概况】中开财务有限公司（以下简称“公司”）成立于2013年7月。公司在坚持依法合规、防范风险的前提下，实现业务全面、快速增长。截至2019年12月31日，公司资产总额55.93亿元，存款余额47.58亿元，贷款余额37.18亿元；实现净利润9070万元；各项风险指标均符合监管要求。

【信贷业务】公司加大对成员单位的信贷支持力度，依托集团产业发展需求，统筹资源，通过方案优化、服务让利，为产业发展创造金融服务价值的同时增加信贷业务收入。截至2019年12月31日，公司累计发放贷款75笔，总额54.25亿元，日均贷款余额30.61亿元；开立银行承兑汇票2.50亿元，商业承兑汇票1.40亿元，背书转让2.81亿元，保函0.15亿元；实现信贷业务收入1.96亿元，同比增长66.10%；累计为集团节省财务费用0.10亿元。

【资金与投资业务】公司选取流动性较强、安全性较高兼顾收益性的公募货币基金、同业存单等投资标的，在保证资金安全的前提下最大限度确保投资收益。截至2019年12月31日，公司累计开展投资业务77笔，日均规模3.30亿元，实现收入923.70万元；同业业务31笔，日均规模12.50亿元，实现收入3061.50万元。

【资金集中】公司积极拓宽资金归集渠道，新增直连银行，进一步提升了资金集中管理水平。截至2019年12月31日，公司可归集资金集中度为85.89%；新开立单位结算账户34户，银企直连账户49户；办理各类结算业务24.81万笔，同比增长60.72%，累计结算金额3337.74亿元，同比增长11.01%。

【业务创新】公司与中国农业银行合作的首笔银团贷款项目1.2亿元成功发放，为集团成员单位融资再添新途径。公司深入调研成员单位的业务需求，创新推出电子银行承兑汇票贴现业务，满足成员单位短期融资需求，缓解其资金流动性紧张。

【风险管理与内部控制】公司采用风险防控和内审稽核相结合的方式，全面推进风险管理和内部控制工作。公司以风险审查为基础，严格落实“审贷分离、分级审批”制度；以监管要求为重点，动态监测各项指标，及时准确上报监管报表、报告；以审计工作为着力点，实施专项审计和常规审计，并组织开展业务自查自纠工作。

【降本增效】公司通过核心业务系统优化、

结算费用减免、提高人均效能的一系列降本增效措施，圆满完成年度降本增效目标。其中，可控成本费降额达499万元，完成率为160%；成本费用率36%，较降本增效指标下降12个百分点；人工成本控制在1467万元，比降本增效指标节省92万元。

【人力资源管理】公司积极推动人力资源管理工作专业化建设，有效落实集团任职资格工作，推动完成信息技术、审计风控、综合管理和人力资源四大序列认定评审工作，引导员工自我提升，畅通人才发展渠道。重视员工培训工作，组织参加监管部门和同行业组织的各类培训十余次，落实转培训，在保证参加培训人员提升培训质量的同时全面提升了公司员工素质。

【信息化建设】公司完成票据系统2.2版本升级网络调试改造，九恒星小额自动支付和融资租赁系统上线；在九恒星开发的“五万元以下小额指令自动支付项目”的基础上，自主研发了“五万元以上大额指令独立清算通道项目”；完成管理报表一期和流动性管理系统的上线，二期稳步推进；完成监管报表和征信二代查询系统的开发。完成机房零事故搬迁和新机房系统集成建设，积极做好信息安全和运营维护工作，有力保障公司各项信息系统平稳运行。

【企业文化建设】公司将“中开金融”作为企业宣传的载体和员工的展示平台，成为企业文化宣传的利器。积极组织和开展各项文体活动提高团队凝聚力，通过组织和参加集团“逐梦杯”篮球赛、书画摄影大赛、员工生日会、观影、话剧观赏等一系列活动有效增强了团队凝聚力和向心力，提高了公司的核心竞争力。

中联重科集团财务有限公司

【集团概况】中联重科股份有限公司（以下简称“集团”）创立于1992年，主要从事工程机械、农业机械等高新技术装备的研发制造，是业内首家A＋H股上市公司，主导产品覆盖10大类别、55个产品系列，460多个品种，拥有覆盖全球的销售网络和服务体系。在国内拥有长沙、常德、益阳等十五个工业园区；在海外拥有意大利CIFA、德国M－TEC、印度等9个工业园，在北美设有研发中心，拥有20余个贸易平台、10个备件中心库，销售与服务网点超过120家，为100多个国家的客户创造价值。集团注册资本78.75亿元，总资产920.68亿元。

【经营概况】截至2019年末，中联重科集团财务有限公司（以下简称“公司”）资产总额89.18亿元，负债总额70.12亿元，所有者权益19.06亿元，全年累计实现利润总额1.49亿元，净利润1.14亿元。

【信贷业务】2019年，公司累计发放贷款79.62亿元，实现贷款业务收入1.45亿元，贷款业务平均收益率为3.96%。2019年，为简化高信用评级成员单位借贷手续，提高效率，助力集团发展，给予成员单位循环贷25亿元授信额度，累计使用25亿元；为成员单位累计办理贴现放款14.11亿元，实现贴现业务利息收入3721.39万元，贴现业务平均收益率为4.1%。

【资金业务】2019年，公司日均同业存款（含美元）26.21亿元，资金平均收益率为3.91%，实现利息收入1.03亿元。同时开展同业拆借，2019年累计拆入资金213.6亿元，累计拆出资金10亿元。

【票据业务】2019年，公司开通了上海票据交易所对接电子商业票据系统，实现电子商业汇票系统（ECDS）和电子商业票据系统双系统对接，为票据业务实现全直连、实现线上清算奠定了基础，累计开立财务公司票据31.40亿元，其中年末未解付票据余额17.19亿元；取得手续费收入157.02万元，为集团节省开票保证金占用约957.84万元。

【风险管理和内部控制】 公司按照“内控优先，制度先行”的经营原则，建立了较为科学、完善的内控制度更新机制。每年初即开始进行年度制度梳理工作，对确需完善的制度进行拾遗补阙和系统整理。截至2019年末，内部制度达到111项，其中修改38项制度，新增制度21项，废止制度5项。公司内部制度体系建设得到完善，进一步增强了内控制度的系统性和可操作性。

【人力资源管理】 推进人力资源管理精细化。完善绩效考核，改进部门绩效考评指标设置，落实绩效薪酬延期支付有关规定。加强人力资源基础管理。对部门岗位进行梳理，合理安排人员，确保人人有事做、事事有人做；科学统筹员工请休假，落实轮岗及强制休假。对符合轮岗要求的，合理安排轮岗，同时对关键岗位、重要岗位人员等执行强制休假制度。加强培训管理，不断提高人员素质。推进团队建设，提高员工的凝聚力和团队意识。

【信息化建设】 逐步完善信息系统，建立覆盖所有业务和全部流程的管理信息系统和业务操作系统，及时、准确记录经营管理信息，确保信息的完整、连续、准确和可追溯；将相关内控要求嵌入信息系统，改进风险管理的技术手段，提高风险监测水平；适应监管数据报送工作要求，实现流程控制的程序化，不断提高监管数据加工的自动化程度，提升数据报送质量和数据分析能力。

【企业文化建设】 公司重视以“依法合规、稳健经营”为理念的企业文化建设，将企业核心价值观、内部控制原则、风险控制、风险防范理念及措施等作为对员工的重点教育内容。建立了微信公众号，并加强了其运营推广，内容覆盖公司动态、产品宣传、金融知识、团队活动等方面，分享知识信息，交流心得，提高公司内外知名度。丰富员工业余生活，定期组织丰富多彩、形式多样的团队活动，培养团结协作、积极向上的团队精神。

中粮财务有限责任公司

【集团概况】 中粮集团有限公司（以下简称“集团”）是立足中国的国际一流粮食企业，是集贸易、加工、销售、研发于一体的国有资本投资公司，以粮、油、糖、棉为核心主业，同时涉及食品、金融、地产等行业。集团以“确保国家粮食安全，把中国人的饭碗牢牢端在自己手中”为己任，致力于打造具有全球竞争力的世界一流粮食企业，构建具有中粮特色的国有资本投资公司，2019年全年实现营业收入4924.15亿元，利润总额126.04亿元。

【经营概况】 中粮财务有限责任公司（以下简称“公司”）致力于提高集团整体资金使用效率，降低融资成本，同时为成员单位打造个性化资金管控体系，提供专业金融服务。截至2019年末，公司资产总额212.65亿元，同比增幅为18.20%，负债总额173.25亿元，所有者权益39.40亿元，全年净利润2.91亿元，同比增幅为17.34%。公司整体运行良好，各项监管指标符合监管要求。

【信贷业务】 截至2019年末，公司各项贷款余额达到158.17亿元，较同期增长22.49%；日均贷款余额131.52亿元，较同期增长15.09%。公司通过丰富信贷服务品种，满足成员单位多元化的融资需求，置换各专业化公司的外部融资，帮助集团将整体负债率降低了0.7个百分点。

【资金业务】 截至2019年末，公司吸收成员单位存款余额172.23亿元人民币，同比增长22.01%。人民币日均存款余额153.56亿元，美元日均存款余额1亿美元，港元日均存款余额0.85亿港元。公司努力拓展人民币代理支付结算业务，提高成员单位结算效率，截至2019年末，累计完成结算业务93.3万笔，累计结算金额2.99万亿元。在支付准确性100%的前提下，累计为成员单位节省结算业务手续费820.57万元。

【投资业务】 截至2019年末，公司投资包含资产管理产品余额1.23亿元；长期股权投资余额9201.15万元，全年投资收益0.33亿元。2019年继续秉持安全稳健的投资理念，同时注重资金流动性管理的需求，主要持仓信誉较好、规模较大、收益率较稳定的有价证券产品。

【票据业务】 公司深入剖析各专业化公司融资结构，明确服务方向，持续推进电票承兑、电票贴现等票据类业务，同时积极开展转贴现、买方付息贴现等创新业务模式。截至2019年末，公司累计为成员单位开立电子银行承兑汇票204笔，金额2.9亿元，覆盖中粮贸易、中粮肉食、中粮生化三家专业化公司；完成到期付款65笔，金额1.5亿元；累计完成票据贴现18笔，金额1.6亿元，有效降低成员单位资金使用成本，提供了更丰富的融资渠道。

【外汇业务】 公司积极推进结售汇业务，以银行间市场的成本价格为成员单位提供结售汇服务。截至2019年末，公司共办理成员单位即期结售汇1130笔，金额10.4亿美元，同比增长8%，累计节省汇兑成本1248万元；办理成员单位经常项目集中付汇794笔，金额7.43亿美元，同比增长109%，节省汇款手续费约70万元；办理跨境资金调拨7.5亿美元。

【资金集中】 公司持续完善资金管理子平台建设，提高资金管理子平台使用效率，截至2019年末，共为12个专业化公司建立了17个资金管理子平台，681家成员单位纳入子平台管理。公司协助专业化公司及其上市公司强化内部资金管理，突破关联交易限制，先后完成提高成员单位上市公司资金归集上限、推动上市公司关联交易事项获得专业化公司董事会批准、与多家成员单位签订或续签财务服务协议等工作。截至2019年末，公司可归集资金集中度超过98%。

【风险管理和内部控制】 公司严格按照监管机构要求，加强内部控制和风险管理体系建设。一是关注委托贷款规模风险管控情况，合理控制委托贷款业务规模；二是加强投资业务可能引发的市场风险防范力度，在监管评级结果限制的投资范围内审慎开展投资业务，并及时全面地识别、评估和防范证券投资风险；三是对票据业务合规性开展全面自查，梳理制度及业务流程，落实票据业务风险防控主体责任，合理把控票据业务规模和发展速度。

【人力资源管理】 2019年，公司通过内部和外部途径开展各类人才招聘工作，根据业务规模需求，在前台关键业务岗位补充了必要的人员，同时在信息技术岗位加强了专业化人才配置，以满足当前公司信息科技工作的需求。公司结合法律法规、监管要求和自身特点，修订完善了绩效评价管理制度，进一步明确了绩效考评体系中合规经营类指标和风险管理类指标的具体内容，增强了绩效考评体系的科学性和可执行性。

【信息化建设】 公司信息科技工作以IT硬件设备维护、业务系统软件开发、网络日常运维为主。2019年重建了银企直连系统，采用了新的虚拟化环境配合加密机方式。新的银企直连系统上线后，与各家银行数据交互效率提高4~6倍，数据时效性也延长至24小时不间断持续交互。

中铝财务有限责任公司

【集团概况】中国铝业集团有限公司（以下简称“集团”）成立于2001年2月23日，是中央直接管理的国有重要骨干企业，主要从事矿产资源开发、有色金属冶炼加工、相关贸易及工程技术服务等，是全球第一大氧化铝供应商、第一大电解铝供应商，铜业综合实力位居全国第一，是经国家相关部门备案的大型稀土企业集团之一，是亚洲规模最大的铅锌企业。集团2019年营业收入3500亿元，利润实现五连增，2008年至2019年连续进入世界500强企业行列。

【经营概况】2019年，面对金融监管趋严、金融行业增量放缓、存量竞争加剧的大环境，中铝财务有限责任公司（以下简称“公司”）坚持推进党建和经营、业务和金融两个融合，坚持“服务稳增长，创新促发展”的业务主线，全力以赴协同集团、板块和实体企业增收创效，切实发挥了金融功能支撑、效益贡献和风险防控作用。公司2019年末利润总额6.44亿元，同比增长30%。

【信贷业务】公司发挥主业协同支撑功能，2019年投放贷款225亿元，累计日均信贷资产138亿元。深化了信贷应急保障机制，为困难企业提供应急资金支持35亿元，同比增长59%。搭建了集团内部共享服务平台，集团铝加工、工程、资产板块票据池建设初见成效。综合营销全面铺开，走访成员单位519人次，初步搭建了内部客户营销中心。

【产业链金融】2019年，公司积极开展融资租赁业务，向成员企业合计投放资金4亿元。

【资金业务】公司全力做好资金业务，精细化资金管理，根据形势调整头寸，优先保障公司流动性安全，兼顾资金成本效益。充分利用拆入、正回购等融资工具，发挥外部融资能力，全面提升同业市场融资质量和效益，2019年公司日均融资超过32亿元，位于行业前列，票据再（转）贴现规模突破10亿元。

【投资业务】公司不断提升投资能力和服务水平，2019年债券投资收入同比增长41.55%，创造了更高的市场效益。发挥财务顾问功能，积极落实集团“降杠杆、压两金、减负债”的决策部署，协助集团制定了压降资产负债率的工作方案。

【票据业务】公司着力开展票据业务。搭建集团内部板块公司票据池，有力提升了票据业务服务和管理水平。2019年办理票据承兑27.39亿元，票据贴现23.61亿元，为成员企业提供低成本融资渠道。积极开展内部商票业务，2019年为成员企业开立商票411张，金额合计18.8亿元，有效缓解了成员企业内部交易的资金压力。优化公司电票系统，增设了商票额度控制、商票代理扣款、一键查询等功能，集团商票实现全流程线上管控。电票线上清算资质通过上海票交所资格审查，将大幅提升电票交易清算效率。

【外汇业务】公司国际业务能力不断增强，2019年代理结售汇2.1亿美元，同比提高64%，创历史新高。跨境本外币资金池获北京地区首批重检核准，通道额度从39亿美元扩大至65亿美元。

【资金集中】公司资金集约管理持续提高，2019年全口径日均资金集中度稳定在42%，本外币结算量保持在2.3万亿元的高位，上市公司关联交易限额从169亿元增至178亿元。“资金池”系统和资金监控系统完成上线，助力集团资金管控。

【业务创新】公司业务创新持续深化。创新信贷产品，开展首笔外部财务公司承兑票据贴现业务，为成员企业成功办理3100万元承兑汇票贴现。创新担保方式，为成员企业成功办理了首笔股权质押融资贷款4亿元，助力中小企业融资。创新票据运营思维，开展转贴现业务，为集团降低资产负债率提供了新路径。创新开发绿色金融产品，为成员企业开展首笔贷款和首笔保函业务，支持集团环保企业发展。

【风险管理和内部控制】公司风险管控体系不断扎牢。落实风险防范主体责任，积极应对强监管形势，密切传导外部风险政策，按月编制《新规速递》。加强业务风险管理，提高业务审查效率，重大业务风险审查、法律审核覆盖率均达100%。稳步推动监管机构评级，行业形象持续提升。积极履行内部审计监督职责，完成专项审计12项。

【人力资源管理】公司进一步提升人力资源管理水平。2019年优化了队伍结构，提拔干部3名，吸纳人才5名。强化人才培训管理，完成了“合金计划”“锋刃计划”和“飞跃计划”7名后备干部首次集训，关键岗位人才力量得到加强。

【信息化建设】公司金融科技服务能力持续增强。2019年，公司全面优化了核心业务系统，开发了资金池、账户管理和资金计划三个模块，提升了内部资金管控水平。建设了内部资金监控系统，初步具备了对公司资金流动、存款账户监测的条件，为智能化决策提供了有力支撑。升级了财务核算系统，成功切换至集团统一核算。优化了核心系统环境，信息系统稳定运行。

【企业文化建设】公司在不断发展中培育特色企业文化。以理念优、价格优、产品优、效率优为支点，精心打造特色金融服务文化。品牌影响逐步增强，品牌故事、先进事迹、经验案例等多篇作品被集团刊物收录。新闻宣传围绕中心工作精准发力，多篇稿件刊登在《有色金属报》《中国铝业报》等媒体，公司社会影响力和品牌美誉度得到提升。切实发挥党建统领作用，以“不忘初心、牢记使命”主题教育为契机，强化政治引领，推动党建经营深度融合，推动公司创新发展。

中煤财务有限责任公司

【集团概况】中国中煤能源集团有限公司（以下简称“集团”）是国务院国资委管理的国有重点骨干企业，是以煤炭生产为主的大型能源企业，是国内唯一具有煤矿设计、煤矿建设、煤矿装备制造、煤炭开采及煤炭洗选加工、煤化工、煤矿坑口发电、煤炭及化工产品贸易等全产业链的企业。集团承担着央企煤炭资源整合的历史使命，2019年资产规模达3900亿元，实现营业收入1770亿元，经营利润总额突破百亿元。

【经营概况】中煤财务有限责任公司（以下简称“公司”）坚定大局意识，助推集团供给侧结构性改革，贯彻大财务理念，推进精益化管理，各项风险监管指标良好。2019年资产规模为328.26亿元，较2018年增加45.52亿元，增幅为16.1%；实现营业收入11.82亿元，同比增长26.38%；利润总额7.63亿元，同比增长15.78%，贷款规模达142亿元（含票据），全口径资金归集度达到69.45%，公司深化创新创效，助推集团改革发展，充分利用金融牌照实现增值和替代创效4.27亿元。

【服务实体】公司支持集团“两商”战略和打造煤电化一体化发展的新业态，为煤炭生产企业的技术改造提供资金支持，创新金融产品推进能源服务商转型升级。抓住“一带一路”建设机遇，支持丝绸之路经济带输电走廊全面发展，2019 年向新疆地区煤矿、电力项目建设发放贷款 7.3 亿元。深入集团供给侧结构性改革实践，积极参与央企煤炭资源整合与集团内部煤炭资源优化配置，进一步加大新并入企业和内部兼并重组企业的支持力度，精心设计各种金融工具和服务在内的整体解决方案。

【信贷业务】公司提升管理精细化程度，优化信用评级和综合授信体系，统一完成存量信贷客户年度评级授信工作，提升业务办理效率；加强贷后现场检查，深入新疆、山西等重点客户，有效防范业务风险。精准聚焦集团融资重要单位、重点项目和重大事项，以需定供、因企施策打造流动资金贷款专项贷款和循环额度贷款，项目贷款、银团贷款、绿色贷款、并购贷款、委托贷款，票据承兑、贴现等多元化产品线，2019 年贷款规模 143 亿元，较 2018 年增加 35 亿元，增幅为 32.4%。

【资金业务】2019 年，公司以保障提升资金效率、保障集团资金安全为导向，以资金和筹融资预算为引领，与成员单位建立常态有效沟通机制，强化资金流向监控，科学制定资金计划，合理安排头寸，有效降低备付水平；根据企业资金流转特点，科学设定资金调度模型，充分利用同业拆借、票据贴现等流动性管理工具，精益化管理资金，合理匹配各类资产，2019 年同业业务收益再创历史新高。

【票据业务】公司加快推进票据基础设施建设，加强与上海票据交易所对接沟通，以自身最快速度完成机房改造、系统开发等相关工作，顺利通过上海票据交易所验收，成功实现电子商业汇票系统（ECDS）直连。积极探索富有中煤特色的票据管理模式，根据票据市场形势科学管理票据资产，把握市场有利窗口，通过贴现—转贴现方式盘活存量票据 63 亿元，拓宽集团低成本融资渠道，增加集团经营性现金流。

【资金集中】2019 年，公司积极加强账户管理，督促各级次单位完成直连银行的账户授权，实现对非直连账户线上统一管理，银行账户管理实现全覆盖；坚守财务公司功能定位，创新方式督促鼓励各级次企业资金及时归集，资金集中度每月均始终保持在 60% 以上，年末全口径资金集中度达到 69%，资金集中度的持续提升，促进了资金管理集约化精细化，为进一步高质量促进集团产业发展奠定了坚实的基础。

【业务创新】公司大力发展绿色贷款业务，围绕集团节能环保支出计划积极沟通绿色贷款意向，实现首笔绿色贷款的发放，用于合同能源管理（EMC）模式下的工业余热回收利用项目建设。支持集团通过市场化并购方式扩大电力装机规模、优化煤电一体化战略格局，针对并购交易价款中的资金缺口，完成并购贷款制度制定、合同起草和监管沟通、贷款调查和审批等工作，成功发放首笔并购贷款 1.9 亿元。

【风险管理和内部控制】公司坚守依托集团、服务主业的定位和不做外部业务、不做风险业务、不做违规业务的原则，实现了风险可控、运营合规。一是开展全面风险评估工作，建立风险事件库，针对每个风险事件，明确责任部门，制定管控措施。二是组织梳理修订内部管理制度，确保内部控制有效性。三是加强业务风险审查和合规管理工作，保障业务健康发展。四是重视洗钱风险管理，加强反洗钱和反恐怖融资工作。五是高质量完成各项监管报表报送工作，强化数据支撑作用。

【人力资源管理】2019 年，公司紧密结合集团公司总体战略目标，进一步挖掘、盘活现有人力资源，使员工树立强烈的事业心和责任感。增强公司凝聚力，引领员工与企业同步发展、不断提升金融服务的能力。

【信息化建设】2019 年，公司信息科技工作突出“创新发展、安全保障”两大主题，以数字金融平台安全稳定运行为核心，加大科技创新和管理改革的力度，继续扩大统一平台优势和成效，进一步提升了资金精益化、科学化管理水平和风险防控能力。一是建设电票系统，成功直接连入全国票据市场电子汇票系统；二是综合考虑机房环境和数字金融平台未来业务扩展需要，完成财务公司新型数据机房建设；三是全面梳理完善信息科技制度，进一步规范信息科技管理流程；四是增设入侵防范、漏洞扫描、安全审计、堡垒机等设备，升级高清视频监控系统，进一步强化安全管理措施。

【企业文化建设】公司以习近平新时代中国特色社会主义思想为引领，扎实开展“不忘初心、牢记使命”主题教育，将党建工作与金融理念深度融合，认真学习贯彻落实党中央、国务院国资委等各项决策部署，将“两学一做”学习教育常态化制度化，认真执行“三会一课”制度，将党建工作融入日常管理中。公司强化业务纪律管理，建立以工作例会、工作日志为基础，日计划、每周重点工作推进的全面工作落实体系，强化公司执行力。建成公司网站，设计、印制公司宣传手册，提升公司形象、拓展公司影响力。定期组织开展影片赏析、好书品读活动，组织参观新文化运动和五四运动纪念馆—北大红楼、一二・九运动纪念碑，组织观看以长征为背景的红色话剧《长征》等文体活动十余次，接受红色洗礼，坚定理想信念。

中铁财务有限责任公司

【集团概况】中国中铁股份有限公司（以下简称“中国中铁”）是集勘察设计、施工安装、工业制造、房地产开发、资源矿产、金融投资和其他业务于一体的特大型企业集团，总部设在北京。作为全球最大建筑工程承包商之一，中国中铁连续 14 年进入世界 500 强企业，2019 年在世界 500 强企业排名第 55 位，在中国企业 500 强排名第 12 位。中国中铁业务范围涵盖了几乎所有基础建设领域，被科技部、国务院国资委和中华全国总工会评为全国首批“创新型企业”，现有员工 29 万余人。

【经营概况】2019 年，中铁财务有限责任公司（以下简称“公司”）积极发挥资金集中基本职能，在资金结算、信贷、保函、票据等方面给予中国中铁最大金融支持。截至 2019 年 12 月 31 日，公司资产总额 789. 11 亿元，较上年增长 16. 04%，全年实现营业收入 14. 22 亿元，较上年增长 9. 30%；利润总额 10. 88 亿元，较上年增长 21. 38%；净利润 8. 26 亿元，较上年增长 20. 03%。

【信贷业务】2019 年，公司为 35 家成员单位办理综合授信 1090 亿元。截至 2019 年 12 月 31 日，公司共开展流动资金贷款 68 笔，金额 221. 26 亿元；流动资金贷款余额 163. 96 亿元，保持不良贷款率为零，未发生信用风险事件；开展委托贷款 80 笔，年末余额 118. 61 亿元；办理各类保函 112 笔，合计金额 57. 24 亿元，较上年增长 74. 73%，其中外部保函 76 笔 53. 78 亿元，占保函金额的 93. 96%。

【产业链金融】公司积极推进融资租赁业务，主动与成员单位对接，根据项目实际情况和客户需求，为多家成员企业设计了融资租赁方案；协调供货商与申请人进行三方沟通，达成一致后共同签署三方买卖转让协议。2019 年成功签署融资租赁合同、三方协议各 5 份，放款 11 笔，合同总金额 2. 32 亿元。

【资金业务】公司加强年度资金预算执行，进一步精细头寸管理，通过资金周会、流动性压力测试、大额资金监控等方式，做好资金预测，统筹安排资金调度，在满足日常结算和信贷需求的基础上，不断加强资产配置，提高收益水平。

【投资业务】公司在保证总体流动性的前提下，坚持“稳健投资、价值投资”理念，审慎开展投资业务。在对年度宏观经济及投资市场分析的基础上，制定《2020 年有价证券投资配置方案》，严格按照止盈止损原则和风险控制要求，丰富投资产品，做好过程监控，提高投资收益。截至2019年12月31日，公司开展货币市场基金投资收益4182.22万元，年化收益率为2.74%，税前收益率为3.65%。国债逆回购配置方面，取得逆回购利息收入108万元，年化收益率算术平均值为3.62%，单笔最高收益率为4.40%。

【票据业务】 截至2019年12月31日，已有25家成员企业与公司签订电票服务协议。2019年共办理电子银承合同884份，出票2118张，办理承兑金额40.61亿元，较2018年开票总量上涨50.80%；办理电子银行票据贴现26张，金额1.36亿元；办理电子商业电票贴现61张，金额0.95亿元。

【外汇业务】 截至2019年末，公司吸存规模2.5亿美元，全年交易总量94亿美元，受理业务1814笔，分别较上年增长120%和26%。按照国家外汇管理局要求完成重新备案工作，此次获批成员单位36家，集中外债额度362亿美元，对外放款额度54亿美元，可与香港财资中心形成有效联通，助力公司全球资金管理体系建设。此外，积极参与中国中铁股份公司"中国中铁国际业务业财资税管理课题"的调研、编写和复核工作，以及国际财务共享中心建设，助力中国中铁海外业务发展。

【资金集中】 截至2019年12月31日，公司新拓展客户3779户，较上年增长64.88%，累计拓展客户8099户，开立各类账户19348个。结算业务规模和吸收存款规模攀升，年度累计结算指令265万笔，较上年增长134.51%；年度结算交易金额63502亿元，较上年增长26.88%；年末时点账面吸存655.95亿元，较上年同期增长18.51%；还原后全年日均集团吸存587.89亿元，增幅为13.21%。

【业务创新】 公司积极发挥专业金融机构的作用，探索银财合作新方向，开创了国内财务公司"联合保理"业务的先例，并积极研究"联合保理+"的创新及应用。2019年共为成员企业成功办理12笔"联合保理"和"联合保理+"业务，有效降低了成员企业资产负债率和融资成本，提高了资金使用效率，进一步丰富了满足成员单位需求的产品线，拓宽了合作金融机构范围，增强了市场议价能力。

【风险管理和内部控制】 2019年，公司修订《风险偏好管理框架》，明确风险管理策略及对各类风险的态度。完善风险审查机制，坚持风险提示函制度，严守红线底线。健全风险管理员机制，制定《风险（合规）管理员工作规则》，充分发挥"三道防线"作用。

【人力资源管理】 公司积极推动"人才强企"战略，不断完善人才队伍管理体制机制。2019年引进各类人才22人。先后制定《干部选拔任用纪实办法》等制度，持续完善干部管理体系。分三期在延安和井冈山举办政治素质培训班，组织员工参加内外部培训240余人次，切实提升员工综合素质。

【信息化建设】 完成融资租赁、同业拆借、证券投资、农业银行批量跨行代理支付等功能上线，业务线上化办理成效显著。电票3.0系统、统一监管报送、移动应用等项目顺利开展，助力业务应用创新和管理提升。完成国际支付SWIFT系统升级，对接国际财务共享中心，实现外币结算支付线上一体化。机房改造和设备搬迁顺利完成、软件系统性能优化升级，使基础设施承载提升3倍，支付指令业务高峰较上年增长73.42%。优化网络安全分区，提升网络安全监控和运维保障能力。

【企业文化建设】 公司党组织认真落实党建工作责任制，打造"小机构，大党建，强实效"工作格局，扎实开展"不忘初心、牢记使命"主题教育，以高质量党建引领高质量发展。不断提高政治站位，强化创新理论武装头脑；把方向、管大局、保落实，全面深入发挥党的领导作用；抓队伍、强素质，打造新时代干部人才队伍；压责任、强基础，全面推进"三基建设"；聚焦点，求突破，提升企业文化发展软实力；挺规矩、强作风，推进党风廉政建设不断向纵深发展。

中信财务有限公司

【集团概况】中国中信集团有限公司（原中国国际信托投资公司）（以下简称“集团”）是在邓小平同志支持下，由荣毅仁同志于1979年创办。集团现已发展成为一家国有大型综合性跨国企业集团，业务涉及金融、资源能源、制造、工程承包、房地产和其他领域。集团母公司由三层架构组成。其中，集团为国有独资公司，由财政部行使唯一出资人职责。2014年8月，集团以其主体业务在香港整体上市，即中国中信股份有限公司（以下简称“中信股份”）。中信股份直接持有境内平台中国中信有限公司（以下简称“中信有限”）100%股权。中信集团、中信股份和中信有限三层架构统一视同母公司层级，中信财务有限公司（以下简称“公司”）作为一级子公司纳入管理。2019年集团列世界500强企业第137位。

【经营概况】2019年，公司与集团库务部共同发挥“双主体”“双平台”作用，进一步巩固和提升集团资金集中管理改革成果；把防范系统性风险与助力集团降杠杆、支持集团发展实业投资有机结合起来；公司成功当选中国财务公司协会监事长单位，公司董事长当选为监事长；业务规模和经营效益保持强劲增长势头，主要经营财务数据再创历史新高。

截至2019年末，公司资产总额为678.39亿元，较年初增长15%；贷款余额338.75亿元，较年初增长16%；存款余额541.82亿元，较年初增长13%；净资产余额78.36亿元，较年初增长5%；管理表外资产174.28亿元。公司资产质量良好，不良率持续为零。公司实现营业总收入10.46亿元，同比增长6%；实现净利润6.80亿元，同比增长45%。

【服务实体】2019年，公司不断丰富和完善本外币自营贷款、结算、票据、中间业务等业务品种和服务手段。公司重点支持符合国家政策导向的优势企业和重点业务，同时兼顾集团战略性新兴业务和基本面良好但因经济周期等客观因素遇到融资困难的成员单位，服务范围已覆盖集团主要实业板块。

【信贷业务】2019年，公司为中信特钢、中信戴卡和中信环境等多家成员单位提供定制化金融服务，有保有压调控贷款资金投向。公司2019年末贷款余额达379.26亿元，较上年末净增67.66亿元，超额完成降杠杆任务。公司提供的贷款余额占集团非金融子公司有息负债余额的31.60%，为中信集团和中信股份管控整体杠杆率作出了重要贡献。

【资金业务】2019年，公司高度重视流动性管理和存款准备金缴存工作，合理安排资金，并努力扩大同业合作机构名单和业务范围，利用拆借等方式较好地满足了临时性资金需求，有效保障了公司各项业务开展。2019年资金收益率达到3.05%。

【投资业务】2019年，公司按照监管要求和导向，结合公司风险偏好，较好地把握住了债券市场投资机会，无信用风险事件发生。累计完成投资88.20亿元，收回投资66.31亿元，日均投资规模53亿元，年化收益率为5.10%。

【票据业务】2019年，公司以平台思维整合内外部需求，通过“贴现+转贴现”的方式打通财票流通共生渠道，将传统票据业务模式闭环化。2019年，票据贴现年末余额40.15亿元，同比增长120%；办理转贴现业务188.05亿元，同比增长825%；办理承兑业务20.24亿元，同比增长242%。

【外汇业务】2019年，公司按照国家外汇管理政策要求，针对集团多元化和国际化的特点，大力支持集团重点子公司、重点业务领域和战略性新兴业务。公司为成员单位提供代理国际结算、即期结售汇、贸易融资、外币自营贷款等业务。2019年公司即期结售汇总量突破

20亿美元，代理国际结算业务量约33亿美元。

【资金集中】2019年，公司配合集团库务部完善考核机制，突出考核刚性，推出加分方案，按照“义重于利，与成员单位共创价值”的核心理念，加强客户关系管理，推动部分成员单位在上市监管和治理框架下参与改革，资金集中的范围和深度得到明显提升。2019年度，公司全口径资金集中度为69.86%，可归集口径资金集中度为88.06%。

【业务创新】2019年，公司通过网银单证功能开展外汇业务，申请远期结售汇居间业务；成功拓展中信建设代理保函和代理信用证业务。结算业务实现7×24小时结算服务，践行“产品+服务”理念，采用营销长图、宣传折页等方式，提升客户满意度。

【风险管理和内部控制】2019年，公司进一步加强与人民银行营业管理部和北京银保监局的沟通，更新《公司规章制度汇编（2019版）》，编印《公司干部员工应知应会手册》，开展全员合规考试。有效加强贷后和投后资产管理，系统梳理存量贷款业务，加强债基投资业务的定量分析，识别并化解风险隐患；优化流动性压力测试模型。

【人力资源管理】2019年，公司突出高质量发展理念，提升党建考核比重，以负面清单方式规范干部职工履职行为。大力创新选人用人机制，坚持党管干部原则，进一步规范选人用人标准和程序。严格执行刚性的淘汰或降职机制，第三次开展中层助理人员竞聘，选拔4名“90后”中层助理人员充实到中层干部队伍。从公司人力资源管理实践中提炼出的支部“育人”工作法，被集团遴选为向中央和国家机关工委推荐报送的优秀案例。

【信息化建设】2019年，公司完成了新核心业务系统开发、测试、培训、数据移植、上线准备等工作，11月初成功实现系统切换上线。公司对财务系统进行了升级并搭建了税务管理系统，实现新核心业务系统与税务系统的对接。公司按照上海票交所要求准备电子商业汇票系统（ECDS）测试环境网络、测试数字证书及前置机环境，并完成上海票交所电票系统上线验收申请、验收与上线工作。2019年完成了SWIFT所需硬件采购、专线申请、硬件设备上架、网络配置、SWIFT服务启用申请、SWIFT前置机安装与配置、前置机软件个性化配置与连通性测试、参与厂商提供的技术培训以及系统管理员运维培训等各项工作。

【企业文化建设】2019年，公司工会和团支部先后组织义务植树、金融知识志愿宣讲、“五四”主题教育、红歌合唱以及迎司庆登长城等活动。与集团库务部组队参加中央和国家机关职工运动会、集团五人制足球赛和篮球赛。公司副总经理当选第二届“百佳中信人”。提炼“铸魂育人、凝心聚力，全面提高党建工作质量”企业文化建设经验，入选“纪念中信集团成立40周年企业文化亮点案例”。

2019年，公司党支部坚持以习近平新时代中国特色社会主义思想为指导，全面贯彻党的十九大和十九届历次全会精神以及集团党委的各项决策部署，扎实开展“不忘初心、牢记使命”主题教育。支部书记主题教育专题党课《学习运用马克思主义哲学是我们的毕生修炼》得到中央巡回指导组和集团领导的充分肯定。在建党98周年之际，公司联合集团库务部党支部开展“学古田悟初心、谋新篇建新功”主题党日活动，让党员和干部职工深受感染和鼓舞。

中兴通讯集团财务有限公司

【集团概况】中兴通讯股份有限公司（以下简称“集团”）成立于1985年，是香港和深圳两地上市的通讯设备公司。2019年，集团高强度投入技术研发，5G核心系列芯片规模商用，自研操作系统应用领域不断扩大，在标准专利、关键技术、产品方案等各个层面都构建起核心竞争优势。2019 年，集团秉承积极稳健的经营策略，聚焦主流市场和主流产品，提升公司经营质量，业绩稳步上升，稳居全球5G第一阵营。

【经营概况】2019 年，中兴通讯集团财务有限公司（以下简称“公司”）继续坚持服务集团的定位，持续提升全面风险管理、资金管理和金融服务能力，为集团产业发展提供支持。截至 2019 年末，公司资产总额 153.88 亿元，所有者权益总额 22.19 亿元；全年实现营业收入2.71 亿元，净利润 1.99 亿元。各项监管指标均符合监管要求，无不良资产和不良贷款，公司运营及业务开展规范有序。

【服务实体】2019 年，公司坚持“依托集团，服务产业”的经营宗旨，大力支持集团产业的发展。公司紧贴集团的战略发展方向，配合集团的聚焦战略，调整信贷投放策略，较好地促进了集团主业发展；公司通过协同集团对子公司实现融资管控，有效地降低了集团的融资费用；同时，公司通过发挥延伸产业链金融业务试点优势，解决了集团中小供应商融资难、融资贵的问题，维护集团产业链的稳定。

【信贷业务】2019 年，公司将信贷资源向集团核心业务板块倾斜，帮助集团聚焦主营业务，协助集团和成员单位稳健发展。2019 年发放贷款质量良好，年末信贷资产分类全部为正常类资产。

【产业链金融】2019 年，公司积极开展产业链金融试点业务，服务产业链上游供应商，共计办理票据贴现金额达 26.89 亿元，充分降低了产业链上游供应商的融资成本，极大地支撑了中小企业和实体经济的发展。

【资金业务】2019 年，公司通过加强集团内资金信息链条建设，固化资金计划日、月预报机制，按日滚动预测并实行日复盘核对，进一步细化资金管理颗粒度，提高资金预算的准确性。2019 年资金市场流动性宽松，市场利率大幅下降，公司通过拓展交易对手并实施差异细分管理，实时关注市场信息，把握市场操作机会，提高资金收益。

【资金集中】公司于 2019 年牵头建设集团智能化资金结算中心，为集团各财务管理模块提供全方位资金共享服务，更好地支撑集团资金管理，提升资金运营效率。智能化资金结算中心围绕集团资金安全和资金运营效率目标，在进一步梳理、夯实业务管理和提升结算业务数字化水平的基础上，打造集团统一的电子回单平台并推进回单自动记账，实现所有收支信息集成和信息无纸化电子传递，进而逐步实现自动化银企对账，并为集团资金管理和财务管理决策提供信息支撑。

【票据业务】公司积极推动票据业务电子化工作。2019 年，公司基本实现了所有票据业务的电子化开立和线上流转；同时，持续优化票据业务流程、加强票据系统建设，按照上海票据交易所的安排，顺利完成全直连接口 2.2 版本的升级。

【业务创新】2019 年，公司充分运用人民银行“商票通”再贴现政策优势，在“一头在外”票据贴现业务范畴下推出“兴惠通”产品，为产业链上游的小微企业提供更精准、更实惠的金融服务，将低成本资金实实在在地投放至产业链上游的小微企业中。

【风险管理和内部控制】公司坚持依法合规、审慎经营的理念，坚持内控优先、制度先行的管理原则，积极梳理和健全各项管理制度；夯实风险管理委员会和信贷审查委员会的风险决策作用，保持授信审查的专业性和独立性；着重分析当前可能面临的操作风险，对照内部规范要求，加强对操作风险的控制，提升操作风险的管理能力和水平；认真贯彻落实监管各项要求，不定期开展内控合规检查，有效提高对各类风险的统筹管理水平。

【人力资源管理】2019 年，集团和公司积极倡导文化价值观与行为导向的落地执行，公司年度管理重点聚焦于组织和员工状态激活、工作作风落地和文化凝聚力锻造等方面。

Z

通过高层直接沟通、工作任务推进、员工绩效管理、职业生涯发展、员工赋能培训、文化凝聚建设等一系列员工敬业度提升举措，进一步提高内部管理的精细化要求。同时，与业务发展需求相结合，开展了系列特色凝聚力活动，增强员工参与感，丰富员工业余生活，共同打造“以人为本”的组织文化氛围。

【信息化建设】2019 年，公司主要通过对信息科技三个领域的项目实施，有效保障票据交易业务、资金结算业务和征信查询业务的合规有序开展并提高业务效率。一是完成票据交易系统全直连接口 2. 2 版本的全国统一升级切换工作，同时开展面向最新 3. 0 版本的进一步升级；二是为保障业务连续性和资金结算安全，针对公司现有 10 家银行银企直连接口开展升级工作；三是加强征信合规和信息安全管理，建设并完成企业征信查询前置系统的投产上线，并开展二代征信报送和查询系统建设准备工作。

【企业文化建设】公司秉承集团“成就客户、价值为本、造就不凡、大道至简”的文化精神，以“让沟通与信任无处不在”为企业发展愿景，时刻践行“正直、勇气、担当、沟通、独立、协同、学习”的文化价值观和行为导向。公司在尽力完善业务流程、风控合规、内部治理等管理体系建设的同时，积极打造“以人为本”的组织文化氛围，加强组织与员工间的信任与沟通，增强员工凝聚力和团队战斗力，促进公司长期稳健发展。

中冶集团财务有限公司

【集团概况】中国冶金科工集团有限公司（以下简称“集团”）是中国特大型企业集团，是新中国最早一支钢铁工业建设力量，是中国钢铁工业的开拓者和主力军。1982 年，经国务院批准正式成立中国冶金建设公司，隶属于冶金工业部。集团以“一天也不耽误，一天也不懈怠”朴实厚重的中冶精神，大力提升质量效益，全力推进改革创新，不懈倡导并履行国有资产保值增值责任和企业社会责任，奋力踏上“聚焦中冶主业，建设美好中冶”的新征程。

【经营概况】2019 年中冶集团财务有限公司（以下简称“公司”）不断创新管理及服务方式，大力推进集团成员单位账户可视化管理工作，精益资金运营，持续扩大金融服务总量，支持集团战略发展，经营管理取得显著成效。2019 年，公司全面超计划完成各项经营目标，年末资产规模达到 272. 7 亿元，全年实现营业收入 5. 83 亿元，完成年度预算的 116. 6%；实现利润总额 3. 17 亿元，完成年度预算的 117. 4%，为集团让利 1. 27 亿元，完成创利 4. 44 亿元。

【服务实体】建立服务实体“绿色通道”，持续促进金融服务高质量发展。大力推广速度快、期限灵活的超短贷产品，2019 年累计发放 130 亿元，支持北京铁路枢纽丰台站改建项目、成都陇海云端野生动物园等集团重大项目履约；大力推动绿色金融，全年投放绿色贷款总计 12. 5 亿元，较好地支持了集团污水处理等绿色环保业务发展。

【信贷业务】扩大信贷规模，加强产品创新，助推集团战略实施。以解决子公司实际问题为出发点，完善金融产品与服务体系，金融服务总量从上年的 518 亿元增加至 610 亿元，有力支持了集团重点产业转型发展。2019 年累计发放贷款 287. 7 亿元，开立各类保函 10. 26 亿元，盘活保证金 1 亿元；开立承兑汇票 5. 76 亿元，节约保证金约 2 亿元；发放美元委贷 12 亿元；轧差累计金额 70. 3 亿元，为子公司节约利息支出0.63亿元。

【产业链金融】推进中冶供应链融资高质量发展，夯实扩大降本成效。集团以"强管理、拓渠道、增规模、提效益"为主线，借助市场资源。2019年合作银行扩展至17家，涵盖五大类业务品种，全年为子企业提供供应链融资总量达306亿元；采购延期支付费率压降5%，降低超8亿元；助力集团减少近30亿元票据保证金；促进了集中采购、供应链管理和二级项目管控主平台的建设。

【投资业务】投资业务继续严控风险，通过精细化运作提高资金使用效率及收益。在加强政策研究的同时密切关注市场变化，促进财务公司投资业务稳健发展。进一步拓展同业机构合作范围，积极探索投资业务创新，广泛开展同业业务。

【票据业务】围绕集团盘存量、控风险的要求，推进建立集团票据集中管理与运营新模式：一是基于各子公司调研，制定票据集中管理与运营方案，探讨建立"1集中+3统筹"的票据管理运营新模式；二是选择依托银行票据管理系统，逐步实现票据信息集中可视；三是协助集团盘活闲置票据及保证金，提升效率，压降负债。2019年票据池累计托管票据近600亿元，托管融资15.5亿元，节约票据保证金约5亿元。

【外汇业务】多手段推进外汇资金集中，以直接集中、外汇委贷、外汇拆借等方式提高外汇资金使用效率，确保大部分子公司外汇业务通过财务公司进行。完成SWIFT系统建设，为日监控打好基础。全面铺开外汇账户入池工作，监控外汇账户信息，将实际运用和技术监控相结合。开展多元化的外汇业务尝试，成功以贷款付息为背景试验购汇业务。

【资金集中】发挥资金归集平台作用、聚焦攻克资金集中难题。一是成立专项工作小组，确定目标，明确工作举措；二是完善资金集中考核方式，采取月末、日均双监控方式；三是通过账户集中管理、置换外部高息贷款等方式减少银企合作资金；四是通过承兑、保函、供应链金融、异地开户等方式压降受限资金。2019年压降受限资金超过50亿元，年末全口径集中度突破40%，同比提高9.55个百分点。

【业务创新】持续完善结算平台建设，由代理支付转变为"自主支付"+"超级网银"模式，实现结算集中、账户集中和资金监控集中，为核心系统与共享中心对接做好铺垫。上线邮储银行、浙商银行、中信银行三家直连银行，直连银行扩展至14家，直连银行账户比提升至81%。完善账户管理模块，首次实现了全集团账户分类可视和跟踪查询，为账户日常监控、统计分析和分级管理打下基础。

【风险管理和内部控制】坚持底线思维、科学防范风险，充分发挥纪检、稽核审计的作用。一是不断健全和完善风险内控体系，严格执行信用评级、内部授信、风险评审等环节的评审机制，严控信用风险。二是完善流动性风险管理体系，提高资金计划的准确性，加强与集团资金部协同调度，防范流动性风险。三是健全风险预警机制，开展应急演练，不断提高风险和内控管理能力。

【人力资源管理】公司开展定岗定编工作，拓展员工发展通道，形成富有生机和活力的人才发展机制。推进完善绩效考核体系，在年度部门绩效考核指标中提高党建考核工作指标权重。

【信息化建设】以"互联网+"为建设思路，在智惠金服系统上线的基础上，完善结算系统、账户管理升级系统和资金集中监控系统，推动报表编制自动化管理。

【企业文化建设】公司党总支贯彻落实上级指示精神和各项工作部署，突出加强政治建设，持续加强企业党建工作，扎实开展"不忘初心、牢记使命"主题教育，进一步深化党建与业务融合，以"工匠精神"为代表的企业文化凝聚人心，鼓舞士气。

中油财务有限责任公司

【集团情况】2019 年，中国石油天然气集团公司（以下简称“集团”）坚持高质量发展，优化生产组织和结构调整，深化改革创新，加强风险防控，大力实施开源节流、降本增效，主要生产指标稳定增长，经营业绩符合预期，特别是上游增储上产成效明显。实现营业收入 2.52 万亿元（人民币，下同），同比增长 6.0%，经营利润 1217.62 亿元；实现归属于母公司股东净利润 456.82 亿元；实现每股基本盈利 0.25 元。2019 年，集团原油产量 9.09 亿桶，同比增长 2.1%；可销售天然气产量 3.91 万亿立方英尺，同比增长 8.3%；油气当量产量 15.61 亿桶，同比增长 4.6%。2019 年加工原油 12.28 亿桶；生产成品油 1.18 亿吨；化工产品商品量 2575.6 万吨，同比增长 5.5%，其中乙烯产量 586.3 万吨，同比增长 5.3%。

【经营概况】中油财务有限责任公司（以下简称“公司”）积极应对存贷款规模下降、市场收益率持续下滑、投资业务受限等不利局面，实现总资产平均规模 5853 亿元，同比减少 343 亿元，下降 5.5%，其中自营资产平均规模 4665 亿元，同比减少 136 亿元，下降 2.8%。2019 年实现收入 177.1 亿元，同比减少 2.2 亿元，下降 1.2%；实现利润总额 99.5 亿元，同比增加 7.8 亿元，增长 8.5%。公司各项风险监管指标均优于监管标准。

【服务实体】2019 年，公司坚持服务优先，继续执行存款加息、贷款降息、结算免费、汇兑价格优惠和中间业务手续费减免等让利政策，助力成员企业降本增效 39.7 亿元，占公司账面利润的 39.9%。此外，充分利用境外税收优惠政策为集团减少各类税费支出 7.5 亿元，通过封闭结算为集团节约流动资金 160.3 亿元。

【信贷业务】2019 年，公司人民币贷款平均余额 1584 亿元，同比减少 115 亿元，下降 6.8%，完成预算的 92.1%；实现经营利润 32.2 亿元，同比减少 2.6 亿元，下降 7.5%。完成管道企业长短负债置换 568 亿元，支持长宁天然气开发贷款 32 亿元，挖掘大连西太、管道工程等存量客户新增贷款 124 亿元，拓展小微市场新增客户 6 家、贷款 1.3 亿元，协助集团“治僵脱困”发放贷款 40 亿元，新获兰州海关担保业务资质，为广东国事、中联油等企业开立关税保函超过 4 亿元。2019 年新增贷款客户 9 家，贷款 6.7 亿元。

【票据业务】2019 年初公司成立票据业务项目组，从制度、系统、产品等方面全力筹备开展财票业务；完成票据系统功能优化提升、上海票交所直连上线，全面打通与司库平台、共享中心和上海票交所连接通道，企业线上承兑、贴现等票据业务功能全部实现；建立财票业务企业白名单，探索实现财票承兑在线审单、“直转闭环”，与 5 家财务公司签订票据互认协议，与 5 家商业银行签署票据保贴协议，推动财银、财财合作成功落地。2019 年完成 39 家企业财票试点，累计开票 20.6 亿元，免收保证金 6.2 亿元，同时获得人民银行再贴现 10.7 亿元。

【资金管理】2019 年，公司不断强化流动性管理和资金运作，充分利用头寸资金短暂充裕时机，积极将沉淀资金用于逆回购，提高资金效益，同时加强正回购操作及时筹措短期资金，确保流动性安全。2019 年卖出同业存单 464 亿元，境内开展逆回购 1.1 万亿元，成交均价 2.89%，分别高出正回购和吸存成本 80 个基点和 105 个基点，境外强化短期理财运作 316 亿美元，收益率达到 3.38%，同比提高 54 个基点。

【投资业务】2019 年，公司优化持仓结构，增配AAA级信用债29亿元，努力降低债基管理费930万元，人民币证券投资实现债券型基金收益率5.14%，高于市场中位数94个基点；实现债券投资收益率4.47%，高于市场纯债基金中位数27个基点。境外择机赎回2亿美元华夏基金，获利1318万美元，外汇投资平均收益率为4.95%，同比增加106个基点。

【外汇业务】2019年，公司调整交易策略，实施境内外全天候联动盯市，努力扩大结售汇盈利点差；与外汇局沟通，助力昆仑银行盘活28亿欧元沉淀资金；积极打造亚洲时区外汇交易中心，成功上线新加坡交易平台和外汇电子报价平台，成为业内首家使用外汇交易自动报价系统的国有企业；2019年累计办理外汇交易723.7亿美元。

【业务创新】2019年，公司积极参与集团票据池建设，开立票据池专用账户，实现了入池、出池顺转、贴现等全功能对接，完成上海票交所纸电融合升级改造，首次办理票据池电子票据贴现、再贴现业务6亿元；积极推广财票业务，为华港燃气开立财票；取得广州海关关税保函资质；完成集团跨境外汇资金池首单境外放款，新增境外债券正回购低成本融资渠道，业务范围进一步拓展。

【风险管理和内部控制】2019年，公司贯彻落实监管新规和集团公司规章制度，修订完善各类经营管理制度，确保公司各项经营管理活动合规有序。修订完成公司章程及“三重一大”决策制度实施细则，组织编纂《合规政策汇编》，优化业务审查流程，2019年新增制度43项、修订制度38项，完成内控手册修订；积极开展风险合规月活动，推动各项监管和自查整改落地；有序开发授信评级系统，成功试运行反洗钱监测系统、风险监测报告体系；密集开展分公司和业务审计，强化审计、法律、合规、风控等协同效应和监督职能，依法合规风控能力大幅增强。

【人力资源管理】2019年，公司坚持问题导向与市场化方向，以三项制度改革为抓手，积极推动公司人力资源管理工作由行政事务型向战略型、管理型转变。聚焦组织架构现存弊端，积极推进组织架构优化调整工作，提出增设客户部、票据部方案，健全完善可有效承接公司战略需求的组织机构体系。以组织绩效考核为突破口加快推进“绩效体系优化”，通过创建组织绩效考核指标库、成立绩效考核领导小组、创新优化绩效考核机制，推动公司组织绩效考核工作的科学化、规范化。树立鲜明的选人用人导向，严肃组织人事纪律，强化干部考核，规范做好干部选拔任用工作。加强职数管控和分级分类管理，推进岗位设置与岗位管理，逐步推行干部身份去行政化；关注员工成长、加大培训力度，规范高中级技术职称推荐、评审，人才队伍不断充实，干事创业氛围日趋浓厚。

【信息化建设】2019年，公司全面上线高清视频会议系统，成功落地私有云项目，提前完成网络系统安全优化升级，顺利完成两地三中心建设可研前期工作；积极优化电子商务系统功能，完成票据系统、司库结算子系统各3次优化升级，投资管理系统更换测试基本完成，行政办公系统上线运行；数据仓库建设成果明显，报表自动出具率大幅提升；首次开展信息系统等级保护测评，顺利通过公安部“护网2019”和“重保行动”检验，搭建完成系统运维监控平台，系统运维日趋稳定高效。

【企业文化建设】2019年，公司深入学习贯彻习近平新时代中国特色社会主义思想和党的十九大、十九届二中、三中、四中全会精神，发挥党委把关定向作用，将党的领导与公司治理有机结合，在深度融合中彰显党建力量。深入推进开展“不忘初心、牢记使命”主题教育，推动新思想走心走深走实。突出抓好全面从严治党，认真配合集团公司党组第六巡视组开展政治巡视，贯彻纪检监察体制改革要求，持续加强纪律建设；推进三项制度改革及党建群团各项工作开展，突出思想引领与文化建设作用，大力选树先进典型、营造干事创业的良好氛围。

Z

中远海运集团财务有限责任公司

【集团概况】中国远洋海运集团有限公司（以下简称“集团”）围绕公司战略，着力布局“6+1”产业集群，进一步促进航运要素整合，全力打造全球领先的综合物流供应链服务商。截至2019年12月31日，集团经营船队综合运力10455万载重吨/1315艘；投资码头61个，其中集装箱码头超53个，年吞吐能力12905万TEU；船舶燃料销量超过2900万吨，均居世界第一位；集装箱租赁业务保有量规模达380万TEU，居世界第二位；海工装备制造规模以及船代业务稳居世界前列。

【经营概况】2019年是中远海运集团财务有限责任公司（以下简称“公司”）完成重组整合后正式运营的第一年，公司积极助力集团实体经济高质量发展。截至2019年12月31日，公司总资产763.37亿元，总负债709.41亿元，所有者权益53.95亿元。利润总额累计8.23亿元（同比增长44.38%），净利润6.55亿元（同比增长47.52%），净资产收益率为12.15%。

【服务实体】公司全力支持集团成员企业实体经济发展金融需求。2019年公司服务集团境内客户1160家，归集外部账户3311个，全年总结算量折合人民币逾2.3万亿元，结算总笔数326万笔，公司结算业务不落地比例超过90%，未有发生责任性差错。2019年末，公司开出首笔担保额为1700万元诉讼保全保函，有力支持了成员单位经济发展。

【信贷业务】公司积极落实集团“优先使用内部资源”的管控要求，充分发挥持牌金融机构的信息、资源优势，积极提升信贷金融服务规模和质量。截至2019年12月31日，自营贷款余额折合人民币296.46亿元，同比增长12.24%，全年协助集团累计降低整体资产负债率3.18个百分点。

【资金业务】2019年，公司以30%流动比率为管理目标，加大备付资金计划管理，人民币活期资金备付率控制在7%以内，不断强化流动性管理。积极调整资金业务结构，拓宽资金业务品种范围，开展交易所债券回购、同业存单等业务，推动单一定期存放向全面资金交易业务转变，不断提高资金使用效率。2019年公司存放同业（活期和定期）日均余额256亿元，平均收益率达2.76%；同业存单日均余额27.43亿元，平均收益率为3.18%。

【投资业务】公司加大对投资业务的管理力度，不断提高投资业务管理效率，投资组合更趋标准化、市场化。2019年投资组合市值口径日均规模30.75亿元，全年投资业务实现收益1.90亿元，年化收益率为6.19%。

【票据业务】公司成立电票专项工作小组，修订完善电票管理办法等制度，开展业务操作培训，拜访客户进行票据业务推介，进一步确保公司票据的市场认可度和流通性。2019年9月19日公司电子商业汇票系统（ECDS）正式上线，10月完成首笔电子商业汇票业务。截至2019年末，累计完成票据专项授信17家，额度46.6亿元；全年累计开票430笔，金额12.91亿元；贴现2笔，金额2.53亿元。

【外汇业务】2019年，公司办理即期结汇业务2287笔，合计金额185230.41万美元；即期售汇业务91笔，合计金额13467.45万美元；累计实现收入人民币404.91万元，节约财务费用近2000万元；办理远期结汇业务3笔，合计金额3588.12万美元。完成对原跨境资金集中运营业务资质的更新备案。公司向外汇局申请并获批准自行开展服务贸易项下外汇资金内部结算业务，通过北京分公司进行境内外汇资金二次归集。

【资金集中】公司按照“做全做齐归集”管理要求，对集团成员企业和账户坚持应归尽归，实时归集。2019年集团成员单位企业集中度为99.49%，账户集中度为80.05%，全口径资金集中度为48.46%，可归集口径资金集中度为81.73%。

【业务创新】公司成立创新研究委员会，2019年共收到29个创新项目立项申请、4个课题研究备案，组织召开8次创研会，审议通过22个创新项目。其中，积极拓展分离式保函业务，截至2019年12月31日，共开立分离式保函51笔，累计金额折合人民币为6.07亿元，开立财务公司保函7笔，金额3709.47万元，协助集团减少在外资金超过6000万元人民币。

【风险管理和内部控制】2019年，公司深入开展市场乱象整治工作，重新调整贷审会、投审会以及衍生产品业务审核委员会组织架构及人员，加强对信贷、投资等业务的风控合规审核。结合经营管理实际，对规章制度进行全面梳理，截至2019年12月31日，公司新增制度59项、修订119项、废止45项，形成涵盖法人治理、资金结算、公司金融等14类共191项新规章制度体系。2019年安排公司律师处理涉诉事务，取得良好成效。

【人力资源管理】积极开展人力资源体系落地。部门考核侧重突出公司绩效管理对创新活动和战略目标实现的导向作用，提高创新发展、战略目标权重。员工考核将绩效考核指标从部门分解落实到每位员工，发挥绩效导向作用，构建积极向上的工作氛围。有针对性地制定培训计划，增强适岗性与发展性培训。

忠旺集团财务有限公司

【集团概况】辽宁忠旺集团有限公司（以下简称“集团”）始建于1993年，注册资本231275万美元，是全球领先的专注于工业铝挤压材产品研发、生产的制造商。整体设计产能超过100万吨，并在合金熔铸、模具设计、研发创新等方面具备领先优势，是亚洲唯一获得公路铁路运输、船舶制造、航空航天权威认证的铝型材制造商。截至2019年12月末，集团总资产640.86亿元人民币，净资产271.05亿元人民币，其中未分配利润59.72亿元人民币，资产负债率为57.71%，实现销售收入203.63亿元人民币，净利润29.16亿元人民币。

【经营概况】2019年，忠旺集团财务有限公司（以下简称“公司”）持续采取定价调整策略，切实降低实体经济的综合经营成本。截至2019年12月末，公司资产总额414.69亿元，较上年增长14.68%；负债总额355.91亿元，较上年增长17.29%；所有者权益58.77亿元，较上年增长1.01%。

【信贷业务】2019年，公司表内表外信贷资产较年初均有较大增长。截至2019年末，公司共发放自营贷款102笔，金额合计475.03亿元。正常收回贷款71笔，金额合计368.42亿元。2019年末贷款余额为341.48亿元，较年初增长106.61亿元，增幅为45.39%。办理电票贴现业务42笔，贴现金额共计122.00亿元，年末贴现余额37亿元，较年初增加35亿元。办理电票承兑业务135笔，金额共计371.10亿元，年末电票承兑余额292.7亿元，保证金加存单质押担保共计239.20亿元，总敞口共计53.50亿元。

【资金业务】截至2019年末，公司共取得金融机构同业授信额度212.50亿元；开展的同业资金业务主要为存放同业及同业拆借。2019年末存放同业余额为19亿元；同业拆借方面，2019年公司同业拆入日均余额为47.94亿元；2019年末同业拆入余额为36亿元。公司积极维护拓展同业客户，大力开展同业业务合作，助推资产负债结构优化，不断提高资金业务管理及风险控制水平。

【投资业务】公司投资业务投向均为国有股份制商业银行发行的活期理财产品，在充分保障资金安全性和流动性的前提下实现合理收益水平。截至2019年末，公司开展投资业务共7笔，累计发生额1.66亿元。

【票据业务】同业票据合作主要为直贴卖断及票据回购。截至2019年末直贴卖断票据余额为零，票据回购余额为36.60亿元。公司积极响应上海票交所各项工作要求，依托上海票交所平台，稳健开展各项票据业务。

【资金集中】紧跟集团业务发展步伐，积极发挥结算服务职能。公司先后赴集团、成员单位实地，汇报代理付款业务开展情况，征求集团、成员单位工作意见和需求，并介绍代理收款业务及公司资金结算平台特点，扩展公司结算服务功能；完善资金收付结算管理，优化核心系统登录、查询、签认等业务功能，强化成员单位资金结算业务的全面管理与监督，协助集团、成员单位优化资金结算方式、提高资金周转效率、完成账户基本信息变更等，充分发挥公司资金结算平台作用。

【风险管理和内部控制】公司以监管要求及公司整体规划为主线，围绕业务审查规范性提升、票据系统升级、监管评级指引以及完善风险管理的体系建设的目标，持续加强风险管控力度，依规履行审计案防职责，切实防范和化解潜在风险。截至2019年末，公司已下发施行各类制度96项，并不断吐故纳新，确保制度更贴合监管要求；2019年公司风险管理水平稳步提高，风险控制能力持续提升，不良资产率持续保持为零；科学有效地开展内部审计，揭示日常工作中存在的不足并督促改进，不断提升内控管理水平；通过定期排查，在公司内部开展案件防控工作，避免潜在风险隐患；从制度建设、系统监测、风险等级评定、受益所有人身份识别等方面，认真做好反洗钱各项工作，同时通过加强反洗钱日常宣传和组织反洗钱内部培训等方式，较好地履行了公司作为法人金融机构的反洗钱工作义务。

【人力资源管理】公司始终坚持“以专业人才队伍支撑专业化发展”的人力资源管理理念，通过建立完善的薪酬体系、合理的绩效考评等，激发员工的能动性，提高工作效率。截至2019年末，公司正式员工40人，其中有金融行业从业背景的人员超过三分之二，半数以上人员行业工作经验超过5年；年龄在30岁以下、30～40岁、40岁以上的人员占比分别为15%、52.5%和32.5%；本科以上学历占比超过87.5%，研究生以上学历占比为30%，人员专业化程度的不断提升为公司业务发展提供了坚实的人才保障。

【信息化建设】重点加强内控建设，从信息科技战略规划、运维应急管理、信息安全、防范信息科技外包风险等方面着手，以安全规范操作为指引，夯实信息化建设基础工作，进一步完善有关规章制度，构建防范操作风险的长效机制。

【企业文化建设】公司十分关注企业文化建设，在集团“人忠业旺、忠诚兴旺”核心理念的引领下，通过形式多样的文化活动，营造正直、团结、积极的企业文化。2019年，公司通过组织党建拓展训练、开展专业知识培训等文体活动，有效增进团队凝聚力和协作能力，磨练了员工的意志品格，赢得员工的一致好评。

珠海格力集团财务有限责任公司

【集团概况】珠海格力电器股份有限公司（以下简称“集团”）产业覆盖空调、生活电器、高端装备、通信设备等领域，是一家多元化、科技型的全球性工业集团，家用空调市场占有率连续14年领跑全球市场。2019年，集团以“让世界爱上中国造”为己任，以自主创新推动中国制造高质量发展，同步加快推动营销转型，九万员工齐开店，线上线下深度融合，有效推进产品销售，全年保持稳健的发展态势，应收、净利润等指标数据持续增长。

【经营概况】2019年，珠海格力集团财务有限责任公司（以下简称“公司”）围绕集团发展战略，创新与拓宽金融服务渠道，充分发挥财务公司金融服务功能，为成员单位、产业链企业，特别是产业链中小企业提供优质金融服务。2019年公司实现全口径收入24.63亿元，利润总额10.58亿元，资产总额704.51亿元。公司在2019年不断进行金融产品创新探索，支持实体经济，风险管控、业务拓展、IT保障能力提升，年度经营目标达标，各项监管监测指标合规。

【服务实体】2019年，公司围绕集团高端智能化战略布局，创新拓展金融服务渠道，培育锻造具有竞争优势的特色产品，丰富业务模式，着力发展普惠金融，降低企业融资成本，强化风险管控、实现稳健经营目标。2019年累计发放各项贷款229.09亿元，全部用于支持集团制造业发展及其产品销售，其中，向集团成员单位投放79.71亿元，向集团产业链企业投放149.38亿元。2019年末信贷规模184.51亿元。

【信贷业务】2019年，公司为集团战略性项目的发展设计金融服务方案、提供融资支持，累计为14家成员单位提供金融服务，贷款余额42.04亿元，全年累计发放29.56亿元，专用于国家和地方政府支持发展的格力中央空调智能制造基地等项目，有效助推集团制造业转型升级，为集团先进装备制造业注入发展动力。

【产品销售信贷业务】2019年，公司持续深耕细化产品，通过股权质押、票据质押、新型权利质押、房地产抵押、第三方担保等方式，扩大买方信贷业务深度和广度，有效促进集团产品销售。截至2019年末，买方信贷业务覆盖全国267家经销商，贷款余额132.53亿元。2019年累计发放买方信贷135.17亿元，在有效规避信贷风险的同时有效支持集团产品销售。

【资金业务】2019年，公司持续完善流动性长效管理机制，深度挖掘资金运营潜力，遵照先“安全性、流动性”后“效益性”的原则制定资金运用方案。公司一方面拓展融资渠道，通过银行间正回购和拆借业务、票据卖断业务、票据正回购业务，2019年累计融入资金534.79亿元，解决流动性短缺，保障各项业务顺利运行；另一方面回归本源，发挥好集团财务公司资金集约功能，合理投放资金，提高资金效益，全年累计投放2470.36亿元。

【业务创新】2019年，结合集团票据资产丰富的特点，公司创新定制了票据产品“票聚鑫”，着力盘活集团及成员单位沉淀票据资产，提高票据资产收益率。公司2019年累计办理“票聚鑫”业务54.62亿元，为集团创利超过1000万元；首次在上海票交所市场开展了票据回购交易，累计办理票据回购业务6笔，交易类型包括7天、9天、21天，总金额24.81亿元，实现收益59.01万元。

【风险管理和内部控制】2019年，公司落实风险防范指导意见各项要求，制定符合自身实际、可行性和针对性强的实施方案，确立“全面、审慎、有效、独立”的内部控制政策。建立以风险管理为核心的事前、事中、事后内部风险控制系统，健全业务管理制度和操作规程，努力实现风险防控常态化，探索加强公司合规风险管理机制建设；坚持定期风险管理工作报告制度，适时对公司风险管理状况进行监测与评估。

【信息化建设】2019年，公司强化科技支撑，全面开展业务系统升级改造。通过工商银行银企直连接口升级改造，实现银行代理清算业务的全面承接，成为珠海首家银行承接代理清算行的法人机构；完成超融合服务器扩容，解决资金管理系统访问速度问题，有效提升系统运行速度；搭建电子回单系统，实现客户回单自主打印和网上电子对账，缩短对账时间，提高对账效率及准确性；按计划完成上海票交所系统直连接口升级，直连接口升级到2.2版本。

【企业文化建设】2019 年，公司坚持“以人为本”理念，丰富员工文化生活，组织员工参加集团歌唱大赛、羽毛球比赛及运动会等活动，组织全员团建提升团队凝聚力，关心关爱员工，及时慰问困难员工、生病生育员工，开展三八座谈会、集体生日会、退休员工欢送会；践行社会责任，积极参与扶贫捐赠活动；强化责任担当，打造用心服务理念，推动公司各项业务健康有序发展。2019 年，公司开展多形式、全覆盖的教育培训，开展“不忘初心、牢记使命”主题教育活动，组织党员知识竞赛、学习强国积分排名大比拼等。

珠海华发集团财务有限公司

【集团概况】珠海华发集团有限公司（以下简称“集团”）组建于 1980 年，与珠海经济特区同龄，是珠海两家龙头国企之一，也是珠海最大的综合型企业集团和全国知名的领先企业，2016 年起连续四年跻身中国企业 500 强，2019 年列第 330 位，同时列广东企业 500 强第 43 位。2019 年，集团一方面积极深耕原有“4 +2”业务，继续保持快速增长；另一方面全力推动“科技 + 金融 + 产业 + 城市”的“1 + 3”发展模式，在推进先进制造业与现代服务业深度融合的同时，寻求企业进一步转型升级，成效显著。截至 2019 年 12 月 31 日，集团总资产为 3685. 53 亿元，营业收入为 791. 31 亿元，净利润 49. 73 亿元。

【经营概况】2019 年，珠海华发集团财务有限公司（以下简称“公司”）贯彻执行行业监管要求，结合自身业务实际，立足本业、积极创新，强化风险防控、优化业务发展，为集团进一步转型升级提供高质量、高水平的服务，为支持粤港澳大湾区建设发展贡献力量。截至 2019 年 12 月 31 日，公司资产总额 368. 66 亿元，实现营业收入 15. 25 亿元，净利润 5. 63 亿元。

【信贷业务】2019 年，公司持续加大信贷业务投放力度，开拓创新，稳健有序地推进业务开展，着力于房地产开发贷款的投入以及补充成员单位的流动资金。通过丰富金融服务产品，提升服务水平，全力支持集团公司供给侧结构性改革，促进集团公司降本增效、转型升级。截至 2019 年 12 月 31 日，公司各项贷款余额 263. 60 亿元。

【资金业务】2019 年，公司密切关注成员单位业务需求，开拓思路，打通渠道，针对性地设计操作相关业务品种，助力成员单位业务发展。新增认购资产支持证券，大力支持成员单位直接融资，有效助力最优价格发行；创新融资类业务结构，减少中间机构，降低融资成本；积极探寻业务模式，提升成员单位闲置资金收益率。截至 2019 年 12 月 31 日，公司共发生拆借业务 321 笔，总成交金额 1014. 30 亿元，共发生质押式回购 382 笔，总成交金额 2016. 33 亿元。

【资金集中】截至 2019 年 12 月 31 日，公司日均吸收存款 346 亿元，较上年同期增加 88 亿元，增幅为 34%；共办理各类业务 49743 笔，较上年同期增加 12299 笔，增长 33%；结算金额达 50344 亿元，较上年同期增加 1344 亿元，增幅为 2. 70%；为 449 家成员单位开立了 522 个一般结算账户，较上年同期增加 144 户，开户率持续保持在较高水平；全口径归集率约为 50%，剔除上市公司资金不可归集因素，资金归集率约为 68%。目前，公司共与 12 家银行实现了银企直连，加入银企直连的成员单位账户共 1522 户。

【风险管理和内部控制】2019 年，公司始终将按照监管机构的要求把控制风险、合规发展放在第一位，坚持业务发展与合规管理并重，自觉践行依法合规经营理念。制定了公司全面风险管理办法，建立全面风险控制体系，强化风险防范和管控机制。2019年组织完成征信业务、结算业务、反洗钱及案件风险排查、上半年信贷业务、下半年信贷业务、业务类内部控制、资金投资业务共七大项专项审计项目。

【践行社会责任】2019年，为进一步开展对口怒江扶贫工作，公司制定并完善了《珠海华发集团财务有限公司对口子竹村2019年帮扶方案》，并积极与子竹村新上任支部书记讨论扶贫工作的相关事宜。公司精心组织、践行实际、尽心尽力落实“百企帮百村”精准扶贫行动，开展了党建促扶贫、助学帮扶、就业帮扶、爱心帮扶等一系列帮扶活动，为子竹村解决了实际问题，推动扶贫工作不断深入，充分践行社会责任，助力脱贫攻坚“最后一公里”。

【企业文化建设】公司团队建设主要通过以下方面开展：一是以团队能力提升为重点的培训课程；二是以提升核心业务能力为重点的培训课程；三是以提升全员基本职业素质为重点的培训课程；四是积极参加外部培训课程。2019年，为落实党组织主体责任和监督保障作用，公司继续贯彻将党的建设与公司治理相结合，制定了纪检监察工作计划和廉政提醒谈话计划，狠抓廉政建设与党建工作。纪检人员履行监督责任从纪律作风抓起，落实中央八项规定精神，积极纠正“四风”问题，以反腐倡廉教育为抓手，坚持不懈、驰而不息地履行好监督职责。

紫金矿业集团财务有限公司

【集团概况】紫金矿业集团股份有限公司（以下简称“集团”）是一家以金、铜、锌等金属矿产资源勘查和开发为主的大型矿业集团。集团先后在香港H股和上海A股整体上市，主营的金、铜、锌金属资源储量和矿产品产量均已进入国内矿业行业前三甲，在地质勘查、湿法冶金、低品位难处理资源综合回收利用以及大规模工程化开发方面居行业领先地位，是中国矿业行业效益最好、控制金属矿产资源最多、最具竞争力的大型矿业公司之一。在2019年《福布斯》全球2000强中排名第889位、全球有色金属企业第10位、全球黄金企业第1位。截至2019年9月末，集团实现矿产金29.42吨、矿产铜26.42万吨、矿产锌27.88万吨。2019年末资产总额1238.31亿元，同比增长9.70%；营业收入1364.73亿元，同比增长27.05%，利润总额69.74亿元。

【经营概况】2019年是紫金矿业集团财务有限公司（以下简称“公司”）成立的第十年，公司坚持“立足紫金、服务集团、规范经营、稳健发展”的经营理念，积极实施一个目标（国际化）二个区域（境内、境外）三种模式（司库、产业链、财富管理）的战略规划，通过专业、创新、特色经营，打造“小而美”的财务公司。截至2019年末，公司本外币资产总额77.74亿元，实现总收入3.05亿元，利润总额1.92亿元；公司年末资本充足率为18.48%，流动性比例为54.14%，无不良资产，各项风险管控指标符合监管规定。

【公司信贷业务】2019年，公司坚持信贷向集团主业倾斜，积极创新融资渠道和担保方式，充分发挥市场专业优势，主动深入成员单位强化服务增值，全年以优惠的利率向成员单位累计发放贷款60亿元，2019年末贷款余额51.11亿元，同比增加3.16亿元，其中82%投向矿山和冶炼企业；全年办理采矿权、核心资产抵押融资18.52亿元，同比增长39.97%；办理产业链和买方信贷业务31091万元，同比增长188%。

【资金和投资业务】2019年，公司因集团

Z

增发A股因素影响，全年基本未开展投资业务，同业存款资金沉淀相对增长，存放同业日平均余额22.96亿元，在利率走低的情形下，公司加强同业业务合作，合理安排存放结构，提高资金收益率，全年实现同业利息收入6483万元，同比增长50%。

【票据业务】2019年，公司办理票据业务3578笔，累计18.25亿元，2019年末票据池持有票据余额8.21亿元，票据业务量和融资服务能力不断提升，全年办理贴现业务20.17亿元，转贴现（贴出）4700万元；充分发挥专业优势，协助集团开展票据集中管控，防范票据风险，全年累计上收电票2026笔，金额18.83亿元，拒收38张风险票据，金额953万元，2019年末票据池存量电票771笔，余额6.46亿元。

【外汇业务】2019年，公司重新备案跨境资金池企业名单，集中境外放款额度由6.19亿美元增加至24.25亿美元，外债额度由5亿美元大幅增加至161.70亿美元。2019年办理即期结售汇业务76笔，金额3.63亿美元，通过创新开办集中收付汇、代开立信用证和境外企业开立人民币保函业务，不断提升国际金融服务能力。

【资金集中】在集团支持和公司业务政策优惠的双重作用下，公司加强动态分析、日终归集、共享支付等措施，坚持执行时点存款和期间存款并重，分部门分层级、每月兑现的考核办法提升资金归集量。2019年累计归集资金1580亿元，月均可归集资金归集率为84.43%，2019年末吸收存款余额62.25亿元。

【业务创新】2019年，公司与工商银行福建省分行签署战略合作协议，坚持在风险可控的前提下鼓励创新，开办外汇集中收付汇、代开证和境外企业开立人民币保函等业务，有效地为成员单位节约财务费用约200万元；同时积极创新融资渠道和担保方式，全年办理采矿权、核心资产抵押融资18.52亿元，同比增长39.97%。

【风险管理和内部控制】2019年，公司坚持审慎经营，有效防范和管控经营风险，进一步完善法人治理，强化前中后台三道防线建设，优化考核体系；积极组织开展“巩固乱象治理成果，促进合规建设”“合规建设三强化”、员工行为排查、扫黑除恶等专项活动；持续营造浓厚的责任意识和风控氛围，全年累计组织开展业务检查45项·次，其中，专项检查24项，常规检查21项。

【人力资源管理】2019年，公司建立每月全员培训机制，通过案例分析、业务政策学习、技能测试，组织银行业从业资格考试等方式提升全员风险管控意识和能力。积极组织业务调研，促进员工勤思好学，全年向财务公司协会投稿35篇，向集团投稿16篇，向人民银行提交政策研讨文章6篇，参与福建银保监局财务公司监管课题研究3次。

【信息化建设】2019年，公司进一步完善了资金系统功能，根据业务和信息化安全建设需要，完成了资金系统等级保护二级报备的任务，上线了监管数据舱报送平台，配合完成集团资金管理CBS系统建设任务，完成了票据系统2.2版本的升级，并进行了较全面的灾备系统演练。

【企业文化建设】2019年，公司合规文化和外部宣传大幅提升。公司利用十年庆召开“金融支持实体座谈会”，得到政府、集团和同业认可；组织拍摄《十年淬炼·砥砺前行》宣传片；收集公司十年发展征文16篇，收入紫金财务公司《十年》专刊，同时创办微信公众号，扩大公司关注量。

关怀指导

2019 年 12 月 12 日，中国银保监会党委委员、副主席祝树民出席第二十二次会员大会

2019 年 12 月 12 日，国务院国资委总会计师白英姿出席第二十二次会员大会

2019 年 12 月 12 日，中国银保监会非银部主任毛宛苑出席第二十二次会员大会

2019 年 7 月 2 日，河南省委常委、组织部长孔长生到河南能源化工集团财务有限公司党支部调研“不忘初心、牢记使命”主题教育活动

2019 年 12 月 12 日，中国财务公司协会第二十二次会员大会在济南召开

2019 年 12 月 13 日，中国财务公司协会第九届十二次理事会议在济南召开

2019 年 12 月 12 日，中国财务公司协会第九届十次监事会议在济南召开

2019 年 8 月 7 日，中国财务公司协会第九届监事会领导郝彬、李玉平等一行 12 人莅临中联重科集团财务有限公司开展专项调研

2019 年 12 月 12 日，中国财务公司协会会长盖永光出席第二十二次会员大会

2019 年 12 月 12 日，中国财务公司协会党委书记张永军出席第二十二次会员大会

2019 年 12 月 12 日，中国财务公司协会专职副会长李玉平出席第二十二次会员大会

2019 年 12 月 12 日，中国财务公司协会纪委书记曹春彦出席第二十二次会员大会

2019 年 12 月 12 日，中国财务公司协会专职副会长陶东平出席第二十二次会员大会

2019 年 12 月 12 日，中国财务公司协会秘书长李矛斗出席第二十二次会员大会

2019 年 5 月 10 日，广东银保监局党委书记、局长裴光到广东温氏集团财务有限公司调研

2019 年 9 月 25 日，江苏银保监局党委书记、局长熊涛到连云港港口集团财务有限公司调研

2019 年 6 月 27 日，中国财务公司协会党委书记张永军一行 5 人到中铁财务有限责任公司调研

2019 年 8 月 23 日，中国财务公司协会党委书记张永军一行来到陕西，在延长石油科研中心大楼召开陕西地区财务公司座谈会

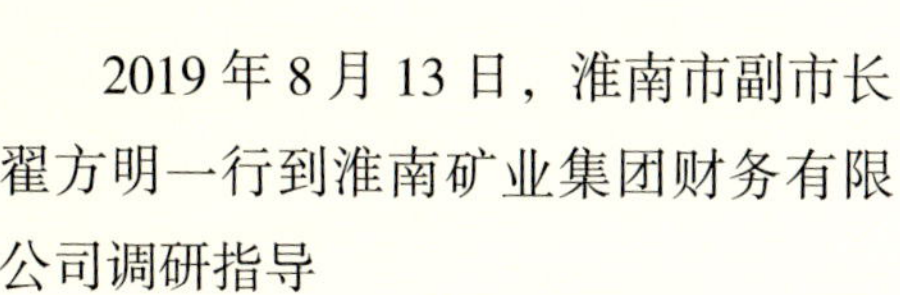

2019 年 8 月 13 日，淮南市副市长翟方明一行到淮南矿业集团财务有限公司调研指导

2019 年 9 月 24 日，北京银保监局副局长吴静春一行到北京首农食品集团财务有限公司成员企业调研，并与首农食品集团党委书记、董事长王国丰座谈交流

2019 年 10 月 31 日，广东银保监局副局长刘坚一行到格力电器、珠海格力集团财务有限公司参观调研并座谈

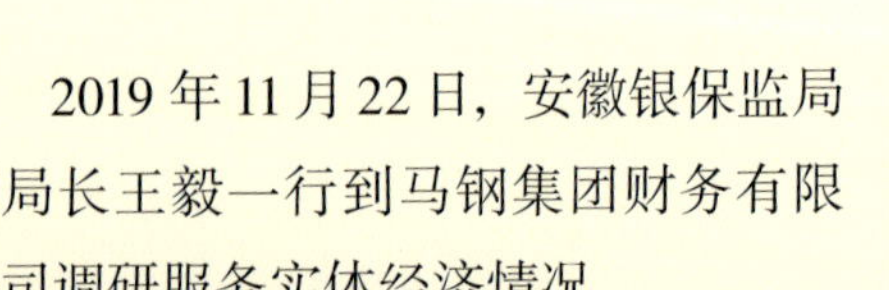

2019 年 11 月 22 日，安徽银保监局副局长王毅一行到马钢集团财务有限公司调研服务实体经济情况

2019 年 5 月 30 日，国家外汇管理局福建省分局巡视员陈耕到紫金矿业集团财务有限公司调研

2019 年 3 月 27 日，中国财务公司协会专职副会长李玉平、纪委书记曹春彦一行到商飞集团财务有限责任公司调研

2019 年 7 月 11 日，中国财务公司协会专职副会长陶东平一行到中国铁建财务有限公司调研

2019 年 6 月 24 日，中国人民银行武汉分行谢崇礼处长一行到湖北宜化集团财务有限责任公司检查指导工作

2019 年 9 月 11 日，上海银保监局非银处处长韩延瑜一行对宝钢集团财务有限责任公司进行专项现场检查

2019 年 12 月 4 日，安徽省银保监局非银处处长黄永中一行到淮北矿业集团财务有限公司进行专题调研

2019 年 11 月 14 日，青岛银保监局统信处处长李书海、人事处处长徐英杰一行到青岛港财务有限责任公司进行党建调研，并考察自动化码头

2019 年 5 月 15 日，上海市总工会资产部部长黄银萍到光明食品集团财务有限公司调研财务共享平台建设工作

2019 年中国财务公司协会全体人员合影

2019 年 3 月，国机财务有限责任公司支持成员企业年产 10 万吨变压器油装置 1.4 亿元融资租赁项目现场

2019 年 5 月，中建财务有限公司举办中国建筑新型融资业务交流研讨会

2019 年 5 月 10 日，山东黄金集团财务有限公司承办中国人民银行“驻济财务公司产融结合与协同发展磋商机制”第五次会议

2019 年 5 月 16 日，中国铁建财务有限公司与电气化局集团在长沙共同举办 2019 年度资金管理暨产融结合研讨会

2019 年 6 月 26 日，国家电投集团财务有限公司与国家电投广东公司签署《金融服务战略合作框架协议》

2019 年 9 月 3 日，申能集团财务有限公司参加中国人民银行绿色信贷经验成果交流会，“绿色信贷支持临港海上风电项目案例”被收入《上海地区金融机构绿色信贷案例汇编》

2019 年 10 月 23 日，粤海集团财务有限公司拜访飞来峡水利枢纽并推进存贷款合作

2019 年 10 月至 11 月，中车财务有限公司在海口、成都成功举办两期“延伸产业链金融与业务交流会”，向产业链上下游企业推介公司产业链金融业务，当年即实现 11 家 4.23 亿元延伸产业链金融业务落地

2019 年 11 月 14 日，山东能源集团财务有限公司承办中国人民银行“驻济财务公司深化产融结合与协同发展磋商机制”第六次会议

2019 年 11 月 16 日，陕西煤业化工集团财务有限公司主办以“践行新时代使命、聚力高质量发展”为主题的第三期产融论坛

2019 年 1 月 19 日，中国电子财务有限责任公司召开 2019 年工作会暨公司战略发展与企业文化建设研讨会

2019 年 2 月 25 日，首钢集团财务有限公司总经理与高管、各部门签订 2019 年目标责任书

2019 年 3 月 8 日，南山集团财务有限公司召开第四届董事会第三次会议

2019年5月9日，南航集团公司党组成员、总会计师肖立新到中国南航集团财务有限公司开展监管评级提升专题调研

2019年6月18日，江西铜业集团财务有限公司召开2019年第二次董事会暨第一次股东会、监事会

2019年6月18日，上海浦东发展集团财务有限责任公司召开六届21次董事会、第77次股东会

2019 年 6 月 24 日，开滦集团财务有限责任公司召开股东会第八次会议、董事会三届三次会议

2019 年 6 月 28 日，重庆化医控股集团财务有限公司召开第三次股东会暨第三届董事会第八次会议

2019 年 7 月 23 日，中国航油集团财务有限公司举办首届合规知识竞赛

2019 年 7 月 29 日，五矿集团财务有限责任公司参加“HW2019”实网攻防演习活动

2019 年 7 月 30 日，北京市地方金融监督管理局研究室相关领导到西门子财务服务有限责任公司调研

2019 年 8 月 8 日，重庆机电控股集团财务有限公司召开工会成立暨第一届会员大会

2019 年 8 月 16 日，航天科工集团公司党组书记、董事长高红卫到航天科工财务有限责任公司现场调研

2019 年 8 月 23 日，集团领导到港中旅财务有限公司调研指导

2019 年 9 月 19 日，中国能源建设财务有限公司举办首届“菁英人才”培训班开班仪式

2019 年 9 月 27 日，酒钢集团财务有限公司开展扫黑除恶宣传专题活动

2019 年 10 月 25 日，航天科技集团公司副总张建恒到航天科技财务有限责任公司调研经营管理情况

2019 年 11 月 7 日，中国重汽财务有限公司总经理韩文杰参加山东银保监局辖内财务公司改革发展与风险防控专题会议，并代表财务公司发言

2019 年 3 月 15 日，一汽财务有限公司与徐工集团财务有限公司签署战略合作协议

2019 年 6 月 3 日，上海上实集团财务有限公司开展机器人流程自动化培训

2019 年 7 月 3 日，中国南航集团财务有限公司到访中广核财务有限责任公司交流司库经验

2019 年 7 月 10 日，国药集团财务有限公司接待大唐电信集团财务有限公司来访调研

2019 年 7 月 18 日，江西高速集团财务有限公司协调组织江西省内三家财务公司与联通集团财务有限公司召开业务交流座谈会

2019 年 7 月 31 日，物产中大集团财务有限公司与物产环能签署财企战略合作协议

2019 年 8 月 1 日，中化集团财务有限责任公司“化小胖 APP”上线，实现办理流程可视化、客户服务线上化，有效提升集团产业链客户服务体验

2019 年 8 月 23 日，美的集团财务有限公司与浦发银行进行业务交流

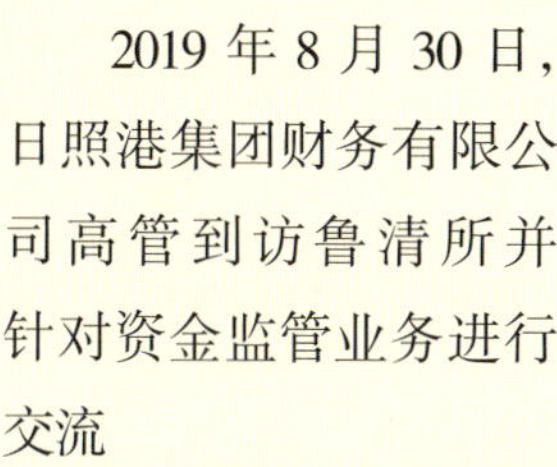
2019 年 8 月 30 日，日照港集团财务有限公司高管到访鲁清所并针对资金监管业务进行交流

2019 年 9 月 18—20 日，中国移动通信集团财务有限公司董事长朱毅一行赴浙江公司、浦发银行调研

2019 年 10 月 17 日，江苏省财务公司座谈会在江苏交通控股集团财务有限公司召开

2019 年 11 月 6 日，海南农垦集团财务有限公司协助集团发行“工银瑞投—海垦控股集团土地承包金资产支持专项计划”

2019 年 11 月 8 日，亨通财务有限公司与连云港港口集团财务有限公司签署战略合作协议

2019 年 11 月 19 日，哈尔滨电气集团财务有限责任公司同中国银行动力支行、哈电集团山西环保工程有限公司共同签署山西 BOT 项目首笔银团贷款协议

2019 年 11 月 19 日，中国华电集团财务有限公司组织召开 2019 年度发电行业财务公司同业对标交流会

2019 年 11 月 26—27 日，中国航发集团财务有限公司在成都举办票据业务推介会

2019 年 12 月 11 日，西电集团财务有限责任公司召开“青年金融创新论坛”研究课题立项启动会

2019 年 3 月 21 日，中远海运集团财务有限责任公司正式成立

2019 年 6 月 6 日，福建省交运集团财务有限公司举办开业仪式

2019 年 6 月 27 日，联通集团财务有限公司举办成立三周年庆祝活动

2019 年 7 月 26 日，中节能财务有限公司举办公司成立五周年庆典活动

2019 年 8 月 8 日，中开财务有限公司举办成立六周年庆祝活动

2019 年 9 月 9 日，中国化工财务有限公司举办成立十周年庆祝活动

2019 年 10 月 20 日，顺丰控股集团财务有限公司举办开业三周年庆祝活动

2019 年 11 月 7 日，福建省能源集团财务有限公司举行公司乔迁揭牌仪式

2019 年 12 月 20 日，东方国际集团财务有限公司完成名称变更

2019 年 12 月 26 日，晋煤集团财务有限公司召开公司成立十周年纪念大会

2019 年 12 月 27 日，广东省农垦集团财务有限公司正式挂牌营业

2019 年 12 月 28 日，浪潮集团财务有限公司举行开业揭牌仪式

2019 年 12 月 30 日，传化集团财务有限公司举行开业仪式

2019 年 1 月 和 12 月，海马财务有限公司开展万宁市北大镇北大村精准扶贫活动

2019 年 3 月 15 日，河钢集团财务有限公司参加“3 · 15”河北省诚信文化教育和征信专题宣传活动

2019 年 4 月 19 日，国新集团财务有限责任公司开展向中国国新定点扶贫县湖北利川扶贫捐款活动

2019年5月23日，中航工业集团财务有限责任公司在贵州省安顺市紫云县猴场镇猫场小学开展"我和我的祖国——航空工业'中国梦　航空梦'航空科普进校园"活动

2019年5月27—30日，新希望财务有限公司六·一"希愿"扶贫行动走进大凉山

2019年5月30日，山东重工集团财务有限公司与山艺爱心驿站共建龙湾小学"豆豆书屋"揭牌仪式成功举行

2019年6月14日，中交财务有限公司党委书记、总经理游华一行赴新疆英吉沙县芒辛镇开展扶贫调研

2019 年 6 月 21 日，青岛啤酒财务有限责任公司与银行同业一同开展征信、党建、扫黑除恶宣传活动

2019 年 6 月 27 日，兖矿集团财务有限公司深入矿区开展“金融知识万里行”活动，活动主题为“普及金融知识、畅享美好生活”“珍惜一生血汗、远离非法金融”

2019 年 7 月 4 日，中国华能财务有限责任公司在榆林市横山区第五小学举办爱心助学捐赠仪式

2019 年 7 月 17 日，湖北交投集团财务有限公司开展“青春交投　筑梦童年”精准扶贫社会实践活动

2019 年 8 月，西部矿业集团财务有限公司开展防范非法集资、反洗钱等宣传活动

2019 年 8 月 15 日，上海华谊集团财务有限责任公司组织开展“阳光益行，助学圆梦”爱心捐助活动

2019 年 8 月 22 日，厦门海翼集团财务有限公司组织开展“金融知识万里行”活动

2019 年 9 月 24 日，太钢集团财务有限公司开展“金融知识进万家”活动

2019 年 10 月 29 日，北大方正集团财务有限公司开展关爱听障儿童公益活动

2019 年 10 月 30 日，广东省交通集团财务有限公司开展 2019 年平安金融宣传月活动

2019 年 11 月 7 日，中核财务有限责任公司向定点扶贫县捐建的“核爱书屋”正式建立并揭牌

2019 年 11 月 12 日，振华集团财务有限责任公司党支部组织自愿者向养老院献爱心

2019年11月30日，云南昆钢集团财务有限公司回访挂联贫困户

2019年12月11日，三峡财务有限责任公司党委爱心捐赠巫山县田家小学

2019年12月12日，湖南高速集团财务有限公司党支部组织党员前往长沙市第一社会福利院开展慰问活动，捐助物资近两万元

2019年12月24日，上海外高桥集团财务有限公司与宣桥镇光辉村扶贫签约

2019 年 1 月 30 日，江苏省国信集团财务有限公司为员工举办集体庆生活动，公司领导班子为过生日的员工送上祝福，全体员工共同参加

2019 年 4 月 16 日，广州汽车集团财务有限公司在《欧洲金融》“2019 陶朱奖”评选中被评为“最佳财务公司奖”

2019 年 4 月 25 日，广西交通投资集团财务有限责任公司举办十九大精神暨金融知识竞赛活动

2019 年 4 月 29 日，浙江海港集团财务有限公司举行纪念五四运动 100 周年“快闪”活动。

2019年5月5日，在“出征，百年北汽——北汽集团2019年五一表彰大会”上，北京汽车集团财务有限公司荣获“2019年首都劳动奖状”，这是北汽财务公司继“首都文明单位”后获得的又一省部级集体荣誉

2019年5月17日，北京首都旅游集团财务有限公司组织员工参观世园会

2019年5月22日，陕西投资集团财务有限责任公司组织开展保护环境志愿服务活动

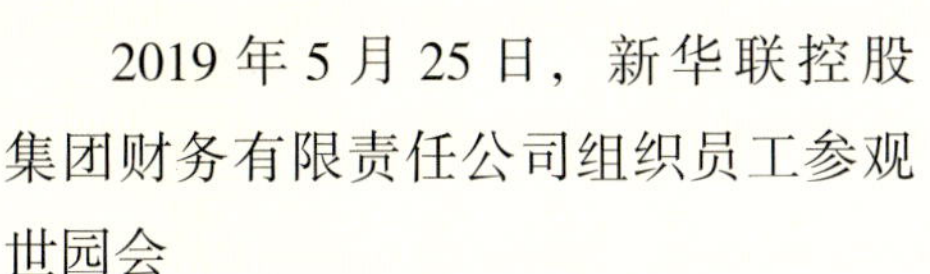

2019年5月25日，新华联控股集团财务有限责任公司组织员工参观世园会

2019 年 5 月 26 日，大连港集团财务有限公司组织开展徒步健身活动

2019 年 5 月 28 日，上海电气集团财务有限责任公司员工参加上海电气金融集团举办的“产融征新程　共筑电气梦”表彰大会暨文艺汇演

2019 年 6 月，华联财务有限责任公司组织员工参观世园会

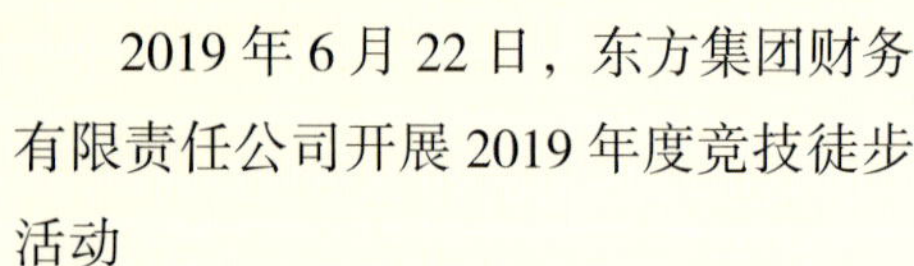

2019 年 6 月 22 日，东方集团财务有限责任公司开展 2019 年度竞技徒步活动

2019 年 6 月 22 日，甘肃电投集团财务有限公司组织开展素质拓展活动

2019 年 8 月 16 日，包钢集团财务有限责任公司开展“不忘初心、牢记使命”金融知识宣传入厂矿公益活动

2019 年 9 月 6 日，中国电力财务有限公司举办“我和祖国共奋进”庆祝新中国成立 70 周年主题诵读歌会

2019 年 9 月 12 日，南方电网财务有限公司直属营业部在广州金融业协会举办的“第三届广州金融服务之星”评选活动中获得“最佳金融服务窗口”奖项，公司员工荣获“最佳金融服务明星”称号

2019 年 9 月 19 日，中国石化财务有限责任公司第四届员工风采大赛在郑州举办

2019 年 9 月 21 日，日立（中国）财务有限公司大阪年度旅游集体照

2019 年 9 月 21 日，中集集团财务有限公司参加中集集团庆祝新中国成立 70 周年暨集团投产 37 周年合唱比赛

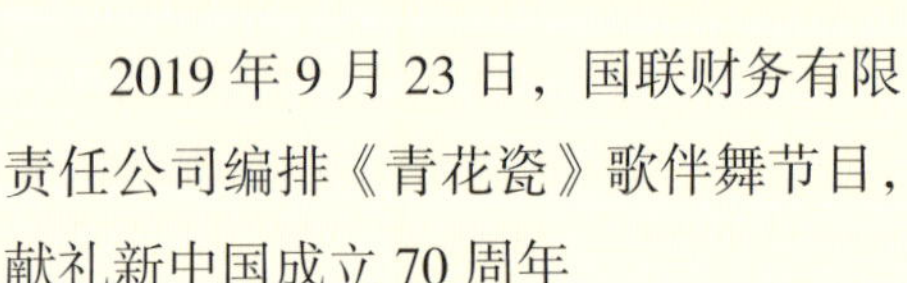

2019 年 9 月 23 日，国联财务有限责任公司编排《青花瓷》歌伴舞节目，献礼新中国成立 70 周年

2019 年 9 月 25 日，保利财务有限公司荣获北京市东城区“百强企业”荣誉称号

2019 年 9 月 26 日，首都机场集团财务有限公司组织歌唱祖国红歌会活动

2019 年 9 月 30 日，正泰集团财务有限公司开展“我和我的祖国”庆祝新中国成立 70 周年活动

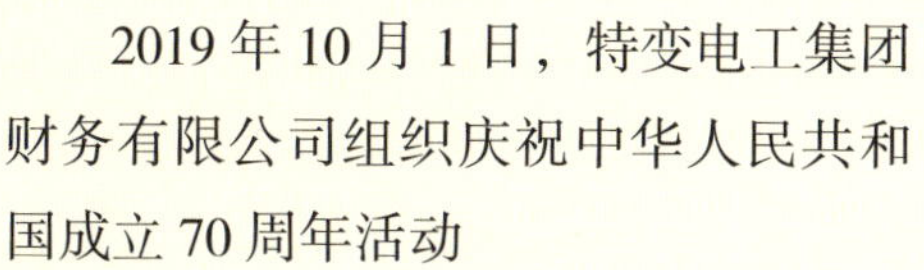

2019 年 10 月 1 日，特变电工集团财务有限公司组织庆祝中华人民共和国成立 70 周年活动

2019年10月6日，山东招金集团财务有限公司开展“发掘体能、超越自我”拓展训练活动

2019年10月19日，厦门翔业集团财务有限公司参加集团运动会

2019年10月19日，中国铁路财务有限责任公司组织职工赴北京市怀柔区黄花城水长城风景区进行团队拓展活动

2019年10月27日，兵器装备集团财务有限责任公司举办周年庆读书会

2019 年 11 月 2 日，红星美凯龙家居集团财务有限责任公司开展“沐雨栉风豪情未来”业务研讨会及户外拓展活动

2019 年 11 月 7 日，兵工财务有限责任公司参加集团职工运动会

2019 年 11 月 9 日，广东省广晟财务有限公司参加 2019 年广东省国有企业进校园活动

2019 年 11 月 13 日，浙江省能源集团财务有限责任公司 2019 年趣味运动会在杭州植物园举行

2019 年 11 月 16 日，中兴通讯集团财务有限公司开展“凝聚兴力量 携手创未来”户外团建活动

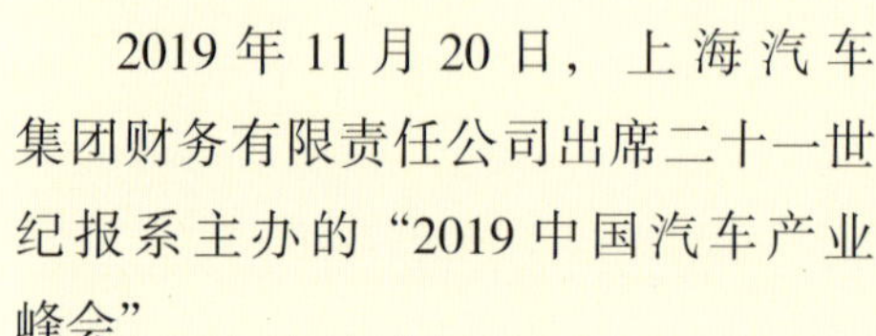
2019 年 11 月 20 日，上海汽车集团财务有限责任公司出席二十一世纪报系主办的“2019 中国汽车产业峰会”

2019 年 11 月 22 日，TCL 集团财务有限公司举办“鲲鹏展万里 百战创新高”全员徒步活动

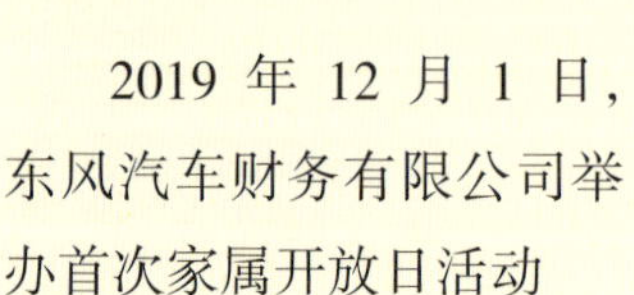
2019 年 12 月 1 日，东风汽车财务有限公司举办首次家属开放日活动

2019年12月12日，广东粤电财务有限责任公司在“2019中国金融机构金牌榜·金龙奖”评选中被评为“年度全国最佳财务公司”，实现这一金融行业重要年度评选活动的“四连冠”

2019年12月21日，中煤财务有限责任公司开展公司团队建设活动

2019年12月26日，鞍钢集团财务有限责任公司工会组织跳棋比赛

2019年12月31日，中国黄金集团财务有限公司年终结转全家福留念

2019 年 3 月 8 日，红豆集团财务有限公司组织员工参观沙家浜红色革命基地

2019 年 3 月 22 日，云南云天化集团财务有限公司与中国人民银行昆明中心支行调统处党建共联，一同开展共建绿水青山主题党日种树活动

2019 年 4 月 20 日，中冶集团财务有限公司开展“缅怀先烈，播种绿色”主题党日活动

2019 年 4 月 28 日，沙钢财务有限公司与上海浦东发展银行张家港支行举行共联共建签约揭牌仪式

2019 年 4 月 28 日，上海文化广播影视集团财务有限公司党支部开展重温入党誓词主题党日活动

2019 年 5 月，中信财务有限公司开展“学古田悟初心　谋新篇建新功”主题党日活动

2019 年 5 月 4 日，内蒙古电力集团财务有限责任公司举办纪念“五四运动”100 周年党团日活动

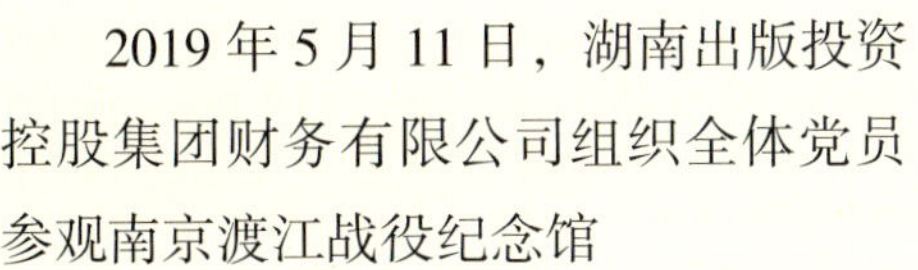

2019 年 5 月 11 日，湖南出版投资控股集团财务有限公司组织全体党员参观南京渡江战役纪念馆

2019 年 5 月 13 日，重庆能源集团开展反腐倡廉警示教育，重庆市能源投资集团财务有限公司领导班子成员参加

2019 年 5 月 14 日，诚通财务有限责任公司开展警示教育活动，参观圆明园腐败警示教育基地

2019 年 5 月 16 日，中国电建集团财务有限责任公司与中国银行北京分行在河北雄安新区开展党建共建活动

2019 年 5 月 18 日，营口港务集团财务有限公司开展“不忘初心　勇攀高峰”登山活动

2019年5月18日，云南建投集团财务有限公司到云南陆军讲武堂开展实地党性教育活动

2019年5月25日，中船重工财务有限责任公司以“倾听历史回声，吹响时代号角”为主题，在北京市门头沟区平西情报交通联络站展览馆开展爱国主义教育活动

2019年6月3日，中化工程集团财务有限公司开展“不忘初心、牢记使命”主题教育活动

2019 年 6 月 13—15 日，清华控股集团财务有限公司党支部举办以“踏寻建党初心　感悟领袖精神”为主题的红色学习实践活动

2019 年 6 月 21 日，国投财务有限公司党支部组织全体党员赴李大钊烈士陵园和西山无名英雄纪念广场开展“不忘初心、牢记使命”主题党日活动

2019 年 6 月 25 日，安徽省皖北煤电集团财务有限公司组织全体党员赴宿州革命烈士陵园进行革命传统教育，缅怀彭雪枫将军的英雄事迹

2019 年 6 月 29 日，江铃汽车集团财务有限公司组织员工前往嘉兴开展“弘扬红船精神，走好新时代长征路”现场教学活动

2019 年 6 月 30 日，河北港口集团财务有限公司开展“不忘初心、牢记使命”党日活动

2019 年 7 月 1 日，本钢集团财务有限公司开展党员过政治生日活动

2019 年 7 月 10 日，神华财务有限公司党委与中船财务有限责任公司党委深入开展“不忘初心、牢记使命”主题教育集体学习研讨、调查研究共建活动

2019 年 7 月 12 日，江苏凤凰出版传媒集团财务有限公司赴南京渡江胜利纪念馆开展“不忘初心、牢记使命”主题教育党日活动

2019 年 7 月 13 日，忠旺集团财务有限公司开展七一党建暨 2019 年夏季露营拓展活动

2019 年 7 月 16 日，天津港财务有限公司组织全体党员赴太平洋国际集装箱码头公司重走习近平总书记视察天津港之路

2019 年 7 月 28 日，海亮集团财务有限责任公司与中国农业银行江锦支行开展党建共建活动

2019 年 8 月 9 日，湖南华菱钢铁集团财务有限公司党支部与浦发银行长沙分行公司及金融市场板块党支部开展支部共建活动

2019 年 8 月 20 日，京能集团财务有限公司赴北京市海淀区反腐倡廉警示教育基地开展警示教育活动

2019 年 9 月，四川长虹集团财务有限公司开展党建结对共建活动

2019 年 9 月 19 日，天津物产集团财务有限公司为庆祝中华人民共和国成立 70 周年，组织公司员工参观梁启超纪念馆

2019 年 9 月 21 日，潞安集团财务有限公司党支部为庆祝中华人民共和国成立 70 周年，开展沿“三河一渠”徒步活动

2019 年 10 月，新凤祥财务有限公司党支部开展特色党建活动

2019 年 10 月 17 日，天津医药集团财务有限公司开展“不忘初心、牢记使命”主题教育观影活动

2019 年 10 月 17 日，四川省宜宾五粮液集团财务有限公司党支部组织党员参观赵一曼纪念馆

2019 年 10 月 18 日，山西焦煤集团财务有限责任公司党支部组织干部职工参观庆祝中华人民共和国成立 70 周年大会上游行的“奋进山西”彩车

2019年10月19日，北京金隅财务有限公司与交通银行北京阜外支行开展党员共建活动

2019年10月26日，供销集团财务有限公司开展党建活动

2019年10月29日，北京控股集团财务有限公司在圆明园遗址开展主题党日活动

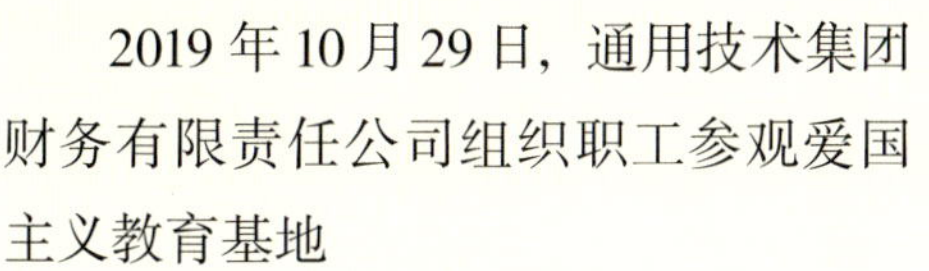

2019年10月29日，通用技术集团财务有限责任公司组织职工参观爱国主义教育基地

2019 年 11 月 2 日，珠海华发集团财务有限公司全体党员参加汕尾红色之旅学习活动

2019 年 11 月 3 日，江苏悦达集团财务有限公司开展“不忘初心、牢记使命”主题教育活动

2019 年 12 月 1 日，浙江省交通投资集团财务有限责任公司与中国人民银行杭州中心支行货币信贷处党支部开展联学共建活动

2019 年 12 月 25 日，大同煤矿集团财务有限责任公司召开党支部换届改选大会

统计资料

经营状况综合统计

财务公司资产、负债、权益统计表

（2019 年）　　单位：万元

机　　构	资产			负债		所有者权益	
	总额	其中：贷款	其中：投资	总额	其中：存款	总额	其中：资本金
TCL 集团财务有限公司	1910104	579643	3059	1727522	1643388	182582	150000
安徽省能源集团财务有限公司	411654	244634	0	343881	341010	67772	50000
安徽省皖北煤电集团财务有限公司	385636	264700	0	316578	315464	69058	50000
鞍钢集团财务有限责任公司	2484117	1336055	154301	1787529	1561664	696588	400000
百联集团财务有限责任公司	1531645	382077	89036	1412155	1382382	119490	80000
包钢集团财务有限责任公司	978997	446358	0	791977	764601	187021	130000
宝钢集团财务有限责任公司	1965968	521758	21143	1725286	1541478	240682	140000
宝塔石化集团财务有限公司	823534	1544817	0	1375327	5363	-551793	200000
保利财务有限公司	6408822	960804	154000	6046930	6020812	361892	200000
北大方正集团财务有限公司	808435	791936	0	238465	231031	569970	500000
北京金融街集团财务有限公司	488289	135000	0	399053	398147	89236	80000
北京金隅财务有限公司	2501887	1118197	121897	2122903	2114315	378984	300000
北京控股集团财务有限公司	1795179	726415	75595	1535596	1517805	259583	200898
北京汽车集团财务有限公司	3936532	2153786	140525	3620718	2834472	315813	250000
北京首都旅游集团财务有限公司	996943	390515	126341	751886	748227	245057	200000
北京首农食品集团财务有限公司	1245308	701424	100	1034080	1033480	211228	200000
本钢集团财务有限公司	1881223	1549700	0	1556546	1204281	324677	300000
兵工财务有限责任公司	9496785	2294199	353232	8830814	8640835	665971	317000
兵器装备集团财务有限责任公司	5277132	2411445	234345	4472965	3488055	804167	303300
渤海钢铁集团财务有限公司	214143	0	201939	526	226	213617	200000
诚通财务有限责任公司	2294140	876000	214000	1647470	1322179	646670	500000
重庆化医控股集团财务有限公司	360945	190259	0	238444	219385	122501	50000
重庆机电控股集团财务有限公司	368708	218453	0	285658	276589	83050	60000
重庆力帆财务有限公司	858973	867589	0	549594	135118	309379	300000
重庆市能源投资集团财务有限公司	678960	442700	0	544726	435750	134233	100000
传化集团财务有限公司	50047	0	0	21	0	50026	50000
创维集团财务有限公司	967086	571140	0	800302	582434	166784	122345
大连港集团财务有限公司	919183	332117	0	657709	653597	261474	200000
大唐电信集团财务有限公司	348215	148100	5788	224350	222118	123866	100000
大同煤矿集团财务有限责任公司	2320454	1614255	153481	1748672	1446420	571782	300000
东方电气集团财务有限公司	3846010	263473	143954	3527623	3444455	318386	209500
东方国际集团财务有限公司	785442	145720	0	683138	681707	102304	100000
东方集团财务有限责任公司	705692	606132	0	396616	248919	309076	300000
东风汽车财务有限公司	9217099	7754279	10041	7866058	6330386	1351042	900000
东航集团财务有限责任公司	1150271	593109	118681	899290	855250	250981	200000
东旭集团财务有限公司	3055704	2920180	0	2540639	1117552	515065	500000

续表

机　　构	资产			负债		所有者权益	
	总额	其中:贷款	其中:投资	总额	其中:存款	总额	其中:资本金
鄂尔多斯财务有限公司	1011763	643185	0	752843	551871	258921	200000
福建七匹狼集团财务有限公司	203339	129362	31266	151287	141057	52052	50000
福建省交运集团财务有限公司	304753	97920	0	254391	253335	50362	50000
福建省能源集团财务有限公司	1448089	408746	72580	1258067	1226153	190022	100000
甘肃电投集团财务有限公司	319391	80800	0	259980	259136	59411	50000
港中旅财务有限公司	1295223	704540	111043	1047445	1040412	247778	200000
供销集团财务有限公司	512723	120816	0	460457	454495	52266	50000
光明食品集团财务有限公司	2383467	1092798	211859	2075497	2063458	307970	200000
广东能源集团财务有限公司	2044319	1402529	207379	1652866	1642714	391453	300000
广东省广晟财务有限公司	548409	306181	0	426363	421657	122046	100000
广东省交通集团财务有限公司	2078673	912836	30012	1816686	1811890	261988	200000
广东省农垦集团财务有限公司	50473	4800	0	402	0	50071	50000
广东温氏集团财务有限公司	477349	82806	0	376531	376022	100818	100000
广西交通投资集团财务有限责任公司	1548296	939800	51450	1202517	1194698	345778	250000
广州发展集团财务有限公司	641305	270259	0	521045	517853	120261	100000
广州汽车集团财务有限公司	2799653	510029	15009	2641786	2512420	157867	100000
贵州茅台集团财务有限公司	12459621	5000	0	11848104	11630492	611517	250000
贵州盘江集团财务有限公司	227549	120600	0	171661	150857	55888	50000
国电财务有限公司	3931688	2515195	523332	3081893	3071477	849796	505000
国机财务有限责任公司	3880046	1010794	179451	3596120	3550288	283926	150000
国家电投集团财务有限公司	4671826	3250361	224075	3630769	3618462	1041057	600000
国联财务有限责任公司	504155	286658	10000	433874	425226	70281	50000
国投财务有限公司	3435348	1905459	504946	2704423	2681123	730925	500000
国新集团财务有限责任公司	1099697	205825	0	892751	887466	206946	200000
国药集团财务有限公司	2108076	189653	0	2014999	2005220	93078	50000
哈尔滨电气集团财务有限责任公司	1203390	224764	38025	995414	995435	207976	150000
海尔集团财务有限责任公司	6747612	4120173	516903	5316514	3333606	1431098	700000
海航集团财务有限公司	3960782	2794823	350997	2844215	1690287	1116567	800000
海亮集团财务有限责任公司	1206935	987640	96000	975925	887841	231010	150000
海马财务有限公司	230858	118546	50400	105596	92265	125263	95000
海南农垦集团财务有限公司	638003	245536	50200	570185	566315	67817	50000
海信集团财务有限公司	2385843	930396	141355	2030302	1848036	355541	130000
杭州锦江集团财务有限责任公司	290934	149500	0	164941	133473	125993	120000
航天科工财务有限责任公司	9719864	1427283	162239	9064641	9037641	655224	438489
航天科技财务有限责任公司	12489933	4017007	906012	11348543	11299564	1141391	650000
河北港口集团财务有限公司	502453	248887	95107	334752	332962	167701	150000
河北建投集团财务有限公司	1066998	509620	90748	931372	927193	135626	100000
河钢集团财务有限公司	2744329	1784500	0	2423103	2317513	321226	256000

续表

机　　构	资产			负债		所有者权益	
	总额	其中:贷款	其中:投资	总额	其中:存款	总额	其中:资本金
河南能源化工集团财务有限公司	1761051	1422500	1735	1275262	1165187	485789	300000
河南双汇集团财务有限公司	440036	273500	0	322029	257160	118007	80000
亨通财务有限公司	448618	370776	1000	361925	225251	86693	60000
红豆集团财务有限公司	409394	242056	14654	242599	207661	166795	100000
红星美凯龙家居集团财务有限责任公司	404023	201729	0	334459	333234	69565	60000
湖北交投集团财务有限公司	1864254	916769	45018	1668854	1657127	195400	150000
湖北宜化集团财务有限责任公司	223964	207300	0	160723	159853	63241	50000
湖南出版投资控股集团财务有限公司	1214601	29900	88012	1009005	1004570	205596	100000
湖南高速集团财务有限公司	743179	130000	85000	610792	610323	132387	100000
湖南华菱钢铁集团财务有限公司	1188257	229700	219110	851409	492450	336848	260000
华联财务有限责任公司	1038193	957970	28037	707552	609470	330641	250000
淮北矿业集团财务有限公司	562149	311496	81798	448354	443141	113795	80000
淮南矿业集团财务有限公司	1272524	666300	184570	1011478	1007535	261046	200000
吉林森林工业集团财务有限责任公司	439763	393715	0	372306	368235	67457	50000
冀中能源集团财务有限责任公司	990465	893980	4146	703456	647881	287008	200000
江铃汽车集团财务有限公司	1040791	711384	22730	925196	835952	115595	50001
江苏凤凰出版传媒集团财务有限公司	1062246	46500	87522	932196	931785	130050	100000
江苏国泰财务有限公司	274274	34000	0	113706	112893	160568	150000
江苏华西集团财务有限公司	195766	171100	0	110337	100872	85430	50000
江苏交通控股集团财务有限公司	1509168	650032	30045	1261198	1258068	247970	160000
江苏省国信集团财务有限公司	1923731	1100000	11055	1725827	1720062	197903	150000
江苏悦达集团财务有限公司	414146	261500	2000	313328	312067	100819	80000
江西高速集团财务有限公司	1118656	482265	0	596613	593887	522043	510000
江西铜业集团财务有限公司	1633003	637151	142335	1295551	1284923	337452	100000
金川集团财务有限公司	553711	410720	0	405437	361050	148274	100000
锦江国际集团财务有限责任公司	930722	354341	20436	857474	851833	73248	50000
晋煤集团财务有限公司	1558361	538809	116085	1394553	1306880	163808	100000
京能集团财务有限公司	2087694	1457124	129664	1712490	1677451	375204	300000
酒钢集团财务有限公司	1299270	1064378	49777	906589	869000	392681	300000
巨化集团财务有限责任公司	448642	299020	36746	335096	327408	113546	80000
开滦集团财务有限责任公司	914407	558941	140483	674401	666810	240007	200000
连云港港口集团财务有限公司	385438	202550	0	273918	272689	111520	100000
联通集团财务有限公司	5390586	1956914	0	4964602	4925642	425984	300000
潞安集团财务有限公司	1998123	870686	181686	1665450	1654493	332673	235000
马钢集团财务有限公司	2190876	584900	210491	1876181	1689759	314695	200000
美的集团财务有限公司	2950361	201587	76642	2374607	1949313	575753	350000
南方电网财务有限公司	6606412	4630028	180801	5600751	5490831	1005661	700000
南山集团财务有限公司	1390391	724679	92160	1215105	1015561	175286	80000

续表

机构	资产			负债		所有者权益	
	总额	其中:贷款	其中:投资	总额	其中:存款	总额	其中:资本金
内蒙古电力集团财务有限责任公司	802998	170797	0	572751	571268	230247	100000
内蒙古伊泰财务有限公司	984589	465000	0	837920	836016	146669	100000
青岛港财务有限责任公司	1635861	491090	141856	1419610	1402799	216251	100000
青岛啤酒财务有限责任公司	1623331	64784	152379	1359060	1350158	264271	100000
青建集团财务有限责任公司	407384	239738	0	316980	205339	90404	80000
清华控股集团财务有限公司	1723920	405632	0	1373340	1364199	350580	300000
日立（中国）财务有限公司	472484	259846	0	421848	415781	50636	30000
日照港集团财务有限公司	474565	350831	0	349765	339753	124800	100000
三房巷财务有限公司	237710	195000	0	182806	170049	54905	50000
三环集团财务有限公司	174658	141381	0	140095	117726	34563	30000
三峡财务有限责任公司	6618995	3991391	470878	5571511	5543397	1047484	500000
沙钢财务有限公司	850103	251000	74279	667360	662596	182743	100000
山东晨鸣集团财务有限公司	1353312	868041	145073	794567	637272	558745	500000
山东钢铁集团财务有限公司	1634026	533350	115681	1248825	1159067	385201	300000
山东黄金集团财务有限公司	699902	441622	88968	353481	348823	346421	300000
山东能源集团财务有限公司	1809384	1097300	0	1365386	1310611	443998	300000
山东省商业集团财务有限公司	850056	633185	116009	614599	523609	235457	200000
山东招金集团财务有限公司	589780	87300	40099	429040	343696	160740	150000
山东重工集团财务有限公司	3215094	1355816	200000	2936145	2753265	278949	160000
山西焦煤集团财务有限责任公司	3026439	1130600	271221	2535086	2482038	491353	355000
陕西煤业化工集团财务有限公司	3259820	1026712	292409	2845632	2659638	414189	300000
陕西投资集团财务有限责任公司	513452	136460	0	407720	406857	105733	100000
陕西延长石油财务有限公司	1766872	918247	255593	1292974	1209674	473898	350000
商飞集团财务有限责任公司	1681202	5577	0	1512699	1511088	168503	160000
上海城投集团财务有限公司	100574	0	0	143	0	100430	100000
上海电气集团财务有限责任公司	7131510	2095185	495802	6452451	6369808	679059	220000
上海复星高科技集团财务有限公司	1307953	433010	98682	1099950	1083597	208002	150000
上海华信国际集团财务有限责任公司	828953	1092478	0	1260820	527333	-431867	200000
上海华谊集团财务有限责任公司	1795351	663900	106567	1646717	1627684	148634	100000
上海浦东发展集团财务有限责任公司	2231037	845606	174867	1989736	1894278	241301	100000
上海汽车集团财务有限责任公司	20612293	8997968	2350300	17384383	15731836	3227910	1538000
上海上实集团财务有限公司	1017290	221447	85881	891016	882330	126274	100000
上海外高桥集团财务有限公司	377934	185828	35002	321607	319519	56327	50000
上海文化广播影视集团财务有限公司	619021	161741	0	513125	508063	105896	100000
申能集团财务有限公司	2295125	1116470	202876	2014579	1924988	280546	150000
深圳华强集团财务有限公司	411157	234553	0	279594	256010	131563	100000
深圳能源财务有限公司	1687999	1136991	8332	1518834	1501657	169165	100000

续表

机　　构	资产			负债		所有者权益	
	总额	其中:贷款	其中:投资	总额	其中:存款	总额	其中:资本金
深圳市有色金属财务有限公司	200808	98200	0	144440	111267	56368	30000
神华财务有限公司	11825532	4300275	510861	11005273	10949335	820259	500000
首都机场集团财务有限公司	1839830	120043	90000	1678609	1664463	161221	50000
首钢集团财务有限公司	4720794	2853708	0	3602854	3263641	1117940	1000000
顺丰控股集团财务有限公司	2364453	920379	0	2224120	2207141	140333	100000
四川长虹集团财务有限公司	1937709	659555	21013	1700738	915432	236971	188794
四川省宜宾五粮液集团财务有限公司	4775362	666729	153466	4499013	4326823	276350	200000
松下电器（中国）财务有限公司	1058825	71162	0	945803	938795	113021	70000
苏州创元集团财务有限公司	207904	102021	13157	169728	167859	38176	30000
太钢集团财务有限公司	1260175	260329	221604	950764	869327	309412	200000
特变电工集团财务有限公司	521876	311100	0	416696	412490	105179	100000
天津渤海集团财务有限责任公司	334939	247551	4137	200284	150616	134655	100000
天津港财务有限公司	952066	605049	87308	703265	699010	248801	115000
天津能源集团财务有限公司	686162	146877	0	577193	575517	108970	100000
天津天保财务有限公司	934854	494017	80324	566100	532233	368754	300000
天津物产集团财务有限公司	2216925	2111342	0	1638342	625098	578582	500000
天津医药集团财务有限公司	222610	95250	0	167327	163189	55284	50000
天瑞集团财务有限责任公司	361973	266000	0	254817	151502	107156	100000
通用技术集团财务有限责任公司	2096547	1013334	10000	1833154	1827211	263393	229600
铜陵有色金属集团财务有限公司	843319	460786	30503	726245	705699	117073	80000
万向财务有限公司	1794874	1599808	17441	1540312	1413040	254562	120000
五矿集团财务有限责任公司	2293116	1015100	300434	1825248	1618588	467867	350000
武汉钢铁集团财务有限责任公司	712029	183525	90033	547823	544567	164206	120000
物产中大集团财务有限公司	1044453	517560	19000	918825	912037	125629	100000
物美商业财务有限责任公司	202404	25000	0	145868	145611	56536	50000
西部矿业集团财务有限公司	1363342	680867	151894	1059343	882780	304000	203339
西电集团财务有限责任公司	971375	404693	116654	784443	771248	186932	150000
西王集团财务有限公司	611210	465367	31	378166	185309	233044	200000
厦门海翼集团财务有限公司	354232	227511	0	254265	219735	99967	80000
厦门翔业集团财务有限公司	832519	207853	73325	700775	697507	131745	100000
新奥财务有限责任公司	1072253	714162	0	825113	806875	247140	200000
新凤祥财务有限公司	1021688	647235	86532	701427	352935	320261	300000
新华联控股集团财务有限责任公司	613069	539026	0	298462	80996	314607	300000
新疆金风科技集团财务有限公司	1086035	711317	0	782404	779742	303631	300000
新希望财务有限公司	1590779	287799	0	1434784	1127126	155995	103200
徐工集团财务有限公司	1962360	543775	0	1708287	1215280	254073	200000
兖矿集团财务有限公司	2469438	1096400	3202	2154525	2125197	314913	250000

续表

机构	资产			负债		所有者权益	
	总额	其中:贷款	其中:投资	总额	其中:存款	总额	其中:资本金
阳泉煤业集团财务有限责任公司	1672221	962194	26915	1304739	1256563	367482	177948
一汽财务有限公司	10998181	3632107	628076	9643041	9103428	1355140	220000
伊利财务有限公司	341111	261393	0	208394	206654	132717	100000
亿利集团财务有限公司	2065994	1912850	0	1524480	803680	541514	500000
营口港务集团财务有限公司	642843	369300	0	561044	558289	81799	50000
有色矿业集团财务有限公司	534235	199500	0	478632	477659	55602	50000
粤海集团财务有限公司	957706	303900	0	838374	835322	119332	100000
云南建投集团财务有限公司	1474924	497000	30216	1320815	1259842	154110	100000
云南昆钢集团财务有限公司	632330	317500	0	518610	340406	113720	100000
云南冶金集团财务有限公司	352471	179583	0	212774	132444	139697	112500
云南云天化集团财务有限公司	560024	334401	13000	444648	330247	115375	100000
招商局集团财务有限公司	5129998	3350435	60024	4514652	4478834	615346	500000
浙江海港集团财务有限公司	1805159	1012366	90000	1582447	1577043	222711	150000
浙江省交通投资集团财务有限责任公司	5183309	3351700	289376	4763391	4732485	419918	300000
浙江省能源集团财务有限责任公司	2844287	1450970	123470	2551430	2538211	292858	97074
振华集团财务有限责任公司	218231	44242	0	195824	195672	22407	15000
正泰集团财务有限公司	423258	190000	0	316802	315351	106456	100000
郑州宇通集团财务有限公司	769364	454654	63644	632762	597809	136602	100000
中车财务有限公司	4508900	1493506	274823	4111581	4036508	397319	220000
中船财务有限责任公司	7775021	1620289	539740	7038916	6976017	736106	300000
中船重工财务有限责任公司	11504074	4192776	713635	10455525	10203599	1048549	571900
中广核财务有限责任公司	4285008	2123841	197281	3831442	3818707	453565	300000
中国大唐集团财务有限公司	4191692	2717117	556711	3383015	3361247	808677	486987
中国电建集团财务有限责任公司	5133345	2614760	0	4590756	4539775	542589	500000
中国电力财务有限公司	27987203	19410339	840785	23947399	23374482	4039804	1800000
中国电信集团财务有限公司	1760257	1202500	0	1257699	1255080	502559	500000
中国电子财务有限责任公司	4708794	1199582	78210	4402273	4302336	306521	175094
中国电子科技财务有限公司	8420182	3373601	516369	7704655	7659226	715527	400000
中国航发集团财务有限公司	2471964	321910	0	2362128	2352916	109836	100000
中国航空集团财务有限责任公司	1495288	503553	126729	1315588	1309550	179700	112796
中国航油集团财务有限公司	1300481	237207	76636	1155101	1033477	145380	120000
中国核工业建设集团财务有限公司	143656	0	0	134	0	143523	100000
中国华电集团财务有限公司	4273189	2951867	396670	3453041	3229639	820148	500000
中国华能财务有限责任公司	4386622	3275280	381104	3680617	3467599	706006	500000
中国化工财务有限公司	1665014	820000	10139	1524247	1515832	140767	84123
中国黄金集团财务有限公司	755604	403923	2054	641571	637680	114032	100000
中国建材集团财务有限公司	1008490	300600	0	879308	877603	129182	100000

续表

机构	资产			负债		所有者权益	
	总额	其中:贷款	其中:投资	总额	其中:存款	总额	其中:资本金
中国南航集团财务有限公司	404555	209901	90144	173622	170329	230933	137773
中国能源建设集团财务有限公司	5152512	2034245	275838	4715965	4705234	436547	300000
中国平煤神马集团财务有限责任公司	1071265	402350	2020	747185	727354	324081	300000
中国石化财务有限责任公司	9791688	5476562	1496197	6983392	6299660	2808296	1800000
中国铁建财务有限公司	13532518	6352015	326117	12375881	12308944	1156637	900000
中国铁路财务有限责任公司	4931159	2525200	0	3692070	3679091	1239089	1000000
中国一拖集团财务有限责任公司	418321	231217	0	335853	300284	82468	50000
中国移动通信集团财务有限公司	16833616	2090000	1590197	14461514	14425482	2372102	1162778
中国重汽财务有限公司	3768872	1690840	151055	3274442	825405	494430	305000
中海石油财务有限责任公司	11535642	3562390	773717	10406515	10337128	1129127	400000
中航工业集团财务有限责任公司	11429666	2560256	419584	10778130	10723151	651536	250000
中核财务有限责任公司	7341778	4700984	545850	6459936	6413998	881842	401920
中化工程集团财务有限公司	2992884	629637	85112	2823272	2819731	169612	100000
中化集团财务有限责任公司	3101641	1883542	522351	2516786	2271381	584855	300000
中集集团财务有限公司	771807	332293	3127	609629	581613	162178	92000
中建财务有限公司	9592959	4235564	32000	8790968	8568570	801991	600000
中交财务有限公司	6646380	2652210	100000	6100948	6083144	545432	350000
中节能财务有限公司	1801086	1251479	50374	1409520	1404385	391566	300000
中开财务有限公司	559344	371270	29184	478997	475767	80346	50000
中联重科集团财务有限公司	891643	450500	50641	701300	620191	190344	150000
中粮财务有限责任公司	2126524	1565986	21473	1732589	1722305	393935	100000
中铝财务有限责任公司	3038469	1278450	189104	2501089	2292666	537380	400000
中煤财务有限责任公司	3282647	1314785	0	2868322	2858147	414325	300000
中铁财务有限责任公司	7891065	1666214	221895	6748960	6663719	1142105	900000
中信财务有限公司	6783949	2763709	561364	5992375	5415191	791574	475135
中兴通讯集团财务有限公司	1538826	74123	0	1316975	1301052	221850	100000
中冶集团财务有限公司	2726970	1330812	216149	2399680	2387217	327289	180000
中油财务有限责任公司	49045282	24062909	3661682	42028594	30211232	7016688	833125
中远海运集团财务有限责任公司	7647148	2964627	355966	7107781	7051619	539366	280000
忠旺集团财务有限公司	4146883	3434800	0	3559138	1237848	587746	500000
珠海格力集团财务有限责任公司	7045085	1745650	72247	6400106	6246433	644978	150000
珠海华发集团财务有限公司	3686618	2373980	135599	3243678	3127764	442940	200000
紫金矿业集团财务有限公司	805021	420681	209	688242	622520	116779	66860
总　计	700413903	310391400	35294061	601448416	553763918	98965488	61193478

注：①此表资产不含委托项。

②贷款包括短期贷款、中期贷款、长期贷款和融资租赁。

③投资包括债券、股票、长期股权及其他投资。

④此表为256家财务公司数据，不含西门子财务服务有限责任公司、浪潮集团财务有限公司。

财务公司收入、利润状况统计表

（2019 年）　　　　单位：万元

机　　构	利润总额	营业收入		
		总额	其中：利息收入	其中：中间业务收入
TCL 集团财务有限公司	14794	39239	40330	95
安徽省能源集团财务有限公司	7519	13738	13322	416
安徽省皖北煤电集团财务有限公司	7725	12891	12889	0
鞍钢集团财务有限责任公司	52984	93492	91948	610
百联集团财务有限责任公司	10690	45704	44481	189
包钢集团财务有限责任公司	21988	27228	26190	1037
宝钢集团财务有限责任公司	36200	69541	62748	1441
宝塔石化集团财务有限公司	－407226	1014	1014	0
保利财务有限公司	72023	204695	196984	243
北大方正集团财务有限公司	23965	37418	37417	0
北京金融街集团财务有限公司	4516	18947	18947	0
北京金隅财务有限公司	49400	79348	74257	31
北京控股集团财务有限公司	27165	55743	54002	20
北京汽车集团财务有限公司	9477	115464	114321	1005
北京首都旅游集团财务有限公司	11245	25059	22711	6
北京首农食品集团财务有限公司	3676	16871	16871	0
本钢集团财务有限公司	5529	51485	51368	0
兵工财务有限责任公司	51770	160390	156115	5379
兵器装备集团财务有限责任公司	165751	155074	133835	1554
渤海钢铁集团财务有限公司	4125	333	333	0
诚通财务有限责任公司	40765	80615	70330	132
重庆化医控股集团财务有限公司	9534	14749	14696	50
重庆机电控股集团财务有限公司	7882	12212	12094	88
重庆力帆财务有限公司	－16598	12356	12346	10
重庆市能源投资集团财务有限公司	9701	21072	21033	36
传化集团财务有限公司	35	47	47	0
创维集团财务有限公司	26881	37029	36206	499
大连港集团财务有限公司	18463	30635	30347	281
大唐电信集团财务有限公司	6277	9231	9063	14
大同煤矿集团财务有限责任公司	47753	107357	98469	2205
东方电气集团财务有限公司	40450	122343	107999	166
东方国际集团财务有限公司	7429	15426	14974	34
东方集团财务有限责任公司	6137	30931	30848	83
东风汽车财务有限公司	224481	526842	513569	3118
东航集团财务有限责任公司	14748	45609	35290	3113
东旭集团财务有限公司	1335	94276	94276	0

续表

机　　构	利润总额	营业收入		
		总额	其中：利息收入	其中：中间业务收入
鄂尔多斯财务有限公司	20408	35714	34641	1073
福建七匹狼集团财务有限公司	1080	8049	7678	15
福建省交运集团财务有限公司	524	2640	2640	0
福建省能源集团财务有限公司	27589	48843	44215	157
甘肃电投集团财务有限公司	6102	9976	9886	90
港中旅财务有限公司	17248	44173	38580	36
供销集团财务有限公司	2733	13358	13247	61
光明食品集团财务有限公司	32363	72911	66650	14
广东能源集团财务有限公司	40727	79380	70970	428
广东省广晟财务有限公司	9490	17529	17415	10
广东省交通集团财务有限公司	32909	66185	64725	60
广东省农垦集团财务有限公司	71	288	288	0
广东温氏集团财务有限公司	351	3668	3668	0
广西交通投资集团财务有限责任公司	37508	63471	59429	272
广州发展集团财务有限公司	8931	20806	20802	1
广州汽车集团财务有限公司	20940	56095	56086	0
贵州茅台集团财务有限公司	185843	342478	342447	0
贵州盘江集团财务有限公司	4340	6887	6887	0
国电财务有限公司	119642	148017	127502	941
国机财务有限责任公司	37436	90882	92422	2073
国家电投集团财务有限公司	82842	168992	148655	11587
国联财务有限责任公司	9508	18730	18612	109
国投财务有限公司	61675	104058	87694	1881
国新集团财务有限责任公司	9383	23066	23038	28
国药集团财务有限公司	14869	40830	40777	53
哈尔滨电气集团财务有限责任公司	24832	46262	45780	137
海尔集团财务有限责任公司	227030	323927	253791	7085
海航集团财务有限公司	10902	84527	84270	192
海亮集团财务有限责任公司	28529	45476	45206	271
海马财务有限公司	8268	17468	15656	10
海南农垦集团财务有限公司	11892	23788	20474	707
海信集团财务有限公司	47958	83722	67588	1623
杭州锦江集团财务有限责任公司	6633	10830	10817	13
航天科工财务有限责任公司	121404	201070	189016	1109
航天科技财务有限责任公司	221929	378492	285649	2266
河北港口集团财务有限公司	7804	16937	14001	133
河北建投集团财务有限公司	16377	33393	29026	154

续表

机　构	利润总额	营业收入		
		总额	其中：利息收入	其中：中间业务收入
河钢集团财务有限公司	36733	95693	92789	72
河南能源化工集团财务有限公司	49588	65364	64892	418
河南双汇集团财务有限公司	16897	21065	20994	0
亨通财务有限公司	8096	18352	16928	713
红豆集团财务有限公司	13395	18521	16159	572
红星美凯龙家居集团财务有限责任公司	5117	10327	10318	10
湖北交投集团财务有限公司	24627	52520	50007	922
湖北宜化集团财务有限责任公司	1954	7912	7902	9
湖南出版投资控股集团财务有限公司	30103	46050	39742	156
湖南高速集团财务有限公司	-9075	12211	9606	0
湖南华菱钢铁集团财务有限公司	19480	33055	27727	326
华联财务有限责任公司	25159	47664	42946	62
淮北矿业集团财务有限公司	15882	22425	20600	79
淮南矿业集团财务有限公司	35086	55872	48191	446
吉林森林工业集团财务有限责任公司	4379	13748	13748	0
冀中能源集团财务有限责任公司	22864	44102	43425	469
江铃汽车集团财务有限公司	16424	59178	53606	53
江苏凤凰出版传媒集团财务有限公司	10395	16893	9993	15
江苏国泰财务有限公司	4760	6702	6665	37
江苏华西集团财务有限公司	10750	13859	13816	41
江苏交通控股集团财务有限公司	20722	42023	41084	0
江苏省国信集团财务有限公司	19937	56404	53973	184
江苏悦达集团财务有限公司	10240	16966	16930	35
江西高速集团财务有限公司	15972	18431	18377	54
江西铜业集团财务有限公司	39107	56508	44206	213
金川集团财务有限公司	17128	24453	21864	0
锦江国际集团财务有限责任公司	6999	20908	20145	198
晋煤集团财务有限公司	31006	49347	41288	3202
京能集团财务有限公司	51891	82950	75923	3202
酒钢集团财务有限公司	23279	37924	32206	0
巨化集团财务有限责任公司	8821	14087	12502	30
开滦集团财务有限责任公司	18477	30441	29151	356
连云港港口集团财务有限公司	9027	12557	11074	1483
联通集团财务有限公司	44180	143552	142734	688
潞安集团财务有限公司	36186	77533	70157	2288
马钢集团财务有限公司	36039	62243	48077	537
美的集团财务有限公司	53398	68620	55116	3201

续表

机构	利润总额	营业收入		
		总额	其中：利息收入	其中：中间业务收入
南方电网财务有限公司	187229	286223	269850	3283
南山集团财务有限公司	30144	47733	46215	930
内蒙古电力集团财务有限责任公司	35593	51027	51027	0
内蒙古伊泰财务有限公司	28656	33414	33270	144
青岛港财务有限责任公司	32812	45711	35936	52
青岛啤酒财务有限责任公司	31160	46027	39825	134
青建集团财务有限责任公司	11968	21727	21642	84
清华控股集团财务有限公司	20276	35376	34245	1073
日立（中国）财务有限公司	4133	13098	12475	565
日照港集团财务有限公司	11635	15943	15886	58
三房巷财务有限公司	1607	6660	6648	11
三环集团财务有限公司	4646	7128	7128	0
三峡财务有限责任公司	184217	240077	202552	15129
沙钢财务有限公司	15381	19115	14265	328
山东晨鸣集团财务有限公司	37095	57159	49073	254
山东钢铁集团财务有限公司	35735	51596	45169	498
山东黄金集团财务有限公司	951	29082	26125	202
山东能源集团财务有限公司	43099	63896	63631	265
山东省商业集团财务有限公司	17848	36044	35875	357
山东招金集团财务有限公司	5673	15114	14884	20
山东重工集团财务有限公司	41241	99308	98066	407
山西焦煤集团财务有限责任公司	68114	103050	90897	3940
陕西煤业化工集团财务有限公司	55491	80756	64922	1319
陕西投资集团财务有限责任公司	4573	8593	8586	0
陕西延长石油财务有限公司	47832	70260	62614	16
商飞集团财务有限责任公司	8036	20116	19664	0
上海城投集团财务有限公司	574	574	574	0
上海电气集团财务有限责任公司	100121	168716	147273	2201
上海复星高科技集团财务有限公司	32425	42398	40281	839
上海华信国际集团财务有限责任公司	-416773	418	418	0
上海华谊集团财务有限责任公司	16007	48281	44540	2
上海浦东发展集团财务有限责任公司	31660	68105	62806	138
上海汽车集团财务有限责任公司	478355	948352	775671	64868
上海上实集团财务有限公司	9318	19619	17115	190
上海外高桥集团财务有限公司	5987	13174	11982	166
上海文化广播影视集团财务有限公司	4357	12718	12717	0
申能集团财务有限公司	48621	76607	63705	1389

续表

机　　构	利润总额	营业收入		
		总额	其中：利息收入	其中：中间业务收入
深圳华强集团财务有限公司	9328	14283	14173	105
深圳能源财务有限公司	19896	54089	52768	19
深圳市有色金属财务有限公司	3744	7399	5887	43
神华财务有限公司	146339	313060	310252	2808
首都机场集团财务有限公司	29113	53435	51689	58
首钢集团财务有限公司	74654	137572	134504	353
顺丰控股集团财务有限公司	6796	39947	39770	175
四川长虹集团财务有限公司	5229	63902	61142	242
四川省宜宾五粮液集团财务有限公司	33642	120137	114277	624
松下电器（中国）财务有限公司	8534	21465	20385	584
苏州创元集团财务有限公司	3050	5077	4754	37
太钢集团财务有限公司	30256	47400	37338	183
特变电工集团财务有限公司	6685	17716	17673	43
天津渤海集团财务有限责任公司	10153	15535	13173	2232
天津港财务有限公司	28492	41240	36372	792
天津能源集团财务有限公司	6352	15659	15659	0
天津天保财务有限公司	26413	34445	32836	0
天津物产集团财务有限公司	2241	58957	59688	128
天津医药集团财务有限公司	2398	6075	5811	74
天瑞集团财务有限责任公司	3231	8428	8370	58
通用技术集团财务有限责任公司	20352	50076	49768	176
铜陵有色金属集团财务有限公司	17347	33613	29196	1801
万向财务有限公司	31955	78221	62438	349
五矿集团财务有限责任公司	25439	66075	64145	256
武汉钢铁集团财务有限责任公司	81957	39142	36369	659
物产中大集团财务有限公司	10434	25824	24739	489
物美商业财务有限责任公司	2667	3643	3643	0
西部矿业集团财务有限公司	21816	44589	35916	196
西电集团财务有限责任公司	20485	31598	28781	421
西王集团财务有限公司	11422	39778	39523	192
厦门海翼集团财务有限公司	4932	13866	12999	186
厦门翔业集团财务有限公司	16902	22900	22336	3
新奥财务有限责任公司	22824	35798	35256	530
新凤祥财务有限公司	12368	37443	32197	3
新华联控股集团财务有限责任公司	2622	39163	39105	58
新疆金风科技集团财务有限公司	5084	21516	20703	813
新希望财务有限公司	18916	44390	43842	2

续表

机　　构	利润总额	营业收入		
		总额	其中：利息收入	其中：中间业务收入
徐工集团财务有限公司	20477	48598	47519	953
兖矿集团财务有限公司	23013	50111	49799	242
阳泉煤业集团财务有限责任公司	41587	57908	51000	3126
一汽财务有限公司	295946	528348	410690	6
伊利财务有限公司	8200	17117	17079	96
亿利集团财务有限公司	9422	74379	74007	373
营口港务集团财务有限公司	12487	17922	17908	15
有色矿业集团财务有限公司	2526	6760	6087	15
粤海集团财务有限公司	10402	25349	25273	76
云南建投集团财务有限公司	30629	43233	39783	1555
云南昆钢集团财务有限公司	10784	19987	19889	95
云南冶金集团财务有限公司	15164	17129	17002	127
云南云天化集团财务有限公司	9057	21806	21711	67
招商局集团财务有限公司	70340	156277	155987	226
浙江海港集团财务有限公司	39048	58417	57650	581
浙江省交通投资集团财务有限责任公司	49339	174012	169285	1120
浙江省能源集团财务有限责任公司	59051	97448	92716	1914
振华集团财务有限责任公司	2210	4618	4445	0
正泰集团财务有限公司	5727	12588	12211	377
郑州宇通集团财务有限公司	20328	33823	26458	5117
中车财务有限公司	44857	87162	78505	1346
中船财务有限责任公司	127603	191638	145724	20955
中船重工财务有限责任公司	208200	348323	349469	1723
中广核财务有限责任公司	66536	122147	105118	399
中国大唐集团财务有限公司	103798	173519	151339	2726
中国电建集团财务有限责任公司	51462	139490	138616	759
中国电力财务有限公司	586368	1265193	1214170	3777
中国电信集团财务有限公司	3412	22434	22434	0
中国电子财务有限责任公司	36194	110652	107210	1431
中国电子科技财务有限公司	122685	172751	167917	280
中国航发集团财务有限公司	12976	36602	36235	12
中国航空集团财务有限责任公司	13899	34872	34384	119
中国航油集团财务有限公司	8026	19538	18672	42
中国核工业建设集团财务有限公司	26345	26877	26809	68
中国华电集团财务有限公司	110180	174092	145681	3173
中国华能财务有限责任公司	131938	182996	157243	2141
中国化工财务有限公司	10358	38257	37739	272
中国黄金集团财务有限公司	13992	21859	21840	18

续表

机　构	利润总额	营业收入		
		总额	其中：利息收入	其中：中间业务收入
中国建材集团财务有限公司	11302	22883	22798	8
中国南航集团财务有限公司	15077	26018	23910	468
中国能源建设集团财务有限公司	36027	105551	99839	135
中国平煤神马集团财务有限责任公司	24906	36489	36434	54
中国石化财务有限责任公司	281333	598257	459248	62581
中国铁建财务有限公司	142026	309819	300039	925
中国铁路财务有限责任公司	95315	228792	228467	325
中国一拖集团财务有限责任公司	4239	16196	15683	265
中国移动通信集团财务有限公司	171179	342588	334825	2462
中国重汽财务有限公司	53639	127454	111491	128
中海石油财务有限责任公司	177433	340302	309383	3132
中航工业集团财务有限责任公司	101817	229835	182305	5503
中核财务有限责任公司	138383	275589	237492	1735
中化工程集团财务有限公司	24565	63231	62952	115
中化集团财务有限责任公司	70557	140890	85220	3335
中集集团财务有限公司	17594	34901	33431	1178
中建财务有限公司	60428	208729	204205	2765
中交财务有限公司	73342	121136	112115	8449
中节能财务有限公司	36430	55241	49236	553
中开财务有限公司	11655	22875	19765	2185
中联重科集团财务有限公司	14569	29900	29048	294
中粮财务有限责任公司	37900	71354	66440	1547
中铝财务有限责任公司	64404	106043	88374	1489
中煤财务有限责任公司	76254	118231	118000	231
中铁财务有限责任公司	108926	142185	136861	1188
中信财务有限公司	85595	191916	180802	3179
中兴通讯集团财务有限公司	26441	42395	40479	279
中冶集团财务有限公司	31700	65146	58324	51
中油财务有限责任公司	995222	1771389	1666155	58612
中远海运集团财务有限责任公司	82595	195828	178713	289
忠旺集团财务有限公司	10513	127399	126979	420
珠海格力集团财务有限责任公司	105789	246274	245233	435
珠海华发集团财务有限公司	73928	161586	152401	59
紫金矿业集团财务有限公司	19233	30507	28580	1096
总　计	10676425	22461588	20562620	408851

注：①此表营业收入包括利息收入、手续费及佣金收入、投资收益、公允价值变动收益、汇兑收益及其他收入。

②利息收入包括存放中央银行利息收入、同业往来利息收入、贷款利息收入、投资利息收入和其他利息收入。

③此表为256家财务公司数据，不含西门子财务服务有限责任公司、浪潮集团财务有限公司。

财务公司地域分布状况统计表

（2019 年）　　单位：亿元

省　市	机构		资产总额		净资产		利润总额	
	数量（家）	比例（%）	金额	比例（%）	金额	比例（%）	金额	比例（%）
北京市	73	28.29	39045.51	55.65	5222.78	52.62	616.42	57.52
上海市	23	8.91	6610.33	9.42	751.44	7.57	65.51	6.11
江苏省	14	5.43	1038.50	1.48	188.79	1.90	15.73	1.47
山东省	14	5.43	1988.77	2.83	407.22	4.10	32.39	3.02
广东省	14	5.43	3220.10	4.59	440.67	4.44	57.40	5.36
深圳市	10	3.88	1408.17	2.01	182.99	1.84	20.61	1.92
浙江省	9	3.49	1328.67	1.89	172.00	1.73	20.05	1.87
天津市	7	2.71	556.17	0.79	170.87	1.72	8.02	0.75
河北省	7	2.71	1034.66	1.47	191.38	1.93	12.64	1.18
湖北省	7	2.71	1787.88	2.55	230.06	2.32	37.62	3.51
山西省	6	2.33	1183.58	1.69	223.65	2.25	25.49	2.38
安徽省	6	2.33	566.62	0.81	94.34	0.95	11.96	1.12
河南省	6	2.33	482.20	0.69	125.41	1.26	11.92	1.11
内蒙古自治区	5	1.94	411.95	0.59	95.56	0.96	11.48	1.07
青岛市	5	1.94	1280.00	1.82	235.76	2.38	35.09	3.27
湖南省	4	1.55	403.77	0.58	86.52	0.87	5.51	0.51
重庆市	4	1.55	226.76	0.32	64.92	0.65	1.05	0.10
四川省	4	1.55	1214.99	1.73	98.77	1.00	9.82	0.92
云南省	4	1.55	301.97	0.43	52.29	0.53	6.56	0.61
陕西省	4	1.55	651.15	0.93	118.08	1.19	12.84	1.20
福建省	4	1.55	276.12	0.39	40.92	0.41	4.84	0.45
辽宁省	3	1.16	500.82	0.71	110.31	1.11	7.10	0.66
江西省	3	1.16	379.24	0.54	97.51	0.98	7.15	0.67
贵州省	3	1.16	1290.54	1.84	68.98	0.69	19.24	1.80
甘肃省	3	1.16	217.24	0.31	60.04	0.60	4.65	0.43
吉林省	2	0.78	1143.79	1.63	142.26	1.43	30.03	2.80
黑龙江省	2	0.78	190.91	0.27	51.71	0.52	3.10	0.29
海南省	2	0.78	86.89	0.12	19.31	0.19	2.02	0.19
厦门市	2	0.78	118.68	0.17	23.17	0.23	2.18	0.20
大连市	2	0.78	506.61	0.72	84.92	0.86	2.90	0.27
新疆维吾尔自治区	2	0.78	160.79	0.23	40.88	0.41	1.18	0.11
广西壮族自治区	1	0.39	154.83	0.22	34.58	0.35	3.75	0.35
青海省	1	0.39	136.33	0.19	30.40	0.31	2.18	0.20
宁夏回族自治区	1	0.39	82.35	0.12	-55.18	-0.56	-40.72	-3.80
宁波市	1	0.39	180.52	0.26	22.27	0.22	3.90	0.36
总计	258		70167.40		9925.56		1071.63	

财务公司行业分布状况统计表

（2019 年）　　单位：亿元

行　业	机构		资产		净资产		利润总额	
	数量（家）	比例（%）	金额	比例（%）	金额	比例（%）	金额	比例（%）
电力	19	7.36	8064.57	11.49	1285.36	12.95	185.31	17.29
石油化工	18	6.98	8409.33	11.98	1217.35	12.26	82.63	7.71
电子电器	17	6.59	3747.69	5.34	543.03	5.47	61.99	5.78
煤炭	21	8.14	4351.91	6.20	664.24	6.69	81.37	7.59
建筑建材	14	5.43	5956.69	8.49	612.56	6.17	66.14	6.17
钢铁	15	5.81	2475.66	3.53	530.13	5.34	48.51	4.53
机械制造	19	7.36	3802.63	5.42	473.72	4.77	39.59	3.69
交通运输	26	10.08	4961.87	7.07	815.62	8.22	69.28	6.47
军工	10	3.88	8592.64	12.25	741.01	7.47	127.25	11.87
有色金属	18	6.98	1812.11	2.58	387.63	3.91	33.37	3.11
汽车	11	4.26	5534.32	7.89	756.88	7.63	116.45	10.87
酒店旅游	3	1.16	322.29	0.46	56.61	0.57	3.55	0.33
商贸	9	3.49	1136.26	1.62	196.34	1.98	10.90	1.02
投资控股	22	8.53	4000.21	5.70	629.56	6.34	60.11	5.61
民生消费	11	4.26	2383.44	3.40	276.06	2.78	34.85	3.25
农林牧渔	14	5.43	1362.84	1.94	274.19	2.76	16.44	1.53
其他	11	4.26	3252.93	4.64	465.28	4.69	33.90	3.16
总　计	258		70167.40		9925.56		1071.63	

附：2019 年财务公司行业分类表。

财务公司行业分类表

（2019 年）

行业	公司	公司
电力	中国华能财务有限责任公司	三峡财务有限责任公司
	中广核财务有限责任公司	中国电力财务有限公司
	中国华电集团财务有限公司	中国大唐集团财务有限公司
	南方电网财务有限公司	中电投财务有限公司
	国电财务有限公司	京能集团财务有限公司
	浙江省能源集团财务有限责任公司	广东粤电财务有限公司
	申能集团财务有限公司	深圳能源财务有限公司
	安徽省能源集团财务有限公司	内蒙古电力集团财务有限责任公司
	甘肃电投集团财务有限公司	陕西投资集团财务有限责任公司
	天津能源集团财务有限公司	

续表

石油化工	中国石化财务有限责任公司	天津渤海集团财务有限责任公司
	中油财务有限责任公司	中海石油财务有限责任公司
	中化集团财务有限责任公司	中国化工财务有限公司
	重庆化医控股集团财务有限公司	湖北宜化集团财务有限责任公司
	中国航油集团财务有限公司	上海华谊集团财务有限责任公司
	云南云天化集团财务有限公司	陕西延长石油财务有限公司
	巨化集团财务有限责任公司	三房巷财务有限公司
	宝塔石化集团财务有限公司	天津医药集团财务公司
	上海华信国际集团财务有限责任公司	传化集团财务有限公司
电子电器	振华集团财务有限责任公司	西门子财务服务有限责任公司
	中国电子财务有限责任公司	海尔集团财务有限责任公司
	珠海格力集团财务有限责任公司	TCL 集团财务有限公司
	松下电器（中国）财务有限公司	日立（中国）财务有限公司
	海信集团财务有限公司	美的集团财务有限公司
	中兴通讯集团财务有限公司	大唐电信集团财务有限公司
	四川长虹集团财务有限公司	创维集团财务有限公司
	亨通财务有限公司	东旭集团财务有限公司
	正泰集团财务有限公司	
煤炭	神华财务有限公司	潞安集团财务有限公司
	淮南矿业集团财务有限公司	河南能源化工集团财务有限公司
	冀中能源集团财务有限责任公司	山西焦煤集团财务有限责任公司
	阳泉煤业集团财务有限责任公司	晋煤集团财务有限公司
	兖矿集团财务有限公司	福建省能源集团财务有限公司
	开滦集团财务有限责任公司	陕西煤业化工集团财务有限公司
	大同煤矿集团财务有限责任公司	贵州盘江集团财务有限公司
	中国平煤神马集团财务有限责任公司	山东能源集团财务有限公司
	中煤财务有限责任公司	安徽省皖北煤电集团财务有限公司
	淮北矿业集团财务有限公司	重庆市能源投资集团财务有限公司
	内蒙古伊泰财务有限公司	
建筑建材	中国能源建设集团财务有限公司	中冶集团财务有限公司
	中建财务有限公司	中国铁建财务有限公司
	中化工程集团财务有限公司	中材集团财务有限公司
	中交财务有限公司	北京金隅财务有限公司
	中铁财务有限责任公司	中国核工业建设集团财务有限公司
	天瑞集团财务有限责任公司	中国电建集团财务有限责任公司
	云南建工集团财务有限公司	青建集团财务有限责任公司
钢铁	宝钢集团财务有限责任公司	武汉钢铁集团财务有限责任公司
	鞍钢集团财务有限责任公司	湖南华菱钢铁集团财务有限公司
	沙钢财务有限公司	酒钢集团财务有限公司

续表

钢铁	包钢集团财务有限责任公司	马钢集团财务有限公司
	山东钢铁集团财务有限公司	河钢集团财务有限公司
	太钢集团财务有限公司	本钢集团财务有限公司
	首钢集团财务有限公司	云南昆钢集团财务有限公司
	渤海钢铁集团财务有限公司	
机械制造	西电集团财务有限责任公司	东方电气集团财务有限公司
	中国一拖集团财务有限责任公司	上海电气集团财务有限责任公司
	苏州创元集团财务有限公司	国机财务有限责任公司
	中集集团财务有限公司	哈尔滨电气集团财务有限责任公司
	山东重工集团财务有限公司	厦门海翼集团财务有限公司
	中车财务有限公司	重庆机电控股集团财务有限公司
	徐工集团财务有限公司	重庆力帆财务有限公司
	中联重科集团财务有限公司	商飞集团财务有限责任公司
	新疆金风科技集团财务有限公司	特变电工集团财务有限公司
交通运输	中国航空集团财务有限责任公司	中国南航集团财务有限公司
	东航集团财务有限责任公司	海航集团财务有限公司
	天津港财务有限公司	首都机场集团财务有限公司
	中海集团财务有限责任公司	宁波舟山港集团财务有限公司
	中外运长航财务有限公司	湖南高速集团财务有限公司
	大连港集团财务有限公司	江苏交通控股集团财务有限公司
	浙江省交通投资集团财务有限责任公司	广西交通投资集团财务有限责任公司
	中开财务有限公司	河北港口集团财务有限公司
	青岛港财务有限责任公司	广东省交通集团财务有限公司
	湖北交投集团财务有限公司	中国铁路财务有限责任公司
	营口港务集团财务有限公司	日照港集团财务有限公司
	厦门翔业集团财务有限公司	连云港港口集团财务有限公司
	江西高速集团财务有限公司	福建省交运集团财务有限公司
军工	兵工财务有限责任公司	中船财务有限责任公司
	中核财务有限责任公司	航天科技财务有限责任公司
	航天科工财务有限责任公司	中船重工财务有限责任公司
	兵器装备集团财务有限责任公司	中航工业集团财务有限责任公司
	中国电子科技财务有限公司	中国航发集团财务有限公司
有色金属	五矿集团财务有限责任公司	深圳市有色金属财务有限公司
	江西铜业集团财务有限公司	南山集团财务有限公司
	紫金矿业集团财务有限公司	云南冶金集团财务有限公司
	铜陵有色金属集团财务有限公司	金川集团财务有限公司
	中铝财务有限责任公司	西部矿业集团财务有限公司
	海亮集团财务有限责任公司	山东黄金集团财务有限公司
	有色矿业集团财务有限公司	忠旺集团财务有限公司
	中国黄金集团财务有限公司	广东省广晟财务有限公司
	新凤祥财务有限公司	山东招金集团财务有限公司
	杭州锦江集团财务有限责任公司	

续表

汽车	东风汽车财务有限公司	中国重汽财务有限公司
	一汽财务有限公司	江铃汽车集团财务有限公司
	上海汽车集团财务有限责任公司	万向财务有限公司
	海马财务有限公司	北京汽车集团财务有限公司
	郑州宇通集团财务有限公司	广州汽车集团财务有限公司
	三环集团财务有限公司	
酒店旅游	锦江国际集团财务有限责任公司	港中旅财务有限公司
	北京首都旅游集团财务有限公司	
商贸	华联财务有限责任公司	通用技术集团财务有限责任公司
	国药集团财务有限公司	山东省商业集团财务有限公司
	百联集团财务有限责任公司	江苏国泰财务有限公司
	天津物产集团财务有限公司	物美商业财务有限责任公司
	物产中大集团财务有限公司	
投资控股	上海浦东发展集团财务有限责任公司	保利财务有限公司
	国联财务有限责任公司	国投财务有限公司
	北大方正集团财务有限公司	江苏省国信集团财务有限公司
	上海复星高科技集团财务有限公司	诚通财务有限责任公司
	天津天保财务有限公司	中信财务有限公司
	河北建投集团财务有限公司	珠海华发集团财务有限公司
	北京控股集团财务有限公司	上海上实集团财务有限公司
	清华控股集团财务有限公司	北京金融街集团财务有限公司
	上海外高桥集团财务有限公司	粤海集团财务有限公司
	江苏悦达集团财务有限公司	广州发展集团财务有限公司
	国新集团财务有限责任公司	上海城投集团财务有限公司
民生消费	红豆集团财务有限公司	江苏华西集团财务有限公司
	青岛啤酒财务有限责任公司	贵州茅台集团财务有限公司
	鄂尔多斯财务有限公司	四川省宜宾五粮液集团财务有限公司
	山东晨鸣集团财务有限公司	福建七匹狼集团财务有限公司
	新华联控股集团财务有限责任公司	红星美凯龙家居集团财务有限责任公司
	东方国际集团财务有限公司	
农林牧渔	东方集团财务有限责任公司	吉林森林工业集团财务有限责任公司
	中粮财务有限责任公司	新希望财务有限公司
	海南农垦集团财务有限公司	亿利集团财务有限公司
	伊利财务有限公司	供销集团财务有限公司
	光明食品集团财务有限公司	西王集团财务有限公司
	北京粮食集团财务有限公司	河南双汇集团财务有限公司
	广东温氏集团财务有限公司	广东省农垦集团财务有限公司
其他	新奥财务有限责任公司	中国移动通信集团财务有限公司
	深圳华强集团财务有限公司	湖南出版投资控股集团财务有限公司
	中节能财务有限公司	联通集团财务有限公司
	江苏凤凰出版传媒集团财务有限公司	顺丰控股集团财务有限公司
	上海文化广播影视集团财务有限公司	中国电信集团财务有限公司
	浪潮集团财务有限公司	

注：每个行业分类中，各财务公司依照其成立时间从左至右从上至下进行排序。

财务公司所有制分布状况统计表

（2019 年）

所有制	机构		资产		净资产		利润总额	
	数量（家）	比例（%）	金额（亿元）	比例（%）	金额（亿元）	比例（%）	金额（亿元）	比例（%）
中央国有企业	77	29.84	43147.17	61.49	5523.08	55.65	717.65	66.97
地方国有企业	130	50.39	21130.77	30.11	3303.01	33.28	349.04	32.57
集体民营企业	48	18.60	5610.32	8.00	1054.09	10.62	-0.31	-0.03
外资企业	3	1.16	279.14	0.40	45.37	0.46	5.25	0.49
总　计	258		70167.40		9925.56		1071.63	

财务公司行业资产质量状况统计表

（2019 年）

项目	金额（万元）	占资产总额（%）
不良资产总计	5019614	0.72
次级资产	188158	0.03
可疑资产	4674353	0.67
损失资产	157103	0.02
不良贷款	2855168	0.41
次级贷款	24088	0
可疑贷款	2719723	0.39
损失贷款	111356	0.02

注：此表统计 257 家财务公司数据，其中 220 家财务公司无不良贷款。

财务公司行业存款、贷款结构统计表

（2019 年）

项目	金额（万元）	占比（%）	项目	金额（万元）	占比（%）
各项贷款	324718620		各项存款	569508487	
1. 短期贷款	176833232	54.46	1. 活期存款	274391318	48.18
2. 中长期贷款	122250020	37.65	2. 定期存款	295117170	51.82
3. 贴现及买断式转贴现	18666902	5.75	各项存款	569508487	
4. 贸易融资	2651181	0.82	1. 集团母公司存款	105422568	18.51
5. 融资租赁	4044263	1.25	2. 上市公司存款	153584924	26.97
6. 各项垫款	296094	0.09	3. 其他成员企业存款	304248397	53.42
7. 其他贷款	-23072	-0.01	4. 其他	6252598	1.10
各项贷款	330571871				
1. 信用贷款	262430377	79.39			
2. 担保贷款	68141494	20.61			
各项贷款	330571871				
1. 集团母公司贷款	45971116	13.91			
2. 上市公司贷款	65563670	19.83			
3. 其他成员企业贷款	190832186	57.73			
4. 其他	28204899	8.53			

注：第一个各项贷款小于第二、三个各项贷款值原因是：第一个各项贷款为境内口径数据，第二、三个各项贷款为合并口径数据。

从业人员统计

财务公司从业人员年龄、文化、职称结构统计表

（2019 年）

单位：人

机构	人员合计	年龄结构				性别结构		文化结构				职称结构			
		30岁以下	30岁至40岁	40岁至50岁	50岁以上	男	女	博士	硕士	本科	专科及以下	高级	中级	初级	其他
TCL 集团财务有限公司	50	22	20	8	0	27	23	0	12	37	1	0	6	1	43
安徽省能源集团财务有限公司	25	7	10	6	2	12	13	0	11	12	2	2	12	4	7
安徽省皖北煤电集团财务有限公司	33	5	10	13	5	17	16	0	1	29	3	5	19	4	5
鞍钢集团财务有限责任公司	85	7	26	24	28	34	51	0	23	52	10	28	39	14	4
百联集团财务有限责任公司	31	8	13	7	3	13	18	0	7	20	4	2	3	7	19
包钢集团财务有限责任公司	47	15	15	16	1	16	31	0	12	32	3	8	18	1	20
宝钢集团财务有限责任公司	64	12	22	23	7	40	24	0	25	3	36	7	24	8	25
宝塔石化集团财务有限公司	32	10	19	2	1	19	13	0	2	24	6	0	3	3	26
保利财务有限公司	32	13	12	5	2	17	15	0	16	14	2	0	10	17	5
北大方正集团财务有限公司	56	22	29	4	1	22	34	0	31	23	2	1	6	0	49
北京金融街集团财务有限公司	23	5	13	4	1	7	16	0	15	8	0	1	9	1	12
北京金隅财务有限公司	32	6	19	5	2	16	16	1	13	18	0	4	14	0	14
北京控股集团财务有限公司	41	9	18	11	3	23	18	1	20	19	1	9	13	3	16
北京汽车集团财务有限公司	214	77	115	20	2	105	109	1	72	128	13	8	20	14	172
北京首都旅游集团财务有限公司	26	4	12	8	2	10	16	0	11	14	1	5	4	6	11
北京首农食品集团财务有限公司	38	11	22	4	1	13	25	0	14	23	1	6	14	1	17
本钢集团财务有限公司	28	4	17	4	3	18	10	0	4	22	2	5	10	9	4
兵工财务有限责任公司	102	15	43	30	14	48	54	0	40	53	9	14	38	15	35
兵器装备集团财务有限责任公司	49	15	15	15	4	22	27	1	44	4	0	14	11	6	18
渤海钢铁集团财务有限公司	6	1	2	3	0	4	2	0	0	5	1	0	1	3	2
重庆化医控股集团财务有限公司	30	5	16	7	2	18	12	0	3	19	8	2	7	3	18
重庆机电控股集团财务有限公司	30	11	14	4	1	13	17	0	9	21	0	5	7	0	18
重庆力帆财务有限公司	58	18	17	19	4	32	26	0	6	47	5	2	15	4	37
重庆市能源投资集团财务有限公司	32	8	14	7	3	12	20	0	5	26	1	11	11	1	9
诚通财务有限责任公司	50	22	17	7	4	28	22	1	27	20	2	6	13	2	29

续表

机构	人员合计	年龄结构				性别结构		文化结构				职称结构			
		30岁以下	30岁至40岁	40岁至50岁	50岁以上	男	女	博士	硕士	本科	专科及以下	高级	中级	初级	其他
创维集团财务有限公司	38	26	9	3	0	16	22	0	2	30	6	2	6	7	23
大连港集团财务有限公司	31	5	17	7	2	14	17	0	11	19	1	2	12	12	5
大唐电信集团财务有限公司	28	8	15	4	1	11	17	1	13	12	2	4	10	0	14
大同煤矿集团财务有限责任公司	73	22	36	10	5	30	43	0	11	56	6	12	28	11	22
东方电气集团财务有限公司	49	13	20	10	6	24	25	0	26	21	2	9	19	8	13
东方国际集团财务有限公司	27	3	17	4	3	17	10	0	8	17	2	3	8	4	12
东方集团财务有限责任公司	28	10	10	6	2	13	15	0	5	20	3	0	7	4	17
东风汽车财务有限公司	415	231	143	36	5	310	105	0	81	324	10	13	46	28	328
东航集团财务有限责任公司	55	14	21	17	3	27	28	0	22	31	2	3	7	0	45
东旭集团财务有限公司	38	13	16	8	1	22	16	0	14	20	4	4	9	25	0
鄂尔多斯财务有限公司	35	10	15	9	1	13	22	0	3	20	12	0	9	2	24
福建七匹狼集团财务有限公司	25	10	9	3	3	9	16	1	3	17	4	2	4	14	5
福建省交运集团财务有限公司	21	6	9	4	2	14	7	0	4	17	0	0	13	2	6
福建省能源集团财务有限公司	36	13	11	11	1	15	21	0	10	22	4	4	21	10	1
甘肃电投集团财务有限公司	25	8	8	7	2	14	11	0	1	24	0	4	11	0	10
港中旅财务有限公司	28	6	16	4	2	11	17	0	9	19	0	3	7	2	16
供销集团财务有限公司	71	17	39	14	1	30	41	1	28	39	3	1	12	9	49
光明食品集团财务有限公司	38	8	20	7	3	19	19	0	12	25	1	1	15	0	22
广东能源集团财务有限公司	41	12	15	11	3	24	17	1	23	16	1	10	14	2	15
广东省广晟财务有限公司	26	6	12	7	1	10	16	0	9	17	0	1	10	2	13
广东省交通集团财务有限公司	34	5	15	10	4	17	17	2	14	17	1	14	11	4	5
广东温氏集团财务有限公司	17	6	10	1	0	10	7	0	0	17	0	0	2	0	15
广西交通投资集团财务有限责任公司	34	11	12	8	3	18	16	1	7	24	2	6	10	3	15
广州发展集团财务有限公司	32	8	15	6	3	12	20	0	6	25	1	0	15	3	14
广州汽车集团财务有限公司	72	15	44	12	1	38	34	0	27	43	2	3	13	2	54
贵州茅台集团财务有限公司	37	9	22	5	1	20	17	0	8	27	2	1	13	0	23
贵州盘江集团财务有限公司	20	4	10	4	2	10	10	0	2	13	5	2	5	6	7
国电财务有限公司	109	26	50	26	7	38	71	3	56	44	6	18	25	2	64
国机财务有限责任公司	52	11	27	5	9	22	30	0	20	26	6	12	15	3	22
国家电投集团财务有限公司	71	18	32	18	3	33	38	2	34	34	1	16	16	6	33

续表

机构	人员合计	年龄结构				性别结构		文化结构				职称结构			
		30岁以下	30岁至40岁	40岁至50岁	50岁以上	男	女	博士	硕士	本科	专科及以下	高级	中级	初级	其他
国联财务有限责任公司	29	7	14	6	2	13	16	0	9	19	1	2	10	1	16
国投财务有限公司	60	15	37	7	1	35	25	2	41	17	0	9	30	1	20
国新集团财务有限责任公司	30	10	15	3	2	15	15	1	20	9	0	2	8	0	20
国药集团财务有限公司	34	10	15	8	1	11	23	0	18	15	1	4	12	2	16
哈尔滨电气集团财务有限责任公司	37	5	19	10	3	20	17	0	9	27	1	9	13	15	0
海尔集团财务有限责任公司	151	51	81	19	0	59	92	0	43	92	16	1	22	13	115
海航集团财务有限公司	61	17	32	9	3	41	20	0	23	35	3	12	12	1	36
海亮集团财务有限责任公司	28	8	15	3	2	12	16	0	4	14	10	0	5	2	21
海马财务有限公司	114	47	49	13	5	59	55	0	7	98	9	0	7	9	98
海南农垦集团财务有限公司	21	7	9	3	2	10	11	1	2	18	0	1	5	2	13
海信集团财务有限公司	62	22	36	2	2	21	41	1	28	28	5	0	19	0	43
杭州锦江集团财务有限责任公司	19	5	7	6	1	7	12	0	4	11	4	0	10	5	4
航天科工财务有限责任公司	75	12	36	19	8	39	36	1	37	33	4	9	29	6	31
航天科技财务有限责任公司	97	16	50	21	10	42	55	3	73	20	1	20	28	3	46
河北港口集团财务有限公司	34	4	13	14	3	11	23	0	11	21	2	14	13	5	2
河北建投集团财务有限公司	32	7	16	5	4	13	19	0	22	8	2	7	14	2	9
河钢集团财务有限公司	35	12	17	3	3	19	16	0	6	29	0	6	10	14	5
河南能源化工集团财务有限公司	43	10	8	15	10	25	18	0	9	20	14	3	21	6	13
河南双汇集团财务有限公司	32	10	15	6	1	16	16	0	2	22	8	0	13	5	14
亨通财务有限公司	29	12	14	3	0	12	17	0	5	24	0	1	4	2	22
红豆集团财务有限公司	37	13	16	7	1	10	27	0	8	24	5	1	5	0	31
红星美凯龙家居集团财务有限责任公司	26	7	12	6	1	12	14	0	6	19	1	1	6	4	15
湖北交投集团财务有限公司	40	15	13	9	3	16	24	1	12	26	1	3	7	1	29
湖北宜化集团财务有限责任公司	18	2	7	9	0	8	10	0	1	10	7	3	7	1	7
湖南出版投资控股集团财务有限公司	29	6	14	7	2	11	18	0	7	20	2	4	12	3	10
湖南高速集团财务有限公司	34	8	17	5	4	17	17	0	6	26	2	3	10	10	11
湖南华菱钢铁集团财务有限公司	28	4	11	5	8	16	12	0	5	19	4	3	10	3	12
华联财务有限责任公司	28	11	8	4	5	11	17	0	2	22	4	2	7	2	17
淮北矿业集团财务有限公司	33	1	4	22	6	16	17	0	1	23	9	15	14	3	1

续表

机构	人员合计	年龄结构				性别结构		文化结构				职称结构			
		30岁以下	30岁至40岁	40岁至50岁	50岁以上	男	女	博士	硕士	本科	专科及以下	高级	中级	初级	其他
淮南矿业集团财务有限公司	47	6	19	15	7	26	21	0	12	22	13	3	35	8	1
吉林森林工业集团财务有限责任公司	47	4	29	12	2	18	29	0	8	35	4	8	14	1	24
冀中能源集团财务有限责任公司	39	7	16	13	3	12	27	0	5	24	10	7	9	7	16
江铃汽车集团财务有限公司	145	82	32	20	11	62	83	0	33	92	20	4	23	29	89
江苏凤凰出版传媒集团财务有限公司	26	10	8	6	2	12	14	0	15	11	0	6	9	9	2
江苏国泰财务有限公司	23	5	9	7	2	6	17	0	4	17	2	3	14	5	1
江苏华西集团财务有限公司	28	8	9	6	5	11	17	0	1	19	8	2	8	3	15
江苏交通控股集团财务有限公司	43	20	15	8	0	19	24	0	19	24	0	3	16	3	21
江苏省国信集团财务有限公司	41	4	21	11	5	18	23	0	10	28	3	6	17	7	11
江苏悦达集团财务有限公司	25	16	6	1	2	15	10	0	6	19	0	4	12	0	9
江西高速集团财务有限公司	22	9	6	5	2	12	10	1	17	4	0	2	11	0	9
江西铜业集团财务有限公司	34	14	11	8	1	16	18	0	16	18	0	7	17	1	9
金川集团财务有限公司	26	6	9	9	2	13	13	0	5	21	0	1	11	2	12
锦江国际集团财务有限责任公司	30	7	11	9	3	22	8	0	3	23	4	1	2	27	0
晋煤集团财务有限公司	45	18	17	7	3	23	22	0	20	22	3	2	12	4	27
京能集团财务有限公司	55	13	34	7	1	29	26	0	36	17	2	17	18	0	20
酒钢集团财务有限公司	35	11	18	3	3	22	13	0	3	32	0	3	16	10	6
巨化集团财务有限责任公司	30	2	12	12	4	8	22	0	0	26	4	4	12	13	1
开滦集团财务有限责任公司	31	2	14	10	5	13	18	1	7	22	1	16	7	8	0
连云港港口集团财务有限公司	25	10	10	4	1	16	9	0	1	24	0	1	9	3	12
联通集团财务有限公司	66	15	34	14	3	37	29	1	26	39	0	14	38	8	6
潞安集团财务有限公司	54	3	37	9	5	28	26	0	18	33	3	8	19	20	7
马钢集团财务有限公司	34	12	9	8	5	12	22	0	6	24	4	6	15	5	8
美的集团财务有限公司	70	19	43	7	1	32	38	0	25	45	0	2	15	20	33
南方电网财务有限公司	168	58	69	30	11	91	77	2	42	117	7	30	45	18	75
南山集团财务有限公司	36	15	15	4	2	16	20	0	4	29	3	1	19	4	12
内蒙古电力集团财务有限责任公司	43	22	15	4	2	18	25	1	31	11	0	6	20	6	11
内蒙古伊泰财务有限公司	24	9	10	4	1	11	13	0	2	21	1	3	9	2	10

续表

机构	人员合计	年龄结构				性别结构		文化结构				职称结构			
		30岁以下	30岁至40岁	40岁至50岁	50岁以上	男	女	博士	硕士	本科	专科及以下	高级	中级	初级	其他
青岛港财务有限责任公司	29	14	13	2	0	12	17	0	14	15	0	1	12	2	14
青岛啤酒财务有限责任公司	37	7	17	11	2	18	19	0	5	31	1	4	14	16	3
青建集团财务有限责任公司	20	5	12	3	0	9	11	0	4	16	0	2	3	5	10
清华控股集团财务有限公司	29	6	18	3	2	10	19	1	15	11	2	0	8	0	21
日立（中国）财务有限公司	14	1	8	5	0	6	8	0	3	9	2	0	4	0	10
日照港集团财务有限公司	33	13	11	5	4	18	15	0	5	27	1	7	13	9	4
三房巷财务有限公司	22	9	8	2	3	10	12	0	2	17	3	1	1	6	14
三环集团财务有限公司	18	3	9	5	1	10	8	0	2	14	2	2	3	2	11
三峡财务有限责任公司	122	21	49	42	10	64	58	3	40	71	8	35	39	7	41
沙钢财务有限公司	36	11	18	5	2	12	24	0	2	31	3	1	3	28	4
山东晨鸣集团财务有限公司	39	13	19	7	0	18	21	0	5	31	3	3	2	1	33
山东钢铁集团财务有限公司	41	8	19	11	3	25	16	0	10	30	1	16	11	7	7
山东黄金集团财务有限公司	45	7	20	17	1	23	22	1	18	25	1	13	15	2	15
山东能源集团财务有限公司	41	15	18	6	2	18	23	0	17	21	3	10	19	1	11
山东省商业集团财务有限公司	48	6	33	7	2	25	23	0	16	32	0	5	15	1	27
山东招金集团财务有限公司	32	8	12	7	5	16	16	0	2	29	1	3	8	0	21
山东重工集团财务有限公司	57	17	31	6	3	32	25	0	14	42	1	5	17	9	26
山西焦煤集团财务有限责任公司	55	10	25	13	7	25	30	0	10	41	4	9	20	16	10
陕西煤业化工集团财务有限公司	81	33	37	10	1	28	53	2	25	52	2	6	18	17	40
陕西投资集团财务有限责任公司	42	23	10	7	2	16	26	0	13	22	7	4	5	11	22
陕西延长石油财务有限公司	53	10	27	10	6	30	23	1	35	17	0	9	17	0	27
商飞集团财务有限责任公司	36	9	16	7	4	14	22	2	23	11	0	10	8	9	9
上海电气集团财务有限责任公司	95	23	54	17	1	50	45	0	41	52	2	3	17	5	70
上海复星高科技集团财务有限公司	54	25	25	4	0	22	32	0	24	30	0	0	12	5	37
上海华谊集团财务有限责任公司	30	5	20	5	0	11	19	0	9	19	2	1	15	0	14
上海浦东发展集团财务有限责任公司	55	18	22	12	3	29	26	1	21	29	4	0	19	6	30
上海汽车集团财务有限责任公司	635	298	286	43	8	442	193	0	161	455	19	4	60	10	561

续表

机构	人员合计	年龄结构				性别结构		文化结构				职称结构			
		30岁以下	30岁至40岁	40岁至50岁	50岁以上	男	女	博士	硕士	本科	专科及以下	高级	中级	初级	其他
上海上实集团财务有限公司	29	9	14	6	0	14	15	0	9	17	3	1	4	1	23
上海外高桥集团财务有限公司	26	6	11	8	1	11	15	0	4	20	2	1	9	2	14
上海文化广播影视集团财务有限公司	21	2	10	8	1	11	10	0	2	17	2	2	10	9	0
申能集团财务有限公司	54	8	31	12	3	26	28	1	30	22	1	1	25	2	26
深圳华强集团财务有限公司	25	11	8	4	2	10	15	0	5	19	1	0	3	2	20
深圳能源财务有限公司	40	12	9	15	4	20	20	0	9	28	3	5	9	6	20
深圳市有色金属财务有限公司	30	7	5	11	7	22	8	0	7	16	7	1	8	7	14
神华财务有限公司	50	7	22	15	6	22	28	2	33	12	3	9	24	2	15
首都机场集团财务有限公司	53	15	18	14	6	25	28	0	11	37	5	8	15	4	26
首钢集团财务有限公司	55	18	26	8	3	25	30	0	30	23	2	6	22	3	24
顺丰控股集团财务有限公司	45	10	31	4	0	16	29	0	7	37	1	27	14	4	0
四川长虹集团财务有限公司	40	15	17	7	1	16	24	0	2	36	2	2	3	15	20
四川省宜宾五粮液集团财务有限公司	42	10	20	10	2	20	22	1	6	31	4	1	8	6	27
松下电器（中国）财务有限公司	14	6	7	0	1	1	13	0	3	11	0	0	3	0	11
苏州创元集团财务有限公司	21	5	8	5	3	9	12	0	3	15	3	2	3	9	7
太钢集团财务有限公司	33	9	9	11	4	17	16	0	12	21	0	4	12	4	13
特变电工集团财务有限公司	23	8	10	4	1	16	7	0	4	18	1	1	9	1	12
天津渤海集团财务有限责任公司	27	9	9	7	2	13	14	0	6	18	3	2	7	7	11
天津港财务有限公司	44	5	17	21	1	18	26	0	19	19	6	2	31	11	0
天津能源集团财务有限公司	23	5	14	3	1	10	13	0	8	15	0	3	7	8	5
天津天保财务有限公司	21	4	10	6	1	8	13	0	6	15	0	0	7	4	10
天津物产集团财务有限公司	50	4	38	5	3	19	31	0	16	34	0	2	17	25	6
天津医药集团财务有限公司	23	3	16	4	0	11	12	0	9	13	1	4	9	1	9
天瑞集团财务有限责任公司	16	7	4	4	1	8	8	0	1	12	3	2	3	3	8
通用技术集团财务有限责任公司	41	9	19	12	1	19	22	0	18	21	2	8	14	1	18
铜陵有色金属集团财务有限公司	27	2	6	14	5	12	15	0	8	18	1	12	13	2	0
万向财务有限公司	65	23	18	23	1	34	31	0	15	44	6	1	22	11	31
五矿集团财务有限责任公司	62	19	21	16	6	26	36	0	32	20	10	3	17	10	32

续表

机构	人员合计	年龄结构				性别结构		文化结构				职称结构			
		30岁以下	30岁至40岁	40岁至50岁	50岁以上	男	女	博士	硕士	本科	专科及以下	高级	中级	初级	其他
武汉钢铁集团财务有限责任公司	45	1	12	27	5	26	19	0	16	25	4	13	16	2	14
物产中大集团财务有限公司	39	10	18	9	2	18	21	0	16	22	1	4	9	3	23
物美商业财务有限责任公司	20	7	7	4	2	8	12	0	5	9	6	0	2	1	17
西部矿业集团财务有限公司	36	9	17	7	3	18	18	0	4	31	1	1	12	3	20
西电集团财务有限责任公司	35	5	21	6	3	16	19	0	14	21	0	5	17	5	8
西王集团财务有限公司	31	15	15	0	1	16	15	0	5	26	0	1	5	4	21
厦门海翼集团财务有限公司	24	0	15	6	3	9	15	0	2	20	2	1	8	1	14
厦门翔业集团财务有限公司	25	10	10	5	0	18	7	0	13	12	0	1	4	2	18
新奥财务有限责任公司	58	18	33	4	3	32	26	0	14	37	7	0	22	0	36
新凤祥财务有限公司	81	28	38	12	3	43	38	0	9	58	14	0	12	8	61
新华联控股集团财务有限责任公司	22	4	12	6	0	11	11	1	6	15	0	2	6	2	12
新疆金风科技集团财务有限公司	30	13	10	6	1	13	17	1	12	17	0	0	0	0	30
新希望财务有限公司	43	11	23	8	1	23	20	0	13	28	2	0	12	19	12
徐工集团财务有限公司	38	17	16	4	1	23	15	0	16	22	0	3	8	27	0
兖矿集团财务有限公司	35	5	20	10	0	17	18	0	2	32	1	13	13	8	1
阳泉煤业集团财务有限责任公司	51	10	30	5	6	32	19	1	6	37	7	3	24	1	23
一汽财务有限公司	166	37	111	13	5	66	100	0	72	88	6	9	18	60	79
伊利财务有限公司	44	19	21	3	1	21	23	0	7	35	2	0	5	19	20
亿利集团财务有限公司	35	15	15	5	0	16	19	0	12	21	2	3	7	18	7
营口港务集团财务有限公司	19	4	8	7	0	9	10	0	3	13	3	1	8	9	1
有色矿业集团财务有限公司	27	6	13	5	3	14	13	1	9	17	0	2	18	1	6
粤海集团财务有限公司	36	10	17	7	2	20	16	1	15	19	1	4	11	1	20
云南建投集团财务有限公司	33	12	17	2	2	14	19	0	7	25	1	3	15	4	11
云南昆钢集团财务有限公司	24	4	10	9	1	6	18	0	1	17	6	1	10	5	8
云南冶金集团财务有限公司	30	8	11	10	1	10	20	0	6	22	2	2	9	4	15
云南云天化集团财务有限公司	26	4	10	10	2	12	14	0	4	21	1	3	6	3	14
招商局集团财务有限公司	48	12	23	9	4	20	28	2	29	17	0	5	12	2	29
浙江海港集团财务有限公司	40	20	12	5	3	17	23	0	12	28	0	3	17	9	11
浙江省交通投资集团财务有限责任公司	52	18	23	10	1	23	29	0	25	26	1	12	16	3	21

续表

机构	人员合计	年龄结构				性别结构		文化结构				职称结构			
		30岁以下	30岁至40岁	40岁至50岁	50岁以上	男	女	博士	硕士	本科	专科及以下	高级	中级	初级	其他
浙江省能源集团财务有限责任公司	119	66	35	15	3	62	57	0	27	92	0	8	15	23	73
振华集团财务有限责任公司	19	6	7	5	1	8	11	0	4	15	0	1	7	0	11
正泰集团财务有限公司	42	7	21	10	4	20	22	0	4	32	6	3	11	7	21
郑州宇通集团财务有限公司	28	13	6	8	1	18	10	0	6	16	6	3	5	14	6
中车财务有限公司	45	9	28	5	3	18	27	1	17	27	0	15	13	10	7
中船财务有限责任公司	63	31	17	11	4	29	34	1	43	18	1	15	13	22	13
中船重工财务有限责任公司	82	34	27	15	6	37	45	2	34	43	3	20	17	8	37
中广核财务有限责任公司	71	9	38	18	6	45	26	1	35	31	4	16	22	7	26
中国大唐集团财务有限公司	50	7	25	15	3	20	30	2	34	13	1	16	20	13	1
中国电建集团财务有限责任公司	53	4	30	13	6	26	27	1	25	27	0	23	19	2	9
中国电力财务有限公司	737	66	200	308	163	341	396	8	244	453	32	265	237	46	189
中国电信集团财务有限公司	35	9	18	5	3	19	16	1	17	17	0	7	7	2	19
中国电子财务有限责任公司	54	8	17	16	13	22	32	0	14	34	6	9	18	9	18
中国电子科技财务有限公司	52	22	20	8	2	27	25	1	37	14	0	2	9	9	32
中国航发集团财务有限公司	22	2	15	5	0	11	11	0	9	13	0	5	9	2	6
中国航空集团财务有限责任公司	70	13	22	19	16	29	41	0	18	38	14	4	24	13	29
中国航油集团财务有限公司	41	24	10	5	2	16	25	0	30	11	0	2	14	2	23
中国核工业建设集团财务有限公司	27	13	6	7	1	10	17	0	16	11	0	7	11	9	0
中国华电集团财务有限公司	71	10	42	12	7	37	34	0	37	34	0	7	23	0	41
中国华能财务有限责任公司	76	21	14	19	22	32	44	1	43	26	6	25	37	3	11
中国化工财务有限公司	41	11	11	15	4	17	24	2	21	16	2	10	11	4	16
中国黄金集团财务有限公司	33	11	13	7	2	11	22	0	18	15	0	7	10	4	12
中国建材集团财务有限公司	34	13	12	9	0	15	19	1	13	19	1	12	5	1	16
中国南航集团财务有限公司	64	8	20	33	3	35	29	1	17	31	15	5	17	0	42
中国能源建设集团财务有限公司	66	8	19	25	14	34	32	0	17	37	12	24	24	4	14
中国平煤神马集团财务有限责任公司	29	3	15	9	2	18	11	0	3	24	2	5	22	2	0
中国石化财务有限责任公司	376	70	156	103	47	151	225	2	129	222	23	87	154	65	70
中国铁建财务有限公司	81	25	38	15	3	45	36	1	35	45	0	18	33	22	8
中国铁路财务有限责任公司	75	15	30	24	6	30	45	1	27	46	1	41	21	9	4

续表

机构	人员合计	年龄结构				性别结构		文化结构				职称结构			
		30岁以下	30岁至40岁	40岁至50岁	50岁以上	男	女	博士	硕士	本科	专科及以下	高级	中级	初级	其他
中国一拖集团财务有限责任公司	39	11	15	12	1	11	28	0	4	28	7	1	20	2	16
中国移动通信集团财务有限公司	79	40	22	14	3	52	27	0	66	12	1	8	29	3	39
中国重汽财务有限公司	63	34	18	8	3	23	40	0	11	48	4	1	23	12	27
中海石油财务有限责任公司	126	40	46	30	10	53	73	1	52	70	3	11	52	9	54
中航工业集团财务有限责任公司	116	40	40	24	12	47	69	2	80	29	5	21	18	77	0
中核财务有限责任公司	48	15	16	12	5	21	27	1	29	17	1	14	16	18	0
中化工程集团财务有限公司	47	19	18	7	3	17	30	1	25	19	2	8	9	5	25
中化集团财务有限责任公司	86	31	34	17	4	36	50	2	33	47	4	2	20	4	60
中集集团财务有限公司	63	22	27	10	4	27	36	0	20	38	5	0	5	3	55
中建财务有限公司	49	11	23	10	5	28	21	1	28	18	2	15	11	23	0
中交财务有限公司	61	21	25	12	3	38	23	2	38	19	2	17	15	28	1
中节能财务有限公司	44	17	20	7	0	22	22	0	22	22	0	3	15	3	23
中开财务有限公司	26	13	7	3	3	13	13	0	10	15	1	1	7	1	17
中联重科集团财务有限公司	34	15	14	2	3	18	16	0	11	23	0	10	3	4	17
中粮财务有限责任公司	31	6	18	6	1	12	19	1	13	16	1	1	0	0	30
中铝财务有限责任公司	42	20	16	4	2	24	18	1	22	19	0	6	9	2	25
中煤财务有限责任公司	16	2	9	3	2	6	10	0	6	10	0	3	10	0	3
中铁财务有限责任公司	72	25	39	5	3	41	31	0	31	41	0	23	12	24	13
中信财务有限公司	54	26	16	10	2	26	28	3	35	14	2	9	14	2	29
中兴通讯集团财务有限公司	81	33	24	24	0	21	60	0	10	43	28	15	32	18	16
中冶集团财务有限公司	37	9	18	7	3	14	23	0	21	16	0	8	4	0	25
中油财务有限责任公司	187	36	72	50	29	83	104	9	82	82	14	54	76	39	18
中远海运集团财务有限责任公司	150	13	48	60	29	70	80	0	27	107	16	20	67	28	35
忠旺集团财务有限公司	40	7	20	11	2	23	17	1	11	23	5	3	9	2	26
珠海格力集团财务有限责任公司	52	12	21	10	9	25	27	0	5	42	5	2	15	7	28
珠海华发集团财务有限公司	45	8	20	13	4	15	30	0	12	31	2	0	20	5	20
紫金矿业集团财务有限公司	24	1	17	5	1	15	9	0	2	21	1	2	15	3	4

注：此表为252家财务公司数据，不含西门子财务服务有限责任公司、广东省农垦集团财务有限公司、上海华信国际集团财务有限责任公司、上海城投集团财务有限公司、传化集团财务有限公司、浪潮集团财务有限公司。

大事记

中国企业集团财务公司 2019 年行业大事记

1 月

2019 年 1 月 8 日，中国电信集团财务有限公司正式工商注册成立。

2019 年 1 月 15 日，新奥财务有限责任公司股权变更，新奥控股投资有限公司将持有的公司 4.5% 的股权全部转让给新奥（中国）燃气投资有限公司，变更后公司股东变为 4 家。

2019 年 1 月 17 日，上海电气集团财务有限责任公司完成了上海电气集团股份有限公司受让上海菱工实业公司持有本公司 1.25% 股权的产权交易手续，并取得了产权交易凭证。公司于 2019 年 1 月 31 日在上海市工商行政管理局办理了股东信息变更及相应的公司章程备案登记手续。

2019 年 1 月 18 日，中远海运集团财务有限责任公司取得新的营业执照。

2019 年 1 月 26 日，广州汽车集团财务有限公司正式上线产业链金融系统，联合针对经销商创新推出“汇财贷款”金融产品，公司金融服务对象范围正式拓展至集团整车企业的非成员企业经销商。

2019 年 1 月 29 日，安徽省皖北煤电集团财务有限公司完成淮化集团持有财务公司股权（20%）转让给皖北煤电集团事宜。

3 月

2019 年 3 月 1 日，中核财务有限责任公司与中国核工业建设集团财务有限公司重组业务整合启动会召开。

2019 年 3 月 20 日，中国财务公司协会在北京召开“2019 年财务公司分行业经营形势交流会”。

2019 年 3 月 26 日，中国财务公司协会在上海召开“上海地区部分财务公司公司治理情况座谈会”。

2019 年 3 月 27 日，中铝财务有限责任公司成功纳入海关总署担保主体目录，财务公司开立的关税保函将可以全国通用，为成员单位与海关开展业务奠定了资质基础。

4 月

2019 年 4 月，红星美凯龙家居集团财务有限责任公司完成注册资本金变更并调整股权结构事项，注册资本由人民币 3 亿元增加至人民币 6 亿元。

2019 年 4 月 17—18 日，由中国财务公司协会主办、徐工集团财务有限公司协办的以“财务公司的票据业务”为主题的专题沙龙活动在徐州举行。

2019 年 4 月 25 日，北京粮食集团财务有限公司变更为北京首农食品集团财务有限公司，唯一股东由北京粮食集团有限责任公司变更为北京首农食品集团有限公司。

2019 年 4 月 29 日，银保监会党委 2019 年第二巡视组巡视中国财务公司协会工作动员大会在北京召开。

5 月

2019 年 5 月，中国能源建设集团财务有限公司完成增资扩股和股权结构调整，调整完成后公司注册资本金增加至 30 亿元人民币。

2019 年 5 月 9 日，创维集团财务有限公司股权变更为创维集团有限公司持股 81.73%；深圳创维—RGB 电子有限公司持股 12.48%；创维数字股份有限公司持股5.79%。

2019年5月15日，根据苏财金〔2019〕47号文，江苏凤凰出版传媒集团财务有限公司被纳入省级国有金融资本统一管理，由江苏省财政厅委托江苏凤凰出版传媒集团有限公司进行管理。

6月

2019年6月，江铃汽车集团财务有限公司以租代售平台上线，实现车辆租前、租中、租后的全流程系统开发。

2019年6月和11月，中海石油财务有限责任公司分别经天津海关和深圳海关批准获得海关税款担保资质，并于11月下旬获得由海关总署批复的全国各关区通行的汇总纳税关税担保资格。

2019年6月6日，福建省交运集团财务有限公司举办开业仪式。

2019年6月10日，河南双汇集团财务有限公司股权变更事项获得河南银保监局批复（豫银保监复〔2019〕668号），股权变更完成后，河南双汇集团财务有限公司变为单一股东控股公司，不再设立股东会。

2019年6月14日，兵器装备集团财务有限责任公司注册资本金增至30.33亿元。

2019年6月18—19日，中国财务公司协会在黑龙江大庆举办以“产融结合下财务公司的功能定位”为主题的第二期专题沙龙活动。

2019年6—7月，中国财务公司协会领导分别赴中铁财务有限责任公司、北京汽车集团财务有限公司、中国移动通信集团财务有限公司、中信财务有限责任公司、中国铁建财务有限公司、太钢集团财务有限公司开展“不忘初心、牢记使命”主题教育专项调研。

7月

2019年7月1日，兖矿集团财务有限公司股东兖州煤业股份有限公司完成对中诚信托持有兖矿集团财务有限公司5%股权收购，股权比例调整为兖矿集团有限公司持股5%，兖州煤业股份有限公司持股95%。

2019年7月1日，山东能源集团财务有限公司完成股权登记变更，增资10亿元，7月5日完成工商登记变更。

2019年7月8日，海马财务有限公司个贷业务京东线上金融上线。

2019年7月9日，新凤祥财务有限公司增加注册资本金10亿元，增资后注册资本金为30亿元，股东及出资比例无变化。

2019年7月10日，杭州锦江集团财务有限责任公司完成增资，增资后注册资本金为12亿元，原股东持股比例不变。

2019年7月16日，安徽省皖北煤电集团财务有限公司完成财务公司整体搬迁工作。

2019年7月23日，巨化集团财务有限公司股东浙江菲达环保科技股份有限公司将持有公司4%股权以协议方式转让给公司股东巨化集团有限公司。

2019年7月25日，中国财务公司协会在太原召开“河北、山西地区财务公司公司治理情况座谈会”。

8月

2019年8月2日，中国财务公司协会党委委员、专职副会长李玉平应邀出席由人民日报全国党媒信息公共平台与国家金融与发展实验室等共同主办的“第二届中国普惠金融创新发展峰会”，并为获奖机构颁奖。

2019年8月6—7日，中国财务公司协会第九届监事会监事一行赴湖南出版投资控股集团财务有限公司、湖南华菱钢铁集团财务有限公司、湖南高速集团财务有限公司、中联重科集团财务有限公司调研。

2019年8月15日，中节能财务有限公司完成绿色金融体系（一期）建设及验收工作，打造行业内首家“绿色财务公司”。

2019年8月22日，有色财务公司取得《中国银保监会关于大冶有色金属集团财务有限责任公司变更股权及相关事项的批复》，同意公司实际控制人由大冶有色金属集团控股有限公司变更为中国有色矿业集团有限公司，名称变更为“有色矿业集团财务有限公司”。

2019年8月23日，中国财务公司协会在西安召开陕西省财务公司座谈会。

2019年8月28日，陕西延长石油财务有限公司全球视通平台成功上线，首批纳入平台的泰国地区境外账户实现了账户余额和交易明细的可视化查询，标志着延长石油集团境外资金集中管控迈入新阶段。

2019年8月28日，银保监会党委2019年第二巡视组巡视中国财务公司协会反馈会在北京召开。

2019年8月29日，北京首农食品集团财务有限公司注册资本金由5亿元人民币增加到20亿元人民币。

2019年8月29日，中国电力财务有限公司获北京银保监局批复，注册资本由130亿元增加到180亿元；9月17日，领取新营业执照，完成增资所有法定手续，发展实力进一步增强。

9月

2019年9月，浙江海港集团财务有限公司搬迁至集团总部大楼，并陆续完成各种迁址变更。

2019年9月11日，中航工业集团财务有限责任公司西安分公司受邀参加2019欧亚经济论坛·第六届西安（浐灞）金融论坛。

2019年9月12日，红豆集团财务有限公司增加了注册资本并调整了股权结构。

2019年9月23—24日，中国财务公司协会在新中国成立70周年之际，以“财务公司献礼祖国70华诞”为主题，组织人民日报、新华社、金融时报、中国金融等9家主流财经媒体先后赴中油财务有限责任公司和中国大唐集团财务有限公司进行调研采访。

2019年9月25日，中国财务公司协会在厦门组织召开福建省财务公司座谈会。

2019年9月30日，连云港港口集团财务有限公司助推中国（江苏）自贸试验区首单市场化债转股项目成功落地。

10月

2019年10月16日，江苏银保监局批复同意江苏宁沪高速公路股份有限公司为江苏交通控股集团财务有限公司股东，公司注册资本增加至16亿元。

2019年10月17—18日，中国财务公司协会在南京举办了“财务公司行业信息化交流会”，并召开江苏省财务公司座谈会。

2019年10月25日，山东能源集团财务有限公司参加普惠金融助力企业发展暨历下区中小企业发展联盟成立仪式。

2019年10月29日，申能集团财务有限公司参加2019中国气候投融资国际研讨会，就临港海上风电项目的创新融资模式进行了经验介绍。

11月

2019年11月1日，北京首都旅游集团财务有限公司吸引首旅集团旗下4家上市公司完成对公司的增资工作，公司注册资本由10亿元人民币增资至20亿元人民币，股权结构有所调整。

2019年11月6日，中国财务公司协会党委委员、专职副会长陶东平应邀出席“第二届（2019）中国金融品牌年会暨中国金融年度品牌案例大赛颁奖典礼”，并为获奖机构颁奖。

2019年11月11日，上海纺织集团财务有限公司所属集团及实际控制人变更为东方国际（集团）有限公司，东方国际（集团）有限公司受让上海纺织（集团）有限公司、上海纺织投资管理有限公司分别持有的上海纺织集团财务有限公司31%、20%的股权。

2019年11月11—21日，中国财务公司协会与厦门国家会计学院联合举办2019年度第二期、第三期“财务公司高级管理人员研修班”。

2019 年 11 月 12 日，兖矿集团财务有限公司股东按持股比例，同比例增资 15 亿元，公司注册资本金调整为 25 亿元（含 1000 万美元）。

2019 年 11 月 19 日，中国华电集团财务有限公司组织召开 2019 年度发电行业财务公司同业对标交流会。

2019 年 11 月 27 日，航天科技财务有限责任公司协助中国财务公司协会举办保险代理业务座谈会。

2019 年 11 月 28 日，徐工集团财务有限公司成功召开以“‘贷’你‘链’上品质金融”为主题的集团首届产业链金融客户座谈会。

12 月

2019 年 12 月，航天科工财务有限责任公司全面完成增资扩股，注册资本金增至 43.85 亿元。

2019 年 12 月，中国大唐集团财务有限公司完成股东单位股权变更的工商登记。原股东安徽电力股份有限公司将持有公司股权全部转让至大唐国际发电股份有限公司。

2019 年 12 月 4 日，重庆化医控股集团财务有限公司完成股权变更，重庆医药（集团）股份有限公司出资比例为 20%。

2019 年 12 月 5 日，中化集团财务有限责任公司完成股权变更及《中化集团财务有限责任公司章程》工商备案工作，获取新版营业执照。股权变更后公司股东为中国中化股份有限公司及中化资本有限公司。

2019 年 12 月 9 日，陕西延长石油财务有限公司正式获得陕西银保监局《关于陕西延长石油财务有限公司变更注册资本的批复》，公司注册资本由 26.129 亿元增加至 35 亿元，资本实力和风险抵御能力进一步提升。

2019 年 12 月 10—12 日，浙江省交通投资集团财务有限责任公司受邀参加 2019 年中国交通投融资年会暨首届上市公司峰会，并当选为中国公路学会交通投融资分会理事单位。

2019 年 12 月 11 日，通用技术集团财务有限责任公司顺利完成增资，注册资本由 10 亿元人民币增至 22.96 亿元人民币。

2019 年 12 月 12 日，中国财务公司协会党委委员、专职副会长陶东平应邀出席由金融时报社主办的主题为“大开放大变革大机遇”的“2019 新时代金融发展峰会”，并为获奖机构颁奖。

2019 年 12 月 12—13 日，中国财务公司协会第 22 次会员大会在济南举行。中国银保监会党委委员、副主席祝树民，国务院国资委总会计师白英姿出席会议并发表讲话，山东省副省长刘强和山东省济南市市长孙述涛致辞，中国银保监会、国务院国资委、人民银行、外汇局等监管机构的有关部门负责同志和 10 省（直辖市）银保监局、全国财务公司的代表共 300 多人出席了会议。

2019 年 12 月 14 日，中国石化财务有限责任公司作为财务公司行业首家试点单位，成功实现上海票交所“票付通”产品上线。

2019 年 12 月 20 日，经上海银保监局批复，上海纺织集团财务有限公司更名为“东方国际集团财务有限公司”。

2019 年 12 月 24 日，传化集团财务有限公司成立。

2019 年 12 月 25 日，中国建材集团财务有限公司注册资本由 5 亿元人民币增加至 10 亿元人民币（京银保监复〔2019〕1087 号）。

附　录

文件与规章名录

一、国务院办公厅

《国有金融资本出资人职责暂行规定》（国办发〔2019〕49号）

二、财政部

《国有金融资本产权登记管理办法（试行）》（财金〔2019〕93号）

《关于进一步明确国有金融企业增资扩股股权管理有关问题的通知》（财金〔2019〕130号）

《金融机构国有股权董事管理暂行办法》（财金〔2019〕138号）

三、中国人民银行

《应收账款质押登记办法》（中国人民银行令〔2019〕第4号）

《中国人民银行公告〔2019〕第15号》（完善贷款市场报价利率（LPR）形成机制有关事宜）

《中国人民银行公告〔2019〕第30号》（存量浮动利率贷款的定价基准转换为LPR有关事宜）

四、中国银行保险监督管理委员会

《银行业金融机构反洗钱和反恐怖融资管理办法》（中国银行保险监督管理委员会令2019年第1号）

《中国银保监会现场检查办法（试行）》（中国银行保险监督管理委员会令2019年第7号）

《中国银保监会关于银行保险机构员工履职回避工作的指导意见》（银保监发〔2019〕50号）

《中国银保监会关于推动银行业和保险业高质量发展的指导意见》（银保监发〔2019〕52号）

《中国银保监会办公厅关于进一步做好银行业保险业反洗钱和反恐怖融资工作的通知》（银保监办发〔2019〕238号）

2019 年度财务公司行业受表彰情况

TCL 集团财务有限公司

2019 年 4 月 15 日，TCL 集团财务有限公司在香港 *The Asset* 评选中获得年度最佳财资团队奖和最佳收付解决方案奖。

2019 年 4 月 16 日，TCL 集团财务有限公司获得《欧洲金融》陶朱奖·最佳全球银行解决方案奖。

2019 年 11 月 4 日，TCL 集团财务有限公司获得渣打银行最佳创新资金管理方案奖。

安徽省皖北煤电集团财务有限公司

2019 年 7 月 31 日，安徽省皖北煤电集团财务有限公司获得中国人民银行征信中心颁发的“2018 年度企业征信系统数据质量工作优秀机构”及“优秀个人”称号。

2019 年 12 月，安徽省皖北煤电集团财务有限公司获得中国财务公司协会颁发的“2019 年度行业数据统计优秀单位”称号。

百联集团财务有限责任公司

2019 年 12 月 12 日，百联集团财务有限责任公司在金融时报社主办的“2019 中国金融机构金牌榜·金龙奖”活动中被评为“年度最具创新力财务公司”。

宝钢集团财务有限责任公司

2019 年 11 月，宝钢集团财务有限责任公司获得 2019 中国金融年度品牌案例大赛“整合营销年度案例奖”。

2019 年，宝钢集团财务有限责任公司获得集团颁发的“2019 年度中国宝武青年先锋岗”称号。

保利财务有限公司

2019 年 9 月 25 日，保利财务有限公司荣获北京市东城区百强企业荣誉称号。

北京汽车集团财务有限公司

2019 年 5 月，北京汽车集团财务有限公司荣获 2019 年首都劳动奖状。

2019 年 7 月，北京汽车集团财务有限公司荣获 2016—2018 年度北京市构建和谐劳动关系先进单位荣誉称号。

2019 年 8 月，北京汽车集团财务有限公司获得中国普惠金融产品创新典型案例奖。

兵工财务有限责任公司

2019 年 4 月 26 日，兵工财务有限责任公司获得《新理财》杂志社颁发的“中国优秀财务公司”称号。

2019 年 8 月 20 日，兵工财务有限责任公司获得北京市东城区“东城区百强企业”称号。

2019 年 10 月，兵工财务有限责任公司获得军工行业信息化高峰论坛理事会、国家国防科技工业局信息中心联合授予的“2018—2019 年度军工行业网络安全防护最佳实践应用单位”称号。

兵器装备集团财务有限责任公司

2019 年 1 月 10 日，兵器装备集团财务有限责任公司获得中国兵器装备集团有限公司颁发的“特别贡献奖”。

诚通财务有限责任公司

2019 年 4 月 26 日，诚通财务有限责任公司在第十四届中国 CFO 大会暨 2018 中国 CFO 年度人物颁奖典礼上获得“2018 中国年度优秀财务公司”称号。

重庆化医控股集团财务有限公司

2019 年 7 月 31 日，重庆化医控股集团财务有限公司被中国人民银行征信中心评为“2018 年度企业征信系统数据质量工作优秀机构”。

2019 年，重庆化医控股集团财务公司被中国财务公司协会评为“2019 年度行业数据统计优秀单位”。

重庆市能源投资集团财务有限公司

2019 年 12 月 26 日，重庆市能源投资集团财务有限公司获得中国人民银行颁发的 2019 年金融统计工作三等奖。

东方集团财务有限责任公司

2019 年 7 月，东方集团财务有限责任公司获得中国人民银行哈尔滨中心支行颁发的“黑龙江省金融机构征信系统数据质量工作优秀奖”。

2019 年 8 月，东方集团财务有限责任公司获得中国人民银行哈尔滨中心支行颁发的“《黑龙江金融年鉴》2017 年度优秀撰稿人”荣誉称号。

2019 年 12 月，东方集团财务有限责任公司获得中国人民银行哈尔滨中心支行颁发的金融统计“先进个人”荣誉称号。

东风汽车财务有限公司

2019 年 4 月，东风汽车财务有限公司获得武汉经济技术开发区管委会、汉南区人民政府授予的“2018 纳税十强企业”称号。

2019 年 9 月，东风汽车财务有限公司被中国银行保险监督管理委员会湖北监管局办公室评为湖北辖内银行保险业 2019 年网络安全攻防演练优秀团队。

2019 年 10 月，东风汽车财务有限公司被金音奖“中国最佳客户联络中心与卓越客户体验”组委会评为 2019 中国最佳客户联络中心。

福建省能源集团财务有限公司

2020 年 1 月 15 日，福建省能源集团财务有限公司被福建省能源集团有限责任公司党委授予 2019 年度“四好领导班子”称号。

甘肃电投集团财务有限公司

2019 年，甘肃电投集团财务有限公司获得中国人民银行兰州中心支行全省金融统计“三等奖”。

港中旅财务有限公司

2019 年 10 月，港中旅财务有限公司研究小组课题获得深圳经济特区金融学会颁发的“深圳经济特区金融学会 2018 年度重点研究课题优秀奖”。

2019 年 12 月 21 日，港中旅财务有限公司党支部党建创新案例《从优良传统中汲取奋进力量》入选《基层党组织书记案例选编（国企版）》。

广东粤电财务有限责任公司

2019 年 12 月 12 日，广东粤电财务有限责任公司在金融时报社主办的“2019 中国金融机构金牌榜·金龙奖”活动中被评为“年度最佳财务公司”。

广东省广晟财务有限公司

2019 年 7 月 4 日，广东省广晟财务有限公司获得中共广东省广晟资产经营有限公司委员会颁发的“先进基层党组织”称号。

广西交通投资集团财务有限责任公司

2019 年 11 月 14 日，广西交通投资集团财务有限责任公司获得广西壮族自治区财政厅颁发的 2018 年度优秀（AAA）绩效评价。

广州汽车集团财务有限公司

2019 年 4 月 16 日，广州汽车集团财务有限公司获得《欧洲金融》陶朱奖·最佳财务公司奖。

国电财务有限公司

国电财务有限公司企业文化成果获得应急管理部组织的2019年度首届全国安全文化优秀论文评选一等奖，公司获得优秀组织奖。

国家电投集团财务有限公司

2019年3月，国家电投集团财务有限公司获得国家电投集团颁发的“企业文化示范单位”奖项。

2019年5月，国家电投集团财务有限公司获得国家电投集团颁发的“五四红旗团委”奖项。

2019年，国家电投集团财务有限公司获得北京市西城区“2019年重点企业经济社会发展综合贡献奖”。

国投财务有限公司

2019年5月5日，国投财务有限公司被北京市西城区税务局评为“纳税信用A级企业”。

2019年11月25日，国投财务有限公司被北京市西城区统计局评为“2019年西城区诚信统计单位”。

国新集团财务有限责任公司

2019年6月25日，国新集团财务有限责任公司董事、总经理吕连浮获中央企业优秀共产党员称号。

海尔集团财务有限责任公司

2019年12月12日，海尔集团财务有限责任公司在金融时报社主办的“2019中国金融机构金牌榜·金龙奖”活动中被评为“年度最佳财务公司”。

海马财务有限公司

2019年12月6日，海马财务有限公司获得中国人民银行海口中心支行颁发的海南省金融统计和调研分析工作先进单位三等奖。

航天科技财务有限责任公司

2019年12月17日，航天科技财务有限责任公司在《中国经营报》主办的“2019卓越竞争力金融峰会”上被评为“2019卓越竞争力投资能力财务公司”。

2019年，航天科技财务有限责任公司获得中国财务公司协会颁发的“行业课题研究突出贡献单位”称号。

2019年，航天科技财务有限责任公司被中国财务公司协会评为“2019年度行业数据统计优秀单位”。

河北港口集团财务有限公司

2019年8月，河北港口集团财务有限公司被河北省财政厅评为“2018年度省属金融企业财务决算报表先进单位”。

河钢集团财务有限公司

2019年5月5日，河钢集团财务有限公司团支部被河钢集团团委评为“五四红旗团支部”。

河南双汇集团财务有限公司

2019年12月，河南双汇集团财务有限公司获得漯河市人民政府颁发的经济发展特殊贡献奖。

亨通财务有限公司

2019年2月26日，亨通财务有限公司获得吴江开发区“服务业先进企业”称号。

红星美凯龙家居集团财务有限责任公司

2019年1月，红星美凯龙家居集团财务有限责任公司荣获红星美凯龙家居集团颁发的“2018年度业绩突出贡献奖”。

湖北交投集团财务有限公司

2019年1月15日，湖北交投集团财务有限公司被中国人民银行武汉分行评为2017—2018年度反洗钱重点课题研究优秀组织单位。

2019年4月4日，湖北交投集团财务有限公司被湖北省国资委评为2016—2018年度委级文明单位。

2019年4月10日，湖北交投集团财务有限公司在2018年度湖北省金融统计学会重点课题评比中获优胜奖。

湖北宜化集团财务有限责任公司

2019年11月9—10日，湖北宜化集团财务有限责任公司在宜昌市银行保险业首届“邮储银行杯”乒乓球比赛中获得团体比赛第四名、女子单打第六名、男子双打第四名、混合双打第一名。

湖南出版投资控股集团财务有限公司

2019年3月，湖南出版投资控股集团财务有限公司被评为“全国巾帼建功先进集体”。

淮北矿业集团财务有限公司

2019年4月，淮北矿业集团财务有限公司在第十四届中国CFO大会暨2018中国CFO年度人物颁奖典礼上获得“2018中国年度优秀财务公司”称号。

2019年6月，淮北矿业集团财务有限公司被中国人民银行淮北市中心支行评为反洗钱工作A类机构。

2019年11月，淮北矿业集团财务有限公司获得淮北市银行业协会颁发的“不忘初心、牢记使命”主题征文“优秀组织奖”。

淮南矿业集团财务有限公司

2019年12月26日，淮南矿业集团财务有限公司获得安徽省财政厅颁发的“省属金融企业先进单位”称号。

江铃汽车集团财务有限公司

2019年1月，江铃汽车集团财务有限公司获得中国人民银行南昌中心支行辖内金融机构会计核算优胜单位称号。

江苏华西集团财务有限公司

2019年12月31日，江苏华西集团财务有限公司获得江阴市颁发的“江阴市服务业重点骨干企业”称号。

江苏交通控股集团财务有限公司

2019年12月7日，江苏交通控股集团财务有限公司被江苏省精神文明建设指导委员会评为江苏省文明单位。

江苏省国信集团财务有限公司

2019年，江苏省国信集团财务有限公司被江苏省财政厅评为2018年全省金融企业绩效评价优秀（A）单位。

2019年，江苏省国信集团财务有限公司被中国人民银行评为“2018年度企业征信系统数据质量工作优秀机构”。

2019年，江苏省国信集团财务有限公司获得江苏省国信集团“优秀基层党组织”称号。

2019年，江苏省国信集团财务有限公司“扶贫扶智”项目被共青团江苏省委评为“2018年度江苏省优秀青年志愿者服务项目”。

江西铜业集团财务有限公司

2019年3月，江西铜业集团财务有限公司被评为2018年度南昌高新技术产业开发区纳税十强企业。

2019年12月，江西铜业集团财务有限公司获得“地方金融特殊贡献奖”。

2019年12月，江西铜业集团财务有限公司获得2019年江西省金融机构金融统计工作暨金融统计数据质量提升年活动优胜单位。

京能集团财务有限公司

2019年12月，京能集团财务有限公司获得中国企业家联合会颁发的北京市现代化管理创新成果一等奖、二等奖。

2020年1月，京能集团财务有限公司领导班子荣获京能集团颁发的2019年度突出贡献奖。

酒钢集团财务有限公司

2019年12月26日，酒钢集团财务有限公司获得酒泉钢铁（集团）有限责任公司颁发的先进单位称号。

连云港港口集团财务有限公司

2019年5月16日，连云港港口集团财务有限公司获得中国人民银行连云港市中心支行颁发的“2018年度连云港市金融统计工作先进集体”称号。

2019年12月14日，连云港港口集团财务有限公司获得第七届中国财资奖评委会颁发的“企业财资力先进单位奖”。

南方电网财务有限公司

2019年9月18日，南方电网财务有限公司员工被人力资源和社会保障部、国务院国资委授予中央企业劳动模范称号。

2019年9月12日，南方电网财务有限公司直属营业部在广州金融业协会举办的“第三届广州金融服务之星”评选活动中获得“最佳金融服务窗口”奖项，公司员工获“最佳金融服务明星”称号。

2019年11月22日，南方电网财务有限公司工会被广东省总工会授予2019年度“广东省模范职工之家”称号。

南山集团财务有限公司

2019年12月13日，南山集团财务有限公司在金融时报社主办的“2019中国金融机构金牌榜·金龙奖”评选活动中被评为“年度最佳风险管理财务公司”。

内蒙古电力集团财务有限责任公司

2019年3月，内蒙古电力集团财务有限责任公司获得内蒙古自治区人民政府金融办颁发的2018年度金融助推脱贫攻坚贡献奖。

青岛港财务有限责任公司

2019年11月22日，青岛港财务有限责任公司获得青岛市金融企业绩效评价AAA优秀评级。

青岛啤酒财务有限责任公司

2019年12月27日，青岛啤酒财务有限责任公司荣获青岛市金融企业绩效评价AAA优秀评级。

日照港集团财务有限公司

2019年3月，日照港集团财务有限公司荣获日照市石臼街道“服务地方经济发展先进单位”“计生工作先进单位”荣誉称号。

三峡财务有限责任公司

2019年2月，三峡财务有限责任公司宜昌分公司获得宜昌市委、市政府授予的“2014—2018年宜昌发展贡献奖”。

山东黄金集团财务有限公司

2019年11月，山东黄金集团财务有限公司获得山东省企业管理现代化创新成果评审委员会颁发的三等奖。

2019年12月，山东黄金集团财务有限公司获得山东省省属企业精神文明建设委员会颁发的省属企业文明单位称号。

2019年，山东黄金集团财务有限公司获得集团“2019年度意识形态工作示范奖”。

山东能源集团财务有限公司

2019年，山东能源集团财务有限公司获得济南市三星平安单位称号。

2019年，山东能源集团财务有限公司获得“山东省省属企业文明单位”称号和“山东省省级文明单位”称号。

山东招金集团财务有限公司

2019年12月27日，山东招金集团财务有限公司获得中国人民银行烟台市中心支行颁发的“统计工作先进集体”荣誉称号。

山东重工集团财务有限公司

2019年4月16日，山东重工集团财务有限公司荣获《欧洲金融》陶朱奖·财资管理实践创新奖。

2019年11月7日，山东重工集团财务有限公司荣获山东省财政厅颁发的山东省金融企业绩效考核AA评级。

2019年12月12日，山东重工集团财务有限公司在金融时报社主办的“2019中国金融机构金牌榜·金龙奖”评选活动中被评为“年度最佳财务公司”。

2019年，山东重工集团财务有限公司获得中国计算机用户协会颁发的“最佳科技风险实践奖”。

2019年，山东重工集团财务有限公司党支部被山东省国资委党委评为“过硬党支部”。

山西焦煤集团财务有限责任公司

2019年10月，山西焦煤集团财务有限责任公司党支部被中共山西省国资委委员会授予“基层示范党支部”称号。

陕西投资集团财务有限责任公司

2019年9月25日，陕西投资集团财务有限责任公司被中共西安经济技术开发区工作委员会、西安经济技术开发区管理委员会授予“金融高质量发展成长型企业”称号。

上海电气集团财务有限责任公司

2019年11月6日，上海电气集团财务有限责任公司在中国金融年度品牌案例大赛中获得“品牌传播年度案例奖”，成为财务公司行业中唯一的获奖单位。

上海华谊集团财务有限责任公司

2019年1月16日，上海华谊集团财务有限责任公司获得中国人民银行2018年度上海中资金融机构金融统计工作二等奖。

2019年3月，上海华谊集团财务有限责任公司获得“2017—2018年度上海市青年文明号”称号。

2019年5月，上海华谊集团财务有限责任公司被评为上海市和谐劳动关系达标企业。

上海浦东发展集团财务有限责任公司

2019年4月，上海浦东发展集团财务有限责任公司被上海市人民政府评为2017—2018年度上海市文明单位。

2019年6月，上海浦东发展集团财务有限责任公司被中共上海市浦东新区国资委委员会评为“国资系统基层党建示范点”。

2019年7月19日，上海浦东发展集团财务有限责任公司获得中共上海市浦东新区委员会和上海市浦东新区人民政府联合颁发的2017—2018年度浦东新区军民共建社会主义精神文明先进集体称号。

上海汽车集团财务有限责任公司

2019年，上海汽车集团财务有限责任公司在中国汽车“金引擎”评选活动中获得“最佳风险控制汽车金融公司”和“中国汽车金融杰出推动者”奖项。

上海上实集团财务有限公司

2020年1月9日，上海上实集团财务有限公司获得中国人民银行上海分行2019年度中资法人金融机构金融统计工作二等奖。

上海外高桥集团财务有限公司

2019年6月，上海外高桥集团财务有限公司党支部获得中共上海市浦东新区委员会颁发的2018年度一级党支部称号。

2019年12月，上海外高桥集团财务有限公司获得上海市浦东新区总工会颁发的2019年度上海市浦东职工科技创新成果入围奖。

申能集团财务有限公司

2019年3月30日，申能集团财务有限公司获得中共上海市委、上海市人民政府颁发的“2017—2018 年度（第十九届）上海市文明单位”称号。

2019 年 1 月 11 日，申能集团财务有限公司“基于申能集团碳资产管理的碳金融服务平台建设”项目获得上海市企业管理现代化创新成果评审委员会颁发的“2018 年上海市企业管理现代化创新成果二等奖”。

2019 年 12 月 19 日，申能集团财务有限公司获得上海市银行同业公会颁发的“上海银行同业年度机构贡献奖”。

神华财务有限公司

2019 年 12 月，神华财务有限公司获得国家能源集团奖励基金二等奖。

2019 年，神华财务有限公司获得中国人民银行 2018 年度金融信用信息基础数据库接入机构征信合规与信息安全考核评级 A 级。

四川长虹集团财务有限公司

2019 年，四川长虹集团财务有限公司获得绵阳市 2019 扶贫日“以购助扶”助力脱贫攻坚活动爱心单位称号。

2019 年，四川长虹集团财务有限公司被绵阳市委组织部评为“人才金融特色机构”。

2019 年，四川长虹集团财务有限公司获得中国人民银行绵阳市中心支行颁发的“2019 年金融统计及调查工作三等奖”。

苏州创元集团财务有限公司

2019 年 5 月，苏州创元集团财务有限公司获得中国人民银行苏州市中心支行颁发的“金融统计工作三等奖”。

太钢集团财务有限公司

2019 年 5 月 29 日，太钢集团财务有限公司获得中国人民银行太原中心支行 2018 年度“两管理、两综合”综合评价 B 级，为太原辖区财务公司第一名。

2019 年 4 月 4 日，太钢集团财务有限公司在中国人民银行太原中心支行 2018 年度山西省金融机构金融统计工作评比中获得一等奖。

2019 年 6 月，太钢集团财务有限公司在国家税务总局 2018 年度纳税信用评级评比中获得纳税信用评级 A 级。

特变电工集团财务有限公司

2019 年 6 月 6 日，特变电工集团财务有限公司获得昌吉州绿色金融改革创新试验区工作领导小组办公室颁发的“绿色金融事业部”称号。

通用技术集团财务有限责任公司

2019 年 6 月 11 日，通用技术集团财务有限责任公司被中国人民银行营业管理部征信管理处评为“征信合规安全考核 A 级”。

2019 年 6 月 14 日，通用技术集团财务有限责任公司被中国人民银行征信中心评为“金融机构调查统计考核 A 类机构”。

2019 年 8 月 6 日，通用技术集团财务有限责任公司被北京银保监局评为“非现场监管报表工作 C 级”。

万向财务有限公司

2019 年，万向财务有限公司在金融时报社主办的“2019 中国金融机构金牌榜 · 金龙奖”评选活动中被评为“年度全国最佳财务公司”。

2019 年，万向财务有限公司获得浙江银保监局办公室颁发的 2018 年度辖内银行业非现场监管报表考核一等奖。

2019 年，万向财务有限公司获得浙江银保监局办公室颁发的 2018 年度辖内银行业监管统计工作竞赛二等奖。

物产中大集团财务有限公司

2019 年 12 月 24 日，物产中大集团财务有限公司获得浙江省省部属企事业“先进职工之家”称号。

西部矿业集团财务有限公司

2019年7月，西部矿业集团财务有限公司被西部矿业集团公司评为“先进基层党组织”。

2019年12月，西部矿业集团财务有限公司被西部矿业集团公司评为“先进单位”。

2019年12月，西部矿业集团财务有限公司获得青海省人民政府颁发的“支持地方经济社会发展金融繁荣活力二等奖”。

西电集团财务有限责任公司

2019年8月，西电集团财务有限责任公司被中国人民银行西安分行评为“2018年征信合规与信息安全评价A级企业”。

2019年11月，西电集团财务有限责任公司被国家税务总局陕西省税务局评为“2018年度企业纳税信用A级企业”。

厦门海翼集团财务有限公司

2019年4月，厦门海翼集团财务有限公司获得厦门市思明区政府颁发的“超1000万元纳税特大户”称号。

2019年6月，厦门海翼集团财务有限公司获得中共厦门市国有资产监督管理委员会颁发的“2017—2018年度先进基层党组织”称号。

新凤祥财务有限公司

2019年5月7日，新凤祥财务有限公司被济南市综治办、济南市公安局评为三星级平安单位。

2019年12月25日，新凤祥财务有限公司获得中国人民银行济南分行营业管理部办公室颁发的“2019年度济南市金融统计工作先进集体”一等奖，公司员工被评为“2019年度济南市金融统计工作先进个人”。

新疆金风科技集团财务有限公司

2019年2月，新疆金风科技集团财务有限公司获得乌鲁木齐开发区（头区）颁发的“招商引资功勋企业”称号。

新希望财务有限公司

2019年12月12日，新希望财务有限公司在金融时报社主办的“2019中国金融机构金牌榜·金龙奖”评选活动中首次被评为“年度最佳资金管理财务公司”。

徐工集团财务有限公司

2019年5月20日，徐工集团财务有限公司“基于徐工汉云技术的小微民营企业金融服务体系”项目获得2019年度江苏省金融创新奖。

2019年12月17日，徐工集团财务有限公司承担的集团“4+1”汇率风险管控体系项目获得江苏省企业管理现代化创新成果一等奖。

一汽财务有限公司

2019年6月12日，一汽财务有限公司获得上海票据交易所颁发的“2018年度十佳优秀科技工作者”称号。

2019年7月17日，一汽财务有限公司获得中国支付清算协会2019年“支付安全和防范电信网络新型诈骗宣传周”活动创意大赛图片组二等奖和三等奖。

2019年11月6日，一汽财务有限公司获得中国金融年度品牌案例大赛“年度人气品牌案例奖”“企业文化年度案例奖”及“中国金融年度品牌案例大奖”。

云南建投集团财务有限公司

2019年3月1日，云南建投集团财务有限公司获得昆明经济技术开发区管理委员会颁发的“园区突出贡献奖”。

2019年7月30日，云南建投集团财务有限公司题为“创新供应链业务模式普惠产业链民营中小微企业案例”入选人民日报全党媒体信息公共平台编写的《中国普惠金融实践案例集锦（2018—2019）》。

云南昆钢集团财务有限公司

2019年10月10日，云南昆钢集团财务有限公司被云南省安宁市工业和信息化局评为“纳税贡献突出企业”。

2019年12月4日，云南昆钢集团财务有限公司获得云南省国资委、云南省市场监督管理局、云南省税务局联合颁发的“优秀组织奖”。

云南冶金集团财务有限公司

2019年4月29日，云南冶金集团财务有限公司团支部书记获得共青团云南省委颁发的2018年度“云南省优秀共青团干部”荣誉称号。

浙江省交通投资集团财务有限责任公司

2019年12月，浙江省交通投资集团财务有限责任公司获得杭州市江干区中央商务区商会颁发的“2019年度领航企业”称号。

2020年1月，浙江省交通投资集团财务有限责任公司获得杭州四季青街道颁发的“2019年度突出贡献集体奖”。

正泰集团财务有限公司

2019年12月14日，正泰集团财务有限公司获得中国财资奖评委会颁发的“企业财资力先进单位奖”。

中船财务有限责任公司

2019年4月，中船财务有限责任公司被上海市浦东新区政府评为“2018年度浦东新区经济突出贡献企业”。

2019年12月，中船财务有限责任公司在金融时报社主办的“2019中国金融机构金牌榜·金龙奖”评选活动中被评为“年度最佳财务公司”。

中船重工财务有限责任公司

2019年8月，中船重工财务有限责任公司被中国人民银行评为“2018年度征信合规与信息安全考核A级单位”。

2019年8月，中船重工财务有限责任公司被国家税务总局北京市西城区税务局评为“2018年度纳税信用A级企业”。

2019年9月30日，中船重工财务有限责任公司创作的“基于‘宏观审慎一体化’管控的军工企业集团财务公司风险管理体系”获得中国船舶重工集团有限公司“2019年度管理创新成果一等奖”；并于2019年12月20日获得中国国防工业企业协会“2019年度管理创新成果一等奖”。

中广核财务有限责任公司

2019年5月14日，中广核财务有限责任公司团支部在深圳金融团工委组织召开的2018—2019年度深圳金融系统五四表彰大会上获得“五四红旗团支部”荣誉称号。

2019年11月6日，中广核财务有限责任公司参加深圳市银行业协会举办的《2018—2019年深圳市银行业社会责任优秀案例集》发布会，并获“跨境金融”优秀案例证书。获奖案例为中广核集团境外绿色银团，本案例为集团首次在境外信贷市场筹组银团贷款，也是中央企业首笔境外绿色银团贷款。

2019年12月12日，中广核财务有限责任公司在金融时报社主办的“2019中国金融机构金牌榜·金龙奖”评选活动中被评为“年度最佳资金管理财务公司”。

中国大唐集团财务有限公司

2019年11月6日，中国大唐集团财务有限公司获得中国金融年度品牌大赛“用户体验年度案例奖”。

2019年12月，中国大唐集团财务有限公司获得中国企业管理研究会等单位颁发的“全国国企管理创新年度成果二等奖”。

中国电建集团财务有限责任公司

2019年12月12日，中国电建集团财务有限责任公司在金融时报社主办的“2019中国金融机构金牌榜奖项·金龙奖”评选活动中被评为“最佳服务财务公司”。

2019年12月28日，中国电建集团财务有限责任公司党建思政课题“电建财务公司特色党建推动金融服务实体经济”获得“新中国成立70周年”全国国企党建工作创新典范案例二等奖。

中国电力财务有限公司

2019年1月，中国电力财务有限公司荣获中国银保监会银行业信息科技风险管理课题研究二类成果奖。

2019年1月，中国电力财务有限公司荣获国家电网有限公司“财务工作先进单位”荣誉称号。

2019年2月，中国电力财务有限公司荣获国家电网有限公司“信息化企业”称号。

2019年，中国电力财务有限公司在金融时报社主办的“2019中国金融机构金牌榜·金龙奖”评选活动中被评为“年度最佳财务公司”。

中国航发集团财务有限公司

2019年10月29日，中国航发集团财务有限公司被国家国防科技工业局信息中心评为“2018—2019年度军工行业网络安全最佳实践应用单位”。

中国华电集团财务有限公司

2019年6月8日，中国华电集团财务有限公司获得中国人民银行金融统计考核A级评价。

中国建材集团财务有限公司

2019年11月29日，中国建材集团财务有限公司获得中国建材集团颁发的“技术革新奖一等奖”。

中国南航集团财务有限公司

2019年5月23日，中国南航集团财务有限公司获得国家税务总局广州市税务局颁发的“纳税信用A级纳税人”称号。

中国能源建设集团财务有限公司

2019年12月12日，中国能源建设集团财务有限公司在金融时报社主办的“2019中国金融机构金牌榜·金龙奖”评选活动中被评为“年度最佳风险管理财务公司”。

中国石化财务有限责任公司

2019年9月6日，中国石化财务有限责任公司获得中国石油化工集团有限公司颁发的第二十八届管理现代化创新成果二等奖。

2019年10月31日，中国石化财务有限责任公司获得中国石油化工集团有限公司2019年内控风控竞赛决赛“总部及其他”板块团体第三名。

2019年11月6日，中国石化财务有限责任公司获得中国金融年度品牌案例大赛“整合营销年度案例奖”。

中国铁建财务有限公司

2019年4月26日，中国铁建财务有限公司在第十四届中国CFO大会暨2018中国CFO年度人物颁奖典礼上获得“2018中国年度优秀财务公司”称号。

2019年11月6日，在中国金融年度品牌案例大赛上中国铁建财务有限公司申报的“产业链金融‘普惠’思维案例”获得“中融普惠”年度品牌案例特别奖，成为年会上唯一一家获此殊荣的央企财务公司。

2019年，中国铁建财务有限公司工会策划并组织公司女职工倾情打造的《七子之歌》诵唱作品荣获全国第七届“书香三八”读书活动三等奖，并入选“我和我的祖国”中央企业经典爱国主义歌曲歌咏展演节目。

中国铁路财务有限责任公司

2019年12月，中国铁路财务有限责任公司获得北京市海淀区统计局颁发的“2019年度海淀区统计工作先进单位”称号。

中国移动通信集团财务有限公司

2019年5月5日，中国移动通信集团财务有限公司获得2018年度“纳税信用A级纳税人”称号。

2019 年 6 月，中国移动直属财务公司团支部获得 2018 年度“中国移动五四红旗团委（团支部）”称号。

2019 年 8 月，中国移动通信集团财务有限公司获得北京银保监局 2018 年非现场监管统计工作三等奖。

中国重汽财务有限公司

2019 年 5 月 7 日，中国重汽财务有限公司被济南市公安局评为三星级平安单位。

2019 年 11 月 29 日，中国重汽财务有限公司入选“山东省十强”产业集群领军企业。

中海石油财务有限责任公司

2019 年，中海石油财务有限责任公司客户服务部获得“2017—2019 年度中国海洋石油工业先进集体”称号。

中航工业集团财务有限责任公司

2019 年 1 月 28 日，中航工业集团财务有限责任公司西安分公司获得国家税务总局陕西省税务局颁发的“纳税信用 A 级纳税人”称号。

2019 年 3 月 11 日，中航工业集团财务有限责任公司贵阳分公司获得贵州银保监局颁发的“2018 年度贵州银行业金融机构监管统计综合考核优秀奖”。

2019 年 4 月 29 日，中航工业集团财务有限责任公司被中国航空工业集团评为“2017—2018 年信息工作先进单位”。

中核财务有限责任公司

2019 年 7 月 19 日，中核财务有限责任公司被中核集团公司评为“2018 年度企业年度工作报告优秀填报单位”。

2019 年 8 月 2 日，中核财务有限责任公司被中核集团公司评为“2018 年度内部控制评价报告按要求报送单位”。

2019 年 8 月 2 日，中核财务有限责任公司被中核集团公司评为“2018 年度内部控制评价报告编报优秀单位”。

中化工程集团财务有限公司

2019 年 10 月 23 日，中化工程集团财务有限公司获得全国扶贫宣传教育中心颁发的 2019 年度“学习习近平总书记关于扶贫工作的重要论述”主题征文活动获奖论文入选奖励。

2019 年 12 月 3 日，中化工程集团财务有限公司获得中国企业改革与发展研究会颁发的中国企业改革发展优秀成果二等奖。

中节能财务有限公司

2019 年 12 月 12 日，中节能财务有限公司在金融时报社主办的“2019 中国金融机构金牌榜·金龙奖”评选活动中被评为“年度最具创新力财务公司”。

中铝财务有限责任公司

2019 年 11 月，中铝财务有限责任公司获得《新财富》杂志社颁发的最佳资产证券化项目奖。

2019 年，中铝财务有限责任公司被中国财务公司协会评为“2019 年度行业数据统计优秀单位”。

中煤财务有限责任公司

2019 年 4 月，中煤财务有限责任公司完成的“中煤集团资金管理系统整合升级项目”获得中国煤炭工业协会颁发的“2017—2018 年度煤炭行业两化深度融合优秀项目奖”。

中铁财务有限责任公司

2019 年 9 月 2 日，中铁财务有限责任公司获得中国铁道财会学会 2018 年度“非运输企业财会学会科研课题一等奖”。

2019 年 12 月 17 日，中铁财务有限责任公司在《中国经营报》主办的“2019 卓越竞争力金融峰会”上被评为“2019 卓越竞争力创新财务公司”。

中兴通讯集团财务有限公司

2019 年 3 月 18 日，中兴通讯集团财务有限公司获得中国人民银行深圳市中心支行颁发的“2018 年度深圳市银行业机构金融统计工作考评二等奖”。

中油财务有限责任公司

2019 年 9 月 19 日，中油财务有限责任公司在中国 CFO 百人论坛、《贸易金融》杂志和招商银行联合主办的“2019 中国 CFO 峰会”上获得 2019 中国 CFO 卓越榜之“年度最佳财务公司奖”；中油财务有限责任公司总经理王增业被评为“中国 CFO 年度十大杰出人物”。

2019 年 12 月 12 日，中油财务有限责任公司在金融时报社主办的“2019 中国金融机构金牌榜·金龙奖”评选活动中被评为“年度最佳服务财务公司”。

2019 年 12 月 17 日，中油财务有限责任公司在《中国经营报》主办的 2019 卓越竞争力金融峰会暨第十一届卓越竞争力金融机构评选活动中获得“2019 卓越竞争力财务公司”称号。

2019 年，中油财务有限责任公司获得中国人民银行金融机构调查统计 A 级。

珠海格力集团财务有限责任公司

2019 年 3 月 1 日，珠海格力集团财务有限责任公司获得广东省妇女联合会颁发的“2018 年度广东省妇女联合会巾帼文明岗”称号。

2019 年 8 月 19 日，珠海格力集团财务有限责任公司获得中国人民银行广州分行颁发的“2018 年度企业征信系统数据质量工作优秀机构”称号。

紫金矿业集团财务有限公司

2019 年 8 月 29 日，紫金矿业集团财务有限公司获得中国人民银行龙岩市中心支行金融业综合统计知识与技能竞赛团体二等奖及个人一等奖。

2019 年度财务公司机构名录

序号	公司名称	通信地址	公司法人	控股股东	控股比例	成立时间	批准文号
1	东风汽车财务有限公司	湖北省武汉市经济技术开发区东风大道 10 号	乔阳	东风汽车集团股份有限公司	100.00%	1987 年 5 月 7 日	银复〔1987〕162 号
2	中国重汽财务有限公司	山东省济南市高新区华奥路 777 号	孔祥泉	中国重汽（香港）有限公司	51.33%	1987 年 9 月 5 日	银复〔1987〕295 号
3	中国华能财务有限责任公司	北京市西城区复兴门南大街丙 2 号天银大厦 C 段西区七层	张咸阳	中国华能集团有限公司	52.00%	1987 年 10 月 27 日	银复〔1987〕333 号
4	锦江国际集团财务有限责任公司	上海市延安东路 100 号 301 室	马名驹	上海锦江资本股份有限公司	90.00%	1987 年 11 月 14 日	银复〔1987〕354 号
5	一汽财务有限公司	吉林省长春市净月高新技术产业开发区生态大街 3688 号	曾祥新	中国第一汽车股份有限公司	51.51%	1988 年 3 月 2 日	银复〔1987〕397 号
6	西电集团财务有限责任公司	陕西省西安市大庆路 511 号	程刚	中国西电电气股份有限公司	86.80%	1988 年 2 月 12 日	银复〔1988〕47 号
7	中国石化财务有限责任公司	北京市朝阳区朝阳门北大街 22 号中国石化大厦	赵东	中国石油化工集团有限公司	51.00%	1988 年 7 月 8 日	银复〔1988〕265 号
8	东方电气集团财务有限公司	四川省成都市高新西区西芯大道 18 号中国东方电气集团有限公司 3 号楼 4 层	白勇	东方电气股份有限公司	95.00%	1988 年 8 月 24 日	银复〔1988〕291 号
9	宝钢集团财务有限责任公司	上海市浦东新区世博大道 1859 号宝武大厦 9 楼	朱可炳	宝山钢铁股份有限公司	62.10%	1992 年 6 月 30 日	银复〔1992〕240 号
10	中国一拖集团财务有限责任公司	河南省洛阳市涧西区建设路 154 号	姚卫东	第一拖拉机股份有限公司	94.60%	1992 年 12 月 28 日	银复〔1992〕299 号
11	五矿集团财务有限责任公司	北京市海淀区三里河路 5 号五矿集团办公楼 A 座北翼三层	张树强	中国五矿股份有限公司	92.50%	1992 年 12 月 29 日	银复〔1992〕591 号
12	武汉钢铁集团财务有限责任公司	湖北省武汉市友谊大道 999 号武钢办公大楼 B 座 11－13 层	姚文中	武钢集团有限公司	50.50%	1993 年 10 月 27 日	银复〔1993〕249 号
13	江铃汽车集团财务有限公司	江西省南昌市苏圃路 111 号江铃财务公司大楼	衷俊华	江铃汽车集团有限公司	88.13%	1993 年 10 月 27 日	银复〔1993〕251 号
14	中国航空集团财务有限责任公司	北京市朝阳区霄云路 36 号国航大厦 26 层	肖烽	中国国际航空股份有限公司	51.00%	1993 年 10 月 27 日	银复〔1993〕263 号

续表

序号	公司名称	通信地址	公司法人	控股股东	控股比例	成立时间	批准文号
15	天津渤海集团财务有限责任公司	天津市和平区大理道30号	肖京喜	天津渤海化工集团有限责任公司	39.34%	1994年1月27日	银复〔1994〕41号
16	深圳市有色金属财务有限公司	广东省深圳市福田区深南大道6013号中国有色大厦20楼	龚子奇	深圳市中金岭南有色金属股份有限公司	100.00%	1985年6月1日	〔1985〕深人银融管字40号①
17	中国南航集团财务有限公司	广东省广州市白云区齐心路68号南方航空大厦13A	肖立新	中国南方航空集团有限公司	51.42%	1994年1月27日	银复〔1994〕52号
18	振华集团财务有限责任公司	贵州省贵阳市观山湖区中天会展城金融101大厦TA-1-17楼	倪敏	中国振华电子集团有限公司	65.00%	1994年2月22日	银复〔1994〕69号
19	上海汽车集团财务有限责任公司	上海市康定路1199号	王晓秋	上海汽车集团股份有限公司	99.00%	1994年5月1日	沪银金管〔1994〕5052号
20	东方集团财务有限责任公司	黑龙江省哈尔滨市南岗区花园街235号	蒋志翔	东方集团有限公司	53.33%	1994年3月23日	银复〔1994〕91号
21	东航集团财务有限责任公司	上海市吴中路686号D座东航金融中心15楼	林福杰	中国东方航空集团有限公司	53.75%	1995年12月6日	银复〔1995〕177号
22	中油财务有限责任公司	北京市东城区东直门北大街9号A1112	刘德	中国石油天然气集团有限公司	40.00%	1995年11月14日	银监复〔1995〕389号
23	上海电气集团财务有限责任公司	上海市江宁路212号8楼	胡康	上海电气集团股份有限公司	74.63%	1995年12月12日	银复〔1995〕391号
24	中国能源建设集团财务有限公司	北京市朝阳区西大望路中国能建大楼	陈关中	中国能源建设股份有限公司	50.43%	1996年1月3日	银复〔1996〕5号
25	兵工财务有限责任公司	北京市东城区青年湖南街19号	邱江	中国兵器工业集团有限公司	16.03%	1997年5月13日	银复〔1997〕198号
26	西门子财务服务有限责任公司	北京市朝阳区望京中环南路7号17幢2层133室、145室	约翰娜斯·施密特（Johannes Schmidt）	西门子（中国）有限公司	99.88%	1997年12月23日	银复〔1997〕313号
27	三峡财务有限责任公司	北京市海淀区玉渊潭南路1号B座3层	申跃	中国长江三峡集团有限公司	53.01%	1997年11月18日	银复〔1997〕437号
28	中广核财务有限责任公司	广东省深圳市福田区深南大道2002号中广核大厦北楼22层	梁开卷	中国广核集团有限公司	66.66%	1997年7月22日	银复〔1997〕244号
29	中船财务有限责任公司	北京市海淀区首体南路9号主语国际1号楼7层	李朝坤	中国船舶工业集团有限公司	85.00%	1997年7月8日	银复〔1997〕247号
30	中核财务有限责任公司	北京市西城区南四巷一号中核集团综合办公楼	陈书堂	中国核工业集团有限公司	53.49%	1997年6月23日	银复〔1997〕249号

① 1994年获中国人民银行批准增资至1亿元。

续表

序号	公司名称	通信地址	公司法人	控股股东	控股比例	成立时间	批准文号
31	上海浦东发展集团财务有限责任公司	上海市浦东新区浦东南路256号35楼	王鸿	上海浦东发展（集团）有限公司	56.80%	1998年2月23日	银复〔1998〕57号
32	鞍钢集团财务有限责任公司	辽宁省鞍山市铁东区和平路8号	于万源	鞍钢集团有限公司	70.00%	1998年3月17日	银复〔1998〕88号
33	中国电力财务有限公司	北京市东城区建国门内大街乙18号院1号楼	辛绪武	国家电网有限公司	51.00%	2000年1月12日	银复〔2000〕8号
34	神华财务有限公司	北京市西城区西直门外大街18号金贸大厦D座2层	刘春峰	中国神华能源股份有限公司	81.43%	2000年10月4日	银复〔2000〕210号
35	中国电子财务有限责任公司	北京市海淀区中关村东路66号世纪科贸大厦A座25层	郑波	中国电子信息产业集团有限公司	61.38%	1988年4月21日	银复〔1988〕106号①
36	航天科技财务有限责任公司	北京市西城区平安里西大街31号航天金融大厦7层	刘永	中国航天科技集团有限公司	30.20%	2001年3月12日	银复〔2001〕37号
37	航天科工财务有限责任公司	北京市海淀区紫竹院路116号嘉豪国际中心B座12层	王厚勇	中国航天科工集团有限公司	40.40%	2001年10月10日	银复〔2001〕38号
38	中船重工财务有限责任公司	北京市海淀区昆明湖南路72号中船重工科技研发大厦三层	徐舍	中国船舶重工集团有限公司	96.35%	2001年12月24日	银复〔2001〕240号
39	中海石油财务有限责任公司	北京市东城区朝阳门北大街25号中国海油大厦7楼	陈浩鸣	中国海洋石油集团有限公司	62.90%	2002年5月13日	银复〔2002〕132号
40	海尔集团财务有限责任公司	山东省青岛市海尔路178－2号裕龙国际中心19楼	秦琰	青岛海尔电子有限公司	53.00%	2002年6月10日	银复〔2002〕157号
41	吉林森林工业集团财务有限责任公司	吉林省长春市延安大街1399号	张纪军	吉林森林工业集团	48.00%	2002年6月17日	银复〔2002〕166号
42	万向财务有限公司	浙江省杭州市庆春路225号西湖时代广场7楼	傅志芳	万向集团公司	66.08%	2002年8月8日	杭银发〔2002〕207号
43	中粮财务有限责任公司	北京市朝阳区朝阳门南大街8号中粮福临门大厦1905室	骆家駹	中粮集团有限公司	83.74%	2002年8月15日	银复〔2002〕224号

① 1988年，经批准成立中国信息信托投资公司，2002年11月改组为中国电子财务公司。

续表

序号	公司名称	通信地址	公司法人	控股股东	控股比例	成立时间	批准文号
44	苏州创元集团财务有限公司	江苏省苏州市工业园区苏桐路37号创元大厦6楼	周成明	苏州创元投资发展（集团）有限公司	90.00%	1993年10月27日	银金管字第93－0742号①
45	珠海格力集团财务有限责任公司	广东省珠海市前山金鸡路901号	董明珠	珠海格力电器股份有限公司	88.31%	2003年2月19日	广州银复〔2003〕83号
46	国机财务有限责任公司	北京市海淀区丹棱街3号A座8层	李家俊	中国机械工业集团有限公司	20.40%	2003年7月25日	银监复〔2003〕23号
47	海航集团财务有限公司	北京市朝阳区霄云路甲26号海航大厦22层	杜亮	海航集团有限公司	33.25%	1994年1月10日	银复〔1993〕246号②
48	中国华电集团财务有限公司	北京市西城区宣武门内大街2号中国华电大厦B座10层	郝彬	中国华电集团有限公司	36.15%	2004年1月8日	银监复〔2004〕7号
49	南方电网财务有限公司	广东省广州市天河区珠江新城华穗路6号	罗体承	中国南方电网有限责任公司	24.00%	2004年12月29日	粤银监复〔2004〕580号
50	中国大唐集团财务有限公司	北京市西城区菜市口大街1号院1号楼	李增昉	中国大唐集团有限公司	73.51%	2005年5月10日	银监复〔2005〕95号③
51	国家电投集团财务有限公司	北京市西城区西直门外大街18号金贸大厦C1座21层	徐立红	国家电力投资集团有限公司	42.50%	2005年2月1日	银监复〔2005〕42号
52	国电财务有限公司	北京市西城区西直门外大街18号金贸大厦D座4层	陈斌	国电资本控股有限公司	28.98%	2004年9月27日	湘银监复〔2004〕206号
53	华联财务有限责任公司	北京市西城区金融大街33号通泰大厦B座428室	郭丽荣	北京华联集团投资控股有限公司	34.00%	1994年3月10日	银复〔1993〕440号④
54	兵器装备集团财务有限责任公司	北京市海淀区车道沟10号院中国兵器装备集团大楼5层	崔云江	中国兵器装备集团有限公司	22.90%	2005年10月29日	银监复〔2005〕254号
55	京能集团财务有限公司	北京市朝阳区永安东里16号CBD国际大厦23层2301室	刘嘉凯	北京能源集团有限责任公司	98.00%	2006年5月19日	辽银监复〔2006〕30号⑤
56	浙江省能源集团财务有限责任公司	浙江省杭州市环城北路华浙广场一号9楼	施云峰	浙江省能源集团有限公司	91.00%	2006年8月25日	银监复〔2006〕250号

① 2002年股权重组，批复文号为苏银〔2002〕71号。

② 2003年12月，重组原中新集团财务有限公司后成立。

③ 2004年12月31日，深圳银监局深银监复〔2004〕250号文批准中国大唐集团公司重组深圳特区发展财务公司。

④ 2005年9月，经中国银监会银监复〔2005〕235号文批准收购重组中纺机财务公司。

⑤ 2006年2月，辽宁银监局批准京能集团重组成立于1992年的东北制药集团财务公司。经银监复〔2006〕111号文批准从沈阳迁至北京。

续表

序号	公司名称	通信地址	公司法人	控股股东	控股比例	成立时间	批准文号
57	广东能源集团财务有限公司	广东省广州市天河东路2号粤电广场南塔12－13楼	周志坚	广东省能源集团有限公司	60.00%	2006年6月22日	粤银监复〔2006〕317号
58	TCL科技集团财务有限公司	广东省惠州市仲恺高新区惠风三路17号TCL科技大厦21楼	黎健	TCL科技集团股份有限公司	82.00%	2006年10月17日	银监复〔2006〕284号
59	湖南华菱钢铁集团财务有限公司	湖南省长沙市天心区湘府西路222号华菱园写字楼5－6楼	肖骥	湖南华菱钢铁集团有限责任公司	30.00%	2006年11月10日	银监复〔2006〕316号
60	江西铜业集团财务有限公司	江西省南昌市二七北路527号	余彤	江西铜业股份有限公司	98.33%	2006年12月18日	银监复〔2006〕388号
61	天津港财务有限公司	天津市塘沽区津港路99号7层	徐华	天津港（集团）有限公司	52.00%	2006年11月27日	银监复〔2006〕390号
62	松下电器(中国)财务有限公司	上海市虹口区吴淞路575号虹口SOHO9层	田中卓志	松下电器（中国）有限公司	100.00%	2007年3月9日	银监函〔2007〕55号
63	中航工业集团财务有限责任公司	北京市朝阳区东三环中路乙10号艾维克大厦18层	都本正	中国航空工业集团有限公司	47.12%	2007年5月14日	银监复〔2007〕143号
64	中冶集团财务有限公司	北京市朝阳区曙光西里28号中冶大厦	邹宏英	中国冶金科工股份有限公司	86.12%	2007年5月16日	银监复〔2007〕181号
65	申能集团财务有限公司	上海市陆家嘴环路958号华能联合大厦10楼	苗启新	申能（集团）有限公司	75.00%	2007年6月20日	银监复〔2007〕249号
66	潞安集团财务有限公司	山西省长治市府后西街388号颐龙湾综合楼E1栋东侧	杨广玉	山西潞安矿业（集团）有限责任公司	66.67%	2007年8月8日	银监复〔2007〕312号
67	淮南矿业集团财务有限公司	安徽省淮南市洞山东路上东锦城商业街21栋18号	方泰峰	淮南矿业（集团）有限责任公司	91.50%	2007年9月5日	银监复〔2007〕353号
68	日立（中国）财务有限公司	上海市茂名南路205号瑞金大厦1908室	陈庆锴	日立（中国）有限公司	100.00%	2007年11月5日	银监函〔2007〕452号
69	保利财务有限公司	北京市东城区朝阳门北大街1号新保利大厦8C	傅俊元	中国保利集团有限公司	40.00%	2008年3月28日	银监复〔2007〕573号
70	深圳能源财务有限公司	广东省深圳市深南中路2068号华能大厦32楼	周群	深圳能源集团股份有限公司	70.00%	2007年8月9日	深银监复〔2007〕231号
71	中化集团财务有限责任公司	北京市复兴门内大街28号凯晨世贸中心中座F3层	杨林	中国中化股份有限公司	72.00%	2008年5月28日	银监复〔2008〕204号
72	海信集团财务有限公司	山东省青岛市东海西路17号海信大厦	周厚健	青岛海信通信有限公司	39.45%	2008年6月1日	银监复〔2008〕207号

续表

序号	公司名称	通信地址	公司法人	控股股东	控股比例	成立时间	批准文号
73	国联财务有限责任公司	江苏省无锡市滨湖区金融一街8号18楼	刘清欣	无锡市国联发展（集团）有限公司	50.00%	2008年9月19日	银监复〔2008〕364号
74	首都机场集团财务有限公司	北京市顺义区首都机场四纬路9号B区3层66室	郑建青	首都机场集团公司	90.00%	2008年9月27日	银监复〔2008〕388号
75	红豆集团财务有限公司	江苏省无锡市锡山区东港镇锡港东路2号	周海燕	红豆集团有限公司	45.70%	2008年11月10日	银监复〔2008〕460号
76	海马财务有限公司	海南省海口市金盘工业区金牛路2号	赵树华	海马汽车股份有限公司	47.37%	2008年11月11日	银监复〔2008〕461号
77	南山集团财务有限公司	山东省烟台市龙口南山工业园南山南路4号金融中心	隋政	南山集团有限公司	55.00%	2008年11月11日	银监复〔2008〕462号
78	国投财务有限公司	北京市西城区阜成门北大街2号国投金融大厦	李旭荣	国家开发投资集团有限公司	35.60%	2008年12月26日	银监复〔2008〕557号
79	河南能源化工集团财务有限公司	河南省郑州市郑东新区CBD商务西三街国龙大厦17层	闫长宽	河南能源化工集团有限公司	63.70%	2009年12月5日	豫银监复〔2009〕500号
80	中国化工财务有限公司	北京市海淀区北四环西路62号	施洁	中国化工集团有限公司	49.41%	2009年7月2日	银监复〔2009〕207号
81	紫金矿业集团财务有限公司	福建省上杭县紫金大道1号14层	林红英	紫金矿业集团股份有限公司	95.00%	2009年9月14日	银监复〔2009〕343号
82	江苏华西集团财务有限公司	江苏省江阴市滨江开发区香山路29号华西金融楼2楼	包丽君	江苏华西集团有限公司	90.00%	2009年9月10日	银监复〔2009〕316号
83	冀中能源集团财务有限责任公司	河北省石家庄市体育北大街125号	陈立军	冀中能源集团有限责任公司	45.00%	1994年7月1日	银复〔1993〕245号①
84	山西焦煤集团财务有限责任公司	山西省太原市万柏林区滨河西路南段129号山西焦煤综合服务基地	刘广智	山西焦煤集团有限责任公司	80.00%	2009年12月8日	银监复〔2009〕490号
85	阳泉煤业集团财务有限责任公司	山西省阳泉市北大西街29号	王玉明	阳泉煤业（集团）有限责任公司	65.51%	2009年12月17日	银监复〔2009〕491号
86	晋煤集团财务有限公司	山西省晋城市城区北石店镇	郑绍祖	山西无烟煤矿业集团有限责任公司	92.00%	2009年11月6日	银监复〔2009〕428号
87	云南冶金集团财务有限公司	云南省昆明市五华区小康大道399号冶金大厦10楼	张自义	云南冶金集团股份有限公司	80.00%	2010年1月4日	银监复〔2009〕511号

① 由于2009年冀中能源集团重组华药集团，2009年11月12日，河北银监局银监冀局复〔2009〕283号文批准华北制药集团财务有限责任公司变更为冀中能源集团财务有限责任公司。

续表

序号	公司名称	通信地址	公司法人	控股股东	控股比例	成立时间	批准文号
88	中远海运集团财务有限责任公司	上海市浦东新区滨江大道5299号8楼	孙云飞	中国远洋海运集团有限公司	31.21%	2009年12月30日	银监复〔2009〕530号
89	中集集团财务有限公司	广东省深圳市南山区望海路1166号招商局广场11楼	张力	中国国际海运集装箱（集团）股份有限公司	54.35%	2010年2月9日	银监复〔2010〕72号
90	沙钢财务有限公司	江苏省张家港市锦丰镇永新路239号	沈彬	江苏沙钢集团有限公司	60.00%	2010年3月11日	银监复〔2010〕109号
91	美的集团财务有限公司	广东省佛山市顺德区北窖镇美的大道6号美的总部大楼B区6楼	肖明光	美的集团股份有限分公司	95.00%	2010年6月18日	银监复〔2010〕273号
92	浙江海港集团财务有限公司	浙江省宁波市区鄞州区宁东路269号	金国平	宁波舟山港股份有限公司	75.00%	2010年6月24日	银监复〔2010〕283号
93	兖矿集团财务有限公司	山东省邹城市凫山南路329号	张宝才	兖州煤业股份有限公司	95.00%	2010年8月25日	银监准〔2010〕400号
94	哈尔滨电气集团财务有限责任公司	黑龙江省哈尔滨市香坊区三大动力路7号3楼	刘智全	哈尔滨电气股份有限公司	55.00%	2010年9月2日	银监复〔2010〕419号
95	北大方正集团财务有限公司	北京市海淀区成府路298号方正大厦9层	孙敏	北大方正集团有限公司	50.00%	2010年9月6日	银监复〔2010〕427号
96	通用技术集团财务有限责任公司	北京市丰台区西三环中路90号通用技术大厦607室	金鸿雁	中国通用技术（集团）控股有限责任公司	95.00%	2010年9月30日	银监复〔2010〕439号
97	铜陵有色金属集团财务有限公司	安徽省铜陵市长江西路171号	汪农生	铜陵有色金属集团控股有限公司	70.00%	2010年11月8日	银监复〔2010〕478号
98	中建财务有限公司	北京市朝阳区安定路5号院3号楼21层01单元中建国际财富中心	鄢良军	中国建筑股份有限公司	80.00%	2010年11月27日	银监复〔2010〕567号
99	江苏省国信集团财务有限公司	江苏省南京市玄武区长江路88号国信大厦24楼	周俊淑	江苏省国信集团	73.33%	2010年12月8日	银监复〔2010〕582号
100	重庆化医控股集团财务有限公司	重庆市北部新区高新园星光大道天王星A1座2楼	王平	重庆化医控股（集团）公司	53.00%	2010年12月29日	银监复〔2010〕589号
101	金川集团财务有限公司	甘肃省兰州市城关区天水南路525号	杜志环	金川集团股份有限公司	92.30%	2010年12月22日	银监复〔2010〕617号
102	新希望财务有限公司	四川省成都市高新南区天府大道中段新希望国际大厦A座26楼	黄代云	新希望集团有限公司	42.54%	2010年12月24日	银监复〔2010〕626号

续表

序号	公司名称	通信地址	公司法人	控股股东	控股比例	成立时间	批准文号
103	酒钢集团财务有限公司	甘肃省兰州市城关区团结路中广宜景湾	胡桂萍	酒泉钢铁（集团）有限责任公司	63.00%	2011年1月28日	银监复〔2011〕31号
104	包钢集团财务有限责任公司	内蒙古包头市昆都仑区白云路39号2层	孙国龙	包头钢铁（集团）有限责任公司	60.00%	2011年1月28日	银监复〔2011〕32号
105	新奥财务有限责任公司	河北省廊坊经济技术开发区华祥路31号新奥集团总部3号办公楼C座	蒋承宏	新奥（中国）燃气投资有限公司	79.50%	2011年4月6日	银监复〔2011〕101号
106	招商局集团财务有限公司	北京市朝阳区安定路5号院10号楼外运大厦B座1501	周松	招商局集团	51.00%	2011年4月19日	银监复〔2011〕118号
107	青岛啤酒财务有限责任公司	山东省青岛市市南区五四广场青啤大厦9层	黄克兴	青岛啤酒股份有限公司	100.00%	2011年5月24日	银监复〔2011〕155号
108	上海复星高科技集团财务有限公司	上海市江宁路1158号友力国际大厦1903A室	张厚林	上海复星高科技（集团）有限公司	51.00%	2011年6月20日	银监复〔2011〕191号
109	中铝财务有限责任公司	北京市海淀区西直门北大街62号中铝大厦7层	蔡安辉	中国铝业集团有限公司	85.00%	2011年6月22日	银监复〔2011〕199号
110	中兴通讯集团财务有限公司	广东省深圳市南山区高新技术产业园科技南路中兴通讯大厦A座2楼	李莹	中兴通讯股份有限公司	100.00%	2011年7月8日	银监复〔2011〕236号
111	福建省能源集团财务有限公司	福建省福州市鼓楼区琴亭路29号方圆大厦16楼	罗振文	福建省能源集团有限责任公司	90.00%	2011年8月1日	银监复〔2011〕295号
112	湖南高速集团财务有限公司	湖南省长沙开福区三一大道500号17楼	肖华	湖南省高速公路集团有限公司	60.00%	2011年8月2日	银监复〔2011〕298号
113	马钢集团财务有限公司	安徽省马鞍山市九华西路8号主楼0835办公室	丁毅	马鞍山钢铁股份有限公司	91.00%	2011年9月30日	银监复〔2011〕406号
114	湖北宜化集团财务有限责任公司	湖北省宜昌市沿江大道52号	柴国志	湖北宜化集团有限责任公司	80.00%	2011年9月30日	银监复〔2011〕407号
115	北京汽车集团财务有限公司	北京市丰台区汽车博物馆东路6号院G座19层	张建勇	北京汽车集团有限公司	56.00%	2011年11月9日	银监复〔2011〕461号
116	大连港集团财务有限公司	辽宁省大连市中山区人民路68号501—507室	徐颂	大连港集团有限公司	60.00%	2011年10月26日	银监复〔2011〕462号
117	大唐电信集团财务有限公司	北京市海淀区学院路40号大唐电信集团主楼	夏存海	电信科学技术研究院有限公司	100.00%	2011年11月22日	银监复〔2011〕497号
118	开滦集团财务有限责任公司	河北省唐山市新华东道70号开滦集团	董养利	开滦（集团）有限责任公司	51.00%	2011年12月12日	银监复〔2011〕541号
119	中国航油集团财务有限公司	北京市朝阳区安定路5号院3号楼21层01单元中建国际财富中心	赵青春	中国航空油料集团有限公司	90.00%	2011年12月2日	银监复〔2011〕542号

续表

序号	公司名称	通信地址	公司法人	控股股东	控股比例	成立时间	批准文号
120	海南农垦集团财务有限公司	海南省海口市滨海大道115号海垦国际金融中心26层	邓文杰	海南省农垦投资控股集团有限公司	80.00%	2011年12月8日	银监复〔2011〕551号
121	西部矿业集团财务有限公司	青海省西宁市城西区微波巷1号怡海怡园裙楼1—3层	李兴财	西部矿业股份有限公司	60.00%	2011年12月8日	银监复〔2011〕552号
122	江苏交通控股集团财务有限公司	江苏省南京市建邺区庐山路242号金融城2号楼29—31楼	陈凤艳	江苏交通控股有限公司	68.75%	2011年12月23日	银监复〔2011〕594号
123	中国移动通信集团财务有限公司	北京市西城区月坛南街1号院3号楼20层	朱毅	中国移动通信有限公司	52.44%	2012年1月16日	银监复〔2012〕27号
124	山东钢铁集团财务有限公司	山东省济南市高新区舜华路2000号顺泰广场4号楼山钢大厦20层	刘德华	山东钢铁集团有限公司	62.31%	2012年2月1日	银监复〔2012〕53号
125	国药集团财务有限公司	北京市海淀区知春路20号中国医药大厦7层	杨珊华	中国医药集团有限公司	80.00%	2012年2月10日	银监复〔2012〕66号
126	郑州宇通集团财务有限公司	河南省郑州市郑东新区商务外环路8号世博大厦11层04室、05室、06室	李国强	郑州宇通集团有限公司	85.00%	2012年2月10日	银监复〔2012〕69号
127	中国铁建财务有限公司	北京市海淀区复兴路40号中国铁建大厦10层东	王秀明	中国铁建股份有限公司	94.00%	2012年3月21日	银监复〔2012〕137号
128	山东省商业集团财务有限公司	山东省济南市历下区经十路9777号鲁商国奥城2号楼308室	张志强	山东省商业集团有限公司	100.00%	2012年3月21日	银监复〔2012〕138号
129	深圳华强集团财务有限公司	广东省深圳市福田区华强北路华强广场A座21楼	李曙成	深圳华强集团有限公司	50.00%	2012年5月21日	银监复〔2012〕232号
130	诚通财务有限责任公司	北京市西城区复兴门内大街158号远洋大厦西区12层	徐震	中国诚通控股集团有限公司	85.00%	2012年5月25日	银监复〔2012〕126号
131	山东重工集团财务有限公司	山东省济南市燕子山西路40－1号山东重工大厦	吴汝江	山东重工集团有限公司	37.50%	2012年6月5日	银监复〔2012〕269号
132	港中旅财务有限公司	广东省深圳市福田区深南大道4011号香港中旅大厦29楼A－D	闫永夫	中国旅游集团有限公司	82.50%	2012年6月20日	银监复〔2012〕312号
133	陕西煤业化工集团财务有限公司	陕西省西安市高新区锦业一路二号陕煤化集团大楼4层	邓晓博	陕西煤业化工集团有限责任公司	55.60%	2012年6月28日	银监复〔2012〕332号

续表

序号	公司名称	通信地址	公司法人	控股股东	控股比例	成立时间	批准文号
134	上海华谊集团财务有限责任公司	上海市浦东南路1271号华融大厦15楼	常达光	上海华谊集团股份有限公司	64.00%	2012年6月28日	银监复〔2012〕333号
135	河钢集团财务有限公司	河北省石家庄市体育南大街385号10层	胡志刚	河钢集团有限公司	51.00%	2012年8月20日	冀银监复〔2012〕428号
136	安徽省能源集团财务有限公司	安徽省合肥市马鞍山路76号能源大厦7层	盛胜利	安徽省能源集团有限公司	51.00%	2012年8月28日	银监复〔2012〕450号
137	中化工程集团财务有限公司	北京市东城区东直门内大街2号中国化学工程大厦13层	卢涛	中国化学工程股份有限公司	90.00%	2012年9月12日	银监复〔2012〕451号
138	天津天保财务有限公司	天津空港经济区西五道35号汇津广场4号楼8层	沈钢	天津保税区投资控股集团有限公司	100.00%	2012年9月21日	银监复〔2012〕540号
139	亿利集团财务有限公司	北京市朝阳区光华路15号亿利生态广场1号楼19层	王文治	亿利资源集团有限公司	74.00%	2012年9月27日	银监复〔2012〕575号
140	厦门海翼集团财务有限公司	福建省厦门市思明区厦禾路668号海翼大厦B座26层	刘艺虹	厦门海翼集团有限公司	55.00%	2012年10月18日	银监复〔2012〕576号
141	中信财务有限公司	北京市朝阳区新源南路6号京城大厦B座2层	张云亭	中国中信有限公司	42.94%	2012年10月11日	银监复〔2012〕602号
142	浙江省交通投资集团财务有限责任公司	浙江省杭州市钱江新城五星路199号明珠国际商务中心2号楼8层	钱文海	浙江省交通投资集团有限公司	40.00%	2012年10月18日	银监复〔2012〕612号
143	中车财务有限公司	北京丰台区芳城园一区15号楼附楼1—5层	董绪章	中国中车股份有限公司	91.36%	2012年11月29日	银监复〔2012〕708号
144	中国电子科技财务有限公司	北京市海淀区复兴路17号国海广场A座16层	董学思	中国电子科技集团有限公司	45.03%	2012年12月12日	银监复〔2012〕742号
145	重庆机电控股集团财务有限公司	重庆市北部新区黄山大道中段60号	王玉祥	重庆机电股份有限公司	70.00%	2013年1月9日	银监复〔2013〕19号
146	河北建投集团财务有限公司	河北省石家庄市裕华西路9号裕园广场A座2楼	袁雁鸣	河北建设投资集团有限责任公司	60.00%	2013年1月9日	银监复〔2013〕20号
147	太钢集团财务有限公司	山西省太原市解放北路83号花园2号楼	张晓东	太原钢铁（集团）有限公司	51.00%	2013年1月18日	银监复〔2013〕44号
148	大同煤矿集团财务有限责任公司	山西省大同市恒安新区平德路鹏程广场6—8号	王伟	大同煤矿集团有限责任公司	80.00%	2013年1月30日	银监复〔2013〕68号
149	贵州茅台集团财务有限公司	贵州省贵阳市观山湖区长岭南路32号茅台商务中心A座18层	吴志军	贵州茅台酒股份有限公司	51.00%	2013年3月6日	银监复〔2013〕69号

续表

序号	公司名称	通信地址	公司法人	控股股东	控股比例	成立时间	批准文号
150	海亮集团财务有限责任公司	浙江省杭州市滨江区滨盛路 1508 号海亮大厦 25 楼	穆绿燕	海亮集团有限公司	60.00%	2013 年 2 月 1 日	银监复〔2013〕70 号
151	中国建材集团财务有限公司	北京市海淀区复兴路 17 号国海广场 2 号楼 B 座 9 层	詹艳景	中国建材集团有限公司	70.00%	2013 年 4 月 18 日	银监复〔2013〕189 号
152	贵州盘江集团财务有限公司	贵州省贵阳市观山湖区林城西路 95 号	龙治安	贵州盘江投资控股（集团）有限公司	55.00%	2013 年 5 月 3 日	银监复〔2013〕194 号
153	北京首都旅游集团财务有限公司	北京市朝阳区广渠路 38 号一轻大厦 9 层	郭永昊	北京首都旅游集团有限责任公司	56.64%	2013 年 4 月 28 日	银监复〔2013〕195 号
154	广西交通投资集团财务有限责任公司	广西南宁市青秀区民族大道 146 号三祺广场 44 楼	覃虹	广西交通投资集团有限公司	100.00%	2013 年 5 月 13 日	银监复〔2013〕226 号
155	徐工集团财务有限公司	江苏省徐州经济技术开发区驮蓝山路 26 号	吴江龙	徐工集团工程机械股份有限公司	100.00%	2013 年 6 月 4 日	银监复〔2013〕258 号
156	百联集团财务有限责任公司	上海市黄浦区中山南路 315 号 8 楼	杨阿国	百联集团有限公司	75.00%	2013 年 5 月 28 日	银监复〔2013〕259 号
157	中交财务有限公司	北京市西城区德外大街 83 号德胜国际中心 B 座 16 层	朱宏标	中国交通建设股份有限公司	95.00%	2013 年 7 月 1 日	银监复〔2013〕301 号
158	山东黄金集团财务有限公司	山东省济南市舜华路 2000 号舜泰广场 3 号楼 4 层西	吴晨	山东黄金集团有限公司	70.00%	2013 年 7 月 17 日	银监复〔2013〕336 号
159	中开财务有限公司	广东省深圳市南山区赤湾 5 路石油大厦 13 楼	田俊彦	中国南山开发（集团）股份有限公司	60.00%	2013 年 7 月 18 日	银监复〔2013〕360 号
160	中国平煤神马集团财务有限责任公司	河南省平顶山市矿工中路 21 号	余清海	中国平煤神马能源化工集团有限责任公司	51.00%	2013 年 7 月 11 日	银监复〔2013〕344 号
161	四川长虹集团财务有限公司	四川省绵阳高新区绵兴东路 35 号	胡嘉	四川长虹电子控股集团有限公司	50.00%	2013 年 8 月 23 日	银监复〔2013〕423 号
162	创维集团财务有限公司	广东省深圳市南山区高新南四道 18 号创维半导体设计大厦东座 21F	鄢红波	创维集团有限公司	81.73%	2013 年 8 月 30 日	银监复〔2013〕446 号
163	江苏国泰财务有限公司	江苏省张家港市人民中路国泰大厦 29 楼	谭秋斌	江苏国泰国际集团股份有限公司	80.00%	2013 年 9 月 3 日	银监复〔2013〕457 号
164	亨通财务有限公司	江苏省苏州市吴江区中山北路 2288 号	江桦	亨通集团有限公司	52.00%	2013 年 9 月 3 日	银监复〔2013〕458 号

续表

序号	公司名称	通信地址	公司法人	控股股东	控股比例	成立时间	批准文号
165	珠海华发集团财务有限公司	广东省珠海市横琴金融产业服务基地18号楼A区	许继莉	珠海华发集团有限公司	40.00%	2013年9月4日	银监复〔2013〕459号
166	北京金隅财务有限公司	北京市东城区北三环东路36号环球贸易中心B2102室	陈国高	北京金隅集团股份有限公司	100.00%	2013年9月26日	银监复〔2013〕492号
167	云南云天化集团财务有限公司	云南省昆明市滇池路1417号云天化集团2号楼3楼	卢应双	云天化集团有限责任公司	44.00%	2013年9月30日	银监复〔2013〕516号
168	北京控股集团财务有限公司	北京市朝阳区化工路59号院2号楼5层	王立华	北京控股集团有限公司	35.14%	2013年10月23日	银监复〔2013〕546号
169	陕西延长石油财务有限公司	陕西省西安市光泰路1号	沙春枝	陕西延长石油（集团）有限责任公司	82.09%	2013年12月9日	陕银监复〔2013〕633号
170	山东能源集团财务有限公司	山东省济南市经十路10777号山东能源大厦10层	徐立波	山东能源集团	66.67%	2013年12月24日	银监复〔2013〕664号
171	鄂尔多斯财务有限公司	内蒙古呼和浩特市金桥开发区世纪六路宇泰商务广场A座9层	王臻	内蒙古鄂尔多斯羊绒集团有限责任公司	55.00%	2014年1月3日	银监复〔2014〕4号
172	伊利财务有限公司	内蒙古呼和浩特市土默特左旗伊利集团总部二期财务共享中心	胡利平	内蒙古伊利实业集团股份有限公司	100.00%	2014年1月3日	银监复〔2014〕5号
173	有色矿业集团财务有限公司	湖北省武汉市武昌区徐家棚街徐东大道6号汇通新长江A座14层	谭耀宇	中国有色矿业集团有限公司	95.00%	2014年3月21日	鄂银监复〔2014〕18号
174	巨化集团财务有限责任公司	浙江省衢州市柯城区巨化中央大道230号巨化集团公司机关综合楼一、二楼	汪利民	巨化集团有限公司	54.00%	2014年2月12日	浙银监复〔2014〕79号
175	供销集团财务有限公司	北京市西城区宣武门外大街甲1号C座7层	庄学能	中国供销集团有限公司	100.00%	2014年2月20日	京银监复〔2014〕84号
176	中铁财务有限责任公司	北京市海淀区复兴路69号中国中铁广场C座5层	林鑫	中国中铁股份有限公司	95.00%	2014年2月27日	京银监复〔2014〕98号
177	重庆力帆财务有限公司	重庆市江北区聚贤岩广场力帆中心2号楼27楼	尹明善	重庆力帆控股有限公司	51.00%	2014年1月22日	渝银监复〔2014〕8号
178	中煤财务有限责任公司	北京市朝阳区黄寺大街1号中煤大厦6层	赵荣哲	中国中煤能源股份有限公司	91.00%	2014年3月5日	京银监复〔2014〕103号

续表

序号	公司名称	通信地址	公司法人	控股股东	控股比例	成立时间	批准文号
179	安徽省皖北煤电集团财务有限公司	安徽省宿州市西昌路东侧18号	牛家安	安徽省皖北煤电集团有限责任公司	60.00%	2014年4月16日	皖银监复〔2014〕67号
180	淮北矿业集团财务有限公司	安徽省淮北市人民中路276号	殷召峰	淮北矿业（集团）有限责任公司	100.00%	2014年4月21日	皖银监复〔2014〕68号
181	湖南出版投资控股集团财务有限公司	湖南省长沙市开福区营盘东路38号电子大厦3楼	王丽波	中南出版传媒集团股份有限公司	70.00%	2014年4月21日	湘银监复〔2014〕102号
182	四川省宜宾五粮液集团财务有限公司	四川省宜宾市岷江西路150号	罗伟	四川省宜宾五粮液集团有限公司	37.50%	2014年4月29日	川银监复〔2014〕125号
183	山东晨鸣集团财务有限公司	山东省济南市经十路7000号汉峪金谷A7－2号楼15层	陈朝晖	山东晨鸣纸业集团股份有限公司	80.00%	2014年6月30日	鲁银监准〔2014〕233号
184	河北港口集团财务有限公司	河北省秦皇岛市海港区文化路60号10层	温建国	河北港口集团有限公司	60.00%	2014年7月1日	冀银监复〔2014〕175号
185	中节能财务有限公司	北京市西城区平安里西大街26号新时代大厦	杜乐	中国节能环保集团有限公司	100.00%	2014年7月10日	银监复〔2014〕466号
186	青岛港财务有限责任公司	山东省青岛市市北区港华路7号综合楼21楼	张江南	青岛港国际股份有限公司	70.00%	2014年7月17日	青银监复〔2014〕161号
187	上海上实集团财务有限公司	上海市黄浦区淮海中路98号金钟广场30楼	徐波	上海上实（集团）有限公司	40.00%	2014年8月26日	沪银监复〔2014〕561号
188	重庆市能源投资集团财务有限公司	重庆市渝北区洪湖西路12号	刘德忠	重庆市能源投资集团有限公司	85.00%	2014年11月19日	渝银监复〔2014〕169号
189	广东省交通集团财务有限公司	广东省广州市天河区珠江东路32号利通广场43楼	陈砥砺	广东省交通集团有限公司	100.00%	2014年12月9日	粤银监复〔2014〕695号
190	光明食品集团财务有限公司	上海市静安区南京西路1539号静安嘉里中心办公楼二座33层	王伟	光明食品（集团）有限公司	51.00%	2014年12月29日	沪银监复〔2014〕876号
191	忠旺集团财务有限公司	辽宁省大连市中山区长江东路90号	刘东毅	辽宁忠旺集团有限公司	35.00%	2014年12月25日	大银监复〔2014〕490号
192	本钢集团财务有限公司	辽宁省本溪市平山区东明路10号	曹爱民	本钢集团有限公司	90.00%	2014年12月25日	辽银监复〔2014〕511号
193	天津物产集团财务有限公司	天津市和平区营口道4号	张洪涛	天津物产集团有限公司	75.00%	2015年2月28日	津银监复〔2015〕83号
194	福建七匹狼集团财务有限公司	福建省泉州市晋江市青阳曾井小区崇德路中国银行大厦19层	朱金松	福建七匹狼集团有限公司	65.00%	2015年3月26日	闽银监复〔2015〕83号

续表

序号	公司名称	通信地址	公司法人	控股股东	控股比例	成立时间	批准文号
195	清华控股集团财务有限公司	北京市海淀区中关村东路1号院8号楼清华科技园科技大厦A座10层	张文娟	清华控股有限公司	100.00%	2015年4月9日	京银监复〔2015〕185号
196	中国核工业建设集团财务有限公司	北京市西城区车公庄大街12号核建大厦2层东侧	陈书堂	中国核工业建设股份有限公司	90.00%	2015年5月13日	京银监复〔2015〕269号
197	中国黄金集团财务有限公司	北京市东城区安定门外大街9号1层	刘冰	中国黄金集团有限公司	51.00%	2015年5月12日	京银监复〔2015〕270号
198	物美商业财务有限责任公司	北京市海淀区西四环北路158号慧科大厦9层901室、12层1201室	许少川	北京物美商业集团股份有限公司	70.00%	2015年5月26日	京银监复〔2015〕277号
199	三房巷财务有限公司	江苏省江阴市周庄镇三房巷村澄杨路1388号三房巷科技大楼7楼	卞方荣	三房巷集团有限公司	60.00%	2015年5月21日	苏银监复〔2015〕141号
200	中联重科集团财务有限公司	湖南省长沙市岳麓区银盆南路361号科技园	詹纯新	中联重科股份有限公司	75.00%	2015年5月26日	湘银监复〔2015〕146号
201	广东省广晟财务有限公司	广东省广州市珠江新城珠江西路17号广晟国际大厦52楼	刘伯仁	广东省广晟资产经营有限公司	100.00%	2015年6月10日	粤银监复〔2015〕270号
202	湖北交投集团财务有限公司	湖北省武汉市洪山区珞喻路1077号东湖广场交投大楼2楼	谢继明	湖北省交通投资集团有限公司	92.00%	2015年6月24日	鄂银监复〔2015〕243号
203	新凤祥财务有限公司	山东省济南市高新区汉峪金融商务中心A3区5号楼3701室	刘志光	新凤祥控股集团有限责任公司	52.50%	2015年6月24日	鲁银监准〔2015〕235号
204	山东招金集团财务有限公司	山东省烟台市芝罘区胜利路139号万达金融中心A座22层	李宜三	招金矿业股份有限公司	51.00%	2015年6月29日	鲁银监准〔2015〕247号
205	北京金融街集团财务有限公司	北京市西城区真武庙路四条8号院10号楼202室	任庆和	北京金融街投资（集团）有限公司	100.00%	2015年6月30日	京银监复〔2015〕406号
206	首钢集团财务有限公司	北京市石景山区古城大街36号院1号楼	邹立宾	首钢集团有限公司	80.00%	2015年6月29日	京银监复〔2015〕407号
207	内蒙古伊泰财务有限公司	内蒙古鄂尔多斯市东胜区天骄北路万博广场B座3楼	张立峰	内蒙古伊泰集团有限公司	60.00%	2015年7月1日	内银监复〔2015〕88号
208	内蒙古电力集团财务有限责任公司	内蒙古呼和浩特市锡林南路218号	贾振国	内蒙古电力（集团）有限责任公司	100.00%	2015年7月1日	内银监复〔2015〕89号

续表

序号	公司名称	通信地址	公司法人	控股股东	控股比例	成立时间	批准文号
209	上海外高桥集团财务有限公司	中国（上海）自由贸易试验区杨高北路 2001 号管理楼	张舒娜	上海外高桥集团股份有限公司	70.00%	2015 年 7 月 15 日	沪银监复〔2015〕402 号
210	中国铁路财务有限责任公司	北京市海淀区北蜂窝路 5 号院 1－1 号楼	刘洪润	中国国家铁路集团有限公司	95.00%	2015 年 7 月 10 日	银监复〔2015〕446 号
211	天瑞集团财务有限责任公司	河南省郑州市郑东新区商务外环路 20 号海联大厦 11 楼	李凤娈	天瑞集团股份有限公司	46.25%	2015 年 7 月 14 日	豫银监复〔2015〕190 号
212	云南昆钢集团财务有限公司	云南省昆明市西山区环城南路 777 号 9 楼	杜陆军	昆明钢铁控股有限公司	80.00%	2015 年 10 月 28 日	云银监复〔2015〕321 号
213	渤海钢铁集团财务有限公司	天津市空港经济开发区西四道融和广场 2 号楼 2 门 301 室、401 室、501 室	肖树强	渤海钢铁集团有限公司	64.00%	2015 年 12 月 30 日	津银监复〔2015〕500 号
214	粤海集团财务有限公司	广东省广州市天河区天河路 208 号粤海天河城大厦 35 楼	童伟演	广东粤海控股集团有限公司	71.00%	2015 年 11 月 18 日	粤银监复〔2015〕510 号
215	江苏悦达集团财务有限公司	江苏省盐城市城南新区世纪大道东路 2 号悦达集团总部大楼	郭如东	江苏悦达集团有限公司	51.00%	2015 年 12 月 15 日	苏银监复〔2015〕358 号
216	中国电建集团财务有限责任公司	北京市海淀区西直门外大街 168 号腾达大厦 8 层	陈波	中国电力建设股份有限公司	94.00%	2015 年 12 月 10 日	京银监复〔2015〕806 号
217	西王集团财务有限公司	山东省济南市历下区银丰财富广场 B 座 3 楼及 19 楼	裴建光	西王集团有限公司	82.50%	2015 年 12 月 15 日	鲁银监准〔2015〕555 号
218	物产中大集团财务有限公司	浙江省杭州市中山北路中大广场 A 座 7 楼	蔡才河	物产中大集团股份有限公司	60.00%	2015 年 12 月 18 日	浙银监复〔2015〕648 号
219	营口港务集团财务有限公司	辽宁省营口市鲅鱼圈区营港路 1 号新港大厦 2 号楼附楼 2 层	张振宇	营口港务集团有限公司	51.00%	2015 年 12 月 18 日	辽银监复〔2015〕365 号
220	云南建投集团财务有限公司	云南省昆明经济技术开发区林溪路 188 号	李兆坤	云南省建设投资控股集团有限公司	100.00%	2015 年 12 月 28 日	云银监复〔2015〕428 号
221	甘肃电投集团财务有限公司	甘肃省兰州市北滨河东路 69 号甘肃投资大厦 25 层	李浩	甘肃省电力投资集团有限责任公司	60.00%	2016 年 3 月 24 日	甘银监复〔2016〕29 号
222	宝塔石化集团财务有限公司	宁夏银川市金凤区宁安大街 88 号宝塔石化大厦 11 层	孙培华	宝塔石化集团有限公司	100.00%	2016 年 4 月 9 日	宁银监复〔2016〕16 号

续表

序号	公司名称	通信地址	公司法人	控股股东	控股比例	成立时间	批准文号
223	北京首农食品集团财务有限公司	北京市西城区广安门内大街316号一号楼5层	张存亮	北京首农食品集团	100.00%	2016年5月10日	京银监复〔2016〕210号
224	日照港集团财务有限公司	山东省日照市上海路东首日照国际商贸中心E座15楼	高振强	日照港集团有限公司	60.00%	2016年5月18日	鲁银监准〔2016〕169号
225	联通集团财务有限公司	北京市西城区金融大街21号	秦伟	中国联合网络通信有限公司	91.00%	2016年6月13日	京银监复〔2016〕290号
226	河南双汇集团财务有限公司	河南省漯河市双汇路1号双汇大厦6楼	刘松涛	河南双汇投资发展股份有限公司	100.00%	2016年6月13日	豫银监复〔2016〕128号
227	厦门翔业集团财务有限公司	福建省厦门市思明区仙岳路396-398号翔业大厦1302、1303单元	郑进	厦门翔业集团有限公司	100.00%	2016年7月12日	厦银监复〔2016〕43号
228	新华联控股集团财务有限责任公司	北京市通州区台湖镇外郎营村北2号院2号楼新华联大厦4层西半层及地下一层B1-103号	张必书	新华联控股有限公司	100.00%	2016年8月15日	京银监复〔2016〕457号
229	广州发展集团财务有限公司	广东省广州市天河区临江大道3号发展中心3楼	张雪球	广州发展集团股份有限公司	70.00%	2016年8月18日	粤银监复〔2016〕252号
230	江苏凤凰出版传媒集团财务有限公司	江苏省南京市湖南路1号A座26楼	单翔	江苏凤凰出版传媒集团有限公司	51.00%	2016年8月22日	苏银监复〔2016〕202号
231	顺丰控股集团财务有限公司	广东省深圳市南山区科苑南路3176号彩讯科技大厦25楼	黄美智	深圳顺丰泰森控股（集团）有限公司	100.00%	2016年9月1日	深银监复〔2016〕193号
232	天津医药集团财务有限公司	天津自贸试验区（空港经济区）西四道168号融和广场3-2-501室	赵炜	天津市医药集团有限公司	50.00%	2016年9月14日	津银监复〔2016〕236号
233	青建集团财务有限责任公司	山东省青岛市崂山区海尔路180号大荣中心B座19层	王从远	青建集团股份公司	100.00%	2016年10月20日	青监银复〔2016〕147号
234	上海文化广播影视集团财务有限公司	上海世纪大道1号东方明珠塔3号门一楼	刘晓峰	上海文化广播影视集团有限公司	60.00%	2016年12月22日	沪银监复〔2016〕560号
235	广州汽车集团财务有限公司	广东省广州市天河区广州大道中988号37楼	王丹	广州汽车集团股份有限公司	90.00%	2017年1月24日	粤银监复〔2017〕21号
236	东旭集团财务有限公司	河北省石家庄长安区中山东路39号勒泰中心（A座）写字楼28层2814—2816单元	郭轩	东旭集团有限公司	60.00%	2017年1月20日	冀银监复〔2017〕10号

续表

序号	公司名称	通信地址	公司法人	控股股东	控股比例	成立时间	批准文号
237	连云港港口集团财务有限公司	江苏省连云港市连云区中华西路18号2002室	李春宏	江苏连云港港口股份有限公司	51.00%	2017年3月14日	苏银监复〔2017〕48号
238	陕西投资集团财务有限责任公司	陕西省西安市经济技术开发区凤城八路西北国金中心E栋12层	郑波	陕西投资集团有限公司	76.80%	2017年6月22日	陕银监复〔2017〕30号
239	三环集团财务有限公司	中国（湖北）自由贸易试验区武汉片区佳园路33号	宋斌	三环集团有限公司	100.00%	2017年6月28日	鄂银监复〔2017〕117号
240	红星美凯龙家居集团财务有限责任公司	上海市沪南路2218号东楼10楼	席世昌	红星美凯龙家居集团股份有限公司	95.00%	2017年8月1日	沪银监复〔2017〕338号
241	天津能源集团财务有限公司	天津市和平区重庆道70号	于丽珍	天津能源投资集团有限公司	82.00%	2017年9月6日	津银监复〔2017〕215号
242	杭州锦江集团财务有限责任公司	浙江省杭州市拱墅区湖墅南路111号杭州锦江大厦12楼	张建阳	杭州锦江集团有限公司	60.00%	2017年12月8日	浙银监复〔2017〕392号
243	正泰集团财务有限公司	浙江省温州市鹿城区市府路525号同人恒玖大厦305室	徐志武	正泰集团股份有限公司	51.00%	2017年12月13日	浙银监复〔2017〕396号
244	东方国际集团财务有限公司	上海市长宁区虹桥路1488号3号楼	朱勇	东方国际（集团）有限公司	51.00%	2017年12月12日	沪银监复〔2017〕575号
245	国新集团财务有限责任公司	北京市海淀区复兴路12号恩菲科技大厦B座	刘学诗	中国国新控股有限责任公司	100.00%	2018年5月8日	京银监复〔2018〕192号
246	商飞集团财务有限责任公司	中国（上海）自由贸易试验区世博大道1919号B座二层	周启民	中国商用飞机有限责任公司	100.00%	2018年4月28日	沪银监复〔2018〕222号
247	新疆金风科技集团财务有限公司	北京市大兴区亦庄经济开发区博兴一路8号	王海波	新疆金风科技股份有限公司	80.00%	2018年9月19日	新银监复〔2018〕122号
248	特变电工集团财务有限公司	新疆维吾尔自治区昌吉市北京南路189号特变电工商务区	黄汉杰	特变电工股份有限公司	80,00%	2018年11月28日	新银监复〔2018〕169号
249	中国航发集团财务有限公司	北京市海淀区西三环北路甲2号院7号楼7层	宁福顺	中国航空发动机集团有限公司	100.00%	2018年12月7日	京银保监筹〔2018〕232号
250	广东温氏集团财务有限公司	广东省云浮市新兴县新城镇东堤北路9号广东温氏集团总部6层	温志芬	温氏食品集团股份有限公司	90.00%	2018年12月12日	京银保监复〔2018〕165号
251	江西高速集团财务有限公司	江西省南昌市红谷滩新区红谷中大道1669号	陶毅	江西省高速公路投资集团有限责任公司	98.43%	2018年12月25日	赣银保监复〔2018〕32号

续表

序号	公司名称	通信地址	公司法人	控股股东	控股比例	成立时间	批准文号
252	中国电信集团财务有限公司	北京市西城区西直门内大街118号冠华大厦8层	朱敏	中国电信股份有限公司	70.00%	2019年1月8日	京银保监复〔2019〕17号
253	福建省交运集团财务有限公司	福建省福州市鼓楼区五四路75号外贸大厦28楼	李兴湖	福建省交通运输集团有限责任公司	80.00%	2019年4月25日	闽银保监复〔2019〕205号
254	广东省农垦集团财务有限公司	广东省广州市天河区粤垦路607号力达广场A2栋19楼	蔡亦农	广东省农垦集团公司	70.00%	2019年10月28日	粤银保监复〔2020〕862号
255	上海城投集团财务有限公司	上海市浦东南路500号39楼	叶华成	上海城投（集团）有限公司	60.00%	2019年12月20日	沪银保监复〔2019〕1054号
256	传化集团财务有限公司	浙江省杭州市萧山区宁围街道939号浙江商会大厦2幢5层	杨柏樟	传化集团有限公司	70.00%	2019年12月24日	浙银保监复〔2019〕1307号
257	浪潮集团财务有限公司	山东自由贸易试验区济南片区经十路7000号汉峪金谷A4－5号楼17层	马丽	浪潮集团有限公司	60.00%	2019年12月26日	鲁银保监准〔2019〕997号